KB091347

인공지능 로보틱스 2/e

인공지능 로보틱스 2/e

남궁영환·지성국 옮김   로빈 R. 머피 지음

i!i
에이콘

사랑하는 케빈에게,

... 그리고 칼라일 램지(Carlyle Ramsey), 먼로 스윌리(Monroe Swilley),
크리스 트로웰(Chris Trowell)에게

에이콘출판의 기틀을 마련하신 故 정완재 선생님(1935-2004)

옮긴이 소개

남궁영환

고려대학교 컴퓨터학과, 서던캘리포니아 대학교를 거쳐 플로리다 대학교에서 데이터 마이닝을 주제로 컴퓨터공학 박사 학위를 취득했다. 삼성 SDS, 아마존 웹 서비스AWS 등에서 클라우드 컴퓨팅, 빅데이터 플랫폼, 데이터 과학/분석과 관련된 다양한 기술 연구/개발 과제를 수행하며 고객의 디지털 트랜스포메이션과 혁신을 돕고 있다.

지성국

서울대학교 외교학과를 졸업하고 미국 듀크Duke 대학교에서 경영학 석사(MBA)를 취득했다. Bain & Company 서울 사무소에서 한국 기업들의 클라우드 도입 전략 등 디지털 전환에 대해 자문했으며, 아마존 웹 서비스AWS의 한국 사업 개발 담당으로 근무하면서 다양한 한국 기업들의 클라우드 도입, 아마존 본사와의 파트너십 구축 등을 지원했다. 현재는 구글 코리아의 전략 담당Head of Go to market strategy and operation으로 근무하면서 한국 기업들이 구글의 혁신 서비스를 이용해 디지털 경쟁력을 강화하는 것을 지원하고 있다.

옮긴이의 말

다른 분야와 마찬가지로 로보틱스 분야에서도 과거를 뛰어넘는 혁신 사례가 꾸준히 소개되고 있습니다. 그 예로 단순 반복 동작을 하던 로봇이 생각하는 로봇으로 진화하고, 좀 더 정교한 움직임을 보이는 다양한 지능형 로봇이 있습니다. 이는 어쩌면 인공지능, 머신러닝과 같은 관련 소프트웨어 분야와 고도의 하드웨어 관련 기술이 잘 융합된 결과가 아닐까 합니다. 이 책은 로보틱스에 관한 기본 개념을 정립할 수 있는 다양한 지식과 더불어 인공지능 기술이 로봇에 어떻게 잘 접목되고 활용될 수 있는지도 친절하게 설명하고 있습니다. 이를 통해 앞으로 더 나은 지능형 로봇이 만들어질 수 있는 기반을 잘 다질 수 있을 것으로 기대합니다.

에이콘출판사에 진심으로 감사드리고 싶습니다. 그리고 늘 큰 힘이 돼주는 소중한 우리 가족과 출간의 기쁨을 함께하고자 합니다.

— 남궁영환

구글^{Google}의 알파고에서 시작된 AI 혁명은 머신러닝, 자율 주행 등 엄청난 기술 패러다임의 변화를 제시했지만 일부 제한된 성공 사례를 제외하고는 실질적인 변화를 이끌어내기에는 부족한 감이 있었습니다. 하지만 최근에는 ChatGPT, 다양한 무인 운행 시스템 상용화되는 등 다양한 변화가 있었습니다. 곧 AI에 기반을 둔 자율 운영 로보틱스^{Robotics}가 산업 및 사업 전반에 확산되는 미래가 다가올 것입니다. 이 책은 기존의 AI 알고리듬과 로봇 프로그래밍의 시작부터 현재에 이르기까지의 전반적인 기술 트렌드 및 최신 동향을 집대성하고 있습니다. 특히 기술적 요구 사항을 매우 꼼꼼하게 정의하고 있을 뿐 아니라 로봇 활용의 근본적 질문인 '윤리'에 대해서도 자세히 고찰하고 있습니다. 멀지 않은 미래에 로봇은 인간이 원하는 수준 또는 그 이상의 작업을 해내게 될 것입니다. 하지만 로봇에게 윤리적 판단을 어느 정도 허용하고 인간이 어느 정도까지 개입해야 할지는 계속 고민하고 해답을 찾아야 하는 영역입니다. 독자들이 인공지능 로보틱스의 기술적 측면뿐만 아니라 윤리적 측면까지 심도 있게 함께 고민해볼 수 있다는 점에서 이 책은 로보틱스 공학도들에게 매우 훌륭한 가이드북이 될 것입니다.

　이 책이 잘 마무리될 수 있도록 처음부터 끝까지 애써주시고 배려해주신 에이콘 출판사에 깊은 감사를 드립니다. 끝으로 곁에서 저에게 기쁨과 행복을 주는 소중한 우리 가족 모두에게 큰 사랑과 감사의 마음을 전합니다.

－ 지성국

지은이 소개

로빈 R. 머피^{Robin R. Murphy}

텍사스 A&M 대학교 컴퓨터학과 교수이며 로봇 지원 탐색 및 구조 연구센터의 총책임자다. 『Disaster Robotics』(The MIT Press, 2014)의 저자이며 『Robotics Through Science Fiction: Artificial Intelligence Explained Through Six Classic Stories』(The MIT Press, 2018)의 편집자다.

감사의 말

이 책이 세상의 빛을 보기까지 도움을 주셨던 분 모두에게 감사한 마음이지만 여기서는 지면 관계상 몇몇 분만을 말씀드리고자 한다. 우선 부모님과 제 가족(케빈, 케이트, 앨런)에게 감사드린다. 나는 조지아 공과대학^{Georgia Tech}에서 론 아킨^{Ron Arkin} 교수님에게 박사 학위 지도로 최초로 인공지능 로보틱스 과정을 밟는 영광을 얻었다(그곳에서 나는 그의 첫 박사 과정 학생이자 컴퓨팅 대학에서 로보틱스 분야 박사학위를 받은 첫 번째 학생이기도 했다). 이 책에서 잘못된 부분이 있다면 그건 전적으로 나의 책임일 것이다. 데이빗 코텐캠프^{David Kortenkamp}는 그의 수업에서 내 강의 노트를 사용한 후 책을 쓰자고 제안했는데, 그 덕분에 책을 쓸 수 있었다. 또한 국방과학위원회에서 일하는 동료들은 내가 개정판을 출간할 수 있도록 강력히 격려해줬다.

텍사스 A&M 대학교 컬리지 스테이션 캠퍼스^{College Station}와 코퍼스 크리스티^{Corpus Christi} 캠퍼스의 제자들은 이 책의 다양한 초안을 읽으면서 많은 인내심과 통찰력을 보여줬다. 특히 세세한 개선 의견을 준 스캇 킹^{Scott King}, 얀 듀펙^{Jan Dufek}, 맷 헤가티^{Matt Hegarty}, 지저스 오로스코^{Jesus Orozco}, 쑤에수 시아오^{Xuesu Xiao}, 팀 우드워드^{Tim Woodward}, 싯다스 아가르왈^{Siddarth Agarwal}, 존 디레오^{John DiLeo}, 브르타뉴 던컨^{Brittany Duncan}, 재커리 헨켈^{Zachary Henkel}, 조슈아 페스켈^{Joshua Peschel}, 카산드라 오듀올라^{Cassandra Oduola}, 트레이시 사르미엔토^{Traci Sarmiento}, 카를로스 소토^{Carlos Soto}, 바산트 스리니바산^{Vasant Srinivasan}, 그랜트 와일드^{Grant Wilde}에게 고마움을 표한다. 내가 처음으로 로보틱스 수업을 개설했던 콜로라도 광산학교^{CSM}와 사우스 플로리다 대학교의 학생들은 이 책의 초판을 집필하는 데 있어 많은 시행착오를 함께했다는 점에서 특별히 더 감사하다. 특히 콜로라도 광산학교의 레슬리 바스키^{Leslie Baski}, 존 블리치^{John Blitch}, 글렌 블라우벨트^{Glenn Blauvelt}, 앤 브리간테^{Ann Brigante}, 그레그 차베스^{Greg Chavez}, 애런

게이지Aaron Gage, 데일 호킨스Dale Hawkins, 플로이드 헤닝Floyd Henning, 짐 호프먼Jim Hoffman, 데이브 허쉬버거Dave Hershberger, 케빈 기포드Kevin Gifford, 매트 롱Matt Long, 찰리 오징가Charlie Ozinga, 토니아 리드 프레이Tonya Reed Frazier, 마이클 로센블라트Michael Rosenblatt, 제이크 스프라우스Jake Sprouse, 브렌트 테일러Brent Taylor, 폴 바이브Paul Wiebe에게, 그리고 사우스 플로리다 대학교의 젠 카스퍼Jenn Casper, 아론 게이지Aaron Gage, 제프 하이엄스Jeff Hyams, 리암 아이리쉬Liam Irish, 마크 미시어Mark Micire, 브라이언 민튼Brian Minten, 마크 파월Mark Powell에게 특별히 감사한다. 또한 초판을 잘 감수해주신 많은 분께도 진심으로 감사드리고 싶다. 특히 카렌 서덜랜드Karen Sutherland, 켄 휴즈Ken Hughes에게 감사의 말을 전하고 싶다. 카렌 서덜랜드와 위스콘신-라크로스 대학의 로보틱스 수강생들인 크리스토프 한스 오스데로Kristoff Hans Ausderau, 테디 바우어Teddy Bauer, 스콧 데이비드 베커Scott David Becker, 코리 브레이그Corrie L. Brague, 셰인 브라우넬Shane Brownell, 에드윈 콜비 3세Edwin J. Colby III, 마크 에릭슨Mark Erickson, 크리스 팔치Chri Falch, 짐 픽Jim Fick, 제니퍼 플레이슈만Jennifer Fleischman, 스콧 갈바리Scott Galbari, 마이크 할다Mike Halda, 브라이언 케호이Brian Kehoe, 제이 파스카Jay D. Paska, 스티븐 폴스Stephen Pauls, 스콧 샌도Scott Sandau, 에이미 스타니슬로우스키Amy Stanislowski, 재로미 워드Jaromy Ward, 스티브 웨스트콧Steve Westcott, 피터 화이트Peter White, 루이스 워야크Louis Woyak, 줄리 잰더Julie A. Zander는 책의 초기 초안을 꼼꼼히 검토하고 광범위한 제안과 리뷰 및 질문을 추가했다. 켄 휴즈 또한 특별한 감사를 받을 만하다. 그는 재치 있는 이메일뿐만 아니라 한 장 한 장에 걸친 비평 의견도 제공했다. 켄은 이 책에 관한 한 항상 나를 위한 긴급 구조대 같았다.

미국 국립 과학 재단NSF, 미국 국방고등연구계획국DARPA, 미 해군연구국ONR의 후원이 있었기 때문에 로보틱스 연구를 계속할 수 있었다. 대부분의 사례 연구는 NSF의 후원을 받은 과제와 장비에서 나왔다. 하워드 모라프Howard Moraff, 리타 로드리게즈Rita Rodrizuez, 해리 헤지스Harry Hedges는 NSF 프로그램 책임자의 의무 이상으로 항상 매우 고무적이었다. 마이클 메이슨Micheal Mason은 또한 다양한 방법으로 교육에 집중하도록 격려해줬다.

개정판의 편집자인 마리 러프킨 리[Marie Lufkin Lee]와 초판의 편집자인 밥 프라이어[Bob Prior], MIT 출판사의 다른 편집자들인 에이미 헨드릭슨[Amy Hendrickson], 크리스틴 새비지[Christine Savage], 캐서린 이니스[Katherine Innis], 주디 펠드만[Judy Feldmann], 마지 하드웍[Margie hardwick], 모린 쿠퍼[Maureen Cuper]도 변함없이 좋은 지원과 기술적 지도를 해준 것에 깊은 감사를 드린다. 캐서린과 주디는 초판을 만들며 강한 인내심을 보여줬다. 미국 인공지능 협회[AAAI]의 마이크 해밀턴[Mike Hamilton]은 책 전체에 사용된 다양한 '액션 샷'을 이용하는 데 많은 도움을 줬다. 크리스 매닝[Chris Manning]은 라텍스[LaTeX 2e] 스타일의 파일을 제공했고, 리암 아이리쉬[Liam Irish]와 켄 휴즈[Ken Huges]는 유용한 관련 스크립트를 제공했다.

직접적으로 도움을 준 수많은 사람 외에도 나를 간접적으로 도와준 아주 특별한 사람들이 몇 명 있다. 미국 조지아 주 더글러스[Douglas, Georgia]에 있는 사우스 조지아 컬리지[South Georgia College]의 리버럴 아츠 단과대학 교수님이신 칼라일 램지[Carlyle Ramsey], 먼로 스윌리[Monroe Swilley], 크리스 트로웰[Chris Trowell] 세 분의 격려가 없었다면 나는 아마도 공과대학원, 컴퓨터과학 대학원 진학을 고려하지 않았을 것이다. 그들은 나에게 배움이란 큰 대학교와 같은 장소가 아니라 개인적인 규율[discipline]에 있다는 것을 가르쳐줬다. 사랑하는 남편 케빈 머피[Kevin Murphy]의 노력은 언제나 그랬듯이 없어서는 안 될 존재였다. 내가 아이들과 시간을 보내면서 미치지 않고 이 책을 위해 시간을 보낼 수 있도록 그는 열심히 일했다. 또한 그는 개정판에서 엄청난 양의 편집, 타이핑, 스캔, 교정 작업을 해줬다. 학문적 멘토 못지않게 전문가 경력에 많은 영향을 준 이 네 분에게 이 책을 바친다.

차례

1부 AI와 로보틱스 관련 프레임워크

01장 지능형 로봇   37

02장 인공지능 로보틱스의 역사   57

03장 자동화와 자율성

2부 반응형 기능

4부 상호작용형 기능

5부 지능형 로봇 제작의 설계와 윤리

들어가며

이 책은 컴퓨터학과 3, 4학년과 대학원 1년차의 수업용 교재로 적합하다. 또한 무인 시스템 전문가 등을 위한 교재로 활용할 수 있다. 여러분이 인공지능^{AI} 강좌를 수강하지 않았을 것으로 예상하고, 이 책은 이 책은 인공지능 관련 모든 분야의 핵심 개념을 본문 전반에 걸쳐 소개하고 있어 인공지능에 대한 지식이 없는 사람도 읽을 수 있다. 인공지능에 경험이 있는 독자를 위한 추가적인 읽기 자료와 심화 연습문제들을 포함하고 있다.

이 개정판에서는 센싱, 액팅, 플래닝, 러닝과 관련된 애플리케이션에 대해 인공지능 로봇을 설계하고 평가하는 데 필요한 모든 주제를 다룬다. 초판과 마찬가지로 개정판은 독자 여러분이 인공지능의 핵심 영역을 잘 익히고 자율 기능에 어떻게 기여할지를 설명하고, 특정 영역에서 수행되고 있는 것을 검색하는 데 필요한 용어를 제공하며, 알고리듬이나 시스템이 특정 애플리케이션을 위해 작동할지 여부를 평가할 수 있도록 하는 광범위한 연구 조사의 성과다. 초판을 크게 확대 개편해 지난 15년 동안 이뤄진 엄청난 발전을 반영했다. 초판은 당시 인공지능 로보틱스였던 '500조각 퍼즐'의 모든 조각을 명시적으로 소개하는 데 초점을 맞췄었다. 개정판에서는 인공지능 로보틱스가 된 더 큰 '1,000 조각 퍼즐'의 조각을 소개하고 다른 로봇, 소프트웨어 에이전트 및 인간과 상호작용할 시스템을 위한 일련의 자율 기능을 설계하고 평가하는 데 초점을 맞춘다. 이 책은 특정 알고리듬을 코드화하는 방법에 관한 것이 아니라 어떤 알고리듬을 코드화할 것인지, 그 이유는 무엇인지에 관한 내용을 설명하고 있다. 비공식적으로 나는 여러분이 부도덕한 판매원^{unscrupulous} ^{salesman}이 의심하지 않는 구매자에게 속여 넘기려고 할지도 모르는 결함이 있는 자동차에 대해 '타이어를 걷어차는 법$^{how\ to\ kick\ the\ tires}$'을 배움으로써 인공지능을 둘러싼

과대광고로부터 자신을 방어하는 것과 '걸음을 걸으며 얘기를 할 수 있는^{walk the walk} and talk the talk, 것의 결합이 이 책이라고 생각한다.

이 책은 디자인 서술^{design narrative}에 따라 5부로 나눠져 있다. 각 부는 여러 장으로 구성되며, 각 장에서는 인공지능 핵심 영역 각각을 잘 익히기 위한 개요, 세부 내용, 각종 설명, 토의 주제와 더불어 요약, 연습문제, 엔드 노트 등으로 구성돼 있다. 사례 연구도 가능한 한 모든 곳에 반영했다. 엔드 노트에서는 로보틱스 연구학자의 서재에 둬야 할 필수 서적에 대한 설명, 각 장의 내용과 관련된 흥미로운 개념에 대해서도 다루고 있다. 초판에서 가장 인기가 많았던 엔드 노트의 로봇에 관한 잡담, 그리고 각 장의 개념이 공상과학 소설에서 어떻게 나타나는지에 관한 내용은 개정판에서도 그대로 유지했다. 다만 robotics-through-science-fiction 부분은 이제 별도의 책과 블로그가 됐다.

1부는 로보틱스를 위한 인공지능을 위한 프레임워크뿐만 아니라 지능 기능의 근육과 신경을 위한 뼈대를 제공한다. 1장에서는 지능형 로봇을 정의하고 인공지능이 필요한 이유를 소개한다. 2장에서는 여러분이 지능을 조직하는 과정의 역사적 여정을 통해 자동화와 자율성을 다룬다. 이를 통해 자연스럽게 3장에서 자동화와 자율성이 지능 설계에서 근본적으로 다른 패러다임을 나타내는 방법을 논의한다. 인공지능 연구학자들은 자율성에 초점을 맞추고 4장에서 설명한 반응형, 숙고형, 대화형 기능을 갖춘 표준 하이브리드 심의형/반응형 운영 아키텍처와 계획, 지도 제작자, 내비게이션, 모터 스키마, 인식 서브시스템을 갖춘 시스템 아키텍처에 통합했다. 1부는 텔레오퍼레이션이 퇴행성 자율성 사례로 잘못 취급됨에 따라 5장의 텔레오퍼레이션과 텔레시스템에 대한 검토로 결론을 내린다. 텔레오퍼레이션 자율성이 지능적이지 않거나 자율성의 실패가 아닌 이유를 이해하는 것은 인공지능 로보틱스 자체와 인공지능 로보틱스 설계 패러다임을 이해하는 데 중요한 단계다.

2부에서는 인공지능 원리를 사용하는 모든 지능형 로봇은 반응형 구성 요소를 가질 가능성이 높기 때문에 인공지능 로보틱스에서 센싱 및 액팅의 반응형 기능을 설명한다. 6장에서는 자율성의 '낮거나 덜 지능적인' 형태에 동기를 부여하는 동물의 지능 원리를 소개한다. 7장에서는 생물학을 더 깊이 있게 다루면서 퍼셉션이 지능을 어떻게 공급하는지^{feed}에 초점을 맞추고 생물학자, 심리학자, 로보틱스 연구학자들이 사용하는 객체지향적 구조인 스키마 이론을 소개한다. 지능형 에이전트는 여러 가지 행동을 동시에 실행하므로 이러한 행동을 조정하는 방법을 이해하는 것이 필수적이다. 이는 8장에서 다룬다. 반응형 행동은 기본 운동(로코모션, 9장)을 촉진하고 센싱해야 한다.

3부에서는 가장 자율 지능과 관련된 숙고적 기능과 자율적 이니셔티브 능력을 소개한다. 12장에서는 심의의 4가지 기능, 즉 계획 수립, 모니터링, 문제 해결, 자원 선정, 배정 등을 상세히 기술한다. 대부분의 지능형 로봇은 환경에서 움직이며, 따라서 '내비게이션'이 무엇을 의미하고 수반하는지에 대한 개요는 13장에서 설명한다. 14장에서는 미터법 경로 계획과 모션 계획에 초점을 맞추고, 15장에서는 탐색뿐만 아니라 동시 로컬라이제이션과 매핑^{SLAM}을 다룬다. 학습은 반응적이거나 숙고적일 수 있지만 종종 더 높은 형태의 지능과 관련이 있으며 16장에서 이를 설명한다.

반응형 기능과 숙고형 기능은 지능형 로봇의 내부를 프로그래밍하기에 충분하지만 로봇은 다른 로봇과 함께 작업할 수 있으며 항상 인간을 참여시킬 것이다. 4부애서는 상호작용에 대한 관심이 증가하는 것에 집중한다. 17장에서는 로봇이 다중 로봇 시스템을 형성할 수 있는 무수한 방법을 조사하는 반면 18장에서는 인간과 로봇의 상호작용을 탐구한다. 인간-로봇 상호작용은 사용자 인터페이스, 인적 요인, 강력한 시스템과 신뢰를 포함하는 새로운 분야다.

5부에서는 자율 시스템을 설계하고 평가하는 방법과 그렇게 하는 윤리에 대한 메타 관점을 소개하면서 이 책을 마무리한다. 각 장에서는 알고리듬 등급의 개방적 과제와 격차를 식별하려고 노력했지만 19장에서는 설계와 평가 원칙을 재검토한다. 윤리에 대한 공개 토론과 소설 속 킬러 로봇과 로봇 봉기 주제는 부분적으로 20장에 동기를 부여한다. 설계자는 전문 윤리를 준수해야 할 의무가 있고 특정 설계의 윤리적 기관이 무엇인지 고려해야 하기 때문에 로보틱스 윤리는 논란의 여지가 있는 주제가 아니다.

이 책은 기초 입문이기 때문에 그 분야에서 이뤄진 모든 훌륭한 연구 업적까지 다루는 것은 불가능하다. 지침상의 원칙은 특정 주제를 명확하게 밝히는 자료만 포함하는 것이었다. 다른 접근법과 시스템에 대해서는 일반적으로 각 장의 맨 뒤에 고급 읽기 자료, 최종 참고 사항들을 보기 바란다. 『Springer Handbook of Robotics 2/e』(Springer, 2016)는 해당 분야에 대한 철저한 연구 조사 결과를 제공하며 이 책을 가르치는 분에게 꼭 필요한 동반자가 될 것이다.

문의

한국어판의 정오표는 에이콘출판사 도서정보 페이지 http://www.acornpub.co.kr/book/ai-robotics에서 찾아볼 수 있다.

한국어판에 관한 질문이 있다면 에이콘출판사 편집 팀(editor@acornpub.co.kr)이나 옮긴이의 이메일로 문의하길 바란다.

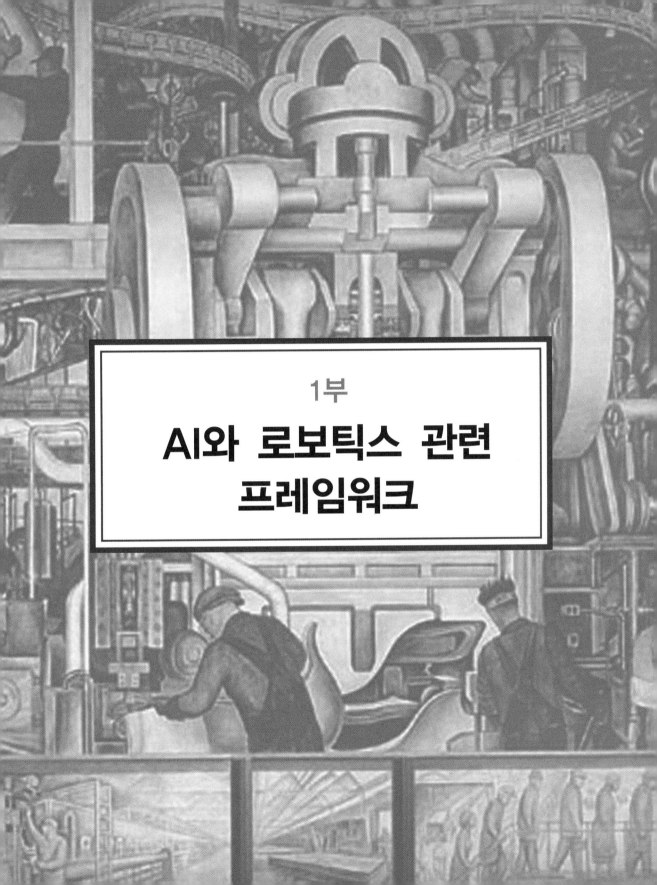

1부

AI와 로보틱스 관련 프레임워크

01
지능형 로봇

1장에서 다루는 내용

- 지능형 로봇intelligent robot의 정의
- 자율(비수동) 시스템의 3가지 방식
- 지능형 로봇의 5가지 공통 구성 요소
- 지능형 로봇의 4가지 모티브
- 인공지능의 7가지 영역과 지능형 로봇에 어떻게 기여하는지

1.1 개요

인공지능AI, Artificial Intelligence은 머신machine이 지능적으로 움직이게 하는 일종의 과학
이 아닐까 한다. 안타깝게도 "AI는 이거다!"라고 명쾌하게 표현한 정의는 아직까지
없다. AI 관련 초창기 책들을 보면 '컴퓨터가 똑똑해질 수 있는 아이디어의 연구'[239]
라고 정의했는데, 억지로 말을 만든 듯한 느낌이 든다. 이후 다른 책에서 'AI란 지금
은 사람이 더 잘하는 걸 컴퓨터가 하게 하려는 시도'[179]라고 좀 더 구체적인 정의를
제시했다. 이 정의는 나름 그럴 듯해 보인다. 어떤 기술이 컴퓨터를 이용해 특정
작업을 성공적으로 수행했다면 그 기술은 더 이상 AI가 아니라 그저 기계적인 것이
라는 걸 내포하고 있기 때문이다. 이 정의는 인간이 로봇을 위한 AI 기법을 연구하

는 데 있어 꽤 중요하다. 이는 마치 AI 연구 분야에서 "왜 특정 주제가 어느 순간부터 갑자기 안 보이지?"에 대한 답을 주는 것 같다. 한편, 아마도 모든 AI의 정의 중 가장 재미있는 것을 꼽으라면 지금은 없어진 컴퓨터 회사인 씽킹 머신^{Thinking Machines, Inc.}의 슬로건인 '우리를 자랑스러워할 머신을 만드는 것'이 아닐까 한다.

AI의 개념은 많은 논의의 여지가 있으며, 머신이 똑똑해질 수 있는가를 놓고 여전히 불꽃 튀는 철학적 논쟁이 이뤄지고 있다. 물리학자인 로저 펜로제^{Roger Penrose}는 저서 『The Emperor's New Mind』(Oxford University Press, 2016)에서 "그동안 기발한 것들이 수없이 만들어졌지만 (우리가 추구하는) 진정한 지능을 위해 필요한 실험은 아직도 아득히 저 멀리 있지 않나 하는 생각이 든다."고 했다.[167] 엔지니어들은 종종 AI을 무모한 어림짐작 정도로 일축해버리곤 한다. 이러한 격렬한 비난 때문에 많은 AI 분야의 학자, 연구원들은 'AI'라는 용어로 인한 논란을 피하고자 연구 성과를 '지능형 시스템', '지식 기반 시스템'이라고 부른다.

다행히도 소위 '한 줄로 표현한 AI의 정의' 같은 건 인공지능 로보틱스를 공부하는 데에 필요하지 않다. 인공지능 로보틱스는 로봇에 대한 AI 기술의 애플리케이션이다. 즉, 인공지능 로보틱스는 전통적으로 로봇에 적용할 AI의 세부 주제를 다루는 것이다. 이러한 영역의 예로 학습^{learning}, 플래닝^{planning}, 리즈닝^{reasoning}, 문제 해결^{problem solving}, 지식 표현^{knowledge representation}, 컴퓨터 비전^{computer vision} 등이 있다.

이 장에서는 인공지능 로보틱스에 대한 6가지 일반적인 질문을 다룬다. 그중 가장 중요한 질문은 "지능형^{intelligent} 로봇이란 무엇인가?"이다. 이 장에서는 우선 "로봇이란 무엇인가?"에 대해 알아본 다음 AI 관점에서 비지능형^{unintelligent} 로봇과 지능형 로봇이 어떻게 다른지 살펴본다. 로봇이 지능적인지 여부와 상관없이 로봇이란 무엇인지에 대해 생각하다 보면 "(1) 로봇의 구성 요소는 무엇인가?, (2) 어떤 종류의 로봇이 있는가?"라는 2가지 궁금증이 생길 것이다. 그리고 "지능형 로봇이란 무엇인가?"라는 질문을 통해 "지능형 로봇은 무엇을 위해 사용되는가?"에 대해서도 생각해 볼 수 있다. 이 장에서는 인공지능의 7가지 핵심 영역의 소개와 더불어 로봇을 각종 응용 분야에서 어떻게 더 잘 사용할 수 있을지를 설명한다. 이를 통해 "지능이 왜 필요할까?"를 납득할 수 있을 것이다.

1.2 지능형 로봇의 정의

일반 대중문화 속에서 로봇이라는 용어는 일반적으로 인간 같은 외관을 지닌 기계적인 장치를 나타낸다. 예를 들면 용접을 위한 로봇 '팔' 같은 것이 있다. 로봇을 인간 같은 외관을 지녔다고 생각하게 된 건 로봇이라는 용어의 유래에서 비롯됐다고 볼 수도 있다. '로봇'이라는 단어는 1921년 1월 25일, 프라하에서 카렐 차펙^{Karel} ^{Capek}의 희곡인 ≪R.U.R$^{Rossum's\ Universal\ Robots,\ 로숨의\ 유니버설\ 로봇}$≫[61]의 첫 공연과 함께 대중 의식 속으로 들어왔다.

　R.U.R.에서 (이미 오래전에 사망해서) 극중에는 나타나지 않는 발명가 로숨은 어떤 직업에서든 인간을 대신할 만큼(즉, 전지전능한) 똑똑하고 생체 부품의 통$^{a\ vat\ of\ biological}$ ^{parts}으로 만들어진 노동자 종족을 만들어냈다. 차펙은 노동자들을 로봇이라고 불렀는데, 이는 체코어 '로보타^{robota}'에서 유래된 말로, 막노동자를 지칭하기도 한다. 로봇 노동자라는 용어는 이 인공 생명체가 어떤 종류의 노동으로부터 '진정으로' 사람들을 자유롭게 하기 위한 하인인 동시에 계급이 너무 낮아 존중 받을 수 없다는 것을 암시했다. 로봇에 대한 이러한 태도는 소설에서 비참한 결말을 가져왔을 뿐만 아니라 오히려 사회주의 관점에서 일이 사람을 규정한다는 도덕적 교훈만 남겼다.

　생체 부품으로 만들어진 사람 같은 하인$^{human-like\ servant}$에서 기계 부품으로 구성된 인간을 닮은 하인으로 로봇이 바뀐 건 아마도 공상과학 소설 때문인 것 같다. 고전 영화 <메트로폴리스^{Metropolis}>(1926), <지구 최후의 날$^{The\ Day\ the\ Earth\ Stood\ Still}$>(1951), <금지된 행성$^{Forbidden\ Planet}$>(1956)은 차펙의 희곡에서 나온 생물학적 기원을 무시하고 로봇의 기원이 기계였다는 가정에 근거를 뒀다. 한편 컴퓨터는 계산기 그 이상도 이하도 아닌 수준으로 산업, 회계 분야에서 일상적으로 사용되고 있었다. 산업 자동화는 이를 더 확실하게 보여준 셈이 됐는데, (생산 라인 등에서) 부품이 없는데도 부품을 조립하는 모션을 취하도록 로봇 팔에 컴퓨터 프로그램이 설치됐기 때문이다.

결국 로봇이라는 용어는 공장 자동화 또는 머리를 쓸 필요가 없이 잘 정의된 반복 작업에만 적합한 뉘앙스를 띠게 됐다.

외관은 사람과 비슷하지만 기계적이면서 창의성이 없는 로봇에 대한 개념은 오랜 기간 사랑 받아온 작품인 아이작 아시모프^{Isaac Asimov}가 지은 『아이 로봇^{I, Robot}』(우리교육, 2008)[14]에 담긴 여러 단편 소설에서 자세한 설명을 통해 많은 보완이 이뤄졌다. 이 단편 소설들을 보면 (전부 다는 아니고) 여러 곳에서 '로봇 심리학자' 수잔 캘빈 박사^{Dr. Susan Calvin}, 문제 해결사였던 파웰^{Powell}과 도노반^{Donovan} 같은 사람들이 등장 하는데, 이들은 논리적으로 행동하지만 잘못된 일을 하는 로봇을 진단하는 역할을 했다. 이 이야기들은 종종 아시모프가 정의한 로보틱스 관련 3가지 법칙을 중심으로 전개되는데, 이 법칙은 묘하게 합리적으로 보이지만 법칙 속에 숨겨진 모순 때문에 예상치 못한 행동들이 나타나곤 한다. 아시모프의 로보틱스 3가지 법칙은 [145]에 자세히 정리돼 있는 것처럼 결코 좋은 원칙은 아니지만 실질적인 안전한 로봇의 작동을 위한 공식적이고 포괄적인 모델로 자주 인용된다(20장 참조).

인간을 흉내낸 로봇^{mechanical creature}부터 특정 작업을 위한 물리적 실체^{physical form}까지 모든 것은 훌륭한 공학 설계 원리에 기초를 두고 있다. 로봇이 기계적이라면 겉모습이 사람 같거나 동물처럼 보일 필요는 없다. 로봇 청소기를 생각해보자. 로봇 청소기는 환경 미화원이나 <젯슨 가족(1962년에 방영된 애니메이션)>의 로봇 가정부 로지^{Rosie}가 아닌 일반 진공청소기처럼 보인다. 또 간호사들이 환자를 더 많이 보살 필 수 있도록 병원 식사를 환자들에게 가져다주는 HelpMate Robotics, Inc.의 로봇 은 간호사가 아닌 운반용 카트^{cart}처럼 보인다. 동물에 기반을 둔 로봇인 소위 생체 모방형 로봇^{biomimetic robot}도 생물학적 원리^{biological principles}를 복제했다고는 하지만 동 물을 닮았다고 보기는 어려울 것 같다. 예를 들어 육각류^{大脚類} 로봇 RHex에는 다리 를 위한 곡선형 스프링이 있고 다리가 회전한다. 그러나 이 특이한 다리는 바퀴벌레 다리의 탄력성을 복제한 것이다. 마치 오스카 피스토리우스^{Oskar Pistorius} 같은 장애인 육상 선수들이 사용하는 곡선형 날이 사람 무릎의 탄력성을 복제한 것처럼 말이다.

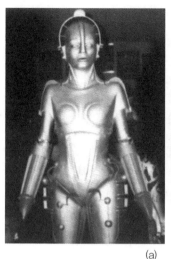
(a)

(b)

그림 1.1 2가지 종류의 로봇 (a) 1926년 영화 〈메트로폴리스(Metropolis)〉에 등장한 휴머노이드 로봇(이미지 출처: Fr. Doug Quinn, 메트로폴리스 홈페이지), (b) 고기동성 다목적 차량인 험비(HMMWV). 도로와 넓은 지형을 다닐 수 있는 군사용 차량(사진 출처: 미국 국립 표준 기술 연구소(National Institute for Standard and Technology, NIST))

로봇의 외관이 낯설긴 하지만 실세계와 주거니 받거니 한다는 점에서 지능형 로봇의 실질적인 정의를 어느 정도 유추할 수 있다. 인공지능에서 에이전트는 주변을 감지할 수 있고 환경을 바꾸는 액션을 취하는 그 '무언가'를 의미하는 일종의 개체다. 주의할 점은, 에이전트는 외부 세계(월드)에 처해 있다는 것인데, 이는 자기 자신을 내부적으로 관찰하고 변경하는 게 아니라 주변 환경에 따른 변화에 영향을 준다는 점에서 흥미로운 면이 있다. 로봇의 환경 변화에 영향을 줄 수 있다는 로봇의 작업 정의working definition는 원격 기능remote capabilities과 같은 의미인 로봇이라는 용어를 사용하는 대중 매체와 서로 모순이 있다. 예를 들어 사람이 삼킨 센서가 몸을 지나는 동안 측정값은 수동으로 수집된다. 이 경우 아무런 액션이 없음에도 이 센서는 로봇이라고 할 수 있다.

　로봇은 특별한 유형의 에이전트로, 소프트웨어 에이전트가 월드와이드웹www, 시뮬레이션 또는 소프트웨어 시스템의 테두리에 의해 정의된 가상 세계에 위치하는 반면 로봇은 실세계real world의 어딘가에 물리적으로 위치해physically situated 있다. 모든 로봇이 물리적으로 위치하는 건 아니다. 용접 로봇처럼 공장의 작업용 로봇은 프로그램으로 정해진 동작을 맹목적으로 실행하기 때문에 주변의 센싱 기준에 부합되지 않는다.

그러나 에이전트가 물리적으로 위치해 있다는 것만으로 지능형 로봇을 정의한다는 것은 무언가 부족하다. 온도계는 물리적으로 위치해 있는 에이전트로 볼 수 있다. 온도계는 온도를 감지하고 환경이 바뀌는 회로를 통해 액션이 일어난다. 반면 지능형 에이전트가 '자신의 환경을 인지하고 성공 가능성을 극대화하는 행동을 취하는 시스템'이라는 점에서 인공지능은 지능형 에이전트intelligent agent와 단순 에이전트의 차이를 더욱 명확하게 해준다.[181]

"성공 가능성을 극대화한다."는 것은 기기나 프로그램에 지능을 담을 수 있는 가장 중요한 점일 것이다. 예를 들어 온도계의 경우 성공 가능성을 적극적으로 극대화하지는 않는다. 즉, 온도계가 동작하기도 하고 동작하지 않기도 하므로 이것을 지능적이라고 보지는 않는다. 생물학에서 성공이란 보통 생존과 번식의 관점에서 정의된다. 바퀴벌레는 소위 지능이라고 여겨지는 것을 갖고 살아남고 번식할 수 있는 것처럼 보인다. 그러나 비버는 개별 개체와 종species의 생존을 위한 성공 가능성을 극대화하고자 댐을 건설해 식량과 은신처를 확보한다. 비버는 댐의 위치를 선택하고 나무를 베어 현장으로 쉽게 운반할 수 있는 선택에서 주목할 만한 개별 및 최적화 능력을 보여준다. 따라서 이 책에서는 "지능형 로봇은 물리적으로 위치하는 지능적 에이전트다."라는 정의를 사용하고자 한다.

1.3 로봇의 구성 요소

로봇은 이펙터effector, 퍼셉션perception, 제어control, 커뮤니케이션communication, 파워power라는 5가지 주요 구성 요소로 이뤄진 물리적으로 어떤 위치에 존재하는 에이전트다. 이펙터는 다리, 팔, 목, 손목처럼 로봇이 움직이거나 움직이게 하는 로봇의 부속품을 의미한다. 이펙터를 통해 로봇은 환경에서 활동할 수 있다. 예를 들어 땅에서 움직이는 로봇의 주요 이펙터는 내비게이션에 필요한 바퀴, 트랙, 다리 등이 있다. 로보틱스에서 새로운 작업은 주로 로봇 매니퓰레이터, 특히 로봇의 손과 팔에 집중된다. 시각, 청각, 후각, 촉각 등을 동일하게 로봇에게 전달하는 센서와 센싱을 일컬어 퍼셉션이라고 한다. 9장에서 설명하겠지만 퍼셉션은 일반적으로 (1) 센서, (2) 신호를 수집하는 장치, (3) 신호를 해석하는 알고리듬이라는 3가지를 모두 필요로 한다. 한 마디로 로봇이 환경을 감지하는 방법을 퍼셉션이라고 보면 된다. 제어는 중앙 신경계 시스템과 관련이 있는데, 컴퓨터 프로세서가 로봇의 내부와 외부의 루프 제어를 제공하는 걸 생각하면 된다. 제어 관련 구성 요소로 지능형 로봇의 성공 확률을 최대화하는 계산 작업이 포함돼 있다. 커뮤니케이션은 로봇이 다른 에이전트, 특히 로봇 오퍼레이터와만 상호작용하는 방법을 의미한다. 동물은 소통할 때 새와 고래의 울음소리^{songs}, 색채^{color}와 포즈^{posture} 등을 이용하는 반면 인간은 의사소통에서 자연어, 제스처, 근접학^{proxemics} 등의 메커니즘을 이용한다. 파워는 다른 기능이 잘 돌아갈 수 있도록 해준다. 예를 들어 동물에게 있어 음식과 소화 기관의 역할을 생각해보면 쉽게 이해할 수 있을 것이다.

1.4 모달리티: 어떤 로봇들이 있는가?

지능형 로봇은 지상, 공중, 수중 등 어디서든 쓰일 수 있다. 실외에서 일하는 로봇의 경우 이들을 로봇이라고 부르기보다는 공통적으로 무인 차량 또는 무인 시스템이라고 한다. 지상, 공중, 수중이라는 3가지 모달리티밖에 없는데도 불구하고 모달리티, 크기, 사용자 커뮤니티를 통해 로봇 플랫폼을 위한 최소 7가지 이상의 축약어^{abbreviation}가 있다.

지상에서 움직이는 로봇을 모바일 로봇, 무인 지상 차량$^{UGV, Unmanned Ground Vehicles}$이라고도 한다. 하지만 UGV는 이제 모든 지상 로봇을 지칭하는 용어가 되고 있다. 이 책에서는 UGV를 지상 로봇의 상위 개념으로 사용하기로 한다. UGV는 다음과 같이 3종류로 나눌 수 있다.

- 휴머노이드 또는 인간의 모습을 띤^{anthropomorphic} 로봇은 영화에 단골로 등장해왔지만 대체로 연구실에만 있다. 대표적인 예로 혼다 P3, 소니 아시모^{Asimo}, 알데바란^{Aldebaran} 로봇 등이 있다.

- 모바일 로봇은 사람의 형상이 아닌 로봇으로, 아이로봇^{iRobot} 룸바^{Roomba®}, 미항공우주국^{NASA}의 화성 탐사 로버^{Rover}가 대표적인 예다. 모바일 로봇 종류 중 군사용, 공공 안전용은 UGV 크기에 따라 더 자세히 나뉜다. 크기는 배낭 1개 내지 2개 정도이면서 무게는 사람이 갖고 다닐 수 있을 정도로 가벼운 UGV를 맨패커블^{man-packable} 로봇이라고 한다(그림 1.2 참조). 반면 ("나는 이쪽 끝을 들테니 너는 그쪽 끝을 들어"처럼) 이동하는 데 2명 이상이 필요한 로봇은 맨포터블^{man-portable} 로봇이라고 한다. 너무 크고 무거워서 들 수도 없고 옮길 수도 없는 로봇은 맥시^{maxi}라고 한다.

(a)   (b)

그림 1.2 위험물 처리 사건 연습에 사용된 UGV의 예. (a) 조정 제어 유닛과 백팩에 마운트돼 있는 안테나가 포함된 맨패커블 키네틱(QinetiQ) 드래곤러너(Dragonrunner), (b) 맨포터블 아이로봇(iRobot) 팩봇(Packbot) 510

- 미니어처 로봇은 모트^{Mote}라고 한다. 모트는 모빌리티에 특별히 노력을 들일 필요가 없어서 로보틱스 연구자 사이에선 무인 지상 감시 센서^{UGS, Unattended Ground Sensors}로 부르기도 한다.

공중에서 움직이는 로봇을 무인 항공기^{UAV, Unmanned Aerial Vehicles}라고 하는데, 특히 미국에서는 이들을 단순히 플랫폼이 아닌 인간-로봇 시스템으로 구성돼 있음을 강조하는 뜻에서 무인 항공 시스템^{UAS, Unmanned Aerial System}이라고 한다. UAV는 몇 가지 괜찮은 정의를 바탕으로 형태와 크기에 따라 종류를 구분한다. 이 책에서는 UAV를 크게 다음과 같은 3가지로 정리한다.

- 고정익 항공기^{fixed-wing aircraft}는 외관이나 작동 방식이 비행기와 유사하다. 대표적인 예로 미국 국방부의 프레데터^{Predator}와 글로벌 호크^{Global Hawk}가 있다.

- 로터크래프트^{Rotor-craft}(회전익 항공기) 또는 수직 이착륙기는 모양과 동작이 헬리콥터^{helicopter}와 같다(그림 1.3). 일본에서 소규모 계단식 농장에 농약 살포용으로 많이 사용되는 야마하^{Yamaha} RMAX가 상업용 제품의 대표적인 예다. 더 작은 플랫폼의 경우 종종 패럿^{Parrot}사의 AR.드론^{AR.Drone}처럼 여러 대의 로봇으로 구성되며, 마치 장난감처럼 판매되고 있다.

- 날개 길이(폭), 로봇 블레이드 길이, 동체 등 모든 구성 요소가 일반적으로 2미터 이하인 작은 또는 아주 작은 '마이크로 규모'의 UAV인 MAV가 있다. '마이크로'라는 용어는 미국 방위고등연구계획국^{DARPA}의 마이크로 항공기^{Micro Aerial Vehicle} 프로그램에서 시작됐다. 여기서 '마이크로'는 공기 역학 비행 속성이 급격히 바뀌는 기준점인 18cm보다 작다는 의미였다. 이라크와 아프가니스탄에서 전략적 군사 작전을 위해 UAV가 많이 사용되면서 UGV 맨패커블 로봇처럼 포장과 휴대가 용이한 모든 UAV에서도 마이크로를 주의 깊게 보는 추세다. MAV는 고정익 또는 회전익 항공기 모두 해당된다.

(a)   (b)

그림 1.3 위험물 사건 연습에 사용된 회전익 항공기 UAV의 예, (a) 렙트론(Leptron) 사의 어벤저(Avenger), (b) 에어로봇(AirRobot) 사의 100B 쿼드로터(quadrotor)

수상, 수중에서 움직이는 로봇을 무인 해양선$^{UMV, Unmanned Marine Vehicles}$이라고 한다. 로봇이 보트처럼 물 위에 떠서 움직일 경우 이를 무인 수상선$^{USV, Unmanned Surface Vehicle}$이라고 한다. 여기서 '표면^{surface}'이라는 용어는 물의 표면(수상)을 의미한다. 참고로 UGV는 통상 지상에서 움직이지만 USV는 지상 차량과는 완전히 다르다. 로봇이 물속에서 움직일 경우 이를 무인 수중선$^{UUV, Unmanned Underwater Vehicle}$이라고 하는데, 보통 이 용어보다는 한 단계 하위 개념의 용어들이 많이 쓰인다. UUV에는 다음과 같은 2가지 종류가 있다.

- **자율 수중선**$^{AUV, Autonomous Underwater Vehicle}$: 이러한 종류의 수중 로봇은 "자율 적으로 물속에서 움직인다." 즉, 오퍼레이터와 테더링^{tethering}돼 있지 않으 며 일관성 있는 통신도 이뤄지지 않는다. AUV는 수정 또는 변경되지 않는 프로그램이 사전 탑재돼 있다. 그리고 2장에서 소개하는 것처럼 자동 수중 선$^{Automated Underwater Vehicle}$이라는 이름이 더 잘 어울린다. 해양학 연구용 AUV의 대표적인 예로 REMUS가 있으며, 어뢰 모양의 YSI 오션매퍼^{YSI} ^{Oceanmapper}와 열대산 가오리인 맨터레이$^{manta ray}$ 모양의 글라이더를 해안가 수질 측정용 샘플 채취에 사용하는 건 이제 흔한 일이 되고 있다.

- **원격 조종선**^{ROV, Remotely Operated Vehicle}: 이러한 종류의 수중 로봇은 테더링돼 있어서 실시간으로 제어할 수 있다. 해저 석유와 가스 플랫폼은 작업용^{working-class} ROV를 사용하는 반면 그림 1.4처럼 더 작은 크기의 ROV는 교량, (배의) 선체, 파이프의 주입구/유출구 등을 검사하는 데 사용된다. 로봇 모달리티는 사람이 원격으로 조정할 수 있게 설계할 수 있지만 USV가 수상선을 지칭하는 용어로 정해져 있기 때문에 ROV라는 용어는 테더링된 UUV에만 사용된다.

그림 1.4 2011 일본 도호쿠 쓰나미 재난 대응에서 사용된 무인 해양 차량: 아래쪽은 상자 모양의 SeaBotix ROV이고 위쪽은 어뢰(미사일) 모양의 YSI Oceanmapper AUV다.

1.5 모티브: 왜 로봇인가?

이제까지 로봇은 (1) 인간의 대체 역할, (2) 환경 내 작업의 원격 지원 역할, (3) 인간의 보조 역할, (4) 엔터테인먼트라는 4가지 이유로 사용돼 왔다.

종종 로봇은 인간을 대신할 존재라는 찬사를 받기도 하는데, 더럽고^{dirty}, 재미없고^{dull}, 위험한^{dangerous} 소위 3D 업종에 로봇이 적합하다는 식의 식상한 얘기에서 인용되기도 한다. 실제로 로봇은 하수도, 배관 검사 같은 더러운 작업에 이용된다. 공장에서 하는 일, 청소, 병원에서 식사와 복용약 배달 같은 재미없고 하찮은 작업은 로봇 회사의 주요 타깃이 돼 왔다. 농업은 쉽게 구하기 힘든 하찮은 노동력에 대한 경제적인 대안으로 로봇이 많이 연구돼 온 주요 분야 중 하나다. 트랙터는 정밀 농업precision agriculture을 위해 GPS와 정교한 토양 센서를 이용하고 있다. 살아 있는 양의 털을 깎을 수 있는 시어 매직Shear Magic이라는 로봇은 양털 깎기를 할 수 있는 사람 수가 줄어드는 것을 보완하고자 개발됐다. 농업 분야에서 로봇을 가장 잘 사용한 경우라면 네덜란드와 이탈리아에서 개발된 모바일 자동 착유기milker가 아닐까 한다. 사람이 젖소에 착유기를 부착하는 게 아니라 로봇 착유기 팔은 소가 자기 자리로 걸어 들어오면 젖꼭지를 알아보고, 적절한 위치를 잡으려고 이리저리 움직이다가 마지막에 팔을 뻗어 착유기를 부착한다. 무인 항공기, 로봇 항공기는 각종 파이프라인, 송전선 등을 감시하는 데 사용되고 있다.

그러나 지능형 로봇은 더럽고 따분한 작업 분야에서보다는 위험한 작업, 특히 군사 작전 같은 작업에서 주로 개발이 이뤄졌다. 예를 들어 인도주의적 차원에서 지상 지뢰 제거 작업은 로봇이 해야 할 일이다. 큰 불도저를 이용해 특정 지역에서 지뢰를 제거하면 상대적으로 쉽지만 땅과 도로가 망가지기도 하고 경제성 면에서도 별로 좋지 않다. 그 결과 땅을 덜 파헤치면서도 꼼꼼하게 지뢰를 제거하는 더 작은 로봇을 설계했다. 체르노빌Chernobyl, (미국 펜실베이니아 주) 스리마일섬Three Mile Island, 후쿠시마 다이치Fukushima Daiichi 원자력 발전소 사고에 로봇이 사용됐고, 특히 후쿠시마 원자력 발전소 사고 수습에 로봇이 어마어마하게 동원될 것으로 예상된다.

지능형 로봇이 인간을 대체할 필요는 없다. 로봇에는 소위 '리모트 프레즌스remote presence(원격 현실)를 제공하고자 인간이 원격 환경에 투영project할 수 있는 수많은 장점이 있기 때문이다. 군사용 드론은 군인이 전 세계를 돌면서 조준하고 사격할 수 있게 해준다. 인공 고관절 치환술 시스템hip replacement system에서 본 것처럼 로봇 수술은 자동으로 이뤄질 수 있다. 뼈를 깎는 건 공장 로봇과 비슷하게 생긴 로봇이 수행한다. 그러나 외과 수술에서 괄목할 만한 발전 사례로는 크기는 실제 사람보다 작으면서도 정확도가 매우 높아서 외과의사가 실제로 수술하는 것과 거의 동일한 효과를 낼 수 있는 다빈치^{DaVinci} 시스템 같은 로봇을 생각해볼 수 있다. 화재 구조^{fire rescue}, 법 집행^{law enforcement}, 위험물 처리 등을 위한 로봇은 위험한 지역에 들어갈 수 있고, 사람이 노출될까봐 걱정할 필요 없이 재난 수준을 빠르게 판단하고 이를 해결^{mitigate}할 수 있게 한다. 2001년부터 2013년 사이 34번의 재난에서 로봇이 사용됐고 폭발물 처리반^{bomb squads}에는 대체로 최소 1대 이상의 로봇이 있었다. 정유회사는 대개 연안 시추 작업에 ROV를 사용한다. 재택근무^{Telecommuting}는 동료들이 굳이 한곳에 모일 필요 없이 원격으로 미팅에 참석하거나 업무를 할 수 있는 또 다른 신기술이다. 의료 전문가들은 이동하느라 시간을 지연할 필요 없이 전문 의료 진단을 바로 제공할 수 있도록 재택근무를 이제 막 시작했다. 리모트 프레즌스 애플리케이션을 위한 로봇은 지능적이어야 한다. 센싱 결과가 손실되는 것을 보완하는 동시에 인간이 로봇을 목각인형 조종하듯이 다룰 필요가 없도록 하기 위해서다. 이에 관한 자세한 내용은 5장에서 설명한다.

지능형 로봇이 각광받는 새로운 애플리케이션 중 하나를 꼽으라면 인간의 보조 역할을 해온 것이 아닐까 한다. 노인 돌봄, 재활, 간호 등을 위한 보조 로봇은 노령인구를 위해 새롭게 뜨고 있는 분야다. <로봇 앤 프랭크^{Robot and Frank}>(2012)는 요리, 청소, 심지어 건강 습관까지 코칭하는 로봇과 한 노인의 관계에 초점을 맞춘 영화다. 이 영화에는 휴머노이드 로봇이 등장한다. 하지만 의학 연구자들은 환자가 안전하게 일어날 수 있게 해주는 로봇 침대^{robot bed}, 낙상 사고를 추적하고 방지하는 로봇 워커^{robot walker} 등을 이용한 실험을 계속 해오고 있다. 자율 주행 차량은 인간이 차량에게 운전을 맡길 수 있는 또 다른 형태의 보조 로봇이다.

로보틱스의 네 번째 애플리케이션은 엔터테인먼트(예능, 유희) 분야다. 로봇은 Furby®와 단명한 모델인 Aibo® 개처럼 장난감 역할도 해왔다. 특수 효과 및 애니마트로닉스의 경우 목각 인형 팀을 이용하기보다는 지능형 로봇으로 넘어가고 있다. 로봇 프로그래밍 기법은 더욱 현실적인 캐릭터와 아바타를 만들고자 비디오 게임, 그래픽스 등에도 적용 중이다.

1.6 AI의 7가지 영역: 왜 지능형인가?

로봇을 어느 정도 사용할 수 있는지, 한계 등을 알아봤으니 이제 인공지능에서 어떤 영역들이 있는지, 이러한 한계를 극복하고자 인공지능이 어떻게 쓰일 수 있는지 알아보자. 『Handbook of Artificial Intelligence』(Kaufmann, William Inc, 1981)는 인공지능을 지식 표현Knowledge representation, 자연 언어 이해Understanding natural language, 학습Learning, 플래닝 및 문제 해결Planning and problem solving, 추론Inference, 탐색Search, 비전vision의 7개 주요 영역으로 나눴다. 최근에는 팀이 어떻게 협업할 수 있는지를 다루는 분산 인공지능Distributed artificial intelligence이 여덟 번째 영역으로 뜨고 있다. 앞의 주제들은 빌딩 블록과 같은데, 예를 들면 (1) 한 낮에 복잡한 빌딩을 통과하는 최적의 경로 탐색(내비게이션)은 플랜plan을 만들기 위한 빌딩의 구조(레이아웃) 관련 지식, (2) 빌딩의 어느 곳이 점심시간 때문에 사람들이 많이 몰리므로 피해야 할지 등에 대한 추론, (3) 빌딩, 사람, 출입문, 장애물 등을 인식하기 위한 컴퓨터 비전, (4) 많은 인파 속에 갇히지 않고 통과할 때 필요한 로봇과의 커뮤니케이션 방법, (5) 복도가 막혔을 경우 나중에 그쪽 길로 내려가려고 하지 않게 하는 학습 등을 필요로 한다.

1. **지식 표현:** 로봇이 세계, 태스크, 로봇 자신을 어떻게 표현할 것인지는 중요하지만 때때로 간과하는 이슈 중 하나다. 로봇이 노인의 행동을 도우려고 방을 스캐닝하고 있다고 가정해보자. 사람이 어떻게 보일지, 사람이 무엇을 필요로 할지를 어떤 종류의 데이터 구조와 알고리듬을 사용해 표현할 것인가? 계산량 부담이 없도록 유지하면서 중요한 모든 것을 어떻게 프로그램으로 잡아낼 것인가? 인공지능 로보틱스에서는 인식하면 바로 동작하는 동물에서 사용되는 '다이렉트 퍼셉션direct perception'과 컴퓨터가 최적의 경로를 만들기 쉬운 추상화된 세계 표현들 간의 밀접한 관계를 찾는다.

2. **자연어 이해:** 자연어란 시리Siri®, 알렉사Alexa® 등의 상업용 제품에서 사용 중인 단어 인지 문제와는 별개로 대단히 어려운 영역이다.

    이건 그냥 단어를 찾는 게 아니다. AI에 대해 상상 속의 소설 같은 이야기가 있다. 스푸트니크 1호가 발사된 후 미국 정부는 소비에트 과학자들을 따라 잡아야 했다. 하지만 러시아 과학 문서를 번역하는 작업은 매우 시간이 오래 걸릴 뿐더러 미국인 중 러시아어로 작성된 기술 문서를 읽을 수 있는 사람이 많지 않았다. 따라서 미국은 번역 프로그램을 만들고자 새로운 컴퓨터를 사용하기로 했다. 새로운 프로그램을 처음 테스트할 날이 왔고 프로그램에 다음과 같은 속담을 입력했고, "마음은 굴뚝같은데, 몸이 안 따라준다The spirit is willing, but the flesh is weak." 번역 결과는 다음과 같았다. "보드카는 독하지만 고기는 썩었다The vodka is strong, but the meat is rotten."

로봇과 편하게 상호작용이 이뤄지려면 내적, 외적으로 어떻게 커뮤니케이션해야 하는지도 인공지능 로보틱스에서 연구한다.

3. **학습:** 인간을 감시하도록 프로그래밍된 로봇, 새로운 작업을 반복적으로 시도하기만 해서 학습을 할 수 있는 로봇이 있다고 상상해보자. 또는 새로운 해결책을 만들어내고자 시행착오를 통해 해당 태스크를 시험하는 로봇도 생각해보자. 인공지능 로보틱스는 여러 가지 유형의 학습을 연구하고 학습이 어떻게 여러 가지 다른 기능에 적용될 수 있는지를 다룬다.

4. **플래닝 및 문제 해결:** 지능이란 이러한 계획이 실패할 경우 목표를 달성하고 문제를 해결하고자 필요한 실행 방안을 수립하는 능력과 관련이 있다. 어린이 동화 '아기 돼지 삼형제' 를 보면 앞날에 대한 계획을 세우지 않는 소위 덜 떨어진 큰 형, 작은 형 돼지와 왜 이 형들의 집이 무너졌는지에 대한 문제도 해결할 수 있을 뿐만 아니라 늑대를 고통스럽게 죽이기 위한 새로운 계획도 만들 수 있는 역량을 지닌 똑똑한 막내 돼지가 나온다. 인공지능 로보틱스는 실세계에서 예측할 수 없는 것들에 대처하기 위한 계획수립, 문제 해결과 밀접한 관련이 있다.

5. **추론:** 추론은 정보가 완벽하지 않더라도 어떻게든 답을 만들어내는 것이다.

   땅 위에서 어두운 지역을 파악하는 행성 탐사 로버가 있다고 가정해보자. 레인지 파인더range finder는 고장 났고 카메라와 정교한 AI 시스템만 사용할 수 있는 상태다. 카메라를 통해서는 상세한 정보를 추출할 수 없다고 가정한다. 어두운 지역이 협곡일까? 아니면 단순히 그늘일까? 어두운 지역이 무엇인지 구분하려면 (능동적이든 수동적이든) 로버에는 추론 기술이 꼭 필요하다(예를 들면 어두운 지역에서 돌을 차 본다든지, 그늘이 생길 수 있는 해당 지역 근처에 가서 아무것도 안하고 가만히 있어 본다든지 하는 식이다). 인공지능 로보틱스에서도 추론 기술의 활용 비중이 꾸준히 높아지고 있다.

6. **탐색:** 탐색이 대규모 물리적 공간 속에서 객체를 찾는 것만을 의미하는 것은 아니다. AI 분야에서 탐색이란 어떤 문제의 답을 얻고자 해당 문제의 지식 표현('탐색 공간')을 효율적으로 검사하는 것을 의미한다. 세계에서 체스를 가장 잘 두는 개리 카스파로프Garry Kasparov를 이긴 컴퓨터 딥 블루Deep Blue는 가장 좋은 수를 찾으려고 가능한 모든 경우의 수를 전부 탐색했고 이에 힘입어 경기에서 승리를 거뒀다. 체스의 경우 현재 체스판의 상태에서 말이 이동 가능한 경로들로 탐색 공간을 만든다. 이러한 탐색 형태로 데이터 마이닝, 빅데이터가 있다. 내비게이션 과정에서 최적의 경로를 만들어낼 때, 지식 표현을 탐색할 때 인공지능 로보틱스는 탐색 알고리듬을 사용한다.

7. **컴퓨터 비전:** 인간의 가장 중요한 감각 중 하나를 꼽는다면 아마도 시각일 것이다. (전 하버드 대학교 사회과학부 학장이자 현 미네르바 스쿨을 설립한 학장인) 심리학자 스티븐 코슬린Stephen M. Kosslyn 박사는 그의 연구에서 인간의 문제 해결 역량 중 상당 부분이 머릿속에서 행동의 결과를 시각적으로 시뮬레이션하는 능력에 기인한다고 제안하고 있다. 마찬가지로 AI 연구자들도 로봇의 액션이 더 나아지고 일반적인 머신 인텔리전스machine intelligency 속에서 다른 작업을 보충하고자 비전 시스템을 만들어왔다. 인공지능 로보틱스는 비디오 데이터를 해석하기 위한 컴퓨터 비전과 마이크로소프트의 키넥트Kinect® 같은 RGB-DRGB-Depth 카메라를 매우 많이 활용한다.

인공지능 로보틱스의 역사는 AI에서 로보틱스를 향상시킬 수 있는 고급 기술에 관한 이야기라고 가정하면 왠지 솔깃할 것이다. 여러모로 보건대 로보틱스는 AI의 발전에 지대한 역할을 해왔다. 1980년대 후반, 로보틱스 분야에서 반응성^{reactivity}으로 패러다임 전환이 있은 후 나타난 OR$^{Operations\ Research}$ 문제를 위한 플래닝 기법의 획기적인 발전은 환경의 예측 불가능한 변화가 프로그래밍을 단순화하는 데에 실제로 어떻게 이용될 수 있는지를 보여줬다. 월드와이드웹^{WWW}상의 많은 검색 엔진은 로보틱스를 위해 개발된 기술을 사용하고 있다. 웹을 직접 크롤링^{crawling}하는 (웹 사이트를 귀찮게 하는) 소프트웨어 에이전트를 지칭하는 데 로봇이라는 용어가 사용된 것은 이러한 AI 시스템의 로보틱스 유산이 반영된 결과라 하겠다.

1.7 요약

1장에서는 로봇과 인공지능에 대한 6가지 일반적인 질문에 대한 답을 주요 내용으로 다뤘다. 가장 기초적인 질문은 "로봇은 무엇인가?"이다. 로봇은 물리적 상황에 대한 에이전트로, 센싱을 할 수 있고 운영 환경에서 동작할 수 있는 개체다. 로봇이 무엇인지를 이해했다면 "지능형 로봇은 무엇인가?"에 대한 답을 얻을 준비가 됐다고 볼 수 있다. 지능형 로봇이란 앞서 정리한 '센싱을 할 수 있고 운영 환경에서 동작할 수 있는 물리적 상황에 대한 에이전트'이면서 성공 가능성을 최대화하도록 센싱하고 동작할 수 있는 지능형 에이전트다. 로봇의 물리적 특징을 고려하면 "로봇의 구성 요소는 무엇일까?"라는 의문이 생길 것이다.

로봇의 주요 구성 요소는 통상 퍼셉션^{perception}, 제어^{control}, 커뮤니케이션^{communication}, 파워^{power} 등 5가지다. 이 구성 요소들은 팔과 다리, 오감, 중추신경계, 소리, 몸짓, 사회적 표시를 만들고 해석하는 능력, 동물의 소화 기관 등과 관련돼 있다. '지능형 로봇의 종류'는 로봇이 작동하는 환경(지상, 해상, 수중, 공중)에 따라 나눌 수 있다. 이를 좀 더 구체적으로 표현하면 "지능형 로봇의 용도는?"이라는 질문으로 이어진다. 로봇의 용도는 크게 다음과 같은 4가지를 생각해볼 수 있다. (1) 지저분하고, 위험하고, 따분한 일을 대신하고, (2) 멀리 떨어진 곳에서 실시간으로 감지하거나 행동할 수 있도록 인간이 자신을 멀리 떨어진 환경에 투영할 수 있게 하고, (3) 노인 돌봄처럼 인간을 도와주고, (4) 점점 커지고 있는 엔터테인먼트 영역에서 인간을 즐겁게 해준다. 1장에서는 인공지능의 7가지 핵심 영역(지식 표현, 자연 언어 이해, 학습, 플래닝 및 문제 해결, 추론, 탐색, 비전)을 소개하고 지능이 필요한 이유와 이들이 지능형 에이전트에 어떻게 기여하는지 알아봤다. 이 영역들은 인공지능 분야 내에서 서로 별개의 영역이지만 로봇의 지능 향상에 공통적으로 기여하고 있다.

1.8 연습문제

문제 1.1
지능형 로봇에 대해 설명해보라.

문제 1.2
온도계는 특정 용도를 위한 에이전트지만 지능형 에이전트는 아니다. 이렇게 지능형 에이전트에 해당되지 않으면서 특정 용도를 위한 에이전트로 4가지를 더 생각해보라.

문제 1.3
자율 시스템autonomous system의 3가지 모달리티를 설명해보라. 그중에서 어떤 모달리티가 다른 2가지보다 더 지능을 필요로 하는가?

문제 1.4
지능형 로봇에 공통적으로 적용되는 5가지 구성 요소를 설명해보라. 그리고 각각은 동물의 어떤 부분과 관련이 있는가?

문제 1.5
지능형 로봇이 사용돼 온 4가지 대상, 영역에 대해 설명해보라.

문제 1.6

인공지능의 7가지 영역을 여러분 나름의 표현으로 설명해보라. 그리고 지능형 로봇에 이 영역들이 어떻게 기여하는지도 설명해보라.

문제 1.7

체스 게임, (미국 TV 퀴즈쇼인) <제퍼디^{Jeopardy}>보다 로봇 애플리케이션에서 AI가 더 필요한 이유를 설명해보라. 지능형 로봇에 대해 여러분이 이해하고 있는 수준에서 로봇의 4가지 애플리케이션(대체, 프로젝트, 보조, 엔터테인먼트) 각각에 대해 이것이 왜 맞는지를 최소 2가지 이상의 이유를 들어 설명해보라.

문제 1.8

인터넷을 이용해서 지능형 로봇의 애플리케이션과 제조사들 각각에 대해 최소 10개 이상을 찾아서 정리해보라.

문제 1.9

미국 TV 채널 PBS의 인기프로그램인 <미국의 과학개척자들^{Scientific American Frontiers}>에 <로봇은 살아있다!>편이 있다. 이 에피소드는 매우 오래되긴 했지만 인공지능의 여러 영역이 지능형 로봇에 어떻게 기여하는지를 아주 잘 설명하고 있다. 여기서 '미팅 일정을 수립'하고 '방을 청소'하는 부분을 잘 보고 AI의 7가지 영역 각각이 로봇에서 어떠한 역할을 하는지 설명해보라.

문제 1.10

영화 <로봇 앤 프랭크>를 보고 인공지능의 여러 영역 각각을 로봇이 어떻게 사용하고 있는지 설명해보라.

1.9 엔드 노트

The World's End

영화 <The World's End>(2013)에 등장한 로봇은 '로봇'을 '노예'로 정의하려고 하는 술 취한 주인공을 바른 사람이 되도록 계속 고쳐주려고 한다.

Robot name trivia

영국의 과학 소설인 『은하수를 여행하는 히치하이커를 위한 안내서』(책세상, 2005)에서 성질이 고약한 로봇인 마빈[Marvin]은 괴팍한 성격의 AI 연구자인 MIT 교수 마빈 민스키[Marvin Minsky] 박사의 이름을 따왔다고 본다.

02
인공지능 로보틱스의 역사

2장에서 다루는 내용

- 로보틱스의 역사에 대해 알아본다. 또한 지능 향상을 위해 얼마나 다양한 방법을 시도했는지도 알아본다.
- 인공지능 사용 관점에서 로봇을 툴, 에이전트, 조인트 인지 시스템 등으로 설계했을 때의 차이점을 알아본다.

2.1 개요

먼저 로보틱스의 역사를 간략하게 알아보자. 로보틱스의 역사를 이해하고 나면 3장에서 설명할 자동화^{automation}와 자율성^{autonomy}을 좀 더 명확히 구분해 정의할 수 있을 것이다. 뿐만 아니라 로봇을 툴(도구)로 취급하는 이유, 해야 할 일에 맞춰 움직이는 에이전트로 보는 이유, (안내견 같은) 도우미 동물이나 양을 지키는 개(목양견)처럼 팀의 일원으로 보는 이유도 알아본다.

그림 2.1은 일반적인 시간의 흐름 기준에서 본 인공지능 로보틱스의 역사인데, 뒤이어 설명할 로보틱스의 여러 가지 형태와 어떤 연관성이 있는지도 함께 보여준다. 로봇을 바라보는 방법 중 하나로 공학 기반 접근법과 AI 기반 접근법 사이에서 발전 과정의 분기점이 있었던 1960년대 초로 거슬러 올라가보자. 공학 기반 접근법

은 더 좋은 툴을 만드는 데 적용됐다. 원격 운전이 가능한 드론처럼 '실제로 긴 손잡이가 달린 툴'인 원자력 산업을 위한 하드웨어 툴도 있고, 한정된 구역 안에서 움직였지만 1800년대에 개발된 자동 방직 기계와 비슷한 제조업을 위한 툴도 있다. AI 기반 접근법은 상황에 맞게 적응할 수 있는 비지도학습 방식의 모바일 로봇이 필요한 영역, 로봇을 에이전트로 사용하려는 영역 등에 적용됐다. 오늘날 로봇은 인간과 더욱 자연스럽고 쉽게 일하는 조인트 인지 시스템이라는 또 다른 변화를 경험하고 있다.

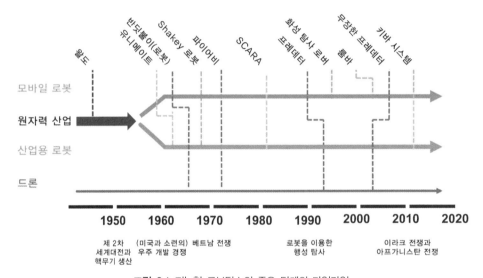

그림 2.1 지능형 로보틱스의 주요 단계의 타임라인

2.2 툴, 에이전트, 조인트 인지 시스템으로의 로봇

역사적으로 설계 단계에서 로봇은 툴, 에이전트, 조인트 인지 시스템 등으로 가정했다. 이러한 초기 가정은 인공지능의 사용 여부에 큰 영향을 미쳤다.

　로봇은 종종 툴, 즉 상당히 제한되거나 특화된 기능을 수행할 수 있는 장치로 취급되는데, 대표적인 예로 (산업용) 용접로봇welding robot을 생각해볼 수 있다. 용접로봇은 물리적으로 어딘가에 위치해 있지만 외부의 변화에 맞춰 일종의 '적응'을 하지는 않는다. 용접하는 부품에는 정밀한 환경 설정이 필요하다. 이게 안 돼 있으면 로봇이 제대로 동작하지 않는다(엉뚱한 나사못 드라이버를 사용해서 드라이버가 망가지거나 나사못을 잘 돌리지 못하는 경우 등이 여기에 해당된다). 설계 프로세스^{design process}는 나사못 드라이버로 나사못을 가장 잘 돌려 박을 수 있고, 망치로 가장 못을 잘 박을 수 있는 것처럼 어떻게 하면 로봇이 특정 기능에 최적화 될지에 집중한다. 또한 이 프로세스에 간혹 로봇을 더 쉽게 만들려고 부품을 고정하는 고정구^{fixture}, 또는 부품을 설계하는 것도 포함된다. 종종 AI는 툴 설계에 필요 없다고 여겨지기도 한다.

로봇을 툴로 보는 것과 반대로 에이전트로 보는 경우가 있다. 시뮬레이션 환경에서 또는 웹상에서 동작하는 로봇과 사람과 대조적으로 물리적으로 위치해 있는 로봇과 사람을 이용해 실세계에서 변화를 감지할 수 있고 그러한 변화에 영향을 끼칠 수 있는 일종의 개체라고 에이전트를 1장에서 이미 정의했다. 진공청소기 로봇이 물리적으로 위치해 있는 지능형 에이전트의 대표적인 예다. 이 경우 로봇 에이전트에게는 완수해야 할 목표가 있다. 에이전트는 스스로 상황에 맞춰 움직인다. 즉, 진공청소기는 크기와 환경이 모두 다른 방에서 작업을 수행한다. 반면 나사못 드라이버의 핸들이 망치로 돼 있는 것처럼 툴이 새로운 상황에 '적응'한 경우도 있다. 하지만 툴은 적응이라는 걸 고려하지는 않으며, 보통 적응을 준최적화^{suboptimal}로 본다. 로봇의 에이전트 관점은 로봇이 사람을 동료로 보고 행동하는 과학 소설 영화에 의해 강화돼왔다. 에이전트를 위한 설계 프로세스는 에이전트가 센싱, 플래닝과 같은 상호작용을 세상과 어떻게 하는지, 새롭지만 어느 정도 유사한 태스크, 상황에 어떻게 적응하는지를 집중적으로 다룬다. 그 결과 AI는 필요한 기능을 제공하는 데 사용된다.

조인트 인지 시스템이라는 새로운 접근 방식은 각각의 에이전트가 기여해 지능 면에서 시너지를 내도록 인간-머신 팀의 일원으로 로봇을 취급한다. 인간-로봇 팀은 최소한 로봇 1대와 1명의 인간으로 구성되며, 인간과 로봇 에이전트가 섞여 있기 때문에 혼합 팀이라고도 한다. 사람이 주행 기능을 켜고 끄는 자율 주행 차량은 조인트 인지 시스템의 대표적인 예다. 엔터테인먼트 로봇도 텔레커뮤팅을 위한 로봇이란 점에서 혼합 팀의 좋은 예로 볼 수 있다. 설계 프로세스는 팀의 목표를 달성하고자 에이전트가 어떻게 협력하고 조율할지에 집중돼 있다. 조인트 인지 시스템 접근 방식은 에이전트들이 각자 모두 다른 할 일을 맡는 식으로 로봇을 취급하기보다는 장애인 보조 동물 내지는 양을 모는 개처럼 도우미로 로봇을 취급한다. 조인트 인지 시스템 설계에서 AI는 좋은 팀원 역할을 할 수 있을 만큼 지능적인 로봇이 만들어지도록 인간-로봇의 상호작용 원리에 맞게 사용된다.

2.3 제 2차 세계대전과 원자력 산업

로보틱스는 엔지니어링 혁신과 사회적 요구^{needs}의 오랜 역사에 뿌리를 두고 있다. 여기에는 기계를 더 잘 제어하기 위한 노력, 노동자가 위험에 처했을 때 기계가 해야 할 일들도 포함돼 있다. 로보틱스에 가장 큰 자극을 준 것은 제 2차 세계대전과 원자력 산업이 아닐까 한다. 당시의 로봇 설계자들은 로봇을 툴로 생각했다.

1942년, 미국은 핵폭탄 개발을 목표로 1급 비밀$^{top\ secret}$에 해당하는 맨해튼 프로젝트$^{Manhattan\ Project}$에 착수했다. 핵폭탄 제조 이론은 수년간 학계에서 발표돼 왔었다. 제 2차 세계대전 당시 미국이 이끄는 연합국이나 나치 독일이 이끄는 추축국 중 첫 번째 핵무기를 만들 수 있는 쪽이 승리할 것이라고 연합국$^{Allied\ Powers}$, 추축국$^{Axis\ powers}$ 양측 군사 지도자들 모두가 믿었다.

과학자, 엔지니어들이 먼저 해결해야 했던 문제는 우라늄, 플루토늄 등 많은 양의 방사능 물질을 다루고 처리하는 것이었다. 핵물질을 다루는 작업이 매우 위험하다는 걸 당시에는 잘 이해하지 못했지만 관련자들 모두는 뭔가 몸에 안 좋을 거라고 생각했다. 이러한 위험 요인을 줄이는 방법으로 처음 생각했던 것이 글로브 박스$^{glove\ box}$였다. 핵물질은 유리 상자 안에 있고 작업자들은 납이 함유된 보호용 유리판 뒤에 서 있거나 앉은 상태에서 두꺼운 가죽 장갑을 손에 꼈다. 이렇게 해서 작업자들은 작업을 눈으로 직접 볼 수 있었을 뿐만 아니라 글로브 없이 할 수 있는 거의 모든 작업도 수행할 수 있었다.

그러나 이 방법은 방사선 양이 높은 물질에 대해서는 적합하지 않았기 때문에 사람과 방사능 물질을 완전히 격리할 수 있는 메커니즘을 개발해야 했다. 1가지 방법으로 힘 반영force-reflecting 텔레매니퓰레이터telemanipulator가 있다. 한 쪽 끝 모션을 다른 쪽 끝에서 모션으로 변환해주는 정교한 메커니즘 연동 기계다. 텔레매니퓰레이터의 실제 모습은 그림 2.2를 참조한다.

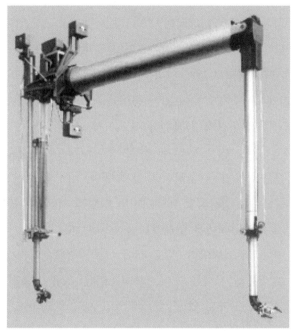

그림 2.2 모델 8 텔레매니퓰레이터(왈도(waldo)). 장치의 위쪽 부분은 천정에 부착한다. 오른쪽 부분은 핫 셀(hot cell)로 확장한다(출처: Central Research Laboratories https://crlsolutions.com/).

방사능 처리 작업자들은 텔레매니퓰레이터에 손을 넣고 로봇 팔의 다른 쪽 끝이 사방이 막혀 있는 셀 안에서 어떻게 동작하는지 화면을 보면서 움직인다. 텔레매니퓰레이터는 오늘날 컴퓨터 게임에서 사용되고 있는 파워 글로브의 원리와 비슷하지만 사용하기가 훨씬 어려웠다. 당시의 기계공학 기술이 손과 팔의 움직임을 로봇 팔에 정확하게 매핑시키지 못했기 때문이다. 따라서 장비를 조종하는 사람들이 종종 로봇 팔이 아주 중요한 매니퓰레이션을 수행하도록 자신의 팔을 이용해 상식적으로 이해하기 어려운 이상한 동작을 취해야 했다(거울 앞에서 작업하는 상황을 연상해보기 바란다). 마찬가지로 텔레매니퓰레이터는 힘의 강도를 전달하기가 대단히 어려웠고 이로 인해 그리퍼^{gripper}가 물체를 얼마나 세게 잡고 있는지 작업자가 감을 잡을 수 없었다. 텔레매니퓰레이터를 이용한 작업의 숙련도가 손으로 직접 수행하는 수준에 도달하려면 작업자는 몇 년 동안 연습을 해야 할 수도 있었다.

텔레매니퓰레이터 분야가 성장하고 우주 관련 오퍼레이션 작업에 채택됨에 따라 시스템에서 로봇화된 부분은 텔레팩터^{telefactor}라고 불렀고 시스템을 운영하는 사람은 텔레오퍼레이터^{teleopeartor}라고 불렀다. 그러나 텔레팩터는 일반적인 관례에서 거의 사용되지 않는 전문 용어로 남아 있다. 대신 핵개발 산업은 로버트 하인라인^{Robert} ^{Heinlein}의 텔레오퍼레이션^{teleoperation}에 관한 공상과학 소설 이후 텔레매니퓰레이터와 텔레팩터를 왈도^{Waldo}로 부르기 시작했다.

제 2차 세계대전 이후, 많은 나라가 핵무기를 생산하고 발전소용 화석 연료의 대체재로 핵에너지를 이용하는 데 관심을 갖게 됐다. 미국과 소련도 핵 군비경쟁에 돌입했다. 핵무기를 대량 생산하고 핵에너지의 평화적 사용을 지원해야 한다는 필요성이 제기되면서 엔지니어들은 텔레매니퓰레이터보다 제어하기 쉬운 로봇 무기를 설계하라는 압박을 계속 받았다. 주로 제어 이론$^{control\ theory}$의 발전 덕분에 외관이나 움직임이 더 그럴듯해 보이는 기계 및 제조업용 로봇이 등장하기 시작했다.

제 2차 세계대전 후, 노버트 위너$^{Norbert\ Wiener}$의 선구적 업적에 힘입어 엔지니어들은 사이버네틱스를 이용해 기계와 전기 장치를 정확하게 제어할 수 있게 됐다. 사이버네틱스^{Cybernetics}는 원래 '동물과 기계 관점에서 자동 제어 시스템의 연구 및 개발'을 의미했지만 이 용어는 '순수주의자'들이 원래의 개념과 너무 거리가 있다고 생각한 전기 회로, 수학적 로직, 다른 주제들에 적용돼 왔다. 사이버네틱스는 로봇이 단순한 툴의 한계를 넘어 에이전트의 영역으로 넘어가기 위한 시도 중 하나였다.

2.4 산업용 매니퓰레이터

부분적으로나마 핵개발 산업의 자동화가 성공한 덕분에 이 기술을 다른 애플리케이션, 특히 일반 제조업에도 사용할 수 있게 됐다. 로봇 팔은 유니메이션^{Unimation} 사에 의해 1956년 산업계에 처음 도입됐다(하지만 회사가 수익을 내기 시작한 건 1972년 이후다).[61] 산업계의 큰 발전에 결정적안 기여를 한 로봇 기술의 대표적인 유형 2가지를 꼽으라면 산업용 매니퓰레이터(그림 2.3)로 불리는 로봇 팔과 자동 가이드 차량^{AGV}이라고 부르는 모바일 카트가 아닐까 한다. 물론 이 용어들은 최근에는 쓰이지 않는다. 산업용 매니퓰레이터는 에이전트라기보다는 툴로 설계돼 왔다.

그림 2.3 RT3300 산업용 매니퓰레이터(출처: 세이코 인스트루먼트(Seiko Instruments))

미국 연구원^{RIA, Robot Institute of America}에서 내린 정의를 다시 정리하면 산업용 매니퓰레이터는 물질(또는 재료), 부품, 툴, 특정 장치 등을 옮기고자 설계된, 여러 번 프로그래밍이 가능하고 기능도 여러 가지인 메커니즘이라고 할 수 있다. 산업용 로봇 설계에서 특히 강조하는 점은 높은 정확도와 속도로 작업을 반복적으로 수행할 수 있다는 것이다. 다중 기능을 수행하려면 그림 2.4처럼 매니퓰레이터도 많고 자유도도 하나 이상이다. MOVESTAR® 로봇 팔에는 5개의 자유도, 즉 5개의 관절이 있다. 이들 각각은 한 개의 축을 기준으로 회전하는 자유도만 지니고 있다. 반면 인간의 팔에는 3개의 관절(어깨, 팔꿈치, 손목)이 있고, 그중 2개(어깨와 손목)는 6개의 자유도를 지니고 있어 매우 복잡하다.

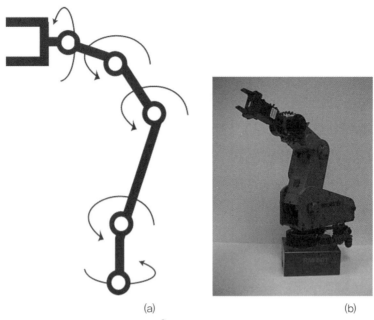

그림 2.4 MOVEMASTER® 로봇: (a) 로봇 팔, (b) 연관 조인트

20세기 산업의 성공에 있어 핵심 요소는 대량 생산을 위한 조립 공정에서 정밀성 precision과 반복성repeatability에 있다. 실제로 산업 현장의 엔지니어는 작업장이 자동으로 돌아가면 얼마나 좋을까 하는 생각을 했다. 일단 로봇 팔에 프로그램이 반영되면 소소한 유지 보수 정도로 몇 주, 몇 달 동안 작업이 가능했다. 그 결과 이익을 낼 수 있을 정도로 정밀하고 반복적이고 빠르게 로봇이 움직일 수 있는지 확인하고자 로봇의 기계적 측면이 강조됐다. 생산 라인은 특정 제품을 대량 생산하게 만들어졌기 때문에 로봇이 모든 문제를 알아챌 필요는 없었다. 대량 생산을 위한 표준을 바탕으로 확실한 부품이 정확한 자리에 놓이도록 더욱 경제적인 설비 메커니즘이 만들어졌다. 자동화를 위한 로봇에는 본질적으로 시각과 감각이 없을 수 있다.

제어 이론은 산업용 매니퓰레이터에서 엄청나게 중요하다. 용접건welding gun처럼 매우 큰 툴을 빠르게 옮기는 문제를 생각해보자. 여기서 특히 중요한 문제는 용접할 부품을 과다하게 지지거나 부딪치지 않으면서도 정확한 위치에서 딱 멈추도록 컨트롤러가 용접건의 속도를 늦추기 시작할 때다. 아울러 일반적으로 진동 모션oscillatory motion이 일어나서는 안 된다. 다른 문제로 조인트 설정joint configuration이 있다. 로봇 팔에 사람처럼 손목, 팔꿈치, 어깨 관절이 있다면 중복된 자유도가 존재하게 된다. 즉, 어떤 1가지 모션을 만들어낼 때 관절을 움직이는 방식이 여러 가지가 있을 수 있다는 얘기다. 그렇다면 조인트 메커니즘 관점에서 어떻게 하는 것이 더 좋고 효율적이며 스트레스를 덜 받을까?

특히 주목할 점은 대부분의 매니퓰레이터 제어는 볼리스틱 제어ballistic control 또는 개방형 루프 제어open loop control로 가정했다는 점이다. 볼리스틱 제어에서는 좌표의 궤도와 속도 프로파일을 한 번만 계산한 후 로봇 팔을 움직인다. 즉, '작동 중'에 보정을 하지 않는데, 이는 탄도 미사일ballistic missile은 날아가는 동안 궤도 수정이 없기 때문이다. 볼리스틱 제어를 이용해 정확한 작업을 하려면 장치가 어떻게 동작하는지를 포함한 장치 관련 모든 것이 모델로 만들어지고 계산을 통해 결과를 얻을 수 있어야 한다.

볼리스틱 제어에 대응하는 것으로 폐쇄형 루프 제어closed loop control가 있다. 이는 목표와 현재 위치 간의 오차를 센서로 기록하고 새로운 궤도와 프로파일을 계산하고 실행한다. 이것을 다음번 업데이트에서 계속 수정해나간다. 초기의 폐쇄형 루프 제어에는 오차 신호, 피드백을 전달하기 위한 외부 센서가 필요했다.

일반적으로 로봇 팔과 화물의 구조적 속성을 알고 있다면 앞의 질문에 답할 수 있을 것이고 프로그램도 만들 수 있을 것이다. 실제로 제어 이론은 매우 복잡하다. 시스템에서 (어떻게 메커니즘이 움직이고 변형되는지를 설명하는) 동역학dynamics과 (메커니즘의 구성 요소들이 어떻게 연결돼 있는지 설명하는) 키네마틱스kinematics, 기구학는 로봇의 각 관절별로 따로 계산해야 한다. 그래야 모션이 다음 관절에 순차적으로 전파될 수 있다. 모션을 전파할 때 어떤 한 관절에서 다음 관절로 좌표 시스템이 바뀌는 것을 계산해야 한다. 그림 2.4에서 그리퍼를 움직이려면 로봇 팔의 기본 지점에서 그리퍼로 옮기고자 4개의 좌표가 바뀌어야 한다. 좌표 변환 작업에서 분모가 0인 나눗셈 연산이 포함되는 계산상의 특이성computational singularities이 나타나기도 한다. 새로운 작업을 위해 매니퓰레이터를 다시 프로그래밍하려고 좌표 변환을 수작업으로 결정하고 특이성을 파악하려면 프로그래머 기준으로 작업 시간이 몇 주가 될 수도 있다.

복잡한 계산의 부담을 덜 수 있는 간단한 방법 중 하나는 속도를 미리 예상해서 로봇한테 강제로 설정하는 것이다. 이렇게 하면 동역학 관련 영향도를 줄일 수 있다. 즉, 원하는 위치를 지나치거나 왔다 갔다 하는 데 대한 계산의 부담을 없애준다. 그러나 로봇에는 종종 더 많은 물질이 더해져 둔해지고 더 무거워진다. 결국 2톤짜리 로봇이 고작 200킬로그램밖에 못 다루는 어처구니없는 상태가 된다. 또 다른 해결 방법으로는 동역학과 키네마틱스를 통한 복잡한 계산을 피하고 그 대신 프로그래머가 티치 펜던트^{teach pendant}를 사용하는 것이다. (조이스틱, 컴퓨터 게임의 콘솔처럼 생긴) 티치 펜던트를 사용해서 프로그래머는 원하는 대로 로봇이 움직이게 한다. 로봇은 이러한 모션을 기억해두고 해당 모션을 바탕으로 프로그램을 만든다. 티치 펜던트는 2,000kg이나 되는 장비가 동작할 때 발생하는 위험 부담을 완화해주지는 않는다. 로봇이 다음에 무엇을 해야 하는지 알 수 있도록 프로그래머는 바로 옆에서 섬세한 작업을 지시해야 한다. 이러다 보면 조인트 설정의 특이점에 도달하거나 프로그래머가 동작을 지시하는 실수를 할 경우 프로그래머가 로봇에 부딪힐 위험이 있다. 로봇 팔이 갑자기 회전한다면? 2톤 짜리 로봇이 휘두르는 팔에 머리를 얻어맞고 싶은 사람은 아무도 없을 것이다.

무인 운반 차량^{AGV}은 현 상황에서 가장 유연한, 즉 연속적으로 움직이는 벨트^{continuous belt}나 롤러 테이블이 필요 없는 컨베이어 시스템이다. 이상적으로는 AGV가 부품이나 완제품들을 모아 필요한 시기에 필요한 장소로 옮길 수 있다. 예를 들어 조립이 완성된 엔진이 담긴 통을 AGV가 받았다고 가정하자. 다음으로 작업장을 가로질러 엔진이 필요한 차량 조립 구역에 자동으로 엔진을 옮길 수 있다. 로봇이 원위치로 돌아오면 중앙 컴퓨터에 의해 방향을 전환해 결함이 있는 부품을 집어서 재작업을 위해 작업장의 다른 곳에 옮겨 놓도록 지시를 받을 수 있다.

10장에서 다시 설명하겠지만 내비게이션은 복잡하다. AGV는 현재 위치에서 목표 지점까지의 경로 파악도 하고 공장 바닥을 어질러 놓는 사람, 다른 AGV들, 유지 보수 작업자, 툴들과 부딪치지 않아야 한다. 특히 (시력에 지장을 주는) 고르지 않은 조명과 (무선 컨트롤러, 탑재 레이더, 음파 탐지기에 심한 방해를 줄 수 있는) 수많은 금속 물질이 있는 공장에서 내비게이션이 믿을 만한 수준으로 동작하는 건 진짜 너무 어렵다. AGV가 따라 움직일 수 있는 길을 만들어주는 솔루션이 다양하게 개발됐다. 예를 들면 AGV가 감지할 수 있도록 마그네틱 선을 바닥에 매설하는 방법이 있었다. 하지만 안타깝게도 이럴 경우 AGV의 경로를 변경하면 콘크리트 바닥을 뜯어내야 했다. 이는 최신식 제조업에서 요구하는 유연성을 충족시키는 데 별로 도움이 되지 않았다. 한편 차량이 따라갈 수 있게 광화학 테이프^{photochemical tape}를 작은 조각으로 붙이는 방법도 있었다. 하지만 이런 조각은 잔뜩 화가 난 작업자들 때문에 망가질 수 있다는 문제가 있었다. 그리고 가이드 기법이 무엇이든 간에 AGV가 움직이는 경로에 무언가가 놓여 있다면 AGV는 한 발짝도 움직이지 못한다. AGV에 레인지 센서가 없다면 AGV의 경로에 있는 값비싼 장비나 방해물을 상세히 감지할 수 없을 것이다. 값비싼 대가를 치렀던 몇 차례 충돌 사고로 인해 AGV는 뒷전으로 밀려났다. AGV에 레인지 센서가 장착돼 있다면 무언가를 만났을 때 AGV는 정지할 것이다. 관리자가 무슨 일이 일어나고 있는지 알아차릴 때까지 AGV는 자신의 이동 경로에 있는 점심 도시락 때문에 멈춰 있을 수도 있다. 이런 식으로 많은 AGV가 길이 막혔다는 것을 알리려고 (불만이 많이 쌓인 작업자보다 더 심하게) 큰 소리를 낼 것이다. 듣기 싫은 사이렌 소리를 내는 멍청한 기계 때문에 점심 도시락을 계속해서 치워야 하는 상황을 상상해보기 바란다.

처음에는 작업장에 로봇이 들어서자 큰 반발이 일어났다. 이러한 반발은 산업혁명 때 재커드^{Jacquard}의 기계화 방직기가 도입됐던 상황과 비슷했다. 영국의 경우 산업혁명 이전에 양털은 가내 수공업 형태로 집에서 또는 공동 작업실에서 사람들이 일일이 직접 짜서 만들었다. 직조 공정의 기계화를 통해 직조 공정과 관련된 직업과 직조공의 지위는 (더 이상 대단한 기술이 아닌 결로) 과거와 달라졌고 사람들은 공장 작업장처럼 한곳에 모여서 일해야 하는 상황이 됐다. 러다이트^{Luddites}라는 직조공들은 조직화를 시도했을 뿐만 아니라 방직 기계와 제분소들을 파괴하려고 했다. 참고로 러다이트라는 이름은 그들의 지도자 네드 러드^{Ned Ludd}의 이름에서 따왔다.

1812년, 폭동이 급증한 후 노동자들의 폭동을 종식시키고 제분소를 보호하기 위한 법안이 통과됐다. 이에 반발하는 노동자들은 심한 탄압을 받았다. 러다이트 운동 Luddite movement이 삶의 질quality-of-life 문제에 의해 촉발됐을 수도 있지만 이 용어는 종종 어떤 이유로든 기술 또는 '진보/발전progress'을 반대하는 사람에게 적용되곤 한다.

로봇에 대한 반발이 있었지만 그렇게 격렬하지는 않았다. 헬프메이트 로보틱스 HelpMate Robotics사의 카트 로봇이 병원에서 처음 사용되던 날 한 엔지니어가 보고한 바에 따르면 카트 로봇이 계단에서 굴러 떨어진 채로 발견됐다고 한다. 그 후 후속 모델에는 악의적 행위를 방지하기 위한 몇 가지 메커니즘이 추가로 반영됐다.

새로운 러다이트 효과Luddite effect에도 불구하고 일부 경제 강국의 산업 엔지니어들은 1980년대 들어 (작업자가 없기 때문에 불이 켜져 있지 않은 공장을 의미하는) 블랙 팩토리 black factory에서 근무하기 시작했다. 컴퓨터와 로봇은 제조 과정에 대한 완전 자동화를 가능하게 할 것으로 기대됐고, '컴퓨터 기반의 통합 제조 시스템' 강좌는 공과대학에서 큰 인기를 끌었다.

그러나 러다이트 운동도 할 수 없었던 예상치 못한 2가지 트렌드로 인해 산업용 로봇에 대한 상황이 매우 안 좋아졌다. 첫 번째 트렌드는 산업 엔지니어들이 로봇으로 제조 공장을 설계한 경험이 없었다는 점이다. 종종 산업용 매니퓰레이터들은 잘못된 애플리케이션에 적용됐다. IBM 렉싱턴 프린터 공장은 가장 부끄러운 사례 중 하나다. 이 공장은 지어질 당시 자동화 레벨이 매우 높았고 디자이너들이 뛰어난 솜씨를 발휘해서 설계했던 참신한 로봇 기술에 대한 수많은 문서를 남겼다. 하지만 안타깝게도 IBM은 프린터 시장을 엄청 과대평가했고, 그 결과 공장은 대부분 시간 동안 가동 중단 상태였다. 프린터 공장이 실패한 건 로보틱스 자체의 잘못은 아니었지만 그로 인해 많은 제조업체에서 자동화에 대한 부정적 시각을 갖게 됐다.

두 번째 트렌드는 변화하는 세계 경제였다. 고객들은 '매스 커스터마이제이션'을 원했다. 대규모로 각 고객에 맞춰 상품을 단 시간 내에 조달할 수 있는 제조업체는 수익을 창출할 수 있었다(매스 커스터마이제이션을 '애자일 제조업'이라고도 한다). 그러나 산업용 로봇 팔 프로그래밍과 AGV의 경로 변경에 대한 적응력 부족과 어려움은 이러한 신속한 변화에 있어 큰 장애 요인이었다. 적응력의 부족뿐만 아니라 근로자 안전 및 러다이트 효과에 대한 우려 등으로 인해 1990년대 대부분의 기간 동안 기업들은 로봇에 대한 투자를 거의 포기했다.

산업용 매니퓰레이터의 경우 초기에는 로봇을 도구로 사용했지만 현재는 로봇으로 대체되고 있다. 키바 시스템$^{Kiva Systems}$은 AGV를 중앙 집중식 소프트웨어 에이전트에 의해 조직적으로 움직이는 분산 에이전트로 처리함으로써 2000년대 말에 AGV에 일대 혁신을 가져왔다. 키바 시스템의 접근 방식은 기존의 로봇 내비게이션 수준을 뛰어 넘었다. 대신 중앙 관제 시스템은 어떤 재료를 어디서 가져올 것인지 계획을 세우고, 어떤 재료가 더 자주 사용되는지 학습하고, 조립 작업이 이뤄질 위치에 더 가까이 있는 로봇에 빠르게 요청을 전달(일종의 캐싱^{caching})해야 했다. 이후 키바 시스템은 초창기 고객 중 하나였던 아마존^{Amazon}에 인수 합병됐다.

2.5 모바일 로봇

모바일 로봇 개발은 툴이 아닌 에이전트로 로봇을 만들기 시작하면서부터 집중적으로 이뤄졌다. 산업용 매니퓰레이터의 증가와 로보틱스에 대한 엔지니어링 형태의 접근 방법은 핵무기 개발 경쟁으로 거슬러 올라갈 수 있는 반면 AI 관점의 접근 방식의 증가는 우주 개발 경쟁에서 시작됐다고 할 수 있다. 소련(소비에트 연방: 현 러시아)의 스푸트니크 우주 프로그램이 성공한 것에 큰 충격과 자극을 받아 1961년 5월 25일, 존 F. 케네디 대통령은 "미국은 1970년에 달에 인간을 보내겠다."고 공언했다. 달 표면을 걷는 것은 우주 탐험이 이후 미칠 파급 효과 중 하나일 뿐 실제로는 소련이 달과 화성에 군사기지를 설치하고 행성의 자연 자원을 경제적으로 개발할 수 있다는 우려가 있었다.

당시 미국은 달에 인간을 보내려면 거의 10년 정도 시간이 걸릴 것으로 예상했다. 심지어 실험용 우주선으로나 가능할 것이라는 거였는데, 이건 우주비행사들을 사지로 내모는 것이나 다름없었다. 하지만 소재 기술의 비약적인 발전이 없었다면 우주

복 때문에 우주비행사들이 사소한 미션조차도 수행하기 어려웠을 것이다. 그림 2.5(a)는 아폴로 16호에 탑승했던 우주비행사 존 영^{John Young}이 갈퀴로 달 표면의 샘플을 수집하는 모습이다. 이 사진을 통해 우주 비행사가 미션을 완수하고자 엉거주춤하게 몸과 팔을 구부려야 했음을 알 수 있다.

(a)   (b)

그림 2.5 지능적 행성 로버를 위한 모티브: (a) 우주비행사 존 영이 아폴로 16호에서 달 표면 샘플을 엉거주춤한 자세로 채취하는 모습. (b) 우주비행사 짐 어윈이 아폴로 15호 미션 수행 중 언덕을 미끄러지듯이 내려가는 달 탐사 로버를 멈추는 모습(출처: 미항공우주국(NASA))

행성 탐사 로버는 우주 비행사를 대체하거나 도움을 줄 수 있는 가능한 해결 방안 중 하나였다. 물론 로버 기술에는 한계가 있었다. 시간 지연으로 인해 탐사선이 매우 느리게 움직인다 하더라도 사람은 당시에 성능이 너무 안 좋았던 무선 통신 장치를 안전하게 조종할 수 없었을 것이다. 그러므로 로봇이 자율성이 있는 것이 좋을 것이다. 1가지 방법은 모바일 로봇이 행성에 착륙해서 예비 탐사를 하고, 테스트를 하고, 기타 등등의 활동을 수행한 후 결과를 무선으로 회신하는 것이다. 이러한 자동화된 행성 탐사 로버는 이상적으로는 훈련견처럼 높은 수준의 자율성을 갖고 있을 것이다. 로봇은 지구로부터 특정 지역을 탐사하라는 명령을 받고 바위 주변을 돌아다니고 협곡에 빠지지 않으면서 가파른 경사를 전복되지 않고 건널 수 있을 것이다. 예를 들어 이 로봇은 행성이 밤인 동안에는 안전하게 있으면서 하던 일을 중단하고 태양 전지 재충전을 위한 장소를 선정하는 등 자신의 에너지 공급을 조절할 수 있을 정도로 똑똑할 수도 있다. 인간은 심지어 음성으로 명령을 내릴 수도 있다.

훈련견 수준의 모바일 로봇이 만들어진 후 곧바로 새로운 문제가 나타났다. 그저 돌아다니기만 했는데도 모바일 로봇은 월드 스테이트를 변경할 수 있었다(예, 산사태가 일어날 것처럼). 그림 2.5(b)는 우주 비행사 짐 어윈^{Jim Irwin}이 아폴로 15호에서 달 탐사선이 내리막길을 미끄러지기 시작하면서 EVA^{Extra Vehicular Activity}(선외 활동) 중 달 탐사선을 수습하는 모습이다. 우주 비행사가 달에 안전하게 탐사선을 주차할 수 있는 장소를 찾는 데 어려움을 겪는다면 탐사선이 같은 작업을 스스로 수행하는 것이 얼마나 더 어려울지 생각해보기 바란다. 게다가 무인 탐사선은 실수를 한다면 수습할 사람이 아무도 없을 것이다.

인공지능을 탑재하지 않은 탐사기의 성능에 불확실하거나 불완전한 정보가 미치는 영향을 고려해야 한다. 로봇이 망원경이나 오버헤드 명령어^{overhead command} 모듈에서 가져온 지도를 기반으로 움직였다면 지도에는 여전히 오류가 있거나 해상도가 특정 위험을 볼 수 없는 수준일 수 있다. 내비게이션을 잘하고자 로봇은 세계의 상태를 감지하고 새로운 데이터로 자신의 경로를 계산하거나 암석과 충돌하거나 구덩이로 떨어질 수 있는 위험을 감수해야 한다. 한편 로봇이 고장난 경우, 전혀 예상치 못한 일이 일어난 경우, 행성에 대한 모든 가정이 틀렸을 경우는 어떻게 할까? 이상적으로는 로봇이 문제를 진단하고 해결 방법이나 대안을 결정하며 작업을 계속 진행할 수 있어야 한다. 로봇은 처음에는 인간을 우주로 보내기 위한 임시방편의 해결책처럼 보였지만 빠른 속도로 점점 더 복잡해졌다.

당연한 얘기지만 행성 탐사 로버와 우주용 로봇을 개발하려면 오랜 시간 집중해야 한다. 미국 캘리포니아 주 패서디나^{Pasadena}에 있는 나사의 제트 추진 연구소^{JPL,} ^{Jet Propulsion Laboratory} 같은 미국의 연구 기관들은 우주 비행사들을 위한 방안을 마련하는 데 필요한 로봇 기술을 개발해야 하는 과제를 안게 됐다. 이 연구 기관들은 다트머스 회의^{Dartmouth Conference}의 결과를 잘 활용할 수 있었다. 다트머스 회의는 1955년, 미국 국방부 산하 방위고등연구계획국^{DARPA}에 의해 개최된, 컴퓨터를 이용하거나 컴퓨터의 이론적 토대를 지닌 저명한 과학자들의 모임이다. DARPA는 컴퓨터를 위한 잠재적인 사용 방법이 무엇인지를 알아내는 데 관심이 있었다. 이 회의의 결과는 '인공지능^AI'이라는 용어였다. 참석한 과학자들은 컴퓨터가 인간의 말을 이해하고 인간의 이성적 리즈닝^reasoning을 복제할 수 있을 정도로 충분히 강력해질 수 있다고 믿었다. 이는 결국 컴퓨터가 지구로부터의 간단한 명령만으로 오랫동안 행성 탐사 로버가 생존할 수 있을 만큼 충분히 동물과 인간의 능력을 흉내낼 수 있다는 것을 암시했다.

로보틱스가 AI의 가능성과 융합해야 한다는 간접적인 결과로 우주 프로그램은 로보틱스용 AI의 개발 초기에 큰 역할을 했다. 또한 NASA는 AI 로봇이 공장의 작업장 바닥에 고정되기보다는 모빌리티^mobility라는 개념을 도입했을 뿐만 아니라 AI 로봇은 아직 달성되지 않은 어려운 과제인 (이해, 언어 능력, 계획, 이성적 추론, 세계의 표현, 학습 등) 모든 형태의 AI를 하나의 프로그램에 통합할 수 있어야 한다는 개념도 도입했다.

최초의 인공지능 로봇은 DARPA의 연구비 지원을 받은 쉐이키^Shakey였다. 쉐이키는 1967년 ~ 1969년에 당시 스탠포드연구소^SRI에 의해 만들어졌으며, 지금도 지능에 대해 주목할 만한 종합적인 시도로 알려져 있다. 그림 2.6의 쉐이키는 키가 작은 사람만하고 '센스 플랜-액트^sense-plan-act' 사이클을 사용했다. 로봇에는 목표 지점(예, B실로 이동)와 시작 위치(예, A실)가 주어졌다. 그리고 TV 카메라와 음파 탐지기를 사용해 월드를 감지한다. 여기서는 크고 밝은 색의 다각형 장애물로 가득 찬 큰 방이 있다. 컴퓨터로 이미지를 분석해 장애물을 찾는다. 그리고 장애물에 부딪치지 않고 로봇을 목표물로 이동시키는 모션 경로 계획을 생성한다. 그러면 로봇은 길을 따라 몇 피트씩 움직인 다음 멈추고 센싱, 플래닝, 액션의 주기를 반복한다. 방 안에서 이렇게 이동하는 모든 과정을 수행하는 데 몇 시간이 걸릴 수 있다. 이 로봇은 움직일 때 기우뚱거려서 위쪽에 있는 대형 라디오 안테나는 앞뒤로 흔들리고 로봇 전체가 부들부들 떨었기^shake 때문에 '쉐이키'라는 이름을 얻었다.

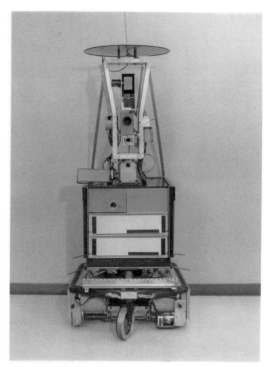

그림 2.6 쉐이키, 최초의 AI 로봇(출처: SRI)

그림 2.7 소저너 화상 탐사 로버(출처: NASA)

1997년 7월 5일부터 무선 명령에 대한 응답을 중단한 1997년 9월 27일까지 화성을 탐사한 소저너 로봇^{Sojourner robot}(그림 2.7 참조)을 통해 NASA는 1960년대에 시작했던 탐사 로봇에 대한 중장기 계획을 실현하기 시작했다(1960년대에 로봇은 유인 우주 탐사를 위한 임시 해결책이었다). 텔레파시로 동작하는 동안 소저너는 이미지 속에서 파악한 바위에 방해받지 않고 돌아다닐 수 있었다. 로봇은 길을 가다가 바위 위로 기어갈 수 있는지 아니면 돌아가야 할지 결정할 것이다. 그러나 탐색은 지능의 한 측면일 뿐 소저너 로봇은 문제 해결의 중요성을 자세히 보여줬다. 소저너가 들어있는 화성 탐사선의 날개가 열렸을 때 에어백이 방해가 됐다. 그 문제는 어떻게 해결했을까? 지구 관제사들은 탐사선의 날개를 접었다가 다시 펴는 명령을 보내 에어백을 쳐냈다. NASA의 딥 스페이스 원^{Deep Space One} 탐사선은 고장을 정교하게 식별, 진단, 복구하는 문제 해결 능력을 갖추고 있지만 이러한 유형의 문제 해결은 이 책이 집필되던 당시의 AI 역량을 감안했을 때 매우 어려웠다.[62] 쌍둥이 화성 탐사 로봇인 스피릿^{Spirit}과 오퍼튜니티^{Opportunity}는 2004년, 화성에 도착했으며 인공지능을 업그레이드할 수 있는 장점을 갖추고 있었다. 오퍼튜니티는 자율적으로 이미지를 이해하는 미션 플랜을 수행해 어떤 바위를 탐색할지, 어떤 데이터를 수집할지를 결정하고 바위로 이동해 샘플 채취를 위해 로봇 팔을 뻗는 일련의 계획을 수행할 수 있다.[97]

아이로봇^{iRobot} 사의 룸바^{Roomba®} 진공청소기(그림 2.8 참조)는 지능형 로봇이 상업용으로 자리매김하는 데 큰 역할을 했을 뿐만 아니라 로봇이 어떻게 보고 움직이는지에 대한 대안을 제공했다. 청소용 로봇에 대한 초기 투자의 경우 개인 소비자보다는 청소 대행 서비스에 주안점을 뒀다. 청소기 로봇은 대체로 큰 골프 카트만한 플랫폼으로 이뤄졌으며 벽 옆에 놓여 있는 물건들(랜드마크)을 활용했다. 이를 통해 로봇은 정확하게 자신의 위치를 삼각법을 이용해 계산할 수 있었으며, 이는 인공위성 신호 기반의 GPS 장치와 동일한 방법이었다. 사람이 하는 것처럼 로봇은 청소하고 물걸레질을 하면서 복도나 현관에서 앞뒤로 움직이며 가장 효율적인 경로로 다닐 것이다. 인부들은 쓰레기통, 장애물 등을 모두 치운 다음 사무실 청소를 한다.

그림 2.8 아이로봇 룸바® 진공청소기. 방에 적응하고자 동물의 지능을 이용했다.

청소업체의 높은 이직률을 감안한다면 로봇화는 실행 가능한 대안이었어야 했다. 그러나 초기 모델들은 랜드마크 위치 정보 오류, 방 크기의 치수 오류 등으로 인해 로봇이 벽을 뚫고 추락하는 등 언론이 다룰 정도로 큰 사고를 일으켰다. 로봇은 모빌리티mobility는 있었지만 벽을 감지하거나 랜드마크를 놓친 시점을 알아차릴 만큼 지능 수준이 높지는 않았다. 우선 방 전체 또는 구역을 정확하게 감지하고 청소하기 위한 최적의 경로를 계산하는 방법에 연구의 초점을 맞추기 시작했다. 1개당 10만 달러가 넘는 정확한 레인지 센서를 로봇에 통합하는 데 따른 크기와 비용 때문에 연구 진행도 지장을 받았다. 조명으로 인한 제약 사항이 없었다면 컴퓨터 비전 기술을 이용해 이미지에서 깊이depth 정보를 제대로 추출해내기 어려웠을 것이다. 곤충처럼 장애물과 벽을 감지하는 로봇을 만들고자 룸바 로봇은 3장에서 다룰 행동 로봇 무브먼트behavior robot movement의 원리를 이용했을 뿐만 아니라 경로의 계획을 짜는 대신 염소를 방목하는 것처럼 임의의 무브먼트 패턴을 사용했다. 로봇 청소기는 서 있는 진공청소기 같을 것이라든지, 휴머노이드 로봇이 로봇 청소기를 밀고 다닐 거라는 기대는 (소위 1960년대 만화 영화 <젯슨스Jetsons>의 이미지처럼) 여지없이 무너졌다.

2.6 드론

드론drone의 개발은 로봇이 도구인 산업용 매니퓰레이터와 비슷하다. 제 2차 세계대전으로 인해 사전 프로그램 기반으로 동작하는 지상, 해상, 공중용 모바일 타깃인 '드론'의 필요성이 제기됐다. 라이언 파이어비Ryan Firebee 무인 항공 드론은 1948년 설계됐고 1951년 제작됐다.[182] 드론 덕분에 새로운 타깃을 잡는 시스템을 사용하거나 평가할 수 있는 좀 더 현실적인 목표를 제공했다. 항공 드론, 특히 파이어비급 플랫폼의 반딧불이 버전은 이미징 센서를 탑재하기 시작했으며 1960년대 베트남 전쟁에서 미국이 광범위하게 사용했지만 드론은 단순하게 이미 프로그램으로 고정 반영된 경로를 따르거나 원격으로 조종되는 툴 수준에 머물러 있었다. 이후 드론은 계속 사용됐지만 드론의 의미는 더 이상 무인 시스템이 아닌 일종의 무인 항공 시스템이 됐다. 일반적인 항공기처럼 보이지 않았던 프레데터의 출현과 2003~2012년 이라크 전쟁 기간 동안 무기로 사용되면서 드론은 새로우면서도 어쩌면 위협적일 수 있는 기술로 보인다.

그림 2.9 2006년, 이스라엘 하체림(Hatzerim) 공군기지, 무즈연 헤일라-아비르(Muzeyon Heyl ha-Avir)에 있는 텔레다인 라이언 파이어비(Teledyne Ryan Firebee UAV)(대상 변형, IDF 지정 샤드미트)(출처: 크리에이티브 커먼즈 어트리뷰트-셰어 얼라이크 3.0 미신고 라이선스)

점차 지능화되는 소프트웨어가 아닌 플랫폼의 정교함을 증가시키는 상대적으로 고립된 경로에 머무른 채 드론은 인공지능의 진화에 거의 기여하지 못했다. 드론은 모빌리티와 레인지를 증가시키는 엔지니어링 발전, 항공기의 공기 역학 기술 발전, 비용 절감과 신뢰성 향상, GPS 지원 기능의 통합 등을 이용했다. AI를 연구하는 사람에게 '드론'이라고 말하면 당황해서 안구의 동공이 흔들리거나 겉으로 티가 날 정도로 움찔하고 놀랄 만큼 '드론'이라는 용어는 머신 인텔리전스^{machine intelligence}와 는 무관하게 대중 언론에서 무인 시스템과 구분 없이 빈번하게 사용되고 있다.

2.7 조인트 인지 시스템으로 전환

2000년 후반부터 시작된 산업용 매니퓰레이터와 드론의 변화를 통해 지능형 로봇이 조인트 인지 시스템으로 만들어졌다. 모든 애플리케이션에 대해 조인트 인지 시스템 설계로 넘어가는 데는 적어도 3가지 이유가 있다. 이들 각각은 로봇의 가치가 단순히 기계공학적 측면, 전자공학적 측면에서 얼마나 잘 수행하느냐가 아니라 더 큰 사회 기술 시스템 내에서 얼마나 잘 작동하느냐에 달려 있다는 근본적인 통찰에 서 비롯된다.

첫 번째 이유는 로봇이 현재 인간이 개입하는 작업에 사용되고 있다는 점이다. 자율 주행 자동차는 인간 운전자가 무엇을 하고 있는지, 무엇을 책임지고 있는지, 자동차는 무엇을 하고 반응하는지를 하나로 합치는 전략을 사용한다. 인간은 일반 적으로 평행 주차 장소나 이동할 도로를 선택하는 것과 같은 목표를 만드는 반면 로봇은 서비스 동물^{service animal}처럼 행동하고 인간의 목표 수행을 돕는 역할을 한다. 노인 돌봄 로봇은 노인들을 위한 서비스를 제공하고 친절하고 편안한 방법으로 그 렇게 할 것으로 기대된다. 재택근무^{telecommuting}는 사용자가 로봇의 몸체에 자신을 투영할 수 있게 하는데, 이로 인해 사용자가 쉽게 조작할 수 있게 하는 것, 로봇이 작업장에 있는 동료들 주변에서 적절하게 행동하도록 하는 것 모두가 어려워진다.

조인트 인지 시스템으로 움직이는 두 번째 이유는 최근 로봇의 애플리케이션이 장벽에 부딪치고 좌절로 이어졌기 때문이다. 예를 들어 미국 국방부가 무인 항공기를 신속하게 채택한 것은 UAV 도입을 통해 인력을 감축할 수 있을 것이라고 생각했기 때문이다. 그러나 툴 자동화 계획을 어설프게 수행하는 바람에 오히려 전체 인력이 증가했다.[144] 재난 재해에 사용된 로봇의 고장률에 대한 최근 연구에 의하면 실패의 50% 이상이 사람의 잘못으로 인한 것으로 밝혀졌다.[141] 사람의 잘못에 대한 수준은 작업자의 제한에 따라 로봇을 재설계해야 한다는 것을 의미한다. 산업용 매니퓰레이터의 시장은 사전 프로그래밍된 툴로, 로봇에서 더 많은 감지 능력이 있는 에이전트로 서서히 전환돼 왔지만 가장 큰 변화는 인간으로부터 학습해 작업을 수행할 수 있는지 또는 작업을 완료하는 데 문제가 있는지를 전달하는 공장 로봇인 백스터Baxter의 형태로 나타났을 것이다.

세 번째 이유는 로봇의 모든 애플리케이션이 시스템 어딘가에 인간이 있다는 인식이다. 앞에서 설명한 것처럼 자율 주행과 노인 돌봄에는 인간이 팀 구성원에 포함돼 있다. 백스터 같은 인간 중심 로봇에서 혁신적인 부가가치 측면의 요소를 꼽으라면 지능형 로봇의 신속한 재작업이 훨씬 빠르고 신뢰할 수 있게 만드는 인간-로봇 인터페이스일 것이다. 심지어 행성 탐사 로버에도 놀라울 정도로 새로운 지식을 바탕으로 로봇 에이전트가 제공하는 데이터를 소비하고 목표와 계획을 다듬는 과학자와 엔지니어가 있다. 비슷한 성능의 저가형 브랜드의 제품들보다 DJI 팬텀, 패럿Parrot사의 AR.드론과 같은 소형 UAV가 성공한 것은 초보자가 쉽게 사용할 수 있었기 때문이다.

2.8 요약

인공지능 로보틱스 분야는 역사적으로 구분할 수도 있고 산업용 로보틱스와 드론 같은 대상 관점으로도 구분할 수 있다. 제 2차 세계대전 중 핵개발 산업과 드론을 시작으로 현재 사용 중인 로봇의 대부분은 사용 목적이 제한된 툴로 설계됐다. 툴 관점에서 로봇은 산업용 매니퓰레이터, AGV, 드론의 개발로 계속 이어져 왔다. 이들에겐 인공지능이 거의 없었다. 사이버네틱스Cybernetics는 지능형 로봇에 생물학적 제어 원리를 이용한 초창기 움직임이었지만 일반적인 제어 원리와 동일한 의미로 인식돼 AI 분야에서는 이 용어가 거의 사용되지 않는다. 행성 탐사 로버를 위한 더 많은 예측성^{speculative} 로봇들은 자신의 어젠다를 가진 독립적인 에이전트로 생각됐다. 행성 탐사 로버는 인공지능의 근본적인 발전을 촉진시켰다. 에이전트로서 로봇의 근본적인 발전은 산업용 로보틱스에 영향을 미치기 시작했으며, 특히 물류 처리에서 키바 시스템(현 아마존 로보틱스)이 성공하는 데 큰 영향을 미쳤다. 사용 편의성, 빠른 재구성성^{reconfigurability}, 사용자 수용성^{user acceptance} 같은 상업적 시장의 니즈는 모든 유형의 로봇이 조인트 인지 시스템 설계로 이뤄지도록 유도하고 있다. 무인 시스템에서 상당한 인력이 동반되고 높은 인적 실수 때문에 기능 향상을 위해 에이전시를 통합하는 설계 방식이 요구되고 있으며, 인력과 오류를 줄이고자 조인트 인지 시스템으로 표현된다.

2.9 연습문제

문제 2.1
로봇이 툴, 에이전트, 조인트 인지 시스템으로 사용될 때 필요한 지능이 각각 어떻게 다른지 설명해보라.

문제 2.2
사이버네틱스가 무엇인지 정의해보라.

문제 2.3
(현재 아마존 로보틱스®인) 초창기 키바 시스템 관련 정보를 웹에서 검색해보자. 인공지능의 7가지 영역 중 어느 것이 키바 시스템에 사용됐을까?

문제 2.4
백스터^{Baxter} 로봇을 웹에서 검색해보고 인공지능의 7가지 영역 중 어느 것이 사용되었는지 설명해보라.

문제 2.5

조인트 인지 시스템 설계 철학이 별로 쓸모가 없을 것 같은 로봇 응용 분야가 있을까? 설명해보라.

.

2.10 엔드 노트

병원에서 AGV

무틀루^{Mutlu}와 포를리찌^{Forlizzi}는 2008년도에 병원에서 AGV를 연구한 결과[155] 꽤 오랫동안 설계가 제대로 안 된 채 방치돼 왔다고 생각했다. 이 연구에서 로봇 카트는 홀 안에서 장애물(주로 사람들)의 주변으로 돌아다닐 수 있었다. 그러나 카트에 사용된 초음속 레인지 센서는 거칠고 얇은 물체를 감지할 수 없었기 때문에 로봇은 건강한 사람을 피할 수 있었지만 얇은 옆면을 가진 목발이나 휠체어에 매우 가까이 가기도 하고 옆을 쓸기도 했다. 로봇이 병동의 간호사 대기실에 도착했을 때 간호사들이 카트가 왔다는 것을 바로 알아차리지 않으면 (대형 로봇 카트를 놓쳤다는 의미로) 카트가 있다는 것을 간호사에게 알리는 사이렌 소리가 요란하게 울릴 것이다. 병동에 방해되지 않게 시끄러운 사이렌을 끄려면 중환자실 직원들은 하던 업무를 멈출 수밖에 없었다.

로보틱스 연구자에게 소장 가치가 있는 책

노버트 위너^{Norbert Wiener}와 호튼 미플린 하코트^{Houghton Mifflin Harcourt}가 1950년 지은 『The Human Use of Human Beings』(Da Capo Press, 1988)은 로봇에 대해 놀라울 만큼 설득력이 있고 시대를 초월한 논쟁의 결과를 소개하고 있다.

브로드웨이 북스에서 출간한 도나 셜리^{Donna Shirley}가 1999년 지은 『Managing Martians』(Crown, 1999)은 NASA의 소저너 행성 탐사 로버 개발 과정의 뒷이야기 내용을 보여준다.

03
자동화와 자율성

3장에서 다루는 내용

- '자동화'와 '자율성'을 다음 4가지 관점에서 설명한다. (1) 계획의 생성과 실행, (2) 결정론적 또는 비결정론적 액션, (3) 폐쇄형 월드와 개방형 월드 모델, (4) 신호와 심볼을 이용한 핵심 지식 표현
- 폐쇄형 월드 가정과 개방형 월드 가정의 관점에서 프레임 문제[frame problem]에 대해 설명한다.
- 지능형 로봇의 설계를 위한 제한적 합리성[bounded rationality]과 내면적 의미를 설명한다.
- 자동화와 자율성 기법들이 로봇의 프로그래밍 스타일과 하드웨어 설계 외에 기능적 실패[functional failure], 인적 실수[human error] 등에 어떻게 영향을 미치는지 비교한다.
- 대체 신화[substitution myth]를 정의하고 설계에 미치는 영향을 알아본다.
- 인간-머신 시스템의 5가지 트레이드 공간(적합성[fitness], 플랜[plans], 영향[impact], 관점[perspective], 책임[responsibility])을 이해한 다음 각 트레이드 공간에 대해 자율 역량을 추가할 때 의도하지 않은 잠재적 결과는 어떤 것들이 있을지 알아본다.

3.1 개요

이 장에서는 자율성에 대해 살펴본다. 또한 빌딩 툴과 제어 툴이 어떻게 다른지도 다룬다. 특히 자동화와 자율성의 차이점이 무엇인지 알아본다. 2장에서 본 것처럼 자동화는 역사적으로 산업용 매니퓰레이터를 위한 툴을 만드는 데 집중해왔다. 산업용 매니퓰레이터는 로봇이 사전에 계획된 정밀하고 반복적인 액션이나 시퀀스(일종의 작업 순서)를 얼마나 잘 실행할 수 있느냐는 측면에서 성공 여부를 측정했다. 산업용 매니퓰레이터를 위해 사전 계획된 모션을 자동화하는 데 일반적으로 결정론적 알고리듬을 사용한다. 또한 잘 이해한 환경도 꼭 필요하다. 여기서 '잘 이해한'이란 사전에 완전하고 정확하게 모델이 만들어졌다는 의미다.

반면 모바일 로봇 개발에 관심이 있는 사람들은 로봇이 에이전시로 얼마나 잘 활동했는지 측면에서 성공 여부를 측정했다. 이 장에서는 에이전시에서 중요한 개념을 소개한다. 감지된 데이터를 기반으로 환경에 적합한 액션, 시퀀스를 적용하는 계획을 생성할 수 있는 로봇에 연구 개발이 집중됐다. 자동화와는 별개로 월드를 모델링할 때 누락과 오류가 생기지 않게 자율성이 개방형 월드open- world에서 비결정론적 알고리듬을 사용한다는 점은 매우 중요하다. 비결정론적 시스템은 테스트하기가 더 어렵다. 하지만 그렇다고 해서 이것이 로봇이 프로그래밍된 기능을 자발적으로 뛰어넘을 수 있을 만큼 좋아진다는 뜻은 아니다. 이 장에서는 로봇이 프로그래밍되지 않은 일을 하지 않을 것이라는 제한적 합리성bounded rationality 원칙을 소개한다. 종종 계획을 생성하려면 신호(예, 라이다 포인트 클라우드, 진동 등)뿐만 아니라 기호(예, 빨간색 자동차, 사람의 보행, 열린 도어 등)를 조작(매니퓰레이팅)해야 하며, 센서 데이터를 객체와 월드 안에서 진행 중인 액션에 대한 의미적 이해semantic understanding로 변환하기 위한 심화된 퍼셉션 처리advanced perceptual processing와 리즈닝reasoning이 필요하다.

아울러 이 장에서는 "자율성과 자동화가 다르다는 것이 왜 중요한가?"라는 좀 더 근본적인 질문을 다룬다. 자동화와 자율성의 차이는 매우 작게 보일 수 있지만 로봇 프로그래밍 스타일, 로봇 제작의 하드웨어 설계, 로봇에 의해 발생하는 실패의 종류에 영향을 미친다. 자율 역량을 잘못 고려해 설계할 경우 "로봇이 더 큰 사회 기술 조직이나 시스템의 복원력에 영향을 미치지 않고 인간을 대체할 수 있다"는 대체 신화substitution myth에서 비롯되는 실패로 이어지곤 한다.

자동화가 자율성과 다르다는 것이 중요하기 때문에 이러한 결정에 "자동화에 비해 자율성이 갖는 이점은 무엇인가?", "각각의 용어를 언제 사용해야 하는가?", "어느 정도의 자율성이 필요한가?"와 같은 의문이 생길 수 있다.

특정 로봇과 애플리케이션에 대한 '적절한 규모'의 자율성을 규정하는 데 사용될 수 있는 분류 체계 내지는 등급 체계는 무인 시스템에 있어 일종의 성배Holy Grail와 같다. 안타깝지만 로봇 설계는 그저 '복잡한 트레이드오프의 설계 문제'일 뿐이다. 대부분의 경우 인공지능은 트레이드오프의 부정적 측면을 극복하기 위한 기술을 제공한다. 그러나 이러한 자율 역량은 시작inception부터 시스템 설계에 통합돼야 한다. 기본적으로 설계자designer는 미션을 수행하는 데 필요한 자율 역량을 고려해야 하고, 다음으로 로봇이 미션을 실제로 완수하는지 확인하는 데 더 필요한 자율 역량도 고려해야 하며, 마지막으로 필요한 센서와 프로세서가 플랫폼 설계에 통합되게 해야 한다.

3.2 자율 역량의 4가지 슬라이더

'자동화' 냐 '자율성'이냐로 특정 로봇 역량을 정의하려고 하기보다는 계획plan, 액션action, 모델model, 지식 표현knowledge representation이라는 4가지 핵심 측면으로 생각하는 게 더 나을 것 같다. 그림 3.1처럼 역량을 각각의 측면에 대해 스펙트럼상에서 슬라이더 형태로 보여주는 방법을 생각할 수 있다. 자동화, 자율성과 연관된 측면 각각이 전체 역량에서 차지하는 기여도를 눈여겨보자. '자율 로봇'은 스펙트럼에서 자동화 또는 자율성 중 어느 한쪽에만 관련된 측면을 가질 수 있지만 실제로는 인공지능 기법으로 프로그래밍된 대부분의 로봇 시스템에는 2가지 측면이 혼합돼 있다.

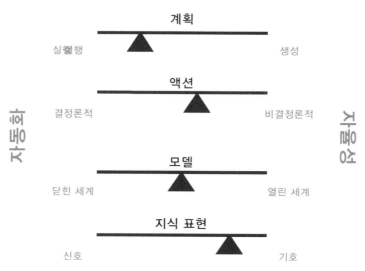

그림 3.1 특정 지능형 시스템을 위한 DNA를 만들고자 자동화와 자율성의
4가지 측면을 어떻게 조합할 것인지를 시각화한 예

3.2.1 계획: 생성과 실행

로봇은 계획을 생성하지 않으면 실행할 수 없기 때문에 계획을 생성하고 실행하는 것은 밀접한 관련이 있다. 공장 자동화 애플리케이션에서는 사용자가 원하는 작업을 로봇에 보여주고자 티치 펜던트를 사용해 계획을 세울 수 있다. 따라서 계획 생성 단계에서는 계산 작업의 노력과 지능이 반영되지 않는다. 컴퓨팅 노력과 지능은 각 단계별로 정확히 동일한 방식으로 가능한 한 빠르게 액션을 로봇이 수행하고 실행하게 하는 능력에만 반영된다. 이와는 대조적으로 자율 애플리케이션의 경우 로봇 스스로 계획을 수립하거나 조정할 수 있게 하는데, 주어진 미션, 환경의 변화, 로봇의 기계적 관절의 마모와 파괴 등으로 인해 로봇이 완벽한 계획을 수립하는 것이 불가능하기 때문이다. 계획은 인공지능 개발에서 가장 활발한 분야 중 하나였으며 커뮤니티community는 미션 플래닝mission planning, 비상 플래닝contingency planning, 최적의 자원 할당과 스케줄링, 고도로 최적화된 계획이나 좀 더 유연한 일반화된 계획generalized plan을 언제 사용할지 결정하는 데 입증된 결과를 갖고 있다. 통제 접근

방식^{Control approaches}은 계획을 실행하는 것을 어렵거나 흥미로운 문제로 보고, 인공지능 접근 방식은 계획 생성에 노력이 집중돼야 하는 곳으로 본다.

3.2.2 액션: 결정론적과 비결정론적

결정론적 액션과 비결정론적 액션의 스펙트럼은 좀 더 자세히 다룰만한 가치가 있다. 이는 2012년 미국 국방과학위원회의 연구 결과, 결정론적 액션이나 비결정론적 액션이라는 식의 이분법은 효과적인 시험 평가 절차를 만드는 데 걸림돌이 된다는 점이 밝혀졌기 때문이다.[144] 결정론적, 비결정론적이라는 용어는 일반적으로 유한 스테이트 오토마타^{FSA, Finite State Automata}에 적용된 알고리듬의 유형을 구분하는 용도로 컴퓨터 과학 분야에서 쓰이고 있다.[116] 결정론적 FSA에서 로봇이 주어진 스테이트에 있고 특정 입력 집합을 수신하는 경우 가능한 출력은 단 1가지다. 비결정론적 알고리듬에서는 가능한 출력이 여러 개이며 다른 요인이나 이벤트에 따라 출력 결과가 달라진다.

비결정론은 입력의 특성^{nature of the inputs}에서 비롯될 수 있다. 입력이 많거나 노이즈가 많은 센서에서 입력이 발생하거나, 센서에 의해 제공되는 값의 범위가 매우 클 경우 모든 입력 조합에 대한 출력을 명확하게 표현하려면 엄청나게 많은 계산 작업을 해야 한다. 한편 비결정론은 하드웨어 조건에서 비롯되기도 한다. 로봇의 전원이 부족할 경우 장애물에서 멀찌감치 떨어져서 움직이지 못할 수 있다. 예를 들어 로봇이 오른쪽으로 1m 이동해야 하는데 0.75m만 이동하는 식이다. 로봇이 여러 프로세스를 동시에 작동할 경우 프로세스 간 타이밍은 비결정론 성질을 띠게 된다. 예를 들어 첫 번째 시도에서 모터 제어 알고리듬이 다음번 움직임을 제어하기 위해 버퍼에 액세스하고 나서 1~2초 후에 센서 처리 알고리듬이 버퍼를 업데이트할 수도 있다. 두 번째 시도에서는 버퍼 업데이트가 더 일찍 일어날 수도 있다. 그리고 두 번의 실험에서, 로봇은 각각 미세하게 다른 모션을 보인다. 마치 사람이 복도를 걸었을 때 매번 정확히 같은 곳에 발을 디디는 게 매우 드문 것처럼 말이다. 사람들은 복도를 걸어갈 때 저마다 패턴이 있고 다른 사람이나 벽에 부딪치지 않고 복도를 잘 지나갈 수 있다. 비결정론도 비슷하다. 로봇이 사람을 감지했을 때 또는 그 순간에 사람보다 벽에 더 가깝다고 생각해서 오른쪽이 아닌 왼쪽으로 방향 전환이 일어나게 하는 센서 노이즈 또는 다른 센서 입력 및 내부 계산 타이밍 등에 따라 로봇이 왼쪽이나 오른쪽으로 방향을 바꿀 수도 있겠지만 로봇은 복도를 잘 지나갈 수 있고 사람과 충돌도 일으키지 않을 수 있다.

앞 예들을 통해 결정론적 시스템과 비결정론적 시스템을 다르게 테스트해야 한다는 것을 알 수 있다. 가이드guidance, 내비게이션navigation, 제어control는 역사적으로 결정론적 알고리듬으로 구현돼 왔으며, 이는 엔지니어가 특정 출력 세트를 생성하기에 적합할 수 있는 정확하고 완전한 제어를 위한 우아한 메커니즘을 만들어내게 했다. 이러한 전통적인 방법은 로봇이 더 복잡해질수록 시스템을 결정론적으로 표현하기가 어려워지고 병렬로 작동하는 많은 작업으로 구성되기 때문에 인공지능 알고리듬 적용도 어려워진다. 이론적으로 비결정론적 유한 스테이트 오토마타는 결정론적 유한 스테이트 오토마타로 변환할 수 있지만 입력, 출력, 타이밍을 고려했을 때 크기와 복잡성이 어마어마하므로 실제로는 실행 가능한 옵션이 될 수 없다. 이 정도 규모는 설계자가 가능한 모든 상황을 시각화하거나 테스트하기가 어렵고, 따라서 지능형 로봇이 수용하기도 어렵다.

인공지능 로보틱스에 대한 자율 역량은 역사적으로 비결정론적이었으며, 성능은 평균이나 통계적 확률로 측정됐다. 대표적인 예로 다리가 여섯 개인 로봇 징기스Genghis가 걷는 방법을 어떻게 배웠는지에 관해서는 패티 메스Pattie Maes와 로드 브룩스Rod Brooks의 연구 결과가 있다.[119] 징기스의 다리는 동시에 움직여야 하고 지형이나 하드웨어의 변경에 따라 플랫폼의 기동성maneuverability이 바뀔 수 있다. 가능한 모든 조건을 인코딩하기보다는 징기스는 본질적으로 2가지 충동urge과 13가지 행동behavior을 지니고 깨어났다. 즉, 두 개의 터치 센서로 측정하기 때문에 복부에 놓여 있지 않고, 바퀴를 굴려서 측정되는 대로 앞으로 나아가는 충동을 갖고 있었다. 12가지 간단한 행동은 다리를 앞으로 또는 뒤로 흔들기 위한 것이었고 나머지 하나는 균형을 잡기 위한 것이었다. 징기스는 여러 다리를 움직이면서 센서에서 긍정적이거나 부정적 피드백을 받아 평균 2분 이내에 걷는 방법을 배웠다. 그러나 로봇의 전반적인 동작은 조건이 약간씩 달라졌기 때문에 깨어날 때마다 매번 다리의 움직임이 달랐으며, 따라서 비결정론적이었다고 할 수 있다.

비결정론적 알고리듬 테스트는 여전히 해결 중인 연구 주제다. 기존 시험 기법은 종종 입력 공간을 통계적으로 샘플링을 많이 사용했다. 많은 사용자, 특히 군에서 사용하는 경우는 로봇이 비결정론적인 것에 대한 고충이 많았다. 로봇이 매번 정확하게 동일한 무언가를 할 거라고 100% 확신할 수 없었기 때문이다. 비결정론은 로봇이 환경, 계산 작업에 대한 부담, 하드웨어의 상태에 어떻게 적응하는지에 대한 일부임에도 말이다. 로봇이 하고 있는 일을 왜 하는지 보여줄 수 없는 경우, 인간-로봇 상호작용 설계 오류(13장 참조)로 목표 달성을 할 수 없는 경우 사용자의 불편함이 발생한다.

3.2.3 모델: 개방형 월드와 폐쇄형 월드

컴퓨터 시스템이 세상을 이해하려면 월드 모델world model이라는 계산적으로 타당한 표현이 있어야 한다. 로봇에 내비게이션 역량만 있는 경우 월드 모델은 점유된(즉, 로봇이 다녀간) 영역과 빈 영역의 맵으로 구성될 수 있다. 월드를 반드시 공간적으로 표현할 필요는 없다. 소셜 로보틱스에서 볼 수 있는 것처럼 로봇이 다른 에이전트와 상호작용을 한다면 다른 에이전트의 신념, 욕망, 의도를 표현할 필요가 있을 수 있다. 월드 모델은 여러 월드 모델의 집합체일 수도 있다. 예를 들면 화학 공장 로봇은 공간 추론spatial reasoning을 위한 지도와 같은 형태의 표현, 화학 공장에 있을 수 있는 모든 종류의 밸브 손잡이의 유형, 그것들을 어떻게 돌리는지, 다른 작업자들과의 소셜 상호작용을 위한 빌리프 모델belief model을 가질 수 있다.

월드 모델은 로봇에 사전 프로그래밍돼 있을 수도 있고 로봇에 의해 학습될 수도 있고 앞의 2가지 모두의 조합으로 학습될 수 있다. 월드 모델의 사전 프로그래밍된 부분은 로봇이 직면하리라고 예상할 수 있는 물체나 조건의 지도, 목록인 경우가 많다.

월드 모델은 폐쇄형 월드, 개방형 월드로 분류된다. 폐쇄형 월드 가정에서는 가능한 모든 것을 아프리오리$^{a\ priori}$로 알고 있으며, (깜짝쇼처럼) 해당 시점에 임박해서 알아차리는 것은 없다. 정형 논리$^{formal\ logics}$ 관점에서 봤을 때 데이터베이스에 지정되지 않은 개체, 조건, 이벤트는 모두 거짓임을 의미한다.

베스트셀러이자 영화인 『쥐라기 공원』에서 공룡을 추적하려고 설계한 지능형 모니터링 시스템은 폐쇄형 월드 가정 때문에 실패했다. 이 시스템은 공룡이 번식할 수 없다고 가정했기 때문에 공룡의 수가 증가하고 있다는 것을 알아차리지 못했다. 그 결과로 개체 퍼셉션 시스템은 예상보다 공룡의 수가 적을 때만 경고를 하고 더 많을 경우에는 경고를 하지 않았다.

개방형 월드 가정하에서 작동하는 로봇에 대한 알고리듬은 가능한 스테이트, 개체, 조건 목록을 완벽하게 지정할 수 없다고 가정한다. 이러한 알고리듬은 머신러닝을 사용해 모델에 새 개체나 이벤트를 추가할 수 있다. 월드가 정형 논리로 표현되고 있다면 어떤 물체가 움직이거나 무언가가 바뀌었을 때 시스템이 월드에 대한 주장을 철회할 수 있게 해주는 훨씬 심화 로직이 사용된다. 그렇지 않으면 올바른 논리적 추론을 보장할 수 없을 수도 있다.

프레임 문제$^{frame\ problem}$은 폐쇄형 월드 가정과 관련이 있다. 프레임 문제는 월드에서 변하지 않는 것을 올바르게 식별하는 문제를 의미한다. 즉, 지속적인 업데이트가 필요하지 않으므로 계산량이 줄어든다. 월드의 모든 항목^{item}이나 스테이트에 대한 표현과 추론을 요구하는 시스템은 결국 계산 복잡도$^{computational\ complexity}$가 감당이 안 될 것이다. 예를 들어 방에 있는 모든 항목(벽, 천장, 책상, 의자 등)을 나열해보자. 목록이 순식간에 늘어날 것이다. 쉐이키가 인공지능 분야에 기여한 것 중 하나는 프레임 문제를 밝혀내는 데 도움이 됐다는 것이다. 이 로봇은 카메라가 업데이트될 때마다 방 안의 모든 것을 찾고 식별하도록 프로그램됐기 때문에 상당한 계산 비용을 발생시켰다.

프레임 문제의 또 다른 측면으로 특정 역량과 관련된 것을 결정하는 것이 있다. 『쥐라기 공원』에서 프로그래머는 필요한 계산 자원을 줄이고자 공룡이 번식할 수 없다는 폐쇄형 월드 가정을 사용했다. 그렇지 않으면 관찰 프로그램은 모든 이미지에서 모든 공룡을 찾아야 할 것이기 때문이다. 쉐이키를 예로 들면 로봇이 책상 주변을 돌아다니려고 할 경우 책상이나 의자처럼 로봇이 움직이는 경로를 가로막는 물체를 굳이 식별할 필요는 없다. 하지만 반대로 로봇이 책상을 탐색할 경우 책상을 식별하는 것이 중요하다.

프레임 문제는 월드에 대한 가정을 어떻게 하느냐에 따라 로봇의 적응성에 어떤 영향을 미치는지, 이러한 가정의 유효성을 모니터링하는 역할이 무엇인지를 로봇 설계자가 알아야 함을 의미한다. 인공지능 로보틱스 내의 작은 그룹인 인지 로보틱스cognitive robotics 분야는 시간적 추론과 시간적 논리를 탐구함으로써 프레임 문제를 해결한다. 그러나 이 책에서는 월드 모델의 사용을 최소화해 프레임 문제를 피하려는 행동 로보틱스behavior robotics 분야에서 주로 쓰이는 방법에 초점을 맞췄다.

폐쇄형 월드 가정과 관련 프레임 문제의 위험은 로보틱스와 AI의 접근 방식에 모두 영향을 미친다. 두 접근 방식의 차이점은 우수한 제어 시스템이 월드 모델에 있어야 할 모든 것을 포착하도록 꼼꼼하게 설계된 반면 AI 시스템은 불완전한 월드 모델에 적응하게 설계됐다는 점이다. 실제로 제어 이론과 AI 로봇 모두 폐쇄형 월드 모델을 사용할 수 있다. 다행히도 개방형 월드 모델의 경우 새로운 물체나 스테이트에 대해 정교한 머신러닝이 필요 없다. 4장에서 설명하겠지만 동물들은 단순한 개방형 월드 모델을 사용한다.

3.2.4 지식 표현: 기호와 신호

로봇이 처리하는 정보 형태(신호나 기호)에 따라 자동화 역량과 자율 역량을 구분할 수 있다. 예를 들어 자동화는 로봇이 신호나 원시 데이터에 반응하고, 인코더가 위치 L1에 도달했다는 신호를 보낼 때까지 이동하고, 파악 이동grasp movements을 활성화하고, 위치 L2로 이동하고, 해제하는 작업을 순서대로 연결 짓는다. 1장에서 설명한 인공지능의 7개 영역을 다시 떠올려보자. '커피 포트로 이동하고', '커피 포트를 붙잡고', '나의 커피 잔으로 이동하면서 당신의 커피 잔은 무시한다'와 같이 인공지능은 일반적으로 정보나 기호로 변환된 데이터에 대해 작동한다. 로보틱스에서는 로봇이 물체를 신뢰성 있게^{reliably} 인식하거나 상황을 이해하기 어려운 경우가 많아 원시 센서 신호^{raw sensor signals}를 레이블링된 물체나 영역으로 변환하는 데 어려움이 있다. 다행히도 인공지능 로보틱스에서는 4장에서 설명할 '로우레벨^{lower level}'의 자율 행동^{autonomous behaviors}은 기호를 사용하지 않으며 대신 어포던스^{affordance}라는 센서 신호로 작동한다. 이 과정에서 '개념 수준^{upper level}'의 심의 역량^{deliberative capabilities}도 기호를 이용해 동시에 작동한다.

3.3 제한적 합리성

제한적 합리성^{bounded rationality}의 원칙에도 불구하고 자율성은 사용자 측의 두려움이나 불신을 초래할 수 있다. 불신은 대체로 '자율에 대한 정치적 정의'와 '비결정론적 성격'으로 인해 발생한다. 자율성은 셀프 거버넌스^{self-governing}, 자기 주도형 자유^{self-directing freedom}, 특히 도덕적 독립성^{moral independence}의 자질이나 상태로 정의된다.[127] 이는 사람들이 정치적으로 부과된 경계를 갖지 않고 자신이 원하는 대로 자유롭게 할 수 있다는 것을 의미한다. 많은 사람이 '자율성'에 대해 우려하는데 이는 로봇이 유사한 자기실현적 선택의 자유를 가지며, 따라서 설계자가 의도한 것을 넘어서서 예측할 수 없거나 주도권을 행사할 것임을 의미하기 때문이다. 인공지능 로보틱스 사용 측면에서 자율성이라는 용어는 훨씬 더 제한적이다. '자율'이라는 용어는 셀프 거버넌스^{self-governing}라는 용어에서 유래했으며, 1700년대에 셀프 거버넌스 플라이볼 속도 조절기^{flyball governor, 원심 속도 조절기}의 발명에서 비롯됐다. 플라이볼 속도 조절기는 증기기관으로 생산되는 증기의 양에 따라 회전한다. 회전 속도가 빨라질수록 공이 더 높이 뜰 것이다. 공이 지정된 높이만큼 떠오르면 생산된 증기량이 너무 많으니 보일러가 폭발하지 않도록 증기 생산을 억제한다. 플라이볼 속도 조절기는 정치적으로 자율적인^{politically autonomous} 것이 아니라 기계적으로 자율적^{mechanically autonomous}인 것이다.

AI의 창시자 중 한 명인 허버트 사이먼^{Herbert Simon}은 사람이든 인공이든 간에 모든 에이전트의 의사 결정 능력은 그들이 얼마나 많은 정보를 갖고 있는지, 그들의 계산 능력, 결정을 내리는 데 이용할 수 있는 시간에 의해 제한된다는 것을 보여줬다.[195] 제한적 합리성의 원칙이란 '로봇이 개방형 월드에서 모델링 되지 않은 사건이 발생했을 때 이를 극복하기 위해 동적으로 적응하거나 계획을 다시 세울 수도 있지만, 프로그래밍으로 만들어진 것 이상은 할 수 없음'을 의미한다. 징기스 로봇은 걷기, 즉 보행이라는 새로운 능력을 배웠지만 13가지 초기 행동의 조합만 배울 수 있었다는 것, 즉 그 이상의 계산 범위를 넘어설 수 없었다는 점에 주목할 필요가 있다.

플라이볼 속도 조절기 관점에서 셀프 거버넌스 속성을 지닌 로봇을 이해하는 것과 제한적 합리성은 사람들이 로봇을 신뢰하는 데 도움이 되지 않을 수도 있다. "비결정론적 시스템을 어떻게 신뢰할 수 있겠어?"라는 물음은 자율 역량을 받아들일 때 큰 걸림돌이다. 비결정론적 알고리듬의 시각화와 테스트의 어려움을 고려할 때 설계자나 사용자는 로봇이 특정 목표나 미션을 완수하는 데 있어 성공을 극대화하려고 취하는 행동에 깜짝 놀랄 것이다.

3.4 자동화와 자율성이 끼치는 영향

앞 절에서는 머신 인텔리전스^{machine intelligence}에 대한 인공지능 접근 방식과 엔지니어링 접근 방식이 근본적으로 다른 패러다임을 어떻게 표현하는지 설명했다. 자율 시스템^{autonomous system} 설계에서 패러다임의 선택은 로봇의 프로그래밍 스타일과 하드웨어 설계, 특정 유형의 기능 장애, 인간 오류 가능성에 영향을 미친다. 자율 역량은 자동화와 구분하기 어려울 정도로 원시적^{primitive}일 수 있지만 역량의 개수와 정교함이 점점 늘수록 뚜렷한 차이를 보인다. 따라서 슬라이더 스펙트럼의 자동화 엔드^{automation end} 또는 자율성 엔드^{autonomy end}에서 특성을 선택하는 데 따른 영향은 결국에는 더 명확해질 것이다.

3.5 프로그래밍 스타일이 끼치는 영향

자율성을 위한 프로그래밍 스타일과 프로그래밍 언어들도 여러 가지가 있을 수 있다. 앞 절에서 설명했듯이 자율 역량은 일반적으로 계산적으로 결정적이지 않다. 인공지능 로보틱스에서 로봇의 전체적인 반응은 명확하게 지정된 게 아니라 독립 모듈 간의 상호작용에서 나온다. 뒤에서 설명하겠지만 로봇 제어를 위한 기본 기능은 행동behavior이라는 모듈로 표현된다. 행동은 C++나 다른 절차적 언어procedural language로 프로그래밍된다. 좀 더 발전한 심의 기능deliberative function은 행동보다 느리게 실행될 수도 있는 더 정교한 모듈에서 파악되므로 로봇의 빠른 실시간 제어에 동기적이지 않다. 심의 기능은 계획과 리즈닝reasoning에 특히 적합한 함수형 프로그래밍 언어인 리스프Lisp로 프로그래밍할 수 있다.

3.6 하드웨어 설계가 끼치는 영향

자율 역량은 하드웨어 설계에서도 고려해야 한다. 다이내믹한 월드의 핵심 요소에 적응하려면 자율성에는 감지가 꼭 필요하다. 설계는 일반적으로 로봇이 작동할 수 있게 하는 데 초점이 맞춰져 있고 이펙터, 전력, 무선 통신을 중요하게 다루지만 제어 및 감지 서브시스템은 무시한다. 이 책의 6장부터 14장까지 계속해서 강조하겠지만 여기서 미리 얘기하자면 지능형 로봇은 생태학적 설계 관점에서 봐야 한다. 로봇이 특정 환경에서 기능을 수행할 때 어떤 역량이 필요할까?

사용자는 보통 출발 위치로 돌아오는 역량이 무선 로봇에 내장돼 있어야 한다고 생각한다. 무선 통신이 끊기면 로봇이 자동으로 출발 위치로 돌아올 것이다. 그러나 많은 지상용 로봇은 자체 계산 기능이 빠진 채 설계되며, 모든 계산은 운영자의 제어 장치에서 이뤄진다. 자체 계산 기능이 없다면 출발 장소로 돌아오는 기능을 추가할 방법이 없다. 그러나 자체 계산 기능을 빼면 로봇의 전력 소모도 적어지고 비용도 적게 된다. 게다가 정상적인 작동이 어려울 만큼 거칠고 황폐한 환경에 놓인 경우라도 로봇에 대한 신뢰도를 높일 수 있다.

지능형 로봇에 새로운 센서를 나중에 추가하기란 사실상 불가능에 가까운데, 로봇의 크기와 무게가 달라질 수 있고 내부 전기 배선, 전력 배선의 공간도 부족할 수 있을 뿐만 아니라 탑재할 수 있는 공간도 부족할 수 있기 때문이다. 많은 유인 및 무인 항공기에서 사람은 안정된 비행을 유지할 수 없다. 하지만 컴퓨터는 훨씬 빠르게 반응할 수 있을 뿐만 아니라 여러 가지를 한꺼번에 제어하는 중요한 무브먼트를 제외하고는 직관적으로 비행을 하지도 않는다. 그러나 비행 안정성에 필요한 이러한 센서는 장애물 회피와 같은 자율 역량에는 충분하지 않다. 최근 UAV에서 센서를 개조하는 어려움에 대해 컴퓨터 비전의 AI 영역을 활용해 장애물 회피와 같은 역량을 위해 로봇에 카메라를 재사용하려는 노력이 있었다(9장 참조).

인간이 감지 부족으로 로봇 지휘에 어려움을 겪는다면 자동화도 자율성도 잘 할 수 없을 것이다. 2007년, 유타주 크랜덜 캐니언Crandall Canyon에서 수색과 구조에 사용된 이누크툰 광산 캐번 크롤러Inuktun Mine Cavern Crawler는 사람이 제어하기 어려웠고 자율 역량을 추가하는 것이 불가능했다.[141] 추적 로봇 기지tracked robot base 플랫폼은 팬 틸트 줌 카메라와 조명 모듈로 구성된다. 카메라 모듈은 로봇이 구멍을 통해 내려가는 동안 로봇 기지 뒤쪽에 납작하게 있다가 구멍을 통과하면 로봇 기지 위쪽 90도 방향으로 올라오는 실린더 모양의 마스트에 덮여 있다. 이 로봇은 가장 작고 방수가 가능한 형태로 3일 만에 제작됐다. 설계안의 최종 결과를 보면 복잡한 전자 장치를 추가하는 것 그리고 크기 문제 때문에 마스트를 올릴 수 있는 센서나 기계적인 멈춤쇠가 없었다. 이 때문에 마스트를 90도보다 큰 각도로 올리면 그 상태로 꼼짝 못하고 뒤로 접히지 않게 되며 로봇이 구멍으로 재진입이 어려워질 수 있었다. 로봇을 조종하는 사람들은 마스트를 올리면서 숫자를 세어야 했고 마스트가 항상 중립적인 평탄한 위치에서 들어 올려졌다고 가정해서 10보다 더 많으면 마스트를 올리지 않게 했다. 그러나 붕괴된 매우 좁은 공간을 로봇이 탐색하려면 마스트의 각도를 자주 변경해야 하므로 작업자는 마스트의 포즈를 머릿속에 그려가면서 추정해야 했다. 시작 위치와 상관없이 90도가 되기 전에 멈추게 하거나 사전 경고가 이뤄지게 하는 신뢰성 있고 정확한 기법은 마스터 인코더 없이는 불가능하다.

3.7 기능 고장의 유형이 미치는 영향

자동화와 자율성의 고장 모드^{failure mode}는 비슷하지만 해결 방법의 유형은 다양하다. 로봇에서 지능의 주요 고장 모드에는 2가지가 있는데, 첫 번째는 로봇이 프로그래밍된 대로는 하지만 의도한 대로는 하지 않는 기능 고장^{functional failure}이고 두 번째는 디스플레이, 절차(프로시저), 학습 등 시스템 내의 다른 어떤 것도 바뀌지 않은 상태에서 기계가 인간을 대신할 수 있다는 대체 신화에서 비롯된 고장 스테밍^{failure stemming}이 있다. 이론적으로 자율적 능력을 가진 시스템은 제한된 폐쇄형 월드 가정하에서 작동하는 자동화된 시스템보다 기능 고장이 적어야 한다. 그러나 실제로 자율적 능력을 가진 로봇은 사실상의 폐쇄형 월드 범위 이상의 문제 해결과 추론 능력을 갖고 있지 않을 수 있다. 인간-머신 시스템을 연구하는 인지엔지니어와 산업엔지니어들은 시스템이 고장 나는 수많은 사례를 조사했다. 그중 대부분은 기계나 로봇을 사용하는 인간의 실수에서 기인하는데, 실제로 보면 설계자(인간)에 의한 실수다. 최근 재난 로보틱스 분야에서의 고장 모드에 대한 연구에 따르면 고장의 약 50%는 인간의 실수로 인한 것으로 나타났다. 하지만 인간이 뭔가를 다른 식으로 할 수 있었을까에 대해서는 명확하지 않다.[141] 이러한 영역에서 로봇의 성능을 향상시키거나 사용자를 지능적으로 도울 때 자율 역량을 추가할 수 있을 것이다.

3.7.1 기능 고장

복잡한 세상 속에서 환경에 대한 로봇의 예측^{expectation}이 틀리면 일종의 '터널 시야 현상^{tunnel vision}'이 발생하고 이로 인해 무언가를 놓칠 수도 있다. 앞에서 설명한 것처럼 산업용 매니퓰레이터 자동화에서 월드를 표현할 때 조작, 용접, 도색 작업을 할 물체가 정확한 위치와 방향에 있다는 가정이 포함돼 있을 수 있다. 컨베이어 벨트가 정지된 경우처럼 이러한 가정에 맞지 않으면 로봇은 허공을 향해 조작, 용접, 도색을 하게 된다.

이와 같은 현상은 좀 더 자율성이 높은 시스템에서 일어날 수 있다. 미군 자율 이미지 처리 시스템의 초기 버전은 실제 교전 중에 역할을 제대로 하지 못했다. 적군의 움직임을 파악할 수 없었기 때문이다. 추가 분석을 해본 결과, 물체 감지와 장면을 이해하는 모듈이 병력 이동을 제대로 파악한 것으로 밝혀졌다. 그러나 모듈 관련 알고리듬은 대개 위양성^{false positive}으로 판단했고 이 때문에 시스템은 군사 운용 교범 지식을 이용해 이미지 추론 작업을 하는 다른 모듈로 결과를 전달했다. AI 시스템한테는 안타까운 일이지만 특정 교전에서 적군은 얼마 안 가 전혀 예상한대로 움직이지 않았고 어떠한 군사 작전 원칙도 사용하지 않았다. 따라서 객체 감지와 장면 이해 모듈은 병력의 이동을 정확하게 식별했지만 다른 모듈은 군대가 체계적이지 않은 방식으로는 절대로 싸우지 않을 것이라는 정형화된 기대^{formalized expectation} 때문에 제대로 식별한 결과를 무시하고 있었던 것이다.

폐쇄형 월드와 개방형 월드에 대한 설명으로 돌아가 보자. 산업용 매니퓰레이터와 소프트웨어 에이전트 모두 폐쇄형 월드에서 작동했지만 이미지 프로세싱 시스템은 개방형 월드에서 작동했다. 그 결과 설계는 불가능했고 에이전트의 전반적인 지능은 낮아졌다. 인공지능은 개방형 월드에서 작동할 수 있는 시스템을 위해 노력하지만 구현은 그러한 높은 기대에 미치지 못할 수도 있다.

3.7.2 인간의 오류 유형이 끼치는 영향

자동화와 자율성은 인간의 개입을 제거하거나 줄이도록 의도된 것이지만 이러한 기능은 종종 인간이나 운영자의 오류를 야기한다. 모든 로봇은 그보다 더 큰 인간-머신 시스템의 일부이기 때문이다. '자율성'은 종종 사용자에게 로봇이 스스로에 비해 더 능력이 있음을 암시하는데, 특히 인간을 그렇게 적응하게 만드는 미묘한 방법에서 그렇다. 이 가정은 '기계가 그 특정한 작업을 위해 인간을 완벽하게 대체할 것이라는 신화'로 인지 공학에서 대체 신화^{substitution myth}라고 한다. [220]

인간-머신을 더 큰 개념에서 보면 로봇이 인간으로부터 얼마나 독립적이든 간에 어떤 일이 잘못되면 인간이 로봇을 대신하거나 중재를 해야 할 것이다. 그러나 로봇이 무엇을 하고 있고 무엇이 잘못되고 있는지에 대해 인간이 충분히 빠르게 반응하거나 이해하고 왜 그걸 하는지 판단한 다음에 문제를 정확하게 해결하는 것은 인지적 측면에서 불가능할 수 있다. 이 현상은 1980년대부터 인지 공학 분야에서 잘 알려져 왔으며 일반적으로 인간 소외 제어 문제로 불린다.[125, 118, 99, 101] 인간 소외 문제는 상업용 민간 항공기 조종사가 비행 중 서류 작업, 다른 업무를 하고 있는데, 갑자기 프로그래밍돼 있지 않은 상황이 발생해 오토파일럿 기능이 중단되는 것과 같이 초기의 오토파일럿 시스템에서는 치명적인 것으로 증명됐다. 조종사들은 무엇 때문에 오토파일럿 기능이 멈췄는지 판단할 수 있는 시간이 단 몇 분밖에 없을 수도 있다. 그러나 더욱 심각한 문제는 오토파일럿이 평상시에는 잘 작동했기 때문에 미리 정의한 대로 비정상적인 이벤트(상황)가 발생한 경우에만 자체적으로 동작을 멈춰야 한다는 것이다. 오토파일럿이 멈췄다는 사실은 그 상황을 진단하기 매우 어려울 것이라는 것을 의미했다. 조종사들은 부지불식간에 그 상황에 처해진 데다가 자신이 하던 작업을 멈추고 무슨 일인지 전부 파악하는 게 사실상 불가능했기 때문에 결국은 항공기 추락 사고로 이어졌다. 인간 소외 현상은 오퍼레이터가 시스템 진단과 복구를 할 수 있는 시간이 단 몇 초밖에 안 되는 낮은 고도에서 비행하는 소형 무인 항공기에서 특히 위험하다.[195, 154]

일반적으로 로봇의 내부 상태를 쉽게 시각화하고 제어를 부드럽게 전달하도록 시스템이 설계돼 있다면 인간 소외 제어 문제를 극복할 수 있을 것이다. 조종사가 있는 항공기의 경우 오토파일럿은 비행기가 통제 범위의 한계에 가까워지고 있음을 표시하고 이를 통해 조종사들이 비행기에 집중하고 조종 준비를 할 것을 경고하게 했다.

인간-머신 연구에 따르면 인간 소외 문제는 공장 자동화에서도 나타났으며 자동화 또는 자율성을 줄이는 것이 비용 면에서 더 효과적일 수 있다. 엔슬리Endsley와 케이버Kaber는 고도로 자동화된 공장의 경우 운영자와 직접 관련이 없는 (바로 옆 사무실에서 문서 작업이나 하는) 사람이 생산 라인을 셧다운하는 문제를 진단하고 해결하는데 시간을 더 오래 썼다는 사실을 발견했다.[71] 자동화를 계속 유지해야 하는 업무가 주어지면 시간과 수익 손실 모두를 줄일 수 있었고, 이에 참여함으로써 시스템이 무엇을 하고 있는지, 문제가 발생할 경우 대안이 무엇인지에 대한 상황 인식을 높일 수 있었다. 전담 근로자를 없애고 문제가 발생했을 때만 사람을 부르는 것보다는 드물게 발생하더라도 어려운 문제를 처리하기 위한 전담 해결사를 고용하는 것이 더 싸다는 결론이었다. 문제 해결과 추론을 위한 인공지능 기능을 추가하는 세 번째 대안은 고려되지 않았다.

대체 신화로 돌아가 보면 자동화나 자율성이 모두 인간의 역량을 대신하는 것처럼 보일 수 있는 역량을 제공하지만 머신 인텔리전스는 인간의 지능과 다르다는 것이 핵심이다. 설계자는 머신이 특정 상황에서 인간이 보여줄 수 있는 묵시적 지능implied intelligence을 가지려면 추가적인 노력을 들여야 하며, 이는 로봇이 실제로 인간의 주요 속성을 대체하거나 인간이 이해한 대로 행동하지 않을 경계를 대체하기 위함이다. 또한 인간 지능과 머신 인텔리전스 사이의 상호작용에 대해 상대적으로 거의 알려져 있지 않기 때문에 고장이 발생할 것이며, 따라서 인간이 제어권을 가정할 수 있는 메커니즘이 실제로 필수적이라는 것을 설계자가 인식해야 한다.

3.8 자율 역량을 추가한 트레이드 공간

자율 역량을 어떻게 설계할 것인가에 대한 문제는 미국 국방부에서 꾸준히 검토돼 왔다. 미국 국방과학위원회DSB의 2012년 연구에 따르면 무인 시스템은 지상, 해상, 공중에서 사용 여부와 상관없이 초기 설계 결정 방침에서 문제가 발생한다는 사실이 밝혀졌다.[144] 게다가 너무 제한적이어서 실제로 쓸모가 거의 없고 리엔지니어링을 위한 소프트웨어 및 하드웨어 비용이 과다하게 들어가며 미션을 수행하는 데 필요한 인원을 줄이기는커녕 오히려 늘리는 등 (시스템에 도움이 안 되는) 역량들이 시스템에 종종 프로그램으로 반영돼 왔다는 것도 이 연구를 통해 밝혀냈다. 무인 시스템 덕분에 상해를 입는 사람이 줄긴 했지만 물리적 플랫폼을 유지하고 운영 상태를 감시하고 소프트웨어에 장애가 발생했을 때 이를 수습하려면 많은 인원이 필요하다. 또한 자율 역량이 올바른 애플리케이션에 사용되지 않거나 인공지능과 인지 과학의 모범 사례를 구현하지 못하고 있는 것이 주요 문제라는 것도 연구에서

밝혔다. 애플리케이션 간의 미스매치^{mismatch}와 어설픈 구현이 사용자들 간에 불신을 야기했다.

미국 국방과학위원회의 2012년 연구는 설계자와 인수 담당자가 무인 시스템의 설계를 인간-머신 시스템의 적합성^{fitness}, 계획^{plans}, 영향^{impact}, 관점^{perspective}, 책임^{responsibility} 등 5가지 트레이드 공간 측면에서 고려한다는 여러 권고안을 제시했다. 5개의 트레이드 공간은 다음과 같다.

- **적합성:** 최적성과 복원력 사이의 트레이드오프를 표현한다. 산업용 매니퓰레이터는 내부의 위치 센서를 사용해 일련의 예상 동작에 대한 최적의 경로를 실행하도록 설계됐다. 이러한 설계 덕분에 로봇은 외부 센서가 필요 없고, 따라서 빠른 실행과 저렴한 비용으로 최적화할 수 있었다. 이러한 최적성을 목표로 대부분의 설계자는 조작 중인 물체가 올바른 위치에 있고 로봇의 작업 공간에 아무것도 없다고 가정했다. 그 결과 특정 공정 라인에 맞게 설계됐지만 조작이나 행동을 취할 새로운 물건에는 적응이 어려웠고 작업 공간에 진입한 작업자를 사망에 이르게 할 수도 있는 로봇이 만들어졌다.
- **계획:** 효율성과 완전성 사이의 트레이드오프를 나타낸다. <쥬라기 공원>에서 공룡을 세는 데 사용된 알고리듬이 이 트레이드오프의 한 예다. 이 알고리듬은 매우 효율적이었지만 철저함 때문에 많은 계산량이 요구됐다. 좀 더 발전된 지능형 시스템은 가정 사항에 대한 의존도를 줄이고 계획 실행을 모니터링하는 용도로 고급 AI 기술을 적극 활용한다. 내비게이션에서 1가지 접근 방식은 전체 미션의 완전한 순서를 철저하고 매우 높은 수준의 공간 해상도를 이용해 계획을 수립하는 것을 생각해볼 수 있다. 또 다른 접근 방식으로 낮은 수준의 공간 해상도로 계획해 장애물이 부딪힐 때 반응하는 나름 효율적인 것도 있다.
- **영향:** 중앙 집중형과 분산형 간의 트레이드오프를 나타낸다. 로봇 팀의 제어 방식은 분산형 또는 중앙 집중형 중 하나일 수 있다(17장 참조). 중앙 집중식 제어는 중앙 집중화된 컴퓨터에 장애가 발생할 경우 통신 및 취약성 면

에서 시간 지연을 초래한다. AI 연구자들은 로봇이 그들 간에 스스로 조정할 때 분산 제어의 효과를 보여줬는데, 이를테면 단체로 역할을 하거나 좀 더 복잡한 작업을 하려고 단순한 행동 여러 개를 이용하는 식이다.

- **관점:** 로컬 관점과 글로벌 관점 간의 트레이드오프를 나타낸다. 지상 차량 내비게이션의 일반적인 딜레마로 로봇이 막다른 골목에 처하게 되는 좌우 양쪽이 모두 깊은 협곡인 문제가 있다. 로봇이 월드 맵을 제작하지 않고 월드 안에서 위치인 글로벌 뷰를 생성한다면 로봇은 막다른 골목에 있다는 걸 알아차리지 못할 수 있다. 로컬 뷰로만 작동하는 로봇은 '유리창의 파리 효과^{fly-at-the-window effect}'에 취약할 수 있다. 파리는 빛에 이끌리고 방이나 차 안에서 유리창으로 이동한다. 그러나 파리는 유리를 볼 수 없고 유리를 계속 통과하려고 시도하며 종종 열려 있는 다른 창문으로 이동할 생각은 못한다. 그러나 정확한 글로벌 월드 맵을 만들고 유지하는 것은 계산적으로 비용이 많이 들고 공간 모델링과 장면 이해를 위한 범위 감지^{range sensing}가 필요하다.

- **책임:** 단기 목표와 장기 목표 간의 트레이드오프, 이러한 목표에 도달하는 데 궁극적으로 책임이 있는 에이전트의 결정을 나타낸다. 자율 역량은 주어진 미션의 특정 단계에 적용될 수 있다. 예를 들어 일부 항공기는 자율 이륙 역량^{autonomous take-off capabilities}이 있지만 착륙에는 자율 역량이 없다. 거의 모든 경우 자율 역량을 사용할 수 없거나 고장이 있을 경우 인간 운영자가 이어 받을 것으로 예상되기 때문에 인간은 자율 이착륙까지 책임진다. 이와는 대조적으로, NASA의 1998년 딥 스페이스 1호 탐사기는 자체적인 문제 해결과 추론 역량을 통해 자체 시스템 내부 장애에 대한 작업을 수행할 수 있도록 전체 미션에 대해 완전히 자율적으로 설계됐다(초기 시험 운행 동안 기술자들은 내비게이션 시스템의 환경 설정을 계속 고쳤지만 그 이후로 로봇 탐사기는 환경 설정 작업을 스스로 해나갔다).

앞 절에서 설명한 자동화와 자율성의 차이점으로 돌아가 보면 설계 문제가 어떻게 나타날 수 있고 결정론적 테스트가 문제를 어떻게 놓칠 수도 있는지 쉽게 알 수 있다. 적합성 및 계획 트레이드 공간은 개방형 월드 가정과 폐쇄형 월드 가정 사이의 텐션이 전형적인 예다. 이 예에서 알고리듬과 액션은 잘 이해된 상황에서는 매우 정밀할 수 있지만 기대expectations를 벗어나는 모든 경우에 대해서는 적절하지 않을 수 있다. 최적성과 철저성thoroughness의 주장claim은 월드에 대한 일부 제한적 표현을 기반으로 하며, 이는 시스템에 지나치게 제한된 폐쇄형 월드 가정과 프레임 문제를 잘못 다룰 수 있는 취약점이 있음을 의미한다. 적합성, 계획, 관점, 책임의 상호 균형이 제대로 잡히지 않으면 시스템이 잘못된 계획을 실행하는 데 빠질 수도 있고 계획을 수정하는 데 어려움을 겪을 수도 있다. 그러나 인간은 계획을 수정하는 데 필요한 세부적인 작업을 알아차리지 못하거나 액세스하지 않을 수 있다.

인간-로봇 상호작용에 관해 13장에서 설명하겠지만 이러한 트레이드 공간은 인간 운영자와 로봇 사이 문제의 잠재적 원인도 잡아낸다. 예를 들어 영향 공간과 관점 공간에는 인터페이스의 설계가 포함되는데, 한 사람이 로봇에 의해 수집된 모든 정보를 지시하고 보는 데 필요한 인터페이스는 서로 다른 위치에 있는 여러 사람이 관련 정보를 사용할 수 있게 하는 인터페이스와 매우 다를 수 있다. 적합성, 영향, 관점, 책임 트레이드 공간은 특히 대체 신화에 취약하며 인간 소외 제어 문제를 야기한다. 또한 중앙 집중화와 분산 시스템 간의 트레이드오프는 로봇을 사용해 인간 사이의 조정이 필요하다는 것을 의미한다. 이를테면 어떤 운영 팀은 이미지를 해석하고 다른 팀은 이미지에 대한 작업을 수행하는 식이다. 인간이 로컬 뷰에서 작업하고 있는데 글로벌 뷰를 위한 모든 데이터를 전송받는다면 데이터로 인해 인간에게 과부하가 걸리고 결정을 내리는 데 시간이 더 오래 걸릴 수 있다. 책임 트레이드 공간 측면에서 단기 목표를 성공적으로 달성하면 로봇에게 장기 목표를 맡기려고 하지 않는 거부감을 극복할 수 있는 일종의 시스템에 대한 신뢰를 쌓을 수 있다.

3.9 요약

3장에서는 자동화 및 자율성과 관련된 4가지 일반적인 문제를 다뤘다. 기본적인 질문은 "자동화와 자율성의 차이점이 무엇인가?"다. 차이점을 설명하는 1가지 방법은 자동화가 도구로서의 로봇에 관한 것이고 자율성은 2장의 정의에 따라 에이전트로서의 로봇에 관한 것이라고 말하는 것이다. 또 다른 방법은 4가지 주요 특징의 관점에서 차이점을 설명하는 것이다. 이러한 특징 중 하나로 "시스템이 계획의 실행execution of plans과 계획의 생성generation of plans 중 어디에 초점을 맞추고 있는가?"라는 계획이 있다. 또 다른 특징으로 "시스템은 결정론적, 비결정론적 알고리듬 중 어느 것을 사용하는가?"라는 행동이 있다. 또한 월드 모델world model의 유형은 도구와 에이전트를 구분하는 데 도움이 된다. 도구는 일반적으로 많은 양의 사전 정보가 있는 폐쇄형 월드에서 작동하는 반면 에이전트는 다이내믹하게 변하는 환경에서 가변 작업을 수행하고자 개방형 월드에서 작업한다. 네 번째 차이점은 시스템이 신호나 기호를 어떻게 조작할지를 의미하는 지식 표현knowledge representation이다. 실제로 지능형 로봇은 특성이 혼합돼 있는데, 예를 들어 어떤 로봇에는 스펙트럼의 자동화 쪽에서 더 많은 특성이 있을 수 있고, 다른 로봇은 스펙트럼의 자율성 쪽에서 더 많은 특성이 있을 수 있다.

지능형 시스템이 자동화와 자율성의 특성이 혼합된 것이라면 자율성과 자동화의 차이가 중요한 이유는 무엇인가? 자동화와 자율성은 상대적으로 지능적이지 않은 작업에 대해 구별이 불가능할 수 있다. 또는 웨이포인트로 내비게이션하는 것과 같이 자동화와 자율성을 함께 사용할 수도 있다. 웨이포인트 기반의 내비게이션에는 무인 항공기UAV 운항을 유지하도록 UAV를 위한 웨이포인트와 제어 이론을 선정하는 데 AI 알고리듬이 사용될 수도 있다. 그러나 이러한 접근 방식은 서로 다른 양의 노력을 필요로 하는 설계 패러다임을 반영하며, 좀 더 지능적인 기능을 위해 서로 다른 트레이드오프를 도입할 것이다. 패러다임의 선택은 미적분학에서 좌표계를 선택하는 것과 유사하다. 이를테면 유클리드 또는 구면 좌표계에서 솔루션을 제시함으로써 문제를 해결할 수 있는 것과 같다. 계산이 제대로 이뤄지면 2가지 모두 같은 답을 내놓겠지만 상당히 다른 노력이 필요하며 수학적 오류의 확률이 높아진다. 로보틱스에서 접근 방식의 선택은 프로그래밍 스타일, 하드웨어 설계, 기능 장애의 종류, 준비해야 할 인간 오류 유형에 영향을 미친다. 따라서 설계자는 특정 지능형 역량을 제공할 때 자동화/자율성 스펙트럼의 정확한 끝을 의식적으로 선택하고 선택한 접근 방식과 관련된 다양한 유형의 취약성을 막는 것이 중요하다.

자동화에 비해 자율성이 갖는 이점은 무엇일까? 둘 중 하나를 언제 사용해야 하는지 알 수 있을까? 자율성은 얼마만큼 필요할까? 자동화 역량에 비해 자율 역량이 더 나을지 또는 적합할지 여부는 애플리케이션마다 다를 수 있다. 자율성을 언제 사용할 것인지를 위한 설계 규칙design rule이 없을 경우 비결정론적 테스트 방법이 없는 상황을 더 악화시킨다. 즉, 올바른 판단을 위해서는 자율성을 언제 어떻게 추가할지 결정해야 하는데, 기존 테스트 방법은 판단을 잘못 내렸을 때 이를 발견할 수 있다는 보장이 없다. 어떤 역량이 어떤 로봇 시스템에 가장 적합한지에 대해 고정돼 있고 빠르게 답을 얻을 수 있는 규칙은 없지만 설계자가 고려할 수 있는 적어도 다섯 개의 트레이드 공간, 즉 적합성, 계획, 영향, 관점, 책임 등이 있다. 로봇을 제조할 때 고전적 방식의 자동화classical automation는 정밀도, 반복성, 비용을 위해 물리적 로봇의 적합성을 최적화한다. 그러나 비용 면에서는 부품들이 로봇에 완벽하게 배치돼야 하고 로봇의 새로운 작업에 대한 적응성을 위태롭게도 한다. 계획한 경로가 여전히 유효한지 확인해야 할 때 (미션 수행 모니터링 같은) 자율 역량과 관련이 없는 자율 역량(예. 경로 플래닝)을 추가할 때는 주의해야 한다. 시스템이 너무 어렵다거나 사용하기 까다롭다고 생각하는 사용자로 인해 시스템에 장애가 일어나거나 폐기되는 위험을 감수해야 할 수도 있기 때문이다.

설계자는 지능형 로봇이 암묵적인 기대를 충족시키는 데 필요한 자율성의 범위나 규모를 과소평가할 수도 있다. 이는 부분적으로 기계나 소프트웨어 시스템이 사람이 제공하는 역량을 직접 대체할 수 있다는 대체 신화에서 비롯된다. 일반적으로 사람은 어디로 갈지 계획하는 것과 같은 실제 역량과 예외 처리 또는 문제 해결과 같은 추가적인 암시적 역량additional implied capabilities을 모두 제공한다. 계획 트레이드 공간$^{plans\ trade\ space}$의 예를 들어보자. 스마트폰, 모바일 기기는 지도 내지는 가능한 경우 교통 정보 등을 바탕으로 현재 시점에서 최적의 라우팅 경로를 만들어낸다. 그러나 지도, 라우팅 경로에 오류가 있을 경우 군사 작전에서 도로가 막혀 있는 것이 뭔가 이상해서 매복에 대한 신호를 보낼 수도 있다는 것을 사람들이 인지하는 데 이러한 스마트폰, 모바일 기기들이 사용되기도 한다. 계획 실행 모니터링 역량을 추가하지 않은 채 무인 지상 차량에 경로 플래닝 역량을 추가하면 자율성 범위가 너무 좁아져서 사람의 감시 또는 고장에 대한 위험 부담 없이 쓸 수 없는 로봇이 만들어진다. AI에는 가장 지능적 기능을 위한 알고리듬들이 있지만 시스템에 넣을 기능들을 결정하는 것은 여전히 설계자의 몫이다.

3.10 연습문제

문제 3.1

자동화의 정의를 설명해보라.

문제 3.2

자율성의 정의를 설명해보라.

문제 3.3

'폐쇄형 월드 가정'이란 무엇인가? 폐쇄형 루프 제어$^{closed-loop\ control}$와 어떻게 다른가?

문제 3.4

'개방형 월드 가정'이란 무엇인가? 오픈형 루프 제어$^{open-loop\ control}$와 어떻게 다른가?

문제 3.5

다음 설명이 맞는지 틀린지 답하라. 개방형 월드 가정은 가능한 스테이트, 객체, 조건의 목록을 완벽하게 정리할 수 없기 때문에 설계자는 문제의 공간에 폐쇄형 월드 모델을 적용해야 한다고 명시한다.

문제 3.6

다음 설명이 맞는지 틀린지 답하라. 프레임 문제는 월드에서 변하지 않는 것을 올바르게 식별하고, 따라서 지속적인 업데이트를 요구하지 않아 계산 부담을 줄이는 문제를 말한다. 프레임 문제는 폐쇄형 월드 가정과 관련이 있다.

문제 3.7

다음 문장에서 ○○○ 부분을 '결정론적' 또는 '비결정론적'으로 채워보라. 자동화에는 보통 ○○○ 알고리듬이 주로 사용되는 반면, 자율성의 경우 ○○○ 알고리듬이 많이 쓰인다.

문제 3.8

4개의 슬라이더 막대로 구성된 자율 시스템을 생각해보자. 각 슬라이더의 위치는 자율성이나 자동화에 대한 기여도를 나타낸다. 예를 들어 어떤 로봇은 대체로 플랜 스펙트럼의 생성(자율성) 쪽에 있을 수 있지만 어떤 로봇은 모델 스펙트럼의 폐쇄형 월드(자동화) 쪽에 있을 수도 있다. 다음 로봇들을 잘 살펴보고 이들 각각이 슬라이더 상에서 어디에 위치할지 표시해보자.

- 룸바
- 쉐이키
- 유니메이트
- 징기스
- 다빈치 수술 로봇
- 딥 스페이스 원
- 프레데터
- 레무스

문제 3.9

1장에서 설명한 4가지 카테고리의 로봇 애플리케이션을 생각해보자. 다른 카테고리보다 더 '개방형 월드'인 카테고리는 무엇인가? 또 다른 것들보다 더욱 '폐쇄형 월드'

는 어떤 것인가? 폐쇄형 월드 가정이 각 카테고리의 로봇에 어떤 영향을 미칠 수 있는지 예를 제시해보라. 각 카테고리의 로봇에 개방형 월드 가정이 어떤 영향을 미칠 수 있는지 예를 제시해보라.

문제 3.10

월드 모델을 만들 수 있는 3가지 방법은 무엇인가?

문제 3.11

제한적 합리성을 이끌어내는 3가지 항목은 무엇인가?

문제 3.12

다음 중 제한적 합리성을 이끌어내는 3가지 항목에 해당하지 않는 것은 무엇인가?

    a. 로봇이 결정을 내리는 데 필요한 시간

    b. 로봇이 보유한 정보량

    c. 로봇이 해결하려고 하거나 만족시키려고 하는 문제 또는 목표의 수

    d. 로봇의 계산 능력

문제 3.13

다음 중 대체 신화를 올바르게 설명한 것을 고르시오.

    a. 로봇이 결국 사람을 대신할 것이다.

    b. 로봇이 인간을 대체할 수 있다는 것은 더 큰 사회적 기술 조직이나 시스템의 회복력에 영향을 미치지 않는다는 것을 의미한다.

    c. 사람이 로봇의 우수한 내구성과 세부 사항에 대한 주의를 기울이는 것들을 대신할 수 있다.

    d. 인공지능은 생물학적 지능을 대체할 수 없다.

문제 3.14

공장 자동화를 생각해보자. 대체 신화가 나타날 것 같은가? 나타난다면 어떤 상황에서일까?

문제 3.15

충돌하거나 저 멀리 날아가 버리거나 다른 깜짝 놀랄 만한 일들을 일으킨 무인 항공 시스템에 대해 웹에서 검색해보라. 자동화와 자율성의 균형, 그리고 왜 시스템이 실패했는지 생각해보라.

문제 3.16

공장 자동화에 대한 새로운 접근법으로 알려진 백스터 로봇을 웹에서 찾아보라. 그리고 자율 역량을 정리해보라. 어떻게 하면 트레이드 공간의 균형을 맞추고 대체 신화를 피할 수 있을까?

문제 3.17

2011년, 후쿠시마 다이치 원자력 발전소 사고와 복구 작업을 생각해보자. 지상 로봇에 유용한 자율 역량은 무엇인가? 자동화할 수 있는 작업들을 이유와 함께 설명해보라.

3.11 엔드 노트

로보틱스 과학자의 서재에 소장 가치가 있는 추천서

2012년 7월 미국 국방과학위원회의 보고서인 'DoD 시스템에서의 자율성의 역할'(온라인상에서도 열람 가능)은 미군의 무인 시스템에 대해 어떤 자율 역량을 사용했는지, 자율성을 사용할 수 있는 기회를 놓쳤는지, 향후 자율성의 실효적 이용을 늘리려면 무엇을 해야 하는지 등을 일목요연하게 정리해놨다.

공상과학 영화

1972년, 공상과학 영화 <사일런트 런닝^{Silent Running}>에서 비결정론의 사례를 확인할 수 있다. 세 대의 로봇이 우주정거장의 밖에서 정비를 하고 있었고 토성 고리의 파편과 충돌해 우주정거장 안으로 들어오라는 명령을 받았다. 명령이 내려졌을 때 세 로봇 모두 서로 가까이에서 작업 중이었기 때문에 결정론적 시스템에서는 세 로봇 모두 동일한 에어록^{air-lock}과 재진입^{re-entry} 경로를 선택했어야 했다. 로봇 휴이^{Huey}와 듀이^{Dewey}는 동일한 경로를 선택했지만 루이^{Louie}는 로컬 퍼셉션^{local perception} 측면에서 다른 경로를 선택했다.

04
자동화의 소프트웨어 조직

4장에서 다루는 내용

- 리바이스Levis의 아키텍처 정의를 지능형 로봇의 소프트웨어 개념화에 적용한다. 그리고 오퍼레이션 아키텍처, 시스템 아키텍처, 기술 아키텍처에서 각각의 수준에 맞게 추상화를 표현한다.

- 지능형 로봇의 캐노니컬 오퍼레이션 아키텍처 내부의 레이어 이름(반응형 레이어, 심의형 레이어, 상호작용형 레이어)을 정하고 5가지 공통 속성(프리미티브, 퍼셉션 능력, 플래닝 호라이즌, 시간 척도, 모델 사용)의 가치 측면에서 설명한다.

- 4가지 카테고리의 심의형 기능(생성, 모니터링, 선정, 구현)을 설명하고 이러한 기능이 월드 모델, 시간 척도, 플래닝 호라이즌 측면에서 반응형 기능과 어떻게 다른지 설명한다.

- i) 3가지의 AI 로봇 프리미티브들 간의 관계 패턴과 ii) 라우팅 경로route of sensing라는 로보틱스 시스템 아키텍처의 2가지 특성이 주어진 경우 시스템 아키텍처를 계층형 패러다임, 반응형 패러다임, 하이브리드 심의형/반응형 패러다임 각각으로 어떻게 구현하는지 알아본다.

- 대부분의 시스템 아키텍처에 있는 5가지 서브시스템(플래닝, 카토그래퍼 Cartographer, 내비게이션Navigation, 모터 스키마Motor Schema, 퍼셉션)에 레이블을 붙이고 정의한다.

- 5개의 서브시스템과 각각 반응형, 심의형 오퍼레이션에 연결하고 해당 서브시스템을 어떻게 사용하는지 설명한다.
- 실행 승인execution approval과 태스크 실행task execution의 유사성과 차이점을 알아본다. 또 이들이 로봇의 안전한 액션, 정확한 액션을 보장하지 않는 2가지 이유도 알아본다.

4.1 개요

3장에서는 자율성이 제어 이론적 접근법과는 개념적으로 어떻게 다른지 설명했다. 즉, AI 연구자들은 (개방형 월드에서 올바른 일을 하는) 적응성/융통성adaptability을 높이는 문제로 로보틱스를 보는 반면 많은 엔지니어링 연구자는 로보틱스를 제어 확장 (더 큰 월드 모델 생성과 보장 조치guaranteeing actions)으로 본다. 사실 이렇게 차이점을 보는 건 너무 일반적이어서 이를 통해 지능형 로봇을 어떻게 설계하면 될지 4장에서는 다음 2가지 질문에 대한 답을 찾아본다. 첫째, 자율성에 기존과는 다른 프로그래밍 스타일이 주어진다면 과연 그것은 무엇일까? 둘째, '프로 버전pro version'으로 업그레이드하거나 필요에 따라 '앱'을 다운로드하듯이 레이어에 지능을 추가할 수 있을까?

우선 소프트웨어 공학 아키텍처 측면에서 3가지 유형의 프로그래밍 스타일을 알아본 후 인공지능 로보틱스 프로그래밍에 가장 중요한 오퍼레이션 아키텍처와 시스템 아키텍처를 집중적으로 다룬다. 소프트웨어 조직software organization을 잘 이해할 수 있도록 '아키텍처'부터 정의해보자. 소프트웨어 설계에 대한 틀을 짤 때 리바이스Levis의 운영, 시스템, 기술 아키텍처의 정의가 필요하다.[114] 오퍼레이션 아키텍처는 집이 중요한 특징 관점에서 보면 이해가 빠를 것 같다. 부동산 목록을 예로 들면 스타일 관점에서는 목장, 오두막, 맨션, 이동식 주택 등으로, 기능 측면에서는 두 세대용, 한 세대용 등으로 설명할 수 있으며, 이를 통해 구매자는 주택이 자신의 가족과 라이프스타일에 적합한지 여부를 알려준다. 시스템 아키텍처에서는 침실

3개, 욕실 2개, 큰 부엌, 지붕 있는 차고, 수영장 등 집의 구성 요소들을 잡는다. 기술 아키텍처는 설계의 실제 사례들을 의미하며, 여기서 주택의 평면도는 기능의 자세한 내용을 담고 있다. 예를 들어 침실 3개, 욕실 2개짜리 주택을 생각해보면 1층으로 지을지, 2층으로 지을지, 복도는 몇 개나 되고 폭은 어느 정도인지, 공동욕실이 있는 지와 같이 집집마다 필요한 방과 내부 동선 같은 것들이 모두 다를 수 있다. 기술 아키텍처도 실제 집을 설계할 때 사용되는 프레임, 배관, 도색, 조경, 장식 세부 사항 같은 것들과 유사한 기능을 구현하기 위한 알고리듬으로 구성된다.

다음으로 AI에 사용되는 캐노니컬 오퍼레이션 아키텍처를 살펴본다. 특히 지능을 반응형reactive, 심의형deliberative, 상호작용형interactive이라는 3가지 광범위한 레이어로 그룹화한다. 이 캐노니컬 오퍼레이션 아키텍처에서 반응형 레이어의 시스템 아키텍처와 기술 아키텍처의 세부 사항은 2부에서 다루고, 심의형 레이어는 3부에서, 상호작용형 레이어는 4부에서 다룬다. 대략 이 책의 큰 틀은 이렇게 구성돼 있다고 보면 된다. 캐노니컬 오퍼레이션 아키텍처는 AI 로봇 커뮤니티 외에는 잘 알려져 있지 않으므로 이 장에서는 산업 자동화, 제어, 일반 AI 커뮤니티에서 사용되는 3가지 다른 오퍼레이션 아키텍처를 다룬다.

캐노니컬 오퍼레이션 아키텍처Canonical operational architecture는 정의상 하이레벨이고 추상적이다. 따라서 이 장에서는 좀 더 손에 잡힐 만한 아키텍처인 시스템 아키텍처를 설명한다. 인공지능 로보틱스는 (집에서 방에 해당하는) 계획, 내비게이션, 카토그래퍼, 모터 스키마, 퍼셉션이라는 5가지 서브시스템으로 구현된다. 또한 (평면도에 대응되는) 3가지 패러다임이 있으며 주로 하이브리드 심의형/반응형 시스템 아키텍처(줄여서 하이브리드 아키텍처)가 많이 쓰인다. 하이브리드 아키텍처는 기술 아키텍처를 (즉, 집을) 구성하는 서브시스템과 알고리듬에 대해 이 책 전반에 걸쳐 핵심 역할을 할 것이다.

아키텍처 관점에서는 지능형 로봇을 프로그래밍하려면 많은 하드웨어와 소프트웨어 구성 요소가 완벽하게 한 몸처럼 동작해야 한다는 점이 중요하다. 그렇지 않으면 로봇이 고장날 위험이 있다. 그래서 사람을 실행 주기에 참여시켜 로봇보다 먼저 로봇이 하려는 일을 검토하고 승인하게 해서 이러한 위험 요인을 줄이려는 시도도 있다. 하지만 관련 연구에 의하면 사람의 승인 과정이 로봇 성능을 높이는 데 별 도움은 안 된다고 한다. 자세한 내용은 뒤에서 설명한다.

참고로 5장에서는 '완벽한' 인공지능 로보틱스 시스템 내지는 '완전 자율' 로봇을 설계하고 만들 때 대체제로 여겨지곤 하는 텔레시스템telesystems을 설명한다. 이후 나머지 부분에서는 특정 주택의 배관, 골조, 조경 세부 정보를 캡처하듯이 기술 아키텍처 뷰를 구성하는 다양한 소프트웨어 모듈에 대한 다양한 알고리듬과 프로그래밍 방법을 자세히 알아본다. 이 장을 공부하고 나면 AI 로봇을 하향식으로 설계할 수 있을 것이다. 참고로 설계 방법론과 철학은 19장에서 다룬다.

4.2 소프트웨어 아키텍처의 3가지 유형

'아키텍처'라는 용어는 로보틱스에서 설계나 조직의 전체적인 스타일을 의미하는 것으로 자주 사용된다. 아킨은 그의 저서 『Behavior-Based Robots』(A Bradford Book, 1998)에서 몇 가지 정의를 제안했다.[11] 그가 인용한 다른 정의 중 2가지를 보면 이 책에서 아키텍처라는 용어가 어떻게 사용될 것인지 알 수 있다. 마타릭Mataric의 연구[124]에서 아키텍처는 제어 시스템을 구성하는 원칙론적 방법을 알려준다. 그러나 구조structure를 제공하는 것 외에도 아키텍처는 제어 문제를 해결할 수 있는 방법에 제약을 가한다. 딘Dean과 웰만Wellman의 연구[57]에서 아키텍처는 일련의 아키텍처 구성 요소와 이러한 요소들이 어떻게 상호작용하는지를 설명했다. 로봇 프로그래밍을 위한 기초 빌딩 블록처럼 이 책에서는 로봇 아키텍처에서 공통 핵심 구성 요소와 이러한 구성 요소들을 서로 연결하기 위한 원칙과 규칙을 다룬다. 집이나 자동차 제작을 생각해보면 아키텍처가 왜 중요한지 느낌이 올 것이다. 집을 잘 보면 대부분 동일한 구성 요소(주방, 욕실, 벽, 바닥, 출입문 등)와 기반 시설(전기, 배관, 난방, 에어컨 등)이 들어있지만 모든 설계안은 나름의 이유가 있다. 구매자의 취향에 따라 방 크기, 인프라 고급화 전략 등은 집집마다 모두 다를 것이다.

4.2.1 아키텍처의 유형

새로운 지능형 로봇 제작을 위해 과거 경험에서 핵심만 추출해 템플릿으로 만든 것이 아키텍처다. '아키텍처'라는 용어는 미국 공군에서 다른 의미로 매우 빈번하게 쓰였으며, 이러한 이유로 2001년 수석 과학자 알렉스 리바이스Alex Levis는 오퍼레이션, 시스템, 기술로 아키텍처의 분류 체계를 정립했다.[114] 각각에 대해 자세히 알아보자.

- **오퍼레이션 아키텍처:** 시스템이 수행하는 작업이나 기능을 하이레벨로 설명한다. 그러나 그 방법은 설명하지 않는다. 이것은 집의 모양(예, 방갈로, 콜로니얼, 목장 등) 내지는 침실, 욕실의 개수 등 일반적으로 사용되는 용어로 집을 설명하는 새로운 집의 부동산 목록과 비슷하다. 인공지능의 7가지 영역은 각각 자체 알고리듬과 데이터 구조를 갖고 있다. 이들이 어떻게 서로 엮이고 설계에서 의도한 기능을 제공할지를 판단하는데, 어떻게 사용할 수 있는지를 설명한 것이 오퍼레이션 아키텍처다.

- **시스템 아키텍처:** 시스템이 주요 서브시스템으로 어떻게 분해되는지 설명한다. 집의 층별 구성 계획을 생각하면 이해하기 쉽다. 시스템 아키텍처에는 원하는 지능형 기능을 제공하는 특정 소프트웨어 시스템(집일 경우 방에 해당)이 명시돼 있으며, 이러한 시스템이 어떻게 연결돼 있는지(집일 경우 복도, 오픈 플로어, 2층, 지하실에 해당) 설명한다. 시스템 아키텍처는 설계가 '우수한 소프트웨어 공학 원칙', 특히 모듈성과 확장성을 충족하는지 여부를 결정하는 데 사용될 수 있다.

- **기술 아키텍처:** 시스템의 구현 세부 사항을 설명한다. 이는 집이 실제로 어떻게 지어지는지, 시공업자가 파이프를 어디에 놓는지, 지붕 공사 또는 기초 공사에 어떤 건축 법규를 적용하는지, 어떤 자재를 사용할지, 조명 기구와 수납장의 가격이 얼마나 비싼지 등을 설명하는 것과 비슷하다. 기술 아키텍처는 모듈들이 어떤 알고리듬과 언어로 프로그래밍되는지도 명시하며, 설계가 가장 적절한 알고리듬을 사용하고 있는지 여부를 결정하는 데 사용될

수 있다. 기술 아키텍처는 AI의 발전을 반영해 끊임없이 진화하고 있다.

4.2.2 우수한 소프트웨어 공학 원칙을 강화하는 아키텍처

AI가 소프트웨어 엔터프라이즈라면 우수한 소프트웨어 공학은 소프트웨어 엔터
프라이즈의 성공에 꼭 필요한 것이다. 3가지 아키텍처 측면에서 자율 로봇
autonomous robot의 설계를 생각하다 보면 소프트웨어 공학의 4가지 일반 원칙을 충족
하는 설계안을 더 잘 만들 수 있다.[81] 첫 번째 원칙은 추상화abstraction인데, 여기서
오퍼레이션 아키텍처와 시스템 아키텍처 포털에서 설계자가 일반적인 지능의 조직
에 대한 생각에 집중하도록 세부 사항을 무시할 수 있게 해준다. 또 다른 원칙은
모듈화modularity인데, 여기서 시스템 아키텍처와 기술 아키텍처는 설계자가 객체지향
프로그래밍의 관점에서 생각하게 한다. 모듈은 응집도가 높고 결합도가 낮아야 한
다. 여기서 응집도란 모듈이나 객체가 1가지 작업을 잘 수행하는 동시에 관련 없는
기능은 자신이 아닌 다른 곳에 있음을 뜻한다. 그리고 결합도는 모듈이나 객체가
독립적이고 서로 무관한 것을 의미한다. 높은 응집도와 낮은 결합도로 유닛 테스트
와 디버깅을 지원한다. 세 번째 원칙은 증분성incrementality에 따른 변경을 예상하는
것이다. 시스템 아키텍처와 기술 아키텍처를 통해 설계자는 기존 모듈에 코드를
다시 작성하거나 버그를 유발하지 않으면서 새로운 버전으로 알고리듬을 업그레이
드하고 신규 기능을 제공하고 있기 때문이다. 이 원칙은 모듈화와 관련이 있다.
네 번째 원칙은 일반성generality의 원칙이다. 오퍼레이션 아키텍처, 시스템 아키텍처,
기술 아키텍처는 설계자가 기본 조직, 서브시스템, 구현이 코드를 다른 애플리케이
션에 사용할 수 있게 허용할지 여부를 결정할 때 일정의 프레임워크 역할을 한다.
이 원칙은 로보틱스 분야에서 종종 이식성portability으로 부르기도 한다.[11] 이 장의
목적은 매번 다시 발명할 필요가 없도록 오퍼레이션 아키텍처와 시스템 아키텍처에
대한 템플릿을 제공하는 것이다.

소프트웨어 공학의 4가지 일반적인 원칙 외에도 아킨은 인공지능 로보틱스를 위한
2가지 소프트웨어 공학 원칙, 즉 니치(틈새) 타깃성niche targetability과 견고성robustness을

추가했다.[11] 니치 타깃성은 로봇이 의도한 애플리케이션에 얼마나 잘 작동하는지 잡아내는 것이다. 니치 타깃 여부와 이식성의 난이도$^{ease\ of\ portability}$는 종종 서로 맞지 않는 경우가 있다. 특정 애플리케이션에 아주 구체적인 알고리듬을 기술 아키텍처에 적용할 수도 있다는 뜻이다. 예를 들어 로봇은 낮에만 작동하게 설계될 수 있다. 그러나 기술 아키텍처가 시스템 아키텍처 내의 서브시스템으로 잘 구성된다면 낮 시간에만 작동하게끔 한 알고리듬이 밤에 동작하는 알고리듬으로 쉽게 대체될 수도 있다는 얘기다. 한편 견고성을 통해 시스템의 어느 부분이 취약한지, 어떻게 하면 시스템 설계가 본질적으로 취약성을 줄이는지 파악한다. 이러한 취약점은 실행 작업을 모니터링할 서브시스템이 있는지를 설계자가 볼 수 있는 추상화 수준의 운영이나 시스템 아키텍처에서 나타날 수 있다. 또는 설계자가 코드에서 예외 사항과 고장 조건을 처리하는 방법을 검토할 수 있는 포털 역할을 하는 기술 아키텍처로 나타날 수 있다.

4.3 표준 인공지능 로보틱스 오퍼레이션 아키텍처

1967년(쉐이키)부터 2000년까지 소위 '패러다임 전쟁'이 있은 후 인공지능 로보틱스는 하이브리드 오퍼레이션 아키텍처에 융합됐다. 조직적으로 오퍼레이션 아키텍처는 생물학적 영감에 따라(그림 4.1 참조) 반응형, 심의형, 상호작용형이라는 세 개의 레이어로 구성된다. 생물학적 지능은 반응, 심의, 변환(신호 → 기호), 상호작용이라는 주요 기능으로 구성된다고 볼 수 있다. 여기서 변환은 반응과 심의를 연결하는 역할을 하고 상호작용은 로봇과 다른 외부 에이전트 사이에서 일어난다. 이러한 생물학적 지능의 추상화에서 3가지 뚜렷한 목적과 컴퓨팅 스타일을 알아낼 수 있다. 세 레이어는 철학적으로 다른 카테고리의 기능을 캡슐화할 뿐만 아니라 프리미티브, 퍼셉션 능력, 플래닝 호라이즌, 시간 척도, 모델 사용의 5가지 속성을 갖고 있다. 또 이들 레이어는 각각 다른 프로그래밍 구조와 언어를 사용할 수 있다(19장 참조). 이 절에서는 먼저 레이어를 설명하기 위한 5가지 속성을 소개하고, 각 레이어의 요약 다이어그램도 작성한다.

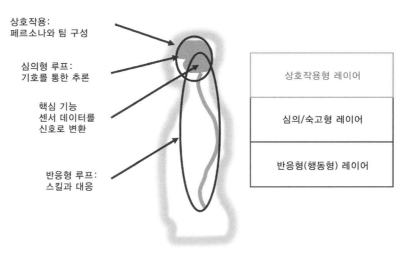

상호작용:
페르소나와 팀 구성

심의형 루프:
기호를 통한 추론

핵심 기능
센서 데이터를
신호로 변환

반응형 루프:
스킬과 대응

상호작용형 레이어

심의/숙고형 레이어

반응형(행동형) 레이어

그림 4.1 오퍼레이션 아키텍처처럼 표현한 중추신경계(central nervous system)

4.3.1 레이어 설명을 위한 속성

각 레이어에 포함되는 소프트웨어 기능에 대한 설명과 정당성은 프리미티브, 퍼셉션 능력, 플래닝 호라이즌, 시간 척도, 모델 사용의 5가지 속성을 기반으로 한다.

프리미티브. LOA^{Levels of Automation}, ACL^{Autonomous Control Levels} 아키텍처의 기능과 같이 인공지능 로보틱스에서는 자율 역량이 SENSE, PLAN, ACT, LEARN 4가지 기본 요소로 구성돼 있다고 본다. 어떤 기능이 로봇의 센서에서 정보를 받아 다른 기능에서 유용한 출력을 생성하는 경우 이 기능은 SENSE 카테고리에 포함된다. 기능이 (센서에서 정보를 얻거나 세상이 돌아가는 방식에 대한 자체 지식에서 추출한) 로봇이 수행할 하나 이상의 작업을 생성하는 경우(홀을 따라 내려가서 왼쪽으로 돌며 3m를 진행해 정지) 해당 기능은 PLAN 카테고리에 속한다. 모터 액추에이터에 출력 명령을 생성하는 기능은 ACT에 해당한다(예, 회전 속도 0.2mps로 98도 시계 방향으로 회전). 지능은 일반적으로 OODA^{Observe, Prient, Decide, Act} 루프와 유사한 SENSE, PLAN, ACT의 프로세스로 간주된다. (표 4.1 참조) LEARN은 에이전트가 성공의 기회를 최대화하는 중요한 메커니즘이며 다른 3가지 프리미티브보다 상위에 있다. 에이전트는 더 잘 감지하고 계획하는 법을 배울 수도 있고, 더 많은 액트나 스킬을 습득할 수도 있다. 심지어 무엇을 감지하고 무엇을 계획하고 어떻게 행동해야 하는지 등 특정 오류를 위해 학습하는 방법을 배울 수도 있다. ACL과 마찬가지로 지능이 좀 더 높은 시스템은 앞에서 설명한 3가지 프리미티프 중 한 개 이상에 대해 좀 더 정교하게 인스턴스화한다.

표 4.1 입력과 출력 관점에서 정의한 3가지 로봇 프리미티브

로봇 프리미티브	입력	출력
SENSE	센서 데이터	감지된 정보
PLAN	(감지된 또는 인지한) 정보	방향
ACT	감지된 정보 또는 방향	액추에이터 명령

퍼셉션 능력. 인공지능 로보틱스는 특정 기능에 필요한 인식을 직접적이거나 인식해야 한다고 본다. 이는 기능을 들어오는 자극과 직접적으로 작용할 수 있는 기능과 자극을 기호로 변환해야 하는 기능으로 나눈다.

플래닝 호라이즌. 인공지능 로보틱스는 기능을 (1) 현재, (2) 과거와 현재, (3) 미래와 과거와 현재 중 하나의 플리닝 호라이즌 을 갖는 것으로 본다. 예를 들어 반응형 레이어는 현재로부터의 자극에만 관심이 있는 반면 심의형 역량은 과거에 대한 추론을 요구하거나 액션의 결과로 월드가 어떻게 될지 예측해야 한다. 플래닝 호라이즌은 데이터 구조뿐만 아니라 알고리듬을 선택할 때 제약을 가한다. 예를 들어 데이터 구조의 경우 로봇이 과거나 미래를 추론한다면 이전 및 현재 스테이트를 저장해야 한다. 또한 알고리듬의 경우 현재에서만 작동 중일 때 로봇은 미래 결과를 투영하는 추론 방법을 사용할 수 없도록 제한한다.

시간 척도. 인공지능 로보틱스는 기능의 시간 척도도 고려한다. 즉, 기능이 매우 빠를 필요가 있는지(반사), 빠른지(액션 선택), 또는 상대적으로 느릴 수 있는지(문제를 추론할 수 있는지) 등이다. 소프트웨어 구성 요소가 비동기 성격의 작업인지 결정하는 데 시간 척도가 많은 도움이 된다. RCS[5]라는 기술 아키텍처는 비슷한 시간 척도에서 실행되는 기능의 레이어를 만들어내는 다른 여러 기능에 대한 시간 척도를 지정한다.

월드 모델. 인공지능 로보틱스는 기능을 로컬 월드 모델과 글로벌 월드 모델로 구분한다. 로컬 월드 모델은 해당 기능에 대해서만 수집된 정보를 사용하는 반면 글로벌 월드 모델은 처리된 모든 센서 정보를 이용한다. 이렇게 나누면 역량의 정교한 정도를 잘 판단할 수 있다.

4.3.2 반응형 레이어

행동이라고도 하는 반응성은 중추신경계의 반응형 루프에 해당한다. 이 루프는 척수와 뇌의 하부에서 일어나는 기능, 특히 모터 메모리$^{motor\ memory}$에 근거한 반응, 기술과 관련이 있다. 무릎의 슬개골을 쳤을 때 나타나는 무의식적인 무릎 반사(무조건 반사)와 커피 잔을 들거나 자전거를 타는 등의 학습된 기술을 통해 에이전트는 신속하게 행동을 실행할 수 있다. 반응과 숙련된 기술은 일반적으로 '행동^{behavior}'이라고 불리는 액션 패턴이다.

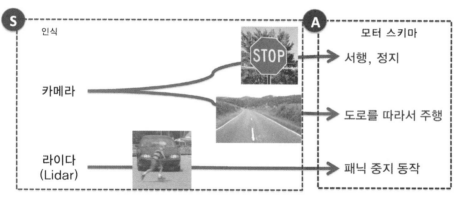

그림 4.2 반응형 레이어에서 프리미티브의 조직

행동 기능은 물고기와 곤충이 보여주는 것과 같은 동물의 지능 정도의 수준이다.

그림 4.2와 같이 로보틱스에서 반응형 레이어는 PLAN이 없는 SENSE와 ACT 프리미티브에서 생성된 기능으로 구성된다. 이 레이어는 감지된 자극이나 내부 자극에 의해 직접 작용이 발생하며 더 큰 월드에 대한 인식도 없고 미션 모니터링^{mission}

monitoring도 없는 동물 지능에 해당한다. SENSE와 ACT는 역량을 만들어내는 '행동'으로 매우 강하게 결합된다. 하나 이상의 행동이 외부 또는 내부 자극에 의해 촉발되고 전체 행동은 각 행동의 출력을 결합하는 메커니즘을 기반으로 한다. 행동의 퍼셉션 능력을 다이렉트 퍼셉션이라고 한다. 글로벌 월드 모델은 행등에서 생성 또는 유지 관리되지 않는다. 반면 행동에는 단기 메모리 역할을 하는 로컬 월드 모델이 있을 수 있다. 플래닝이 없다면 플래닝 호라이즌은 현재 자체를 나타낸다. 기능을 위한 시간 척도는 매우 빠르다. 자극과 그에 대한 반응 행동이 이뤄지는 건 보통 업데이트 주기가 초당 15~30사이클 수준으로 빠르며 제어 요구와 센서 업데이트 속도를 일치시킨다.

4.3.3 심의형 레이어

심의형 기능은 뇌의 피질과 관련된 인지형 루프에 해당한다. 뇌는 독립적으로 하중 신경계가 사용하는 것과 같은 신호를 입력으로 받아들이고 의식적인 결정을 내리도록 센서 처리를 추가한다. 인지형 루프는 (빌딩 계단을 걸어 올라가기 같은) 반응형 기능으로 수행되는 새로운 액션을 인스턴스화하거나 (계단에 미처 보지 못한 얼음이 있을 수 있으므로 보통 때보다 천천히 걷기처럼) 액션을 수정할 때 반응형 루프를 변경하거나 수정할 수 있다. 심의형 기능은 더 정교한 문제 해결, 지능의 추론 측면, 플래닝에서 상당히 중요하다. 예를 들어 심의형 루프는 커피 잔을 어디서 찾아야 하는지에 대한 추론이 일어나고 로봇을 부엌으로 옮긴 다음 커피 잔을 집어 들려고 반응형 루프를 활성화시키는 것이다.

처리 속도, 처리 내용 측면에서 2가지 루프는 서로 다르다. 반사 신경이나 모터 스킬은 매우 빠른 반면 문제에 대한 심의는 다소 느릴 수 있다. 이를 통해 왜 루프가 비동기적인지 이해할 수 있다. 사무실 지원은 떨어지는 커피 잔을 잡을 수 있으며 그와 동시에 금융 계좌의 잔고가 얼마나 되는지 곰곰이 생각도 할 수 있다. 반응형 기능은 신호, 즉 직접적인 센서의 자극을 활용한다. 반면 심의형 기능은 기억을 합성하고 레이블링하고 기억 및 지식과 조합한 기호를 활용한다. 뇌가 신호를 기호로 어떻게 변환하는지, 뇌가 사물을 (커피 잔 같은) 기호로 어떻게 인식하는지, 뇌가 (내 커피 잔처럼) 의미가 있는 레이블을 물체에 어떻게 할당하는지는 아직 미지의 영역이다. 인공지능에서는 이것을 객체 인식^{object recognition} 또는 심볼 그라운딩 문제^{symbol grounding problem}라고 한다.

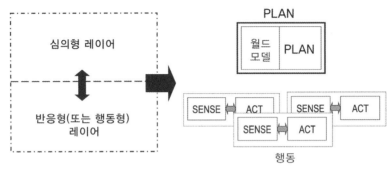

그림 4.3 심의형 레이어의 프리미티브

그림 4.3과 같이 심의형 레이어는 로봇의 계획 활동을 호스팅한다. 뿐만 아니라 심의형 레이어에는 월드 모델을 이용해 계획을 만들어낸 다음 이를 실행하도록 반응형 레이어의 적절한 **SENSE-ACT** 행동을 인스턴스화하는 플래너도 있다. 이러한 행동은 다음 단계 계획의 시작 전 또는 새로운 행동이 인스턴스화되기 전까지 계속 실행된다. 행동의 퍼셉션 능력이 인식이며, 이를 통해 로봇이 글로벌 월드 모델을 구축한다. 플래닝 호라이즌은 과거와 현재의 정보를 사용해 계획의 결과를 미래로 투영한다. 계획을 수립하는 시간은 반응 시간에 비해 더 오래 걸릴 수 있다. 또한 심의형 레이어의 기능은 업데이트 주기가 매우 다양할 수 있다. 즉, 월드 모델 업데이트 주기가 초당 15사이클 정도로 매우 짧을 수도 있고 복잡한 계획을 생성할 경우 몇 분이 걸릴 수도 있다. 플래닝 알고리듬이 반응형 레이어의 행동만큼 빠르게 실행되더라도 행동을 지속적으로 계획하고 다시 인스턴스화하는 데 별로 도움이 안 될 수 있다.

심의형 레이어는 다음 4가지 심의형 기능이 포함된 월드 모델과 연결돼 있는 두 개의 서브레이어로 나뉜다.

- 생성: AI에서 플래닝, 리즈닝, 문제 해결에 대한 계획을 수립한다.

- 선정: 플래닝, 자원 할당, AI 역량의 지식 표현 등과 관련한 계획 달성에 필요한 적절한 자원을 선정한다.
- 구현: 실행과 관련한 계획을 구현한다.
- 모니터링: 목표에 도달했는지, 제대로 학습했는지, 잠재된 실패가 예상되는지를 판단하는 계획을 실행한다. 이는 AI에서 플래닝 및 리즈닝과 관련이 있다.

그림 4.4와 같이 심의형 레이어의 위쪽에는 과거, 현재, 미래라는 시간의 흐름에 따라 이뤄질 미션 생성 및 모니터링 기능이 포함돼 있다. 반면 그 아래(그림의 중간 부분)에는 계획을 행동으로 변환하는 선정 및 구현 기능으로 구성돼 있다. 아래쪽 서브레이어(그림의 가운데)는 과거와 현재 시간에 따라 작업을 수행하며 비동기 방식으로 동작한다. 한편 그림에서 월드 모델에는 칸막이가 쳐져 있는데, 이는 전반적인 로봇의 의도된 역량을 위해 월드에서 무엇이 중요한지를 나타내고자 한 것이다. 예를 들어 자율 내비게이션을 위해 많은 로봇이 월드의 물리적 레이아웃을 2차원 또는 3차원 지도로 만들고 유지한다. 하지만 "왜 갑자기 도로가 막혔지? 지금 기습 공격을 당한건가?" 같은 계획 모니터링에 필요한 의미를 이해할 수 있도록 시간에 따른 변경 사항을 활용하지는 않는다. 심의형 레이어에 있는 기능들은 플래닝과 리즈닝을 단순화할 수 있는 리스프^{Lisp} 같은 함수형 언어로 프로그래밍된다.

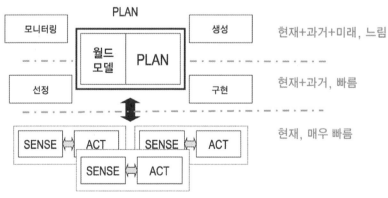

그림 4.4 4가지 주요 심의형 기능을 가진 심의형 레이어의 서브레이어

4.3.4 상호작용형 레이어

상호작용형 기능은 소프트웨어 에이전트, 다른 로봇, 인간 같은 에이전트와의 상호작용을 위해 필요하다. 상호작용은 반응형 루프 또는 인지형 루프에 의해 조절될 수 있다. 상황에 대한 내부 반응이나 다른 에이전트에 대한 내부 반응은 두려움, 분노 같은 부정적인 감정을 발생시킬 수 있으며, 이는 스스로의 자세와 몸짓의 변화(더 빠르고 더 극단적인 움직임), 다른 에이전트와의 근접성(위협적인 것에 더 가까워짐), 언어적 의사소통(단어 선택 또한 더 크게 말하기)으로 나타날 수 있다. 간혹 이를 소셜 인텔리전스라고도 한다(18장 참조). 상호작용은 보안, 프라이버시 결정처럼 심의형으로 조정될 수도 있다. 상호작용 기능은 본질적으로 사람에게 있고 고유한 성격을 만들어낸다. 그러나 상호작용은 팀으로 작업할 때 나타날 수도 있다(17장 참조). 이러한 상호작용은 먹이를 찾는 개미 왕국, 떼 지어 모인 새, 한 무리의 물고기 등의 집단행동일 수도 있고 구성원이 각자 책임져야 할 과제를 명확하게 협상하는 숙련된 팀의 행동일 수도 있다.

상호작용형 레이어는 기본적으로 로봇이 인간, 로봇 또는 소프트웨어 에이전트와 같은 다른 에이전트와 함께 작업할 수 있게 하는 개별 로봇 프로그래밍의 래퍼다. 상호작용형 레이어의 기능은 로봇이 다른 로봇, 인간과 어떻게 소통하고 작업하는지, 보안과 프라이버시는 어떻게 유지하는지, 좋은 사용자 인터페이스는 무엇인지 등에 관한 아주 좋은 연구 주제 중 하나다. 상호작용형 레이어의 내적 조직은 아직 미지의 영역이다. 레이어의 속성에 대한 패턴이 명확하지 않기 때문이다. 예를 들어 자연어 또는 의사소통을 위한 다른 방법들은 반응형[156] 또는 심의형[94]으로 만들어질 수 있다. 마찬가지로 로봇의 스테이트에 대한 피드백을 제공하는 감정은 상황에 따라 반응형 또는 심의형으로 생성될 수 있다.[140]

상호작용형 레이어는 로봇 팀의 상호 협력 방안에 관한 연구와 엔터테인먼트, 보조 역할, 헬스케어 소셜 로봇의 특정 응용 분야에 대한 인간-로봇 상호작용의 연구에 의해 2006년 즈음에 관심의 대상으로 떠오르기 시작했다. 상호작용형 레이어는 OWL과 같은 절차적, 함수형, 온톨로지 언어로 프로그래밍할 수 있다.

4.3.5 캐노니컬 오퍼레이션 아키텍처 다이어그램

캐노니컬 오퍼레이션 아키텍처는 반응형 레이어와 심의형 레이어에서 프리미티브의 조직, 퍼셉션 능력, 플래닝 호라이즌, 시간 척도, 모델 사용을 보여주는 그림 4.5와 같이 표현할 수 있다. 그림 4.1에서 레이어는 처리 루프와 관련이 있고 월드 모델은 신호를 기호로 변환하는 작업을 처리한다.

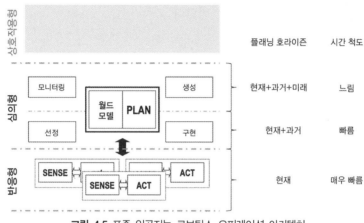

그림 4.5 표준 인공지능 로보틱스 오퍼레이션 아키텍처

4.4 기타 오퍼레이션 아키텍처

인공지능 로보틱스 커뮤니티에서 선호하는 캐노니컬 조직 아키텍처는 생물학적 은유를 바탕으로 한다. 지능을 조직화하는 방법을 떠올려봤을 때 오퍼레이션 아키텍처는 3가지 이상의 스타일로 구분할 수 있다. 자동화 커뮤니티는 기능이 기계나 사람에게 어떻게 할당될 수 있는지를 정의한 분류 체계를 만들었고 이는 자동화 레벨LOA, Level Of Automation로 이어졌지만 일부 개발자에게 오퍼레이션 아키텍처 정도로 다뤄졌다. 제어 관련 커뮤니티, 특히 항공우주 분야에서 점점 늘어나는 이해 수준의 단계를 잘 분류하는 것 외에도 상황에 따른 제어를 시도해왔으며, 이는 자율 제어 레벨ACL, Autonomous Control Levels이라는 자동화 레벨의 파생 버전으로 이어졌다. AI 분야

중 다중 에이전트 커뮤니티는 상황에 대한 이해와 제어의 수준이 점점 세분화한다는 점에서 자율성을 (로봇이 할 수 있을 만큼의 이니셔티브 규모를 의미하는) 이니셔티브 레벨levels of initiative로 보기 시작했다.

이 절에서는 이러한 다른 아키텍처를 검토하고 이들이 캐노니컬 인공지능 로보틱스 아키텍처와 어떻게 관련되는지 알아본다. 자동화 레벨과 자율 제어 레벨 프레임워크는 로보틱스 연구 전반에 걸쳐 나타나므로, 특히 AI 소프트웨어 조직에 대한 이러한 수준과 한계를 잘 알아두기 바란다.

4.4.1 자동화 레벨(LOA)

생물학적 지능은 일반적인 지능 조직에 통찰력을 제공하는 반면 인간-머신 시스템 커뮤니티는 다른 관점을 제공한다. 인간-머신 시스템 커뮤니티는 우주 탐사, 장치 산업의 제어, 항공기 내 오토파일럿을 위한 자동화를 검토해왔다. 토마스 쉐리던 Thomas Sheridan의 연구 성과[191]를 시작으로 학계에서는 인간이 현재 컴퓨터에 어떤 기능을 맡겼는지를 기준으로 시간에 따른 자동화의 상태를 기록해왔다. 시스템의 스테이트를 분류하면 자연스럽게 머신이 더 많은 기능에 책임을 갖게 되며, 따라서 더 자율적으로 간주될 것이다. 이러한 분류 체계는 시스템의 자동화에 대한 실질적인 척도 또는 오퍼레이션 아키텍처로 사용되며, 여기서 레벨 B는 레벨 A보다 자동화 수준이 더 높다. 이러한 계층을 일반적으로 자동화 레벨levels of automation 또는 자율성 레벨LOA, Levels Of Autonomy이라고 한다. 참고로 자동화와 자율성은 종종 동일한 의미로 사용되곤 한다.

이 책에서는 자동화 레벨의 여러 가지 버전 중 공통적인 일반 주제를 중점적으로 다룬다. 시스템의 자동화 상태를 표현할 때 보통 4가지 넓은 개념의 카테고리로 나눈다.

어떤 기능이 인간, 컴퓨터 또는 둘이 함께 (공유 제어shared control 형태로) 수행될 수 있다. 이때 일부를 인간이나 컴퓨터가 수행하고 나머지를 다른 에이전트가 (트레이드 제어traded control 형태로) 수행한다.

프로세스의 자동화 상태는 기능의 수행 주체가 인간인지 머신인지 여부에 따라 정의된다. 표 4.2[7]는 머신의 책임 수준이 늘어나는 정도에 따른 계층을 정리한 인간-머신의 관계에 대한 분류 체계의 예다. 분류 체계의 순서와 기능에 대해 각자의 의견이 있다보니 모든 연구자가 수긍할만한 자동화 수준을 만드는 건 불가능했다. 그러나 자동화 레벨의 여러 가지 버전을 보면 기능 세트가 있다는 공통점과 더불어 컴퓨터가 더 많은 기능을 맡기는 것이 자동화 수준이 더 높다는 것을 의미한다는 점에는 모두가 공감했다. 자동화 레벨에 대한 접근 방식은 종종 오퍼레이션 아키텍처에서 사용되곤 하는데, 이는 지능형 로봇이 표 4.2의 각 행과 관련이 있는 레이어에 점진적으로 구축될 것이라고 기대하기 때문이다. 오퍼레이션 아키텍처로 자동화 레벨을 사용할 경우 '설계 목표가 주어진 목표와 로봇의 역량에 대해 적절한 자동화 레벨을 맞추는 것이 아닌 완전 자동화임'을 의미하는 예상치 못한 결과를 보일 수 있다.

표 4.2 엔슬리(Endsley)와 케이버(Kaber) 연구[71]에서 적용된 대표적인 자동화 레벨의 예

	자동화 레벨	생성		선정		구현		모니터링	
		인간	컴퓨터	인간	컴퓨터	인간	컴퓨터	인간	컴퓨터
1	수동 제어	✔		✔		✔		✔	
2	액티브 지원	✔		✔		✔	✔	✔	✔
3	배치 프로세싱	✔		✔			✔	✔	✔
4	공유 제어	✔	✔	✔		✔	✔	✔	✔
5	의사결정 지원	✔	✔	✔			✔	✔	✔
6	혼합된 의사결정	✔	✔	✔	✔		✔	✔	✔
7	리지드 시스템	✔		✔			✔	✔	✔
8	자동화된 의사결정	✔	✔		✔		✔	✔	✔
9	지도형 제어	✔			✔		✔	✔	✔
10	완전 자동화	✔			✔		✔		✔

자동화 레벨 조직화 결과를 사용하는 주요 이점은 4가지 기능과 레벨이 생물학적 지능에 기반을 둔 3가지 레이어보다 모듈이 더 구체적이라는 것이다. 이러한 분류 체계를 통해 로봇과 인간이 함께 해야 할 미션이 있을 수도 있음을 알 수 있다. 이는 로봇에 기능을 추가하면 인간에 대한 의존도를 낮출 수 있음을 의미하며 본질적으로 로봇은 갈수록 인간 오퍼레이터에게 전적으로 의존하던 상태에서 완전히 독립적인 지능을 갖춘 모습으로 업그레이드될 수 있다.

반면 모든 역량에 대한 오퍼레이션 아키텍처가 아니라 액티브 역량의 현재 상태를 레이블링하는 정의 집합을 초기에 만든다는 게 이 조직화 결과의 주요 단점이다. 즉, 분류 체계가 시스템 전체에 지능을 지정하듯 적용하면 과업 수행 과정에서 수시로 달라지는 로봇의 역량을 설계하는 데 큰 걸림돌이 될 수 있다. 예를 들면 무인항공기에는 인간 조종사가 필요없는 자체 이륙 역량이 장착돼 있을 수도 있지만 미션을 수행하면서 목표물을 인식해야 할 때 조종사가 필요할 수도 있다. 이 예에서 로봇이 전체 기능을 책임지는 역량이 앞쪽의 경우라면 뒤쪽의 역량에서는 기능이 로봇과 인간에 의해 공유된다. 또한 상태는 수시로 달라질 수 있으므로 실패했을 경우 인간이 개입해야 할 수도 있으며 이 때문에 로봇이 담당하는 기능의 수가 줄어들기도 한다. 그러나 설계자들은 종종 전체 로봇이 가장 낮은 수준이 아니라 가장 높은 자동화 상태에 있다고 언급할 것이다. 이러한 불행한 상황은 사용자가 로봇의 전반적인 정교함에 대해 비현실적인 기대를 갖게 하고 설계자가 수준 간의 상호작용을 지원하는 방법을 무시할 수 있게 한다.

단점은 이 뿐만이 아니다. 자율성 레벨의 분류 체계를 오퍼레이션 아키텍처로 취급할 경우 4가지 심의형 기능만 고려하고 반응형 행동을 무시하는 시스템이 돼버린다. 또한 자율성 레벨의 분류 체계는 인간의 지도 및 감독과 상호작용을 고려하는 반면 사람의 지도 편달 없는 상호작용 내지는 다른 에이전트와의 상호작용은 생각하지 않는다는 것도 큰 문제다.

4.4.2 자율 제어 레벨(ACL)

자율 제어 레벨ACL, Autonomous Control Levels 운용 아키텍처는 미 국방부가 무인 시스템 개발 로드맵으로 삼는 경우가 있는데, 공군 유명 조종사이자 전략가인 존 보이드John Boyd가 성공한 조종사가 어떻게 결정을 내리는지를 문서화하고자 사용한 OODA ('ewe-dah'로 발음한다)를 기반으로 한다.[48] 보이드는 조종사가 미션을 완수하고자 관찰Observe, 방향Orient, 결정Decide, 행동Act인 OODA의 일정한 주기를 거치는 가설을 세웠다.[28]

LOA와 마찬가지로 ACL은 자율성을 기능과 레벨로 나누지만 LOA와 달리 인간/머신 위임을 명시적으로 고려하지 않는다. ACL은 OODA 루프의 각 단계 중 어느 부분이 무인 항공 시스템에 의해 자율적으로 실행되는지 군사 미션 카테고리에 대한 가치를 증가시키는 것을 모두 결합한 특별 순위를 반영하는 10개의 레벨을 갖고 있다. 각 레벨은 인식/상황 인식, 분석/의사 결정, 커뮤니케이션/협력의 3가지 기능으로 나눌 수 있다. 수준은 다음과 같다.

9 **배틀스페이스(전쟁터) 스웜 정보대.** 로봇 그룹은 자신에게 역할을 할당하고 현재 상황에 맞는 분산 전술을 적용할 수 있다.

8 **전장 인식.** 로봇은 위치와 궤적을 이해한다. 다른 에이전트의 경우 대상을 선택할 수 있다.

7 **전장 지식.** 로봇이나 로봇 그룹은 적의 행동을 탐지하고 투사할 수 있다.

6 **실시간 다중 차량 협력.** 로봇 그룹은 전술적 목표를 달성하고자 함께 일하고 그룹 활동을 최적화한다.

5 **실시간 다중 차량 조정.** 한 무리의 로봇이 인간의 감독하에 전술적 계획을 따르고자 서로 가까이에서 일한다.

4 **고장/이벤트 어댑티브 차량.** 로봇에게는 미션 플래닝 및 참여 규칙(예, 정책)이 부여되며 전술적 미션 플래닝을 적의 행동이나 시스템 장애에 맞게 조정할 수 있다.

3 **실시간 고장/이벤트에 대한 강력한 대응.** 로봇은 상태를 모니터링하고, 문제를 감지하고, 계획을 조정할지 아니면 미션을 중단할지 결정한다.

2 **변경 가능한 미션.** 로봇에게는 전술적 미션 플래닝이 주어지고 범위 내에서 계획을 조정할 수 있다.

1 **사전 계획된 미션 실행.** 로봇은 다른 에이전트와 다른 환경에서 미션을 수행한다.

0 **원격 조종 차량.** 인간은 본질적으로 비행 안정성을 제외한 모든 것을 책임진다.

ACL의 주요 장점은 광범위한 군사 미션을 다루고 지능과 관련된 기능을 친숙한 OODA 루프 공식과 관련시킨다는 것이다. 3가지 기능은 레벨 0에서는 로봇의 분석/의사 결정 기능이 없지만 레벨 3에서는 분석/의사 결정 기능에 결함 식별, 감지, 복구가 포함된다. 두 번째 이점은 ACL이 인간과 작업하는 로봇의 상호작용을 고려하지 않지만 로봇 팀을 고려한다는 것이다. 상위 레벨은 특히 다른 에이전트가 어디에 있는지 이해하고 그들의 의도를 추론하는 등 엔터테인먼트 애플리케이션과 기능을 공유한다.

ACL의 단점은 LOA와 비슷한데, 2가지 단점이 더 있다. 하나는 레벨의 랭킹에 대한 정당성이 명확하지 않고 필요한 지능의 정교함에 대한 전제 조건이 내포돼 미션을 수행할 로봇에 적용이 지연될 수도 있다. 예를 들어 인명피해 없는 지뢰 제거 작업이나 공기, 수질 표본 채집 같은 분야에서 스워밍을 생각해보자. 많은 동물이 떼를 짓는다. 침입자를 공격할 때 말벌은 한데 뭉칠 수 있고 액션도 조정할 수 있는데, 이는 레벨 5, 6, 9에 해당한다. 그러나 말벌은 진행 상황을 모니터링하지 않기 때문에 닫힌 창을 통해 반복적으로 나가려다가 죽는다. 이 경우 ACL 레벨 3, 4에 해당하는 기능이 필요하다. 생물학의 경우 에이전트 스워밍은 지능이 조금 모자라도 성공할 수 있는 반면 ACL에는 태스크 모니터링보다 더 높은 지능이 필요함을 알 수 있다. 생물학과 ACL 간의 이러한 차이는 중요한데, 기술이 임무 실행을 모니터링할만큼 발전하기 전까지는 ACL에서 스워밍이 설계되고 구현되지 않았기 때문이다. 그러나 수백 개의 값싼 로봇을 이용하면 그중 많은 수가 망가지더라도 미션 모니터링 없이 완수할 수 있는 미션이 있을 수도 있다. 또 다른 문제는 ACL이 보조 애플리케이션으로는 적합하지 않아 보인다는 점이다. 함께 작업할 조종사, 사람들을 로봇이 대체하지 않고 돕는다는 식의 기능이 ACL에는 없기 때문이다.

4.4.3 이니셔티브 레벨

한편 로봇이 작업을 수행하는 데 주어진 이니셔티브 규모를 기초로 한 오퍼레이션 아키텍처도 있다. 이 경우 자율성은 3.3절에서 다룬 기계적 제어가 함축돼 있다기보다는 자치 개념에 따라 정치적으로 함축된 것으로 봐야 한다. 앞에서 다룬 오퍼레이션 아키텍처와 달리 이니셔티브는 기능이 아닌 역할로 개념화한다.

콜만Colman과 한Han[49]은 이니셔티브 오퍼레이션 아키텍처 수준의 1가지 예를 제공했다. 그들의 연구는 로봇이 어떻게 지능적인 축구 선수가 될 수 있을지에 대한 것이었다. 로봇은 적어도 두 개의 역할을 갖고 있는데, 하나는 포워드이고 다른 하나는 좋은 팀 동료가 될 것이다. 가장 낮은 수준에서 최소한의 지능을 가진 축구 경기를 하는 로봇은 역할 수행에 자신의 퍼셉션과 스킬을 사용할 수 있을 것이다. 그러나 그 이상 아무것도 할 수 없다. 일반적으로 로봇은 전략을 바꾸는 어떤 주도권도 허락받지 못할 것이다. 더 높은 수준에서 로봇 미드필더는 수비수 역할을 하는 팀 동료가 부상을 당했다는 것을 알 수 있고 자발적으로 미드필더와 수비수 역할을 모두 커버하도록 역할을 바꿀 수 있을 것이다.

5가지 레벨의 이니셔티브는 다음과 같다.

- **자율성이 없다.** 로봇은 태스크 수행 또는 목표를 달성할 때 엄격한 프로그래밍을 따른다. 로봇은 매번 같은 방법으로 상대방을 에워쌀 수도 있고 언제든 다른 선수에게 공을 패스할 수도 있다. 이 레벨은 생물학적 아키텍처의 자극-반응 행동 및 자동화 래밸 아키텍처의 레벨 10과 유사하다.

- **프로세스 자율성.** 로봇은 작업 목표를 달성하고자 알고리듬이나 프로세스를 선택할 수 있다. 로봇은 다른 플레이어를 커버하고자 다른 전략을 채택할 수 있다. 이는 자동화 아키텍처 레벨에서 기능을 선택하는 것과 유사하다.

- **시스템-스테이트 자율성.** 로봇은 목표 달성에 맞는 옵션을 생성하고 선택할 수 있다. 또한 플레이북대로 공을 패스하지 않고 공을 계속 갖고 있을 수도 있다. 이 레벨은 자동화 레벨 아키텍처에서 기능을 생성하는 것과 비슷하지만 예측 불가능성과 비결정성이 커질 수 있다.

- **의도적인 자율성.** 훌륭한 미드필더보다 팀에서 좋은 선수가 되는 게 우선인 다른 선수를 영입하는 등 팀 내에서 역할에 맞게 목표를 바꿀 수 있다.

이를 위해 로봇은 사용자와의 협의도 가능하다. 이는 생물학적 영감을 받은 아키텍처의 인터페이스 레이어와 비슷하게 다른 사람을 인식하고 명확하게 상호작용하는 개념을 활용한다.

- **제약 자율성.** 로봇은 자신의 역할과 목표를 세울 수 있으며 AI 관점에서 목표 자체 또는 목표를 달성하는 방법에 대한 제약을 완화할 수도 있다. 이 레벨의 이니셔티브에서는 로봇이 자신에게 게임을 하고 싶은지를 물어볼 수도 있다. 제약 자율성은 갑자기 세계를 장악하기로 결정한 영화 속 로봇과 유사한 이니셔티브 레벨을 의미한다. 그러나 제약 자율성은 여전히 제한적 합리성에 영향을 받는다.

이니셔티브 오퍼레이션 아키텍처의 수준은 직관적으로 매력적이며 많은 개념적 장점이 있지만 적어도 1가지 주요한 단점이 있다. 이니셔티브에 의한 기능 그룹화는 성공의 극대화 측면에서 1장의 인텔리전스 정의와 일치한다. 좀 더 지능적인 에이전트는 성공을 달성하기 위한 새로운 방법을 시도한다. 이니셔티브 접근법의 레벨은 새로운 상황에 대한 로봇의 적응성을 우선시할 때 ACL과 유사점을 공유하지만 로봇의 다른 에이전트와의 일대다 관계와 목표와의 과제에 더 초점을 맞춘다. 이니셔티브가 대안을 선택하고 생성하는 건 LOA에 영향을 받아서 그렇다. 그러나 ACL을 기술하는 데 사용되는 기능(인식/상황 인식, 분석/의사 결정 및 통신/협력)은 각 이니셔티브 레벨에 대해 어떤 형태로든 요구되므로 별 차이가 없다. 이니셔티브 아키텍처 레벨의 1가지 단점은 각 레벨에 필요한 자율성을 달성하고자 필요한 기능에 대한 LOA와 ACL의 특수성이 부족하다는 것이다.

4.5 시스템 아키텍처에서 5가지 서브시스템

오퍼레이션 아키텍처는 일반 스타일에 초점을 맞추고 시스템 아키텍처는 일반 구성 요소에 초점을 맞춘다. 집에는 부엌, 하나 이상의 침실과 욕실, 거실이나 소굴, 옷장이 있을 것으로 예상할 수 있다. 마찬가지로 지능형 로봇용 소프트웨어는 일반적으로 최소 5개의 서브시스템을 갖고 있으며 오브젝트 라이브러리나 이와 유사한 재사용 가능한 프로그래밍 저장소로 캡슐화된다. 또한 매트랩^{MATLAB}, 매스매티카^{Mathematica}, 메이플^{Maple}의 모듈과 함수, 포트란의 ISML 라이브러리, C++의 표준 템플릿 라이브러리처럼 설계자는 시스템 아키텍처를 설계할 때 각 서브시스템에 대한 알고리듬과 데이터 구조의 라이브러리를 만들어내는 관점에서 생각해야 한다. 이러한 라이브러리는 설계자가 특정 로봇의 특정 기능을 선택해 새 애플리케이션에 맞도록 사용자 지정할 수 있는 일종의 교환 센터 역할을 한다.

인공지능 로보틱스 연구에서 가장 일반적인 서브시스템은 다음과 같다. 서브시스템의 일반적인 구성은 데이터그램/액티그램과 유사한 배열에서 그림 4.6에 나타나 있다. 시스템 아키텍처 다이어그램은 캐노니컬 오퍼레이션 아키텍처와 매우 다르다. 전자는 로봇을 프로그래밍하는 방법에 대한 하이레벨의 다이어그램이다. 서브시스템은 다음에 나열돼 있다.

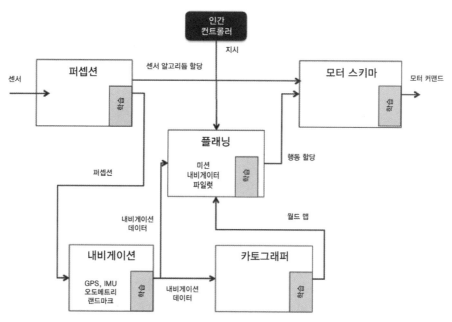

그림 4.6 지능형 로봇의 5가지 공통 서브시스템(참고: 미 육군 무인 지상 차량을 위한 기술 개발서[158])

- **플래닝**^{Planning} 서브시스템은 첫 번째로 전반적인 미션 목표의 생성 및 모니터링, 두 번째로 내비게이션에 목표 지점의 지리적 구성 요소 전달, 세 번째로 모터 및 퍼셉션 자원 선정, 네 번째로 선정된 자원의 구현 또는 인스턴스화, 다섯 번째로 미션의 성능 모니터링과 관련이 있다. 이 서브시스템은 수많은 고전적 계획 및 자원 할당 알고리듬에 대한 호스트 역할을 한다.

- **내비게이션**^{Navigation} 서브시스템은 이동 경로를 생성 및 모니터링하고 이동을 수행할 리소스를 선택하는 것과 관련이 있다. 이 서브시스템은 일반적으로 자원을 선택하고, 웨이포인트 A에서 웨이포인트 B로 이동하며, 구현 파라미터(예, 안전한 이동 속도)를 결정하고 진행 상황을 모니터링하는 데 필요한 내비게이션 지식을 포함하고 있다. 또한 내비게이션 서브시스템에는 위상 플래너, A*, D* 메트릭 경로 플래닝 알고리듬, SLAM 알고리듬[43] 등 경로 플래닝 알고리듬도 포함될 수 있다. 이에 관해서는 14장에서 자세히 다룬다. 한편 이런 알고리듬은 월드 모델에 대한 데이터 구조와 결합되기 때문에 카토그래퍼 서브시스템에 저장되기도 한다.

- 월드 모델(월드 맵)이라고도 하는 **카토그래퍼**^{Cartographer} 서브시스템은 월드에 대한 지식 표현의 구성 및 유지 보수와 관련이 있다. 내비게이션 로봇의 경우 이 서브시스템은 액션을 생성, 모니터링, 선택, 구현할 수 있는 핵심 데이터 구조다. 이러한 지식 표현은 종종 지리 공간 맵이지만 세계의 상태 또는 다른 에이전트의 의도에 대한 빌리프 같은 더 추상적인 상징 정보를 포함할 수 있다. 심의형 로봇에서 이 서브시스템은 신호와 기호를 연결한다. 상호작용형 로봇에서 서브시스템은 로봇의 멘탈 모델과 12장에서 설명할 다른 에이전트의 빌리프, 욕망, 의도를 모니터링하기도 한다.

- 모터 스키마 라이브러리[11] 또는 그 이상 일반적으로 행동 서브시스템으로 알려진 **모터 스키마**^{Motor Schema} 서브시스템은 최상의 모터 루틴을 선택하고 동작을 구현하는 것과 관련이 있다. 이 서브시스템은 심의형 기능과 반응형 기능을 액추에이터와 이펙터에 필요한 지침, 내비게이션 및 제어 알고

리듬과 연결하는 기능을 포함한다. 이 서브시스템에는 보통 심의형 기능은 없으며 주로 실행과 관련이 있다. 여기에는 로봇이 '창문 속 파리' 루프에 갇혀 있는지 등 AI 용어로 동작의 전반적인 성공을 모니터링하는 알고리듬이 포함돼 있지 않다. 이러한 유형의 모니터링은 플래닝 서브시스템에 의해 처리되며, 이 서브시스템은 로봇 미션에 대한 계획의 '홈home'처럼 계획이 준수되고 있는지 판단하는 일반적인 장소다. 모터 스키마 서브시스템의 알고리듬은 제어 루프 내에서 실행을 모니터링하도록 프로그래밍 될 수 있다.

- 센싱, 퍼셉션 스키마 또는 퍼셉션 스키마 라이브러리라고도 하는 **퍼셉션** Perception 서브시스템은 모터 액션에 가장 적합한 센서를 선택하고 센서 처리 알고리듬을 구현하는 것과 관련이 있다. 이 서브시스템은 센서를 제어하고 퍼셉션, 즉 인식된 것을 추출하는 기능을 포함한다(10장 참조). 여기에는 어포던스affordances라는 특수한 유형의 개념을 추출하는 알고리듬이나 객체 인식 및 이미지 이해를 수행하는 알고리듬이 포함된다.

서브시스템에 대한 2가지 중요한 참고 사항이 있다. 첫째, 서브시스템은 독립적이지 않으며 일련의 프로그래밍 작업을 나타내지 않는다. 대신 그것들은 본질적으로 유사한 기능과 데이터를 그룹화하는 방법에 대한 소프트웨어 공학 결정을 반영하는 객체지향 프로그래밍의 주요 객체나 클래스다. '메인' 프로그램(기술 아키텍처의 일부)은 서브시스템에 포함된 기능 및 데이터 구조의 서브세트를 사용해 기능을 생산한다. 예를 들어 장애물을 피하는 것과 같은 특정 행동은 모터 스키마 서브시스템에서 모터 스키마(예, 가장 개방된 방향으로 회전)가 사용하려고 퍼셉션 서브시스템(예, 다가오는 개체)에서 함수의 출력을 취한다.

둘째, 5가지 서브시스템으로 모든 게 해결되지 않는다. 5가지 서브시스템은 로보틱스 커뮤니티가 플랫폼의 자율 내비게이션과 매핑에 오랜 기간 중점적으로 강조해 온 것이다.

이러한 서브시스템은 자율주행 자동차에는 충분하지만 수술, 엔터테인먼트 용도로는 충분하지 않을 수 있다. 앞에서 설명한 5개 서브시스템에는 다른 에이전트와 상호작용하거나 조작하기 위한 명확한 구성 요소가 없다. 의료, 엔터테인먼트 또는 심지어 도로 교통 운전용 지능형 로봇에는 추가적인 서브시스템이 있을 것이다.

4.6 3가지 시스템 아키텍처 패러다임

5가지 서브시스템이 집을 구성하는 방과 공간의 유형과 관련이 있다면 아키텍처 패러다임은 서브시스템을 연결하는 기본 플로어 플랜과 관련이 있다고 볼 수 있다. 인공지능 로보틱스는 계층형, 반응형, 하이브리드 심의/반응형이라는 3가지 패러다임으로 정리할 수 있다. 각각의 패러다임에 대한 데이터와 제어 흐름은 2가지 특성으로 설명할 수 있다. 하나는 SENSE, PLAN, ACT라는 3가지 로봇 프리미티브 간의 상호작용 패턴이고 다른 하나는 센싱 라우트다. 이 절에서는 우선 2가지 특성을 정의하고 이를 바탕으로 시스템 아키텍처의 특정 스타일을 이론적으로 표현한다.

4.6.1 특성 1: 프리미티브 간의 상호작용

표 4.3의 3가지 프리미티브 SENSE, PLAN, ACT는 3장에서 다뤘다. 기억나는가? 지능형 로봇은 이 3가지 프리미티브 사이의 상호작용에 대한 3가지 사이클 패턴 중 SENSE, PLAN, ACT로 이어지는 스타일을 사용한다. 그리고 이를 바탕으로 월드의 스테이트에 변화가 일어나고 새로운 SENSE, PLAN, ACT를 반복 시행한다. 여기서 SENSE, PLAN, ACT 사이의 ','는 프리미티브의 순서를 나타낸다. 그러나 반응형 동물 지능(3장 참조)의 경우 PLAN이 없는 행동으로 SENSE와 ACT가 결합된 패턴을 사용한다. 이 패턴은 SENSE-ACT로 표현하며 여기서 '-'은 프리미티브 사이의 결합이나 동시성을 의미한다. 신경생리학 모델의 경우 상위의 뇌 기능이 비동기적으로 PLAN을 사용하지만 SENSE와 ACT 행동은 계획을 수행하고 환경에 반응하는 다른 형태의 지능을

선호한다. 이러한 지능 패턴은 시퀀스(계획한 다음 센싱과 액션을 인스턴스화)와 커플링(센싱과 액션을 종료될 때까지 실행하거나 새로운 계획이 인스턴스화 될 때까지 실행)이 있는 PLAN, SENSE-ACT로 표현된다. 상호작용의 3가지 스타일은 그림 4.7을 참조한다.

표 4.3 3가지 로봇 프리미티브, 각각의 입력/출력 정보

로봇 프리미티브	입력	출력
SENSE	센서 데이터	감지한 정보
PLAN	(감지 또는 인지한) 정보	지시 사항
ACT	감지한 정보 내지는 지시 사항	액추에이터 실행 명령

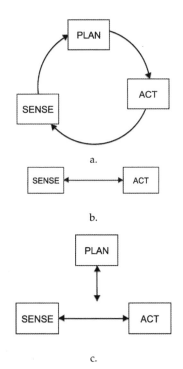

a.

b.

c.

그림 4.7 상호작용의 3가지 종류: a) SENSE, PLAN, ACT, b) SENSE-ACT, c) PLAN, SENSE-ACT

4.6.2 특성 2: 센싱 라우트 경로

지능은 센싱을 통해 이뤄진다. 한편 시스템 아키텍처는 자율 역량을 구성하는 반응형, 심의형, 상호작용형 기능이 센싱과 연결되는지에 대해 뒤에서 설명할 3가지 라우팅 중 하나를 이용한다. 이 3가지 라우팅 경로는 계산 관점에서 정교함, 비용, 지연시간 외에도 동물 감각 기관의 모방 여부 등을 어떻게 선택해 설계했는지를 나타낸다.

로컬 센싱 라우팅은 센서 데이터를 사용해 센서에서 행동이나 기능으로 직접 전달된다. 수신 기능(프로그램 관점에서는 함수)은 원시 데이터를 적절한 데이터 구조로 변형 또는 변환하는 작업도 담당한다. 변형, 변환 작업은 해당 기능의 프로그래밍 범위, 즉 로컬에서 이뤄진다. 로컬 센싱은 데이터가 하나의 센서에서 여러 개의 다른 기능으로 전달될 수 있는 일대일 매핑, 일대다 매핑 형태로 이뤄진다.

그림 4.8(a)는 운전자 없는 가상 자동차를 위한 두 개의 센서에서 세 개의 출력까지의 로컬 라우팅 경로를 보여준다. 동일한 카메라 데이터는 로봇이 정지할 수 있는 정지 신호를 찾는 2가지 기능과 도로를 따라갈 수 있는 흰색 선을 찾는 2가지 독립적인 기능으로 이동한다. 이것은 일대다 관계다. 라이다^{lidar} 출력은 세 번째 기능으로 이동하는데, 이 기능은 차량 앞에 무엇이 있을 경우 돌발 상황 정지나 비상 정지를 유발한다. 이것은 일대일 관계다.

글로벌 센싱 라우팅은 모든 센서에서 발생하는 데이터를 어떻게 기능에 전달할 것인지를 의미한다. 특히 여기서 말하는 기능은 데이터를 글로벌 월드 모델 내지는 통합 데이터 구조로 변환하고 융합하는 역할을 한다. 글로벌 센싱은 다대일 매핑으로 볼 수 있는데, 여러 센서에서 만들어진 데이터가 하나의 기능으로 모이기 때문이다.

그림 4.8(b)는 하나의 월드 모델로 합쳐지는 두 개의 센서에서 시작된 센싱 라우트를 볼 수 있다. 아울러 일단 멈춤 표지판의 위치, 도로의 흰색 실선의 궤적, 차량 앞에 나타난 물체 등을 알려주는 월드 모델도 확인할 수 있다. 이는 일종의 다대일 관계라고 볼 수 있다. 월드 모델에 하나로 합쳐진다는 것은 다른 단계를 추가하고 계산량이 증가할 수 있으며 센서 처리에 지연이 발생할 수 있다.

하이브리드 센싱 라우트는 센서에서 확보된 동일한 데이터가 로컬 변환을 수행하는 하나 이상의 기능과 글로벌 센싱 기능을 조합한 것이다. 하이브리드 센싱은 다대다 매핑으로 볼 수 있는데, 이는 여러 센서에서 유입된 데이터가 여러 개의 기능으로 전달될 수 있기 때문이다.

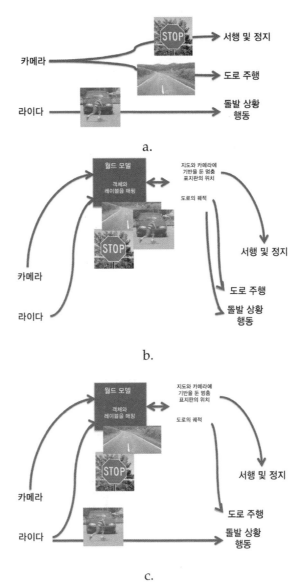

그림 4.8 자율 주행 차량을 위한 3가지 센싱 라우트의 예: 로컬, 글로벌, 하이브리드

그림 4.8ⓒ은 하이브리드 센싱 라우트다. 두 개의 센서 데이터가 월드 모델로 융합되지만 월드 모델에서 처리할 때 시간 지연이 있어서는 안 되는 경우 또는 월드 모델이 필요하지 않은 돌발 상황 정지 같은 기능에 직접 전달되지는 않는다. 이는 다대다 관계다. 이러한 하이브리드 센싱 라우트는 대개 신경 신호가 다른 경로로 올라가서 분할되는 인간의 센싱 프로세스를 모방한 것이다.

4.6.3 계층형 시스템 아키텍처 패러다임

계층형 시스템 아키텍처는 글로벌 센싱 라우트를 활용하는 SENSE-PLAN-ACT 패턴을 지원하는 5가지 서브시스템으로 구성된다. 앨버스^{Albus}와 마이스텔^{Mystel}의 연구[4]에 따르면 계층 구조는 기능을 구성하는 자연스러운 방법일 뿐만 아니라 우선순위와 목표가 명확하면 프레임을 지정하고 폐쇄형 월드를 정의해 계산량을 줄일 수 있기 때문에 매우 효율적일 수 있다. 미션이나 애플리케이션을 잘 파악했고 역량을 추가하거나 대대적인 업그레이드가 없을 것으로 예상될 경우 구현할 때 계층형 시스템을 사용할 수 있다. 자동화 기반 제조 및 가이드, 내비게이션, 제어 시스템은 실행 흐름을 엄격히 제어할 수 있도록 개방형 월드에서 동작하는 트레이드오프 및 계층성을 띤다. 자동화 기반 제조 및 가이드, 내비게이션, 제어 시스템은 실행 흐름을 엄격히 제어할 수 있도록 개방형 월드에서 동작하는 트레이드오프 및 계층성을 띤다.

일반적인 계층형 아키텍처의 흐름은 순차적으로 서브시스템을 사용한다. SENSE 단계는 퍼셉션 서브시스템 속 루틴을 사용해 모든 센서에서 데이터를 수집한 다음 카토그래퍼 서브시스템의 루틴을 이용해 센서 데이터를 월드 모델에 융합시킨다. 융합 프로세스는 판독 값의 현 시점 기준 집합을 융합하는 것 이상의 기능을 수행한다. 즉, 지도와 같은 사전 지식과 오래된 판독 값까지 현 시점의 판독 값과 하나로 합친다. PLAN 단계는 미션이나 제약 조건에 변경 여부를 결정할 때 플래닝 서브시스템에서 월드 모델로 루틴을 적용하며 그런 다음 내비게이션 서브시스템의 루틴을 이용해 내비게이션 라우팅 경로 및 이동 계획을 수립한다. 출력은 액션의 집합이다. ACT 단계는 모션 스키마 서브시스템의 루틴을 사용해 액션을 실행한다. 센서에 옮겨야 하는 액추에이터가 있을 경우 퍼셉션 서브시스템도 포함될 수 있다. SENSE-PLAN-ACT 시퀀스는 연속 루프에서 실행된다.

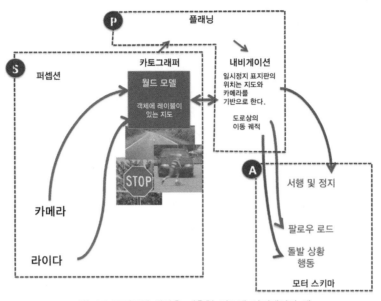

그림 4.9 무인주행 차량용 계층형 시스템 아키텍처의 예

이상적인 계층형 시스템 아키텍처가 무인 주행 차량에서 어떻게 돌아가는지는 그림 4.9에 자세히 나와 있다. 프로그램의 전체 흐름은 **SENSE** 단계에서 시작된다. 데이터는 카메라와 라이다 센서를 통해 수집된 후 사전 지식과 함께 월드 모델로 융합된다. 이 시스템은 월드 모델에서 관련 퍼셉션을 추출한다. 이 예에서는 도로가 어디 있는지, 정지 표지판이 있는지, 도로에 예상치 못한 물체가 있는지 등이 해당된다. **PLAN** 단계는 P라는 지점에 도착해야 하고, 모든 교통 법규를 준수하고, 도로상의 어떤 물체와도 부딪쳐서는 안 되는 제약 조건을 포함한 미션 플래닝을 생성, 업데이트하는 작업에 월드 모델을 사용한다. 다음으로 내비게이션 액션의 계획을 수립한다. 이 예에서는 도로상에 있어서는 안 되는 물체와 충돌하지 않게 바로 정지하는 것을 생각해볼 수 있다. 또한 내비게이션 서브시스템은 차량이 라우팅 경로에서 P라는 지점에 있고 계획한 라우팅 경로를 따라 잘 이동하도록 멈춤 표지판이 있다는

점에 주목한다. ACT 단계는 도로에 예상치 못한 물체에 부딪치지 않도록 정지하는 식의 계획된 액션을 실행한다.

미국 국립표준기술원^{NIST}의 실시간 제어 시스템^{RCS, Real-Time Control System}은 계층형 아키텍처 시스템 중 가장 유명하다. NIST의 짐 앨버스^{Jim Albus}는 엔지니어링 연구원과 AI 연구원이 두 그룹으로 나뉘더라도 지능형 산업 매니퓰레이터가 필요하다고 생각했다. 그는 로봇 제조에 AI를 적용할 때 가장 큰 걸림돌 중 하나가 공통 용어가 없고 공통 설계 표준이 없는 것이라고 생각했다. 이 문제는 산업체와 장비 제조업체가 많은 비용을 들여 구매한 로봇이 나중에 호환성이 떨어질 것을 우려해 AI를 기피하는 상황을 초래했다. 그는 로봇에 더 많은 지능을 추가하고 싶어 했던 제조업체들에게 가이드를 제공하고자 1980년대 초 실시간 제어 시스템^{RCS} 아키텍처를 개발했다. 이는 미 육군에서 몇 가지 중요한 프로젝트로 채택됐고 오늘날에도 국방 관련 계약업체에서 코드를 구성하는 방법에 사용 중이다.

계층형 패러다임의 주요 장점은 센싱, 플래닝, 액션 사이의 관계를 순서대로 정리해준다는 것이다. 이는 직관적으로도 납득할 만하고 OODA 루프 제어와도 일관성 있게 잘 맞았다.

가장 큰 단점은 플래닝이다. 사이클을 업데이트할 때마다 로봇은 글로벌 월드 모델을 업데이트한 다음 다른 플래닝을 수행해야 했다. 당시의 센싱, 플래닝 관련 알고리듬의 성능이 너무 느린 것(대부분 아직도 느리다) 심각한 문제의 원인이었다. 센싱과 액션은 항상 분리돼 있다는 점 역시 매우 중요하다. 이는 자연 환경에서 볼 수 있는 "돌이 나를 덮치고 있다. 어디로든 움직여야 한다."처럼 자극-반응 형태의 액션을 효과적으로 제거했다.

4.6.4 반응형 시스템 패러다임

반응형 시스템은 로컬 센싱 라우트를 필요로 하는 SENSE-ACT 패턴을 지원하는 퍼셉션 서브시스템과 모터 스키마 서브시스템만 사용한다. 행동에 근거해 프로그래밍하면 좋은 점이 많은데, 대부분의 좋은 소프트웨어 엔지니어링 원칙과도 잘 맞는다.

행동은 본질적으로 모듈 형태를 띠며 따라서 시스템에서 격리된 상태에서도 쉽게 테스트할 수 있다(즉, 단위 테스트를 지원한다). 뿐만 아니라 행동을 통해 로봇의 역량을 점진적으로 넓힐 수 있다. 즉, 로봇이 더 다양한 행동을 할수록 더 똑똑해진다. 일반적으로 로봇의 반응 속도는 동물의 자극-반응 시간에 대응되지만 기술적 아키텍처 선택이 제대로 구현되지 않으면 반응 구현이 느릴 수 있다. 순수 반응형 로봇은 아이로봇 룸바^{iRobot Roomba} 진공청소기, 로봇 모우어, 엔터테인먼트 로봇과 같은 간단한 자율 시스템에 유용하며, 이 로봇은 생체 모방을 사용해 곤충이나 매우 기본적인 동물 행동을 모방한다. 다른 차량이나 장애물에 부딪치지 않게 스스로 제동을 걸 수 있는 자동차처럼 빠른 응답이 중요한 기존의 인간-머신 시스템에 자율 역량을 추가할 때에도 반응형 시스템 아키텍처를 사용할 수 있다. 대부분의 연구자는 대개 반응형 시스템을 하이브리드 심의형/반응형 아키텍처의 서브레이어로 생각한다.

일반적인 반응형 아키텍처의 흐름은 퍼셉션 및 액션 서브시스템의 여러 인스턴스를 병렬로 사용한다. SENSE 단계는 지각 서브시스템의 루틴을 사용해 모든 센서에서 데이터를 수집하고 이를 액션(ACT 단계)을 생성하는 모터 스키마에 직접 전달한다.

SENSE-ACT 쌍, 행동이 여러 개 있을 수 있는데, 이러한 행동은 동시에 실행될 수도 있고 따로 실행될 수도 있다. 각각의 행동은 로컬 루프이고 계산 시간이 다를 수 있다. 즉, 행동은 비동기식으로 이뤄진다. 센싱은 필터링이나 처리 없이 각각의 행동에 라우팅되며 각 행동은 센싱에 고유한 직접적으로 관련된 퍼셉션을 추출한다. 센서는 동일한 센서 판독 값을 동시에 다른 여러 행동에 전달할 수 있다. 이에 따른 각 행동의 퍼셉트 계산 결과는 모두 다르게 나타난다. 센서 처리는 월드의 글로벌 모델 없이 각각의 행동에 대해 로컬로 이뤄진다. 한편 PLAN 단계가 없는 건 센싱이 반응을 생성할 때만 행동이 액션을 생성하기 때문이다.

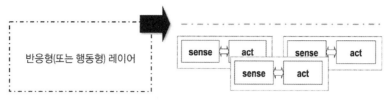

그림 4.10 무인 주행 자동차용 반응형 시스템 아키텍처의 예

그림 4.10은 이상적인 반응형 시스템 아키텍처가 무인 자동차에서 어떻게 동작할 수 있는지를 보여준다. 프로그램 흐름은 SENSE 단계에서 시작된다. 센서 데이터는 카메라에서 '멈춤 표지판에서 정지'라는 행동으로 바로 전달된다. 그리고 행동은 제동을 걸지 여부를 결정한다.

마찬가지로 센서 데이터가 카메라에서 따로 떨어져 나와서 '도로 주행'이라는 행동으로 전달되면 행동에서 스티어링 보정 값을 계산한다. '급정지'에 대한 센서 데이터는 라이다에서 수집되고 필요할 경우 제동을 거는 액션을 계산한다. 앞의 2가지 행동 모두 브레이크가 작동하도록 하므로 ACT 단계에는 조정 기능을 적용한다. 예를 들어 '일단 정지 표지판에서 멈춤' 행동은 "브레이크 밟지 않아도 돼"라는 것처럼 들릴 수도 있다. '일단 정지 표지판'이 안 보일 수 있기 때문이다. 반면 '돌발 상황 정지'는 길에 장애물이 있기 때문에 "당장 브레이크 밟아!"라는 것처럼 들릴 수 있다. 좌표 기능을 이용하면 어떤 행동이 적절한지 따지는 문제를 해결하는 동시에 돌발 상황 정자도 실행시킬 수 있다.

반응형 레이어로만 만들어진 로봇을 반응형 로봇, 행동형 로봇이라고 한다. 아이 로봇 룸바는 반응형 로봇의 대표적인 예다. 반응형 레이어는 로드니 브룩스[30]와 론 아킨[11]의 연구를 통해 활성화됐고 1986년부터 1996년까지 인공지능 로보틱스 분야의 주요 연구 주제가 됐다. 연구자들은 에이전트가 플래닝을 하지 않고도 월드에서 직접 퍼셉션할 수 있는 정보만 사용해 성공 가능성을 극대화할 수 있는 방법을 연구했다. 브룩스의 '서브섬션 아키텍처'[30]는 독립형 시스템 아키텍처로, 반응성을 구현하는 가장 유명한 아키텍처 중 하나다. 여러 레이어의 조정 기능을 제공할 수 있도록 서브섬션은 행동을 역량 레이어로 조직화하고 서브섬션 및 억제 메커니즘을 활용한다. 서브섬션은 8장에서 더 자세히 설명한다. 퍼텐셜 필드 역시 행동에 많이 사용되는 좌표 메커니즘이다. 퍼텐셜 필드는 카티브Katib의 연구 성과[103]를 기초로 아킨 Arkin[11]에 의해 대중화됐다. 반응형 레이어는 일반적으로 C, C++, 자바와 같은 절차적 언어로 프로그래밍할 수 있지만 리스프Lisp 언어로도 프로그래밍할 수 있다.

행동형 로봇의 장점은 다음과 같은 3가지를 생각해볼 수 있다. 첫째 다이렉트 퍼셉션은 보통 프로그램이 간단하다. 둘째, 이러한 행동들은 고도로 모듈화된다. 이 모듈화는 기존 작업 행동을 다시 프로그래밍하지 않고도 새로운 행동을 추가할 수 있음을 의미한다. 행동형 로봇은 기술 아키텍처에 따라 다르지만 어떤 한 행동이 실패했다고 해서 다른 행동이 실패하지는 않기 때문에 성능 저하는 심하지 않은 편이다. 셋째, 반응형이거나 행동형 로봇은 인간의 기능 시스템과 협력해 잘 작동할 수 있는데, 이는 로봇이 근접성 같은 자극으로 인해 돌발 상황에 따른 행동(멈춰!) 또는 보호 본능적 행동을 촉발할 수 있기 때문이다. 신호를 놓치는 것, 자동 복원기능 기동, 재충전 작업 후 원위치로 돌아오는 무선 로봇처럼 행동은 자동으로 트리거되는 '매크로macro' 형태로 나타나는 경우가 많다.

반응형 레이어만 있는 로봇의 경우 다음과 같은 3가지 단점이 있다. 첫째, PLAN에 대한 기능이 없을 경우 3장에서 설명한 '플라이 앳 더 윈도우'를 초래한다는 것이다. 이 결과는 로봇이 즉각 퍼셉션할 수 있는 무언가에 대해 로컬상에서 센싱과 액션을 취하기 때문에 발생한다. 결국 시간이 흘러 자신을 파악할 방법도 없고 루프에 빠져버렸음을 알아차린다. 둘째, 다이렉트 퍼셉션을 사용하는 개별 행동에서 전체 행동이 나타날 경우 로봇이 무엇을 할 것인지 정확하게 예측하기가 어려워진다. 즉, 시스템의 비결정론이 가중된다. 예를 들어 '피하기' 행동의 경우 센서의 판독 결과에 따라 달라지겠지만 로봇은 장애물의 왼쪽, 오른쪽 중 한곳으로 이동할 수 있다. 셋째, 행동이 글로벌 월드 모델에서 생성된 계획보다는 로컬 기반의 순간 센싱을 기반으로 하기 때문에 최적의 값이 아닐 수도 있다.

4.6.5 하이브리드 심의/반응형 시스템 패러다임

하이브리드 심의/반응형 시스템 아키텍처는 하이브리드 센싱과 결합된 PLAN, SENSE-ACT 패턴을 지원하는 5개의 서브시스템으로 구성된다. PLAN, SENSE-ACT 패턴의 아이디어는 생체 모방과 2가지 소프트웨어 공학 가정으로부터로 나왔다. 첫째, 계획은 장시간 호라이즌을 다뤄야 할 뿐만 아니라 글로벌 지식도 필요하다. 따라서 (객체별로 기능이 달라야 하는) 일관성 관점의 소프트웨어 공학 원리상에서 실시간 실행과 분리돼야 한다. 둘째, 플래닝과 센서를 융합한 알고리듬은 많은 계산 비용이 들므로 행동의 실시간 실행과 분리해야 한다. 반응 속도가 느려질 수 있기 때문이다. 월드 모델은 행동에 특화된 센싱과 무관하게 프로세스를 통해 생성된다. 하이브리드 시스템은 하이브리드 센싱 라우트를 사용한다. 많은 하이브리드 아키텍처에서 카토그래퍼, 모델 생성 프로세스는 행동에 따라 동일한 센서뿐만 아니라 로컬 센싱 결과에도 액세스할 수 있다. 또한 카토그래퍼는 월드 모델링에는 좋지만 활성화된 행동에는 쓰이지 않는 관측 정보를 제공하는 전용 센서도 있다. 하이브리드 시스템은 유연성이 가장 뛰어날 뿐만 아니라 로봇의 기능이 수정되거나 확장될 가능성이 있는 애플리케이션, 연구원들이 기본적으로 선택하는 시스템 아키텍처가 됐다.

그림 4.11은 무인 자동차가 하이브리드 시스템 아키텍처로 어떻게 동작하는지 자세히 보여준다. 프로그램 흐름은 SENSE 단계에서 시작된다. 카메라에서 수집된 센서 데이터는 두 개의 스트림으로 나눠진다. 하나는 카토그래퍼에서 월드 모델을 생성하는 데 관련된 것이고 다른 하나는 모터 스키마 서브시스템에서 '팔로우 로드' 행동을 지시하는 데 관련된 것이다. 마찬가지로 라이다에서 수집된 센서 데이터도 분할돼 하나는 카토그래퍼로, 다른 하나는 '돌발 상황 정지'로 전달된다. '팔로우 로드'와 '돌발 상황 정지' 행동은 반사적으로 로컬 센싱을 사용하기 때문에 더 빠르게 실행될 것이다. 카토그래퍼는 센싱을 처리하는 몇 단계가 더 있을 뿐만 아니라 추출된 퍼셉션을 글로벌 월드 모델로 통합해야 하기 때문에 더 느릴 수 있다. 월드 모델에서 시스템은 PLAN 단계에서 플래닝에 필요한 관련 퍼셉션을, 내비게이션과 액션에서도 각각 필요한 관련 퍼셉션을 추출한다. 월드 모델의 출력 결과는 행동에 가상 센서 형태로 전달될 수 있다.

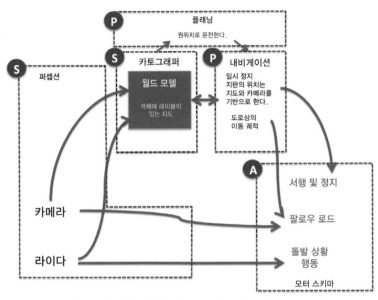

그림 4.11 무인 주행 차량용 하이브리드 시스템 아키텍처의 예

3T$^{3\text{-Tiered}}$ 모바일 로봇 아키텍처는 스테이트 계층형 시스템의 가장 좋은 예로 주로 NASA에서 사용하고 있다. 이름에서 알 수 있듯이 3T는 반응형, 심의형, 반응형과 심의형 사이의 인터페이스 역할을 하는 3가지 레이어로 구성된다. 3T는 주로 행성 탐사 로봇, 수중 주행 차량, 우주비행사 보조 로봇 등에 사용돼 왔다.

하이브리드 시스템은 유연성이 가장 뛰어날 뿐만 아니라 로봇의 기능이 수정되거나 확장될 가능성이 있는 애플리케이션, 연구원들이 기본적으로 선택하는 시스템 아키텍처가 됐다.

하이브리드 시스템의 단점은 비동기 프로세스 관리 때문에 프로그래밍 복잡도가 높아진다는 것이다. SENSE-ACT 행동은 플래닝 루틴을 매우 빠르게 따로 따로 실행하지만 글로벌 센싱 업데이트를 아주 느리게 실행한다.

4.7 실행 승인과 태스크 실행

앞 절에서는 지능형 로봇을 만드는 것이 큰 작업임을 살펴봤다. 심의 및 반응의 많은 측면에서 우리가 실제로 개방형 월드에서 동작할 수 있는 완전 자율형 로봇 제작에 쓸 알고리듬과 좌표계의 확보 여부에 대한 우려가 있다. 1가지 전략은 로봇을 제작하되 로봇이 실행되기 전에 사람이 로봇의 계획된 액션을 점검하게 하는 것이다. 이 전략을 인적 요인 관련 연구에서는 실행 승인, 태스크 리허설이라고 한다. 즉, 계층형 SENSE-PLAN-ACT 사이클에 인간이 시뮬레이션을 검토하고 다음 액션을 승인하는 루프를 도입해 그림 4.12의 SENSE-ACT-APPROVE-ACT로 변경한다. 하지만 SENSE-PLAN-APPROVE-ACT는 그럴듯해 보이긴 해도 별로 효과적이진 않은 것으로 밝혀졌다.

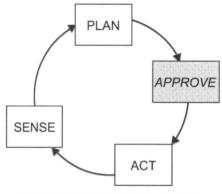

그림 4.12 SENS-PLAN-APPROVE-ACT 사이클

그림 4.12와 같은 식의 점검은 실행 승인[142]으로 구현되는데, 사람일 수도 있고 컴퓨터일 수도 있는 인지 에이전트cognitive agent가 다음 단계를 생각하고 안전한지 여부를 판단한다. 클라인Klein의 연구[104]에 의하면 인간이 실행 승인한 결과는 대개 성능이 낮았다. 계획된 액션이 잘못될 수 있는 모든 경우를 생각해야 하는데, 사람이 잘 못하기 때문이다. 컴퓨터는 인간보다 좀 더 포괄적이긴 하다. 하지만 일반적으로 실행 승인은 인간의 영역이다.

계획을 검증하는 또 다른 비슷한 방식이 있는데, 액션의 전체 순서를 고려해보는 것이다. 이를 태스크 리허설[104]이라고 한다. 태스크 리허설의 대표적인 예가 핵재처리 셀이다. 이 경우 건물의 레이아웃과 모든 장치가 전부 파악돼 있다. 이렇게 파악한 내용은 방사능 물질을 처리하는 로봇이 특정 경로에서 다른 설비와 충돌하고 예기치 않은 동작을 일으킬지 여부에 대한 컴퓨터 시뮬레이션을 생성하는 데 사용된다. 운영 관리자는 시뮬레이션을 통해 충돌도 발생하지 않고 예기치 않은 행동도 하지 않음을 확인할 수 있다. 안타깝지만 사람은 태스크 리허설로 문제를 잡아내는 데 그리 뛰어나지 않다. 클라인의 연구[104]에 의하면 사람이 다룰 수 있는 최대치는 변수의 경우 3개, 전이의 경우 6개 정도다.

잘못될 수 있는 모든 경우의 수를 상상해보는 것, 잘못됐을 때 해야 할 일을 리허설하는 데 인간의 역량이 낮다는 것은 결국 로봇이 계획을 검증하는 것 외에 하나 이상의 그럴듯한 계획을 만들어내야 한다는 것을 의미한다. 다행스러운 건 실행 승인과 태스크 리허설이 모든 액션에 꼭 필요하거나 적합한 것은 아니라는 점이다. 천장의 일부가 로봇에게 떨어질 경우 즉시 길에서 피해야 한다. 그렇지 않으면 다가올 위험에 대한 대처가 너무 늦어져서 부딪치지 않는 가장 좋은 위치로 이동하다가 박살이 나버릴 것이다. 결과를 예측하느라 시간 지연이 발생하면 결국 로봇은 산산조각이 날 것이다.

4.8 요약

4장에서는 원하는 역량에 맞춰 자율성을 생각해보고 그러한 역량이 범용 프로그래밍 프레임워크에 어떻게 맞춰지는지 살펴봤다. 프로그래밍 프레임워크는 로봇이 하는 것을 하이레벨로 설명하는 오퍼레이션 아키텍처와 기능을 구현하는 데 필요한 일반적인 시스템을 분명하게 제시하는 시스템 아키텍처로 표현된다. 아키텍처 프레임워크는 개념 측면에서 몇 가지 장점이 있다. 우선 추상화, 모듈화의 소프트웨어 공학 원리를 이용하는 지능형 로봇에서 기능의 일반적인 처리 방식을 설명해준다.

또한 "로봇을 설계할 때 모든 기능이 고려됐는가? 일부 기능이 누락된 경우 발생할 수 있는 취약성이 수용 가능한 수준인지, 아니면 해결이 필요한 수준인지?"라는 질문에 대해 문제가 없도록 어느 정도 공식적인 설계 명세와 체크리스트를 제공한다.

인공지능 로보틱스 커뮤니티는 반응형, 심의형, 상호작용형이라는 3개의 레이어로 구성된 캐노니컬 오퍼레이션 아키텍처로 대동단결했다. 캐노니컬 오퍼레이션 아키텍처는 반응과 심의를 따로 구분했다. 여기서 반응이란 반응형 행동을 의미하며 심의란 계획과 자원을 생성, 선정, 구현, 모니터링하는 인지적 기능을 의미한다. 뿐만 아니라 캐노니컬 오퍼레이션 아키텍처에는 다른 에이전트와의 커뮤니케이션과 조정을 위한 상호작용형 레이어도 추가됐다. 이와 같은 소프트웨어 조직은 제조업, 미군, 다중 에이전트 커뮤니티 등에서 선호하는 아키텍처의 이니셔티브 스타일, 자율 제어 레벨^{Autonomous Control Levels}, 자동화 레벨을 생물학적 통찰에 하나로 합친 것이다.

위와 같은 오퍼레이션 아키텍처를 서브시스템 관점에서 가장 잘 표현한 시스템 아키텍처는 '하이브리드 심의형/반응형 아키텍처'다(이를 줄여서 '하이브리드'로 표현하기도 한다). 하이브리드 시스템 아키텍처에서는 여러 가지 시간 척도를 운용하는 심의형 기능, 반응형 기능 그리고 분산형 센싱을 갖고 PLAN과 SENSE-ACT 플로를 사용한다. 여기에 실행 전 로봇의 계획을 점검하는 데 인간을 루프에 개입시켜서 전체 흐름을 SENSE, PLAN, APPROVE, ACT로 바꾸려고도 했지만 이게 예상한 대로 작동하는 경우는 거의 없음이 커뮤니티에서 증명됐다.

4장을 시작할 때 2가지 질문을 던졌다. 첫 번째 질문은 "자율성에 다른 프로그래밍 스타일이 주어진다면 그것은 과연 무엇일까?"이다. 자율성을 위한 프로그래밍 스타일이란 로봇이 완벽한 시스템이 되는 데 필요한 반응, 심의, 상호작용을 파악하고 이를 생물학적 관점에서 생각해보는 것이다. 생물학에 비유를 해보면 캐노니컬 오퍼레이션 아키텍처는 반응형, 심의형, 상호작용형 레이어로 구성되며 각각을 좀 더 구체적으로 설명하면 다음과 같다. 첫째, 반응형 레이어는 C++ 같은 절차형 프로그래밍 언어를 이용하는 기술 아키텍처로 프로그래밍되곤 하는 SENSE-ACT 행동으로 구성된다. 둘째, 심의형 레이어는 지상에 기호를 매핑하는 것 외에도 (리스프 같은 함수형 프로그래밍 언어로 프로그래밍되곤 하는) 기능의 생성, 선정, 구현, 모니터링을 제공하는 월드 모델을 유지 관리한다. 셋째, 상호작용형 레이어는 로봇이 인간, 다른 로봇, 소프트웨어 에이전트와 커뮤니케이션하고 작업할 수 있게 해주며 온톨로지, 상호 관계를 이용하도록 OWL, XML 등으로 프로그래밍되곤 한다.

두 번째 질문은 "지능이 '프로 버전'을 업그레이드하거나 필요할 때 '앱'을 다운로드하는 식으로 레이어에 추가될 수 있을까?"이다. 이에 대한 답은 '예'와 '아니요' 둘 다 가능하다. 우선 '예'라는 측면에서 보면 일반적인 지능은 추상화 및 모듈화 기능의 레이어로 구성된다. 로봇에는 특정 태스크에 대해 모든 레이어가 필요하지 않을 수 있다. 예를 들어 반응형 로봇의 경우 심의형 레이어와 상호작용형 레이어는 필요 없을 수 있다. 반대로 '아니요'라고 생각하는 이유는 내비게이션 같은 자율 역량은 보통 설계 단계에서 모든 레이어와 기능을 필요로 하기 때문이다. 예를 들어 (로봇 청소기가 가끔씩 어딘가에 처박혀 오지도 가지도 못하더라도 우리가 대수롭지 않게 생각하는 것처럼) 어떤 애플리케이션의 경우 모니터링이 중요하지 않다는 이유로 로봇이 플랜 모니터링을 내부적으로 처리할 수도 있고 사람이 수동으로 모니터링해야 할 수도 있다. 미션 실패의 대부분은 설계자가 플랜 생성은 했지만 플랜 모니터링은 하지 않는 것처럼 심의형 기능 전체를 명확하게 고려하지 않은데서 비롯된다. 이러면 미션 실패뿐만 아니라 사람이 빠뜨렸던 역량을 복구해야 한다. 이는 결국 작업량이 늘어난 결과를 초래할 뿐더러 사람이 이러한 기능을 수행할 수 있다거나 미션 실패를 수동으로 복구할 수 있을 것이란 보장도 할 수 없다.

안타깝게도 하이브리드 아키텍처(오퍼레이션, 시스템, 기술 아키텍처)의 3가지 레이어는 로봇을 점진적으로 만드는 로드맵이 아니다. 모듈화된 오퍼레이션 및 시스템 아키텍처는 소프트웨어 공학 측면에서 우아하고 짜임새 있어 보이지만 로드맵은 그렇지 않다. 로보틱스 산업 요원과 군수물자 보급 담당자는 보통 오퍼레이션 아키텍처를 점진적 개발 모델로 다뤄왔으며 본질적으로 산업은 하나의 레이어를 처리할 수 있는 로봇에 우선 초점을 맞춘 다음 모듈이나 레이어로 나아가는 식이었다. 이런 사고방식은 '아주 간단한 자율' 역량조차도 반응형, 심의형, 상호작용형 레이어가 필요할 수 있다는 식으로 아이디어를 망가뜨린다. 레이어는 기능을 반영한 것이고 서브시스템과 조정은 일반적인 레이아웃을 반영한 것이다. 이는 집을 설계할 때 방과 바닥의 유형에 대해 계획을 세우는 것과 같다. 레이어는 어떤 한 서브시스템이 처음 구축되면 이를 로봇이 사용하고, 다음번 서브시스템이 구축되고 나면 이걸 로봇이 사용하는 등의 순차적 방식으로 이뤄져야 하는 것은 아니다. 사람들이 원하는 건 제대로 동작하는 로봇, 완성된 집이기 때문이다. 집과 마찬가지로 로봇은 일반적으로 무언가를 추가하기 쉽게 설계되지 않는다. 반면 시간이 흐를수록 집이 점점 커지리라는 걸 소유주가 안다면 이 집은 보통의 집과는 다르게 설계되고 지어질 것이다.

이 장에서 다음과 같은 세 번째 질문을 우선 던져보면 어떨까 한다. 로봇에는 얼마나 많은 인공지능이 필요한가? 이에 관해서는 19장에서 더 자세히 설명한다. 인공지능이 얼마나 필요할지는 전적으로 로봇에게 어느 정도의 역량이 필요한지에 달려 있다. 저렴한 가격의 로봇 청소기는 단순한 초원에 동물을 방목하는 행위를 잘 이용하면 되는 반면 우주여행을 떠나야 하는 수백만 달러짜리 로봇은 정교한 경로와 미션 플래닝이 필요할 수도 잇다. 한편 19장에서 구체적으로 다루겠지만 로봇이 어느 정도 역할을 할지, 환경은 얼마나 복잡한지, 로봇의 능력은 어느 정도인지에 맞춰 로봇에게 적정 레벨의 지능을 반영하도록 설계 단계에서 도움이 될 만한 5가지 질문이 있다. 첫째, 로봇이 어떤 기능을 제공해야 하는가? 그러면 이러한 기능은 일반적으로 행위, (생성, 모니터링, 선정, 구현 같은) 심의형 기능, 학습 중 어떤 것인가? 둘째, 어떤 플래닝 호라이즌이 기능에 필요한가? 이 장에서는 (즉각적인 정보만 갖고 동작하는) 프레즌스^Presence, (즉각적인 정보와 함께 과거의 지식을 사용하는) 패스트 앤 프레즌스^Past and Presence, (무언가 향후 결과를 그려보는) 퓨처^Future에 대해 설명했다. 세 번째 질문은 "알고리듬이 얼마나 빨리 업데이트돼야 하는가?"이다. 이는 실시간 제어 또는 플래닝 중 어느 것이냐에 따라 다르다. 실시간 제어의 경우 기능이 최소한 어느 정도로는 실행돼야 할 수도 있다. 반면 플래닝의 경우 시간이 좀 더 오래 걸릴 수 있고, 따라서 자주 업데이트가 이뤄지지 않아도 될 수도 있다. 네 번째 질문은 "로봇에게 필요한 모델은 어떤 종류가 있을까?"이다. 모델은 특정 태스크의 로컬 모델일 수도 있고 반대로 태스크와는 무관한 더 큰 규모의 모델에 대한 구축과 유지 보수가 필요할 수도 있다. 끝으로 종종 간과하곤 하는 질문이 있는데 "과연 인간은 어디에서 왔는가?"이다. 이에 대한 답으로 이 장에서는 상호작용을 다룬 것 외에도 인간이 로봇을 정밀하게 모니터링한다는 가정에 대해서도 소개했다.

하이브리드 시스템에서 캐노니컬 오퍼레이션 아키텍처와 주요 서브시스템의 레이아웃을 통해 여러분은 이 책에서 다룰 알고리듬에 대한 기초, 혁심 골격 등을 잘 다질 수 있을 것이다.

4.9 연습문제

문제 4.1
운영, 시스템, 기술 아키텍처 간의 차이를 정의하라.

문제 4.2
다음 기능들 각각이 오퍼레이션 아키텍처의 어느 레이어에 가장 적합할지 항목별로 답하라.

- 사람이 방향을 말할 때 로봇이 고개를 끄덕인다.
- 로봇이 컨트롤러와 무선 통신이 끊기고 원위치로 돌아온다.
- 로봇이 건물을 수색하기 위한 최적의 경로를 계획한다.

문제 4.3
3가지 시스템 아키텍처 패러다임의 이름을 제시하고 기본 요소 간의 관계를 도출한다.

문제 4.4

다음 그림과 같은 캐노니컬 하이브리드 아키텍처의 구성 요소와 특성에 레이블을 붙여보라.

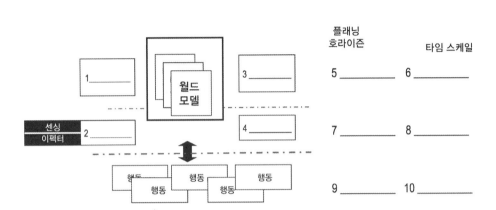

각 레이어/서브레이어별:

플래닝
호라이즌   타임 스케일

5 _____ 6 _____

7 _____ 8 _____

9 _____ 10 _____

문제 4.5

소프트웨어 시스템 아키텍처에서 감지하는 3가지 경로의 이름을 지정하고 설명하라.

문제 4.6

실행 승인과 태스크 실행의 차이점은 무엇인가?

문제 4.7

실행 승인과 태스크 실행이 로봇의 안전, 올바른 액션을 보장하지 않는 이유에 해당하지 않는 것은 다음 중 무엇인가?

1. 플랜, 액션이 잘못될 수 있는 모든 경우의 수를 다 생각해내기 어렵다.
2. 사람이 많은 변수와 전이를 이용해 태스크를 효과적으로 예행 연습하는 건 불가능하다.
3. 사람들은 본래 컴퓨터를 신뢰한다.

문제 4.8

오퍼레이션 아키텍처에서 점진적으로 자율성을 구축하기 위한 로드맵에 기능적 분해와 레이어는 적합하지 않다. 그 이유를 설명하라.

4.10 엔드 노트

로봇 패러다임 기본 요소.

보통 SENSE, PLAN, ACT를 프리미티브로 보지만 LEARN을 네 번째 프리미티브로 추가하자고 제안하는 연구자들도 있다. 아직 LEARN을 추가한 아키텍처는 공식적으로 없다. 이런 측면에서 진정한 패러다임의 변화는 아직 일어나지 않았다고 본다.

H.A.L.이 결국 맞았네요.

『2001: 스페이스 오디세이』에 나오는 인공지능 선박 H.A.L은 공상과학 소설에서 지능을 설계한 가장 적절한 사례 중 하나다. 지휘관인 데이브 보우먼^{Dave Bowman}은 H.A.L의 '상위 의식' 부분만 셧다운하고 선박의 공기 재활용, 내비게이션, 기타 필수 작업을 수행하는 자율 기능을 그대로 유지한다. H.A.L은 모듈식으로 프로그래밍됐을 뿐만 아니라 각 모듈마다 자체 하드웨어 프로세서가 있었다. 『2001: 스페이스 오디세이』의 50주년을 기념하는 사이언스 로보틱스^{Science Robotics}의 짧은 기사를 찾아 읽어보기 바란다.

공상과학 소설 그리고 결국 로봇에 지능을 불어넣지 않는 게 더 나은 이유

나쁜 공상과학 영화를 보면 내용이 대략 이렇다. 지능이 없는 것만 빼고 (이 때문에 인간 두뇌의 복사본을 다운로드해서 해결한다) 모든 것이 완벽한 로봇을 과학자가 만든다. 여기서 두뇌는 그냥 보통 두뇌가 아니라 뭔가 하자가 있는 사람의 두뇌다. 이와 관련해서 대표적인 예로 <새턴 3>(1980)와 <이브의 파괴>(1991)라는 영화가 있다. <새턴 3>에서는 로봇이 파라 포싯^{Farrah Fawcett}을 죽일 거라고 기대하지 않는 게 거의 불가능에 가깝다. <이브의 파괴>에서는 아무 제약을 받지 않는 로봇에게 (영화의 주인공인) 여성 과학자 이브가 자신의 두뇌를 복사한다. 주목할 사항 첫 번째는 이 로봇의 허벅지에 소형 전술 핵폭탄이 있다는 것이고 두 번째는 이브의 머릿속에 오랜 기간 피해를 입어온 인간관계와 그에 따른 복수의 욕망이 있었다는 것이다.

엔더의 게임

<WIRED Magazine^{와이어드 매거진}>의 2013년 11월 4일 기사는 엔더즈 게임이 자율 제어 레벨의 동기인 보이드의 OODA 루프를 성공적으로 사용하는 방법의 1가지 예라고 한다.

05
텔레시스템

5장에서 다루는 내용

- 다음 용어들을 정의한다. 텔레시스템telesystem, 감시 제어supervisory control, 텔레오퍼레이션teleoperation, 공유 제어shared control, 교환 제어traded control, 원격 제어remote control, 텔레프레즌스telepresence, 고유수용성감각proprioception, 외수용감각exteroception, 외수용감각exproprioception

- 태스커블 에이전시taskable agency와 리모트 프레즌스remote presence를 비교하고 대조한다.

- 텔레시스템의 7가지 구성 요소

- 텔레오퍼레이션 시간 휴리스틱

- 퍼셉션의 3가지 유형을 정의한다. 그리고 외수용감각이 로버스트 텔레시스템에서 중요한 이유도 정의한다.

- 텔레시스템 도메인의 6가지 특징을 이용하는 텔레시스템에 도메인의 적합성 여부를 자세히 알아본다.

- 인적 감시 제어 기법의 내용을 바탕으로 수동 제어, 교환 제어, 공유 제어, 자율 제어autonomy control의 차이점을 자세히 알아본다.

- 안전한 인간–로봇 비율safe human-robot ratio을 의 수학적 정의와 각각의 항term이 의미하는 바를 설명한다.

- 인간 소외 제어 문제를 다룬다. 또한 인적 감시 제어가 인적 소외와 관련이 있는 이유도 알아본다.

5.1 개요

인공지능은 로우레벨 행동, 반응형 레이어^{Reactive Layer}의 기술^{skill}, 심의형 레이어 ^{deliberative layer}의 심볼릭 추론^{symbolic reasoning}에는 적합하지만 센서 데이터를 기호로 변환하는 데는 별로 좋지 않다. 이러한 인지 한계^{recognitive limitation}에 더해 로봇은 기계적으로 단점이 있으며 손과 눈을 함께 사용해야 하는 조종 관련 태스크를 수행하는 데 어려움이 있다. 인간은 센싱^{sensing}과 정교한 손기술에서 여전히 기계보다 뛰어나기 때문에 물리적으로 다른 존재인 인간과 로봇이 무언가 작업을 할 때 상호작용을 할 수 있게 하는 시스템이 있으면 좋겠다고 생각하곤 한다. 이러한 인간과 로봇의 협업^{arrangement} 형태를 텔레시스템^{telesystem}이라고 한다. 여기서 텔레^{tele}는 '원격'을 의미한다. 그리고 멀리 떨어져서 로봇을 제어하는 인간 오퍼레이터^{operator}의 통상적인 행동을 텔레오퍼레이션^{teleoperation}이라고 한다. 텔레시스템과 텔레오퍼레이션은 통상 같은 의미로 사용되곤 한다. 텔레시스템의 함축적 의미는 인간이 로봇을 통해 월드와 상호작용을 '반드시' 해야 할 뿐만 아니라 모든 움직임을 세세하게 다루기보다는 로봇에게 어느 정도 맡기는 성격이 더 강하다는 것이다. 최근 재택근무 ^{telecommuting}, 원격 감시^{surveillance}, 전투^{warfighting}, 탐색, 구조^{rescue}와 같은 작업은 실시간으로 원격 환경과 상황을 이해하고자 로봇을 통해 작업하고자 하는 사람이 참여하면서 새롭게 떠오르고 있다. 뒤에서 좀 더 자세히 설명하겠지만 이와 같은 '인간이 참여했으면 하는^{human-wants-to-be-in-the-loop}' 태스크는 리모트 프레젠스의 여러 형태 중 하나다.

텔레오퍼레이션과 텔레시스템은 대부분 군사용과 치안용 로봇에서 실제로 쓰이고 있다. 사무 직원을 위한 더블 텔레프레즌스 로봇^{Double Telepresence Robot}, 의사를 위한 RP-Vita 같은 재택근무를 위한 로봇이 점점 증가하는 것 외에도 장난감 및 상업용 애플리케이션을 위한 소규모 무인 항공기도 급증하면서 텔레시스템도 컨슈머 로봇^{consumer robot} 내에서 인기 있는 새 트렌드 중 하나가 됐다. 따라서 리모트 프레즌스 애플리케이션용 로봇에 대해 합리적이고 독자적인 작동이 가능한 방식 뿐만 아니라 자율 태스크 에이전트로 전이되는 경로로 텔레오퍼레이션을 이해하는 것이 중요하다. 자율 역량은 리모트 프레즌스 애플리케이션의 오퍼레이터를 도와주고 태스커블 에이전시도 지원할 수 있다.

이 장에서는 텔레오퍼레이션에 대한 문제를 다룬다. 특히 "텔레시스템이 무엇인 가?"를 중점적으로 설명한다. 로봇에게 태스크를 전부 맡기지 않고 인간이 로봇을 조종한다는 면에서 "텔레오퍼레이션은 자율성의 선상에 있는 '일시적인 악마'일까? 아니면 인공지능의 또 다른 스타일 중 하나인가?"라는 질문을 생각해볼 수 있다. 짧게 답을 하자면 텔레오퍼레이션은 리모트 프레즌스라는 인공지능의 또 다른 스타 일 중 하나다. 태스커블 에이전시^{taskable agency}와 달리 리모트 프레즌스의 목적은 멀 리 떨어져 있는 상태에서 실시간으로 인간이 인지^{percept}하고 행동^{act}할 수 있게 하는 것이다. 이러한 인간-머신 시스템은 "어떤 태스크 도메인이 텔레시스템에 적합한 지?"를 상당히 고민해야 한다. 이 장에서는 "인적 감시 제어^{supervisory control}는 무엇인 가?", "준자율성이란 무엇인가? 각각은 어떻게 다른가?"에 대한 여러 가지 기술적 문제를 다룬다. 인간과 로봇이 긴밀하게 협력하더라도 텔레시스템에서는 인적 요인 ^{human factor}이 간과되는 경우가 많다. 이 장에서는 오퍼레이터의 인지 한계^{cognitive limitations}를 넘지 않으면서 인간 소외^{human out-of-the-loop} 문제가 발생하지 않도록 고려해 야 하는 관련 인적 요인들을 다룬다.

5.2 태스커블 에이전시와 리모트 프레즌스

텔레시스템은 태스커블 에이전트의 완전 자율성에 대한 대안일 수도 있고 리모트 프레즌스 애플리케이션을 위한 '최종 모습^{end state}'일 수도 있다. 따라서 두 개념 사이 에 어떤 차이가 있는지 알아볼 필요가 있다.

태스커블 에이전트 도메인은 복잡한 태스크나 미션이 로봇에게 주어졌을 때 감시나 지도 없이 이를 수행하고 인간에게 결과를 알려주는 것을 말한다. '딥 스페이스 원Deep Space One' 탐지기가 대표적인 예다. 영화나 소설에서는 <터미네이터Terminator> (1984)가 있다. 2가지 모두 로봇이 수행을 시작하면 인간은 로봇을 거의 통제하지 않을 뿐더러 로봇이 올바로 일을 해낼 거라고 굳게 믿는다.

리모트 프레즌스는 인간과 로봇이 태스크를 공유하고 서로 힘을 합쳐 태스크를 수행한다. 인간과 로봇이 함께 어떤 미션을 해내고자 인식하는 행동들을 함께 나누고 공유하기 때문에 이러한 애플리케이션을 조인트 인지 시스템joint cognitive system이라고 한다.[220] 대표적인 예로 의사로부터 지시를 받지만 인공지능을 이용해 환자의 신체를 감지하고 의료용 칼을 너무 깊게 찌르거나 잘못된 부위를 건드리지 않게 하는 수술용 로봇surgical robot이 있다.

태스커블 에이전트와 리모트 프레즌스는 목적이 서로 다르다. 1장에서 소개한 로보틱스의 4가지 핵심 사항인 대체Replace, 프로젝트Project, 보조Assist, 엔터테인먼트Amuse를 다시 한 번 생각해보자. 태스커블 에이전트는 인간을 대체하고자 설계됐다. 리모트 프레즌스 로봇은 인간이 원격 환경에 자신을 투영Project할 수 있게 설계됐다.

5.3 텔레시스템의 7가지 구성 요소

텔레시스템에는 '마스터master'인 로컬 워크스테이션에 두 개, '슬레이브'인 원격 로봇에 네 개, 로컬과 원격을 연결하는 통신 구성 요소 등 총 7가지 구성 요소가 있다.[211] 그림 5.1을 보자.

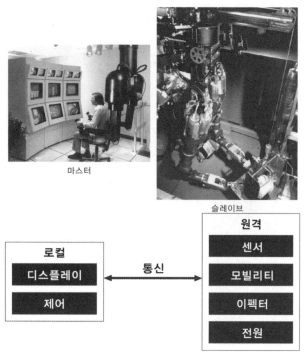

마스터

슬레이브

원격

로컬 | 통신 | 센서
디스플레이 | | 모빌리티
제어 | | 이펙터
 | | 전원

그림 5.1 원격 시스템(출처: 오크리지 국립 연구소(Oak Ridge National Laboratory))

로컬^{local}은 인간 오퍼레이터, 텔레오퍼레이터가 작업하는 곳을 말한다. 로컬에는 로봇의 상태를 보기 위한 디스플레이 장치와 로봇을 조종하기 위한 제어 메커니즘이 반드시 있어야 한다. 디스플레이와 제어 메커니즘은 보통 워크스테이션으로 설정한다. 제어 메커니즘은 키보드, 일반 조이스틱, 팬텀 햅틱 인터페이스[121]처럼 힘과 촉각 정보를 알려줄 수 있는 조이스틱 같은 것들이 해당된다. 또한 손과 팔의 모션을 로봇 매니퓰레이터 모션으로 해석해주는 좀 더 복잡한 매니퓰레이터 같은 것도 해당된다(그림 5.2 참조).

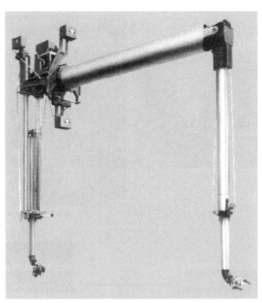

그림 5.2 원자력 시설 핫셀(hot cell) 작업에서 사용된 매니퓰레이터 인터페이스
(출처: 미국 중앙 연구 실험실(CRL, Central Research Laboratories))

텔레팩터^{telefactor}로 불리는 원격 로봇에는 센서, 이펙터, 전원, 모빌리티가 반드시 있어야 한다. 모빌리티가 이펙터에 의해 활성화되기 때문에 이펙터와 모빌리티가 서로 중복이 아닐까 생각할 수도 있다. 그러나 원래 텔레오퍼레이션은 매니퓰레이터에 한정돼 있었기 때문에 모바일 로봇이 만들어졌을 때 모빌리티를 새로운 구성 요소로 생각했다. 기술 측면에서 시간의 흐름에 따라 생긴 또 다른 변화는 로컬과 원격 간에 제어가 분산될 수 있다는 점이다. 이는 원격 텔레팩터가 지능적이고 자율적인 역량을 갖게 하기 위해서다. 일반적으로 텔레오퍼레이터는 원격에서 무엇을 하고 있는지 직접 볼 수는 없다. 로봇이 (예를 들어 화성에 있는 것처럼) 물리적으로 멀리 떨어져 있을 수도 있고 로컬인 경우 겹겹이 밀폐돼 있을 수도 있기 때문이다(예를 들면 방사능이나 제약 처리 공장의 핫셀 같은 것이 해당된다). 따라서 원격 위치$^{remote\ location}$에 대한 정보를 확보하는 센서, 센서 데이터를 오퍼레이터가 볼 수 있게 하는 디스플레이 기술, 로컬과 원격 간의 통신 링크$^{communication\ link}$는 텔레시스템에 매우 중요한 구성 요소다.[211]

5.4 인적 감시 제어

텔레시스템을 구축했으니 이제 "텔레시스템은 어떻게 제어하는가?"라는 질문을 다뤄보자. 텔레시스템 제어는 일반적으로 인적 감시 제어에 해당한다. 인적 감시 제어란 한 명 이상의 인간 오퍼레이터가 컴퓨터에서 정보를 지속적으로 받으면서 지시는 간헐적으로 내리는 경우를 말하는데, 여기서 컴퓨터는 제어된 프로세스나 태스크 환경에 대해 인공 이펙터artificial effector와 센서를 통해 자율적인 폐쇄형 제어 루프를 만든다.[191] 인적 감시 제어는 무인 차량뿐만 아니라 오토파일럿, 비행 조정 장치FBW, Fly-By-Wire 기능을 갖춘 비행기뿐만 아니라 공장 자동화에도 적용할 수 있다.

인적 감시 제어의 정의는 자율적인 태스커블 에이전트의 목표를 인간이 수립할 때 항상 로봇과 관련돼 있다는 것을 의미한다. 로봇이 자율적이라 해도 정보가 있다. (흥미로운 일이 아무것도 일어나지 않았다는 것처럼) 정보가 부족한 것조차도 정보로서 가치가 있기 때문이다. 또한 이 정의를 통해 시스템이 항상 관련돼 있다는 것도 알 수 있다. 18장에서 설명하겠지만 컴퓨터는 실행 승인이나 태스크 리허설을 위한 향후 액션의 결과를 투영할 수 있다. 이렇게 하면 시간 지연도 보완할 수 있다(5.5.2절 참조). 컴퓨터는 확실히 내부 루프inner-loop 제어를 제공해 실제 액션을 가능하게 한다. 사람이 조종기를 만지지 않더라도 제자리에서 맴돌 수 있는 쿼드로터 UAV의 비행 조정 장치fly-by-wire 기능을 예로 들 수 있다. 프랫Pratt과 머피Murphy의 연구[170]에 의하면 로봇이 가드 모션Guarded Motion이라는 안전 및 자체 보호를 위한 반사 신경을 갖는 것이 바람직하다.

텔레오퍼레이션에서 인간은 일반적으로 수동 제어, 교환 제어, 공유 제어의 3가지 모드 중 하나를 통해 로봇을 감시한다. 모드에 관한 자세한 사항은 그림 5.3을 참조하기 바란다. 그러나 모드는 미션의 타임라인이나 단계에 따라 변경될 수 있기 때문에 한 번 정하면 변하지 않는 운영체계가 아닌 조인트 인지 시스템joint cognitive system의 현재 스테이트에 대해 레이블을 붙이는 식으로 봐야 한다. 예를 들어 오퍼레이터는 이륙 및 착륙 중에 무인 항공 시스템을 가볍게 가이드한 후(공유 제어에 해당) 로봇이 오퍼레이터의 감시 없이 경유지까지 자율적으로 비행하게 지시할 수 있다. 이후 오퍼레이터는 상황을 살펴본 다음(교환 제어에 해당) UAV가 가장 적절한 지점에 착륙하도록 가이드해서(공유 제어에 해당) UAV가 완전 자율 모드로 다시 출발했던 곳으로 비행하도록 설정한다.

5.4.1 감시 제어 유형

감시 제어 유형은 두 개의 축이 서로 직교하는 이차원 행렬로 나타낼 수 있다. 각 축은 인적 감시 제어가 다음과 같은 2가지 질문에 답을 하게 돼 있다. (1) 로봇의 환경에서 로봇을 볼 수 있는가? (2) 지능의 주요 부분은 어디에 있는가? 로컬(오퍼레이터)인가? 아니면 원격(로봇)인가? 이를 통해 그림 5.3과 같은 4개의 사분면이 만들어진다.

그림 5.3 4분면으로 표현한 감시 제어의 종류

그림 5.3의 왼쪽 하단 부분은 로봇을 감시하는 방법 중 원격 제어^{remote control}에 해당한다. 원격 제어에서는 오퍼레이터가 로봇을 볼 수 있으며 로봇은 지능이 거의 없다. 무선 제어^{radio control}로도 불리는 원격 제어는 '로봇 전쟁^{robot war}' 경진대회와 모형 UAV를 위한 표준이다. 텔레오퍼레이션은 오퍼레이터가 로봇을 볼 수 없음을 의미하기 때문에 원격 제어는 일반적으로 텔레오퍼레이션으로 생각하지 않는다.

수동 제어^{manual control}는 전형적인 텔레오퍼레이션 방식이다. 수동 제어의 경우 오퍼레이터가 원격 로봇을 전혀 볼 수 없을 뿐만 아니라 로봇에 지능이 거의 없다.

준자율성^{semi-autonomy}에서도 텔레오퍼레이션을 생각할 수 있다. 준자율성에서 로봇은 지능을 갖고 있지만 인간의 지능을 완전히 대체할 수 있는 일련의 역량을 갖고 있지 않을 수도 있다. 마찬가지로 로봇에 이러한 일련의 역량이 있더라도 사람이 로봇에게 최소 한 번 이상의 초기 지시를 내리기 때문에 '준^{semi}'이라는 용어가 적용돼야 한다. 대부분의 인적 감시 제어는 인간과 로봇 사이의 풍부한 상호작용에 집중돼 있다.

제 4 사분면에 해당하는 소셜 상호작용^{social interaction}은 인적 감시 제어의 최신 버전이다. 인간이 로봇을 제어하지 않더라도 인간이 로봇을 볼 수 있고 로봇과 상호작용해야 하는 상황을 다룬다. 컨트롤러는 재택근무 로봇을 통해 다른 동료와 대화해야 하는 동료일 수 있다. 인적 감시 제어는 역사적으로 로봇의 '뒤에 서 있는' 인간에 대한 것으로, 원격 제어, 수동 제어, 준자율성 제어에 관한 것이었다. 하지만 이제는 로봇 '앞에 있는' 인간을 생각해야 한다. 이 항목은 인간과 로봇의 상호작용에 관한 것으로 18장에서 자세히 다룬다.

5.4.2 텔레시스템을 위한 인적 감시 제어

'인적 감시 제어'라는 용어는 일반적으로 수동 제어와 준자율성 제어를 의미한다(그림 5.3 참조). 준자율성 제어 부분은 그림 5.4와 같이 자율성의 특색을 반영해 교환 제어나 공유 제어와 자율성 제어로 세분화할 수 있다. 수동 제어, 교환 제어, 공유 제어는 인간 참여 제어^{human in-the-loop control}라고 하는 반면 자율성은 인간 참여의 특징으로 구분해서 인간 소외 제어^{human out-of-the-loop control}라고 한다. 이렇게 표기한 이유는 감시 제어가 시야 밖에서 수동으로 제어하는 것부터 완전 자율성에 이르기까지 상호작용형 제어와 관련해 다양한 스타일의 폭넓은 범위를 포괄함을 의미하기 때문이다.

그림 5.4 텔레시스템을 위해 확장한 인적 감시 제어 행렬

텔레오퍼레이션에서 인적 감시 제어는 일반적으로 수동 제어, 교환 제어, 공유 제어와 관련이 있으며, '자율성'이라는 용어는 태스커블 에이전트taskable agents와 관련이 있다. 인적 감시 제어, 수동 제어, 교환 제어, 공유 제어는 종종 서로 바꿔서 사용되기도 하는데, 이 과정에서 당초 정의한 개념에서 혼란이 가중된다. 로봇 미션에는 수동 제어, 교환 제어, 공유 제어, 자율성 제어 등이 있을 수 있으므로 인적 감시 제어 유형이 동적으로 변경될 수 있다. 한편 일부 설계자가 점점 늘어나는 인공지능의 계층 속에서 수동 제어, 교환 제어, 공유 제어, 완전 자율성을 정리하려고 했다는 점도 혼란을 가중시킨 요인 중 하나다. 교환 제어, 공유 제어, 완전 자율성은 서로 다른 지능적 역향을 요구하며, 복잡성은 애플리케이션에 따라 달라질 수 있다. 따라서 어느 한 방법이 본질적으로 다른 방법보다 더 많은 지능을 요구한다고 말하기는 어렵다. 전쟁터에서 수백 대의 지상, 공중, 수중 로봇 집단을 한꺼번에 제어하려면 완전 자율 로봇 진공청소기보다 원격 로봇과 로컬 로봇 모두가 상황을 이해하는 데 더 많은 지능을 필요로 할 수 있다.

5.4.3 수동 제어

그림 5.5에도 나와 있듯이 로봇에는 수동 제어에 온보드 제어 구성 요소가 없다. 무인 항공기의 비행을 안정시키기 위한 내부 제어 루프inner control loop가 있을 수 있지만 인공지능으로 간주되는 것은 없다. 텔레오퍼레이션을 위해 제작된 로봇에는 외

수용감각^{exteroceptive sensing}이 있다. 그리고 고유수용성감각^{proprioception}은 있을 수도 있고 없을 수도 있다. 하지만 외고유수용성감각^{exproprioception}에는 거의 항상 사람을 필요로 한다.

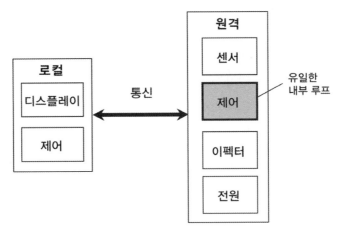

그림 5.5 원격에서 온보드 제어를 가질 수 있음을 보여주는 텔레오퍼레이션의 수동 제어

텔레오퍼레이터는 로봇을 볼 수 없으며 로봇과 월드에 무슨 일이 일어나고 있는지를 이해하고 이를 유지해야 한다. 텔레오퍼레이터는 텔레시스템의 디스플레이, 사용자 인터페이스, 구성 요소들을 바탕으로 이해할 수 있는 틀을 만들어야 한다. 안타깝게도 로봇 하드웨어에는 외수용감각 메커니즘이 거의 포함돼 있지 않기 때문에 일반적으로 로봇 인터페이스만으로는 텔레오퍼레이터가 로봇의 위치를 알아내기에 충분하지 않다.

퍼셉션의 유형 각각을 정의하면 다음과 같다.

- **고유수용성감각**^{proprioception} : 내부 참조 프레임에서 상대적인 움직임을 측정한다. 생물학에서 고유수용성감각은 보통 팔, 다리가 펴지거나 접히는 정도를 측정하는 척도다. 로보틱스에서 대표적인 액추에이터인 모터를 보면 대부분 모터의 회전수를 측정하는 샤프트 인코더^{shaft encoder}가 있다. 기어와 휠 크기를 알면 모터의 회전수를 바탕으로 로봇 휠의 회전수를 계산할 수 있고, 로봇 휠의 회전수를 통해 관절이나 로봇이 얼마나 멀리 움직였는지 추정할 수 있다.

- **외수용감각**^exteroception: 로봇의 참조 프레임에 대한 상대적인 환경과 개체 레이아웃을 측정한 결과다. 외수용감각은 빈 공간을 탐지하는 레인지 센서와 장애물을 탐지하는 범프 센서를 사용해 룸바 같은 로봇이 계단으로 굴러 떨어지는 사고를 막을 수 있다. 비디오 게임에 처음 사용됐던 키넥트 ^Kinect 같은 센서를 이용하면 환경을 3차원^3D 형태로 재구성할 수 있다.

- **외고유수용성감각**^exproprioception: 환경 레이아웃에서 로봇 본체 또는 부품의 위치 측정값이다. 말하자면 로봇의 외관인 셈이다. 예를 들어 여러분이 하이킹 중에 발이 돌더미에 깔렸다면 어떤 상태인지 보려고 몸을 굽히고 고개를 돌릴 것이다. 이때 여러분의 신체적 유연성이 사용된다. 고유수용성감각은 발이 불편한 각도에 놓여 있음을 알려주는 반면 외고유수용성감각은 여러분이 발을 펴서 뒤로 빼고 올려서 돌 더미에서 발을 뺀다는 계획을 세울 수 있게 한다.

그림 5.6은 텔레오퍼레이터를 위한 고유수용성감각, 외수용감각, 외고유수용성감각을 지원하는 일반적인 군 폭탄처리반의 예를 보여준다. 고유수용성감각 샤프트 인코더^proprioceptive shaft encoder의 데이터는 로봇 내 이펙터의 대략적인 위치를 알려주는 아이콘^icon을 보여주는 데 사용된다. 이 결과에서는 외수용감각 센서^exteroceptive sensor(카메라)의 데이터를 보여주지만 인간은 데이터를 장애물, 간극^clearance 등의 거리로 변환할 것이다. 가속도계^accelerometer의 고유수용성감각 데이터^proprioceptive data는 로봇이 기울어져 있는 이유가 지형이 기울어져 있기 때문임을 외고유수용성감각에서 알 수 있게 한다. 로봇에 카메라가 여러 대 있기 때문에 필요한 모든 외고유수용성감각 관점을 제공하는 카메라나 카메라/팔의 조합을 찾아낼 수 있을 것이라고 텔레오퍼레이터가 기대할 수도 있다. 하지만 그런 관점은 계단을 내려가는 것과 같은 '단순 반복적이고 익숙한' 지형에서조차도 얻는 게 불가능할 수 있다. 이에 관한 자세한 내용은 5.5절을 참조한다.

그림 5.6 퍼셉션을 볼 수 있는 아이로봇 팩봇(Packbot)의 로컬 디스플레이 영상

5.4.4 교환 제어

교환 제어에서 미션의 단계는 그림 5.7과 같이 텔레오퍼레이터가 수행하는 개별 태스크와 텔레팩터가 수행하는 태스크로 구분된다. 예를 들어 텔레오퍼레이터는 어떤 작업 단계를 로봇에게 맡기고 로봇은 맡겨진 단계를 실행한다. 그런 다음 사람이 다시 넘겨받는다고 해보자. 이는 로봇이 팔과 매니퓰레이터를 물체에 가깝게 움직인 후 사람이 미세한 움직임을 이어받아 수행할 수 있기 때문에 능숙한 조작이 필요한 태스크에서 흔히 볼 수 있다. 로봇이 목표 위치로 이동한 다음 사람이 해당 위치에서 수색이나 검사 작업을 이어받아 수행할 수 있도록 교환 제어는 로봇이 목표 위치로 가는 경유지 탐색에도 사용될 수 있다. 교환 제어는 어떠한 명령, 지시에서든 발생할 수 있다. 무인 항공기는 수색 및 구조 미션 중에 수동으로 비행할 수 있으며 텔레오퍼레이터가 충분히 파악한 후 자율적으로 원위치로 되돌아올 수 있다.

실제로 교환 제어는 로봇이 인간에게 제어를 넘기는 예외 처리 및 긴급 오퍼레이션을 위한 거의 모든 완전 자율 시스템의 일부라 할 수 있다. 교환 제어를 암묵적으로 사용하는 1가지 이유는 무언가가 잘못된 경우 로봇이 더 똑똑한 에이전트가 되지 못하고 인간에게 제어를 넘길 거라는 기대 때문이다. 예를 들어 상황이 파라미터로 표현할 수 있는 범위를 넘어서고 파일럿이 조종을 맡아야 할 경우 비행기의 자동 비행은 해제된다. 또한 오퍼레이터와의 통신이 끊길 경우 UAV가 자율적으로 원위 치로 돌아오는 통신 두절 관련 프로시저 기능이 많은 UAV에 있는 것도 좋은 예다. 여기서 제어는 인간의 암묵적 승인하에 로봇에게 넘겨진 것이었다. 한편 긴급 및 예외 상황 주도exception-driven 교환 제어는 중요한 인적 요인 문제를 발생시킨다(5.5.4 절 참조).

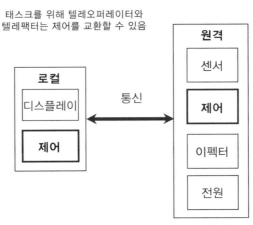

그림 5.7 텔레오퍼레이터와 텔레팩터 간의 교환 제어

5.4.5 공유 제어

공유 제어에서 텔레오퍼레이터와 텔레팩터는 동시에 제어에 기여한다. 텔레오퍼레이터는 심의형 입력 정보를 제공하고 텔레팩터는 반응형 제어를 제공하는데, 이는 4장에서 다룬 캐노니컬 소프트웨어 조직 아키텍처의 레이어에 맞춰 책임 범위를 분할한 것이다. 안티록 브레이크Antilock brake는 자동차가 사람보다 더 빠르게 도로상의 미끄럼 마찰, 즉 스키드skid에 반응할 수 있고 브레이크를 더 안정적으로 펌핑하는 올바른 반응을 실행할 수 있는 공유 제어의 한 형태로 간주될 수 있다.

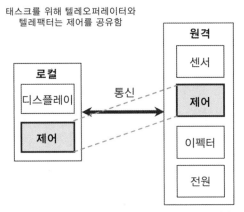

태스크를 위해 텔레오퍼레이터와
텔레팩터는 제어를 공유함

로컬

디스플레이

제어

통신

원격

센서

제어

이펙터

전원

그림 5.8 텔레오퍼레이터와 텔레팩터 간의 공유 제어

5.4.6 가드 모션

1980년부터 사용된 제어의 중요한 형태 중 하나로 가드 모션^{guarded motion}이 있다. 프랫과 머피의 연구[170]에서는 가드 모션을 '인간의 지시에 대해 의도하지 않은 결과로부터 로봇이 스스로를 보호하기 위한 인간 참여 제어^{human-in-the-loop control}의 한 종류'로 정의했다. 예를 들어 충돌을 피하려고 트럭의 속도를 늦추거나 멈추게 하는 트럭용 비전 시스템, 메스나 프로브의 과도한 힘을 방지하는 수술용 로봇, 특정 범위 밖으로 비행할 수 없는 무인 항공기, 로봇이 넘어질 수도 있는 불안정한 환경 설정 정보를 보완한 모바일 로봇 등이 있다. 대부분의 경우 가드 모션은 로봇의 액션을 더 안전하게 한다. 가드 모션은 로봇에 비해 인간이 환경, 로봇의 포즈, 환경과의 관계에 대해 더 많은 지식을 갖고 있다고 가정한다.[170] 로봇은 환경에 위치한 에이전트로서 멀리 떨어져 있는 텔레오퍼레이터보다 현재 무슨 일이 일어나고 있는지 더 완벽하게 감지하고 더 빠르게 파악하며 더 적절하게 대응할 수 있다. 로봇이 경계해야 할 상황을 항상 모니터링하기 때문에 가드 모션을 종종 공유 제어로 분류하기도 하지만 가드 모션의 자율 역량은 교환 제어일 수도 있고 공유 제어일 수도 있다.

프랫과 머피의 연구[170]에 나와 있듯이, 가드 모션에는 다음과 같은 5가지 요소가 있다.

- **자율성 개입 기준:** 오퍼레이터에 의해 실행된 명령을 시스템이 수정할 수 있는 시점을 정의한다. 이 기준에 따라 시스템이 개입하는 경우 예외가 발생할 수 있는데, 예를 들면 비상 정지, 비행 가능 경계, 접근 금지$^{off-limit}$ 환경 설정 구성 등이 있다. 또는 시스템이 꾸준히 온라인으로 오퍼레이터의 명령을 조정할 수 있다. 예를 들어 로봇 휠체어의 경우 시스템은 사람이 약간 떨면서 만들어낸 코스를 부드럽게 수정할 수도 있고 벽과 장애물로부터 좀 더 멀리 있도록 코스를 조정할 수 있다.
- **명령 통합 방법:** 시스템이 명령을 사용자의 명령과 통합하는 방법을 설명한다.
- **모니터링 조건:** 시스템이 모니터링하고 설명하는 변수와 환경 조건을 지정한다. 비상 정지와 비행 금지 경계$^{no-fly\ boundaries}$는 일반적으로 가드 모션과 관련이 있지만 로봇 시스템 상태와 과열 모니터링 등의 다른 조건에도 적용됐다.
- **인터페이스 모달리티:** 이는 텔레오퍼레이터에게 정보를 제공한다. 텔레오퍼레이터는 항상 로봇이 무엇을 하고 있는지 알려고 한다. 로봇이 갑자기 명령에 응답하지 않는 경우 텔레오퍼레이터는 로봇이 고장났는지, 로봇이 어딘가에서 못 빠져 나오고 있는지, 안전하지 않거나 금지된 조건에 있는지를 알아야 한다. 예를 들어 자동차에서 운전자가 유난히 빠른 펌핑 액션을 못 듣거나 느끼지 못하는 경우 또는 소음과 진동이 결함이 아닌 '정상'임을 알고 있는 상태에서 ABS가 작동될 때 불이 깜박거린다.
- **디스플레이 전처리**$^{Display\ Preprocessing}$**:** 텔레오퍼레이터에게 데이터를 제공하기 전에 데이터에 대해 수행되는 전처리를 지정한다. 데이터를 쉽게 이해할 수 있는 정보로 단순화하는 것이 중요하다. 문제가 발생할 경우 텔레오퍼레이터는 시간이 부족하거나 원시 데이터를 검토하는 데 집중할 가능성이 있기 때문이다.

5.5 인적 요인

텔레시스템이 조인트 인지 시스템의 일종임을 감안할 때 성공적인 시스템에 있어 인적 요소는 하드웨어와 소프트웨어만큼이나 중요하다. 재택근무에서는 태스크 환경에서 로봇과 함께 또는 로봇 주변에서 작업하는 사람과 로봇 사이에 사회적 관계가 존재한다. 그러나 텔레오퍼레이션 연구 관련 인적 요소는 텔레오퍼레이터와 로봇 사이의 관계에 대한 것이다. 텔레오퍼레이터와 텔레팩터 사이의 관계는 인적 요인, 인간-로봇 상호작용 관련 연구 문헌에서 다룬 반면 사회적 상호작용^{social} ^{interaction}은 18장에서 다룰 인간-로봇 상호작용 연구 문헌에서 주로 다뤘다. 텔레오퍼레이션을 위한 인적 요인에서는 인지 피로^{cognitive fatigue}의 원천, 조인트 인지 시스템^{joint cognitive system}에 대한 지연 시간의 영향, 안전한 운영을 위해 인지 한계를 필요한 인력으로 어떻게 전환할 것인지, 인간 소외 제어^{human out-of-the loop control} 문제를 어떻게 방지할 것인지 등을 다룬다.

5.5.1 인지 피로

텔레오퍼레이션이 모든 상황에 이상적인 해결책은 아니다. 많은 태스크가 본질적으로 반복적이고 지루하다. 예를 들어 무선 조종 자동차를 운전하려고 조이스틱을 사용하는 것을 생각해보자. 몇 시간이 지나면 사람들은 점점 집중력이 약해진다. 인간이 수동으로 로봇을 제어할 경우 그 태스크는 심시력^{depth perception}(또는 입체시력)을 잃어버리면 훨씬 더 어려워진다. 눈의 순간적인 움직임, 머리의 움직임, 음성 신호 등에서 얻을 수 있었던 손실된 정보를 만회하려면 인간의 뇌는 더 열심히 활동해야 한다. 또한 인간이 일하는 방식을 로봇이 하는 방식으로 전환하려고 해도 인간의 뇌는 열심히 활동해야 한다. 멀리 떨어져서 액션을 수행하려는 노력을 소위 텔레키네시스 문제^{telekinesis problem}라고 한다.^[191] 태스크의 수요, 심시력의 상실, 텔레키네시스 문제의 결과에 따라 대부분의 사람들은 빠르게 인지 피로^{Cognitive Fatigue}를 경험한다. 즉, 사람들은 주의력이 급격히 저하되고 심지어 두통을 포함한 스트레스로 인한 신체적 증상들을 경험할 수 있다.

인지 한계와 피로는 디스플레이와 센서 구성 요소에 의해 나타날 수 있다. 앞쪽에 장착된 작은 카메라를 통해 무선 조종 자동차를 조종하는 것을 상상해보자. 이 작업은 시야가 제한돼 있어(시야가 전방 위주이고 주변 시야가 없을 수도 있다) 훨씬 더 어렵다. 이처럼 텔레오퍼레이터가 문의 열쇠 구멍이나 벽에 있는 구멍을 통해 반대쪽 환경을 이해하려고 하는 상황을 키홀 효과keyhole effect라고 한다. 키홀 효과에 대한 일반적인 해결 방법 중 하나는 로봇에 더 많은 카메라를 설치하는 것이다. 하지만 이렇게 하면 실제로는 인지 관련 처리 부하가 증가하고 오류도 발생할 수 있다. 오퍼레이터가 여러 뷰포인트 중 적절한 것을 선택해야 할 뿐만 아니라 서로 다른 여러 뷰포인트를 하나로 합쳐야 하기 때문이다.

좀 더 발전된 디스플레이는 인지 부하를 줄이고자 더 큰 환경의 시뮬레이션을 만들려고 하기도 하고 주변 시야가 약간 왜곡된 것과 같은 카메라 효과를 도입하려고 하기도 한다.[214] 그러나 시각화 디스플레이가 뛰어나다고 해도 텔레오퍼레이터에게 시뮬레이터 멀미simulator sickness가 날 수 있다. 시각 관련 시스템은 오퍼레이터가 움직이는 중이라고 하는 반면 내이inner ear(또는 속귀)는 오퍼레이터가 멈춰있다고 하다 보니 둘 사이에 불일치가 발생하기 때문이다.[21]

통신 구성 요소의 시간 지연도 인지 피로를 유발할 수 있다. 다른 명령을 내리기 전에 로봇이 명령을 어떻게 실행했는지 확인하느라 기다려야 하는 것은 피곤한 일이다. 속도가 느리면 답답하고 집중력이 떨어진다. 시간 지연은 텔레시스템이 잘 동작하는 데 또 다른 영향을 미치기 때문에 다음 절에서 별도로 설명한다.

5.5.2 시간 지연

우주 관련 애플리케이션, 원격 의료 또는 원거리에서 동작하는 애플리케이션에서 텔레오퍼레이션의 문제점 중 하나는 큰 시간 지연으로 인해 비효율적이거나 위험할 수 있다는 것이다.[192] 시간 지연이 발생하면 원격으로 명령을 내리는 텔레오퍼레이터는 바위가 굴러 떨어지는 것과 같은 예상치 못한 위험한 상황에 로봇이 놓인 것을 알아차리기 어렵게 하며 이로 인해 텔레오퍼레이터가 상황을 확인하고 로봇이 다른 곳으로 피하도록 명령을 내리기 전에 로봇이 바위에 얻어맞고 박살 나버릴 수도 있다. 경험에 근거한 규칙rule of thumb이나 휴리스틱heuristic은 전통적인 텔레오퍼레이션으로 작업을 수행하는 데 걸리는 시간이 전송 지연에 따라 선형적으로 증가한다는 것이다. 텔레오퍼레이터가 지구에서 원격으로 가이드하는 데 1분 걸렸던 텔레오퍼레이션 작업을 달에서 하면 2.5분, 화성에서는 140분이 걸릴 수 있다.[61]

지연 시간 영향은 지상파 애플리케이션terrestrial application에서는 덜 보편적이지만 여전히 발생한다. 예를 들어 어떤 한 국가의 병원에서 다른 국가의 야전 병원에 원격 의료 활동을 하려면 네트워크 지연과 씨름해야 한다. 재택근무와 같은 생사가 그리 중요하지 않은 상황에서도 대역폭이 예측 불가능하게 변할 수 있는 인터넷을 통해 기기를 제어하다 보면 때때로 좌절감이 들 수 있다.

5.5.3 인간과 로봇의 비율

텔레오퍼레이션의 실제 단점은 텔레오퍼레이터 혼자서 인지하는 데 한계가 있다 보니 로봇을 조작하는 데 종종 한 명 이상의 사람이 필요하다는 것이다. 재난을 위해 배치된 지상 로봇과 항공기의 텔레오퍼레이션에 대한 연구에 의하면 내비게이션, 미션을 감지하기 위한 카메라가 한 대 있더라도 한 사람이 운전하고 센서를 통해 관찰하게 하는 것이 더 효과적이고 안전하다고 한다. 버크Burke와 머피Murphy의 연구는 응답자들이 2명의 팀으로 함께 일했을 때 텔레오퍼레이션 로봇을 사용해 잔해 속에서 모의 희생자를 찾을 가능성이 9배 더 높다는 것을 보여줬다.[34] 한 명 이상의 사람이 몇 개의 이펙터와 서피스만으로 로봇을 조종하는 것이 다소 과장돼 보일 수도 있지만 이것은 상업용 항공사에서 비행기에 조종사와 부조종사를 두는 것과 비슷하다. 그러나 인적 요인 관점에서는 이렇기 때문에 더 많은 사람이 필요하다고 볼 수 있다. 최소한의 능력을 지닌 로봇은 수행할 수 있는 동작이 몇 가지 정도밖에 안 될 수 있으며, 이로 인해 복잡한 세상에서 이러한 제약 조건하에서 올바른 계획을 결정하는 것이 매우 어려울 수 있기 때문이다.

설계자를 위한 프랙티스^{practice}의 상태^{state}는 안전한 인간-로봇 비율^{safe human-robot} ^{ratio}의 기준값^{baseline}에서 시작해 자율성과 인터페이스를 통해 인력을 줄일 수 있을지 결정하는 것이다. 안전한 인간 로봇 비율의 기본값은 다음과 같다.

$$N_h = N_v + N_p + 1$$

여기서 N_h는 사람 수, N_v는 차량 수, N_p는 페이로드 수다. 이 공식은 인간-로봇 시스템 설계의 시작으로 고려돼야 하지만 인지 한계 감소에 대한 자율성, 인터페이스, 주의 요구, 희박한 환경 등의 영향은 인간-로봇 비율을 낮출 수 있다.

프레데터 무인 항공기는 비행에 최소 한 명 이상의 텔레오퍼레이터가 필요할 뿐만 아니라 특정 지역을 파악하는 센서 페이로드 명령을 내릴 텔레오퍼레이터도 별도로 필요로 한다. 다른 UAV들은 4명의 텔레오퍼레이터와 더불어 이착륙만 담당하는 인원 등 총 5명으로 팀이 구성된다. 텔레오퍼레이터의 무인 항공기 조종 훈련 기간은 1년이 넘을 수도 있다. UAV의 경우 텔레오퍼레이션이 위험하면서도 완료해야 할 중요한 작업을 해내지만 인건비가 너무 높다.

프레데터는 초기화, 실행, 종료의 순서로 느슨하게 분류된 미션 수행 타임라인에서 어떻게 인적 감시 제어의 유형이 동적으로 변화할 수 있는가에 대한 좋은 예다.[144] 컴퓨터 과학에서 이 시퀀스는 루프 시작^{loop entry} 조건, 루프 내부에서 정상 상태^{steady-state} 케이스의 실행, 루프 종료^{loop exit} 조건으로 구성된 프로그램 루프와 비슷하다. 루프의 주목적은 정상 상태 케이스에 해당하지만 시작 및 종료 조건은 정상 상태 케이스보다 설계가 더 까다롭고 큰 프로그래밍 오류가 일어날 수 있다. 마찬가지로 로보틱스에서는 초기화와 종료가 더 까다로울 수 있다. 프레데터의 경우 어렵고 인지 작업량이 높은 이륙과 착륙에 대해서는 온보드 지능을 활용하지 않고 자율성을 구현 단계에만 적용했다. 일반적으로 인공지능은 자율적 오퍼레이션에 쓰일 수 있다. 이 외에 보조 역할 내지는 미션 초기화, 종료, 구현 관련 작업량을 줄이는 것도 가능하다.

단일 로봇을 제어하는 데 둘 이상의 오퍼레이터가 필요할 수도 있는 이유가 2가지 있는데, 프레데터를 예로 들어 설명하면 다음과 같다. 첫째, 역사적으로 새로운 기술을 사용하려면 많은 사람이 필요하다. 초기의 형편없는 설계는 결국 인간이 해결해야 하기 때문이다.[220] 둘째, 사람은 소수점으로 나눌 수 없기 때문이다. 즉, 이착륙에 관련된 전문가가 미션 수행 시간의 100%를 사용하지 않을 수도 있지만 언제든 미션을 수행할 수 있어야 한다는 얘기다.

2012년, 미국 국방과학위원회의 '무인 시스템 자율성 연구'에서 지적했듯이 군사용 로봇 설계는 하드웨어에 초점을 맞추곤 한다. 로봇 제어 시스템의 한계를 극복하려면 사람이 훈련받아야 할 수도 있다는 가정에 따른 인적 제어, 인적 요인, 자율성 문제의 해결은 뒤로 미룬 채 말이다.[144] 하지만 인간은 생리적 한계를 넘어서는 훈련을 받을 수 없다. 반면 자율 역량을 추가하면 인력 수요를 감소시킬 수 있다. 하지만 인간 소외 제어 문제(5.5.4절 참조)로 인해 자동화 비중이 증가할수록 안전성은 떨어질 수도 있다.

5.5.4 인간 소외 문제

어떤 문제나 예외 상황이 발생했을 때 교환 제어의 형태가 원격 로봇을 통해 초기화되고 공유 제어에서 인간 텔레오퍼레이터는 문제나 예외 상황을 알리거나 대응해야 한다. 이때 자율 역량을 위한 백업 플랜이 바로 텔레오퍼레이션이다. 그러나 인간이 신뢰할 만한 백업 플랜대로 충분히 빠르게 항상 대응할 수 있는 건 아니다. 이걸 인간 소외 문제OOTL, Out-Of-The-Loop control problem라고 하는데, 인간은 자동화로 처리할 수 없는 모델링되지 않았거나 예상치 못한 상황일 경우 교환 제어, 공유 제어에서 수동 제어로 모드를 빠르게 전환해야 하는 걸 의미한다. 인간 소외 문제의 연구 문헌은 1960년대부터 발표돼 왔다.[99, 118, 125] 인간 외부 루프 제어 문제는 1960년대 이후 문서화돼 왔다.[99, 118, 125] 인적 요인 커뮤니티human factor community에서는 종종 자율 프로세스 제어를 가정하는 인간이 상당한 지연을 일으킨다는 점에 주목했다.[71] 일반적으로 프로세스가 많을수록 인간은 문제에 빠르고 정확하게 반응하기 어렵다. 인간은 프로세스를 제어하려고 필요한 상황 인식situation awareness을 사전에 유지하지 않다가 반응하기 전에 이걸 수립해야 하기 때문이다. 관련 프로세스를 다른 관점으로 옮겨야 할 수도 있다 보니 문제 해결을 위한 상황 인식을 구축하기가 어려울 수 있다. (미션 수행 전문가가 세상을 카메라를 통해 바라보는 식의) 자기중심적 환경 기반 프레임egocentric, environment-based frame은 (환경에 대한 로봇의 상태를 파악하는 데 조종사에게 필요한) 외부 중심exocentric 내지는 자기 중심/외부 중심egocentric/exocentric이 혼합된 조종석의 디스플레이와 엄청난 차이를 보인다. 이 둘의 차이를 몇 초 안에 극복한다는 건 상당히 어려워보인다.

그림 5.9 다크스타의 무인 항공기(DarkStar UAV)(출처: 미국 국방부 차관실 홈페이지)

다크스타 무인 항공기(그림 5.9 참조)는 인간 소외 문제의 대표적인 예다. 이는 인간이 일으키는 '고장'이 일반적으로 2가지 이상의 설계 원칙을 위반한다는 것을 보여줬다. 다크스타는 비용 절감을 위해 시뮬레이션으로 개발된 값비싼 실험용 무인 항공기였다. 이 무인 항공기의 첨단 프로토타입은 자율 비행을 할 수 있었지만 이착륙의 경우 탑재된 컴퓨터로 관리하기가 더욱 어려울 것으로 예상됐다. 안전 예방을 위해 이륙 중 문제가 발생할 경우 인간 전문가 조종사가 텔레오퍼레이션 제어를 할 수 있게 했다. 그렇지만 안타깝게도 다크스타는 이륙 중에 문제가 발생했다. 이는 활주로 모델을 지나치게 단순화했기 때문이었다. 시뮬레이션에서 월드의 모든 속성을 명확하게 나열할 수 있을 거라는 폐쇄형 월드의 전형적인 사례다. 다크스타는 영화의 한 장면처럼 화려하게 추락했고, '다크스팟Darkspot'이라는 비공식적인 별명도 덤으로 얻었다.

　다크스타 시스템에서 전문가들이 인간 소외 제어에서 인간 참여 제어로 시간 내에 전환하는 것은 사실상 불가능했는데, 다음과 같은 2가지 이유 때문이다. 첫째, 화면 디스플레이만으로는 조종사들이 문제를 적절하게 정의할 수 없었고 이로 인해 제대로 된 대응을 할 수 없었다. 디스플레이는 실시간 비행 제어가 아닌 사후 엔지니어링 진단post-hoc engineering diagnostics을 위해 개발됐기 때문에 기본적으로 로컬 디스플레이 구성 요소가 없는 텔레시스템을 구축하는 것처럼 일종의 숫자들을 나열하는 것에 불과했다. 엔지니어링 디스플레이는 조종사에게 다크스타가 이륙에 문제가 있다는 것을 보여줬지만 조종사는 문제의 가설과 원시 데이터를 연관 짓고 문제를 수정할 만큼 시간이 충분하지 않았다. 공유 제어 백업 플랜의 설계는 인간의 인지 한계cognitive limitation를 고려하지 못했다. 둘째, 비상 계획contingency plan에서 통신 연결communication link로 인공위성을 사용하는 바람에 7초 정도 시간 지연이 생긴 것도 고려하지 않았다. 시간 지연latency이 있다는 건 조종사가 비행 편차flight deviation의 원인을 이해하고 올바른 제어 대응법이 만들어졌더라도 원격으로 충돌을 막을 수 있을 만큼 충분히 빠르게 새 지시를 내릴 수 없음을 의미한다.

후쿠시마 제1 원자력 발전소 사고에서 로봇을 사용하는 것은 텔레오퍼레이션이 인간 소외 문제를 피하기 위한 의도적인 선택이 될 수 있다는 것을 보여줬다. 허니웰 티호크T-Hawk® 무인정찰기는 사고 발생 4주 후부터 방사선 및 일반 평가 조사를 실시하고자 사용됐다. 티호크는 약 40개의 미션 수행을 목표로 출발 지점에서 최대 1,600m를 날아 방사선이 극도로 강한 지대에 진입했다. 티호크는 사전 프로그램된 항로를 비행해 문제가 생기면 돌아올 수 있는 완전 자율 내비게이션 역량을 갖추고 있었다. 그러나 전문 조종사들은 자율 내비게이션 역량을 끄고 수동으로 조종했다. 티호크 로봇이 예상 경로에서 벗어나기 시작하면 차이가 발생하는 원인이 방사선 피해 때문인지 바람 때문인지 조종사들이 알 길이 없다는 우려 때문이었다. 조종사들은 자율 역량으로 인해 모델링되지 않은 조건에 부딪히고 예측할 수 없는 반응을 보이는 위험 상황보다는 시스템에 직접 관여하는 것을 선호했다. 인적 요인human factor 관점의 용어로, 조종사들은 인간 소외 문제 상황이 발생할 것을 우려했다. 그들이 그 상황이 일어나는 것을 막는 방법은 인간이 참여하는 것이었다.

5.6 텔레시스템의 애플리케이션 적합 여부 판단용 가이드라인

<Concise Encyclopedia of Robotics>(McGraw-Hill/TAB Electronics, 2002)[61]에 따르면 텔레오퍼레이션은 다음과 같은 경우에 가장 적합하다.

1. 태스크가 구조화되지 않고 반복적이지 않아야 한다. 그렇지 않으면 설계자는 자율성을 추가할지 고려해야 한다.

2. 산업용 매니퓰레이터 사용을 허용하도록 태스크 워크스페이스를 설계할 수 없다. 원자력 발전소, 제조시설, 병원과 같은 작업 공간을 설계해 특정 업무와 표준 로보틱스 장비를 지원할 수 있다. 다른 행성, 실외, 재난 재해와 같은 다른 환경을 작업자가 충분히 안전하도록 맞춰주는 게 거의 불가능할 수 있다.

3. 태스크의 주요 부분은 가끔씩 손과 눈이 하나로 움직여야 한다. 대부분의 로봇은 특정 작업을 수행하기에 충분한 센싱 및 플래닝을 (계속 바뀌고는 있지만) 갖추고 있지 않다. 텔레오퍼레이터에게 손재주가 필요한 작업을 수행하게 하는 것은 심각한 설계 문제라고 볼 수 있다. 그리고 디스플레이와 제어 구성 요소는 텔레오퍼레이터의 인지 작업을 지원할 필요가 있다.

4. 태스크의 주요 부분은 객체 인식object recognition, 상황 인식situational awareness 또는 기타 심화형 퍼셉션advanced perception이 필요하다. 3장에서 설명한 것처럼 심볼 그라운딩 문제symbol grounding problem는 인공지능에서 근본적인 장벽으로 남아 있다. 따라서 이 기능을 필요로 하는 태스크는 현재 역량으로는 해결할 수 없는 영역일 수 있다.

5. 디스플레이 기술의 요구 사항은 통신 링크의 제한(대역폭, 시간 지연)을 초과하지 않는다. 디스플레이와 통신 문제는 텔레프레즌스의 주요 제한 사항이었다. 텔레프레즌스는 통상 가상 현실virtual reality을 목표로 하고 있는데, 이 가상 현실에서는 오퍼레이터가 센서 피드백을 완성하고 마치 자신이 로봇인 것처럼 느낀다. 텔레오퍼레이터의 상황을 효과적으로 재현하는 데 필요

한 환경에 대한 데이터의 양은 일반적으로 통신 구성 요소의 역량이 감당할 수 있는 수준 이상이다.

6. 교육 훈련을 받은 인력이 있는지 여부는 문제가 되지 않는다. 우주 탐사와 같은 일부 상황에서 텔레팩터^{telefactor}는 수십 또는 수백 명의 기술자와 과학자들에 의해 지원될 수 있다. 하지만 재난 대응같은 분야에서는 전문가가 거의 없을 수도 있다.

텔레오퍼레이션은 특히 퍼셉션^{perception}과 의사 결정 측면에서 인공지능 기술의 역량이 인간 수준에 미치지 못하기 때문에 원격 제어^{controlling remote}에 널리 사용되는 솔루션이다. 텔레오퍼레이션의 예로 타이타닉호와 같은 수중 유적지^{underwater sites} 탐험을 생각해볼 수 있다. 사람에게 관심 있는 대상이 탁한 물 속의 진흙에 의해 부분적으로 가려지더라도 이를 구분해낼 수 있기 때문에 사람이 로봇을 조종하는 것이 훨씬 낫다.[211] 또한 사람은 매니퓰레이터가 수행하기엔 프로그래밍이 매우 어려운 손놀림(예, 볼트에 너트를 조이는 작업)을 수행할 수 있다.

그림 2.7에서 소개한 소저너^{Sojourner} 로봇은 1997년 7월 5일부터 9월 27일 무선 명령에 대한 응답을 중단할 때까지 화성을 탐사했다. 소저너가 도착하기 전에는 화성에 대한 자료가 거의 없었기 때문에 로봇이 움직이는 데 중요한 속성을 감지하거나 제어 알고리듬을 설계할 수 있는 센서와 알고리듬을 개발하기가 어려웠다. 아폴로 17호 때 슈밋 박사가 달에서 발견한 오렌지색 암석과 같은 특이한 암석이나 암석 모양을 탐지하는 것이 중요하다. 인간은 특히 퍼셉션^{perception}에 능숙하며, 그림의 패턴과 이상 징후를 보는 것에도 뛰어나다. 당시 AI의 퍼셉션 능력은 인간의 능력에 크게 못 미쳤다. 인간은 문제 해결에도 능하다. 앞에서도 설명했지만 화성 패스파인더호의 에어백이 제대로 수축되지 않았을 때 지상 관제소에서는 꽃잎 날개를 접었다가 다시 펴라는 명령을 보냈다. 현재의 AI 역량으로는 그런 식의 문제 해결은 매우 어렵다.

2011년 후쿠시마 제1 원자력 사고 당시 지상 로봇을 사용한 사례 역시 텔레오퍼레이션이 유용한 이유 중 하나다. 텔레오퍼레이션 로봇은 원자로 건물 손상 평가,

도로 및 접근 지점의 잔해 제거, 방사능의 정도 및 규모 조사, 원자로 냉각을 위해 물을 펌핑하는 데 성공적으로 사용됐다.[147] 로봇 사용을 통해 원격 센서와 로컬의 디스플레이에 의해 부과되는 인지 한계를 부각시켰다. 작업을 수행하려면 두 개의 로봇이 단일 로봇처럼 움직일 수 있어야 했다(그림 5.10 참조). 원자로 건물 외부에서는 직원과 대형 장비가 건물에 접근할 수 있도록 큐네티큐QinetiQ의 작은 밥캣Bobcat® 건설용 로봇을 텔레오퍼레이션용으로 개조했다. 작고 민첩한 폭탄 해체bomb squad 로봇이 건설용 로봇과 짝을 이뤘다. 폭탄 해체 로봇은 밥캣 주변에서 이동하면서 텔레오퍼레이터가 먼지와 파편을 옮기고자 밥캣의 버킷이 땅에 닿았는지 확인할 수 있었다. 원자로 건물 내부에서는 아이로봇 팩봇iRobot Packbots®이 한 쌍으로 사용돼 이물질을 통과하고 출입문 개방과 같은 조작 작업을 수행했다. 하나의 로봇이 작업을 수행했지만 두 번째 로봇은 시각 보조visual assistant 역할을 했다.

그림 5.10 후쿠시마에서 밥캣 로봇이 파편들을 치울 수 있도록 함께 작업하는 탈론(Talon) 로봇과 텔레오퍼레이션으로 동작하는 밥캣(Bobcat) 로봇(출처: 큐네티큐)

5.7 요약

5장에서는 텔레오퍼레이션과 텔레시스템을 자세히 다뤘다. 이들은 역사적으로 지능형 로봇 설계에 있어 최초의 시도였다. 텔레시스템은 인간-머신 시스템 중 하나로 먼 곳에 있는 인간이나 오퍼레이터가 텔레커뮤니케이션 링크를 사용해 눈으로 볼 수 없는 곳에 있는 원격 로봇을 제어하는 것을 말한다. 텔레팩터라고도 불리는 원격 로봇은 센싱, 모빌리티, 이펙터, 전원을 제공할 뿐만 아니라 온보드 제어 기능도 갖출 수 있다.

텔레오퍼레이션은 로봇이 필요한 작업에 대한 임시 해결책 내지는 해킹에서 생겼지만 로봇 스스로 올바르게 작동하도록 적절히 프로그래밍할 수 없었다. 이 문제로 텔레오퍼레이션이 자율성의 길목에 있는 '일시적 악'인지 아니면 인공지능의 또 다른 스타일인지에 대한 논란이 있었다. 이제는 텔레오퍼레이션도 인간이 원거리 환경에서도 리모트 프레즌스를 돕는 인공지능의 또 다른 스타일로 인식되고 있다. 텔레오퍼레이션은 더 이상 진정한 자율성을 위해 가는 길목에 있는 '일시적 악'이 아니라 인적 감시 제어의 한 측면으로 여겨지고 있다. 태스커블 에이전트를 위한 인공지능이 실패할 경우 텔레오퍼레이션이 제어 모드일 가능성이 높기 때문에 텔레오퍼레이션에 대한 이해가 매우 중요하다.

인적 감시 제어의 한 측면으로, 텔레오퍼레이션은 "인적 감시 제어란 무엇인가?"라는 질문을 던진다. 인간 제어 감시란 원격 로봇을 수동 제어하는 것부터 전체 작업을 로봇에게 완전히 위임하는 것에 이르기까지 인간과 기계가 상호작용해 태스크를 수행할 수 있는 다양한 방식을 말한다. 이렇게 범위가 넓은 이유로 종종 준자율성semi-autonomy이라는 라벨이 붙은 다양한 용어가 생겨났다. 준자율성이란 무엇인가? 준자율성의 4가지 모드는 어떻게 다른가? 준자율성은 사람이 태스크 환경에서 로봇을 직접 관찰할 수 없고 일부 작업을 사람이 아닌 로봇이 지시하는 인간-머신 제어 모드를 말한다. 교환 제어traded control에서는 태스크를 사람이 잘하는 부분과 로봇이 잘하는 부분으로 나눈다. 태스크에 특정 에이전트의 전문성 그 이상이 필요할 경우 현재 반영된 제어를 옮기거나 다른 에이전트로 교환한다. 공유 제어에서는 인간과 로봇이 동시에 작업의 측면을 수행한다.

가드 모션Guarded Motion은 공유 제어의 가장 일반적인 애플리케이션일 것이다. 가드 모션에서 로봇 에이전트는 실제로 인간 에이전트의 제어 명령을 무시하거나 수정한다. 가드 모션은 로봇들이 어떻게 물리적으로 작용하는지 보여주는 훌륭한 예로, 환경에 있지 않은 사람보다 확실히 더 빨리 이해할 수 있다. 인적 감시 제어 스펙트럼에 대한 2가지 주요 잣못된 개념이 있는데, 1) 단순히 레이블로 지정해서 지능의 레이어들을 나타내고, 2) 대부분의 구현이 제어 모드가 미션의 단계에 따라 동적으로 변화한다는 것을 보여줄 때 각 태스크에는 단일 감시 제어 모드가 있다는 것이다.

텔레오퍼레이션은 AI와 방식이 다르기 때문에 텔레시스템이 어떤 업무 영역에 유용한지 반드시 파악해야 한다. 텔레시스템을 성공적으로 사용할 수 있는 작업 도메인을 파악하기 위한 6가지 지침이 있다. 이 지침을 사용하지 않는다면 로봇을 사용하는 환경을 설계하는 것 또는 미션을 다시 생각해보는 것 등이 해결책일 수 있다. 화성 탐사와 같은 애플리케이션들은 지능이 없는 로봇을 가능하게 설계될 수 없는 태스크 환경을 제시한다. 후쿠시마 제1 원자력 발전소 사고 처리 과정을 보면 지상 로봇을 이용해 발전소 진입, 조사, 잔해 옮기기, 센서 삽입 등의 지상 애플리케이션은 구조화되지 않은 작업, 새로운 작업, 정교한 조작 등에서 텔레오퍼레이션이 필요하다는 것을 알 수 있다.

텔레오퍼레이션 기법들은 일반적으로 인지 피로에 해당한다. 또한 높은 통신 대역폭과 짧은 통신 대기 시간을 필요로 한다. 뿐만 아니라 '안전한 인간과 로봇 비율 공식'에 따라 원격 로봇당 하나 이상의 텔레오퍼레이터가 필요하다. 텔레프레즌스 기술은 인간이 로봇을 제어하고 로봇의 동작과 모습을 해석할 수 있는 좀 더 자연스러운 인터페이스를 만들려 하지만 통신 트래픽이 매우 높은 문제가 있다. 텔레시스템에서 인지 피로도 감소와 일반적인 로버스트니스는 고유수용성감각proprioception, 외수용감각exteroception, 종종 간과되곤 하지만 외고유수용성감각exproprioception에 좌우된다. 텔레오퍼레이션은 태스커블 에이전트의 기본 백업 플랜이지만 인간 소외 문제에 해당하는 이상 징후를 극복하고 회복하는 것은 인지적으로 불가능할 수 있다.

마지막으로 이 장을 통해 인공지능 로봇을 만드는 핵심이 단지 정교한 알고리듬을 추가하는 것 이상의 그 무엇이라는 생각을 더욱 강화해야 한다. 그러려면 '인간 참여', '인간 관장' 또는 '인간 소외'의 역할에 대해 세심하고 주의 깊게 생각을 해야 한다. 또한 인공지능 로보틱스는 태스크 환경의 생태와 로봇의 능력이 어떻게 그 생태에 맞춰야 하는지를 이해해야 한다. 2부의 6장에서 10장에 걸쳐 중점적으로 다룰 반응형 로봇의 핵심이 바로 이 생태학이기 때문이다.

5.8 연습문제

문제 5.1
텔레오퍼레이션과 연관이 있는 문제를 3개 나열해보라.

문제 5.2
텔레시스템의 로컬 및 원격 구성원의 구성 요소와 책임 역할을 설명해보라.

문제 5.3
영화 <에이리언>에서 볼 수 있는 파워 리프터나 <스타워즈>나 <퍼시픽 림> 같은 영화에서 볼 수 있는 AT-AT Walker 로봇과 같은 외골격^{exoskeleton}을 생각해보자. 이것들을 텔레오퍼레이션으로 볼 수 있을까? 맞다면 맞는 이유를, 아니라면 아닌 이유를 설명해보라.

문제 5.4
텔레오퍼레이션에 적합한 애플리케이션의 특성을 나열해보라.

문제 5.5
텔레오퍼레이션에 대해 잠재적으로 좋은 애플리케이션의 사례 중 이 장에서 다루지 않은 것을 두 개 이상 제시해보라. 애플리케이션에 대해 생각해보면서 로봇이 사람을 대체하는 데 사용되고 있는지, 사람이 먼 작업 공간에 자신을 투영할 수 있는지, 사람을 돕는지, 또는 사람을 재미있게 하는지 생각해보기 바란다.

문제 5.6

태스커블 에이전시와 리모트 프레즌스를 비교하고 대조해보라.

문제 5.7

가드 모션을 정의하고 교환 제어, 공유 제어와의 관계를 설명해보라.

문제 5.8

가드 모션의 5가지 구성 요소를 나열하고 설명해보라.

문제 5.9

인간 소외 문제^{human out of the loop control}란 무엇인가?

문제 5.10

텔레오퍼레이션이 항상 로봇 시스템에 포함돼야 하는 이유는 무엇인가? 인간 소외 오류가 발생할 가능성이 높으면 어떻게 될까?

문제 5.11

1994년 카네기 멜론 대학교에서 개발된 무인 자동차는 '손 안대고 미국 대륙 횡단^{No Hands Across America}'이라는 행사에서 피츠버그에서 샌디에이고까지 총 2,897마일을 운전했다. 그러나 자동차가 기름을 넣으려고 주간 고속도로를 빠져나가야 하거나 승객들이 음식이나 숙식을 필요로 하는 경우 사람이 운전했으며 이 거리는 48마일 정도였다. 이렇게 주행한 것은 어디에 해당된다고 보는가? 자율 제어인가? 완전 자율 제어인가? 이 여행의 일부 또는 전체가 공유 제어인가? 아니면 이 여행의 일부 또는 전체가 교환 제어인가?

문제 5.12

카메라를 더 많이 추가해도 키홀 효과로부터 인지 한계가 줄어들지 않는 이유를 설명해보라.

문제 5.13

탐사 로봇을 달에 쏘아올리고 민간인들이 원격 조종(텔레오퍼레이션)해 텔레시스템 관광을 할 수 있게 하는 제안을 고려해보자. 그러한 시스템을 만든 동기 중 하나는 사람들이 직접 운전도 하고 아폴로 계획에서 달에 게양된 미국 국기도 직접 보고 우주 비행사들의 발자국도 보고 싶어서라고 한다. 그러나 이 시나리오는 누군가가 우주 비행사가 남긴 발자국 위로 운전하거나, 달에 게양된 미국 국기를 들이받거나, 달 탐사 지역을 손상시키거나 망가뜨릴 위험을 내포하고 있다. 이것이 진짜 가능한가? 이를 방지하려면 텔레시스템에 어떤 것들이 내장돼야 할까?

문제 5.14 [웹 검색]

재택근무 로봇을 공급하는 회사를 인터넷에서 검색해보라. 텔레오퍼레이션 영역인 사용자가 로봇을 작동시키고 원격 작업 영역과 상호작용하는 것이 얼마나 자연스러운지, 원격 작업 영역에 있는 사람들이 로봇과 함께 작업하는 것이 얼마나 자연스러운지에 대해 로봇을 비교하고 대조해보라. 물리적 형태, 높이, 이동 기반 등이 모빌리티 또는 사람과 상호작용하는 데 어떤 문제가 발생할까? 인적 감시 제어의 4가지 카테고리들 각각에 대해 어떤 로봇이 더 낫다고 생각하는가?

문제 5.15 [프로그래밍]

(이 문제를 풀려면 온보드 비디오 카메라와 원격 작동 인터페이스를 갖춘 로봇에 액세스해야 한다)

원격 제어 자동차를 제어하는 것처럼 로봇을 시야에서 놓치지 않으면서 장애물이 있는 회전 코스에서 로봇을 텔레오퍼레이션한다. 이제 비디오카메라의 출력만 보고 장애물 코스를 반복한다. 비교를 여러 번 반복하고 코스를 완료하는 데 걸리는 시간과 장애물 충돌 횟수를 추적한다. 어떤 관점이 이 과정을 더 빨리 마쳤는가? 충돌이 적은 쪽이었는가? 왜 그런가?

문제 5.16 [과학 소설]

아이작 아시모프의 단편 소설 『낙원의 이방인』을 읽고 이 이야기에 묘사된 텔레프레즌스의 문제점을 나열해보라.

문제 5.17 [과학 소설]

마이클 크라이튼의 소설을 원작으로 한 1971년 영화 <안드로메다 스트레인^{Andromeda} ^{Strain}>을 관람하고 다음 문제를 해결해보자. 이 영화에는 과학자들이 샘플을 떨어뜨리지 않고 가능한 한 컨테이너에서 다른 컨테이너로 텔레매니퓰레이션을 시도하는 동안 신경이 쓰이는 장면들이 몇 개 있다. 이러한 유형의 텔레매니퓰레이션^{telemanipulation}이 오늘날의 로봇을 통해 더 빠르고 안정적으로 처리될 수 있다고 생각하는가? <안드로메다 스트레인>의 텔레매니퓰레이션 작업을 DARPA 로보틱스 챌린지와 비교해보라.

5.9 엔드 노트

영화에 나오는 실제 텔레오퍼레이션 로봇.

1994년 영화 <스타게이트>에서 군 조직은 텔레오퍼레이션 차량을 이용해 가장 먼저 스타게이트를 통과해 반대편의 환경 조건을 테스트한다. 실제로 이 영화는 NASA 제트 추진 연구소의 해즈봇을 사용했다.

2부

반응형 기능

06
행동

6장에서 다루는 내용

- 계산 이론에서 3가지 레벨을 설명한다.
- 행동의 수학적 정의를 제시한다.
- 행동 카테고리(반작용, 반응, 의식)를 한두 문장으로 간략하게 설명한다.
- 행동을 반사, 주성^{taxi}, 또는 고정 액션 패턴으로 분류할 수 있어야 한다.
- 행동의 그래픽 표현이 주어졌을 때 이를 행동, 퍼셉션, 모터 스키마로 파악하고 S-R 스키마로 변환한다.
- 일련의 행동을 S-R 스키마 표기법으로 표현한다.

6.1 개요

4장에서는 서로 다른 스타일의 지능을 표현하는 세 개의 레이어로 구성된 캐노니컬 오퍼레이션 아키텍처를 소개했다. 가장 기본적인 레이어는 동물과 같은 행동들로 구성된 반응형 레이어였다. 반응하는 로봇 지능과 동물 지능의 유사성을 통해 이 장에서 다룰 2가지 질문을 생각해볼 수 있다. 첫째, "반응형 레이어는 정말 윤리학과 비슷한가?" 또한 이 질문은 "어떻게 로봇이 동물처럼 될 수 있는가?", "로봇을 동물로 간주할 만한 실제적이고 구체적인 가치가 있는가?"로 바꿔 말할 수 있다.

좀 더 단도직입적인 두 번째 질문은 "그렇다면 어떻게 이 재밌는 동물 다큐멘터리를 컴퓨터로 처리할 수 있는 형식으로 만들 수 있을까?"이다. 둘 사이의 유사성은 이론적 관점에서는 흥미로울 수 있지만 로봇을 프로그래밍하려면 구체적인 메커니즘이 필요하다. 즉, 컴퓨터 구조를 이용해 동물의 지능을 복제할 특정 메커니즘이다.

6장에서는 우선 인공지능 연구원들이 동물의 행동을 탐구하는 역사적 동기를 통해 이러한 질문에 대한 답을 해보려고 한다. 다음으로 생물학적 지능과 실리콘(반도체) 기반의 지능의 연관성을 파악하고 생물학적 원리를 프로그래밍 구조에 전달하는 과정을 최초로 고안해 낸 마르Marr의 계산 이론Computational Theory을 소개할 것이다.

마르의 계산 이론에는 운영(큰 그림), 시스템(필요한 변환), 기술(실제 구현) 아키텍처에 소위 '느슨하게' 대응되는 3가지 레벨이 있다. 동물의 행동에 대한 계산적 사고를 바탕으로 한 프레임워크를 이용해 레벨 1의 계산 이론 측면을 강조하는 동물 행동 유형을 소개한다.

퍼셉션 이벤트, 내부 이벤트, 계산 상태 등에 따라 일어나는 고도로 모듈화되고 일반적이며 독립된 프로세스로 동물 행동은 모델링될 수 있다. 행동은 입력, 출력, 변환을 자극, 반응, 행동으로 변환하는 스키마 이론을 사용해 표현될 수 있다. 스키마는 S-R 표기법으로 작성된 프로그래밍 모듈이 되는데, 이렇게 하면 스키마가 객체지향 프로그래밍의 객체와 동일해진다.

이 책의 6장부터 8장까지는 행동에 관한 내용을 중점적으로 설명한다. 7장에서 다룰 반사 행동은 월드 모델이나 롱텀 메모리(장기 기억)를 요구하지 않으므로 계산적으로 매우 효율적이다. 그러나 높은 모듈성과 효율성의 비용은 비결정론적 알고리듬이다. 하지만 로봇의 전반적인 동작은 선형 계획법linear programming을 따른다. 8장에서는 개별적이고 독립적인 행동을 바탕으로 전체적인 행동을 생성하는 여러 가지 조정 알고리듬을 다룬다.

6.2 동물 행동의 탐구 동기

1970년대에는 로보틱스 분야의 발전이 매우 더뎠다. 가장 영향력 있는 로봇은 한스 모라벡Hans Moravec이 개발한 스탠포드 카트Stanford Cart로, 땅에서 튀어나온 장애물을 보고 피하는 데 스테레오 시력stereo vision을 사용했다. 1970년대 후반과 1980년대 초반에 마이클 아비브Michael Arbib는 로보틱스에서 놓쳤던 그 무언가로부터 통찰을 얻을 거란 희망을 갖고 생물학과 인지 과학 관점에서 동물 지능의 모델을 조사하기 시작했다. 많은 로보틱스 연구학자가 동물에 심취했고, 모라벡을 비롯한 많은 사람이 동기를 얻으려고 동물 행동의 결과물을 사용했지만 그 누구도 아비브만큼 이 분야를 진지하고 전력을 다해 연구하지는 못했다.

비슷한 시기에 발렌티노 브라이텐베르크Valentino Braitenberg의 『Vehicles: Experiments in Synthetic Psychology』(Bradford Books, 1986)[27]가 출간됐다. 이는 머신 인텔리전스가 어떻게 진화할 수 있는지에 대해 추측하는 일련의 게당켄gedanken 또는 개념적 사고 실험이었다. 브라이텐베르크는 단순한 온도 센서-모터 액추에이터 쌍을 가진 Vehicle 1로 시작했다. 이 차량은 따뜻한 지역에서는 더 빨리 움직일 수 있고 추운 지역에서는 더 느리게 움직일 수 있다. Vehicle 1보다 좀 더 복잡한 차량 Vehicle 2는 돌연변이mutation를 모방해서 차량의 양쪽에 하나씩 두 개의 온도 센서-모터 쌍을 갖고 있었다. 한 쪽에서 열이 나면 좀 더 차가운 반대편보다 모터를 더 빠르게 회전시키는 디퍼렌셜 드라이브 효과differential drive effect로 Vehicle 2는 차가운 영역으로 되돌아가려고 방향을 틀 수 있었다. 브라이텐베르그의 저서를 바탕으로 차량의 복잡도는 더 높아졌다. 이런 식으로 레이어를 만든 건 직관적이면서도 영장류의 진화 원리를 모방한 것처럼 보였다. Vehicle 책은 로보틱스 연구학자들 사이에서(특히 유럽에서) 컬트 클래식이 됐다.

뒤이어 새로운 세대의 인공지능 연구학자들은 생물학적 지능으로부터 얻을 수 있는 교훈을 찾겠다는 다소 매력적이지만 위험한 얘기를 했다. 그들은 지능을 만들어내는 새로운 조직 원칙과 기법을 찾으려고 생물 과학을 알아보기 시작했다. 7장에서 설명하겠지만 이러한 노력 덕분에 반응형 패러다임이 만들어졌다. 이 장에서는 중요한 연구 및 발견 등을 복습하고 로봇 지능에 긍정적으로 기여할 수 있는 기법에 비춰 이런 것들을 반영해 반응형 패러다임을 이해할 수 있는 발판을 만드는 것이 목표다.

왜 로보틱스 연구학자들이 생물학, 윤리, 인지 심리학, 다른 생물 과학을 탐구해야 하는가? 비행기가 날개를 퍼덕거리지 않는다면서 로봇을 설계할 때 생물학적 지능을 고려하는 데 반대 의견을 내는 사람들이 있다. 이를 반박하는 측의 의견은 비행기의 공기 역학에 관한 거의 모든 것이 새의 날개를 복제한다는 것이다. 비행기의 날개에 있는 거의 모든 움직일 수 있는 표면은 새의 날개 일부와 같은 기능을 한다. 항공공학의 발전은 라이트 형제와 다른 사람들이 새들의 비행을 관찰해 공기 역학적 원리를 포착하면서 이뤄졌다. 비행 원리가 확립되면 이러한 원리를 준수할 뿐만 아니라 기능은 동일하지만 생물학적 시스템과 반드시 똑같을 필요는 없는 기계 시스템의 설계가 가능하다. "비행기는 날개를 퍼덕거리지 않는다."는 주장은 컴퓨터 시스템에는 설득력이 떨어지는 것으로 드러났다. 동물들은 타고난 능력을 이용한다. 로봇에는 컴파일된 프로그램이 꼭 필요하다.

인공지능 로보틱스 연구학자들은 다양한 이유로 생물 과학을 많이 참고한다. 첫 번째 이유는 동물과 인간은 서로 다른 측면에서 지능이 있다는 걸 보여주기 때문이다. 동물이 특정 태스크를 해낼 수 있다는 걸 연구학자가 알 수 있게 해준다. 심지어 동물이 그걸 어떻게 하는지 몰라도 그렇다. 연구학자들은 적어도 그게 가능할 거라는 건 알기 때문이다. 예를 들어 여러 센서(센서 융합)의 정보를 어떻게 결합하는지는 수년간 미해결 문제 중 하나였다. 한때 센서 융합은 합리적인 것 같지만 사실 근거가 없다는 식으로 로보틱스 연구학자들의 센서 융합 연구를 좌절시키는 논문이 발표됐다. 반면 다른 연구에서는 대부분의 연구학자가 생각했던 것과는 놀랄 만큼 다른 메커니즘으로 동물들(인간을 포함한)이 센서 융합을 수행한다는 것을 보여줬다.

생물 과학을 탐구하는 두 번째 이유는 동물들이 개방형 월드에 살고 있고 로보틱스 연구학자들은 쉐이키를 통해 너무나 많은 문제가 드러난 폐쇄형 월드 가정을 극복하고 싶었기 때문이다. 곤충, 물고기, 개구리와 같은 많은 '단순한' 동물들은 지능적인 행동을 보이지만 뇌가 아주 작거나 아예 없다. 프레임 문제에 걸려들지 않도록 무언가 방안이 있어야 한다.

6.3 에이전시와 마르의 계산 이론

지능에 대한 통찰을 얻으려고 생명 과학과 인지 과학을 탐구하는 것이 타당해 보일지라도 탄소와 규소 등의 원소로 형성된 다양한 생명체를 어떻게 비교할 수 있을까? 서로 다른 시스템을 개념화하는 1가지 강력한 방법은 추상적인 지능형 시스템을 에이전트로 간주하는 것이다. 객체지향 프로그래밍 용어로 '에이전트'는 슈퍼 클래스이고 '인물', '동물', '로봇' 에이전트의 클래스는 에이전트 클래스에서 파생된다. 물론 동물, 로봇, 지능형 소프트웨어 패키지를 '에이전트'라고 지칭하는 것만으로 지능 간의 공통점과 관련성이 더 명확해지지는 않는다. 관련성을 파악할 때 이러한 개체들이 어느 정도 공통 분모를 갖고 있는지의 레벨을 결정하는 방법이 있다. 공통성 레벨의 집합은 소위 '계산 이론'을 이끌어냈다. 계산 이론은 생물학적 시각 처리를 컴퓨터 비전을 위한 새로운 기술로 재구성하려고 노력했던 신경 생리학자 데이빗 마르$^{David\ Marr}$에 의해 정의됐다. 계산 이론의 레벨은 다음과 같이 크게 단순화할 수 있다.

레벨 1: 무엇을 할 수 있는지/해야 하는지에 대한 존재 증명$^{existence\ proof}$. 로보틱스 연구학자가 지진 발생 후 건물에 갇힌 생존자 수색용 로봇 제작에 관심이 있다고 가정해보자. 로보틱스 연구학자는 인간을 찾는 동물들을 생각할지도 모른다. 캠핑을 해 본 사람이라면 누구나 알고 있듯이 모기는 기가 막히게 사람을 잘 찾아낸다. 모기는 체온과 이산화탄소를 사용해서 사람을 찾는 계산이 단순한 에이전트가 가능하다는 존재 증명$^{existence\ proof}$을 제공한다. 레벨 1에서 에이전트는 목적이나 기능의 공통성을 공유할 수 있다.

레벨 2: '무엇'을 입력, 출력, 변환으로 분해. 이 레벨은 앞선 레벨 1의 '무엇'을 실제로 달성하는 '블랙박스'의 흐름도를 만드는 것으로 생각할 수 있다. 각 상자는 입력이 출력으로 변환되는 것을 나타낸다. 모기는 체온과 이산화탄소를 사용해서 사람을 찾는 계산이 단순한 에이전트가 가능하다는 존재 증명을 제공한다. 모기는 열이 높은 곳을 감지하면 그쪽으로 날아간다. 로보틱스 연구학자는 이 프로세스를 input=thermal image, output=steering 명령으로 모델링할 수 있다. '블랙박스'는 모기가 입력을 출력으로 변환하는 데 사용하는 메커니즘을 위한 플레이스홀더다. 모기는 열 이미지의 중심(이미지의 각 영역에서 열에 의해 가중되는 중심)을 가져다가 그 영역으로 스티어링할 수 있다. 핫패치가 이동하면 다음 감지 업데이트와 함께 열 이미지가 바뀌고 새 스티어링 명령이 생성된다. 이 메커니즘은 모기가 실제로 스티어링 명령을 생성하는 방법이 아닐 수도 있지만 로봇이 어떻게 그 기능을 복제할 수 있는지를 유추할 수 있다. 또한 구현보다는 과정에 초점을 맞췄기 때문에 로보틱스 연구학자는 모기가 날아간다는 걸 생각할 필요가 없다는 점에 주목하기 바란다. 탐색 및 구조 로봇의 경우 날개보다는 바퀴가 달려있을 가능성이 있기 때문이다. 레벨 2에서는 에이전트가 공통 프로세스를 표시할 수 있다.

레벨 3: 프로세스를 구현하는 방법이다. 이 레벨의 계산 이론은 각 변환 또는 블랙박스가 어떻게 구현되는지 설명하는 데 초점을 맞추고 있다. 예를 들어 모기의 경우 스티어링(조항) 명령은 특수한 유형의 신경망을 사용해 구현될 수 있는 반면 로봇의 경우 열 중심과 현재 로봇이 가리키는 지점 사이의 각도를 계산하는 알고리듬이 구현될 수 있다. 마찬가지로 열 감지에 관심이 있는 연구자는 모기들이 어떻게 작은 곤충의 온도 차이를 감지할 수 있는지 연구할 때 모기들을 검사할 수 있을 것이다. 전기 기계식 열 감지기는 무게가 1파운드에 육박한다. 레벨 3에서 에이전트는 레벨 1에 명시된 기능의 실제 물리적 구현에서 공통점이 거의 없거나 아예 없을 수 있다.

그림 6.1은 계산 이론의 일반적인 개념을 보여준다. 가장 추상적인 상위 레벨은 사람들이 할 수 있는 현상에 해당될 수 있다. 예를 들어 그림이나 선으로 그려진 만화에서 집을 인식하는 것과 같은 식이다. 두 번째 레벨은 현상에 대한 설명을

뇌에 어떤 센서 데이터가 들어가는지, 뇌의 어떤 영역이 활성화되고 집이라고 인식하는 궁극적인 출력으로 이어지는 출력을 생성하는 일련의 변환으로 세분화한다. 뇌의 영역은 컴퓨터 프로그램의 모듈이나 알고리듬에 해당한다. 가장 낮은 레벨은 뇌에서 각 영역의 활동을 특정 유형의 뉴런과 그것들이 어떻게 연결되는지 설명한다. 로봇의 이 작업 레벨은 전용 컴퓨터 칩에 구현될 수 있다.

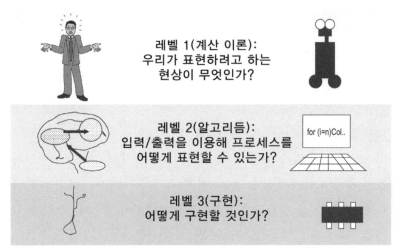

레벨 1(계산 이론):
우리가 표현하려고 하는
현상이 무엇인가?

레벨 2(알고리듬):
입력/출력을 이용해 프로세스를
어떻게 표현할 수 있는가?

for (i=n)Col..

레벨 3(구현):
어떻게 구현할 것인가?

그림 6.1 마르의 계산 이론

레벨 1과 레벨 2는 모든 에이전트에 적용할 수 있을 정도로 추상적임을 분명히 해야 한다. 로봇 에이전트와 생물학적 에이전트 간의 차이가 실제로 나타나는 것은 레벨 3에 불과하다. 일부 로보틱스 연구학자는 생리와 신경 메커니즘을 복제해 후기 생물학을 적극적으로 연구하려고 한다(대부분의 로봇학자들은 생물학과 윤리학에 익숙하지만 자연을 정확하게 복제하려고 하지는 않는다). 도마뱀이 기어오를 때 벽에 어떻게 달라붙는지, 바퀴벌레 다리가 어떻게 움직이는지를 분석하는 로버트 풀Robert Full의 연구는 로봇 이동에 큰 돌파구를 만들었다.[15, 7] 그림 6.2는 케이스 웨스턴 리저브 대학교의 바이오-봇 연구실에서 로저 퀸Roger Quinn의 지도하에 신경 레벨에서 바퀴벌레를 만들어낸 결과물이다.

a.

b.

그림 6.2 케이스 웨스턴 리저브 대학교의 바이오–봇 연구실에서 제작된 레벨 3 로봇:
a) 로봇 I, 초기 버전, b) 바퀴벌레를 모방한 로봇 III(출처: 로저 퀸)

일반적으로 생물학적 에이전트가 무언가를 하는 방식을 복제하는 것은 불가능하거나 심지어 바람직하지 않을 수도 있다. 그림 6.3의 징기스[Genghis]나 휴머노이드 로봇에서 보듯이 많은 로봇이 동물을 닮은 생명체를 만들지만 대부분의 로보틱스 연구학자들은 동물의 지능을 정확하게 재현하려고 노력하지 않는다. 그러나 지능 계산이론의 레벨 2에 초점을 맞춤으로써 로보틱스 연구학자는 지능을 조직하는 방법에 대한 통찰력을 얻을 수 있다.

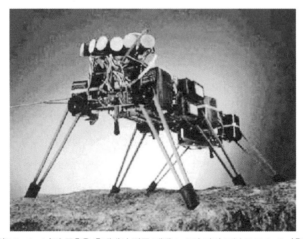

그림 6.3 콜린 앵글(Colin Angle)이 곤충을 흉내내서 만든 레벨 1, 2의 다리 로봇 IS Robotics(출처: 미국항공우주국)

6.4 계산 이론 사례: 라나 컴퓨태트릭스

라나 컴퓨태트릭스^{Rana computatrix}는 인공지능 로보틱스에 적용되는 계산 이론의 초기 사례인데, 계산 이론의 가치를 제대로 파악할 수 있다. 이는 한 연구자가 어떻게 생물학적 조직화를 계산적 개체로 변환했는지 보여주는 구체적인 예다. 다른 연구자들이 현상의 생물학적 구성을 다르게 해석해 다른 이론을 제안할 수 있기 때문에 구체적인 예를 갖는 것은 계산 과정을 이해하는 데 도움이 된다. 아비브가 객체들 간의 관계를 수학적으로 표현할 때 스키마라는 특별한 계산 구조를 사용했다는 점에도 라나 컴퓨태트릭스에서 흥미로운 부분이다. 스키마는 지능형 로봇에서 반응형 레이어의 기본 프로그래밍 구조가 될 것이며 6장의 뒷부분에서 자세히 설명한다.

1980년대에 아비브와 동료들은 인텔리전스를 더 잘 이해하려고 개구리와 두꺼비에게 시각 유도 행동^{Visually guided behavior}의 컴퓨터 모델을 구축했다. 그들은 이 모델에 라나 컴퓨태트릭스라는 이름을 붙였다(라나는 (생물 분류상) 개구리 속(屬)을 의미한다).

계산 이론 기법의 레벨 1의 경우 두꺼비와 개구리는 먹이와 관련된 피드 및 도주와 관련된 플리라는 2가지 시각적 유도 행동을 할 수 있다. 레벨 2에서는 피드와 플리 행동을 입력, 출력, 변환으로 표현해야 한다. 생물학 연구에서 개구리는 시야에 있는 작고 움직이는 블롭 또는 큰 움직이는 덩어리라는 2가지 시각적 입력만 감지할 수 있는 것으로 특징지어질 수 있다. 작고 움직이는 블롭^{blob}은 피드 행동에 대한 입력이고 그에 관한 출력을 생성한다. 그 결과 개구리는 블롭 쪽으로 방향을 틀고 블롭을 툭툭 친다(이를 주광성 행동이라고 한다). 작고 움직이는 블롭은 개구리 앞에서 흔들거리는 연필의 끝에 붙은 지우개일 수도 있지만 작고 움직이는 블롭이라는 자극에 해당하므로 개구리는 마치 먹을 수 있는 파리처럼 그것을 툭툭 칠 것이다. 시각적 블롭과 관련된 물체가 파리가 아닌 것으로 밝혀지면 개구리는 그것을 뱉을 수 있다. 한편 개구리가 펄쩍펄쩍 뛰어 도망가게 하는 플리 행동에 대한 입력은 크고 움직이는 블롭이다.

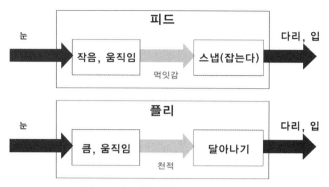

그림 6.4 개구리가 파리를 낚는 스키마 이론.

그림 6.4는 레벨 2 개념을 그래픽으로 나타낸 것으로, 개구리가 시야에서 작고 움직이는 블롭들을 감지해 개구리가 자극을 받은 쪽으로 방향을 틀게 하는 피드 행동의 예다. 자극이 시야 속 위치를 제공한다는 점에 주목하자. 자극의 출력을 퍼셉트percept라고 하는데, 여기서는 퍼셉트에 '파리' 또는 '먹이' 같은 레이블을 적용하지만 기호를 생성하는 처리 작업은 진행되지 않는다. 그저 반응에 결합된 자극이 있을 뿐이다. 개구리가 크고 움직이는 블롭들을 감지하면 플리 행동의 인스턴스화 작업이 일어나고 개구리는 껑충껑충 달아나 버린다. 자극에 포식자를 의미하는 '프레데터'가 레이블로 붙을 수도 있지만 레이블은 프로그램에서 변수 이름을 정하는 것처럼 아무거나 다 가능하다. 로보틱스에서는 퍼셉션 변수를 일반적으로 퍼셉트라고 한다.

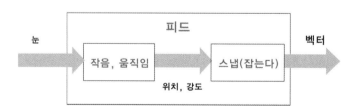

그림 6.5 컴퓨터 구현에 필요한 계산 이론 레벨 3 특수성을 강조하는 피드 행동의 예

또한 아비브 연구 팀은 계산 이론에 대한 레벨 3을 자세히 연구했다.[9] 그들은 주광성 행동taxis behavior을 벡터 필드로 구현했다. 라나 컴퓨태트릭스는 파리가 움직이는

방향에 따라 이끌리는 힘을 느낀다. 자극의 상대적인 방향과 강도는 벡터로 표현됐다. 여기서 방향은 라나가 어디로 회전해야 하는지를 나타내고 강도는 스냅 동작에 적용해야 하는 힘의 정도를 의미한다. 작고 움직이는 블롭들의 약한 자극은 더 먼 거리에 있는 파리를 의미할 수 있고, 그에 따라 개구리는 스냅 동작을 더 세게 해야 한다. 여전히 제대로 된 소프트웨어 공학 형식으로 표현돼 있진 않지만 레벨 3은 덩어리의 중심 위치와 자극의 강도에 해당하는 퍼셉트와 벡터에 해당하는 출력이 더 정확하게 정의돼 있다(그림 6.5 참조). 그림을 보면 이미지에서 작고 움직이는 것을 탐지하고 이를 SENSE 프리미티브와 연관 짓는 기능 호출뿐만 아니라 방향과 강도를 벡터로 변환하고 이를 ACT 프리미티브와 연관 짓는 기능이 있음을 알 수 있다.

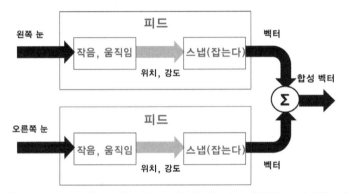

그림 6.6 두 마리의 파리가 동시에 날아다닐 때 두꺼비 스내핑의 스키마 이론 표현

특히 흥미로운 것은 계산 모델이 생물학자들에게 도움을 줄 수 있다는 것이다. 두꺼비가 파리 두 마리를 동시에 보면 어떤 일이 일어나는지 잉글[Ingle]의 연구 결과를 통해 알 수 있다(그림 6.6 참조).[40] 두꺼비는 오른쪽 눈과 왼쪽 눈이 각각 다른 방향을 볼 수 있다. 즉, 두꺼비는 왼쪽 눈으로 파리 한 마리, 오른쪽 눈으로 다른 파리 한 마리를 동시에 볼 수 있다. 이 상황에서 두 마리의 파리 모두 피드 행동의 인스턴스를 각각 만들어낸다. 각 행동은 다른 행동이 만들어졌다는 것도 모른 채 관련된 파리를 잡는 데 두꺼비가 활용해야 하는 벡터를 생성한다. 스키마 모델의 벡터 필드 구현을 보면 두꺼비는 하나가 아닌 두 개의 벡터를 입력으로 받는다. 어떻게 해야

할까? 라나 컴퓨태트릭스 구현은 벡터 방법론을 사용하므로 두 벡터가 합해져 원래 벡터 사이의 세 번째 벡터가 생성된다. 이에 따른 결과 모델은 두꺼비가 파리 두 마리 모두 잡지 않고 그 중간 지점에 혀를 낼름거릴 거라고 예측했고, 이것이 실제로 두꺼비한테서 일어난 것으로 관찰됐다. 사실 두 개의 서로 독립된 인스턴스의 예상치 못한 상호작용은 두꺼비에겐 그리 심각한 단점이 아니었다. 두 마리의 파리가 이렇게 가까운 곳에 있으면 결국 둘 중 하나는 다시 사정권 내로 돌아올 것이기 때문이다.

이 예를 통해 로보틱스에 대한 3가지 중요한 교훈을 알 수 있다. 첫째 컴퓨터와 동물의 기능성이 동등할 수 있고 뭔가를 발견하는 영감을 주는 데 사용될 수 있다는 소위 계산 이론 아이디어의 타당성을 검증해준다. 요약하자면 컴퓨터와 동물의 동등성은 다음과 같다. 행동의 개념은 계산 이론의 레벨 1이고 스키마 이론은 레벨 2를 표현하며, 모터 스키마의 벡터 필드 구현은 레벨 3에서 찾을 수 있다. 둘째, 에이전트가 상당히 복잡한 행동을 하는 것 같지만 관찰된 행동은 실제로 단순한 모듈들 간의 상호작용 결과라는 소위 긴급 행동emergent behavior을 앞의 사례에서 알 수 있다. 또한 긴급 행동의 시뮬레이션이 어려운 이유도 파악할 수 있다. 설계자가 종종 예외적인 경우나 두꺼비가 두 마리의 파리를 동시에 봤을 때 일어나는 것과 같은 코너 케이스corner case를 생각해내기 어렵다. 셋째, 앞의 사례를 통해 행동이 객체지향 프로그래밍 원리에 어떻게 대응하는지 알 수 있다.

6.5 동물 행동

라나 컴퓨태트릭스는 계산 이론이 어떻게 생물과 인공지능에 걸쳐 있는지를 보여준다. 캐노니컬 운영 아키텍처의 반응형 레이어, 행동 기반 로봇에게 영감을 주는 주요 원천이 생물학적 지능이다. 그러므로 윤리학의 정의를 알아두면 나중에 쓸모가 있을 것이다. 행동은 태스크를 달성하는 데 사용될 모터 액션의 패턴에 센서 입력을 매핑한 것이다.

행동은 크게 3가지 카테고리로 나눌 수 있다.[11] 반사 행동은 무릎을 두드리면 다리가 위로 홱 움직이는 것과 같은 S-R$^{\text{Stimulus-Response}}$ 반응이다. 기본적으로 반사 행동은 가장 빠르게 응답하도록 자극과 응답이 직접 연결돼 있는 신경 회로로, 말하자면 '내장된' 것이다. 반응 행동$^{\text{Reactive behavior}}$은 학습을 한 후 무의식적으로 실행될 수 있는 곳에 합쳐진다. 스포츠에서 몸이 기억한다고 하는 소위 '근육 기억$^{\text{muscle memory}}$'으로 불리는 모든 행동은 대개 반응 행동이다. 반응 행동은 의식적인 생각에 의해 바뀔 수 있다. 예를 들어 매우 좁은 다리 위에서 자전거를 타면 균형을 유지하고 손의 위치, 페달 위 발 위치, 의도하지 않게 성능이 떨어지는 위치 등에 '주의'해야 하는 걸 생각해볼 수 있다. 로봇 키트 조립, 이전에 새로 개발한 행동들을 하나로 엮는 작업과 같은 의식 행동$^{\text{conscious behavior}}$은 심의형에 해당한다.

3가지 행동 카테고리가 어떤 차이점이 있는지 잘 이해할 필요가 있다. 첫째, 반응형 레이어는 S-R 반응일 경우 일부 아키텍처에서는 로봇 행동을 '행동'으로만 부를 정도로 반사 행동을 엄청나게 사용한다. 둘째, 이렇게 3가지 카테고리로 나누면 어떤 유형의 행동을 사용할지 설계자가 결정하기 용이해지고 제대로 구현했는지에 대한 통찰도 얻을 수 있다. 셋째, 윤리학에서 '반응'이란 단어를 사용했다는 건 로보틱스에서 사용된 것과는 전혀 다른 의미이다. 윤리학에서 반응 행동은 학습된 행동이나 스킬을 의미하는 반면 로보틱스에서 반응 행동은 반사 행동을 의미한다. 로보틱스 연구학자들이 이러한 차이를 모를 경우 윤리학 관련 자료, 인공지능 관련 자료 등을 제대로 읽기가 매우 어려울 것이다.

6.5.1 반사 행동

반사 행동은 소위 "뭔가 느낌이 왔다면 그걸 한다."는 것처럼 인지가 필요 없다는 점이 특히 흥미롭다. 로봇을 놓고 보면 이는 계산 과정을 없애고 빠른 속도도 보장하는 기계에 내장된 반응을 의미한다. 즉, 많은 키트나 취미용 로봇을 보면 회로로 표현된 반사 행동으로 동작한다.

반사 행동은 크게 다음과 같은 3가지 카테고리로 나눌 수 있다.[11]

1. **반사:** 반응이 자극만큼만 지속되고, 반응은 자극의 강도에 비례한다.
2. **주성:** 특정 방향으로 응답이 향하는 경우를 말한다. 새끼 거북이는 전향주성趨向走性, tropotaxis을 보인다. 즉, 새끼 거북이는 밤에 부화해서 바닷가의 새들에게 최대한 들키지 않을 수 있는 상태를 유지하면서 가장 밝은 빛을 향해 움직인다. 최근까지는 바다에 비친 달이 가장 밝은 빛이었지만 인간 때문에 바뀌어 버렸다. 미국 플로리다 해안가에 별장을 가진 사람들은 새끼 거북이가 부화하는 시기에 야외 조명을 꺼둬야 한다. 조명이 밝게 켜져 있으면 새끼 거북이의 전향주성이 방해를 받기 때문이다. 개미는 페로몬의 흔적을 따라 움직이는 주화성走化性 또는 화학 주성chemotaxis이라는 특별한 주성을 보인다.
3. **고정 액션**fixed-action **패턴:** 반응이 자극보다 더 오래 지속되는 경우를 의미한다. 이런 유형의 행동은 방향을 바꾸고 포식자한테서 도망치는 데 유용하다. 중요한 건 주성이 그냥 어떤 방향으로 움직이는 게 아니라 자극에 대응하는 움직임의 패턴으로 나타날 수 있다는 것이다.

반사, 주성, 고정 액션 패턴은 서로 겹치기도 한다. 예를 들어 바위를 뛰어넘기도 하고 시야를 가리는 나무가 있는 숲을 통과하는 동물은 눈에서 놓치기 전 마지막으로 감지한 먹이의 위치(주성에 해당)로 방향을 일관성 있게 유지(고정 액션 패턴에 해당)할 수도 있다.

액션과 퍼셉션을 긴밀하게 결합한 결과를 수학적으로 표현할 수 있다. 액션과 퍼셉션을 긴밀하게 결합한 결과를 수학적으로 표현할 수 있다. 이에 대한 예로 엔젤피시가 어떻게 방향을 잡는지 알아보자. 똑바로 헤엄치려 할 때 엔젤피시는 수평선에 대한 외부 퍼셉트를 보는 시각 감각과 중력에 대한 내부 감각을 조합해 사용한다. 수평선이 비스듬히 보이게 하는 프리즘이 있는 수조라면 엔젤피시는 삐딱한 눈을 하고 헤엄칠 것이다. 자세히 관찰해보면 엔젤피시가 헤엄치는 각도는 중력에 평행한 벡터와 수평선에 수직인 벡터의 벡터 합이다. 동물의 행동을 계량화, 즉 수학적으로 표현할 수 있다는 것은 컴퓨터 프로그램으로 동일한 작업을 작성할 수 있다는 것을 의미한다.

6.6 스키마 이론

스키마 이론을 사용하면 행동에서 얻은 통찰을 객체지향 프로그래밍 형식으로 변환할 수 있다.[8] 라나 컴퓨태트릭스에서 볼 수 있듯이 피드 및 플리 행동에서의 SENSE 및 ACT 구성 요소는 재사용 가능한 모듈이다. 실제로 SENSE 및 ACT 모듈은 서로 다른 조건(예, 프레데터, 프레이(먹이))으로 인스턴스화해 서로 다른 동작을 수행할 수 있는 일정의 템플릿이다. 심리학자들은 1900년대 초부터 행동과 그 구성 요소를 수학적으로 모델링할 때 스키마 이론을 사용해왔다.

6.6.1 객체에 따른 스키마

스키마는 인지 과학이나 윤리학에서 인지적으로 인지하고 복잡한 상황이나 자극에 반응하는 특정한 조직화된 방법을 가리키는 데 사용된다. 스키마는 두 부분으로 구성되는데, 하나는 액션, 퍼셉션(지식, 데이터 구조, 모델)에 대한 지식이고 다른 하나는 활동을 수행하는 데 사용할 계산 프로세스(알고리듬, 프로시저)다. 스키마의 개념은 객체지향 프로그래밍^{OOP}의 클래스에 잘 매핑된다. C++나 자바의 스키마 클래스에는 다음과 같이 데이터(지식, 모델, 릴리스)와 메서드(퍼셉션과 액션을 위한 알고리듬)가 모두 포함된다.

Behavior::Schema

Data	
Methods	perceptual_schema()
	motor_schema()

스키마는 자전거 타기 같은 활동을 수행하기 위한 일반적인 템플릿이다. 템플릿인 이유는 여러 가지 자전거를 일일이 따로따로 배우지 않아도 탈 수 있기 때문이다. 스키마는 클래스처럼 파라미터가 지정되기 때문에 인스턴스화(클래스에서 객체가 생성될 때)할 때 파라미터(자전거의 종류, 자전거 좌석의 높이, 핸들 바의 위치)가 객체에 제공될 수 있다. 객체지향 프로그래밍과 마찬가지로 특정 스키마를 생성하는 것이 인스턴스화이고, 이를 스키마 인스턴스화[SI, Schema Instantiation]라고 한다.

스키마 인스턴스화는 상황에 맞춰야 할 파라미터로 구성된 객체다. 예를 들어 에이전트가 먹을 것을 향해 항상 똑바로 움직이는 **move_to_food** 스키마가 있을 수 있다.

모션 제어를 위한 재사용 가능한 알고리듬이 템플릿이므로 앞 문장에서 "(OO을 향해) 항상 똑바로 움직인다."란 일종의 활동 템플릿이라는 점에 주목하자. 그러나 사실 "(OO을 향해) 항상 똑바로 움직인다."는 것은 그저 메소드일 뿐이다. **move_to_food** 스키마는 인스턴스로 생성될 때까지 (테이블 위의 캔디바처럼) 지향하는 구체적인 목표가 없다. 동일한 스키마를 샌드위치에서 인스턴스화할 수 있다. 그러면 에이전트가 얼마나 배고픈지 또는 다른 사람이 캔디바를 먼저 가져갈까봐 두려워한다든지와 같은 파라미터로 스키마를 인스턴스화할 수 있다. 이러한 파라미터를 사용하면 에이전트는 동일한 액션 템플릿을 더 빠르게 수행할 수 있다.

기본적인 행동, 모터, 퍼셉션 스키마가 통일된 모델 언어로 어떻게 표현될 수 있는지가 그림 6.7에 나와 있다.

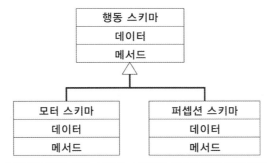

그림 6.7 행동, 모터, 퍼셉션 스키마의 통일된 모델 언어 표현

6.6.2 행동과 스키마 이론

아비브가 지능의 계산 이론에 스키마 이론을 적용한 것을 보면 행동은 모터 스키마와 퍼셉션 스키마로 구성된 스키마다(그림 6.8 참조). 모터 스키마는 물리적 활동을 위한 템플릿을 의미하며 퍼셉션 스키마는 고정 액션 지연 현상 및 자극을 구체화한 것이다.

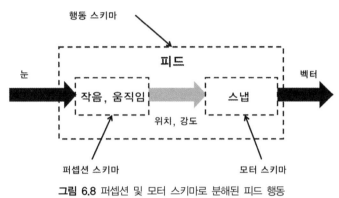

그림 6.8 퍼셉션 및 모터 스키마로 분해된 피드 행동

기본적으로 퍼셉션 및 모터 스키마 개념은 윤리학과 인지 심리학에서 다음과 같은 개념에 맞는다.

- 행동은 감지한 입력을 바탕으로 모터 액션을 출력으로 만들어낸다.
- 감지한 입력을 모터 액션으로 변환하는 것은 퍼셉션 스키마와 모터 스키마라는 2가지 하위 프로세스로 분할할 수 있다.
- 행동은 기본적으로 객체지향 프로그래밍 구조인 스키마로 표현될 수 있다.
- 스키마는 재사용할 수 있다.

객체지향 프로그래밍 용어에서 모터 스키마와 퍼셉션 스키마 클래스는 스키마 클래스에서 나온 것이다. 프리미티브 행동에는 하나의 모터 스키마와 하나의 퍼셉션 스키마만 있다.

객체로서 스키마는 2가지 유형의 지식을 캡슐화할 수 있다.

1. **객체지향 프로그래밍 관점에서 특정 스키마에 관련된 지식이나 로컬 데이터.** 지금까지 설명한 스키마는 로컬 데이터를 사용하지 않았지만 스키마에서 로컬 데이터 사용은 가능하다.
2. **객체지향 프로그래밍 관점에서 절차적 지식이나 메소드.** 스키마 각각에는 필요한 계산을 수행하는 함수가 포함돼 있다.

객체지향 프로그래밍과 일치하는 스키마 인스턴스화는 그때그때 상황에 맞춰 이뤄지며 객체지향 프로그래밍에서 인스턴스와 동일하다고 보면 된다. 아울러 행동 스키마가 퍼셉션 스키마와 모터 스키마로 구성된 것처럼 임의의 한 스키마가 다른 여러 스키마로 구성될 수도 있다.

스키마 개념을 사용하려면 행동 스키마, 퍼셉션 스키마, 모터스키마의 라이브러리가 있어야 한다는 점에 주목하자. 시스템 아키텍처 관점에서 이러한 모듈들은 스키마로 표현 가능하고 필요에 따라 인스턴스화가 가능한 스키마 라이브러리가 있는 퍼셉션과 모터 같은 관련 서브시스템에 포함시킬 수 있다. 구현 또는 기술 아키텍처 측면에서 보면 스키마는 객체다.

6.6.3 S-R: 스키마의 수학적 표현

행동의 수학적 정의는 어떤 태스크를 해내는 데 사용되는 모터 액션 출력의 패턴과 센서 입력의 매핑 관계로 다음과 같이 표현할 수 있다.

$$\{B : S \rightarrow R\}$$

여기서 B는 행동을 의미하며 입력 S(센싱 또는 자극을 의미)를 받아 출력 R(대응 또는 응답을 의미하며 액션과 동일)을 만들어낸다. 스키마 이론에서 행동의 정의는 다음과 같이 쓸 수 있다.

$$B[S] = R \tag{6.1}$$

여기서 B, S, R은 모두 함수다. S는 센서 데이터를 입력으로 받아 퍼셉트를 출력으로 반환하는 함수다. R은 퍼셉트를 입력으로 받아 액션을 출력으로 반환하는 함수다. 식 6.1은 로봇 프리미티브$^{\text{robot primitive}}$의 **SENSE-ACT**를 표현한 것이다. 이 식에는 다른 행동과 별개인 독립적 루프가 내포돼 있다. 아울러 이 식은 완전성을 만족한다.

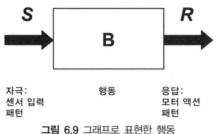

그림 6.9 그래프로 표현한 행동

라나 컴퓨태트릭스$^{\text{rana computatirix}}$에서 피딩^{feeding} 행동과 플리잉^{fleeing} 행동을 S-R 스키마 표현식으로 정리하면 다음과 같다.

Feed[prey] = Snap

Flee[predator] = Runway

Feed와 Flee는 행동에 대한 함수(행동 스키마)의 이름이다. prey(먹잇감)와 predator(포식자)는 행동이 호출하는 함수의 이름이다. 각각의 행동은 Snap 또는 Runaway 함수를 활성화한다. 이 장의 앞에서 설명한 것처럼 feed, flee, prey, predator, snap, runaway 같은 이름은 임의로 붙인 것이다. 프로그램에서 함수와 변수에 대한 레이블이 필요하기 때문이다. predator나 prey에 대한 명확한 모델은 없으며, 이는 단순히 '큰 움직이는 블롭'과 '작고 움직이는 블롭'을 편의상 추상화한 것이다. 다른 프로그래머의 경우 원하는 대로 prey 퍼셉트를 fly라는 이름으로 선언할 수도 있다. 또한 행동 함수는 ( ) 대신 [ ] 괄호를 사용한다. 뿐만 아니라 행동 함수는 심의형이다. 에이전트의 전반적인 행동이 다중 동시성 행동의 결과일 수 있기 때문이다. 이는 행동 스키마의 행렬 형태로 표현된다. 다음 식을 보자.

$$B \begin{bmatrix} prey \\ predator \end{bmatrix} = \begin{bmatrix} \beta_{feed} \\ \beta_{flee} \end{bmatrix}$$

행동 스키마의 행렬에는 관련 자극이나 퍼셉션 스키마 S를 표현하는 행렬 외에 응답 또는 모터 스키마 R을 표현하는 행렬이 포함돼 있다. 다음 식을 보자.

$$S = \begin{bmatrix} S_{prey} \\ S_{predator} \end{bmatrix}$$

$$R = \begin{bmatrix} R_{snap} \\ R_{runaway} \end{bmatrix}$$

여기서 아래 첨자는 스키마가 수행하는 작업에 대한 내부 레이블이다. S_{prey}는 센서 입력을 받아 *prey*를 찾는 퍼셉션 스키마다. 그러나 이러한 내부 레이블은 프로그래밍 관점에서는 여전히 모호하다. 따라서 실제 함수 호출로 행렬의 요소를 대체할 수 있다.

다음을 살펴보자.

$$S = \begin{bmatrix} prey\_dir = blob\_analysis(vision, SMALL, MOVING) \\ predator\_dir = blob\_analysis(vision, LARGE, MOVING) \end{bmatrix}$$

이 행렬의 세부 내용은 다음과 같다. 에이전트에는 행동별로 하나씩 총 두 개의 퍼셉션 스키마가 있다. 행동 *feed*와 연관된 퍼셉션 스키마 β_{feed}는 함수 *blob_analysis*다. *blob_analysis*는 *vision*을 입력으로, *small*과 *moving*은 파라미터로 받은 다음 에이전트의 시야에서 블롭의 상대적인 방향에 대한 퍼셉션인 *prey_dir*을 출력으로 만들어낸다.

β_{flee} 역시 *vision*을 특정 입력으로 받는 함수 *blob_analysis*를 사용하지만 β_{flee}가 호출하는 인스턴스는 *large*와 *moving*을 파라미터로 받고 에이전트의 시야에서 블롭의 상대적인 방향에 대한 퍼셉션을 *predator_dir*이라는 출력으로 생성한다.

범용성이 보이는 객체 *blob_analysis*를 사용해 잘 프로그래밍하면 기술 측면에서 봤을 때 두 개의 인스턴스를 가진 하나의 퍼셉션 스키마만 있다는 것을 알 수 있다. *blob_analysis*의 인스턴스화 결과는 각각 독립적이고 서로 엮여있지도 않다. 동물은 온전히 먹이만 찾는다든지, 주변에 포식자가 있나 살펴본다든지 또는 2가지를 다할 수도 있다. 하지만 행동 각각은 인스턴스가 지닌 한계 범위 밖에 있는 어떤 것도 인식하지 못한다.

모터 스키마도 퍼셉션 스키마의 경우와 비슷하다. 다음 식을 보자.

$$R = \begin{bmatrix} snap(turn = prey\_dir), hop = NULL) \\ runaway(turn = (predator\_dir + 180), hop = FORWARD) \end{bmatrix}$$

행동 반응(또는 액션) 행렬은 다음과 같이 해석할 수 있다. 라나 컴퓨태트릭스^{rana} ^{computatrix}에는 행동 각각에 대해 하나씩 총 두 개의 모터 스키마가 있다. 행동 *feed*와 관련된 모터 스키마 β_{feed}는 *snap* 함수다. 이 함수는 어디로 스냅할지 결정하는 퍼셉션 스키마와 연관된 퍼셉트 *prey_dir*을 입력으로 받는다. β_{feed}에는 또 다른 파라미터인 *hop*이 있는데, 이는 액션에 방향이 있고 해당 방향을 따라 움직이기 때문이다. *feed* 행동에서 라나 컴퓨태트릭스는 자극을 향해 *turn*(회전)하고 스냅을 수행해야 한다. 그러나 *runaway*일 경우 프레데터 자극에서 180도 반대 방향으로 *turn*해서 *hop*을 수행한다. 여기서는 함수의 이름을 편의상 임의로 지었지만 일반적으로 모터 스키마 이름은 snap 또는 runaway와 같은 특정 액션을 반영하는 반면 *feed* 또는 *flee*와 같은 전체적인 행동의 설명은 β와 관련이 있다.

6.7 요약

6장에서는 생물학적으로 영감을 받은 지능에 대해 떠올릴 수 있는 2가지 질문을 다뤘다. 첫째, "반응형 레이어는 정말 윤리학^{ethology}과 비슷한가?"다. 이에 대한 답은 디자인 측면과 객체지향 프로그래밍으로 프로그래밍하는 방법에 대한 관점 모두에서 "그렇다"이다. 반응형 레이어는 생물학적 지능의 기본 요소인 행동과 관련이 있다. 행동은 특정 태스크를 수행해내는 데 쓰이는 모터 액션의 패턴과 센서 입력을 매핑한 것이라고 정의할 수 있다. 두 번째 질문은 "그러면 앞에서 파악한 동물의 행동 원리를 어떻게 컴퓨터상에서 돌아가도록 만들 수 있을까?"이다. 이에 대한 답은 다음과 같다. 우선 생물학적 통찰을 실제 코드에 전달하기 위한 범용 프레임워크로 마르^{Marr}의 계산 이론을 사용한다. 그런 다음 행동을 표현하고 생각하는 구체적이고 객체지향적인 방법으로 스키마 이론을 이용하는 것이다.

행동에 대한 스키마 이론의 중요한 특성은 다음과 같다.

- 스키마 이론은 동물과 컴퓨터 모두에서 행동을 표현하는 데 사용되며, 계산 이론의 레벨 1, 레벨 2만으로도 충분히 지능을 설명할 수 있다. *feed* 행동과 *flee* 행동을 구현하는 데 벡터 필드를 선택한 것은 계산 이론의 레벨 3에 해당되고 또 다른 계산 메커니즘이 선택됐을 수 있다는 점에 주목하기 바란다.

- 행동 스키마는 최소 한 개 이상의 모터 스키마와 최소 한 개 이상의 퍼셉션 스키마, 뿐만 아니라 여러 컴포넌트 스키마를 어떻게 조정할지에 대한 로컬 지식 및 행동 특화된 지식으로 구성된다. 뒤에서 더 자세히 설명하겠지만 뿐만 아니라 여러 컴포넌트 스키마를 어떻게 조정할지에 대한 로컬 지식 및 행동 특화된 지식으로 구성된다.

- 행동 스키마 인스턴스화는 한 번에 두 개 이상도 가능하지만 스키마 각각의 액션은 독립적이다. 결과적으로 에이전트의 전반적인 행동은 이렇게 독립된 행동의 상호작용으로 나타난다. 독립된 행동의 상호작용 유형과 그 상호작용이 어떻게 조정되는지는 8장에서 설명한다.

이 장에서는 6.1절에서 소개한 2가지 질문의 답을 찾는 걸 목표로 했지만 실제로는 답에 관한 내용보다 또 다른 질문을 훨씬 더 많이 던졌다는 생각도 든다. 이 장에서는 윤리학적 통찰을 계산하는 객체로 바꾸기 위한 스키마 이론과 표현력에 대해 소개했다. 하지만 "스키마에 무엇이 들어가는지, 특히 퍼셉션 스키마에 무엇이 포함되는지?"와 같은 내용은 다루지 않았다. 이에 관해서는 7장에서 다룬다. 또한 비결정론과 긴급 행동에 대해서도 뒤에서 설명한다. 진짜 중요한 사안은 "예측 가능한 복잡한 긴급 행동을 하고자 무언가 조정이 필요할까?"다. 이에 대한 답은 "그렇다.

조정이 필요하다"이다. 이에 관해서는 8장에서 다룬다.

6.8 연습문제

문제 6.1

로보틱스 연구학자가 생명 과학에 관심을 갖는 2가지 이유를 설명해보라.

문제 6.2

계산 이론의 3가지 레벨을 설명해보라.

문제 6.3

다음 용어들을 각각 두 문장 이내로 설명해보라. 반사[reflexes], 주성[taxes], 고정 액션 패턴[fixed-action patterns], 스키마[schema]

문제 6.4

객체지향 설계 클래스 다이어그램을 이용해 일반 스키마[generic schema], 행동 스키마[behavioral schema], 퍼셉션 스키마[perceptual schema], 모터 스키마[motor schema]를 표현해보라.

문제 6.5

행동 스키마, 퍼셉션 스키마, 모터 스키마는 시스템 아키텍처의 서브시스템 내에서 어디에 위치하는가?

문제 6.6

레고[Lego®] 사의 마인드스톰[Mindstorm®] 키트에는 반사 행동을 하나로 엮는 센서와 액추에이터가 담겨 있다. 마인드스톰을 이용해 다음과 같은 행동을 할 수 있는 로봇을 만들어보자.

    a. 반사적으로 피하기: 무언가에 닿았을 때 좌회전 한다(터치 센서와 두 개의 모터를 사용한다).

b. 주광성: 검은색 선을 따라간다(명암 차이를 탐지할 때 IR 센서를 사용한다).

c. 고정 액션 패턴으로 피하기: 로봇이 '해가 되는 장애물(예, 절벽)'을 만났을 때 뒤로 물러나서 우회전한다.

문제 6.7

안전 요원 역할을 하는 소형 로봇이 원위치로 복귀하는 행동과 (장애물 같은 것을) 피하는 행동 각각에 대해 퍼셉션 스키마와 모터 스키마를 정리하고 S-R 표현식을 이용해 표현해보라. 좀 더 자세히 설명하면 안전 요원 역할의 소형 로봇에는 음향 배열 센서acoustic array sensor, 범퍼 센서, 전 방위로 움직일 수 있는 바퀴가 장착돼 있다. 로봇에게 노이즈가 들리면 자신을 원위치로 복귀시킨다. 로봇이 무언가에 가로 막히거나 충돌할 경우 임의의 방향으로 회전한 다음 앞으로 움직인다.

문제 6.8

안전 요원 역할을 하는 소형 로봇에 범퍼 센서와 레이더가 장착돼 있다고 가정했을 때 문제 6.7에 대해 답해보라. 로봇이 무언가에 가로막히거나 충돌할 경우 이를 피하려면 레이더로 탐지한 가장 좋은 방향으로 회전시킨 다음 앞으로 움직인다.

문제 6.9 [심화학습]

발렌티노 브라이텐베르그의 『Vehicles: Experiments in Synthetic Psychology』[27]의 1장~4장을 읽고 다음 사항을 고려한 2~5페이지의 보고서를 작성하라.

a. 이 장에서 로봇을 위한 행동의 원리가 무엇인지 나열하고 각각을 설명 하라.

b. Vehicles가 반응성의 생물학적 기본 원리를 이용해 어떻게 일관성을 유지 하는지 설명해보라. 이 책에서 소개한 차량들 각각이 어떤 원리와 속성을 예를 들어 자세히 설명하고 있는지를 구체적으로 인용해 설명해보라.

c. 반응성의 생물학적 원리 또는 컴퓨터 과학과 이 책에서 얘기하는 차량 간 에 비일관성 내지는 합리성 측면의 결함에 대해 설명해보라.

문제 6.10 [심화학습]

아비브^{Arbib}와 리아우^{Liaw}의 「Sensorimotor transformations in the worlds of frogs and robots」[9] 연구 논문을 읽고 다음에 답하라.

a. 이 논문의 핵심 주제인 스키마 이론의 원리들을 나열해보라.

b. 이 논문이 기여하는 바가 무엇인지 간략하게 설명해보라.

6.9 엔드 노트

로보틱스 연구학자들의 서재를 위해

발렌티노 브라이텐베르크의 저서 『Vehicles: Experiments in Synthetic Psychology』[27]은 모든 인공지능 로보틱스 연구학자들에게 있어선 일종의 컬트 클래식^{cult classic}이다. 이 책을 읽는 데 하드웨어, 프로그래밍 경험이 꼭 있어야 할 필요는 없다. 그저 통상적인 상상력과 몇 시간 정도만 들이면 1970년대의 로보틱스 연구에서 급격한 변화를 경험할 수 있다.

데이비드 마르에 대해

계산 이론에 대한 데이비드 마르의 아이디어는 신경생리학적 측면에서 비전과 컴퓨터 비전 사이의 차이를 메우는 성과를 냈다. 그의 저서 『비전』[120]에 의하면 마르는 MIT의 인공지능 연구실에서 컴퓨터 비전 연구를 목표로 영국에서 건너왔다. 이 책에는 그가 MIT에서 3년간 연구한 기록이 담겨 있다. 백혈병과 사투 속에서도 그는 끝내 이 책의 집필을 완료해냈다. 이 책의 서문을 보면 참 마음이 아프고 슬프다.

새끼 거북이와 주광성에 대해

주광성이 얼마나 강력한지, 또한 사람들이 어떻게 해서 단순한 자극의 원천을 놓치곤 하는지를 명확히 알고 싶다면 새끼 거북이들이 부화했을 때 빛을 따라 바다로 가는지를 생각해보면 좋을 것 같다. 새끼 거북이들이 방향을 잡을 때 자기장을 사용한다는 걸 보여주려는 실험 과정에서 손전등이 모래 바닥 위에 떨어져 있었다. 실험을 진행한 사람들은 손전등을 향해 기어가는 새끼 거북이들을 발견했다. 자기장 이론은? 한 마디로 버려졌다.

07
퍼셉션과 행동

7장에서 다루는 내용

- 반사, 주성, 고정 액션 패턴, 스키마, 어포던스^{affordance} 등의 각 용어를 설명한다.
- SENSE, PLAN, ACT 사이클, 액션-퍼셉션 사이클, 액티브 퍼셉션의 차이를 설명한다.
- 행동에 대한 릴리저^{releaser}를 구분하는 선천적 방출 메커니즘^{innate releasing mechanism} 관점에서 동물 행동의 의사코드 작성 능력을 기른다.
- 상세 설명을 바탕으로 퍼셉션을 다이렉트 퍼셉션^{direct perception}, 인식^{recognition}으로 분류한다.
- 동물의 감지 능력, 작업, 환경에 대한 설명이 주어졌을 때 각 행동에 대한 어포던스^{affordance}를 파악한다.
- 자극, 강도, 반응 측면에서 동물의 행동에 대한 설명이 주어졌을 때 스키마 이론과 S-R 표기법을 사용해 행동을 표현한다.

7.1 개요

반응형 레이어에서 행동에 동기를 부여하고 스키마 이론을 도입하는 데 사용된 6장의 라나 컴퓨태트릭스를 다시 생각해보자. 라나 컴퓨태트릭스의 모든 행동은 2가지행동, 즉 피드와 플리로 분해할 수 있는데, 각각 독특한 퍼셉션과 행동을 갖고 있다. 6장은 객체지향 스키마에 대한 생물학적 통찰력을 번역하기 위한 공식적인 프레임워크를 제공했지만 "스키마, 특히 퍼셉션 스키마에는 무엇이 들어갈까?"라는 질문은다루지 않았다.

퍼셉션 스키마는 특히 흥미로운데, 모터 스키마에 의해 생성된 액션은 가시적이지만 액션에 의해 만들어진 퍼셉션은 불투명하기 때문이다. 이러한 불투명성은 퍼셉션 스키마 내용의 명확성을 떨어뜨린다. 라나 컴퓨태트릭스를 보면 환경의 특성을 이용해 퍼셉션이 어떻게 만들어질 수 있는지 알 수 있다. 예를 들어 먹이(프레이)와 포식자(프레데터)는 '작고 움직이는' 자극과 '크고 움직이는' 자극으로 감지될 수있다. 월드 내에서 속성이나 이벤트로부터 직접 유도된 퍼셉트를 어포던스^{affordance}라고 한다. 이에 관해서는 앞으로 이 장에서 더 자세히 설명한다.

어포던스 퍼셉션이 행동에 영향을 미치는 유일한 퍼셉션은 아니다. 에이전트에는배고픔과 같은 내적 동기가 있을 수 있다. 행동을 위한 퍼셉션은 퍼셉션 스키마를조합한 결과일 수 있으며 이로 인해 퍼셉션을 설계할 때 더 많은 걸 알아야 할 수도있다. 퍼셉션의 강도는 제각각일 수 있으며 이 때문에 응답의 강도도 다 달라진다. 이러한 강도는 행동에서 이득^{gain}으로 작용한다.

라나 컴퓨태트릭스에서 피드 행동과 플리 행동은 항상 '켜진' 것처럼 보였다. 하지만 두꺼비는 도망치거나 파리를 잡을 필요 없이 그냥 앉아 있을 수도 있기 때문에액션을 항상 생성하지 않을 수도 있다. 동물행동학자들은 다음과 같은 사실을 알아냈다. 행동은 일단 '꺼진 상태'였다가 어떤 자극이 발생했을 때 켜지거나 방출^{release}된다. 이후 행동은 퍼셉션 스키마-모터 스키마 패턴을 기반으로 실행된다. 이 과정을 선천적 방출 메커니즘$^{innate\ releasing\ mechanism}$이라고 한다. 여기에는 설계자가 명심해야 할 퍼셉션의 2가지 측면이 있는데, 하나는 행동을 일으키는 것이고 다른 하나는 행동의 내부적 작동 중 일부다.

다른 것들과 무관하게 방출이 일어나거나 안 일어나는 행동이 있다는 점에서 다음과 같은 두 번째 질문을 생각해볼 수 있다. "복잡한 긴급 행동을 하려면 뭔가 조정 작업이 필요하지 않을까?" 4장과 6장은 긴급 행동과 비결정론을 강조했지만 어떠한 사례도 제시하지 않았다. 이제부터 자세히 알아보자.

이 장에서는 퍼셉션 알고리듬, 로코모션, 행동 조정에 필요한 주요 프로그래밍 스타일을 더 깊이 있기 이해하는 차원에서 확고한 기초를 다질 수 있도록 퍼셉션 스키마와 조정에 관한 문제를 다루려고 한다. 먼저 액션 지향 퍼셉션에 관한 인지 심리학자 울리히 나이저Ulrich Neisser[160]와 로봇 퍼셉션 스키마 개념의 기초에 해당하는 생태학적 퍼셉션 이론과 관련한 깁슨Gibson[82]의 연구를 자세히 알아볼 것이다. 깁슨은 글로벌 월드 모델의 필요성을 반박했는데, 이는 계층형 패러다임에서 인식이 다뤄지는 방식과 모순이다. 다이렉트 퍼셉션이라고도 하는 깁슨의 어포던스는 반응형 패러다임에 가장 중요한 핵심이다. 나이저의 후속 연구에서는 언제 글로벌 모델과 객체 인식이 더 적절한지 또 언제 어포던스가 더 우수한지를 정의하고자 했다. 이 외에 단순한 동물 행동이 어떻게 동시에 상호작용해 선천적 방출 메커니즘 IRMs을 통해 복잡한 행동을 만들어내는지를 다룬 로렌츠Lorenz와 틴베르겐Tinbergen의 연구도 설명한다.

7.2 액션-퍼셉션 사이클

울릭 나이저Ulrich Neisser는 그의 책 『Cognitive Psychology』(Psychology Press, 2014)에서 인지 심리학이라는 용어를 만들었는데, 퍼셉션과 액션은 분리될 수 없다고 주장했다.[160] 그는 액션과 퍼셉션이 그림 7.1에서 보듯이 사이클을 형성한다고 가정했다.

액션-퍼셉션 사이클은 퍼셉션이 지능적 에이전트에게 얼마나 중요한지를 보여준다. 사이클의 의미는 다음과 같다. 에이전트가 액션을 시작하면 환경 속 어떤 상황에 놓이기 때문에 실제 월드와 상호작용한다. 즉, 에이전트는 환경의 필수적인 부분이다. 따라서 에이전트가 액션을 시작하면 사물이나 사물을 인식하는 방식(예, 새로운 시점으로 이동하거나 산사태를 트리거하는 등)이 바뀐다. 따라서 인지 맵$^{cognitive\ map}$ 내지는 에이전트 목표의 파악 상태가 월드에 대한 에이전트의 퍼셉션을 통해 수정된다.

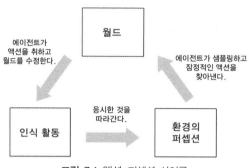

그림 7.1 액션-퍼셉션 사이클

흥미로운 점은 인지 맵의 업데이트가 예측 스키마$^{anticipatory\ schema}$에 의해 진행된다는 것이다. 이 스키마는 목표에 따라 감각 입력을 필터링한다. 예를 들어 에이전트가 배가 고프다면 에이전트는 음식과 관련이 없는 것, 곧 닥칠 위험 같은 것에 대해 알아차리지 못할 수도 있다. 에이전트가 너무 배고프면 아예 위험하다는 신호를 놓칠 수도 있다. 정리하면 인지 맵은 기억이 거의 없거나 아예 없는 반응형에 해당할 수도 있고 객체 인식에 기반을 둔 반응형일 수도 있다. 뿐만 아니라 인지 맵은 훨씬 더 심의형일 수도 있다. 인지 맵이 글로벌 월드 모델일 필요는 없지만 행동에 대한 로컬 월드 모델의 집합이 될 수도 있다.

퍼셉션을 확보 내지는 개선하고자 할 때 에이전트는 다음 업데이트와의 차이를 메우는 퍼펩션 탐사를 실행하게 지시한다. 에이전트는 환경 속에서 앞으로 나아갈 수도 있을 뿐만 아니라 군중 속에서 특정인의 얼굴을 찾으려고 고개를 돌린다든지 환경 및 객체를 물리적으로 탐색하는 것과 같은 다른 퍼셉션의 액션을 취할 수도 있다. 이는 선택적 주의$^{selective\ attention}$ 내지는 주의 집중$^{focus-of-attention}$의 유형 중 하나다. 즉, 에이전트가 실제 월드를 퍼셉션 측면에서 샘플링한다. 에이전트가 기본 액션을 계속하기 전에 더 많은 퍼셉션을 외부에서 확보하려는 액션을 수행할 경우 이러한 액션을 활성 퍼셉션^{active perception}이라고 한다. 샘플링 처리 과정 중 일부는 월드에서 어포던스, 즉 제공 가능한 액션을 위한 퍼텐셜을 결정한다.

액션-퍼셉션 사이클에서 기억해둘 중요한 2가지 사항이 있다. 첫째, 액션-퍼셉션 사이클은 SENSE, PLAN, ACT의 계층형 패러다임과 동일하지 않다. 액션-퍼셉션 사이클은 월드를 감지하고 모든 것을 파악한 후 목표를 세운(플래닝) 다음에야 마지막으로 목표에 따라 액션을 취하는 게 아니다. 월드에 대한 퍼셉션을 꾸준히 수행하고 프레임 문제를 관리하고 더 많은 정보를 얻기 위한 추가 액션을 도입하는 백그라운드 프로세스가 있다. 즉, 액션-퍼셉션 사이클은 SENSE, PLAN, ACT 시퀀스와 모순이 있다. 반응 또는 심의 중 하나와 퍼셉션이 동시에 액션을 수행하고 이는 액션-퍼셉션 사이클이 하이브리드 패러다임이라는 걸 시사하기 때문이다.

둘째, 액션-퍼셉션 사이클은 에이전트가 월드의 퍼셉션 복잡성을 어떻게 다루는지를 설명한다. 에이전트의 목표와 지식은 예측 스키마를 인스턴스화해 퍼셉션을 필터링하고 관리한다. 위험 상황을 탐색하는 기본 스키마 외에도 에이전트의 여러 가지 행동과 목표에 대해 액션을 취할 수 있는 스키마는 수없이 많을 수 있다.

7.3 깁슨: 생태학적 접근

액션-퍼셉션 사이클에서는 월드에서 할 수 있을 만한^{afford} 액션의 잠재력을 인지하는 퍼셉션이 꼭 필요하다. 인지 심리학자 J. J. 깁슨은 에이전트가 이러한 액션의 잠재력을 어떻게 인지하는지를 집중적으로 연구했으며, 이를 '어포던스'라고 명명했다.

깁슨은 자신의 연구를 '생태학적 접근'이라고 불렀는데, 이는 퍼셉션이 액션을 지원하도록 진화했을 뿐만 아니라 에이전트가 놓인 환경 및 에이전트의 생존 전략과 무관하게 퍼셉션을 논의하는 건 무의미하다고 생각했기 때문이다. 예를 들어 어떤 종(種)의 벌은 특정 양귀비를 더 좋아하곤 한다. 그러나 오랫동안 과학자들은 벌이 어떻게 그런 종류의 양귀비를 인지하는지 알 수 없었는데, 같은 지역에서 서식하는 양귀비를 색상으로 구분할 수 없었기 때문이다. 그럼 냄새나 자기력은 가능했을까?

이 역시도 아니었다. 이후 과학자들은 자외선과 적외선으로 양귀비를 관찰했다. 가시광선 영역 밖에서 일부 양귀비를 다른 양귀비들과 확실히 구분할 수 있었다. 이에 따라 과학자들은 벌의 망막 구성 요소가 빛의 파장 영역에 민감하다는 것을 알아낼 수 있었다. 벌과 양귀비는 함께 진화했다. 양귀비의 색이 독특한 빛의 파장 영역으로 진화하는 동안 벌의 망막도 색을 탐지하는 기능이 발달했다. 이 벌의 망막이 양귀비의 색깔에 맞춰 '조정'됐기 때문에 벌은 양귀비가 시야에 들어왔는지 또는 양귀비가 자신이 찾는 종인지 추론할 필요가 없다. 색이 보인다는 건 곧 양귀비가 있음을 의미하는 것이므로 먹이를 섭취할 잠재성이 있다는(즉, '어포드afford'하다는) 얘기다.

낚시인들은 일찍이 어포던스를 적극 활용해왔다. 물고기를 유혹하는 루어(미끼)는 물고기의 구미가 당기는 측면을 강조해서 가능한 한 가장 강한 자극을 준다. 물고기가 배고프면 루어의 자극으로 인해 먹이를 먹으려는, 즉 피딩 액션을 유발할 것이다. 그림 7.2와 같이 인간이 만든 루어낚시 미끼는 실제 미끼와 비교하면 모방해서 만들었는데도 거의 닮았다는 생각이 안 들지만 사실은 먹이에 대한 어포던스를 엄청나게 과장한 것이다. 피라미 루어는 빛을 받아 반짝반짝 빛난다. 퍼치perch(농어과 민물고기)는 독특한 아가미 색상과 움직임 등을 보이기도 한다.

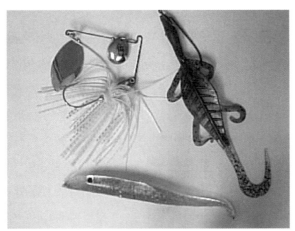

그림 7.2 인간이 어포던스를 적극 활용한 거의 최초의 사례인 낚시용 인공 미끼들.
루어는 물고기가 먹을 법한 하나 이상의 속성을 지녔다.

깁슨 연구의 핵심은 "... 월드가 그 자체로 가장 좋은 표현이다"라는 것이다. 깁슨의 연구 성과는 IRM에서 퍼셉션의 역할을 보완했을 뿐만 아니라 액션-퍼셉션 사이클과 일관성을 지녔다는 점에서 특히 흥미롭다. 깁슨은 "어포던스는 액션이 일어나기 위한 환경 내 인지 가능한 잠재 요소perceivable potentialities다."라고 어포던스의 존재를 가정했고 이를 증명했다.

로보틱스 연구학자들이 깁슨의 연구 성과에 관심을 갖는 이유는 어포던스가 다이렉트 퍼셉션일 수 있어서다. 다이렉트 퍼셉션은 감지 프로세스에 기억, 추론, 해석이 꼭 필요하진 않다는 것을 의미한다. 따라서 최소 계산 시간과 저장 공간이 필요하며, 이는 보통 컴퓨터나 로봇으로 매우 빠른 실행 시간(거의 순간)으로 변환된다.

하지만 에이전트가 실제로 어떤 기억, 추론 또는 해석 없이 의미 있는 것을 인식할 수 있을까? 앞에서 본 라나 컴퓨태트릭스의 예는 기억, 추론 또는 해석 없이 동물들이 어떻게 살아남고 번성할 수 있는지를 모델링한 것이다. 이것이 인간한테서도 가능할까? 여러분이 복도를 걸어가는 중인데 누군가가 여러분에게 어떤 물체를 던진다면 아마도 여러분은 곧바로 (물체를 피하려고) 몸을 숙일 것이다. 또 나중에 가서야 그 물체가 고작 '고무공이었을 뿐'이라는 걸 알게 되더라도 순간적으로 물체를 인식하지 못한 채 몸을 숙일 수도 있다. 이러한 반응은 리즈닝으로 보기엔 빨라도 너무 빠르다. 실제로 여러분이 이런 식으로 얘기하진 않을 것이다. "어라? 무언가가 나를 향해 오고 있네? 음, 이건 틀림없이 공이야. 공은 보통 단단하지. 그러니까 몸을 숙여야겠어."(아마 "어라? 무언가가..."하다보면 어느새 공 얻어맞고 머리에서 별이 번쩍거리고 있을 것이다)

7.3.1 시신경 흐름

앞의 시나리오는 동물에서 가장 일반적인 시각적 어포던스 중 하나인 컨택(접촉) 시간으로 이어진다. 두뇌가 상황을 분석할 수 있는 것보다 더 빨리 물체를 피하려고 몸을 숙이는 것은 시신경 흐름이라는 현상 덕분이다. 시신경 흐름은 모션을 결정하는 신경 메커니즘이다. 동물은 시신경 흐름을 이용해 꽤 쉽게 접촉 시간time-to-contact

을 판단할 수 있다. 또 차량 운전을 생각해보면 시신경 흐름이 훨씬 잘 이해가 갈 것이다. 차량 운전 중 또는 탑승 중일 때 전방에 있는 물체는 또렷하게 잘 보이지만 도로 주변의 물체는 속도 때문에 약간 흐릿하게 보인다. 자동차가 움직이는 공간 속 한 점은 마치 밖으로 팽창하는 특정 초점과 같다. 이 지점에서 밖으로 향하면 흐릿한 효과가 일어난다. 또한 주변이 더 흐릿해질수록 자동차는 더 빨리 움직이는 상태라고 할 수 있다(공상과학 영화에서는 빛보다 빠른 속도로 날아가는 걸 가상으로 보여주려고 이 흐릿한 효과를 활용한다). 이 흐릿한 부분은 (중력장, 자기장 같은 벡터로 표현할 수 있기 때문에) 흐름 필드라고 한다. 인지 과학 관련 연구 문헌에서 τ로 표현하는 접촉 시간을 정확하게 추출하는 것은 그리 어렵지 않다.

가넷^{Gannet}(부비새 종류)과 장대높이뛰기 선수를 보면 마지막 순간에 정확하게 움직이려고 반사 작용에 따라 시신경 흐름을 사용한다. 가넷은 높은 고도에서 다이빙해서 물고기를 잡아먹는 큰 새다. 수백 피트 상공에서 다이빙하기 때문에 목표한 물고기를 향해 다이빙을 하려면 표면을 제어하는 데 날개를 이용해야 한다. 하지만 엄청난 속도로 하강하기 때문에 날개를 편 채 물에 부딪치면 뼈가 산산조각 날 것이다. 그래서 가넷은 물에 닿기 직전 날개를 접는다. 시신경 흐름은 접촉 시간 τ에 자극이 발생하게 한다. 즉, 접촉 시간이 한계치 이하로 줄어들면 날개를 접는다. 장대높이뛰기 선수들도 목표에 점점 가까워질수록 장대를 꽂을 위치를 세밀하게 조정하는 데 자신이 낼 수 있는 최고 속도로 달리고 있다는 걸 감안하면 상당히 어려운 일이다. 아마도 장대높이뛰기 선수들은 장대를 꽂을 가장 좋은 위치를 정할 때 리즈닝 방식보다는 시신경 흐름을 이용하는 것으로 보인다(참고로 장대높이뛰기는 인간이 시신경 흐름을 사용하는 유일한 사례가 아니라 단지 문서로 잘 정리된 것이라고 생각하면 된다).

대부분의 애플리케이션에서 빠른 컴퓨터 프로그램은 어포던스를 뽑아낼 수 있다. 최근 획기적인 발전에 힘입어 시신경 흐름의 실시간 계산이 가능해졌다. 예를 들어 소형 쿼드콥터 UAV 제조업체인 DJI는 이제 탑재한 카메라만 갖고 장애물을 피할 수 있는 UAV를 제공한다.

7.3.2 비시각적 어포던스

어포던스가 시각에만 국한된 것은 아니다. 일반적인 어포던스는 언제 컨테이너가 거의 천정까지 다 채워질지를 안다. 물주전자나 자동차의 연료탱크를 채우는 경우를 생각해보자. 통 속을 들여다볼 수 없더라도 사람은 소리가 달라지는 걸 들으면서 탱크가 언제쯤 전부 채워질지를 안다. 여기서 소리의 변화는 다이렉트 퍼셉션에 해당한다. 사람은 채워진 부피의 크기, 모양, 심지어 무슨 액체인지 굳이 알 필요가 없다.

루이스 스타크Louise Stark와 케빈 보이어Kevin Bowyer의 연구는 로보틱스에서 어포던스와 관련해 특히 놀라운 성과이며 어포던스의 개념도 친절하게 설명해준다. 컴퓨터가 사진 속 물체를 인식하게 하는 능력은 컴퓨터 비전에서 정말 해결하기 어려울 것 같은 문제 중 하나였다. 즉, 말 그대로 사진 속에 의자가 있으면 컴퓨터가 "그건 의자예요"라고 답했으면 하는 것이다.

문제에 접근하는 전통적인 방식은 구조적 모델을 사용해왔다. 구조적 모델은 '의자는 다리 네 개, 좌석 한 개, 등받이 한 개'라는 식으로 물리적 구성 요소 관점에서 물체를 설명하려고 한다. 그러나 모든 의자가 똑같은 구조적 모델에 맞지는 않는다. 타이핑용 사무 의자의 경우 다리 하나에 밑바닥 지지대로 구성되기도 한다. 그네를 닮은 바구니 모양의 의자는 다리가 전혀 없다. 등받이가 없는 벤치도 있다. 정리하면 구조적 모델 방식은 확실히 문제가 있다. 즉, 컴퓨터는 구조적 표현 한 개가 아니라 여러 가지 다양한 구조적 모델에 접근할 수 있어야 한다. 구조적 모델도 유연성이 부족하다. 새로운 종류의 의자가 로봇에게 주어졌을 때 누군가가 그 의자에 맞는 또 다른 구조적 모델을 확실하게 만들어 놓지 않으면 로봇은 그 의자를 인식할 수가 없다.

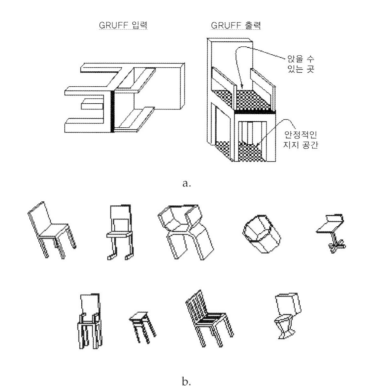

그림 7.3 GRUFF 시스템: a) 입력, b) GRUFF로 인식한 여러 가지 종류의 의자(출처: 루이스 스타크)

깁슨식 퍼셉션에 따르면 의자는 앉을 수 있기 때문에 의자라는 것이다. 소위 '앉을 수 있다는 것'을 의미하는 시터빌리티^{sitability}의 어포던스는 다음과 같은 사항을 '전제로 하지 않는' 이미지에서 추출될 수 있는 것이라야 한다.

- **기억**(에이전트는 세상의 모든 의자를 기억해두지 않아도 된다)
- **추론**(예를 들면 로봇이 다음과 같이 추론할 수 있다. "다리 4개, 좌석 1개, 등받이 1개가 있다면, 그건 의자다. 우리가 의자가 많은 공간에 있다면 우리가 인식한 건 의자일 가능성이 높다")
- **이미지 해석**(로봇이 다음과 같이 추론한다. "팔걸이, 쿠션, ... 같은 게 있다"). **컴퓨터는 그림을 볼 수 있고 그림 속의 무언가가 앉을 수 있는지 없는지를 얘기할 수 있어야 한다.**

스타크^{Stark}와 바우어^{Bowyer}는 GRUFF$^{Generic\ Recognition\ Using\ Form\ and\ Function}$ 프로그램의 의자 인식에 깁슨식 퍼셉션을 적용했다(그림 7.3 참조). GRUFF는 시터빌리티를 크기는 최소 사람 엉덩이만 하고 높이는 무릎 정도인 적절한 표면으로 정의했다(이 외의 의자 등받이 같은 다른 것들은 의자의 종류를 구분하는 역할 정도만 한다). 스타크와 바우어는 (화장실 변기, 대롱대롱 매달린 바구니 모양의 의자, 쓰레기통처럼) 의자로 써도 될 수는 있겠지만 보자마자 '앗! 의자'라는 직감이 오지 않는 것들을 만들어낸 학생들의 CAD/CAM 자료를 담은 컴퓨터 프로그램을 작성했다. 이 프로그램은 학생들조차 보지 못했던 앉을 수 있는 표면을 정확하게 찾아낼 수 있었다.

스타크와 바우어가 이것이 깁슨식 퍼셉션이라고 주장을 제대로 하지 못하고 있다는 점에 주목하자. 컴퓨터 비전 알고리듬은 ("저건 의자의 앉는 부분이야. 높이는 적절해" 같은) 추론이나 해석에 대해 비판이 있을 수 있다. 그러나 다른 한편으로 보면 의자 다리의 구조 같은 걸 결정할 때 관여된 것들과 추론 및 해석의 레벨은 상당히 다르다. 앉는 부분의 크기와 높이의 관계는 (로봇이나 동물이 지쳐서 앉아 쉬고 싶을 때마다 방출^{release}될 수 있는) 특별한 신경망 형태로 표현할 수 있다. 주변에 의자나 벤치가 없으면 로봇은 납작한 돌바닥이나 큰 바위에 앉는 것도 가능하다는 걸 알아차리기 시작할 것이다.

7.4 2가지 퍼셉션 시스템

어포던스 아이디어는 얼핏 합리적인 것처럼 보인다. 의자는 시터빌리티가 충분하기 때문에 의자인 것이다. 하지만 누군가가 여러분의 의자에 앉았을 때 어떤 일이 일어날까? 사람에겐 사물을 특정 개체로 인식하는 메커니즘이 있는 것 같다. 인식^{recognition}에는 기억이 담겨 있다. 예를 들면 "내 차는 파란색 포드 익스플로러다. 그리고 난 오늘 아침 56번 슬롯에 주차했다."와 같은 식이다. 셜록 홈즈의 추리극처럼 추론, 해석을 필요로 하는 작업이 있을 수도 있다. 예를 들어 컴퓨터로 셜록 홈즈를 복제한다고 상상해보자. 이건 배고픈 새끼 북극제비갈매기를 비슷하게 흉내 내는 것과는 차원이 다른 것이다.

따라서 어포던스가 에이전트의 퍼셉션을 설명하는 강력한 방법이긴 하지만 에이전트의 퍼셉션에 대한 유일한 방법은 아니다. 나이저^{Neisser}는 뇌 속에 다음과 같은 두 개의 퍼셉션이 있다고 가정했다(그리고 신경생리학 데이터를 인용했다). [159]

1. **다이렉트 퍼셉션**. 이것은 두뇌에서 깁슨식(또는 생태학적) 트랙에 해당한다. 또 다이렉트 퍼셉션은 초기에 진화했을 뿐만 아니라 어포던스를 설명하는 두뇌 내부의 세부 구조로 구성돼 있다. 뇌의 다이렉트 퍼셉션 트랙은 로컬 월드 모델과 관련이 있을 수 있다.

2. **인식**. 이것은 두뇌 내부에서 훨씬 최근에 가까운 퍼셉션 관련 트랙이라고 할 수 있으며 '당신의 커피 잔'과 '나의 커피 잔'을 구별하는 내부 모델을 어떻게 사용할지 설명해주고 문제도 해결한다. 보통 하향식이며 모델 기반 퍼셉션이 일어난다. 두뇌의 인식 트랙은 글로벌 월드 모델과 관련이 있다.

좀 더 실용적인 관점에서 나이저의 이분법은 행동을 설계할 때 첫 번째 결정 사항은 행동이 적절한 조건으로 수행될 수 있는지 또는 인지도가 필요한지를 결정하는 것임을 시사한다. 저렴한 비용으로 수행할 수 있는 경우 로봇으로 프로그래밍하는 간단하고 직접적인 방법이 있을 수 있다. 그렇지 않으면 분명 더 정교한 퍼셉션 알고리듬을 사용해야 한다.

7.5 선천적 방출 메커니즘

액션-퍼셉션 사이클, 특히 어포던스는 에이전트가 계산상 가능한 방법으로 월드에 대한 퍼셉션을 수행할 수 있는 방법을 설명한다. 그러나 에이전트가 퍼셉션을 액션으로 어떻게 전환하는지는 설명하지 않는다. 즉, 언제 에이전트가 실질적인 잠재력에 따라 액션을 수행할지? 그리고 하나 이상의 잠재력이 있다면 어떻게 될지? 등에 관한 것이 이에 해당한다. 행동이 퍼셉션을 액션으로 변환하는 가장 기초적인 생물학적 모델은 소위 IRM$^{Innate\ Release\ Mechanism}$이라는 선천적 방출 메커니즘이라는 과정을 통해서다.

코날드 로렌츠^{Konrad Lorenz}와 니코 틴베르겐^{Niko Tinbergen}은 윤리학의 창시자였다. 인간은 독립적으로 동물의 개별적인 행동뿐만 아니라 동물들이 행동을 습득하고 일련의 행동을 선택하거나 조정하는 방법에 매료됐다. 로렌츠와 틴베르겐은 동물이 행동을 습득하고 조직화할 수 있는 4가지 방법을 제시했다. 뿐만 아니라 행동을 습득하고 조정하는 프로세스를 어떻게 만드는지도 계산 이론 레벨 2로 이해할 수 있게 했다.

행동을 습득하는 4가지 방법은 다음과 같다.

1. **태어날 때부터 지닌 행동(선천적).** 새끼 북극 제비갈매기에게 먹이를 주는 피딩 행동을 생각해보자. 이름에서 알 수 있듯이 북극 제비갈매기는 지형이 대부분 흰색과 검은색인 북극에 산다. 하지만 북극 제비갈매기는 선명한 붉은색 부리를 갖고 있다. 새끼들이 부화한 후 배가 고플 때 부모의 부리를 쫀다. 이러면 부모가 새끼들이 먹을 음식을 토해내는 역반사 행동을 유발한다. 새끼들은 부모 자체를 알아보지 못한다고 한다. 대신 새끼들은 "배고프면 앞에 보이는 가장 큰 빨간색 블롭을 부리로 쫀다."라는 행동을 지니고 태어난다. 주의할 점은 새끼들의 시야에서 유일한 붉은색 블롭은 성체 북극 제비갈매기의 부리뿐이어야 한다는 것이다. 가장 큰 블롭은 가장 가깝게 있는 새끼들의 부모여야 한다(물체가 가까울수록 더 크게 보여야 한다). 이는 단순하고 효과적일 뿐만 아니라 계산 비용도 낮은 전략이 아닐 수 없다.

2. **태어날 때 지닌 일련의 선천적 행동.** 동물은 일련의 행동을 갖고 태어난다. 예를 들어 나나니벌의 짝짓기 사이클이 있다. 암컷 나나니벌은 짝짓기를 한 다음 둥지를 튼다. 그리고 둥지를 보고 나면 알을 낳는다. 순서는 논리적이지만 중요한 점은 다음 단계를 촉발하는 자극의 역할이다. 둥지는 암컷이 짝짓기를 할 때까지 지어지지 않는다. 짝짓기는 암컷의 내부 스테이트를 변화시킨다. 알은 둥지를 지을 때까지 낳지 않는다. 둥지는 다음 단계를 방출하는 시각적 자극이다. 나나니벌은 그 순서를 '알거나' 이해할 필요

가 없다는 점에 주목하자. 각 단계는 내부 스테이트와 환경의 조합에 의해 활성화가 이뤄진다. 이는 컴퓨터 과학 프로그래밍의 유한 스테이트 머신 ^{FSA}과 매우 유사하다(19장 참조).

3. **초기화를 위한 약간의 기억이 필요한 행동을 지니고 태어남(기억을 지닌 선천성).** 동물은 자신이 태어난 상황에 맞춰야 하는 선천성 행동을 지니고 태어날 수 있다. 이에 대한 적절한 예로 벌을 생각해보자. 벌은 벌집에서 태어나지만 벌집의 위치가 선천적으로 정해져 있던 것은 아니다. 새끼 벌은 벌집이 어떻게 생겼는지 벌집에서 어떻게 나갔다가 들어오는지 등을 배워야 한다. 새끼 벌의 희한해 보이는 행동은 이러한 중요한 정보를 배우느라 그런 것이라고 생각된다. 이제 막 성체가 된 벌은 벌집에서 멀지 않은 정도로 날았다가 다시 되돌아올 것이다. 또한 매번 벌집에서 직선 경로를 따라 좀 더 먼 곳에 도달하도록 이러한 비행을 반복할 것이다. 다음으로 벌집의 입구에서 각도를 바꿔가면서 벌은 이 행동을 반복할 것이다. 끝으로 벌은 벌집 주변을 돌아다닐 것이다. 왜 이러는 걸까? 추측을 해보자면 벌집이 어떻게 생겼는지 벌은 모든 각도에서 보고 배우는 중인 것 같다. 또한 입구를 찾으려고 '좌측 하단으로 비행' 같은 모터 명령어와 벌집을 연관 지을 수도 있다. 벌집 주변을 확대해서 보는 행동은 선천성에 해당한다. 반면 벌집의 모양과 입구가 어디인지 학습하려면 기억이 필요하다.

4. **일련의 행동을 학습.** 행동이 반드시 선천적일 필요는 없다. 포유류, 특히 영장류의 경우 새끼들은 학습에 많은 시간을 들여야 한다. 학습된 행동의 대표적인 예로 사자의 사냥을 생각해볼 수 있다. 새끼 사자는 태어났을 때 사냥 능력이 전혀 없다. 새끼 사자가 몇 년 동안 어미 사자한테 배우지 못하면 스스로 생존할 능력을 전혀 보여줄 수 없다. 처음에는 먹이를 사냥하는 것만큼 기본에 해당하는 걸 선천적으로 갖고 태어나는 게 아니라 후천적으로 배워야 한다는 게 이상할 수도 있다. 하지만 먹이를 사냥하는 게 얼마나 복잡한지 생각해봤는가? 사냥은 먹이 찾기, (사람으로 보면 스토커

처럼) 들키지 않게 주변에서 계속 살금살금 쫓아다니기, 먹이를 잡으러 추격하기 등 많은 행동으로 이뤄져 있다. 또한 사냥할 때 다른 구성원들과의 팀워크가 꼭 필요할 수도 있으며 지형이나 먹잇감의 종류에 따라 대단히 예민하게 반응해야 할 수도 있다. 사냥하는 법을 배울 수 있는 모든 경우의 수를 다루는 프로그램을 작성하려고 한다고 상상해보자. 학습된 행동은 매우 복잡하지만 이들은 여전히 선천적 방출 메커니즘으로 표현할 수 있다. 그저 릴리저와 액션만 학습하면 된다. 동물이 스스로 프로그램을 만들기 때문이다.

앞에서 설명한 4가지 방법을 통해 알 수 있는 것은 로봇이 하나 이상의 행동을 어떻게 습득할 수 있는가에 대해 로보틱스 연구학자의 선택 폭이 넓어졌다는 것이다. 즉, 행등으로 프로그래밍된 (선천적인) 것부터 행등을 배우는 (학습된) 것에 이르기까지 말이다. 또한 행동이 선천적일 수 있지만 기억을 필요로 한다는 뜻도 담겨 있다. 여기서 알 수 있는 것은 S-R 유형의 행동은 간단하게 사전 프로그래밍이나 하드웨어에 탑재시킬 수 있지만 로봇 설계자는 기억을 반드시 사용해야 한다는 것이다. 8장에서 설명하겠지만 기억을 배제하는 건 많은 로봇 시스템의 일반적인 제약 조건 중 하나다. 이는 특히 (물리학자 마크 틸든Mark Tilden이 거의 종교 수준으로 열정을 쏟는) BEAM^{Biology, Electronics, Aesthetics, Mechanics} 로보틱스 분야의 취미용 로봇 제작 스타일에서는 더욱 그렇다. 참고로 BEAM 로보틱스에서 BEAM은 생물학, 전자공학, 미학, 기계공학을 의미한다. 수많은 BEAM 로봇 웹 사이트를 통해 우리는 기억이 없는 선천적 반사 작용과 주성^{taxes}을 그대로 흉내 내어 만든 회로 구성 방법을 알 수 있다.

로렌츠와 틴베르겐의 연구에서 얻을 수 있는 중요한 교훈은 에이전트의 내부 스테이트나 동기가 행동을 방출하는 데 역할을 할 수 있다는 것이다. 배고픔은 로봇 환경에서 날카로운 물체에 의해 발생하는 고통과 맞먹는 자극이다. 이를 바라보는 또 다른 방법은 동기가 행동의 자극으로 작용한다는 것이다. 동기는 배고픔 같은 항상성을 유지하는 조건이나 감정 같은 영향에서 비롯될 수 있다. 감정에 대해서는 18장에서 다룰 예정이며 감정이 에이전트에 영향을 미치도록 어떻게 모델링될 수 있는지도 함께 설명한다.

 가장 흥미로운 통찰 중 하나는 복잡한 행동을 만들 때 여러 행동에 대해 일련의 순서를 정할 수 있다는 것이다. 짝짓기, 둥지 만들기 같은 복잡한 것은 프리미티브 내지는 단순한 행동들로 분해할 수 있다. 행동을 프리미티브로 분해하는 능력은 로보틱스의 소프트웨어 공학 측면에서 매력적일 수 있다.

7.5.1 선천적 방출 메커니즘의 정의

로렌츠와 틴베르겐은 어떻게 행동이 조정되고 제어되는지에 대한 자신들의 연구를 명확히 하고자 해당 과정을 선천적 방출 메커니즘^{IRM}이라고 표현했다. IRM은 액션의 전형적인 패턴을 방출하거나 촉발하는 특정한 (내적 또는 외적) 자극을 전제로 한다. 또한 IRM은 행동을 활성화한다. 릴리저^{releaser}는 설정이 필요한 불리언 변수다. IRM은 일종의 행동 프로세스로 볼 수 있다(그림 7.4 참조). IRM을 이용하는 지능의 계산 이론에서 이 프로세스의 기본적인 블랙박스는 행동이다. 앞에서 행동은 감각 입력을 받아서 모터 액션을 만들어낸다고 설명했다. 그러나 IRM은 더 나아가 행동이 언제 켜지고 꺼지는지도 지정한다. 이러한 행동 활성화를 제어하는 신호 역할을 릴리저가 담당한다. 행동이 방출^{release}되지 않으면 센서 입력에 반응하지 않고 모터 출력을 만들어내지 않는다. 예를 들어 새끼 북극 제비갈매기는 배가 고프지 않으면 근처에 빨간색 부리가 보여도 이를 쪼지 않는다.

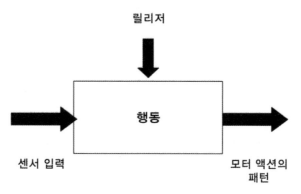

릴리저

센서 입력

행동

모터 액션의
패턴

그림 7.4 행동 활성화 프로세스 측면에서 선천적 방출 메커니즘

IRM을 간단한 컴퓨터 프로그램으로 볼 수도 있다. 멈추지 않는 while 루프 C 프로그램을 실행하는 에이전트를 생각해보자. 루프가 실행할 때마다 에이전트는 1초동안 움직인다. 그런 다음 루프가 다시 반복된다. 관련 코드는 다음과 같다.

```
enum      Releaser={PRESENT, NOT_PRESENT};
Releaser  predator;
while (TRUE)
{
   predator = sensePredators();
   if (predator == PRESENT)
      flee();
}
```

이 예에서 에이전트는 월드를 감지하는 것 그리고 포식자(프레데터predator)를 감지하면 도망치는(플리flee) 단 2가지만 한다. 행동은 flee 하나만 가능하다. flee는 포식자가 있으면 방출이 일어난다. 포식자는 Releaser 유형에 해당하며 값은 '있다', '없다' 둘 중 하나다. 에이전트가 행동에 대한 릴리저를 감지하지 못하면 아무것도 하지 않는다. 기본 행동은 설정돼 있지 않다.

이 예에서는 퍼셉션의 필터링도 포함돼 있다. 에이전트는 전용 탐지 함수인 sensePredators()를 이용해 포식자만 찾아낸다. 포식자 탐지 함수는 (망막이 포식자의 이동과 관련된 모션의 주파수에 민감한 것처럼) 특정 감각일 수도 있고 컴퓨터 알고리듬에 대응되는 뉴런 집단일 수도 있다.

IRM에 대한 또 다른 중요한 점은 여러 릴리저가 합쳐져서 또 다른 릴리저가 될 수 있다는 것이다. 또한 릴리저는 환경에서 오는 외부 자극이나 동기에 의한 내부 스테이트를 조합해서 만들어질 수도 있다. 복합 릴리저 내부에 있는 릴리저는 어떤 조건이 만족되지 않으면 행동이 일어나지 않는다. 다음 의사코드를 통해 복합 릴리저를 자세히 알아보자.

```
enum          Releaser={PRESENT, NOT_PRESENT};
Releaser      food, hungry;
while (TRUE)
{
    food = senseFood();
    hungry = checkState();
    if (food == PRESENT && hungry == PRESENT)
        feed();
}
```

다음 코드는 에이전트가 먹이를 먹고, 새끼를 돌보고, 잠을 자는 그리고 이러한 일련의 작업을 반복하는 일을 담고 있다.

```
enum          Releaser={PRESENT, NOT_PRESENT};
Releaser      food, hungry, nurse, child;
while (TRUE)
{
    food = sense();
    hungry = checkStateHunger();
    child = checkStateChild();
    if (hungry == PRESENT)
        searchForFood(); //sets food = PRESENT when done
    if (hungry == PRESENT && food == PRESENT)
```

```
    feed(); // sets hungry = NOT_PRESENT when done
  if (hungry == NOT_PRESENT && child == PRESENT)
    nurse(); // set nursed = PRESENT when done
  if (nursed == PRESENT)
    sleep();
}
```

행동을 자세히 보면 릴리저를 통해 암묵적으로 연결돼 있다. 처음 릴리저가 조건에 해당되면 첫 번째 행동이 일어난다. 1초 동안 (한 번 움직이는 구간) 실행된 다음 제어가 다음 코드로 전달된다. 행동이 끝나지 않았다면 릴리저는 변경되지 않은 상태를 유지하며 다른 행동도 일어나지 않는다. 그런 다음 프로그램은 맨 위로 돌아가서 처음 행동을 다시 실행한다. 처음 행동을 완료했을 때 동물의 내부 스테이트에 변경이 일어났을 수도 있고 환경의 상태가 액션의 결과로 바뀌었을 수도 있다. 동기와 환경이 릴리저에 대한 자극과 잘 부합됐을 때 두 번째 행동이 일어난다. 이후 나머지 행동도 마찬가지다.

아울러 이 예제 코드는 행동의 본질도 강화한다. 에이전트가 잠을 자고 일어나는 행동은 하지만 배고픔을 모른다면 어떻게 될까? 앞에서 작성한 릴리저를 보면 에이전트는 배고플 때까지 그냥 앉은 상태를 유지할 것이다.

앞의 예에서 에이전트의 행동은 새끼들에게 먹이를 주고 생존할 수 있게 했지만 행동의 집합을 보면 포식자한테서 도망치거나 (플링 행동) 포식자들과 싸우는 건 포함돼 있지 않았다. 포식자로부터 도망치는 플링 행동은 다음과 같이 프로그램에 추가할 수 있다.

```
enum        Releaser={PRESENT, NOT_PRESENT};
Releaser    food, hungry, nurse, child, predator;
while (TRUE)
{
  predator = sensePredator();
```

```
    if (predator == PRESENT)
        flee()
    food = senseFood();
    hungry = checkStateHunger();
    child = checkStateChild();
    if (hungry == PRESENT)
        searchForFood();
    if (hungry == PRESENT && food == PRESENT)
        feed();
    if (hungry == NOT_PRESENT && child == PRESENT)
        nurse();
    if (nursed == PRESENT)
        sleep();
}
```

이렇게 하면 포식자를 먼저 확인할 수 있으므로 에이전트가 먹이를 먹고, 새끼를 돌보고, 잠을 자는 일련의 행동을 어디선가 하고 있었더라도 포식자한테서 도망치는 플링 행동이 가능하다(flee() 참조). 그러나 플링 행동은 지속 가능하지 않고 일시적이다. (다음번 반복 시행에서 훨씬 더 배고프다는 걸 보이는 경우를 제외하고는) 에이전트의 내부 스테이트를 바꾸지 않기 때문이다. 이 코드를 이용하면 에이전트가 처음 1초 동안은 플링 행동을 하겠지만 그 후 1초는 먹이를 먹는 피딩 행동을 수행할 것이다.

이렇게 플링/피딩 행동이 불연속적으로 수행되지 않게 하려면 플링이 완료될 때까지 다른 모든 행동을 억제하거나 소위 '꺼 놓으면' 된다. 억제를 하려면 다음과 같이 if-else문을 추가한다.

```
while (TRUE){
    predator = sensePredator();
    if (predator == PRESENT)
        flee()
    else {
```

```
    food = senseFood();
    hungry = checkStateHunger();
    ...
  }
}
```

if-else를 추가하면 중요도가 떨어지는 다른 행동들이 실행되지 않는다. 하지만 이 방법은 에이전트가 멀리 달아날수록 포식자 릴리저가 점점 희미해지면서 발생하는 문제를 해결해주지는 못한다. 에이전트가 방향을 바꾸는 바람에 포식자가 (에이전트 뒤에 있어서) 안 보이는 경우 predator의 값은 다음번 업데이트에서 NOT_PRESENT로 바뀔 것이다. 이러면 에이전트는 (하던 대로) 사냥, 먹이 주기(피딩), 새끼 돌보기, 잠자기 등의 행동을 할 것이다. 플링 행동은 T시간 동안만 지속되는 고정 패턴 액션 행동이 될 것이다. 고정 패턴 액션은 다음 코드를 통해 이뤄질 수 있다.

```
#defind T LONG_TIME
while (TRUE){
   predator = sensePredator();
   if (predator == PRESENT)
      for(time = T; time > 0; time--)
         flee()
   else {
      food = senseFood();
      ...
   }
}
```

앞의 C 코드는 실행 순서가 릴리저의 값에 따라서 달라지기 때문에 암묵적 시퀀스 implicit sequence로 구현돼 있다고 할 수 있다. 다음 코드는 앞에서 본 행동을 명시적 시퀀스explicit sequence로 구현한 것이다.

```
Releaser    food, hungry, nurse, child, predator;
while (TRUE) {
  predator = sensePredator();
  if (predator == PRESENT)
    flee()
  food = senseFood();
  hungry = checkStateHunger();
  child = checkStateChild();
  if (hungry == PRESENT)
    searchForFood();
  feed();
  nurse();
  sleep();
}
```

우선 명시적 시퀀스는 복합 릴리저가 겉으로 드러나 있지 않고 정돈된 것처럼 보이기 때문에 개발자에게 좀 더 매력적일 수도 있다. 그러나 이렇게 구현한 것이 암묵적 시퀀스와 완전히 똑같지는 않다. 명시적 시퀀스는 1초마다 실행되는 루프와 그에 맞춰 반복 시행을 기반으로 점진적으로 동작하는 행동 대신 각 행동이 완료될 때까지 통제받고 실행된다는 가정이 깔려 있다. 일련의 행동이 끝날 때까지 에이전트가 포식자에 대한 반응을 할 수 없다는 점에 주목하자. 플링 행동 호출은 행동 사이사이에 삽입될 수 있으며 플링 행동은 인터럽트 형태로 처리될 수 있다. 하지만 이렇게 전부 '수정'을 하면 프로그램의 범용성이 떨어질 뿐만 아니라 유지 보수가 점점 더 어려워진다.

요점은 "연관성 없이 독립적으로 실행되는 단순한 행동들이 외부 관찰자의 관점에서 복잡한 액션 시퀀스로 만들어질 수 있다."는 것이다.

7.5.2 동시성 행동

선천적 방출 메커니즘^{IRM}을 이용한 예에서 알 수 있는 중요한 점은 "행동은 동시에 일어날 수도 있고 실제로 그러기도 한다. 뿐만 아니라 여러 행동이 서로 무관하게 독립적으로 실행될 수도 있고 실제로 따로따로 실행되기도 한다."는 것이다. 고정된 시퀀스처럼 보이는 것은 통상적인 일련의 사건에 따른 결과일 수도 있다. 하지만 환경이 서로 상충되는 자극을 보일 때 일부 행동이 암묵적 시퀀스를 지키지 않거나 무시하기도 한다. 부모 에이전트를 예로 들면 포식자한테서 도망치는 플링 행동은 먹이를 먹는 피딩 행동, 새끼를 돌보는 행동, 잠자는 행동과 상호 배타적이었다.

뭔가 재밌는 상황이 일어날 수 있는데, 두 개 이상의 행동이 방출되지 않으면 그건 동시에 실행된 게 아니라는 것이다. 어쩌면 이상해 보일 수 있는 이러한 상호 작용은 다음과 같은 카테고리로 정리할 수 있다.

- **평형**^{Equilibrium}**(행동이 서로 균형을 맞추는 것처럼 보인다)**: 먹이가 공원 벤치에 앉아 있는 사람과 가까이 있을 때 다람쥐가 피딩과 플링 행동에 대해 고민한다고 가정해보자. 다람쥐는 간혹 먹이를 가지러 갈지 멀리 떨어져 있을지 쉽게 결정을 내리지 못하는 것처럼 보인다.
- **한 쪽으로 쏠림(승자 독식 형태)**: 여러분이 배고프고 졸리다고 가정해보자. 이때는 2가지를 한꺼번에 할 수 없고 둘 중 하나만 한다.
- **제거**^{cancel}**(행동이 상쇄됨)**: 수컷 큰가시고기 물고기는 서로 자신의 영역과 상대방의 영역이 겹칠 경우 영역 방어의 필요성과 상대방 물고기를 공격할 필요성 사이에 놓인다. 그 결과 수컷들은 또 다른 둥지를 만든다. 둥지를 만드는 것과 관련된 자극만 남고 다른 자극은 사라진다.

안타깝게도 서로 충돌하는 행동에 대해 이러한 메커니즘이 언제 사용되는지 잘 이해가 가지 않는다. 하지만 행동을 갖고 작업하는 로보틱스 연구학자는 행동들이 어떻게 상호작용할지 세심한 주의가 필요하다. 충돌이 발생하는 행동을 처리하는 다양한 해결 방법은 반응형 패러다임과 하이브리드 패러다임 속 아키텍처 관점에서 차이점이 나타날 것이다. 이에 관해서는 뒤에서 자세히 설명한다.

7.6 퍼셉션의 2가지 함수

행동에서 퍼셉션은 2가지 기능을 제공한다. 첫째, 선천적 방출 메커니즘에서 본 것처럼 퍼셉션은 행동을 방출한다. 그러나 행동을 방출하는 것이 두 번째 기능인 행동을 수행하는 데 필요한 정보를 퍼셉션하는 것과 반드시 동일하지는 않다. 예를 들어 산불 현장 속 동물을 생각해보자. 불이 나면 도망치는 플링 행동이 활성화된다. 하지만 플링 행동이 일어나려면 장애물을 피할 공간에 대한 정보 추출이 필요하다. 겁에 질린 사슴이 사냥꾼을 알아보지 못한 채 사냥꾼 앞으로 쏜살같이 지나갈 수도 있다.

릴리저의 역할 및 행동 지침 역할 모두에서 퍼셉션은 바로 처리해야 할 태스크에 대한 자극을 골라낸다. 로보틱스 연구학자는 이를 액션-지향형 퍼셉션이라고 하는데, 이는 그들의 퍼셉션 접근 방식을 좀 더 계층적인 글로벌 모델 스타일로 다른 것들과 구별하고 싶어서다. 때때로 동물은 행동에 대한 퍼셉션을 단순화하는 특별한 탐지 기능을 진화시켜왔다. 하루 종일 물속에 앉아 눈을 반쯤만 수면 위에 드러내 놓고 있는 개구리의 경우 망막이 둘로 나뉘어 있다. 위쪽 절반은 물 밖의 하늘을, 아래쪽 절반은 물속을 보는 것이다.

7.7 예제: 바퀴벌레의 은신 행동

바퀴벌레는 개방된 공간에서 매우 강력한 반사적 은신 행동을 보인다. 즉, 허둥지둥 도망쳐서 몇 초 만에 닿기 어려운 틈 사이를 찾을 수 있지만 이런 행동이 두뇌에는 거의 영향을 주지 않는다. 바퀴벌레의 은신 행동은 (1) 우선 전체 행동을 여러 개의 프리미티브 행동으로 분해하고, (2) 선천적 방출 메커니즘, 내부 스테이트 및 퍼셉션의 역할을 이용해 동작의 암묵적 시퀀스와 릴리저를 파악한 후 (3) S-R 표현법으로 표현하는 방법을 이용해 행동의 통찰을 로봇 프로그래밍으로 어떻게 작성하는지에 대한 아주 좋은 사례 연구라 하겠다. 끝으로 아키텍처 관점의 고려 사항을 자세히 설명하고 이러한 고려 사항이 시스템이나 기술 아키텍처에 어떻게 맞춰지는지에 대한 내용으로 마무리한다.

7.7.1 분해

은신 행동은 B로 표현하며 다음과 같이 정리한다.

- 바퀴벌레가 있는 방에 불이 켜지면 바퀴벌레는 방향을 틀어서 어둠을 향해 달려간다.
- 바퀴벌레가 '벽' 또는 의자 다리 같은 다른 장애물을 만나면 '벽'을 따라 움직인다. 이는 바퀴벌레가 '벽'으로 자신을 향하게 하는 주성이기도 하다.
- 바퀴벌레가 '은신처'를 발견하면 그 속으로 들어간 다음 얼굴이 밖으로 향하게 자세를 잡는다. 이는 바퀴벌레가 '벽'으로 자신을 향하게 하는 또 다른 주성이다. 바퀴벌레는 (압박을 느끼는 걸 좋아하는) '접촉 친화성thigmotropism'을 지녔기 때문에 은신처를 보면 모든 면이 압력이나 접촉이 발생하는 곳이다.
- 바퀴벌레는 불이 꺼지더라도 잠시 대기했다가 밖으로 나온다. 바퀴벌레는 원래 숨으려는 자극이 제거되더라도 활동을 재개하는 데 잠시 뜸을 들이는 데, 이는 고정 패턴 액션이다.

설계자는 은신 행동을 플링(β_{flee}), 팔로우월(β_{follow_wall}), 은신(β_{cower})이라는 3가지 행동으로 분해한다. 팔로우월 행동이 플링 행동의 일부로 보일 수 있기 때문에 이건 임의로 분해한 것이라고 할 수 있다. 이 경우 분리의 기준은 퍼셉션의 차이라고 보면 된다. 빛을 탐지하는 것은 장애물을 탐지하는 것과 다르다. 아울러 은신처를 탐지하는 것과도 다르다.

은신 행동을 보면 구성 요소 행동에 아무 이름이나 붙일 경우 문제가 될 수 있다는 걸 알 수 있다.

전체 행동은 은신 행동이지만 틈 사이에 웅크리고 있는 마지막 동작이 언어학적 관점에서 '은신'이라고 할 수 있다. B에 은신('hiding')으로 이름을 붙이고 3가지 구성 요소 행동 중 하나를 헷갈리지 않도록 은신하다('hide') 대신 움츠리다('cower')로 이름을 붙였다. 행동 이름은 기본적으로 함수 이름이며 따라서 무엇이든 붙일 수 있다.

스키마 표기법에서 은신 행동은 다음과 같이 표현된다.

$$B = \begin{bmatrix} \beta_{flee} \\ \beta_{follow-wall} \\ \beta_{cower} \end{bmatrix}$$

7.7.2 릴리저 식별

선천적 방출 메커니즘 이론에 의하면 3가지 구성 요소 행동에는 각각 릴리저가 있다. 플링 행동에 대한 릴리저는 "불이 켜진다."이다. 팔로우월 행동의 경우 릴리저는 '가로막힘blocked'이다. 바퀴벌레가 장애물과 마주칠 때마다 방향을 틀어 한쪽 장애물을 따라가기 시작하기 때문이다. 세 번째 은신하다(움츠리다) 행동은 바퀴벌레가 벽을 따라 움직이다가 궁지에 몰리거나 '포위됐을' 경우 발생한다.

그러나 이러한 3가지 릴리저는 원하는 전체 행동을 정확하게 만들어내지 않는다. 여기에는 고정 액션 패턴이 빠져 있다. 일단 불이 켜지면 바퀴벌레는 숨을 곳을 찾을 때까지 달리거나 아예 포기해버린다. 따라서 '은신' 행동만 하는 게 아니라 3가지 구성 요소 행동 모두 유지해야 할 수도 있다. 이 외에도 바퀴벌레가 자신이 무언가에 가로막혔다는 걸 알았다면 장애물을 따라가기 시작해야 하고, 공간이 좁으면 바퀴벌레는 거기에 멈추고 숨어야 한다. 이러한 액션은 바퀴벌레가 수행하기에 적절할 수도 있겠지만 우리가 원하는 건 특정 조건하에서 행동의 범위를 계속 유지하고 예기치 못한 상황에서 바퀴벌레가 액션을 반드시 취하지 않아도 되게끔 하는 것이다.

전체적인 은신 행동이 지속되도록 선천적 방출 메커니즘으로 유지하는 방법은 내부 스테이트를 이용하는 것이다. 앞의 예를 놓고 보면 3가지 행동이 접근해서 내부 타이머를 설정하는 SCARED가 바퀴벌레의 내부 스테이트일 수도 있다. 불이 켜지는 자극은 플링 행동을 방출할 뿐만 아니라 SCARED 내부 스테이트를 유발한다. SCARED는 불이 꺼져도 바퀴벌레가 일정 시간 동안 계속해서 도망칠 수 있도록 단순화했으므로 플링 행동에 더 좋은 릴리저일 수 있다. 이제 팔로우월 행동 릴리저는 blocked && SCARED이고 은신하다(움츠리다) 행동의 릴리저는 surrounded && SCARED이다. SCARED의 시간이 끝나면 구성 요소 행동도 종료된다.

이제 SCARED, BLOCKED, SURROUNDED라는 릴리저가 있으니 퍼셉션 스키마와 모터 스키마 그리고 출력을 정하는 단계로 넘어갈 수 있다. 플링 행동과 관련된 액션은 몸을 돌려서 도망치는 것이었다. 계산적 관점에서 이러한 명령어는 다소 모호하다. 몇 도만큼 몸을 돌려야 할까? 충분히 몸을 돌렸는지 어떻게 측정할까? 바퀴벌레가 가장 밝은 영역을 감지하도록 퍼셉션 스키마가 있다면 이를 해당 영역에서 180도만큼 몸을 돌리는 데 사용할 수 있을 것이다. 그러나 전체적으로 밝기가 고르게 조명이 켜져 있어서 퍼셉션 스키마를 신뢰할 수 없다면 어떻게 될까? 이 경우에는 바퀴벌레가 임의로 몸을 몇 도 돌리고 난 다음 도망가도록 설계한다. 이를 turn-and-move 모터 스키마라고 부르기로 한다. 로봇에서 몸을 돌리는 각도는 정교한 수준에 따라 인코더로 제어할 수도 있고 시간을 기준으로 제어할 수도 있다. turn-and-move 모터 스키마는 여러 가지 다른 상황에서 유용할 수 있으므로 회전 각도를 입력 인자로 놓고 이를 일반화할 수 있다. 다음 식을 보자.

$$turn\text{-}and\text{-}move(degree=RANDOM)$$

*turn-and-move(RANDOM)*은 감지를 필요로 하지 않을 뿐만 아니라 모터 스키마는 SCARED 타이머가 종료될 때까지 움직임을 실행하기 때문에 flee에 대한 퍼셉션 스키마는 앞의 식에서 NULL이다. 그러나 퍼셉션 스키마는 로봇에 대한 회전 반경 범위 내에서 난수 값을 리턴하는 *random-direction* 함수로도 구현이 가능하다. 이렇게 하면 향후 다른 동작에 쓸 수 있는 스키마 라이브러리 등을 만드는 데 아주 유용하다. 모터 스키마는 다음과 같이 퍼셉션 스키마를 입력 인자로 사용할 수 있다.

$$turn\text{-}and\text{-}move(random\text{-}direction(TURNING\text{-}RADIUS))$$

벽을 따라 이동하는 *follow-wall* 행동과 관련된 액션은 로봇이 가로막혔을 때 왼쪽 또는 오른쪽으로 회전한 다음 로봇이 '벽'을 따라 움직이도록 한다. 로봇에게 범프 센서가 있다면 실제 바퀴벌레가 더듬이를 사용하는 것과 비슷하게 로봇은 범프 센서를 이용해 접촉을 유지하면서 가로막힌 것을 감지하고 방향을 틀고 움직일 수 있다. 이 책에서는 이것을 *maintain-contact* 모터 스키마라고 한다. 범프 센서처럼 근접도를 세밀하지 않게 감지한다든지 또는 접촉 근접도 감지처럼 느린 센서 업데이트 사이클이 느릴 경우 시소처럼 기우뚱거리거나 술에 만취한 항해사의 모션 같은 현상을 초래한다. 이를테면 로봇이 벽에 너무 가까이 있는 상태에서 방향을 홱 돌릴 것이고 벽에서 튕겨졌으니 접촉도 안 된 상태가 됐을 것이며, 따라서 벽을 향해 다시 획 돌아버리는 식의 행동을 할 것이다. *follow-wall* 행동에 대한 모터 스키마는 퍼셉션 스키마에 *proximity(bump)*라는 함수 호출로 표현할 수 있다. 다음 식을 보자.

$$maintain\text{-}contact(proximity(bump))$$

움츠리는^{cower} 행동은 로봇 표면에 압력을 감지하는 방향 균등 압력 모터 스키마와 퍼셉션 스키마로 포착할 수 있다. 또는 촉각, 접촉 센서 배열 내지는 IR 근접 센서도 사용 할 수 있다. 이 경우 범프 센서는 다음과 같이 가정한다.

$$orient\text{-}even\text{-}pressure(pressure\text{-}pattern(bump))$$

로봇 바퀴벌레에게 압박감이 많지 않았다면 그 틈새는 그다지 크지 않다는 것이다. 따라서 로봇 바퀴벌레가 그 틈새를 거부하고 탐색을 계속했으면 한다. '충분한 수준의' 압박감은 다음과 같은 임계치 파라미터로 표현할 수 있다.

$$orient\text{-}even\text{-}pressure(pressure\text{-}pattern(bump),\ threshold)$$

자극의 강도는 다양할 수 있고 긴급 행동으로 이어질 수 있다는 점에 주목하자.

앞의 예에서 자극은 있을 수도 있고 없을 수도 있는 소위 불연속적이다. 또한 에이전트는 이에 대해 (켜지거나 꺼지는) 이진 형태로 반응한다. 앞에서 설명한 북극 제비갈매기의 붉은색 관련 문제를 다시 생각해보자. 붉은 영역이 클수록 새끼 제비갈매기는 그 부분을 더 열심히 쪼는 행동을 보일 것이다. 새끼 제비갈매기가 더 날카롭게 쪼거나 더 많은 힘으로 쪼을 수 있다는 것은 그렇게 행동할수록 이득이 더 커질 수 있다는 것으로 해석된다. 이는 자극을 연속형 함수로 표현할 수 있는 좋은 예다. 즉, 자극이 더 강할수록 반응 역시 더 세진다.

자극에 대한 반응으로 우선 쉽게 떠올릴 수 있는 것이 다양한 기능 내지는 함수다. 대개 선형 관계이기 때문이다. 예를 들어 북극 제비갈매기가 부리로 쪼는 노력의 정도는 시야의 빨간색 비율에 비례할 수 있다. 자극 S에 대한 강도는 다음과 같다.

$$S = (p, \lambda)$$

여기서 p는 퍼셉션이고 λ는 p의 강도다.

바퀴벌레의 은신 행동에 대한 자극을 S-R 표기법으로 표현하면 다음과 같다.

$$S = \begin{bmatrix} SCARED 1.0 \\ (BLOCKED, SCARED) 1.0 \\ (SURROUNDED, SCARED) percent - surrounded \end{bmatrix}$$

flee와 follow-wall 행동은 가중치의 강도가 최대다. 하지만 cower 행동에 들어가는 노력의 정도는 로봇 에이전트가 주변을 얼마나 느끼는지에 따라 달라진다.

그림 7.5는 행동에 대한 액티그램의 예다. 내부 스테이트는 전역 변수다. 액티그램은 변환transformation, 계산 액션computational action을 상자로 표시하는 소프트웨어 공학의 그래픽 규약이다. 입력과 출력은 상자의 X축으로 들어가고 나가게 표시한다. 제어 및 기타 파라미터는 Y축에 표시한다. 윤리학자들은 에트노그램ethnogram이라는 유사한 그래픽 규약을 사용한다. 이 책에서는 액티그램이라 부르기로 한다.

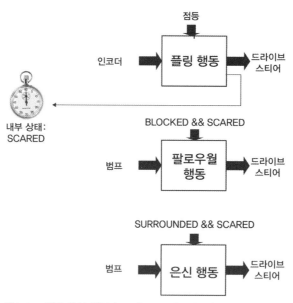

그림 7.5 액티그램으로 표현된 은신 행동과 구성 요소 행동의 집합에 대한 내부 스테이트의 모습

7.7.3 암묵적 시퀀스와 명시적 시퀀스

S-R 표기법으로 전체적인 은신 행동을 표현하면 암묵적 시퀀스 및 독립적 성격의 구성 요소 행동들을 시각화할 수 있다.

$$B_{hide} \begin{bmatrix} flee \\ follow - wall \\ cower \end{bmatrix}$$

$$S = \begin{bmatrix} SCARED1.0 \\ (BLOCKED, SCARED)1.0 \\ (SURROUNDED, SCARED)percent - surrounded \end{bmatrix}$$

$$R = \begin{bmatrix} turn - and - move(random - direction(TURNING - RADIUS)) \\ maintain - contact(proximity(bump)) \\ orient - even - pressure(pressure - pattern(bump), \\ percent - surrounded) \end{bmatrix}$$

암시적 시퀀스는 조명이 켜지면 내부 스테이트가 활성화돼서 turn-and-move 행동이 방출된다. 내부 스테이트가 여전히 활성이고 로봇이 장애물을 만났을 경우 *maintain-contact* 행동이 방출된다. SCARED 로봇이 부분적으로 포위된(SURROUNDED) 틈새를 발견하면 *orient-even-pressure* 행동이 방출된다. 하지만 이들은 암묵적 시퀀스이므로 로봇 바퀴벌레는 벽 바로 옆에서 시작해서 maintain-contact()로 바로 넘어갈 수도 있다.

3가지 행동 모두 순서와 무관하게 또는 한꺼번에 방출될 수 있기 때문에 명시적 시퀀스가 아니라 암묵적 시퀀스에 해당한다. 3가지 구성 요소 행동의 동시 상호작용 결과는 아마도 로봇이 틈으로 들어가는 것이 아닐까 한다. 도망치려고 하면(플링 행동) 로봇을 틈 사이로 더 깊이 밀어 넣을 수도 있고 접촉을 유지하고자 하는 욕구와 함께 로봇이 더 깊이 들어가 버릴 수도 있다. 반면 상호작용은 *orient-even-pressure* 행동이 다른 2가지 행동을 꺼버릴 수 있는 소위 억제 같은 조정 메커니즘을 이용해 명시적으로 모듈화할 수 있다. 조정 관련 메커니즘은 8장에서 더 자세히 다룬다. 하지만 조정 관점에서 규칙은 적을수록 더 좋다. 유한 스테이트 머신에 대규모 행동 집합을 반영하려고 하면 예상치 못한 결과를 초래할 수 있다. 모든 가능한 상태와 전이 등을 파악하지 못할 수 있기 때문이다.

7.7.4 퍼셉션

바퀴벌레의 은신 행동은 퍼셉션이 2가지 역할과 더불어 센서를 어떻게 공유할 수 있는지도 잘 보여준다. 퍼셉션은 릴리저에 사용되는데, 이 예에서는 빛을 인식해서 SCARED의 내부 스테이트 릴리저와 범프 센서를 통한 촉각을 바탕으로 팔로우월 및 움츠리기cower 행동을 만들어낸다. 그러나 범프 센서 역시도 팔로우월 행동과 움츠리기 행동의 실행 지침을 제공한다. 팔로우월 행동은 앞쪽 범프 센서를 *maintain-contact* 모터 스키마의 퍼셉션용으로 쓴다. 움츠리기 행동의 경우 범프 센서 전체를 *orient-even-pressure* 모터 스키마의 퍼셉션용으로 쓴다. 2가지 행동 모두 서로 독립적이며, 따라서 다른 행동이 센서 입력값으로 무엇을 하고 있는지 전혀 알지 못한다.

SCARED 인식은 나름 흥미롭다. 이 경우 바퀴벌레의 월드에 대한 퍼셉션을 기반으로 한 내부 스테이트이기 때문이다. 빛이 존재하면 불이 켜진다. 내부 타이머의 지속 시간이 자극의 강도와 연관이 있을 거라고 쉽게 생각할 수 있다. 더 밝은 빛 또는 빛에 발자국 소음 같은 게 더해지면 시간이 더 걸릴 수 있을 것이다. 타이머는 처음부터 다시 시작될 것이고 포식자의 다른 어포던스 내지는 더 많은 소음이 지속될 경우 SCARED 타이머는 아예 재설정(리셋)될 것이다.

내부 스테이트의 강도는 제어 함수의 이득과 유사하다. 바퀴벌레의 예를 보면 SCARED의 내부 스테이트는 타이머였다. 그러나 타이머는 다른 영향을 받으면 재설정되거나 증가할 수도 있다. 보통 감정과 관련이 있는 (예를 들면 공포감, 스트레스, 애착 같은) 영향 요인들을 정서라고 한다. 정서적 컴퓨팅은 18장에서 자세히 다룬다. 이 외에도 반응형, 심의형, 상호작용형 레이어에서 로봇에 감정을 어떻게 통합시키는지도 18장에서 자세히 설명한다.

내부 스테이트는 항상성^{homeostasis}에 의해 조절되며 조절을 돕는다. 항상성의 원리는 에이전트가 내부적으로 균형을 유지하도록 작동한다는 것이다. 아킨^{Arkin}의 예에는 배고픈 에이전트가 등장한다. 에이전트가 점점 더 배고파질수록 우선순위가 먹을 것을 확보하는 데 직접적인 영향을 미치는 행동에 더 많이 주어진다. 에이전트는 동일한 행동을 인스턴스화할 수도 있지만 그러한 행동에 대한 이득은 충동에 맞게 얼마든지 달라질 수 있다. 배고픈 호랑이는 너무 커서 위험에 대한 감당이 안 될 수도 있는 먹이를 공격할 수도 있다. 이런 경우 피딩 행동에 대한 이득이 증가한 것이다. 결과적으로 작은 퍼셉트에 대한 응답이 평소보다 더 커질 뿐만 아니라 먹이와 싸우는 지속시간도 더 길어진다. 액션 패턴 자체는 그대로지만 배고픔으로 인한 이득이 균형을 유지해야 하다 보니 액션 패턴의 강도에 변화를 일으킨 것이다.

7.7.5 아키텍처 관점에서 고려 사항

바퀴벌레의 예는 생물학의 개념을 설명하고 그것들을 어떻게 컴퓨터 계산 관점에서 생각하는지 설명하기 위한 것으로, 생태학적 분해를 이용한 원칙적 설계 과정이 아니라 센서를 추가하는 방식이었다. 행동 기반 로봇 설계는 19장에서 자세히 설명한다.

시스템 아키텍처 관점에서 질문은 다음과 같다. 이러한 스키마와 메커니즘은 어디에 속하는가? 4장에서 다룬 가장 일반적인 5가지 서브시스템으로 돌아가 보면 행동 기반 로봇과 관련된 서브시스템은 단 두 개뿐이다. 퍼셉션 서브시스템은 분명히 퍼셉션 스키마를 위한 라이브러리이며 모터 스키마를 위한 라이브러리인 모터 스키마 서브시스템이다.

기술 아키텍처 관점에서 생물학은 라이브러리에 무엇이 들어갈지에 대한 힌트를 제공한다. 이는 이 책 초반에 "스키마, 특히 퍼셉션 스키마에는 무엇이 들어가는가?"라는 물음에 대한 답일 수 있다. 퍼셉션 스키마는 타이머 같은 로컬 내부 스테이트 측정뿐만 아니라 추출, 어포던스, 릴리저에 대한 일종의 지식 표현이다. 내부 스테이트는 분해될 수 있고 글로벌 변수로 사용될 수 있다. 행동 스키마는 퍼셉션 스키마와 모터 스키마로 구성되지만 행동의 관찰 가능한 액션을 만들어낸다는 점에서 행동과 동일하게 보기도 한다.

또한 생물학은 조정에 대한 통찰을 제공한다. 이 책 앞부분에서 제시한 "복잡하고 긴급한 행동을 하려면 일종의 조정이 필요하지 않을까?"라는 질문에 대한 답은 "명시적 조정은 필요하지 않다."는 것이다. 내부 스테이트, 선천적 방출 메커니즘, 이득과 같은 행동 메커니즘은 명확한 조정 없이도 탄력적인 행동을 만들어낼 수 있다. 암묵적 조정 및 명시적 조정은 8장에서 더 자세히 다룬다.

7.8 요약

행동은 생물학적 지능의 기본 요소이고 대부분의 로봇 시스템에서 지능의 기본 구성 요소 역할을 할 것이다. 행동은 나중에 태스크를 완수하는 데 쓰일 모터 액션의 패턴(ACT)과 감각 입력(SENSE)의 매핑으로 정의한다. 스키마 이론은 액티브 퍼셉션이라고 부르는 더 나은 퍼셉션을 얻고자 액션을 취하고 행동을 밖으로 표출하는 로컬 형태의 절차적 지식 표현이다. S-R 표현법은 스키마를 계산 측면에서 표현하기에 아주 좋은 메커니즘이다.

암묵적 체인에서는 플래닝(PLAN)이 제거된다. 선천적 방출 메커니즘^{IRM}은 플래닝, 글로벌 월드 모델, 기억을 계산 관점에서 구축하지 않고도 어떻게 행동들이 나타낼 수 있는지에 관한 모델이다. IRM은 프로세스를 기술했지만 구현하지는 않은, 즉 계산 이론의 레벨 2를 바탕으로 지능을 모델링한다. IRM에서 릴리저는 행동을 활성화한다. 릴리저는 내부 스테이트(모티브)일 수도 있고 환경의 자극일 수도 있다. 안타깝게도 IRM은 실제로 또는 잠재적으로 동시에 발생하는 행동 사이의 상호작용을 쉽게 파악하지 못하며 설계자의 판단에 따라야 한다.

행동의 퍼셉션은 행동에 대한 릴리저 그리고 행동의 지침을 제공하는 퍼셉트라는 2가지 역할을 한다. 예를 들어 물고기는 루어 미끼에 반응하고 공격할 때까지 따라갈 수 있다. 퍼셉션에는 자극의 강도가 있을 수 있는데, 이는 모터 스키마에도 영향을 끼친다. 예를 들어 물고기가 먹이에 대한 어포던스가 더 강할 경우 루어 미끼를 더 세게 때릴 수도 있고 더 오래 쫓아갈 수도 있다. 내부적으로 어떤 퍼셉션이 사용되는지와 더불어 퍼셉션 처리에는 다음과 같은 2가지 방법이 있다. 우선 다이렉트 퍼셉션은 환경 내 액션을 위한 인지 가능한 잠재력, 즉 어포던스를 이용한다. 어포던스는 추론, 기억, 중간 표현 없이도 추출이 가능하기 때문에 로보틱스 연구학자에게 특히 인기가 많다. 뿐만 아니라 환경 내에 어포던스가 있으면 에이전트가 반드시 움직이지 않아도 된다는 것도 중요한 점이다. 예를 들어 충분히 큰 빨간색 블롭이 있을 때 새끼 제비갈매기가 배가 고프면 먹이를 먹을 가능성, 즉 어포던스가 있다. 반면 앉을 수 있는 바닥이 있다고 해서 로봇이 거기에 앉는다는 건 아니다. 즉, 로봇은 앉을 필요(릴리저)가 있을 때까지 앉는 바닥에 대한 퍼셉션을 필터링해버린다. 인식 경로는 월드에서 특정 사물을 식별하고 레이블을 지정하는 데에 기억과 글로벌 표현을 활용한다.

자연적인 지능에서 알아낼 수 있는 인공지능 로보틱스의 중요한 원칙은 다음과 같다.

- 에이전트는 센싱과 액션이 긴밀하게 결합되도록 복잡한 액션을 각각 독립된 여러 개의 행동(또는 객체)으로 분해해야 한다. 행동들은 본질적으로 서

로 평행하고 분산돼 있다.

- 행동의 제어와 조정을 단순화하려면 에이전트는 가능한 한 유한 스테이트 머신이나 규칙보다는 (선천적 방출 메커니즘 같은) 직접적인 불리언 활성화 메 커니즘을 활용해야 한다. 그러나 유한 스테이트 머신은 행동 스키마의 메 소드 또는 절차적 지식의 일부로 가끔 사용되기도 한다. 암묵적 체인은 선천적 방출 메커니즘을 통해 과거 상태에 대한 기억 및 플래닝을 제거한 다. 이 외에도 암묵적 체인은 행동 제어도 일부 가능하다. 보통 현 시점의 정보만 사용하는 반사적 행동을 가능한 한 많이 하는 쪽을 선호한다.

- 센싱을 단순화하려면 퍼셉션은 센싱을 필터링하고 행동과 관련된 것만 고 려해야 한다(이를 액션 지향형 퍼셉션이라고 한다).

- 다이렉트 퍼셉션, 즉 어포던스는 센싱의 계산 복잡도를 줄여줄 뿐만 아니 라 기억, 추론, 해석 없이도 액션이 일어나게 할 수 있다.

- 행동은 독립적이다. 하지만 행동의 출력 결과는 a) 결과 출력을 만들어내 는 또 다른 행동과 조합이 일어날 수도 있고, b) 다른 행동을 억제하는 역할을 할 수도 있다. 이를 경쟁–협력 관계라고 한다. 억제는 서브섬션 아키텍처의 핵심 구성 요소다. 서브섬션 아키텍처는 8장에서 자세히 설명 한다.

한편 자연적 지능이 프로그래밍 로봇의 필요성 및 현실성에 완벽히 매핑되지 않는 다는 점 역시 매우 중요하다. 진화는 동물의 지능이 로봇의 지능에 비해 우월한 점 중 하나다. 동물은 자신들의 종이 살아남을 수 있는 방식으로 진화한다. 하지만 로봇은 값도 비싸고 적은 수량만 한정된 시간 내에 제작되는데, 이는 진화와는 정반 대다. 따라서 각각의 로봇은 동물의 종에서 얘기하는 것과는 다른 의미로 '살아남아 야' 한다. 이 때문에 로봇 설계자들은 처음부터 제대로 만들어야 한다는 엄청난 심 리적 압박을 느낀다. 오랜 시간에 걸쳐 이뤄지는 진화에 대한 압박이 없기 때문에 로봇은 로봇 생태계를 제대로 이해하지 못해 발생하는 설계 오류에 매우 취약하다. 19장에서는 경로를 따라 움직이는 로봇 경진대회에서 흰색 선을 따라 움직이려고 흰색에 대한 어포던스를 이용하도록 프로그래밍된 로봇의 사례를 알아본다. 로봇은 판정관의 흰색 신발 때문에 계획 경로에서 이탈했다. 다행히 로봇이 흰색 민들레 씨앗에 반응하면서 다시 궤도로 돌아왔고 설계 결함이 잘 보완됐다.

7.9 연습문제

문제 7.1
SENSE, PLAN, ACT 시퀀스와 액션 지향형 퍼셉션은 어떻게 다른지 설명해보라.

문제 7.2
다음 각 용어에 대해 두 문장 이하로 간략하게 설명해보라.

a. 반사 행동
b. 주성
c. 고정 액션 패턴
d. 스키마
e. 어포던스

문제 7.3
많은 포유동물은 자신을 보호하는 위장술이 있다. 이들은 노출되지 않으려고 (포식자에 대한 어포던스로) 꼼짝 않고 있기도 한다. 이러한 행동은 포식자가 엄청 가까이 다가갈 때까지 계속되다가 도망쳐 버린다. 왜 다람쥐가 자동차 앞에서 얼어붙은 듯 멈춰 있다가 갑자기 자동차 바퀴 아래로 몸을 내던지는지 이해가 갈 것이다. 선천적 방출 메커니즘 관점에서 이러한 동물의 위장 행동과 관련된 행동 액티그램을 작성해보라. 또한 각 행동에 대한 릴리저도 나타내보자.

문제 7.4

따뜻한 피가 흐르는 포유동물 및 이들의 피를 빨기 좋은 장소를 찾아다니는 모기를 생각해보자. 우선 온혈 동물에 대한 어포던스와 관련 행동을 파악해보라. 그리고 이들을 구체적인 함수로서 스키마 이론(퍼셉션 스키마와 모터 스키마)을 이용해 표현해보라.

문제 7.5

다음 행동에서 릴리저가 무엇인지 설명해보라.

a. 바닷가재는 먹이 냄새를 탐지하고 냄새를 따라서 (즉 한쪽으로 방향을 틀어본 다음 냄새를 맡지 못했다면 다른 쪽으로 방향을 트는 식으로) 캐스팅 행동을 한다.

b. 대기 온도가 화씨 52도(섭씨 약 11.1도) 이상으로 올라가면 수컷 매미는 암컷과 짝짓기를 하려고 울기 시작한다.

문제 7.6

무인 비행선은 고도를 일정하게 유지한 채 매시간 상태를 알리면서 바다 위의 무역풍을 따라가는 데 쓰인다. 이와 관련하여 기구^{balloon}에는 다음과 같은 2가지 행동이 있다. 첫째, 고도를 유지하는 *stay-at-altitude* 행동은 해수면까지의 거리 (*distance-to-water*)를 감지한 다음 고도를 조정(*adjust-altitude*)한다. *stay-at-altitude* 행동은 항상 켜져 있다. 최신 상황을 전송하는 *send-update* 행동은 따라갈 타워의 방향을 감지하고(*sense-tower*) 타워 쪽으로 안테나 방향을 맞춘다(*turn-antenna*). *send-update* 행동은 매시간 실행되는 *report-timer*라는 내부 타이머에 의해 동작한다.

a. *send-update* 행동에 대한 릴리저는 무엇인가? 답해보라.

b. S-R 표기법으로 전체적인 행동을 표현하라. *B, S, R*도 따로따로 정리해보라. 단, 이 문제에서 다루는 레이블만 사용해야 한다(다른 글꼴로 표현했다).

문제 7.7

다이렉트 퍼셉션과 인식의 차이점은 무엇인가?

문제 7.8

개구리의 눈처럼 양쪽에 2개의 시각 센서가 장착된 로봇을 생각해보자. 이 로봇은 하얀 신문지 더미 사이에서 빨간색 콜라 캔을 찾는다. 빨간색 캔을 보면 캔으로 이동해 캔을 움켜쥐고 파란색 재활용쓰레기 수거함을 찾기 시작한다. 통이 보이면 로봇이 통으로 이동해 캔을 넣는다. 흰색 다발을 보면 피한다. 로봇은 이러한 사이클을 끝없이 반복한다.

    a.   어떤 행동들이 있는가?

    b.   항상 활성화 상태인 행동은 무엇인가?

문제 7.9

자율 주행 보트 경진대회를 생각해보자. 여기서 목표는 무인 보트를 항구에서 출발시켜 수로 정중앙을 유지하고 장애물을 피하면서 항해하게 하는 것이다. 로봇은 수로에서 출발할 때 수로 정중앙에 위치했다고 가정한다. 수로 한쪽에는 녹색 부표가 반대쪽에는 빨간색 부표가 표시돼 있다. 부표는 10미터 간격으로 배치돼 있고 수로의 폭은 7미터다. 코스의 끝은 파란색 부표로 표시돼 있다. 이 대회에 참가하는 로봇은 폭이 1미터인 보트로 가정한다. 여기에는 40피트 거리에 대해 180도의 시야를 지닌 비전 센서가 전면에 장착돼 있다. 비전 센서는 수로의 중앙에서 빨간색, 녹색, 파란색에 대한 거리를 추출해낼 수 있다. 비전 센서에는 팬^{pan}, 틸트^{tilt}, 줌^{zoom} 기능이 없다.

   문제에서 설명한 로봇을 행동, 스키마, 릴리저로 세분화하라. 그리고 여러분이 사용한 행동의 유형과 개념을 설명해보라. 행동과 스키마에 대해 기술하고 이를 S-R 표기법을 사용해서 표현하라. 구현 관련해서는 다루지 않아도 된다.

문제 7.10 [심화 문제]

행동을 통제하는 수단으로 동기와 감정을 사용한 연구 사례를 찾아보자. 그리고 이것이 내부 릴리저와 어떻게 관련이 있는지 설명해보자.

7.10 엔드 노트

로보틱스 연구학자의 서재를 위해

J.J. 깁슨의 「The Ecological Approach to Visual Perception」(Psychology Press, 2014)[82]
은 퍼셉션과 인지에 관한 고전으로 남아있다. 울릭 나이저Ulrich Neisser의 『Cognitive
and Reality』[160] 또한 고전이다. 이 책을 통해 비로소 인지 심리학이 확고히 자리를
잡았다고 본다. 흥미롭게도 나이저는 자신의 연구와 깁슨의 연구가 반대라고 생각
했지만 이후 깁슨으로부터 많은 영향을 받았다. 하워드 가드너Howard Gardner는 「The
Mind's New Science」(Basic Books, 1987)[79]에서 인지 심리학을 처음 접하는 사람도 이
해하기 쉽게 설명했다. 그는 깁슨의 연구에서 논란의 여지가 있는 사안도 소개했다.

J.J. 깁슨과 E.J 깁슨 부부

J.J. 깁슨은 대단히 잘 알려진 인지 심리학자다. 그런데 그의 아내 재키(E.J. 깁슨)도
유명한 인지 심리학자다. 이들은 스미스 대학에서 J.J.가 교수 생활을 막 시작했을
때 만났다. 당시 재키는 이 대학 학생이었다. 재키는 아이들을 키우면서 박사 학위
를 마쳤고 학문적으로도 우수한 연구 성과를 발표했다. 깁슨이 지도한 학생 중 최소
두 명 이상이 이 부부와 팀을 이뤘다. 허브 픽Herb Pick은 J.J. 깁슨의 지도 학생이었고,
그의 아내 앤 픽Anne Pick은 E.J. 깁슨의 지도 학생이었다. 픽 부부는 현재 미네소타
대학교에서 근무 중이며 특히 허브 픽은 모바일 로봇 커뮤니티에서 활발히 활동하
고 있다.

08
행동 코디네이션

8장에서 다루는 내용

- 코디네이션 함수coordination function에 대한 수학적 표현식을 작성하고 각 구성 요소를 정의할 수 있어야 한다.

- 행동 코디네이션의 3가지 방법, 즉 협력cooperation, 경쟁competing, 시퀀싱 sequencing을 자세히 설명한다.

- 일련의 행동에 대한 설명이 주어졌을 때 프리미티브 퍼텐셜 필드primitive potential field를 조합해서 퍼텐셜 필드를 생성하고 각각의 행동에서 벡터 출력을 계산한 다음 결과 액션 계산에 필요한 벡터를 수치 관점과 그래프 관점으로 조합한다.

- 행동 코디네이션에 대한 퍼텐셜 필드의 한계 3가지 및 가능한 해결 방안을 살펴본다.

- 행동 집합과 그에 관한 입력, 출력에 대한 설명이 주어졌을 때 서프레션 suppression(억압)과 인히비션inhibition(억제)을 사용해 적절하게 서브섬션subsumption 스타일의 코디네이션 체계를 설계한다.

- 완전한 전이transition 테이블과 그래프 표현을 모두 보여주는 유한 스테이트 오토마타finite state automata로 행동 시퀀스sequence of behavior를 표현한다. 아울러 스크립트를 이용해 동일한 시퀀스를 표현한다.

8.1 개요

7장에서는 선천적 방출 메커니즘[IRM]을 소개하고 여러 개의 어포던스가 월드에서 발생하지 않기 때문에 어떻게 암묵적 체인을 생성하는지를 설명했다. 여러 개의 어포던스가 충돌할 경우 인스턴스화된 행동들은 평형 상태를 만들어낼 수 있다. 이를테면 동물이 자리에서 얼어붙은 듯 꼼짝 않고 서 있는 것, 지배력을 행사하는 것, 어느한 행동이 채택 또는 취소되는 것 등이다. 특히 여기서 행동이 서로 취소되면 동물은 다른 행동을 취한다[11]. 이러한 반응 중 어떤 것도 여러 행동 중 특별히 바람직하게 나온 것이라고 할 수 없으며 결과는 다소 무작위 기반일 수 있다.

일단 잘 설계되고 테스트도 잘 거친 행동을 설계자가 확보하면, 다음과 같은 궁금증이 생긴다. '여러 가지 행동이 동시에 방출되면(인스턴스화되면) 어떻게 될까? 그리고 행동 시퀀스는 어떻게 될까?' 행동 코디네이션에 대한 연구는 이러한 질문들로부터 시작된다.

행동 코디네이션[behavioral coordination]은 독립적인 행동들이 어떻게 하면 올바르게 상호작용하는지와 관련이 있지만 더 중요한 것은 행동 시리즈[series of behaviors], 즉 각각의 행동이 인식 가능한 시퀀스의 일부로 어떻게 동작하는지[operation]와 관련이 있다. 로보틱스 분야의 많은 학자가 주로 많이 얘기하는 행동 시리즈 중 로봇이 빈 음료캔을 집어서 버리는 예가 있다. 이 시퀀스에는 캔을 탐색하고 캔을 발견하면 캔쪽으로 이동한 다음 캔을 집어 들고 휴지통을 탐색하고 쓰레기통 쪽으로 이동한후 캔을 쓰레기통에 떨어뜨리는 6가지 행동이 있다[50, 18, 77]. 이러한 행동들이 동시에 일어나거나 하나로 합쳐진다고 생각하는 건 반직관적이다. 예를 들어 탄산음료캔 재활용 수거함이나 쓰레기통으로 이동하는 동안 장애물을 피하는 행동은 동시에일어날 가능성이 높다고 할 수 있다. 따라서 행동의 시퀀스를 제어하기 위한 새로운기술의 도입이 필요했다. 이러한 기법들의 대부분은 개념적으로 매크로 또는 '추상적인(즉, 상위 개념의)' 행동을 구성하는 것과 동일하며, 여기서 스키마 구조는 제어프로그램 프로그래밍을 단순화하는 데 재귀적으로 사용된다.

이 장에서는 (수학적 관점에서) 정형 기법을 바탕으로 행동 코디네이션을 설명한다.

우선 좌표계 함수 C의 수학적 표현식부터 소개한다. 그런 다음 퍼텐셜 필드^{potential field}, 서브섬션, 유한 스테이트 오토마타^{finite state automata}라는 3개 부분에 대해 각각 코디네이션 함수의 주요 유형과 가장 널리 사용되는 알고리듬을 설명한다. 그리고 인공지능과 행동 코디네이션에 대한 설명과 요약으로 마무리한다.

8.2 코디네이션 함수

로봇 ρ의 전체적인 반응^{response}은 행동 함수^{behavior function} B, 행동 각각에 대한 이득^{gain} G, 그리고 코디네이션 함수^{coordination function} C다. 코디네이션 함수 C는 여러 행동을 입력으로 받아 하나의 응답이나 출력을 만들어낸다. 이를 그래프로 표현하면 그림 8.1과 같으며 S-R 식으로 표현하면 식 8.1과 같다.

$$\rho = C(G \times B(S)) \tag{8.1}$$

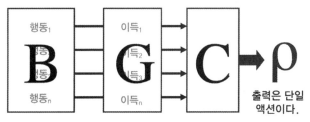

그림 8.1 그래프를 이용한 좌표계 함수의 표현

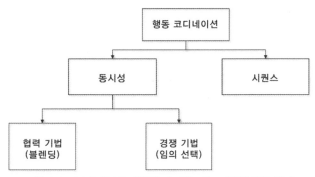

그림 8.2 좌표계 함수로 사용할 수 있는 알고리듬의 분류 체계

코디네이션 함수를 3가지 카테고리로 나눌 수 있다. 그림 8.2는 코디네이션 함수 중 어떤 것들을 선택할 수 있는지 보여준다. 행동 관련 함수들은 동시성^{concurrency} 즉 모든 행동이 동시에 수행될 수 있는 경우와 행동 시퀀스로 수행될 수 있는 경우 2가지로 구분된다. 행동이 동시에 수행될 경우 이러한 행동 집합을 코디네이션하는 알고리듬에는 크게 두 종류가 있다. 하나는 코디네이션 함수가 개별 행동의 출력을 단일 출력으로 합하는 협력 기법^{cooperation method}이다. 가장 일반적인 협력 기법으로 모터 스키마의 퍼텐셜 필드 표현에서 비롯된 벡터 합계^{vector summation} 그리고 퍼지 로직이 있다. 동시성 알고리듬 종류 중 나머지 다른 하나는 경쟁 기법^{competing methods}으로 각각의 개별 행동이 중재를 받는 식이다. 경쟁에서 가장 일반적인 기법은 서브섬션과 투표^{voting}다. 행동이 선천적 방출 메커니즘^{IRM}으로 시각화할 수 있는 것 이상의 복잡한 시퀀스 형태를 띤다면 유한 스테이트 오토마타 및 스크립트와 같은 방법으로 시퀀싱한다.

코디네이션 함수에 대한 2가지 중요한 실질적인 참고 사항이 있다. 첫째, 인공지능 분야 연구원들은 개방형 월드^{open world}에 대한 룰의 많은 단점과 일반적인 룰 기반 시스템의 문제 때문에 함수를 코디네이션하고자 룰 기반 시스템을 사용하는 경우는 거의 없다. 둘째, 기술 아키텍처는 종종 코디네이션 함수를 혼합하고 매치시킨다^{mix and match}. 시퀀스나 매크로를 만드는 행동 그룹은 유한 스테이트 오토마타를 사용해 행동을 명시적으로 코디네이션할 수 있는 추상적 행동^{abstract behavior}으로 분류될 수 있는 반면 장애물을 피하는 것과 같은 다른 행동들은 퍼텐셜 필드^{potential fields}를 사용할 수 있다.

8.3 코디네이션 방법: 퍼텐셜 필드

행동을 협력하기 위한 가장 일반적인 방법은 출력을 벡터로 표현하는 것이다. 이 벡터는 종종 퍼텐셜 필드 방법론을 참고해 (줄여서 pfield라고 부르는) 가능한 액션의 퍼텐셜 필드 표현 기반의 모터 스키마에 의해 만들어진다. 행동의 퍼텐셜 필드 스타일은 행동의 액션 출력을 표현하고자 항상 벡터를 사용할 뿐만 아니라 창발성 행동 emerging behavior을 만들어내는 여러 가지 다른 행동으로부터 벡터를 조합하고자 항상 벡터 합계를 사용한다. 퍼지 로직은 또 다른 기법이며, 이 장에서는 다루지 않는다.

8.3.1 퍼텐셜 필드 시각화

퍼텐셜 필드 아키텍처의 첫 번째 원칙은 행동의 모터 액션이 퍼텐셜 필드로 표현돼야 한다는 것이다. 퍼텐셜 필드는 벡터의 배열이나 벡터의 필드다. 벡터는 (강도를 의미하는) 매그니튜드magnitude와 방향direction으로 구성된 수학적 객체다. 벡터는 종종 힘force을 표현할 때 사용된다. 벡터는 일반적으로 화살표로 표현하는데, 여기서 화살표의 길이는 힘의 크기를 나타내고 화살표의 각도는 방향을 나타낸다. 벡터들은 예를 들면 V처럼 보통 굵은 대문자로 표현한다. 벡터는 튜플 (m, d)로도 쓸 수 있다. 여기서 m은 크기, d는 방향을 나타낸다. 일반적으로 크기는 0.0과 1 사이의 실수 값인데, 이는 로봇이 실제로 수행할 수 있는 규모로 정규화normalization되기 때문이다. 크기는 임의의 실수 값이다.

공간의 영역은 배열로 표현한다. 대부분의 로봇 애플리케이션에서 공간은 마치 지도처럼 월드의 조감도를 표현하는 2차원으로 돼 있다. 지도가 정사각형으로 분할 돼 (x, y) 그리드가 만들어진다. 배열의 각 요소는 사각형 공간을 표현한다. 월드에서 지각할 수 있는 물체는 주변 공간에 포스 필드force field를 가한다. 포스 필드는 자기장magnetic field 또는 중력장gravitation field과 연관돼 있다. 로봇은 물체나 환경에 의해 생성된 필드로 들어간 입자라고 생각할 수 있다. 각 요소의 벡터는 힘을 표현한다. 여기서 말하는 힘이란 방향의 매그니튜드 또는 속도 그리고 회전하는 방향 2가지 모두를 포함한다. 이 힘은 로봇이 특정 지점에 있다면 느낄 수 있다. 퍼텐셜 필드는 연속성을 띠는데, 요소가 얼마나 작은지는 중요하지 않기 때문이다. 공간의 각 점에는 그와 연관된 벡터가 있다.

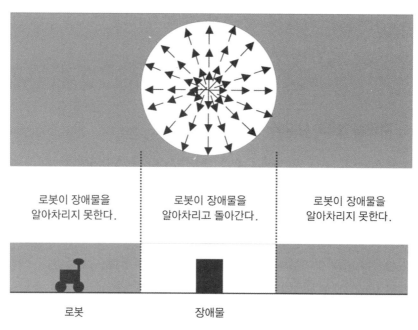

로봇이 장애물을
알아차리지 못한다.

로봇이 장애물을
알아차리고 돌아간다.

로봇이 장애물을
알아차리지 못한다.

로봇

장애물

그림 8.3 반경 1미터의 척력(repulsive) 퍼텐셜 필드를 가하는 장애물의 예

그림 8.3은 어떻게 장애물로부터 로봇에게 필드가 가해지고 그로 인해 로봇이 멀리 달아나는지를 보여준다. 로봇이 장애물에 가까이 있다면(예를 들면 5미터 이내) 로봇이 퍼텐셜 필드 안에 있는 것이고 장애물을 직접 마주보고 (아직 보지 않은 경우) 멀어지고 싶은 힘을 느끼고 멀리 피할 것이다. 로봇이 장애물의 범위 내에 있지 않으면 로봇에게 아무런 힘이 작용하지 않기 때문에 로봇이 거기에 그대로 있는 것이다. 필드는 로봇이 장애물(퍼셉션 스키마)을 인식하는지 여부에 따라 로봇이 수행해야 할 작업(모터 스키마)을 표현한다. 필드는 로봇이 어떻게 장애물에 그렇게 가까이 접근하게 됐는지를 걱정하지 않는다. 로봇이 범위 내에서 움직이거나 로봇이 그냥 거기에 있는 상태에서 누군가 로봇 옆에 손을 대는 경우에도 동일한 힘을 느낀다.

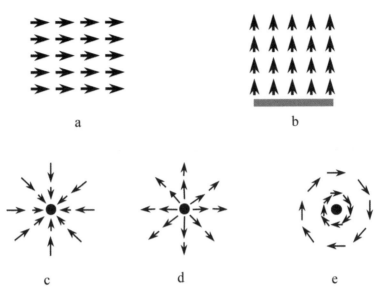

그림 8.4 퍼텐셜 필드의 5가지 기본 구조: a) 균일(uniform), b) 수직(perpendicular), c) 인력, d) 척력, e) 접선

퍼텐셜 필드를 이해하는 방법 중 하나는 로봇에 작용하는 포스 필드를 상상해보는 것이다. 또 다른 방법은 마블처럼 로봇을 3차원 공간에서 퍼텐셜 에너지 표면으로 생각하는 것이다(중력을 종종 이렇게 표현한다). 이 경우 벡터는 로봇이 표면에서 '굴러가는(롤링)' 방향을 나타낸다. 표면에 있는 언덕에서는 로봇이 굴러 떨어지거나 이리저리 굴러다닐 수 있고(벡터가 언덕의 '꼭대기(피크)'에서 벗어나게 함), 계곡은 로봇을 아래로 구르게 한다(벡터가 아래쪽을 향하게 함).

프리미티브라고도 하는 기본 퍼텐셜 필드는 균일, 수직perpendicular, 인력attractive, 척력repulsive, 접선tangential이라는 5가지로 이뤄져 있다. 이들을 잘 결합하면 좀 더 복잡한 필드를 구축할 수 있다. 균일 필드uniform field는 그림 8.4의 a)에 나와 있다. 균일 필드에서 로봇은 어디에 있든 동일한 힘을 느낄 것이다. 어디에 놓여 있든, 어떤 방향으로 내려갔든, 화살표의 방향과 일치하게 조정하고 화살표 길이에 비례하는 속도로 그 방향으로 이동해야 한다. '각도 n 방향으로 이동'이라는 행동을 만들어낼 때 균일 필드를 사용하는 경우가 많다.

그림 8.4의 b)는 로봇이 일부 물체, 벽 또는 경계에 수직 방향으로 향하는 수직

필드^{perpendicular field}를 보여준다. 표시된 필드는 회색 벽에서 멀리 떨어져 있지만 수직 필드도 물체를 가리킬 수 있다.

그림 8.4의 c)는 인력 필드^{attractive field}를 보여준다. 필드 중앙에 있는 원은 로봇에 힘을 가하는 물체를 나타낸다. 로봇이 어디에 있든지 로봇은 물체에 상대적인 힘을 "느낀다." 인력 필드는 말 그대로 빛, 음식, 목표에 끌리는 주성^{taxis}, 지향성^{tropism}을 나타내는 데 유용하다. 인력 필드의 반대는 그림 8.4의 d)에 있는 척력 필드^{repulsive field}다. 척력 필드는 일반적으로 에이전트가 피해야 하는 장애물이나 물체와 연관돼 있다. 로봇이 물체에 가까워질수록 척력이 로봇을 정반대(180°) 방향으로 밀어낸다.

마지막 프리미티브 필드는 그림 8.4의 e)에 있는 접선 필드^{tangential field}다. 이 필드는 물체에 수직으로 접한다(접선 벡터는 객체의 바깥쪽으로 뻗은 방사선에 수직이라고 간주한다). 접선 필드는 시계 방향이나 시계 반대 방향으로 '회전'할 수 있다. 그림 8.4는 시계 방향으로 회전하는 것을 보여준다. 이 필드는 로봇이 장애물을 돌도록 지시하거나 로봇에게 무언가를 조사하는 데 유용하다.

8.3.2 매그니튜드 프로파일

그림 8.4에서 화살표의 길이는 물체에 가까워질수록 짧아진다. 필드에서 벡터의 크기가 변화하는 방식을 매그니튜드 프로파일^{magnitude profile}이라고 한다(여기서 '매그니튜드 프로파일'이라는 용어를 사용한 것은 로봇의 모터가 어떻게 가속 또는 감속해 확 돌리지 않고 특정 움직임을 생성하는지를 설명하려고 제어 엔지니어가 '속도 프로파일^{velocity profile}'이라는 용어를 사용했기 때문이다).

그림 8.3의 척력 필드를 생각해보자. 수학적으로 필드는 극좌표로 표현할 수 있고 필드의 중심은 원점 (0, 0)이다.

$$V_{direction} = -\phi$$
$$V_{magnitude} = c \tag{8.2}$$

이 경우 크기를 의미하는 매그니튜드는 상수 c이며 화살표의 길이도 이와 동일하다.

이를 그림 8.5a의 매그니튜드 그래프와 같이 시각화할 수 있다.

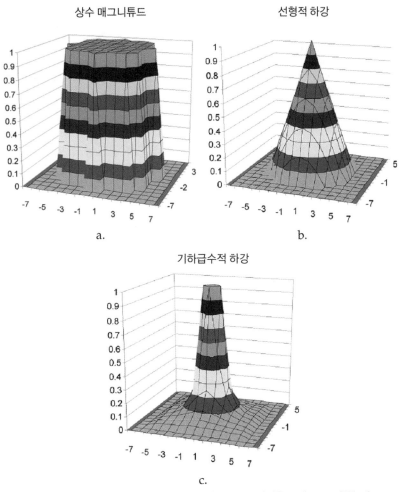

그림 8.5 반지름이 5인 필드에 대해 매그니튜드 프로파일을 그래프로 표현한 예.
a) 상수 매그니튜드, b) 선형적 하강(기울기 −1), c) 기하급수적 하강

이 프로파일을 보면 로봇은 장애물 범위 내에 있는 한 물체에 얼마나 가까이 있든
간에 동일한 속도로 (주행 방향은 −∅) 멀리 도망친다. 그리고 로봇은 장애물의 범위를
벗어나자마자 속도가 0.0으로 떨어지고 곧바로 로봇은 정지한다. 이 필드는 기본적
으로 일정한 속도로 도망치거나 멈추거나 둘 중 하나다. 사실 상수 매그니튜드에는

다음과 같은 문제가 있다. 필드 범위의 경계 지점에서 (급출발/급정지를 하기 때문에) 덜컹거리게 된다. 예를 들어 로봇이 특정 방향으로 향하다가 장애물을 만났을 때를 생각해보면 로봇은 그 즉시 해당 필드를 벗어나려고 재빠르게 달아난다. 그랬다가 원래 경로로 되돌아와서 해당 필드에 다시 놓이는 식으로 상황이 진행된다.

매그니튜드 프로파일을 통해 상수 매그니튜드에 대한 문제를 해결할 수 있다. 또한 매그니튜드 프로파일은 로봇 설계자가 (반응이 자극의 강도strength와 비례하게) 반사성reflexibility을 표현할 수 있게 할 뿐만 아니라 흥미로운 반응을 생성할 수 있게 한다. 그림 8.4c의 프로파일을 살펴보자. 여기서는 관찰자가 필드에서 로봇의 행동을 어떻게 보는지 알 수 있다. 로봇이 물체로부터 멀리 떨어져 있다면 회전해서 물체를 향해 빠르게 움직인 다음 물체를 지나치거나 물체와 부딪치지 않게 속도를 늦출 것이다. 수학적으로, 이를 선형 하강linear drop off이라고 하는데, 벡터가 하강하는 크기, 즉 매그니튜드를 직선으로 그릴 수 있기 때문이다. 직선의 공식은 $y = mx + b$다. 여기서 x는 거리이고 y는 매그니튜드다. b는 라인이 시작되는 위치에서 바이어스를 의미한다. m은 기울기($m = \frac{\Delta y}{\Delta x}$)다. m과 b의 값은 양수, 음수 모두 가능하다. 특별히 지정되지 않은 경우 선형 함수에서 m은 1 또는 −1(즉, 기울기가 45° 상향 또는 하향)이고 $b = 0$이다.

그림 8.5b의 선형 프로파일은 설계자가 기대하는 행동과 일치한다. 로봇이 더 많이 반응할수록 더 가까워진다. 그러나 선형 프로파일은 속도가 0.0으로 급격히 바뀌는 시점에서는 상수 매그니튜드 프로파일과 동일한 문제가 발생한다. 따라서 테이퍼taper보다는 강한 반작용의 필요성을 포착하고자 다른 프로파일을 사용할 수 있다. 기하급수적 하강 함수는 이러한 프로파일 중 하나이며 매그니튜드 하강은 거리의 제곱에 비례한다. 물체로부터 거리의 각 단위마다 로봇에 가해지는 힘은 절반으로 감소한다. 기하급수적 프로파일은 그림 8.5c와 같다.

앞의 예에서 볼 수 있듯이 거의 모든 매그니튜드 프로파일은 수용할 수 있다. 매그니튜드 프로파일을 사용하는 이유는 행동을 미세하게 조정하기 위한 것이다. 로봇은 현재 위치에서 자신에게 작용하는 벡터만 계산한다는 점에 유의해야 한다.

로봇의 가능한 모든 위치에 대한 전체 필드를 그림에 표시한다. 여기서 그림이 공간 상에서 전체 영역을 보여주는 이유는 다음과 같다. 첫째, 로봇이 특정 시간 단계가 아니라 전체적으로 무엇을 할 것인지를 시각화하는 데 도움이 된다. 둘째, 필드가 연속적 표현이기 때문에 필드가 정확한지 확인하는 것이 간편하고 갑작스러운 전환이 쉽게 나타난다.

8.3.3 퍼텐셜 필드와 퍼셉션

앞의 예를 보면 주어진 지점에서 퍼텐셜 필드의 힘은 로봇과 물체 사이의 상대적 거리와 매그니튜드 프로파일의 함수였다. 퍼텐셜 필드의 강도는 거리에 관계없이 자극의 함수가 될 수 있다. 7장에서 새끼 북극 제비갈매기의 피딩 행동에 대한 예를 다시 생각해보자. 피딩 행동은 '빨간색' 자극에 의해 유도된다. 이러한 행동은 인력 필드로 모델링될 수 있다. 새끼 북극 제비갈매기의 시야에서 물체가 더 크고 붉을수록 인력이 더 강해지며, 증가하는 기하급수적 함수를 이용하는 매그니튜드 프로파일이 더 적절하겠다는 것을 알 수 있다. 로봇 퍼셉션이 자기중심적이기 때문에 퍼텐셜 필드가 자기중심적egocentric이라는 점도 이미 언급돼 있다.

8.3.4 단일 퍼텐셜 필드 프로그래밍

퍼텐셜 필드는 특히 로봇에 대해 자기중심적이기 때문에 사실 프로그래밍이 쉽다. 전체 필드의 시각화 결과는 로봇과 물체가 고정된 절대 좌표계에 있음을 나타내는 것처럼 보일 수도 있지만 사실은 그렇지 않다. 로봇은 업데이트 때마다 이전에 어디에 있었는지 또는 어디에서 이동 해왔는지에 대한 기억 없이 퍼텐셜 필드의 영향effect of the potential field을 대개 직선으로 계산한다. 다음 예제를 통해 좀 더 명확히 이해해보자.

프리미티브 퍼텐셜 필드는 일반적으로 단일 함수로 표현한다. 로봇에 영향을 미치는 벡터는 업데이트 때마다 계산된다. 정면을 향하고 있는 단일 범위 센서를 지닌 로봇을 생각해보자. 설계자는 선형 하강된 척력 필드가 적합하다고 결정했다. 공식은 다음과 같다.

$$V_{direction} = -180°$$

$$V_{magnitude} = \begin{cases} \frac{(D-d)}{D} & \text{for } d <= D \\ 0 & \text{for } d > D \end{cases} \qquad (8.3)$$

여기서 D는 필드가 미칠 수 있는 최대 영향 범위 또는 로봇이 장애물을 감지할 수 있는 최대 거리다. 그리고 d는 로봇에서 장애물까지의 거리다(D는 항상 탐지 범위는 아니다. 이는 로봇이 자극에 반응하는 범위로 볼 수 있다. 예를 들어 많은 수중 음파 탐지기는 20피트 떨어진 장애물을 탐지할 수 있으며 장애물이 너무 멀리 떨어져 있기 때문에 비상 행동에 거의 극소수에 해당하는 변화를 만들어내지만 무시할 수 있는 힘을 계산하고자 함수 호출의 런타임 오버헤드가 필요하다. 실제로는 로보틱스 연구학자의 경우 D를 2미터로 설정하기도 한다). 식 (8.3)은 $0.0 \leq V_{magnitude} \leq 1.0$인 결과를 생성한다.

다음은 척력 필드와 관련된 C 언어 코드의 일부다.

```c
typedef struct {
    double magnitude;
    double direction;
} vector;

vector repulsive(double d, double D)
{
    vector output vector;
    if (d <= D) {
        outputVector.direction = -180; //turn around!
        outputVector.magnitude = (D-d)/D; //linear dropoff
    }
    else {
        outputVector.direction=0.0
        outputVector.magnitude=0.0
    }
```

```
        return outputVector;
    }
```

이제 단일 센서가 있는 로봇에 대해 RUNAWAY라는 행동이 퍼텐셜 필드를 어떻게 사용할 수 있는지 쉽게 설명할 수 있다. RUNAWAY 행동은 함수 repulsive()를 모터 스키마로 사용하고 함수 readSonar()를 퍼셉션 스키마로 사용한다. 행동의 출력 결과는 벡터다. runaway는 업데이트 주기마다 로봇에 의해 호출된다.

```
vector runaway( ){
    double reading;
    vector Voutput;
    reading=readSonar();   // 퍼셉션 스키마
    Voutput=repulsive (reading, MAX_DISTANCE); //motor schema
    return Voutput;
}
while (robot==ON)
{
    Vrunaway=runaway(reading);    // 모터 스키마
    turn(Vrunaway.direction);
    forward(Vrunaway.magnitude*MAX_VELOCITY);
}
```

8.3.5 필드와 행동의 조합

이 장의 앞부분에서 설명했듯이 진정한 퍼텐셜 필드 방법론의 첫 번째 속성은 모든 행동을 퍼텐셜 필드로 구현해야 한다는 것이다. 두 번째 속성은 행동을 벡터 합계 vector summation로 결합한다는 것이다. 로봇은 일반적으로 동시에 여러 가지 행동에서 힘을 받는다. 이 절에서는 여러 행동이 어떻게 발생하는지와 벡터 합계를 사용해 어떻게 구현되고 결합되는지에 대한 2가지 예를 알아본다.

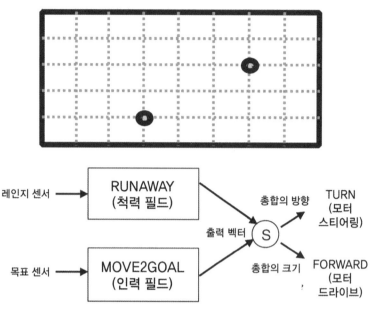

그림 8.6 월드에 상주할(inhabit) 로봇을 위한 2가지 액티브 행동과
목표 지점, 장애물로 구성된 월드의 개략적인 모습

첫 번째 예는 간단한 내비게이션으로, 로봇이 목표(Θ 각도의 방향으로 10.3미터)를 향해
나아가다가 장애물에 부딪히는 경우다. move2goal 행동의 모터 스키마는 로봇의
샤프트 인코더를 사용해 목표 위치에 도달했는지 여부를 알려주는 인력 퍼텐셜 필
드로 표현된다. runaway 행동은 척력 필드에 해당하며 거리 센서를 사용해 로봇
앞에 무언가가 있는지 감지한다. 그림 8.6은 퍼텐셜 필드를 표현하는 영역의 예다.
그리고 그림 8.7b를 보면 전체 공간에 move2goal 행동에 의해 인력 필드가 퍼져
있음을 알 수 있다. 로봇은 위치에 관계없이 목표 지점으로부터 인력을 느낄 것이
다. 반면 그림 8.7a의 runaway 행동은 장애물 주변에서 반발 필드를 보인다(기술적으
로 반발 필드는 move2goal처럼 모든 공간에 걸쳐 확장되지만 반경보다 클 경우 반발력의 매그니튜
드는 0이다). 두 개가 결합된 필드는 그림 8.7c와 같다.

268

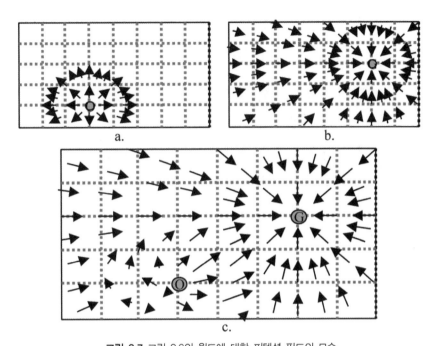

그림 8.7 그림 8.6의 월드에 대한 퍼텐셜 필드의 모습
a) 장애물로부터 척력이 생기는 모습, b) 목표 지점을 향해 생기는 인력의 모습, c) a) 와 b)를 조합한 모습

그림 8.8은 로봇이 오른쪽 하단 모서리에서 시작할 때 필드에서 로봇이 보이는 긴급 행동의 예다. t_0에서 로봇은 월드를 감지한다. 퍼셉션은 목표에 대해서만 가능하고 장애물에 대해서는 불가능하므로 느끼는 유일한 벡터는 인력이다(runaway는 매그니튜드 0.0인 벡터를 결과로 반환한다). 로봇은 목표를 향해 직선으로 움직인다. t_2에서 로봇은 센서를 업데이트하고 목표와 장애물을 모두 알아본다. 두 행동 모두 벡터에 반영됐고 벡터 합산 후 로봇이 경로를 이탈한다. t_3에서 로봇은 장애물에서 거의 벗어났고 목표 지점에서는 더 강한 힘을 발휘하고 있다. t_4에서 로봇은 경로를 다시 시작하고 목표에 도달한다.

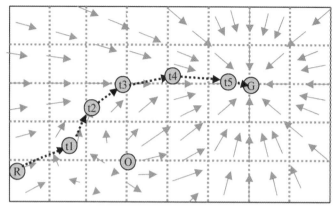

그림 8.8 로봇이 남긴 경로

이 예를 통해 업데이트 속도, 로컬 미니마^{local minima}, 홀로노믹 속성^{holonomicity} 등 퍼텐셜 필드 방법에 대한 다른 점들을 알 수 있다. 로봇 속도를 제어하는 출력 벡터의 크기 변화로 인해 업데이트 결과들 사이의 거리(화살표 길이)는 제각각이다. 벡터가 '짧으면' 로봇의 이동 속도가 느리기 때문에 시간 단위당 거리도 줄어든다. 한편 t_3과 t_4 사이처럼 '오버슈팅'할 수도 있는데, 여기서 로봇은 실제로 회전 없이 더 멀리 가며 그런 다음 목표를 향해 되돌아가야 한다. 이로 인해 로봇이 지나간 경로를 보면 선이 삐쭉빼쭉하다. 로봇의 업데이트 간격이 더 빠를 경우 결과 경로는 더 부드러워진다. 업데이트 속도의 또 다른 측면은 로봇이 특히 샤프트 인코더를 사용하는 경우(로봇이 시작 지점에서 10.3미터 떨어졌다고 가정) 목표 지점에 오버슈팅할 수 있다는 것이다. 때때로 설계자는 로봇이 가까이 다가갈수록 매그니튜드가 떨어지는 인력을 사용해 로봇이 목표 지점에 도달했을 때 이를 알아차릴 수 있게 한다(프로그래머들은 보통 목표 지점 주변에 10.3미터보다는 10.3미터 ±0.5미터처럼 주변에 약간의 공간을 둔다).

퍼텐셜 필드는 로봇을 마치 홀로노믹, 즉 순간적으로 속도와 방향을 바꿀 수 있는 입자처럼 취급한다. 이는 실제 로봇에게는 해당되지 않는다. 케페라(그림 8.9 참조)와 같은 연구용 로봇은 어떤 방향으로든 회전할 수 있지만 바퀴와 표면 사이의 접촉으로 인해 결과적으로 오차가 존재한다. 많은 로봇에는 애커먼^{Ackerman}, 자동차, 스티어링 장치가 있다. 그리고 자동차로 평행 주차를 해본 사람이라면 자동차는 특정 방향으로만 갈 수 있다는 것을 알고 있다. 즉, 자동차는 옆으로 갈 수 없다.

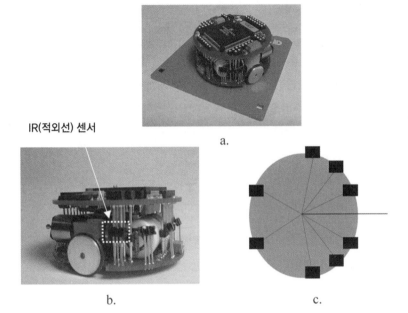

그림 8.9 케페라(Khepera)의 미니어처 로봇. a) 플로피 디스크 위에 있는 케페라의 모습.
(b) 허리 위치에 설치된 IR 센서(사각형 점선으로 표시). c) IR 센서의 방향

세 번째 문제는 필드의 합이 0.0이 될 수 있다는 것이다. 그림 8.7로 돌아가 목표 지점과 장애물 사이에 선을 그어보자. 장애물 뒤에 있는 선을 따라 벡터에는 헤드(화살표 방향)만 있고 본체(화살표 길이)는 없다. 이는 매그니튜드가 0.0이고 해당 지점에 도달했을 때 로봇이 정지 상태에서 다시 움직이지 않는다는 것을 의미한다. 퍼텐셜 필드에는 이렇게 로봇이 꼼짝할 수 없는 계곡이나 낮은 지역이 있기 때문에 이를 로컬 미니마 문제라고 한다. 로컬 미니마 문제는 이 장의 끝에서 다룬다.

8.3.6 센서당 하나의 행동을 이용하는 예

벡터 합계를 계산하는 아이디어가 얼마나 강력한지를 보여주는 또 다른 예로 장애물 회피에 대한 RUNAWAY 행동이 실제 로봇에 어떻게 구현되는지 생각해보면 좋을 것 같다. 그림 8.9는 케페라Khepera 로봇의 IR 범위 센서의 레이아웃 예다. 센서는 플랫폼에 영구적으로 장착돼 있으므로 전방을 기준으로 각도 α_i를 알 수 있다. 센서가 범위 판독 값을 수신하면 해당 센서 앞에 뭔가가 있는 것이다. 척력 필드에서 RUAWAY에 대한 출력 벡터는 각도 α_i와 180° 반대다. IR 센서는 장애물이 센서 축에서 약간 벗어날 수도 있다는 판단을 내릴 수 없으므로 판독 값은 장애물이 센서 앞에 직각으로 있는 것처럼 취급된다.

이 센서가 로봇에 장착된 유일한 센서인 경우 RUNAWAY 행동은 매우 간단할 것이다. 하지만 케페라의 경우처럼 로봇에 여러 개의 거리 센서가 있다면 장애물이 클수록 동시에 여러 센서에 의해 감지될 것이다. 일반적인 해결책은 센서 각각에 대해 RUNAWAY 행동을 취하는 것이다. 이를 동일한 행동의 다중 인스턴스화multiple instantiations라고 한다. 다음은 다중 인스턴스화 관련 코드의 일부다. 각 센서를 폴링하고자 루프를 추가하기만 하면 된다. 여기서는 벡터 덧셈의 2가지 성질인 결합법칙($a + b + c + d$는 $((a + b) + c)+ d$로 계산할 수 있음)과 교환법칙(벡터 합계가 어떤 순서로 계산되는지는 중요하지 않음)을 이용한다.

```
while (robot==ON) {
  vectorOutput.mag=vectorOutput.dir=0.0; // 0으로 초기화
  for (i=0; i<=numberIR; i++) {
    vectorTemp=RUNAWAY(i);                // 센서 번호를 받아들임
    vectorOutput = VectorSum(vectorOutput,vectorTemp);
  }
  turn(vectorOutput.direction);
  forward(vectorOutput.magnitude*MAX-VELOCITY);
}
```

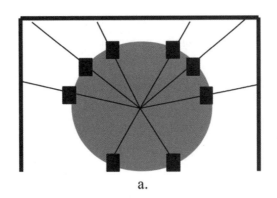

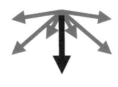

그림 8.10 박스 캐니언 속 케페라의 예

a) 범위 판독 값 (b) RUNAWAY (회색)의 개별 인스턴스 벡터와 이를 하나로 합한 출력 벡터

그림 8.10의 예를 보자. 여기서 로봇은 벽에 대한 모델을 만들지 않고도 박스 캐니언^{box canyon}이라는 동굴과 같은 덫에서 빠져나올 수 있다. 각 인스턴스는 벡터에 반영돼 그중 일부는 나중에 상쇄되는 X 또는 Y 성분을 갖는다.

앞의 프로그램은 생태학적 관점에서 동물의 행동 현상과 동일하기 때문에 상당히 멋지다고 볼 수 있다. 7장에서 한쪽 눈이 다른 쪽 눈과 따로따로 파리를 보고 반응하는 라나 컴퓨테트릭스^{rana computatrix} 모델과 실제 두꺼비 모델을 떠올려보자. 이 경우 이 프로그램은 마치 로봇에 8개의 독립적인 눈이 있는 것처럼 다루고 있다.

로보틱스 관점에서 이 예는 2가지 중요한 점을 보여준다. 첫째, 감지와 액션의 직접 결합이 이뤄진다. 둘째, 행동 프로그래밍은 우수한 소프트웨어 공학 관행에도 잘 부합한다. runaway 함수는 함수의 응집력^{functional cohesion}을 나타내는데, 여기서 함수는 1가지를 잘하고 함수에 있는 모든 문장은 함수의 목적과 직접적으로 관련이 있음을 의미한다.^[186] 함수의 응집력은 함수가 주요 프로그램에 부수효과^{side effect}를 도입하거나 다른 함수에 대한 의존성이 있을 가능성이 낮기 때문에 바람직하다.

전체적인 조직은 데이터 커플링에서 확인할 수 있다. 여기서 각 함수 호출은 간단한 인수를 취한다.[186] 데이터 커플링은 모든 함수가 독립적이라는 것을 의미하기 때문에 좋다. 예를 들어 프로그램은 더 많은 IR 센서를 수용하고자 쉽게 변경될 수 있다.

다중 인스턴스화에 대한 또 다른 방법은 runaway에 대한 퍼셉션 스키마가 8가지 범위 판독 값을 모두 갖게 하는 것이다. 우선 내부적으로 8개의 벡터를 모두 합하는 것을 생각해볼 수 있다(연습문제에서는 하나의 행동에서 나온 결과 벡터가 8개의 범위 판독 값에서 나온 벡터를 합한 것과 동일하다는 것을 보여준다). 이 방법은 소프트웨어 공학 관점에서는 그렇게 우아하진 않다. 코드가 로봇에만 적용되고(이를 절차적 응집력 procedural cohesion이 있다고 한다) 해당 위치에 8개 범위 센서가 있는 로봇에서만 사용할 수 있기 때문이다. 다른 긴급 행동을 생성하는 또 다른 접근법은 퍼셉션 스키마 함수 호출이 가장 큰 단일 범위 판독의 방향과 거리를 반환하게 하는 것이다. 이 접근법은 행동을 더 선택적으로 만든다.

8.3.7 장점과 단점

아키텍처의 퍼텐셜 필드 스타일은 많은 이점을 갖고 있다. 퍼텐셜 필드는 넓은 공간 영역에서 쉽게 시각화할 수 있는 연속형 표현이다. 따라서 설계자는 로봇의 전반적인 행동을 좀 더 쉽게 시각화할 수 있다. 또한 필드 및 C++ 등의 언어와 결합해 행동 관련 라이브러리를 만들 수 있다. 뿐만 아니라 퍼텐셜 필드는 파라미터화할 수 있다. 즉, 영향 범위는 제한될 수 있으며 연속형 함수는 거리에 따른 매그니튜드 변화(선형적, 기하급수적 등)를 나타낼 수 있다. 게다가 2차원 필드는 보통 3차원 필드로 확장될 수 있기 때문에 2D를 위해 개발된 행동들은 3D에 효과가 있을 것이다.

퍼텐셜 필드를 가진 반응형 시스템을 구축할 때 단점은 다음과 같다. 퍼텐셜 필드에 대해 가장 일반적으로 거론되는 문제는 다중 필드를 크기가 0인 벡터에 합칠 수 있다는 것이다. 이를 로컬 미니마 문제라고 한다. 그림 8.10의 박스 캐니언 문제로 돌아가 보자. 로봇이 박스 캐니언 뒤쪽 한 지점으로 이끌린다면 인력 벡터는 반발력 벡터를 취소할 수 있고 모든 힘이 상쇄되기 때문에 로봇은 정지 상태를 유지할 것이다. 박스 캐니언 문제는 로컬 미니마의 아주 적절한 예다. 실제로, 이 문제에 대한 해결책은 아주 많다. 가장 초기 버전 중 하나는 항상 랜덤 노이즈에서 작은 크기의 벡터를 생성하는 모터 스키마를 갖게 하는 것이었다.[12] 모터 스키마의 노이즈는 로봇을 로컬 미니마에서 분리하는 역할을 한다. 로봇이 로컬 미니마나 맥시마가 언제 발생할지 알 수 없었기 때문에 랜덤 노이즈 스키마는 항상 활성화됐다.

또 다른 해결책은 내비게이션 템플릿navigation templates(NaT)이다.[196] NaT에서 회피 행동은 다른 행동들로부터 합쳐진 벡터를 입력으로 받는다. 이 전략적 벡터는 근처에 장애물이 없을 경우 로봇이 나아갈 방향을 나타낸다. 로봇이 이러한 전략적 벡터를 갖고 있다면 그 벡터는 장애물이 오른쪽을 통과해야 하는지 왼쪽을 통과해야 하는지에 대한 단서를 제공한다. 예를 들어 로봇이 다리를 건너고 있는 경우(그림 8.11 참조) 로봇은 다리 중간에 머물고자 오른쪽에 있는 장애물 왼쪽으로 지나가려고 한다. 전략적 벡터는 왼쪽과 오른쪽을 정의한다.

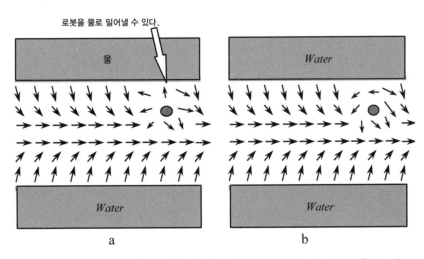

그림 8.11 퍼텐셜 필드의 문제 a) 예, b) 문제점을 없애려고 NaTs를 이용하는 예

로컬 미니마 문제에 대한 세 번째 해결책은 필드를 조화 함수harmonic function로 표현하는 것이다.[51] 조화 함수로 구현되는 퍼텐셜 필드는 로컬 미니마가 0이 되지 않게 보장한다. 이는 로봇에 작용하는 벡터뿐만 아니라 전체 필드를 넓은 영역에 대해

계산해야 하기 때문에 계산 비용이 더 많이 든다.

퍼텐셜 필드 아키텍처에 대한 주요 사항을 요약하면 다음과 같다.

- 행동은 하나 이상의 모터 및 퍼셉션 스키마나 행동으로 구성된다. 행동에 대한 모터 스키마는 퍼텐셜 필드여야 한다.
- 모든 행동이 동시에 작동하며 출력 벡터가 합산된다. 행동을 내부적으로 나열하는 추상적인 행동이 있을 수 있지만 행동은 동등하게 취급되고 레이어화되지 않는다. 코디네이션 제어 프로그램은 지정되지 않았다. 설계자는 논리, 유한 스테이트 오토마타 또는 적절하다고 볼 수 있는 모든 것을 사용할 수 있다. 시퀀싱은 일반적으로 릴리저^{releaser}라는 환경에서 인지된 단서나 어포던스에 의해 제어된다.
- 모든 행동이 동등하게 취급되지만 행동은 로봇의 전반적인 행동에 다양한 기여를 할 수 있다. 행동은 다른 행동에 대한 이득을 변경해 출력의 확대/축소를 감소시키거나 증가시킬 수 있다. 이는 행동이 다른 행동을 억제하거나 흥분시킬 수 있다는 것을 의미한다.
- 퍼셉션은 대개 다이렉트 퍼셉션이나 어포던스로 처리된다.
- 퍼셉션은 여러 가지 행동에 의해 공유될 수 있다. 아프리오리$^{a\ priori}$ 지식은 특수 센서를 모방할 수 있게 퍼셉션 스키마에 제공될 수 있다. 예를 들어 레인지 센서를 사용하는 퍼셉션 스키마는 문에서 홀이 헷갈리지 않도록 복도 너비에 대한 아프리오리 지식을 사용할 수 있다.

8.4 경쟁 기법: 서브섬션

경쟁 기법은 일반적으로 서브섬션이나 투표와 같은 일종의 중재 기법을 사용한다. 서브섬션 기법에서는 더 높은 레벨의 행동이 더 낮은 레벨의 행동을 포함하거나 억제한다. 투표 기법에서는 행동이 투표를 통해 승자독식$^{winner\text{-}take\text{-}all}$ 시나리오로 이어진다. 로드니 브룩스$^{Rodney\ Brooks}$의 서브섬션 아키텍처(전통적으로 소문자 's'로 표현한다)는 순수 반응형 시스템^{purely reactive system}과 관련된 경쟁 기법 중에서 가장 영향력이 크다. 그 영향의 일부는 대중^{publicity}, 즉 서브섬션으로 만들어진 매우 자연주의적인^{naturalistic} 로봇을 둘러싸고 있는 대중으로부터 기인한다. 그림 8.12와 같이 이 로봇들은 실제로 6개의 다리와 더듬이를 가진 신발 상자 크기의 곤충 모양을 띠고 있었다. 이 로봇들은 쉐이키의 '이동–생각–이동–생각'과 같이 멈칫거리지 않은 채 걷고, 충돌을 피하고, 장애물을 넘을 수 있는 최초의 로봇이었다.

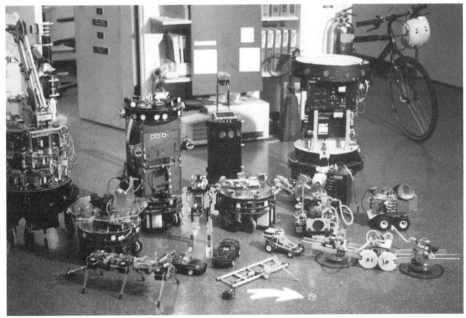

그림 8.12 서브섬션 아키텍처를 이용한 MIT AI 연구실의 '베테랑(Veteran)' 로봇(출처: 로드 브룩스(Rod Brooks))

서브섬션 아키텍처에서 '행동'이라는 용어는 스키마 이론에서보다 덜 정확한 의미를 갖는다. 행동은 작업을 수행하는 센싱과 액션 모듈의 네트워크다. 이러한 모듈은 다른 모듈과 연결될 수 있게 하는 향상된 기능뿐만 아니라 레지스터, 타이머 등이 포함된 유한 스테이트 오토마타 내지는 증강형 유한 스테이트 오토마타^{AFSM, Augmented FSM}다. AFSM은 행동 스키마 내에서 조정된 제어 전략과 스키마 사이의 인터페이스와 동일하다. 스키마 이론의 관점에서 서브섬션 행동은 사실 이 책에서 추상적 행동

abstract behavior이라고 부르는 하나 이상의 행동 스키마를 모아놓은 것이다.

서브섬션 행동은 외부 프로그램이 명시적으로 코디네이션 및 제어하지 않고 자극
-반응 방식으로 방출된다. 방출과 제어 관점에서 서브섬션에는 4가지 흥미로운 측
면이 있다.

1. 모듈들이 경쟁 레이어로 그룹을 이룬다. 이러한 레이어들은 지능 내지는
   경쟁의 레이어를 반영한다. 서브레이어는 충돌을 피하는 것과 같은 기본적
   인 생존 함수를 캡슐화하는 반면 상위 레이어는 매핑mapping과 같은 목표
   지향 작업을 더 많이 생성한다. 각 레이어는 특정 작업에 대한 추상적 행동
   으로 볼 수 있다.

2. 상위 레이어의 모듈들은 다음 서브레이어의 행동으로부터 결과물을 재정
   의하거나 포함할 수 있다. 행동 레이어들은 동시에 독립적으로 작동하므로
   잠재적 충돌을 처리할 메커니즘이 필요하다. 서브섬션에서 솔루션은 승자
   가 항상 상위 레이어인 승자독식의 한 유형이다.

3. 내부 스테이트는 사용하지 않는다. 이 경우 내부 스테이트는 월드의 스테
   이트나 모델을 나타내는 모든 유형의 국지적이고 영구적인 표현local,
   persistent representation을 의미한다. 로봇은 어떤 상황에 놓인 에이전트이므로
   로봇의 정보 대부분은 월드에서 직접 가져와야 한다. 로봇이 내부 표현만
   이용할 경우 로봇이 믿는 것이 현실과 괴리를 보이기 시작할 수 있다. 두려
   움이나 배고픔과 같은 행동을 하려면 어떤 내부 스테이트가 필요하지만
   행동을 잘 설계하면 이런 것들의 필요성을 최소화할 수 있다.

4. 작업은 적절한 레이어를 활성화한 다음 그 아래의 레이어를 활성화하는
   방식으로 수행된다. 그러나 실제로 서브섬션 스타일 시스템은 쉽게 태스크
   가 되지 않는다. 즉, 행동을 재구성하지 않고는 다른 작업을 수행하도록
   명령할 수 없다.

8.4.1 예제

앞에서 살펴본 측면을 예를 통해 자세히 알아보자. 이 예는 스키마 이론 용어 및 퍼텐셜 필드 방법론과의 비교를 용이하게 하는 브룩스의 연구에서 광범위하게 수정된 것이다. 어떤 것과도 충돌하지 않으면서 앞으로 나아갈 수 있는 로봇은 레벨 0이라는 단일 레이어로 표현될 수 있다. 이 예에서 로봇에는 각각 다른 방향을 가리키는 여러 개의 수중 음파 탐지기(또는 기타 레인지 센서)와 전진 및 회전을 위한 두 개의 액추에이터가 있다.

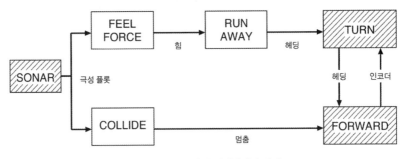

그림 8.13 서브섬션 아키텍처의 레벨 0

그림 8.13에서 **SONAR** 모듈은 음파 탐지 범위를 읽고 노이즈를 필터링하며 극성 플롯을 생성한다. 극성 플롯은 극좌표계 (r, θ)로 로봇을 둘러싼 범위 판독 값을 나타낸다. 그림 8.14와 같이 극성 플롯은 '흔들리지 않음'일 수 있다.

정면을 향하고 있는 음파 탐지기의 범위 판독 값이 특정 임곗값보다 낮으면 **COLLIDE** 모듈이 충돌을 선언하고 정지 신호를 전방 드라이브 액추에이터로 보낸다. 로봇이 앞으로 나아가고 있었다면 당장 멈춘다. 한편 **FEELFORCE** 모듈은 동일한 극성 플롯을 수신하고 있다. 이는 각 음파 탐지기를 벡터로 나타낼 수 있는 반발력으로 처리된다. 벡터는 크기와 방향으로 구성된 수학적 구조임을 기억하기 바란다. **FEELFORCE**는 각 음파 탐지기 판독 값의 벡터를 합한 것으로 생각할 수 있다. 이러면 새 벡터가 생성된다. 그런 다음 반발 벡터가 **TURN** 모듈로 전달된다. **TURN** 모듈은 방향을 분리해 회전시키고 스티어링 액추에이터로 전달한다. 또한 **TURN**은 벡터를

FORWARD 모듈로 전달하며 FORWARD 모듈은 벡터의 매그니튜드를 사용해 다음 포워드 모션의 매그니튜드(거리나 속도)를 결정한다. 이를 통해 로봇은 방향을 튼 다음 장애물로부터 짧은 거리를 움직인다.

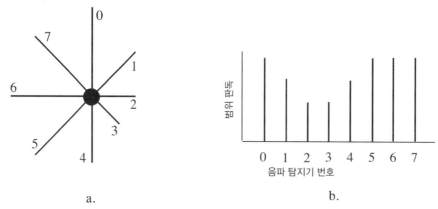

a.   b.

그림 8.14 음파 범위 판독 값 8개의 극성 플롯
a. 음향 축에 따른 범위 판독 값의 '로봇 중심적' 관점, b. a를 펼쳐놓은 결과

관찰 가능한 행동이란 장애물이 가까이 올 때까지 로봇이 움직이지 않을 거라는 것을 의미한다. 로봇의 어느 한쪽에 장애물이 있으면 로봇은 180도 다른 방향으로 회전해 앞으로 이동한다. 즉, 기본적으로 로봇은 도망친다. 이렇게 하면 사람이 로봇을 끌고 다닐 수 있다. 장애물(또는 로봇)이 움직이지 않거나 움직이는 경우 로봇은 장애물에 반응할 수 있다. 각 센서 업데이트 시 반응이 계산된다.

그러나 장애물의 일부나 다른 장애물이 완전히 정면에 있으면(일부 장애물은 로봇을 벽으로 밀어 넣으려고 함) 로봇이 정지한 다음 runaway 결과를 적용한다. 그래서 로봇은 멈추고, 회전하고, 다시 앞으로 나아가기 시작할 것이다. 로봇이 일단 정지하면 회전하거나 전진하는 동안 장애물의 측면을 긁는 상황을 막을 수 있다. 레벨 0은 매우 단순한 모듈에서 상당히 복잡한 일련의 작업이 어떻게 나타날 수 있는지를 보여준다.

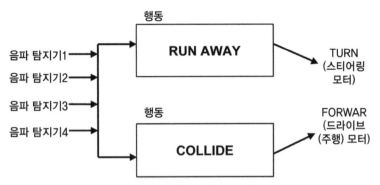

그림 8.15 프리미티브 행동 관점에서 레벨 0의 모습

이 책에서 사용된 용어로 서브섬션 아키텍처를 다시 작성해보자(그림 8.15 참조). 우선 서브섬션의 수직적 분해^{vertical decomposition}처럼 보이는지 주목해보자. 센서 데이터는 동시에 일어나는 행동을 통해 액추에이터로 넘겨지고 각각의 행동을 통해 로봇은 올바른 작업을 수행하게 된다. SONAR 모듈은 센서에 대한 전역 인터페이스로 간주되는 반면 TURN 및 FORWARD 모듈은 액추에이터(인터페이스)의 일부로 간주된다. 이 책에서 행동은 퍼셉션 스키마와 모터 스키마로 구성돼야 한다. 퍼셉션 스키마는 센서에 연결되고 모터 스키마는 액추에이터에 연결된다. 레벨 0의 경우 퍼셉션 스키마는 FEELFORCE 및 COLLIDE 모듈에 포함돼 있다. 모터 스키마는 RUNAWAY 및 COLLIDE 모듈이다. COLLIDE는 퍼셉션 처리(직접 전방을 향한 음파 탐지기의 벡터를 추출함)와 액션 패턴(판독 값이 있는 경우 음파 탐지)을 모두 결합한다. 프리미티브 행동은 레이어를 통과하는 두 경로를 반영한다. 하나는 도망치는 행동이고 다른 하나는 충돌하는 행동이라고 할 수 있다. 이러한 행동들을 통해 풍부한 장애물 회피 행동이나 경쟁 레이어가 생성된다.

이 행동들이 다이렉트 퍼셉션 내지는 어포던스를 사용했다는 것도 알아둬야 한다. 범위 판독 값이 있으면 장애물이 있음을 알 수 있다. 로봇이 장애물이 무엇인지 알 필요가 없다.

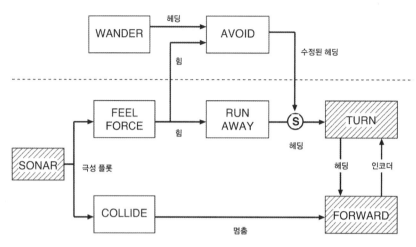

그림 8.16 레벨 1: 떠돌아다니기

움직이지 않고 앉아 있는 대신 실제로 주변을 배회하지만 여전히 장애물을 피할 수 있는 로봇을 만들어보자. 서브섬션에서 그림 8.16과 같이 두 번째 경쟁 레이어(레벨 1)가 추가된다. 이 경우 레벨 1은 n초마다 임의의 헤딩heading을 계산하는 WANDER 모듈로 구성된다. 임의로 아무데나 향하는 헤딩은 벡터로 생각할 수 있다. 로봇은 이 헤딩을 TURN 및 FORWARD 모듈로 전달해야 한다. 그러나 TURN 모듈로 직접 전달될 수는 없다. 이렇게 하면 TURN은 하나의 입력만 받아들이기 때문에 장애물 회피를 포기하게 된다. 1가지 해결책은 레벨 1에 FEELFORCE 벡터와 WANDER 벡터를 결합한 또 다른 모듈을 추가하는 것이다. 새로운 AVOID 모듈을 추가하면 장애물에 대한 좀 더 정교한 대응이 가능하다. AVOID는 회피할 힘의 방향에 가고자 하는 방향을 원하는 헤딩을 결합한 것이나. 이러면 로봇이 대개 올바른 방향인 실제 헤딩을 결과로 얻는다. AVOID 모듈이 다음 서브레이어의 구성 요소를 몰래 엿볼eavesdrop 수 있었다는 점에도 주목하자. AVOID의 헤딩 출력은 RUNAWAY의 출력과 동일하므로, TURN은 입력이 무엇이든 다 가능하다

이제 문제는 "언제 어떤 레이어에서 헤딩 벡터를 받아들일 것인가?"인데, 서브섬션을 사용하면 단순해진다. 상위 레벨의 출력이 하위 레벨의 출력을 포함한다. 서브섬션은 2가지 방법 중 하나로 수행된다.

1. **인히비션**inhibition: 인히비션(억제)에서는 서브섬션 모듈의 출력이 다른 모듈의 출력에 연결된다. 서브섬션 모듈의 출력이 'ON'이거나 값이 있는 경우 서브섬션 모듈의 출력이 차단되거나 'OFF'된다. 인히비션은 출력 스트림을 켜고 끄는 수도꼭지 같은 역할을 한다.

2. **서프레션**suppression: 서프레션(억압)에서 하위 모듈의 출력은 다른 모듈의 입력에 연결된다. 서브섬션 모듈의 출력이 켜져 있으면 서브섬션 모듈에 대한 일반 입력을 대체한다. 서프레션 행동은 스위치처럼 작동해 한 입력 스트림을 다른 입력 스트림과 교환한다.

이 경우 AVOID 모듈은 RUNAWAY의 출력을 억압한다(그림에 S로 표시). RUNAWAY는 여전히 실행 중이지만 출력은 변경되지 않는다. 대신 AVOID의 출력이 TURN으로 넘어간다.

레이어와 서브섬션을 사용하면 서브레이어를 수정하지 않고 경쟁력이 낮은 레이어 위에 새로운 레이어를 구축할 수 있게 한다. 이는 소프트웨어 공학 측면에서 모듈화를 용이하게 하고 테스트를 단순화한다. 또한 레벨 1 행동을 사용할 수 없을 경우 레벨 0은 그대로 유지된다는 점에서 어느 정도 견고성도 있다. 로봇은 최소한 다가오는 장애물로부터 도망치는 자기 방어 메커니즘을 보존할 수 있을 것이다.

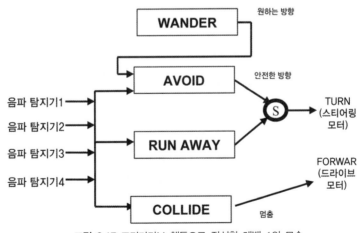

그림 8.17 프리미티브 행동으로 작성한 레벨 1의 모습

그림 8.17은 레벨 1을 행동으로 작성한 예다. FEELFORCE는 RUNAWAY와 FEELFORCE 에서 모두 사용했다는 점에 유의하라. FEELFORCE는 두 행동의 퍼셉션 구성 요소(또는 스키마)이며 AVOID 및 RUNAWAY 모듈은 모터 구성 요소(또는 스키마)다. 흔히 그렇듯 이 행동은 관찰 가능한 행동의 이름을 따서 명명된다. 즉, 행동(퍼셉션 및 액션으로 구성됨)과 행동 구성 요소의 이름이 동일하다. 이 그림에는 AVOID 및 RUNAWAY 행위가 동일한 FEELFORCE 퍼셉션 스키마를 공유한다는 것이 나와 있지 않다. 9장에서 설명 하겠지만 스키마 이론의 객체지향 특성은 퍼셉션 및 모터 구성 요소의 재사용과 공유를 용이하게 한다.

이제 로봇이 그림 8.18과 같이 복도 아래로 이동할 수 있도록 세 번째 레이어를 추가해보자(브룩스의 논문에서 세 번째 레이어는 매핑 작업을 고려했기 때문에 '탐사'다). LOOK 모듈은 음파 극성 플롯을 검사하고 복도를 식별한다(이는 동일한 센서 데이터를 공유하지 만 다른 용도로 로컬에서 사용하는 행동의 또 다른 예다). 복도를 식별하는 것은 단지 범위 데이터를 추출하는 것보다 현실적으로 더 계산 비용이 많이 들기 때문에 LOOK을 실행하는 데 더 오랜 시간이 걸릴 수 있다. LOOK은 방향을 나타내는 벡터를 통로 가운데로 통과시켜 STAYINMIDDLE 모듈로 이동시킨다.

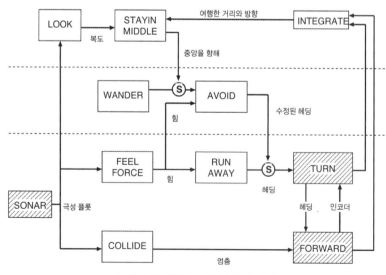

그림 8.18 레벨 2: 복도를 따라 이동

STAYINMIDDLE은 WANDER 모듈을 가정하고 해당 출력을 AVOID 모듈로 전달하며 이 모듈은 장애물을 우회할 수 있다.

하지만 LOOK 모듈이 새로운 방향을 계산하지 않았다면 로봇은 어떻게 정상으로 돌아갈까? 이 경우 INTEGRATE 모듈은 액추에이터의 샤프트 인코더에서 로봇의 실제 움직임을 관찰해왔다. 이를 통해 LOOK에 의한 마지막 업데이트 이후 로봇이 얼마나 멀리 이동했는지 추정할 수 있다. STAYINMIDLE은 의도된 과정과 함께 추측 항법^{dead} ^{reckoning} 데이터를 사용해 새로운 이동 경로 벡터$^{course\ vector}$를 계산할 수 있으며 다른 모듈의 업데이트 비율 간의 차이를 메우는 역할을 한다. LOOK과 STEENINMIDLE은 소프트웨어 측면에서 상당히 정교하다는 점에 유의하기 바란다.

INTEGRATE는 위험한 내부 상태를 제공하는 모듈의 예다. 즉, 실제 월드의 피드백을 대신하는 것이다. 어떤 이유에서인지 LOOK 모듈의 업데이트가 이뤄지지 않으면 로봇은 센서 데이터 없이 영원히 작동할 수 있다. 최소한 로봇이 박살나기 전까지는 그렇다. 따라서 서브섬션 스타일 시스템은 서프레션 및 인히비전에 대한 시간 상수를 포함한다. STAYINMIDE의 서프레션이 새 업데이트 없이 n초 이상 실행되면 서프레션은 중단된다. 그런 다음 로봇이 돌아다니기 시작하고 신호 손실을 초래한 (통로가 완전히 막히는 것과 같은) 문제가 스스로 해결된다.

하지만 로봇이 복도를 내려가기 시작하지 않았다는 것을 어떻게 알까? 이에 대한 답은 "로봇은 모른다."'이다. 설계에서는 로봇의 생태학적 부분에 항상 일종의 통로가 존재한다고 가정한다. 그렇지 않으면 로봇이 의도한 대로 작동하지 않는다. 이를 통해 반응형 시스템에는 "기억이 없다."는 점도 유추할 수 있다.

서브섬션을 요약하면 다음과 같다.

- 서브섬션은 센싱과 액팅을 긴밀하게 결합$^{tightly\ coupling}$하기 때문에 행동을 느슨하게 정의한다. 서브섬션이 스키마 이론 구조는 아니지만 그러한 용어로 설명할 수 있다. 스키마 유사 모듈을 경쟁 레이어$^{layers\ of\ competence}$나 추상적 행동으로 그룹화한다.
- 상위 레이어는 서브레이어에서의 행동을 포함하거나 인히비션(억제)할 수

있지만 서브레이어에서의 행동은 결코 다시 작성되거나 대체되지 않는다. 프로그램의 관점에서 보면 이상하게 보일 수 있다. 하지만 이는 생물학적 진화를 모방한 것이다. 개구리가 도망가는 행동은 실제로 움직이는 물체를 향해 움직이는 행동과 물체가 클 때 실제로 그러한 행동을 서프레션(억압)하는 두 행동의 결과였다는 것을 생각해보기 바란다.

- 모든 행동 설계와 마찬가지로 서브섬션 구현을 위한 레이어와 구성 요소 행동을 설계하는 건 어렵다. 그것은 과학이라기보다는 예술에 가깝다. 이는 모든 반응형 아키텍처에 해당된다.

- 서브섬션에는 STRIPS 같은 계획은 없다. 대신 행동들은 환경에 자극의 존재에 의해 방출된다.

- 서브섬션은 월드를 모델링할 필요성을 없애 프레임 문제를 해결한다. 또한 개방형 월드가 단조롭지 않고 어떤 종류의 진실 유지 메커니즘을 갖고 있는 것을 걱정할 필요가 없다. 그 행동들은 과거를 기억하지 못하기 때문이다. 고정적 액션 패턴 유형의 동작(예, 복도를 따라가는)을 유도하는 지각 지속성이 있을 수 있지만 환경 변화를 감시하는 메커니즘은 없다. 그 행동들은 단순히 환경에 있는 자극에도 반응한다.

- 퍼셉션은 대부분 직접적이며 어포던스를 이용한다. 행동을 위한 릴리저는 거의 항상 모터 스키마를 가이드하기 위한 퍼셉션이라고 볼 수 있다.

- 퍼셉션은 자기중심적이고 분산적이다. '로봇이 방황하는' 레이어 2의 예에서 음파 탐지 극성 플롯은 로봇에 대해 상대적이다. 센서가 업데이트될 때마다 새로운 극성 플롯이 생성됐다. 또한 극성 플롯은 이를 필요로 하는 모든 프로세스(공유 글로벌 메모리)에도 사용할 수 있어서 사용자 모듈을 배포할 수 있었다. 퍼셉션 스키마의 출력을 다른 레이어와 공유할 수 있다.

8.5 시퀀스: 유한 스테이트 오토마타

퍼텐셜 필드와 서브섬션은 개별 행동을 처리하는 데 좋다. 그러나 어떤 행동들은 상호작용이 더 미묘할 수 있는 더 큰 추상적 행동의 형태를 띨 수 있다. 이런 경우 유한 스테이트 오토마타[FSA] 또는 스크립트[68;72;117;150] 또는 스킬[77;76]이라는 관련 구성[related construct]이 좋은 방안일 수 있다. 3가지는 동등하지만 다른 프로그래밍 스타일을 반영한다. 여러분이 이러한 공통 컴퓨팅 구조에 익숙해져야 하기 때문에 이 절에서는 FSA를 설명한다.

FSA는 프로그램이 주어진 시간이나 환경에서 무엇을 해야 하는지 지정하기 위한 인기 있는 메커니즘의 집합이다. FSA는 일반적으로 설계자에게 시각적 표현을 제공하는 스테이트 다이어그램과 함께 표로 작성된다. 대부분의 설계자들은 이 2가지를 모두 작성한다. FSA에는 많은 변형이 있지만 각각은 거의 같은 방식으로 작동한다. 이 절은 알고리듬 개발에 사용된 표기법을 따른다.

8.5.1 도로 주행 FSA

이 절에서는 콜로라도 광산학교[Colorado School of Mines]의 1994년 무인 지상 로보틱스[UGR, Unmanned Ground Robotics] 경진대회 참가를 사례로 다룬다. 경진대회와 출품작은 19장에 자세히 설명돼 있다. 골프 카트 크기의 로봇이 녹색 잔디 위에 흰색 선으로 그려진 '도로'를 자율 주행하는 것이었다. 흰색 선을 가린 '길'의 가장자리에는 건초더미가 놓여 있었다. 콜로라도 광산학교의 로봇 CSM[Colorado School of Mines] 엔트리는 카메라로 흰 줄을 보고 그 줄을 따라가거나 음파 탐지기로 건초더미를 탐지하고 이를 통과할 때까지 직진했다.

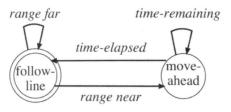

a.

$M : K = \{\text{follow-line, move-ahead}\}, \Sigma = \{\text{range near, range far}\},$
$s = \text{follow-line}, F = \{\text{follow-line, move-ahead}\}$

q	σ	$\delta(q, \sigma)$
follow-line	range near	move-ahead
follow-line	range far	follow-line
move-ahead	time remaining	move-ahead
move-ahead	time elapsed	follow-line

b.

그림 8.19 UGV 경진대회에서 행동 코디네이션과 제어를 유한 스테이트 오토마타로 표현한 결과
a) 다이어그램, b) 테이블

애플리케이션과 관계없이 설계자는 로봇 내부에 있어야 하는 한정된 수의 이산 스테이트를 지정하는 것으로 시작한다. 스테이트 집합은 K로 나타내며 각 스테이트 $q \in K$는 동시에 활성화돼야 하는 행동의 목록이다. UGR 경기의 경우 CSM 엔트리 설계에는 선을 따라 이동하거나 앞으로 움직이는 2가지 스테이트가 있었다. 스테이트는 헤딩 q에 대해 테이블과 그래프의 원으로 표현한다(그림 8.19 참조). 관례상 시작을 위한 Start 스테이트는 항상 존재하며 로봇은 항상 여기서 시작된다. Start 스테이트는 종종 s 또는 q_0로 쓰고 이중 원으로 표현한다. UGR 엔트리의 경우 **follow-line** 스테이트가 시작 스테이트다. 로봇은 항상 **follow-line** 행동이 활성이면서 억압받지 않는 스테이트로 시작하기 때문이다.

FSA의 다음 부분은 입력 집합(알파벳이라고도 함)이다. 입력은 행동 릴리저이며 테이블의 열column 헤딩에 해당하는 σ에 나타난다. IRM 다이어그램과 달리 FSA 테이블은 가능한 모든 입력에 대해 각 스테이트 q에 어떤 일이 일어나는지를 고려한다. 그림 8.19와 같이 UGV 예제의 경우 2개의 릴리저만 있으므로 테이블에 행row이 많지 않다.

FSA의 세 번째 부분은 전이 함수$^{transition\ function}$ δ인데, 로봇이 입력 자극 σ를 받았을 때 어떤 스테이트인지를 지정한다. 로봇이 인식할 수 있는 자극이나 어포던스 σ의 집합은 Σ로 표현한다. 이러한 자극은 화살표로 표현하며, 각 화살표는 행동의 릴리저를 나타낸다. 릴리저에 의해 트리거되는 새로운 행동은 로봇의 스테이트에 따라 달라진다. 방출에 의한 이러한 트리거는 동물이 말 그대로 현재 스테이트와 관련이 없는 릴리저를 무시하는 선천적 방출 메커니즘^{IRM}과 같다.

또 7장의 'IRM의 시리얼 프로그램 구현' 부분에서 에이전트가 매 초마다 릴리저에게 '알림'을 줬음을 떠올려보자. 루프를 한 번 반복할 때 에이전트가 배고픔을 느끼고 피딩 스테이트로 '진입'할 수 있다. 다음 반복 시행에서 허기가 여전히 달래지지 않아서 피딩 스테이트에 다시 진입할 수 있다. 이는 피딩 스테이트에서 시작해 피딩 스테이트를 가리키는 화살표로 나타낼 수 있다.

그림 8.19의 예를 들어 로봇은 라인을 따라가는 스테이트에서 시작한다. 즉, 로봇이 라인을 따라 이동하기 시작할 때까지 (range near를 감지하는 음파 탐지기로 표시된) 시각적 주의 산만$^{visual\ distraction}$을 처리할 준비가 돼 있지 않다. 이 경우 프로그램이 실패할 수 있는데, 이는 FSA가 최소 한 번 이상의 업데이트 주기 동안 주의 산만에 대응하지 않을 거라고 분명히 나타내기 때문이다. 그 때쯤이면 로봇이 잘못된 방향으로 향하고 있을 수 있다. UGR 대회에서는 출발선 근처에 건초더미가 없다는 것을 사전에 알 수 있었기 때문에 **follow-line** 출발이 괜찮았다. 좀 더 일반적인 사례는 그림 8.20에 나타나 있으며 여기서 로봇은 명확한 경로나 건초더미가 있는 곳에서 시작할 수 있다. 로봇이 건초더미에서 시작할 경우 길을 따라 똑바로 가는 게 좋다는 것이 FSA에서는 명확하지 않다.

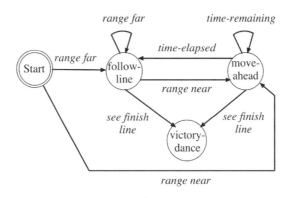

a.

$M: K = \{\text{follow-line, move-ahead}\}, \Sigma = \{\text{range near, range far}\},$
$s = \text{follow-line}, F = \{\text{follow-line, move-ahead}\}$

q	σ	$\delta(q, \sigma)$
follow-line	range near	move-ahead
follow-line	range far	follow-line
move-ahead	time remaining	move-ahead
move-ahead	time elapsed	follow-line

b.

그림 8.20 UGV 경진대회에서 행동의 코디네이션과 제어를 FSA로 표현한 결과

설계자가 알아야 할 네 번째 정보는 로봇이 작업을 완료한 시점이다. 로봇이 작업을 마치는 곳에 도달할 수 있는 스테이트는 파이널 스테이트 집합 F에 속한다. UGR의 예에서는 로봇이 작업을 마치지 않기 때문에 파이널 스테이트가 없다. 로봇은 수동으로 꺼지거나 전원이 꺼질 때까지 실행된다. 따라서 2가지 스테이트 모두 파이널 스테이트다. 로봇이 결승선을 인식할 수 있다면 이게 파이널 스테이트가 될 수 있다. 파이널 스테이트는 그 시점에서 활동적인 스테이트일 수도 있고 승리를 자축하는 것처럼 보이게 하는 (마치 헤드뱅잉처럼) 카메라 흔들기 같은 또 다른 행동일 수도 있다. 이러한 다른 행동은 고유한 각 상태별로 한 줄씩 있어야 하므로 FSA 테이블에 더 많은 행이 추가된다.

이러한 결과 테이블을 유한 스테이트 오토마타라고 하며 머신의 줄임말인 M으로 표현한다. 다음을 보자.

$$M = \{ K, \sigma, \delta, s, F\}$$

설계자가 FSA를 사용하려면 각각의 구성 요소가 모든 q 스테이트(K), 입력 σ, 스테이트 간의 전이 δ, 시작 스테이트 q_0 및 종료 스테이트(F)라는 점을 알아야 한다. 스테이트 다이어그램에는 테이블의 각 행에 대해 화살표가 하나씩 있어야 한다. 표 8.1은 행동에 대한 FSA의 관계를 요약한 것이다.

표 8.1 행동과 유한 스테이트 오토마타와의 관계

FSA	작업을 위한 모든 행동
K	K의 각 행동에 대한 릴리저
δ	새로운 스테이트를 계산하는 함수
s	로봇이 켜졌을 때 시작하는 첫 행동
F	로봇이 꺼지지 위해 도달하는 행동

좀 더 복잡한 영역에서 로봇은 장애물(특히 사람)을 피해야 한다. 회피는 항상 활성 상태이어야 하므로 종종 FSA에 내포돼 있다. 목표 지점으로 이동(move-to-goal)한다는 것은 종종 목표 지점으로 이동하는 것과 회피를 하나로 줄여놓은 것이다. '흥미로운 작업 관련 행동'과 '로봇을 보호하는 다른 행동'을 암묵적으로 그룹화하는 것은 전략적이고 전술적인 행동으로 재검토될 것이다.

FSA 사용에 대한 또 다른 중요한 점은 시스템의 모든 행동을 설명하지만 실제 구현은 다를 수 있다는 것이다. 그림 8.19는 UGV 엔트리의 스테이트 변화를 정확하게 설명한 것이다. 행동에 대한 제어는 FSA가 지시한 대로 정확히 구현될 수 있었다. 즉, **follow-line**이 활성 상태이고 범위가 range near인 경우 **move-ahead**(전진)한다. 단, 타이밍을 고려해야 하므로 결과가 동일한데도 불구하고 입력이 다르게 프로그래밍됐다.

8.5.2 쓰레기 수거 작업 FSA

FSA를 구축하고 적용하는 방법의 또 다른 예로 1996년 미국 인공지능 학회[AAAI, American Association for Artificial Intelligence]의 쓰레기 줍기 경진대회를 자세히 알아보자. 우선 로봇은 조지아 공과대학교(Georgia Tech) 팀이 우승했던 그림 8.21과 같은 소형 차량이라고 가정한다. 각 로봇에는 쓰레기를 찾기 위한 카메라와 로봇이 충돌했을 때를 알려주는 범퍼 스위치가 있다. 또 로봇에는 간단한 그리퍼가 있다. 로봇이 그리퍼가 비어 있는지 가득 찼는지 구분할 수 있다고 가정해보자(이를 위한 방법 중 하나는 그리퍼의 턱에 IR 센서를 부착하는 것이다. IR 센서의 결과가 짧은 범위[short range]일 경우 그리퍼는 꽉 찰 것이고 곧바로 물체를 잡는 반사 작용을 즉시 닫힐 수 있다). 그리퍼의 문제점 중 하나는 인간의 손만큼 좋진 않다는 것이다; 항상 캔이 그리퍼 밖으로 미끄러지거나 떨어질 가능성이 있다. 따라서 캔이나 쓰레기를 운반하다가 잃어버렸을 때 로봇이 적절하게 대응해야 한다.

그림 8.21 쓰레기를 쥘 수 있는 도구를 지닌 조지아 공과대학의 쓰레기 줍는 로봇(경진대회에서 우승했다) (사진 제공 터커 발흐(Tucker Balch) 및 AAAI)

쓰레기 줍기 환경은 시각적으로 단순하고 어포던스가 있다. 코카콜라® 캔은 환경에서 유일한 빨간색 물체이고, 두 개의 파란색 재활용 쓰레기 캔은 환경 내 유일한 파란색 물체다. 따라서 적색 및 청색 물체를 시각적으로 추출하는 정도면 충분하다. 모든 물체가 바닥에 있기 때문에 로봇은 X축에 물체가 어디에 있는지만 신경 쓰면 된다. 기본적인 시나리오는 로봇이 빨간색 물체를 찾고자 경기장 주변을 돌아다니기 시작하는 것이다. 캔이 그리퍼에 들어갈 때까지 가장 큰 빨간색 물체의 중심을 향해 직진해야 한다. 그런 다음 캔을 잡고자 총 세 번을 시도하고 그 과정에서 성공하면 파란색 물체를 찾아다니기 시작해야 한다. 두 개의 쓰레기통이 경기장 반대쪽 구석에 있기 때문에 이 시점에서 이미지에는 파란색 물체가 하나만 있어야 한다. 일단 파란색 물체가 보이면 로봇은 이 물체가 이미지 내에서 특정 크기가 될 때까지 물체의 중앙으로 곧장 이동해야 한다(줄여서 루밍looming이라고 한다). 로봇은 멈춘 다음 캔을 놓고 임의의 방향으로 자신을 돌린 다음 사이클을 다시 시작해야 한다. 로봇은 장애물을 피해야 한다. 따라서 빨간색이나 파란색 물체로 이동하는 것은 로봇이 어디로 향하는지 즉시 잊어버리는 게 아니라 고정 액션 패턴의 행동 유형이어야 한다.

로봇이 전체 작업 시퀀스 중 어느 단계에 있는지를 유지 관리하려면 설계에 그리퍼가 꼭 필요하다는 점에 주목하자. empty 그리퍼는 로봇이 쓰레기 수거 단계에 있어야 하며 캔을 찾거나 캔을 향해 움직여야 한다는 것을 의미한다. full 그리퍼는 로봇이 무언가를 갖다 놓는 단계에 있음을 의미한다. 루밍 릴리저는 파란색 영역의 크기를 픽셀 단위로 추출해 N과 비교한다. 영역이 N보다 크거나 같으면 로봇은 쓰레기통에 '충분히 가까이' 있고, 따라서 캔을 떨어뜨릴 수 있다.

그림 8.22는 쓰레기 수거 작업에 대한 FSA다. FSA를 통해 설계자는 시퀀스를 수정하고 행동 설계를 그림으로 나타낼 수 있다. 그러나 여전히 시퀀스가 어떻게 구현되는지를 보여주지 않으므로 설계자가 추가적인 내부 스테이트와 행동을 생성하는 문제가 발생할 수 있다. FSA에는 wander for trash와 wander for trashcan이라는 두 개의 방황 행동 관련 스테이트가 있다. 그러나 실제로 이들은 동일한 wander(방황) 행동이며, 각각은 다른 릴리저에 의해 인스턴스화되고 다른 조건에서 종료된다. 마찬가지로 move-to 행동에도 2가지 버전이 있다.

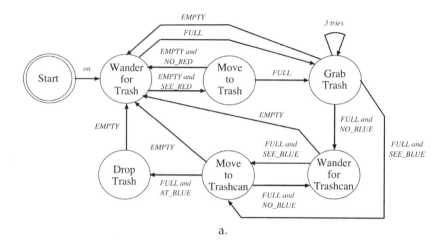

a.

$K = \{$wander for trash, move to trash, grab trash, wander for trash can, move to trash can, drop trash $\}$, $\Sigma = \{$on, EMPTY, FULL, SEE_RED, NO_BLUE, SEE_BLUE, AT_BLUE$\}$, $s = Start$, $F = K$

q	σ	$\delta(q, \sigma)$
start	on	wander for trash
wander for trash	EMPTY, SEE_RED	move to trash
wander for trash	FULL	grab trash
move to trash	FULL	grab trash
move to trash	EMPTY, NO_RED	wander for trash
grab trash	FULL, NO_BLUE	wander for trash can
grab trash	FULL, SEE_BLUE	move to trash can
grab trash	EMPTY	wander for trash
wander for trash can	EMPTY	wander for trash
wander for trash can	FULL, SEE_BLUE	move to trash can
move to trash can	EMPTY	wander for trash
move to trash can	FULL, AT_BLUE	drop trash
drop trash	EMPTY	wander for trash

b.

그림 8.22 쓰레기 수거 작업을 위한 유한 스테이트 오토마타
a) 스테이트 다이어그램, b) 스테이트 전환을 보여주는 테이블

또 다른 일반적인 실수는 FSA가 이전의 릴리저들을 포워드한다고 가정하는 것이다. 예를 들어 Grab Trash에서 Wander For Trash 캔으로 올바로 전이되면 결과는 FULL

과 NO_BLUE지만 이 스테이트를 얻으려면 그리퍼가 FULL이어야 하기 때문에 설계자는 화살표에 NO_BLUE 레이블만 붙이려고 할 수도 있다. 이는 매우 위험한 실수다. 이렇게 구현하면 로봇이 어떤 스테이트에 있든지 월드를 직접 알아차릴perceivable 수 있는 속성을 로봇에게 알려주는 게 아니라 로봇이 어떤 내부 스테이트에 있는지 (변수를 설정해) 유지한다고 가정하는 것이기 때문이다. 내부 스테이트는 반응성과 양립할 수 없다.

8.6 시퀀스: 스크립트

추상적 행동은 종종 스크립트[68;72;117;150] 또는 스킬[77;76]이라는 관련 구조를 사용해 행동을 하나로 모은 일반적인 템플릿을 만든다. 스크립트는 행동을 모아서 일종의 논리를 생성하는 또 다른 방법을 제공한다. 이를 통해 설계자가 로봇과 작업을 (계획된) 영화 대본 내지는 시나리오 관점에서 생각하게 한다. 스크립트는 원래 청중(컴퓨터)이 배우(컴퓨터에 말하는 사람 또는 그들이 한 일에 대한 쓰기 요약)를 이해하는 데 도움을 주고자 자연어 처리NLP용으로 개발됐다[187]. 로봇의 경우 영화 대본은 좀 더 문자 그대로 사용될 수 있는데, 여기서 배우들은 대본을 읽는 로봇이다. 그러나 로봇이 예기치 않은 조건(예외)에 직면할 경우 스크립트는 더 많은 즉흥성을 가질 수 있다. 로봇은 하위 스크립트sub-script를 따른다.

그림 8.23은 배우 영화 대본의 요소들이 로봇의 스크립트와 어떻게 비교되는지를 보여준다. 사건의 주요 시퀀스를 인과 체인causal chain이라고 한다. 인과 체인은 FSA가 하는 것처럼 코디네이션 제어 프로그램 논리를 구현하기 때문에 매우 중요하다. 이는 같은 방법으로 구현될 수 있다. NLPNatural Language Processing에서 스크립트를 사용하면 컴퓨터가 축약될 수도 있는 대화를 따라가게 된다. 예를 들어 주인공이 레스토랑에 들렀다는 내용을 책에서 읽고 번역 작업을 하려는 컴퓨터를 생각해보자. 훌륭한 작가는 종종 중요한 일에 집중하고자 해당 상황이나 이벤트에서 모든 세세한 것을 제거한다. 하지만 이렇게 누락됐어도 암시적 정보는 쉽게 추출해낸다. 이제

책 내용이 "존[John]이 바닷가재를 주문했다."로 시작했다고 가정해보자. 이는 스크립트의 현재 또는 관련 이벤트(레스토랑에서 식사), 과거 이벤트를 건너뛰는 인덱스 역할을 하는 단서다("존은 레스토랑에 도착했다.", "존은 메뉴판을 받았다." 등). 또한 단서를 통해 시스템이 다음에 발생할 수 있는 이벤트(존이 주문을 했다는 것을 나타내는 문구를 찾음)에 주의를 집중해 컴퓨터가 이 이벤트를 찾는 기능을 인스턴스화할 수 있다. 다음 문장이 "아만드[Armand]가 바닷가재를 꺼내 와인 잔을 다시 채웠다."라면 컴퓨터는 아만드가 웨이터이고 존이 이전에 와인을 주문하고 받았음을 유추할 수 있다.

Script	Collection of Behaviors	Example
Goal	Task	pick up and throw away a Coca-Cola can
Places	Applicability	an empty arena
Actors	Behaviors	WANDER_FOR_GOAL, MOVE_TO_GOAL, GRAB_TRASH, DROP_TRASH
Props, Cues	Percepts	red, blue
Causal Chain	Sequence of Behaviors	WANDER_FOR_GOAL(TRASH), MOVE_TO_GOAL(TRASH), GRAB_TRASH,WANDER_FOR_GOAL(TRASH CAN), MOVE_TO_GOAL(TRASH CAN), DROP_TRASH
Sub-scripts	Exception Handling	if have trash and drop, try GRAB_TRASH three times

그림 8.23 행동과 스크립트 구조의 비교표

로봇을 프로그래밍할 때 사람들은 종종 일상적인 제어 방식을 축약하고 이벤트의 연속을 표현하고 디버깅하는 데 집중한다. 유한 스테이트 오토마타는 설계자가 가능한 모든 전이를 고려하고 나열하게 하는 반면 스크립트는 명세 결과를 단순화한다. 인덱싱[indexing] 및 주의 집중[focus-of-attention]의 개념은 효율적이고 직관적인 방법으로 로봇의 행동을 코디네이션하는 데 매우 중요하다. 효과적으로 구현하려면 비동기적인 처리가 필요한데, 이는 책의 범위를 넘어서므로 구현에 관한 자세한 내용은 이 책에서 다루지 않는다. 예를 들어 쓰레기 수거 작업 로봇이 부팅된다고 가정한다. 인과 체인에 대한 첫 번째 조치는 코카콜라 캔을 찾는 것이다. 하지만 설계자는 이 행동이 임의의 방향을 생성해 로봇을 움직이게 해서 바로 앞에 있던 캔을 놓칠 수 있다는 것을 깨달았다. 따라서 로봇이 코카콜라 캔을 바로 발견했다면 경기장 탐색을 건너뛰고 이어서 wander-for-goal(red) 행동을 호출하지 않고 캔을 집어들게 하는 코드를 설계자는 필요로 한다. 또한 grab-trash를 마친 후 다음 릴리저가 파란색이라는 것도 안다. **moving to the trashcan**과 **dropping off trash**에 대한
단서가 파란색이기 때문이다.

작업을 완료하기 위한 추상적 행동의 결과 스크립트는 대개 FSA에서 파생된
프로그래밍 논리 구성과 동일하다. 쓰레기 수거 작업의 경우 스크립트는 다음과
같다.

```
for each update...
\\ 소품과 단서를 먼저 찾는다: cans, trash cans, gripper
rStatus=extract_color(red, rcx, rSize); \\ rSize는 무시한다.
if (rStatus==TRUE)
   SEE_RED=TRUE;
else
   SEE_RED=FALSE;
bStatus=extract_color(blue, bcx, bSize);
if (bStatus==TRUE){
   SEE_BLUE=TRUE; NO_BLUE=FALSE;
} else {
   SEE_BLUE=FALSE; NO_BLUE=TRUE;
}
AT_BLUE=looming(size, bSize);
gStatus=gripper_status();
if (gStatus==TRUE) {
   FULL=TRUE; EMPTY=FALSE;
} else {
   FULL=FALSE; EMPTY=TRUE;
}
\\ 인과 체인의 올바른 단계로 색인한다.
if (EMPTY){
   if (SEE_RED){
      move_to_goal(red);
   else
      wander();
} else{
```

```
% grab_trash();
% if (NO_BLUE)
%    wander();
% else if (AT_BLUE)
%    drop_trash();
% else if (SEE_BLUE)
%    move_to_goal(blue);
% }
```

8.7 인공지능과 행동 코디네이션

행동 코디네이션은 언뜻 보기에 심의의 관점으로 보이며 플래닝, 문제 해결, 추론, 검색 영역을 수반할 수 있다. 그러나 행동 코디네이션은 지능형 로봇의 반응형 기능에 속한 요소다. 이는 인공지능의 7가지 핵심 분야 중 지식 표현하고만 관련이 있을 것이다. 앞 절에서 소개한 스크립트는 이러한 지식 표현 중 하나다.

이 장에서 보여줬듯이 행동 시스템은 초기 AI 로봇 커뮤니티에서 큰 논란을 일으키면서도 심의가 거의 없는 다양한 기술적 아키텍처에 의해 구현될 수 있다. 단일 클래스의 지식 표현과 코디네이션 알고리듬에 전념하는 초기 기술 아키텍처들은 'pfield 아키텍처', '서브섬션 아키텍처', '퍼지 로직 아키텍처' 등 종종 해당 알고리듬의 이름으로 언급되곤 한다. 이렇게 하면 서로 구분이 잘 안 된다. 서브섬션의 인스턴스가 지식 표현에는 벡터를 사용했는데, 코디네이션 메커니즘에는 벡터 합계를 사용하지 않았기 때문이다. 좀 더 현대적으로 구현한다는 것은 하나의 메커니즘에 대해서도 생각의 다양성을 존중해야 한다는 것을 의미한다.

8.8 요약

코디네이션 함수는 각각 관련된 이득을 지닌 출력 액션이 있을 수 있는 일련의 행동을 $\rho = C(G \times B(S))$ 단일 액션에 매핑한 것이다. 코디네이션되고 있는 여러 개의 행동 B는 동시 또는 순차적으로 활성화될 수 있다.

다중 동시성 행동^{multiple concurrent behaviors}에서 단일 액션을 생성하는 방법으로 협력과 경쟁 2가지가 있다. 가장 널리 사용되는 공동 운영 방법은 퍼텐셜 필드 방법론이다. 퍼텐셜 필드 방법론에서 행동은 공간에 대한 자극과 반응 사이의 관계를 '힘^{force}' 필드로 나타냄으로써 벡터를 생성한다. 프리미티브 pfield는 생성되기도 하고 행동의 출력을 생성하려고 단일 행동 내에서 결합되기도 한다. 하지만 안타깝게도 pfield 방법론은 잘 쓰이지 않는다. 이러한 조건이 일어나지 않게 하는 간단한 메커니즘이 있긴 해도 로컬 미니마나 로컬 맥시마에 대한 문제를 안고 있기 때문이다. 퍼지 로직은 협력 행동을 코디네이션하는 또 다른 주요 방법론이다.

경쟁 기법은 중재^{arbitration}에 의해 작동하며 대개 승자에 따른 단일 행동을 만들어 낸다. 서브섬션 아키텍처가 가장 폭넓게 쓰인다. 서브섬션 아키텍처는 서프레션이나 인히비션을 통해 더 높은 레벨이 더 낮은 레벨을 포함하는 행동의 레이어를 만든다. 또한 서브섬션 아키텍처는 하드웨어 지향적이다. 보팅^{voting}은 또 다른 일반적인 경쟁 중재 형태지만 종종 불안정하고 확장이 안 될 수도 있다. 보팅 기법은 퍼지 기법에 수렴하며 이렇게 유연성이 주어지면 퍼지 기법을 구현하는 것이 실질적으로 더 유용할 수 있다.

시퀀스는 유한 스테이트 오토마타^{FSA}나 스크립트와 기술을 통해 명시적으로 생성할 수 있다. FSA는 대부분의 코드 작성자에게 친숙한 고전적인 컴퓨팅 구조다. 스크립트와 스킬은 인공지능에서 나온 것이라 다소 낯설 수 있다.

이 장의 '개요' 절에서 다뤘던 질문으로 돌아가 보자. 여러 행동을 동시에 방출(인스턴스화)하면 어떻게 될까? 행동이 혼합될지 중재될지는 코디네이션 함수에 따라 다르다. 행동 시퀀스는 어떨까? 시퀀스는 선천적 방출 메커니즘과 반응 동작 암묵적으로 정리돼 있지만 유한 스테이트 오토마타와 스크립트로 대표되는 '기술'을 통해 명시적으로 설계될 수 있다(생산 규칙은 권장되지 않는다). '반응적' 및 '명시적'이라는 단어는 "이것을 어떻게 할 것인지? 또한 스테이트나 월드에 대한 명시적 표현과 플래닝을 어떻게 피할 수 있는지?"라는 결과로 이어지는 다른 단어들과 상충되는 것처럼 보일 수 있다. 그러나 행동 코디네이션은 심의를 필요로 하지 않는다. 어포던스는 암묵적 시퀀스를 촉발하는 역할을 할 수 있는 반면 이득, 인히비션, 서프레션, 항상성^{homeostasis}은 암묵적으로 시퀀스를 변조하는 역할도 할 수 있다. 유한 스테이트 오토마타, 스크립트, 퍼지 로직, 보팅은 더 명백하지만 심의적이지 않거나 월드 모델을 필요로 하는 기법이다.

8장에서는 반응형 기능 이면에 있는 생물학 이론에 대한 개요를 다뤘다. 9장과 10장에서는 로봇이 실제로 동작하는 데 필요한 개념인 로코모션과 센싱을 설명한다.

8.9 연습문제

문제 8.1

좌표계 함수를 수학적으로 표현하고 각 성분을 정의하라.

문제 8.2

코디네이션 함수 $\rho = C(G \times B(S))$에서 G는 무엇을 의미하는가?

문제 8.3

행동 코디네이션 기법 각각을 정의하고 다음에 대해 하나 이상의 방법론을 예로 들어보라.

    a. 협력

    b. 경쟁

    c. 시퀀싱

문제 8.4

행동 코디네이션에 대한 퍼텐셜 필드의 3가지 한계와 가능한 해결책이 무엇인지 답하라.

문제 8.5

출구가 막힌 UAV가 몸체를 움직이거나 기울일 수 있는 카메라가 달린 헬리콥터 몸체로 구성돼 있다고 생각해보자(즉, 카메라가 움직이는 동안 헬리콥터 몸체는 한곳에 머물 수 있다). UAV에는 감시, 접근, 위협이라는 3가지 행동이 프로그래밍돼 있다. 감시 행동에서 UAV는 눈높이에서 정지해 있지만 카메라는 전방을 스캔한다. 접근 행동의 경우 UAV는 눈높이로 이동하고 카메라는 군중의 중심을 추적한다. 위협 행동의 경우 UAV는 군중들이 너무 가까이 오면 정해지지 않은 모션을 아무렇게나 수행한다. UAV에는 fly-at-given-altitude(), body-turn(), body-move-sideways(), body-move-random-3D(), camera-pan-tilt()와 같은 모터 스키마가 있다(입력 인자는 지면 관계상 생략). 그리고 퍼셉션 스키마에는 detect-motion()와 detect-object-distance()가 있다. 다음을 사용해 행동 스키마를 설계하라.

    a. 퍼텐셜 필드 방법론
    b. 서브섬션 아키텍처 방법론

문제 8.6

캔 재활용 로봇을 위한 행동을 좌표계에 유한 스테이트 오토마타로 만들어보자. 로봇은 GRIPPER=EMPTY로 시작한다고 가정한다. 로봇은 SEARCH 동작을 사용해 빨간색 코카콜라 캔 RED_BLOB을 탐색한다. 빨간색 캔이 보이면 AT_CAN이 탐지될 때까지 캔으로 이동할 때 MOVE_TO_CAN 행동을 이용한다. 그런 다음 GRASP 행동을 사용해 캔을 붙잡고 EMIT_BEEP를 생성해 완료 신호를 보낸다. 일단 MOVE_TO_CAN 행동에서 캔을 발견하면 로봇은 캔을 놓칠 수도 있지만 그렇더라도 캔을 볼 수 있는 시야는 잃지 않는다고 가정한다. 작성 과정에서 대문자 항은 스테이트와 입력에만 사용할 수 있다.

a. 다이어그램으로 그려보라. 행동을 바꾸지 않는 전이 항목은 표시하지 않아도 된다. 모든 원과 화살표에 레이블을 붙이는 것을 잊지 말자.

b. 전이 테이블을 작성하라. 올바른 그리스 문자로 각 열에 레이블도 붙이기 바란다.

문제 8.7

개구리처럼 양쪽에 2개의 비전 센서가 장착된 로봇을 생각해보자. 이 로봇은 하얀 신문지 더미 사이에서 빨간 코카콜라 캔을 찾는다. 빨간 캔을 보면 가까이 다가가서 캔을 움켜쥐고 파란색 재활용 쓰레기통을 찾기 시작한다. 재활용 쓰레기통이 보이면 로봇은 쓰레기통으로 이동해 빨간색 캔을 쓰레기통에 버린다. 로봇은 흰색 더미가 보이면 피한다. 이상의 작업을 로봇은 무한히 반복한다. 움켜쥐고 쓰레기통에 버리는 동작을 무시하고 각 동작에 대한 모터 스키마를 5개의 프리미티브 퍼텐셜 필드와 랜덤 필드로 설명해보라. 드롭오프 함수와 이득도 지정하라.

문제 8.8

8.5.2절의 쓰레기 수거 문제를 생각해보자. 이 예제는 경기장이 벽, 깡통, 쓰레기통을 제외하고 비어 있다고 가정했다. 의자와 테이블이 있으면 어떻게 될까? 그리퍼가 실수로 의자나 테이블 다리를 잡을 수 있을까? 시스템이 어떻게 반응할까? 행동 테이블과 FSA에 어떤 변화가 필요한가? 설명해보라.

문제 8.9

프리미티브 행동을 추상적 행동으로 결합하는 2가지 방법인 유한 스테이트 오토마타^{FSA}와 스크립트를 설명하라.

문제 8.10 [인터넷 검색]

최소 5개의 로봇 경진대회를 조사하고 각 대회의 로봇 기본 과제를 정리해보라. 작업을 반응성 로봇으로 수행할 수 있는가? '예', '아니요'로 답하고 각각 그에 대한 이유도 설명해보라.

문제 8.11 [프로그래밍]

복도를 따라 움직이는 작업을 수행하는 스크립트를 의사코드로 작성해보라. 사전 조건으로 복도에서 멀리 떨어진 복도 교차로에서 시작할 수도 있다는 점도 고려하기 바란다. 또한 로봇이 복도의 긴축을 따라 앞을 바라보는 게 아니라 홀의 중간에서 벽을 처다보는 상태로 작업을 시작할 수도 있다.

문제 8.12 [프로그래밍]

쓰레기 줍기 대회는 실제로 이 책에 소개된 것과는 조금 달랐다. 예를 들어 로봇들은 쓰레기통으로 가기 전에 최대 3개의 캔을 저장할 수 있고 로봇들은 하얀 스티로폼 컵을 쓰레기로 보고 쫓아갈 수 있었다. 이 사항들을 다음 항목에 어떻게 통합할 수 있을까? 답하라.

> **a.** 유한 스테이트 오토마타
> **b.** 스크립트

문제 8.13 [프로그래밍]

쓰레기 수거를 위한 예외 처리 서브스크립트가 에이다 또는 C++에서 제공하는 예외 처리 기능으로 구현될 수 있을까?

문제 8.14 [심화 문제]

저서 『캄브리아기의 지능$^{Cambrian\ Intelligence}$』[30]의 1장에서 '개요' 절을 우선 읽어보라. 이제 흰 신발과 민들레 주변을 맴도는 CSM 로봇의 행동을 생각해보자. 행동 시스템이 언제 실패할지를 증명할 수 있는 이론을 만들면 확실히 쓸모가 있을 것 같다. 어떤가? 이론을 만들 수 있을까?

8.10 엔드 노트

로보틱스 연구학자의 서재를 위해

행동 코디네이션의 기초를 다루는 두 권의 책은 아킨^{Arkin}의 『Behavior-Based Robotics』[11]와 브룩스^{Brooks}의 『Cambrian Intelligence』(A Bradford Book, 1999)[30]이다. 아킨의 책은 퍼텐셜 필드에 집중한 것 외에 이 분야에 대한 더 넓은 기본적 개념을 제공했다. 반면 브룩스의 책은 서브섬션 아키텍처에 대한 아주 좋은 참고 자료 역할을 한다.

〈Fast, Cheap and Out of Control〉(1997, 영화)

<Fast, Cheap and Out of Control>은 로드니 브룩스를 포함한 네 명의 다른 남자들에 관한 내용의 다큐멘터리 영화로, 1997년 에롤 모리스^{Errol Morris}가 제작했으며 여러 곳에서 수상 기록도 있다. 이 영화 제목은 (사자 조련사 또는 정원사의 관점에서 보듯이) 시간이 흐르면서 발전한 세계와 고도로 개인화된 관계에서 (브룩스의 곤충 로봇 관점에서 보듯이) 탈중앙적이고 반응적인 군중으로 인류가 변화한다고 모리스는 봤다는 것을 암시했다. 영화가 로보틱스에 관한 것은 아니지만 브룩스와 인터뷰한 내용도 있고 브룩스가 제작한 로봇들이 밝은 불빛 속 다이아몬드처럼 밝게 빛나는 부서진 유리 위를 걸어가는 놀라운 장면들도 담겨 있다. 촬영 당시 브룩스의 지도 학생 중 한 명이자 현재 미국 서던 캘리포니아 대학교의 학장인 마하 마타릭^{Maja Mataric}이 반바지를 입은 모습도 볼 수 있다.

소프트웨어 공학 및 맥주 캔의 재사용성 원칙

연구원들이 탄산음료 캔을 주워 버리는 것에 대해 걱정하는 동안 한 인기 있는 잡지에서 로봇이 냉장고에 가서 사용자에게 맥주를 가져다주려면 어떻게 해야 하는지에 대한 토론을 시작했다. 이러한 로봇을 소유한 사람의 라이프스타일이 명확한 덕분에 그 로봇은 바닥에 아무데나 놓여 있는 물속의 더러운 것을 인식하고 피할 수 있을 것으로 기대됐다.

1995년 IJCAI 모바일 로봇 경진대회.

이 경진대회는 캐나다 몬트리올에서 열렸고 많은 참가자가 통관 지연으로 인해 로봇 수령이 늦어졌다. 뉴멕시코 대학교 팀은 경진대회 준비 기간 내내 그들의 로봇을 찾느라 심할 정도로 고생했다. 예선전 시작 전날 거의 자정 무렵 지게차 한 대가 포장된 로봇과 함께 달려왔다. 지게차가 충분히 가까이 올 때까지 모든 팀은 뉴멕시코 대학교 팀 선수들을 응원하며 환호했다. 하지만 그 때 모든 사람은 지게차에서 '이쪽이 위쪽'이라는 화살표가 아래를 가리키고 있다는 것을 똑똑히 봤다(즉, 로봇이 뒤집힌 채 온 것이다). 뉴멕시코 대학교 팀 선수들은 심지어 손상 목록을 작성하고자 로봇을 끄집어내 보려고도 하지 않았고 대신 몬트리올에서 즐겁고 멋지게 밤을 보냈다. 중력에 적절하게 맞춰진 로봇을 지닌 팀은 다시 돌아가 프로그래밍과 엔트리의 미세 조정 작업을 진행했다.

로봇 경진대회 응원

'코어 덤프. 코어 덤프. 세그먼테이션 오류!'라는 구호는 어조가 뛰어나며, 특히 유닉스 시스템을 사용하는 경쟁업체에 큰소리치기에 적합하다.

탄산음료 캔과 서브섬션

존 코넬^{Jon Connell}은 1989년 MIT 박사 학위 논문에서 플래퍼 세트가 아닌 로봇 팔에 서브섬션을 적용하는 과제를 다뤘다. 그는 이 작업을 수행하는 데에 증강형 유한 스테이트 오토마타^{AFSM}라는 특별한 유형의 FSA와 40가지 이상의 행동을 사용했다.

매니퓰레이터 없이 동작하는 쓰레기 줍기 경진대회

로봇 경진대회는 종종 현재의 하드웨어 및 소프트웨어 기술을 뛰어넘는 문제를 던지곤 한다. 1995년, 모바일 로봇의 팔은 거의 존재하지 않았다. 실제로 노마드^{Nomad}는 IJCAI 모바일 로봇 대회에 딱 맞춰 (지게차의 물건 들어 올리는 장치 같은) 포크리프트 팔을 선보였다. 팔이 없는 오래된 로봇을 보유한 콜로라도 광산학교 같은 참가자들은 포인트 추론 기능이 있는 '가상 매니퓰레이터'를 가질 수 있었다. 로봇은 물체에 대해 합의된 허용 오차 범위 이내로 이동한 다음 사운드 파일을 재생하거나 소음을 발생시킨다. 그러면 가상 매니퓰레이터(타일러 데보어^{Tyler Devore}, 데일 호킨스^{Dale Hawkins}, 제이크 스프라우스^{Jake Sprouse} 등의 팀원)가 쓰레기를 주워서 로봇 위에 놓거나 쓰레기를 치운다. 얼핏 생각해도 이건 로봇이 주인이고 학생이 하인인 양 뭔가 역할이 이상하게 뒤바뀐 것 같아 보였다.

월드의 스테이트를 유지하는 그리퍼들에 대해서

쓰레기 줍기 경진대회는 1996년 텅 빈 경기장에서 테니스 공을 줍게, 그리고 1997년에는 화성을 표본 추출하게 변형됐다. 1997년 '화성에서 생명체를 찾아라'라는 행사를 위해 후원자들은 회색 콘크리트 바닥과 대조되는 검은색으로 칠해진 진짜 바위와 파란색, 녹색, 빨간색, 노란색 장난감 블록 그리고 '화성인'을 가져왔다. 운송 과정에서 무게를 고려하다보니 바위들은 교과서 몇 권 정도의 크기였고 화성인들보다 그리 크지는 않았다. 어느 한 팀의 순수 반응형 로봇의 경우 예선을 치르는 동안 색깔을 구별하는 데 어려움을 겪기도 했다. 이 로봇은 무작위 형태로 탐색을 하는 동안 바위를 화성인으로 잘못 인식하는 바람에 그걸 탐색하고, 잡고, 들어 올리려고 했다. 바위가 무겁다보니 그리퍼를 끝까지 뻗을 수가 없었고 그 결과 다음 행동도 할 수가 없었다. 그저 바위를 움켜쥔 채 그냥 머물러 있곤 했다. 때때로 로봇은 바위를 잡았다가 그리퍼에서 미끄러지곤 했다. 로봇은 그 바위를 두 번 더 잡으려고 시도하곤 했지만 그 때마다 그리퍼에서 미끄러졌다. 결국 로봇은 포기하고 무작위 탐색을 재개했다. 안타깝게도 앞에서 했던 걸 계속 반복하는 것처럼 이 탐색 역시 앞에서 놓쳤던 바위 앞으로 로봇이 되돌아가게 할 것 같았다. 결국 심판들은 경기를 중단하고 로봇을 다른 장소로 이동시켰다.

09
로코모션

9장에서 다루는 내용

- 애커먼Ackerman과 디퍼렌셜 스티어링differential steering의 차이점을 설명한다.
- 홀로노믹holonomic 차량과 논홀로노믹nonholonomic 차량의 차이점을 설명한다.
- 동력 요구량power demand에 따라 다음과 같은 유형의 로코모션locomotion 순위를 정한다. 크롤링/슬라이딩, 달리기, 부드러운 지면의 타이어, 걷기, 철도용 바퀴
- 다리 개수가 주어졌을 때 다리와 관련해 가능한 이벤트 개수에 대한 수학적 공식을 제시하고 계산한다.
- 정적과 동적 균형dynamic balance 사이의 차이와 정적 안정성static stability이 바람직한 것으로 간주되는 이유를 설명한다.
- 서포트 폴리곤support polygon, 영점 모멘트 포인트zero moment point, 액션 선택action selection을 정의한다.
- 로코모션의 기준 궤적reference trajectory과 중추 패턴 발생기central pattern generators의 역할을 정의한다.
- 3가지 가상의 개트virtual gait를 나열하고 설명한다.

9.1 개요

이쯤 되면 로봇 시스템의 행동 소프트웨어를 구성하고 로봇의 '하부 두뇌lower brain'에 무엇이 있는지 이해하는 원리에 익숙해져야 한다. 뇌의 하부와 로봇의 실제 움직임 또는 모빌리티 사이의 연결은 아직 해결되지 않았다. 특히 다음과 같은 의문을 가질 수 있다. 실제로 어떻게 로봇을 움직일 수 있을까? 내비게이션을 위한 로봇의 모빌리티 또는 좀 더 정확하게는 로코모션을 고려할 때 두 번째 일반적인 질문을 생각할 필요가 있다. 왜 로봇에 다리가 더 많지 않은 걸까? 기존의 지상 로봇은 주로 바퀴가 달린 로봇이나 트랙이지만 동물들은 다리로 걷기도 있고, 미끄러지고, 기어 다니기도 한다.

일반적으로 인공지능AI은 로코모션이나 걷기 연구와 관련이 없다. 핵심 개념은 기계학/역학과 제어에 있기 때문이다. UAV의 안정적인 비행을 위한 방정식이 AI로 간주되지 않는 것처럼 걷기와 수영을 위한 대부분의 활성화 메커니즘은 플랫폼의 낮은 레벨 제어와 관련이 있다. 대신 로코모션에 대한 AI 연구는 일반적으로 어디로 가야 하는지를 의미하는 기준 궤적reference trajectory을 생성하고 언제 뛰어갈지(걷는 게 아니라)를 의미하는 해당 궤적을 실행할 속도에 초점을 맞춘다. 이에 대한 2가지 주목할 만한 예외 사항이 있는데, 하나는 겡기스Ghenghis에 대한 패티 메Pattie Maes MIT 교수의 시연에서 시작된 걷기 학습에 대한 탐험exploration이고, 다른 하나는 신경윤리학 및 신경망 커뮤니티의 중추 패턴 발생기central pattern generator의 지속적 활용exploitation 이다.

인공지능은 로코모션을 거의 다루지 않지만 인공지능 로보틱스 분야에서 일하는 사람은 누구나 로코모션과 그 용어에 어느 정도 익숙해질 필요가 있다. 따라서 9장에서는 지상 로봇의 생체 모방 로코모션에 대한 개요를 제공한다. 하지만 보행을 위한 패턴 발생기와 같은 개념을 해양 운송 차량에 적용할 수도 있다. 이 장에서는 바퀴와 트랙이 사실상의 표준 메커니즘이라는 점에서 먼저 기계적 로코모션을 다룬다. 그리고 생체 모방적 형태의 로코모션, 즉 로봇이 다리가 있든 없든 동물처럼 움직일 수 있는 방법을 설명하는 것으로 넘어간다. 레그 로코모션은 정적 밸런스를 사용하는 로봇과 동적 밸런스를 사용하는 로봇으로 분리해 설명한다. 이 장에서는 제로 모멘트 포인트와 개트(보행)의 개념을 확실히 정립한 다음 개트에서 다리를 움직이거나 관절이 있는 특정 다리를 지형에 맞추기 위한 진동 계획에 초점을 맞춘다. 또한 액션 선택과 학습이 어떻게 로코모션에 대한 대안적 접근법인지 요약하면서 마친다.

9.2 머신 로코모션

이론적으로 지상 로봇은 슬라이더, 크롤링, 걷기의 생물학적 유사체 또는 구르는 것과 같은 순전히 기계적인 모션을 통해 다양한 방식으로 움직일 수 있다. 실제로 지상 로봇들은 거의 모든 면에서 바퀴나 트랙을 이용해 굴러간다. 지상 로봇을 제어하려면 바퀴가 달린 또는 추적된 로봇을 조종할 수 있는 4가지 방법과 이러한 스티어링 방법이 홀로노믹스에 가까운지를 이해하는 것이 유용하다.

9.2.1 홀로노믹과 논홀로노믹

인공지능 로보틱스의 많은 접근법은 로봇이 **홀로노믹**holonomic하다고 가정한다. 홀로노믹은 기기가 어떤 방향으로든 순간적으로 회전할 수 있는 질량 없는massless 지점으로 취급될 수 있음을 의미한다(예, 10센트 동전이 뱅글뱅글 도는). 홀로노믹 로봇은 인공지능에 대한 2가지 장점을 갖고 있다. 첫 번째는 설계자가 로봇의 기계적 제어와 관련된 복잡성을 무시할 수 있게 해준다는 것이다. 설계자는 회전을 하거나 평행 주차를 하기 전에 로봇의 속도가 느려지는 것을 걱정할 필요가 없다. 둘째, 홀로노믹스는 나중에 살펴볼 어려운 과제에서 볼 수 있듯이 경로 계획과 로컬라이제이션을 크게 단순화한다.

1980년대와 1990년대에 가장 인기 있는 연구용 로봇 스타일은 덴닝Denning과 노마드Nomad 로봇이다(그림 9.1 참조). 이 로봇들은 2가지 면에서 거의 홀로노믹 차량이라고 할 수 있다. 첫째, 이 로봇들은 원통형으로 점을 흉내내서 로봇이 회전할 때 로봇의 모서리가 무언가에 부딪힐지 여부를 계산할 필요가 없어졌다. 둘째, 이 로봇들은 거의 홀로노믹 회전에 가깝게 바퀴를 특수 설계했고 그다지 빠르게 움직이지 않았기 때문에 멈추거나 급회전하기 전에 속도를 늦추기 위한 가속과 속도 프로필이 꼭 필요하지 않았다.

그림 9.1 클레멘타인, 데닝 DRV-1 로봇

사실 이 로봇들은 **논홀로노믹**^{nonholonomic}에 해당한다. 로봇은 무겁든 가볍든 질량이 있고 아무리 영리하게 바퀴를 설계했어도 로봇이 회전할 때 어느 한쪽은 게걸음처럼 움직이는 스키터^{skitter} 현상이 일어난다. 또한 무인자동차에 인공지능을 적용하려면 무인자동차들이 홀로노믹하지 않다는 점을 받아들여야 한다. 로봇은 논홀로노믹에 해당하므로 반응형 또는 심의형 기능에서 로봇이 얼마나 빨리 움직이고 얼마나 멀리 움직이는지를 알아야 한다. 10장에 설명하겠지만 일반적으로 로봇에는 샤프트와 휠 회전수를 세는 광학 인코더, 샤프트 등이 있다. 그러나 샤프트와 광학 인코더는 휠과 트랙에 의해 발생하는 마찰과 접촉 표면으로 인해 발생하는 오류 때문에 바퀴 달린 차량의 실제 거리 이동 추정에는 상당히 잘 작동하지만 트랙 차량의 경우에는 작동하지 않는다는 점을 명심해야 한다. 또한 트랙이나 바퀴 달린 차량의 회전운동은 변환 움직임보다 더 빨리 오류를 발생시킨다.

9.2.2 스티어링

모든 로봇, 특히 지상 로봇은 홀로노믹이 아니기 때문에 어떻게 조종되는지를 이해하는 것이 중요하다. 이 절에서는 샤마Shamah의 연구[190]에서 제공하는 분류법을 사용한다.

양호한 조건에서 홀로노믹에 근접하게 회전을 하도록 휠을 설계할 때 크게 2가지 스타일이 있다. 원래 이러한 설계는 연구 지향적이거나 고도로 전문화된 애플리케이션에 한정돼 있었다. 이제는 평평한 바닥에서 동작하는 텔레프레즌스 로봇, 룸바 같은 실세계 응용 분야에서 나타나기 시작했다. 2가지 유형은 다음과 같다.

- **싱크로-드라이브**Synchro-drive: 이 유형은 바퀴가 다 함께 회전해야 한다. 바닥에서 바퀴가 약간 미끄러질 수 있지만 제자리 방향과 비슷하다. 휠은 구동 벨트나 기어 세트를 통해 연결된다. 휠은 지면과 접촉하는 것을 최소화하고자 점점 좁아지며, 이 때문에 미끄러질 수 있다.
- **전방위 휠(메카넘**Mercanum **휠):** 이 유형은 휠에 롤러가 장착돼서 로봇이 메인 휠에 수직으로 움직일 수 있게 한다(그림 9.2 참조). 전방 및 측면 휠의 상대적 속도를 조정해 로봇은 옆으로도 이동할 수 있다. 안타깝게도 이러한 유형의 바퀴는 야외에서 사용할 때 먼지와 자갈이 틈새에 껴서 쉽게 막혀버릴 수 있다.

그림 9.2 전방위 바퀴를 장착한 우라누스 로봇(Uranus robot)(사진 제공: Swpcmu Own work, CC BY 3.0, https://commons.wikimedia.org/w/index.php?curid=11440618)

또한 논홀로노믹 차량에는 2가지 주요 스티어링 스타일이 있으며 폭탄 해체^bomb squad 로봇, 자율 주행 자동차, 서비스 로봇 같은 실제 응용 분야에서 광범위하게 사용된다. 2가지 스타일은 아래에 설명돼 있다.

- 애커먼 스티어링^Ackerman steering은 자동차를 조종하는 방식이며, 차량이 잘 움직이도록 앞바퀴를 돌린다. 기술적으로 애커먼 스티어링은 내부 및 외부 휠 직경 사이 약간의 차이를 보정하고자 방향을 전환할 때 바깥쪽 휠보다 안쪽 휠이 더 많이 회전하도록 휠을 조정하는 메커니즘을 말한다. 이건 진심으로 논홀로노믹이다. 평행 주차가 얼마나 어려운지 생각해보자.

- 스키드 스티어링^skid steering(또는 디퍼렌셜 스티어링)은 탱크나 불도저의 방향을 조종하는 기법이다. 양쪽 트랙은 각각 독립적으로 제어가 가능하다. 로봇이 왼쪽으로 돌면 왼쪽 트랙은 속도가 느려지는 반면 오른쪽 트랙은 속도가 빨라진다. 스키드 스티어링은 트랙에만 국한되지 않으며 바퀴 달린 차량에서도 구현할 수 있다. 스키드 스티어링은 차량이 홀로노믹 상태에 근접할 수 있게 하지만 얼마나 가까워질지는 선호하는 지면과 플랫폼의 출력 등 많은 변수에 따라 달라질 수 있다.

스키드 스티어링의 변형으로 캐스터를 사용할 경우 추가 논의와 주의 사항이 필요하다. 휠체어와 카트는 종종 2개의 휠 스키드 스티어링으로 방향을 조종하고 플랫폼의 나머지 부분은 캐스터 위에 있다. 캐스터는 플랫폼의 중량을 분산시켜 지탱하는 역할을 한다. 휠체어의 바퀴는 사람에 의해 전부 다르게 밀리므로 휠체어가 앞으로 넘어지지 않게 다리 아래에 캐스터가 있다. 문제는 캐스터가 어떠한 저항이나 방향도 제공하지 않는다는 것이다. 사람이 어떤 한 방향으로 가려고 바퀴를 운전할 때 앞에 있는 캐스터가 다른 방향으로 돌아서 제어하기 어려운 상황이 일어날 수도 있다. 초기의 로보틱스 연구에서는 모터 달린 휠체어를 연구 플랫폼으로 사용하려고 시도했는데, 이 과정에서 이러한 것들이 제어하기 매우 어렵다는 것을 발견했다.

군용 로봇에 널리 퍼져 있는 다형 스키드 시스템^{polymorphic skid system}도 논의할 가치가 있다. 이 로봇들은 지형에 적응하고자 모양을 바꿀 수 있는 트랙을 갖고 있다. 다형 스키드 시스템의 장점은 탱크를 보면 쉽게 알 수 있다. 첫째, 탱크의 트랙은 지면과 접촉 면적이 길다. 트랙 접촉 면적이 넓을수록 트랙의 견인력^{traction}이 증가하고 트랙이 움직이고 오를 가능성이 높아진다. 반면 접촉 면적이 클수록 탱크가 내부 트랙에서 회전할 때 회전하는 데 더 많은 전력이 필요하며 내부 트랙은 피벗 역할을 할 때 마찰을 극복해야 한다. 따라서 상황에 따라 접촉 면적의 규모를 조정할 수 있는 트랙 시스템을 갖추는 것이 바람직할 것이다. 둘째, 트랙의 전면(간혹 후면도 해당)이 일반적으로 사다리꼴 형상을 하고 있어서 탱크가 물체 위를 쉽게 오를 수 있다.

a.

b.

그림 9.3 스키드 스티어링 로봇의 예: a) 가변 기하학을 가진 이누크툰(Inuktun) microVGTV,
b) 지느러미가 있는 엔데버 팩봇 510(Endeavor Packbot 510).

다형 스키드 시스템은 트랙이 가변 형상을 가질 수 있게 한다. 그림 9.3a에서 알 수 있는 1가지 접근법은 연속적 트랙의 형태가 평면에서 삼각형으로 바뀌는 추적 시스템을 만드는 것이다. 이 시스템의 장점은 적응력이 뛰어나고 전력 소모량이 적다는 것이다. 단점은 장애물을 넘거나 방향을 전환하려고 트랙이 위로 올라갈 때 리프트에 틈새나 열린 공간이 생긴다는 것이다. 이 틈새로 물체나 이물질이 껴서 트랙을 움직이는 휠에서 트랙이 분리돼 로봇이 비활성화될 수 있다. 두 번째 단점은 트랙을 다른 구성에 적응할 수 있게 유연하고 느슨하게 장착되기도 하지만 트랙이 롤러나 트랙에서 이탈할 수도 있다.

다형 스키드 스티어링에 대한 또 다른 접근법은 트랙 지느러미^{track flipper}를 추가하는 것이다. 로봇은 한 쌍의 끊임없는 평탄한 트랙을 이용하지만 트랙을 올리거나 내리면 장애물을 넘을 수도 있고 견인력을 높일 수도 있으며 균형을 유지할 수도 있다. 그림 9.3b에서 소개한 엔데버 팩봇^{Endeavor Packbot}이 좋은 예다. 다른 시스템도 마찬가지로 뒷면에 지느러미를 추가한다. 지느러미는 트랙이 열릴 수 있는 위험 요인을 없애고 지느러미를 사용해 몸을 뒤로 밀거나 앞으로 당겨 로봇이 똑바로 서거나 기어갈 수 있게 도와준다.

9.3 생체 모방형 로코모션

생체 모방형 로코모션의 중심 개념은 신체의 진동이나 팔다리의 진동 중 주기적이거나 반복적인 모션이 있다는 것이다. 주기적인 모션의 개념을 사용해, 세그바르트 ^{Siegwart}, 누르바크쉬^{Nurbakhsh}, 스카라무짜^{Scaramuza}는 그들의 연구[194]에서 에너지 소비를 줄이고자 생체 모방형 로코모션을 5개의 주요 카테고리로 나눴다. 주요 사례는 그림 9.4를 참조하기 바란다.

a.

b.

그림 9.4 생체 모방형 로봇의 예: a) 길고 가느다란 활성 스코프 카메라 로봇이 돌무더기에 삽입된 모습.
b) 뱀 로봇(뱀 로봇 사진 제공: 하우이 초셋(Howie Choset)).

크롤링crawling은 에이전트가 세로 방향 진동이나 움직임을 통해 마찰을 극복할 때
발생한다. 자연에서 사례를 찾아보면 애벌레가 몸의 길이를 따라 앞으로 이동하면

서 느린 사인 파형$^{sinusoidal\ wave}$의 모션을 일으키는 경우를 생각해볼 수 있다. 2007년, 미국 플로리다 주 잭슨빌의 건물 붕괴 때 잔해를 수색하는 데 사용된 액티브 스코프 카메라$^{ASC,\ Active\ Scope\ Camera}$ 로봇은 크롤링 로봇의 좋은 예다.[203] 설계자들은 사인 파형을 그대로 베끼기보다는 복잡한 기계적 변형 없이 로봇이 움직이게 진동을 활용했다. ASC는 털이 많은 애벌레의 '헤어'와 유사한 각도로 기울어진 VELCRO®의 '피부'로 둘러싸여 있다. 로봇이 모든 좌표축을 대상으로 진동을 일으키면 VELCRO®가 표면과 접촉할 것이고 기울어진 각도로 인해 약간 앞으로 밀린다. 크롤링은 에너지를 가장 집중해서 움직이는 방법에 해당한다. 그만큼 ASC는 엄청난 양의 전기를 소모할 수밖에 없다.

슬라이딩^{sliding}은 에이전트가 가로 방향 진동이나 움직임을 통해 마찰을 극복할 때 발생한다. 자연 환경에서 예를 들면 선회할 수 있는 마찰력을 증가시키고자 비늘을 사용해 사인 파형 모양으로 움직이는 뱀을 생각해볼 수 있다. 뱀 로봇은 움직이고자 가로 방향 진동을 사용한다.

'뱀' 같은 로봇의 대부분은 횡방향 운동을 사용하지 않는다는 점에 유의해야 한다. 그들은 실제로 뱀이나 코끼리 코의 유연성을 모방해 곡률이 높은 좁은 공간을 이동하기도 하고 기둥을 오르거나 잡기도 한다. 코끼리 코나 뱀의 매력은 작지만 매우 유연하다는 것이다. 많은 관절로 구성돼 있기 때문이다. 이를 공학에서는 과잉 중복 메커니즘이라고 부른다. 유연한 로봇은 종종 뱀과 동일한 모빌리티를 얻고자 마찰이 없는 전방위적인 바퀴를 사용한다.

그림 9.4b의 스누피 로봇은 기본적으로 콘크리트를 뚫는 툴로 만들어진 돌무더기 속 구멍에 닿을 수 있는 코끼리 코 모양의 로봇이다. 로봇 밑에는 외부 카메라가 장착돼 있어 작업자가 월드를 기준으로 로봇이 어디 있는지 볼 수 있다. 카메라가 외고유수용성 시야를 제공한다는 점을 다시 떠올려보자. 앞에서 소개한 것과 같은 하이퍼 리던던트 로봇$^{hyper-redundant\ robot}$에서 어려운 점은 특정 지형 및 지표면 조건에서 로봇이 어디에 있고 어떻게 이동해야 하는지 감지하는 것이다.

런닝^{running}은 에이전트가 주로 수평 운동으로 나타나는 멀티링크 진자의 진동 움직임으로 운동 에너지를 표현한 것이다. 여기서 멀티링크 진자는 다리와 관절의 공학적 표현이다.

처음 봤을 땐 동물 같다는 생각이 안 들지만 RHex 로봇은 런닝 로봇의 예다(그림 9.5 참조).[183] RHex는 바퀴벌레 다리의 멀티링크 진자를 스프링으로 비슷하게 만들었다. 바퀴벌레는 다리의 관절을 아주 많이 움직이지 않는 대신 다리가 지형에 적응해서 튀어 오를 수 있는 일종의 스프링 역할을 하게 한다. RHex는 관절을 없앴다. 몸을 앞으로 옮길 때 스프링을 회전해서 다리의 진동 움직임을 재현한다. RHex는 지면을 두드리면서 다리가 원을 한 바퀴 그리면 지표면을 밀어낸다. RHex는 로버트 풀Robert Full이 처음 만들어낸 생체역학biomechanics 분석 스타일의 결과물이다.[7]

그림 9.5 RHex 로봇(자료 제공: 영어 위키피디아에서 가브리엘 로페스(Gabriel Lopes))

점핑jumping은 에이전트가 다리의 진동 운동을 이용해 운동 에너지를 표현한 또 다른 방법이다. 이 경우 진동은 대부분 수직 운동을 생성한다.

런닝 및 점핑 로봇을 최초로 제작한 보스턴 다이내믹스Boston Dynamics의 설립자 마크 레이버트Marc Raibert 회장의 초기 작품은 발과 다리가 땅에서 어떻게 밀리는지를 복제하고자 피스톤으로 다리를 사용했다. 마크 레이버트는 1986년 「Legged Robots the Balance」라는 주제로 박사 학위를 받았다. 아울러 <달리고, 넘어지고, 쓰러지는

로봇들>라는 박사학위 논문 관련 영상 자료도 발표했다. 이 영상 자료에 담긴 블루퍼 릴blooper reel 로봇은 장애물 위를 다리 하나로 껑충껑충 뛰어 다니는 기념비적 사건들을 보여준다. 블루퍼 릴을 통해 레이버트는 자신의 연구가 여러 가지 과학적 측면에서 큰 기여를 했을 뿐만 아니라 연구 성과가 오버엔지니어링over-engineering의 결과가 아니었다는 것에 더욱 확신을 가졌다.

런닝, 점핑, 걷기는 레그 로코모션에 속하며 각각의 연구 분야가 있다. 레이버트는 자신의 연구[173]에서 지구상의 절반만 바퀴로 접근할 수 있다는 점 외에도 다리는 다른 형태의 로코모션에 비해 최소 3가지 이상의 장점이 있다는 것을 바탕으로 다리가 장착된 로봇에 대해 동기를 부여했다. 에이전트가 다리를 이용하면 각각 발을 따로따로 디딜 수 있는 반면 바퀴는 전부 계속 접촉해 있어야 한다. 또 다리는 에이전트 몸체의 무게를 받쳐주는 서스펜션을 제공하도록 적절히 맞출 수도 있다. 마지막으로 다리는 상대적으로 에너지 효율적이다. 다리로 걷는 것은 생물학적 크롤링, 슬라이딩, 런닝만큼 에너지가 많이 들지 않는다(그림 9.6 참조). 다리를 사용할 때 드는 에너지는 타이어가 부드러운 지표면을 주행하는 데 필요한 에너지 정도다.

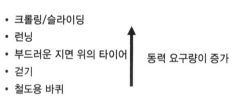

그림 9.6 적응된 다양한 로코모션 모드에 필요한 에너지[173]

9.4 레그 로코모션

앞에서 설명한 것처럼 다리는 생물학적 로코모션에 드는 에너지의 낮은 쪽 끝에서 여러 가지 용도로 로코모션을 제공할 수 있다. 인공지능 로보틱스 측면에서 레그 로코모션legged locomotion에는 로봇이 어디로 가야할지에 대한 기준 궤적 계산computing the reference trajectory과 기준 궤적에 따라 이동하기 위한 특정 유형의 진동을 의미하는 개트 계산^{computing the gait}이라는 2가지 구성 요소가 있다. 기준 궤적 계산의 경우 모션 플래닝과 경로에 해당하며 이에 관해서는 14장에서 설명한다. 이 장에서는 개트 계산을 자세히 설명한다. 사실 개트 계산은 상당히 어려울 수 있다. 진동 모션이 생성되게 다리에서 나타날 수 있는 모션의 집합, 즉 레그 이벤트^{leg event}가 엄청나게 많다. 뿐만 아니라 균형을 유지하려면 다리가 올바르게 발을 디뎌야 하므로 진동 모션은 지표면에 잘 맞춰져야 한다.

9.4.1 레그 이벤트의 개수

세그바르트, 누르바크쉬, 스카라무짜는 그들의 연구[194]에서 레그 로코모션에서 가능한 레그 이벤트의 수 N를 다음과 같이 정의했다.

$$N = (2k - 1)! \qquad (9.1)$$

여기서 k는 다리의 개수다. 에이전트의 다리가 두 개일 경우($k = 2$) 가능한 제어 지시문^{control directive}의 조합은 $N = 6$이다. 이 조합에 대한 자세한 내용은 표 9.1을 참조하기 바란다. 여기서 U는 다리를 위로 드는 것을 의미한다. D는 다리를 아래로 내리는 것을 의미하며, $-$는 전혀 움직이지 않는다는 것을 나타낸다.

$N = 6$은 별로 크지 않아 보일 수 있다. 하지만 꿀벌 같은 육각 동물의 경우라면? $k = 6$이고 $N = 39,916,800$이다.

다리에 관절이 있으면 제어 문제가 증가한다. 앞에서 살펴본 제어 신호는 단순히 위, 아래, 움직이지 않음이라는 3가지뿐이었지만 실제로는 다리의 어떤 부위를 또는 연결 부위를 얼마나 움직일지 신호를 보내야 한다. 인간의 다리는 관절로 연결돼 있으며 7의 자유도나 7개의 제어 지시문 있는데, 이는 발을 원하는 곳에 디디게 다리를 움직이기 위한 것이며 발과 발가락의 배치는 무시한다.

레그 이벤트의 수가 너무 크다보니 문제를 해결할 때 사용하는 방법은 움직임을 (보행을 의미하는) '개트^{gait}'라는 사전에 계산된 좌표상의 움직임에 대한 작은 집합으로 묶는 것이다.[100] 기준 궤적을 따라 에이전트를 옮길 때 원하는 속도에 맞는 개트를 지정한 다음, 지형에 실제 발을 디딜 때 조정할 반응 제어를 추가한다. 지형이 너무 어렵고 복잡할 경우 제어는 에이전트가 수동으로 다리 움직임을 계산해야 하는 '자유로운 개트'로 되돌아간다.

표 9.1 다리 2개를 위한 레그 이벤트 조합

왼쪽 다리	오른쪽 다리
U	–
–	D
–U	
D	–
U	U
D	D

9.4.2 균형 유지

레그 로코모션에서 정말 어려운 문제 중 하나는 균형을 유지하는 것이다. 1가지 접근 방식은 정적 보행기, 즉 항상 정적인 균형을 이루는 로봇을 만드는 것이다. 한편 동적 균형을 제공하는 방법도 있다.

정적 균형

에이전트가 이동할 때 균형을 이루는지 여부는 서포트 폴리곤의 개념에 따라 달라진다. 예를 들어 걷기는 중력을 극복하고 앞으로 나아가고자 원 안의 폴리곤처럼 굴리는 것을 복제한 에이전트의 레그 발걸음에 따라 모델링할 수 있다.

서포트 폴리곤support polygon은 지면과의 접촉점contact points의 컨벡스 홀convex hull로 정의된다. 로봇의 경우 접촉점은 땅에 닿는 다리다. 에이전트의 질량 중심COM, Center Of Mass이 서포트 폴리곤에 있는 경우 에이전트는 정적으로 균형을 유지한다. 서포트 폴리곤을 통해 두 발로 걷는 로코모션이 왜 어려운지를 알 수 있다. 폴리곤은 에이전트가 균형을 유지하고자 더 정확한 자세를 요구하는 선으로 퇴화한다.

최초의 다리가 달린 로봇은 정지해 있을 때와 움직일 때 정적으로 균형을 이루게 설계됐으며, 이를 정적 안정성static stability이라고 한다. 정적 안정성은 매 순간 로봇이 정적 균형을 유지함을 의미한다. 또한 이는 수동적인 보정 없이 다리가 균형을 유지하거나 로봇이 다리를 내려놓으면 다리가 땅에 단단히 자리를 잡아서 미끄러지지 않는다는 것을 의미한다.

정적 안정성은 자연에서 거의 찾아보기 어렵지만 그나마 가장 좋은 예가 바닷가재의 걸음걸이다. 에이전트는 몸체를 들어 올려야 하기 때문에 보통 다리가 최소 여섯 개다. 서포트 폴리곤을 만들고자 지상에 다리가 3개 있다면 질량 중심COM은 변화하는 서포트 폴리곤에 머무른다. 에이전트는 현재 정적 균형을 손상시키지 않고 새로운 서포트 폴리곤을 만들고자 한 세트의 다리를 내려놓는다. 로봇은 모든 다리를 땅에 대고 시작한다. 그런 다음 에이전트는 한 세트의 다리 L_1을 들어 올리지만 한 세트의 다리 L_2는 지면에 남겨둬 정적으로 균형을 유지한다. 위로 올라간 다리 L_1은 앞으로 이동되고 낮아지면서 모든 다리가 지면에 다시 놓이게 된다. 이제 L_2가 들어 올려지고 앞으로 흔들리면서 에이전트의 몸을 앞으로 밀어낸다. 다리가 거의 똑바로 내려와야 한다는 것을 명심하라, 발바닥에 대한 보정이 없기 때문이다. 결과적으로 에이전트는 다리를 앞으로 아주 멀리 움직일 수 없다.

걷는 동안 정적 안정성을 유지하는 것을 **정적 보행**static walking이라고 한다. 정적 보행은 대개 매우 느리다. 바닷가재는 이러한 정적 보행 덕분에 강한 수중 해류를 통과할 수 있다. 즉, 안전한 이동이 속도보다 더 중요하다. 대표적인 정적 보행 로봇은 켄 왈드론Ken Waldron이 제작한 오하이오 주립 대학교의 헥사포드Hexapod인데, 기존의 헥사포드 작동 제어 이론으로는 당시의 프로세서로는 실시간 제어를 제공할 수 없었기 때문에 인공지능 관점에서 실망스러운 것은 아니다. 결국 그 로봇은 원격으로 작동해야 했다. 또 다른 정적 보행기인 앰블러Ambler는 카네기 멜론 대학교 필드 로보틱스 센터Field Robotics Center의 '레드Red' 휘태커Whitaker가 대부분의 바위를 넘나들면서 수평 높이로 센서 플랫폼을 유지할 수 있게 만들었지만 크기, 무게, 전력 면에서 엄청난 손실을 감수해야 했다. 결국 행성 탐사 로봇 연구원들은 미국 샌디아^{sandia} 국립 연구소의 래틀러^{Ratler}에서 볼 수 있는 안정성을 유지하고자 일종의 관절이 있는 바퀴 달린 차량에 끌렸다. 앰블러 디자인 철학은 정적 보행 로봇 단테에 확대 적용됐다(그림 9.7 참조). 이들 로봇은 화성과 지구의 가파른 협곡과 화산을 파괴하고자 만들어졌다. 단테는 남극의 화산으로 들어가는 대부분의 길을 성공적으로 낮출 수 있었지만 다시 올라갈 수는 없었다. 헬리콥터로 들어 올리는 동안 땅으로 떨어졌고 그 과정에서 프레임이 꺾여버렸다.

그림 9.7 단테(사진 제공: NASA Ames 연구센터)

동적 균형

대부분의 동물은 동적 균형을 활용하기 때문에 연구는 그들이 움직일 때 정적인 안정성을 유지할 필요가 없는 로봇을 만드는 데 초점이 맞춰졌다. 사람이 달릴 때를 생각해보자. 사람이 한쪽 발을 떼고 앞으로 흔들기 시작하려고 들어 올렸을 때 다른 한쪽 다리가 아직 내려오지 않아서 두 다리 모두 땅바닥에서 떠 있는 순간이다. 동적 균형에서 어려운 점은 에이전트가 앞으로 뻗은 다리가 땅에 닿을 때 다리가 아래로 미끄러져 넘어지지 않게 하고 에이전트가 튀어나갈 수 있게 다리를 배치하는 것이다.

그림 9.8 영점 모멘트 포인트(ZMP)를 나타내는 역진자(inverted pendulum) 다리.

동적 균형은 일반적으로 다리에 모멘트 포인트가 0이 되도록 다리를 배치하는 것으로 모델링된다[100, 217]. 그림 9.8처럼 다리를 각도의 범위 내에서 지면과 접촉할 수 있는 역진자로 간주한다. 영점 모멘트 포인트ZMP, Zero Moment Point는 운동량momentum과 마찰력friction의 수평 힘horizontal force이 균형을 이루므로 로봇이 쓰러지지 않아야 하는 각도다. 레그 로코모션은 아니지만 수평 힘의 균형을 이용하는 예로 세그웨이Segway가 있는데, 여기서 타는 사람은 마치 역진자inverted pendulum처럼 앞으로 기울어지며 세그웨이의 균형을 깨뜨리고 균형을 다시 잡고자 앞으로 나아가게 하는 수평 힘을 만들어낸다.

ZMP는 다리를 어디에 놓을지를 계산하는 데 사용되지만, 또한 다리의 마찰과 발의 유형에 의해 영향을 받는다. 정적 보행과 마찬가지로 다리를 놓고자 ZMP 원리를 이용한 로코모션은 일반적으로 발이 미끄러지지 않게 발을 땅에 평평하게 '쿵'하고 놓아야 한다.

9.4.3 개트

ZMP를 계산할 수 있는 것은 레그 로코모션의 동적 균형에서 한 단계지만 레그 로코모션의 수를 줄이는 방법에 대한 문제는 여전히 있다. 로코모션을 단순화하는 핵심 개념은 마크 레이버트Marc Raibert의 연구[173]에 의해 처음 소개된 다리의 진동을 가상 개트$^{virtual\ gait}$로 구성하는 것이다. 말이 빠른 걸음^{trotting} 또는 질주^{galloping} 같은 다리 이벤트에 잘 정의된 개트나 패턴을 갖고 있다고 생각해보자. 이 패턴은 노래기^{millipede}처럼 다리가 네 개 이상인 다른 유기체에서도 동일하게 작동한다. 또한 개트는 두 다리가 퇴행성 사례로 취급되는 두 발로 걷는 운동을 묘사하는 데 사용될 수 있다.

가상 개트의 아이디어는 다리가 A와 B 두 집합으로 모아지고 A와 B 각각에 속한 모든 다리는 같은 방식으로 동시에 움직인다. 연산이 다리 수에 따라 팩토리얼^{factorial}(수학 기호 !) 형태로 증가했던 식 9.1과 달리 연산은 에이전트가 다리를 몇 개 갖고 있든 상관없이 고정된다.

다리 쌍에 기초한 그림 9.9에는 다음과 같은 3가지 기본 개트가 있다.[100, 217]

- **트롯**^{trot}: 대각선 다리 쌍이 번갈아 움직이는 빠른 걸음
- **페이스**^{pace}: 측면 쌍이 번갈아 이동하는 속도
- **바운드**^{bound}: 전방 및 후방 쌍이 번갈아 이동

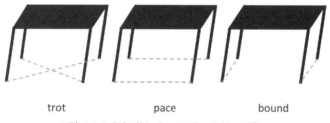

trot   pace   bound

그림 9.9 3개의 기본 개트: 트롯, 페이스, 바운드

9.4.4 조인트(관절)가 있는 다리

가상 개트는 다리 수를 두 개의 가상 집합으로 줄이기 때문에 동적 균형을 위해 다리 이벤트 수를 플래닝하는 노력을 줄여준다. 하지만 개트는 일반적으로 다리에 종종 관절이 있다는 사실을 무시한 채 다리를 역진자로 취급한다. 다리의 관절은 운동 에너지를 이용해 스프링처럼 튀어 오르게 하는 메커니즘을 에이전트에게 제공

해서 모션의 레인지(범위)와 지형에 적응하는 능력을 증가시킨다. 이 과정에서 계산 복잡도도 다시 살펴봐야 한다. 사실 레이버트의 초기 로봇들은 운동 에너지를 전달하고자 다리에 피스톤을 사용했는데, 이러다 보니 전통적인 관절로 연결된 다리에서 기계적인 처리와 복잡한 제어를 할 필요가 없었다.

가상 개트의 아이디어에 따라 다리의 관절은 일반적으로 작은 진동 패턴 세트 또는 매크로에 따라 움직인다. 개트가 수천 년 동안 동물 사육 분야에서 연구돼 온 반면 다리 하나의 관절이 움직이는 패턴은 잘 알려져 있지 않다. 관절이 있는 다리의 모션을 결정하는 데는 2가지 주요 접근법이 있다. 하나는 모션 캡처 카메라를 사용해 사람이나 동물이 특정 상황에서 어떻게 다리를 움직이는지 결정하고 그 움직임을 복제하는 것이다. 다른 하나는 각 관절에 대해 중추 패턴 발생기^{CPG, Central Pattern Generators}를 만드는 것이다.

생물학에서 호흡, 삼키기, 로코모션 같은 진동을 생성하는 CPG라는 신경 구조가 있는데, 이는 동기화된 움직임을 필요로 한다. CPG가 활성화되면 센싱이나 기타 추가 입력 없이 진동이 발생한다. 하지만 기본 패턴은 센싱 기능을 통해 수정되거나 조정될 수 있다. 예를 들어 때때로 많은 양의 음식을 삼키는 데 집중하거나 평소보다 보폭을 더 넓혀야 할 때가 있을 것이다. 이상적으로는 다리 모션의 롤링 폴리곤을 위, 앞, 아래로 만드는 CPG를 만들 수 있고, 그런 다음 폴리곤의 정점을 센싱한 지형에 적응하게 조정할 수 있다.

AI는 일반적으로 로코모션을 무시하지만 신경 윤리학^{neuroethology} 전문 분야 인공지능 연구원들은 중추 패턴 발생기를 연구한다. CPG의 가장 일반적인 구현은 비선형 반 데르 폴^{Van der Pol} 방정식의 변형이다. 이 방정식은 팔다리에 기본적인 동기화된 진동을 제공하고 전자 장치의 노이즈를 설명하는 사인파 전파^{sinusoidal radio waves}를 생성하고자 고안됐으며, 외부 이벤트에 대한 동기화 진동을 조정할 때도 사용 가능하다. 문제는 반 데르 폴 방정식을 풀려면 수치적 방법^{numerical method}이 필요하다. 뿐만 아니라 CPG는 생물학에서 연구가 이뤄진 후 단일 관절에 대한 로보틱스에서 구현된 것이기 때문에 중추 패턴 발생기 컬렉션을 특성화하고 구현해 개트로 넘어갈 수 있는 방법에 대한 문제가 남는다.

모션 캡처와 CPG라는 2가지 기법은 상호 배타적이지 않다. 모션 캡처는 계단을 오르는 것과 같은 지형에 적응하고자 걸음걸이가 어떻게 변화하는지 기록할 수 있으며, 이는 CPG 또는 적절한 경우 방출되는 새로운 CPG에 대한 튜닝 입력으로 통합될 수 있다.

9.5 액션 선택

앞 절에서는 설계자가 각 단계를 명확하게 계획하도록 하거나(자유 보행) 개츠 및 중추 패턴 발생기 같은 유선 패턴을 사용해 로코모션을 위한 액션을 선택하는 방법을 다뤘다. 이 외에 에이전트가 로코모션을 학습하도록 기존의 모터 스키마를 조립하는 방법을 배우는 세 번째 방법이 있다. 학습은 행동의 원칙과 장점을 강화한다. 로봇 학습robot learning은 16장에서 자세히 설명한다.

인공지능 로보틱스에서 액션 선택action selection은 에이전트가 주어진 시간에 어느 행동을 인스턴스화할지 선택하는 방식을 포함한다. 선천적 방출 메커니즘IRM은 기술적으로 액션 선택의 한 형태지만 사전 프로그래밍돼 있고 하드웨어에 임베딩돼 있다는 특징이 있다. 더 큰 문제는 어떻게 새로운 이벤트를 위해 액션을 선택하고 학습하는가 하는 것이다. 원래 인공지능에서는 액션을 명시적 플래닝과 함께 심의를 거쳐deliberatively 선택해야 한다고 가정했지만 인공지능이 반응성reactivity을 탐구함에 따라 연구학자들은 플래닝 없이 실행할 조치를 선택하고자 선천적 방출 메커니즘과 유사한 메커니즘의 사용을 조사하기 시작했다.

1990년, 패티 메이Patty Maes와 로드니 브룩스Rodney Brooks는 1장에서 소개한 6개의 다리가 달린 곤충 로봇 징기스Genghis를 켜고 반응성 액션 선택만을 사용해 1분 45초 이내에 (걷는 과정에서 땅을 디디고 있는 다리가 3개인 세다리 걸음새를 의미하는) 트리포드 개트tripod gait로 걷는 방법을 배우는 것을 시연했다. [119]

징기스는 앞과 뒤, 얼굴과 뒤에 두 개의 터치 센서를 사용했다. 터치 센서 중 하나 또는 둘 다 활성화된 경우 로봇 본체가 지면에 있거나 심하게 기울어진 것이다. 두 조건 모두 바람직하지 않기 때문에 부정적 피드백 신호$^{negative\ feedback\ signal}$를 생성했다. 또한 징기스는 전방 움직임을 측정하고자 후행 휠$^{trailing\ wheel}$이 있었으며, 휠이 앞으로 움직일 경우 긍정적 피드백$^{positive\ feedback}$을 생성했다. 이상적으로 로봇의 몸은 지면에서 벗어나 앞으로 움직여야 한다.

징기스의 액션 선택은 13가지 행동의 작은 집합으로 제한됐다. 다리당 2가지 동작(앞쪽으로 흔들기, 뒤로 흔들기)이 총 12번 있었고 다리를 벌리기 위한 수평 균형을 위한 추가 동작도 있었다. 각 다리의 위 또는 아래 위치는 내부 센서로 감지됐다.

징기스는 매우 간단한 컨피규레이션을 사용해 6개의 다리 동작 각각에 대한 전제 조건(또는 릴리저) 집합을 나타내는 벡터의 학습을 통해 걷는 방법을 배웠다. 여기에는 on, off, don't care가 포함돼 있다. 다리는 흔들리기 시작하고, 각 다리는 무작위로 2가지 다른 행동을 시도한다. 각 단계마다 시스템은 통계를 사용해 각 다리의 전제 조건(내가 옳게 한 것은 무엇인가?)을 피드백과 연관시켰다. 그러면 각 다리 움직임의 타이밍을 포착하는 벡터가 업데이트된다. 로봇은 빠르게 트리포드 개트를 익혔다. 한쪽 다리가 위로 올라가면 나머지 두 다리는 아래로 내려간다.

이 연구 결과는 일반적으로 로코모션에 널리 채택되진 않았지만 언제 반응하고 언제 심의해야 하는지에 대한 논쟁에서 영향력이 있었다. 그것은 심의^{deliberation}가 걷기에 필요하지 않다는 증거였다. 또한 개트와 CPG에 대한 신경윤리학적 연구를 위한 발판을 마련했다.

9.6 요약

9장에서는 시작 부분에서 제시한 2가지 질문을 다뤘다. 첫 번째 질문은 다음과 같다. 실제로 어떻게 로봇을 움직일 수 있을까? 지상 로코모션에서는 기계적 또는 생체 모방적 원리를 사용한다. 실제로 바퀴나 트랙을 가진 기계적 로코모션은 다중 관절의 다리와 비교했을 때 플랫폼을 만들고, 조정하고, 안정적으로 유지하기 쉽기 때문에 로보틱스 분야에서 많이 사용됐다. 가장 일반적인 2가지 스티어링 스타일은 디퍼렌션 스티어링^{differential steering}(또는 스키드 스티어링^{skid steering})과 애커먼 스티어링^{Ackerman steering}이다. 스키드 스티어링은 홀로노믹 차량의 대략적인 근사치다. 인공지능 로보틱스 연구학자들은 처음에 제어 문제를 무시하고 인공지능에만 집중하고자 홀로노믹스를 가정했다.

생체 모방 운동은 걷기에서 크롤링, 슬라이딩에 이르기까지 다양하다. 크롤링과 슬라이딩에서 볼 수 있듯이 생체 모방 운동은 동물의 다리가 에너지 효율이 좋다고 보장되지 않는다. 실제로 바퀴^{wheel}는 지상 로봇에게 가장 에너지 효율적인 로코모션 형태지만 이론적으로는 다리가 가장 다재다능하다. 결과적으로 스프링처럼 보이는 다리를 만드는 것을 포함해 상당한 연구가 레그 로코모션에 투입됐다. 하지만 완전한 로봇의 일부로서 실용적인 다리는 아직 멀었다.

인공지능 로보틱스 연구학자가 다리를 갖고 작업한다면 다리 로코모션 문제를 2가지로 나눠 생각하는 게 더 효과적이다. 하나는 기준 궤적^{reference trajectory}을 생성하는 것이고(로봇이 갈 곳) 다른 하나는 다리의 진동을 플래닝하는 것이다. 다리 집합의 진동을 명확하게 플래닝하는 것을 '자유 보행^{free walking}'이라고 하며, 여기에는 $O(n!)$의 계산 복잡도가 필요하다. 계산 복잡도 및 다리의 기계적 복잡성은 이 장의 시작 부분에서 제기된 두 번째 질문인 "왜 더 많은 로봇들이 다리를 갖고 있지 않을까?"에 대한 답과 관련이 있다.

계산의 복잡성을 단순화하고자 로보틱스 연구학자들은 다리를 짝지어서 동물의 개트와 동일한 진동 세트를 생산한다. 일반적으로 사용되는 3가지 가상 개트는 트로트, 페이스, 바운딩이다. 로봇은 중추 패턴 발생기로 계산한 다음 균형을 유지하고 지형에 적응하고자 각 다리의 발바닥을 조정할 수 있는 개트(걸음걸이)를 사용한다.

개트는 진동 플래닝^{oscillation planning}을 단순화했지만 균형과 지형에 적응하는 문제는 사소한 문제가 아니다. 초기의 레그 플랫폼은 플랫폼의 질량 중심^{COM}이 항상 다리에서 제공하는 서포트 폴리곤 내에 유지되게 하고자 정적 균형^{static balance}을 사용했다. 불행하게도 정적 균형은 느리고 번거롭다. 동적 균형은 더 빠르지만 정적 힘과 동적 힘의 균형을 맞추는 것이 훨씬 더 어려운 문제였다. 발 배치가 더욱 중요해지므로 로봇이 다리를 회전할 때 영점 모멘트 포인트^{ZMP}에 다리가 착지해야 한다.

개트는 행동과 인공지능의 개념에 잘 맞는다. 또한 중추 패턴 발생기^{CPG}는 행동 기반 로봇의 자연스러운 확장이며 생물학적 및 윤리학적 조건을 이용하는 전통의 가치를 강화한다. 머신러닝은 주로 액션 선택 문제 또는 태스크 수행을 위해 행동을 어떻게 선택하고 그룹화하는지를 연구하는 동기에서 보행 로봇의 초기에 탐구됐다. 그러나 CPG는 좀 더 실용적이며 다중 관절 다리에 적합하다.

9.7 연습문제

문제 9.1
애커먼 스티어링과 디퍼렌셜 스티어링의 차이점은 무엇인가?

문제 9.2
홀로노믹 차량과 논홀로노믹 차량의 차이점은 무엇인가? 로봇이나 차량을 예로 들어 각각 설명해보라.

문제 9.3
다음 글을 읽고 ??를 애커먼 스티어링, 디퍼렌셜 스티어링, 홀로노믹, 논홀로노믹 중 적절한 용어로 채워보자.

인공지능 연구학자들은 종종 로봇이 ??이라고 가정하는데, 이는 로봇이 점이고 질량이 없다는 것을 의미한다. 그 이유는 로봇들이 속도를 늦추거나 다른 로봇의 회전 반경을 설명하는 프로그래밍 제어 체계에 대해 걱정할 필요가 없기 때문이다. 불행하게도 무인 수중 시스템(로봇 보트)은 ??하다. 수중 차량은 쉽게 급회전할 수 없고 추력이 중단된 후에도 물에서 계속 바닷가를 향해 움직일 수 있기 때문이다. 지상의 로봇도 비슷한 문제를 갖고 있다. 항상 스키터가 존재하지만 ??는 때때로 제자리에서 방향 전환을 활성화하고자 사용된다. 대형 지상 로봇들은 종종 ??을/를 이용하는데, 이 때문에 주차가 정말 쉽지 않다.

문제 9.4

동력 요구량 순서대로 다음 로코모션 유형 목록을 정렬하라.

- a. 크롤링/슬라이딩
- b. 철도용 바퀴
- c. 런닝
- d. 부드러운 지면 위의 타이어
- e. 걷기

문제 9.5

다형 스키드 스티어링의 장단점을 나열하고 설명하라.

문제 9.6

거미에게서 나올 수 있는 레그 이벤트의 개수는 얼마나 될까?

문제 9.7

다른 형태의 로코모션과 비교했을 때 다리의 장점 3가지를 나열하고 설명하라.

문제 9.8

정적 균형과 동적 균형 사이의 차이점은 무엇인가? 동물을 통해 각각의 예를 들어보자.

문제 9.9

정적 안정성이 로봇에게 왜 바람직한가? 설명해보라.

문제 9.10

다음을 정의하라:

a. 서포트 폴리곤

b. 영점 모멘트 포인트

c. 액션 선택

d. 기준 궤적

e. 중추 패턴 발생기

문제 9.11

3가지 가상의 개트 이름을 나열하고 그려보자.

9.8 엔드 노트

영화 〈라이징 선〉

마크 레이버트의 외다리 호퍼는 1993년 영화 <라이징 선>에서 몇 초 동안 등장한다. 숀 코너리^{Sean Connery}와 웨슬리 스나입스^{Wesley Snipes}는 첨단 기술 연구 센터로 들어갈 때 이 로봇을 지나쳐간다. 호퍼가 충분히 오래 뛰게 하는 데 며칠이 걸렸을 뿐만 아니라 촬영을 위해 배우들과 조율하는 과정에서 레이버트는 숀 코너리의 분노를 사기도 했다.

단테와 미디어

단테 프로젝트는 언론의 집중적인 보도를 받았고 엔터테인먼트 산업으로 확산됐다. <단테스 피크^{Dante's Peak}>(1997)라는 영화에서 피어스 브로스넌^{Pierce Brosnan}이 이끄는 화산학 연구 팀의 일원으로 작고 단테처럼 생긴 로봇이 등장한다. 이 로봇은 영화 속에서 계속해서 망가지는데, 이는 불행히도 현재의 로보틱스 상태를 너무나도 정확하게 반영하고 있다. TV 시리즈 <X-파일>의 '파이어워커^{Firewalker}' 에피소드를 보면 오데틱스 '거미' 로봇처럼 생긴 로봇이 화산에서 내려와 화산학자들이 불가사의한 생명체의 공격을 받았다는 것을 암시하는 충격적인 영상이 담겨 있다. 범인은 치료약물 복용을 끊은 과학자로 밝혀졌다.

10
센서와 센싱

10장에서 다루는 내용

- 능동 센서와 수동 센서의 차이점을 설명하고 각각의 예를 들어 설명한다.
- GPS, INS, IR, RGB-D 카메라 등 일반적인 로봇 센서의 장단점을 하나 이상 다룬다.
- 이미지, 픽셀 및 이미지 기능을 정의한다.
- 작은 인터리브 RGB 영상과 영역에 대한 색상 값 레인지가 주어진 경우 1) 색상의 임곗값과 2) 색 히스토그램을 사용해 색상 어포던스를 추출하는 코드를 작성할 수 있다.
- 로봇이 색을 각인하고 추적할 수 있게 컴퓨터 비전 코드를 작성한다.
- 근접 센서$^{\text{proximity sensor}}$, 논리 센서$^{\text{logical sensor}}$, 위양성$^{\text{false positive}}$, 위음성$^{\text{false negative}}$, 색조^{hue}, 채도^{saturation} 및 컴퓨터 비전의 각 용어를 한두 문장으로 정의한다.
- 행동 센서 융합$^{\text{sensor fusion}}$의 3가지 유형인 분열, 융합, 패션을 설명한다.
- 센서 제품군을 설계하기 위한 속성을 나열하고 이러한 속성을 특정 애플리케이션에 적용한다.
- 로코모션 하중$^{\text{locomotion load}}$과 호텔 하중$^{\text{hotel load}}$을 정의하고 지능형 로봇 설계에 충분한 호텔 하중이 중요한 이유를 설명한다.

10.1 개요

7장에서는 반응형 레이어 내의 퍼셉션에서 액션을 방출하는 것과 동작의 동작을 지원하거나 안내하는 2가지 역할을 알아봤다. 모든 센싱은 행동에 따라 다르며 행동은 동일한 센서를 사용하지만 데이터는 서로 독립적으로 사용할 수 있다. 또한 반응형 로봇의 함축적 의미는 행동이 기억력이 필요하기보다는 다이렉트 퍼셉션에 따른 자극-반응의 결과라는 것이다.

심의형 레이어에서 센싱은 월드 모델을 구축하고자 객체, 장면, 이벤트를 인식하고 추론하는 데 사용된다. 반응형 레이어는 깁슨^{Gibson}과 나이저^{Neisser}가 뇌에서 다이렉트 퍼셉션 경로라고 부르는 것을 사용하는 반면, 심의형 레이어는 객체 인식 경로를 사용한다.

상호작용형 레이어에서 센싱은 소셜 상호작용을 탐지하고 지원하는 데에 쓰인다. 이러한 소셜 상호작용은 개인적인 공간을 침범하지 않게 간격이 넓을 수 있다. 물론 고해상도일 수도 있으며 이 경우 로봇은 미묘한 얼굴 특징과 제스처를 인식하고 해석해야 할 수 있다.

퍼셉션이 보편적으로 사용되면서 인공지능에서 센서와 센싱 사이의 미묘한 차이가 발생했다. 센서는 원시 데이터를 제공하는 반면 센싱은 퍼셉트나 월드 모델을 생성하는 알고리듬과 센서의 조합이다.

퍼셉션의 필요성은 센싱에 대한 몇 가지 일반적인 질문으로 이어진다. 첫 번째 질문은 어떻게 로봇을 "보게 만들까?"라는 가장 기본적인 것이다. 이 책의 앞부분에서 퍼셉션은 단지 센서가 아니라 추가적인 처리가 있음을 은연중에 설명했다. 인공지능은 어떻게 퍼셉트나 물체를 추출하거나 유추하는지 외에도 어떤 장면 속에서 일어나는 것을 어떻게 해석하는지, 또한 특정 센서의 조합을 통해 어떻게 그렇게 할 수 있는지 등을 다룬다.

또 다른 질문은 "로봇에게 필수적인 센서는 무엇인가?"다. 물론 구체적인 대답은 목표에 따라 다르지만 일반적으로 로봇은 고유수용성감각과 외수용감각 둘 다 필요하다. 그러나 로봇은 5장에서 설명한 것처럼 항상 '백도어' 형태의 텔레오퍼레이션이 요구되므로, 일반적으로 가시광선 카메라가 장착돼 있다. 이러한 카메라를 이용하는 분야가 컴퓨터 비전이다.

마지막 질문은 "센서 융합이란 무엇인가?"다. 앞에서는 행동 기반 로보틱스에 관해 개별 동작이 둘 이상의 센서로부터의 입력을 받아들일 수 있음을 알았다. 4장의 심의 관련 부분에서 모든 센싱의 합인 월드 모델의 개념을 정의했다. 여러 센서가 퍼셉트와 모델을 생성할 수 있는 센싱 메커니즘을 일반적으로 센서 융합이라고 한다.

10장에서는 깊이와 레인지를 어떻게 센싱할지는 다루지 않는다. 직접 접촉하지 않고 깊이와 레인지를 센싱하는 건 내비게이션에 매우 중요할 뿐만 아니라 그 자체로 하나의 연구 분야다. 레인지 센싱은 11장에서 설명한다.

이 장에서는 인공지능 관점에서 센서와 센싱의 기초적인 내용을 다룬다. 컴퓨터 비전의 일반적인 인공지능 영역뿐만 아니라 극성 플롯, 이미지 함수, 논리 센서 등 3가지 상식 표현을 소개한다. 먼저 능동 및 수동 센서를 논의하는 데 사용할 센서와 센서 모델을 소개한다. RGB-D 카메라, 라이다, 기타 메커니즘은 11장부터 자세히 다룬다.

10.2 센서와 센싱 모델

센서 하드웨어이나 애플리케이션과 관계없이 센싱과 센서는 그림 10.1과 같이 월드 및 로봇과의 상호작용으로 생각할 수 있다. 센서는 월드의 일부 속성을 측정하는 장치다. 변환기^{transducer}는 센서와 상호 교환해 사용하는 경우가 많다. 변환기는 측정되는 에너지와 관련된 에너지를 다른 형태의 에너지로 변환하는 센서의 메커니즘이나 요소다.[6] 센서는 에너지를 받아 디스플레이나 컴퓨터로 신호를 전송한다. 센서는 변환기를 사용해 입력 신호(음향, 빛, 압력, 온도 등)를 로봇이 사용할 수 있는 아날로그나 디지털 형태로 변경한다. 반응형 행동의 경우 센서 관찰은 행동에 대한 환경의 관련 퍼셉트를 추출하는 퍼셉션 스키마에 의해 차단된다. 이 퍼셉트는 액션으로 이어지는 모터 스키마에 의해 사용된다.

그림 10.1은 반응형 레이어에서 센싱을 자세히 표현한 예다. 심의형 레이어의 경우 모듈의 퍼셉션 스키마-퍼셉트-모터 스키마 구성이 월드 모델로 대체될 것이다. 상호작용형 레이어는 행동을 활용하거나 센싱의 필요성에 대한 월드 모델을 사용할 수 있다. 11장에서는 오도메트리(주행 기록계), 관성 항법 시스템^{INS, Inertial Navigation System}, GPS, 근접 센서를 설명한다. 컴퓨터 비전과 이미지 처리도 뒤에서 설명한다. 컴퓨터 비전 분야는 너무 광범위해서 관련 알고리듬을 모두 다루는 것은 불가능하기 때문에 이 장에서는 반응성의 개념을 강화하고자 반응형 행동과 함께 사용되는 단순하고 일반적인 일상에 초점을 맞춘다. 이는 또한 당연하게 여겼던 퍼셉션이 실제로 얼마나 어려운지를 보여준다. 센서 제품군을 선택할 때 사용할 속성 목록을 이 장의 마지막에 정리했으며 퍼셉션 관점의 설계를 개선하는 다른 개념도 다룬다.

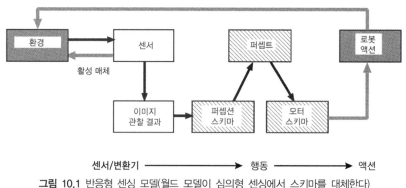

그림 10.1 반응형 센싱 모델(월드 모델이 심의형 센싱에서 스키마를 대체한다)

10.2.1 액티브 센서와 패시브 센서

센서는 종종 패시브 또는 액티브 센서로 분류된다. 패시브 센서는 관찰용 매체를 환경에서 확보한다. 예를 들어 카메라는 사용 가능한 사진을 만들려면 일정한 양의 주변 조명이 필요하다. 활동적인 센서는 에너지를 바꾸거나 강화하고자 환경에 에너지를 방출한다. 음파 탐지기는 음파를 보내고 메아리를 수신하고 이동 시간을 측정한다. X선 기계는 X선을 방출하고 다양한 종류의 조직에 의해 차단되는 양을 측정한다. 카메라는 수동 장치이지만 플래시가 있는 카메라는 액티브 센서다. '액티브 센서'라는 용어는 활성 센싱과는 다르다. 활성 센싱은 이펙터를 사용해 센서를 동적으로 배치해 데이터 수집을 개선하는 시스템을 연결한다. 예를 들어 플래시가 있는 카메라는 액티브 센서인 반면 팬/틸트 헤드에 장착된 카메라는 더 나은 시야를 얻고자 회전하는 알고리듬을 사용해 활성 센싱을 사용한다.

다른 센서들은 다른 형태의 에너지를 측정한다. 이는 결국 다른 유형의 처리로 이어진다. 동일한 형태의 에너지를 측정하고 비슷한 방법으로 처리하는 센서는 센서 모달리티를 형성한다. 센서 모달리티는 센서에 대한 원시 입력 자료(음향, 압력, 온도, 조명 등)를 나타낸다. 어떤 점에서 모달리티는 인간의 오감과 비슷하다. 예를 들어 시각은 가시광선, 적외선, X선으로 분해될 수 있다.

10.2.2 센서: 출력 유형과 사용 방법

센서는 생성되는 출력 유형과 감지된 데이터가 사용되는 방식에 따라 분류될 수도 있다. 센서의 출력은 판독 값이나 이미지다. 이미지는 공식적으로는 이 장의 후반부에서 정의한다. 이미지들은 기초적이고 대중적인 표현이다.

5장에서 설명한 것처럼 월드에 대한 센싱은 일반적으로 3가지 방법으로 사용된다. 첫 번째는 '고유수용성감각'이며 이는 로봇의 팔다리와 관절의 위치를 파악하거나 얼마나 이동했는지 확인하기 위한 것이다. 고유수용성감각은 로봇 플랫폼을 제어하는 데 필수적이다. 두 번째는 '외수용감각'이며 이는 외부 세계에서 물체를 감지하고 종종 물체까지의 거리를 탐지하는 것이다. 로봇이 월드에서 움직이고 행동할 수 있게 하려면 외수용감각이 필수적이다. 세 번째는 '외수용감각'인데, 이는 월드의 물체와 관련된 로봇의 위치를 감지하는 것이다. 외수용감각은 로봇이 움직이지 않는 이유(즉, 로봇이 어딘가에 빠져 꼼짝도 못함)와 매니퓰레이션에도 중요하다.

10.3 주행 기록계, INS, GPS

로봇은 구동 모터가 회전하는 횟수를 측정하는 샤프트 인코더와 같은 고유수용성감각 센서를 사용해 움직임을 추정할 수 있다. 샤프트 인코더는 자동차의 주행 기록계가 작동하는 것과 동일한 방식으로 작동한다. 기어와 휠 크기를 알면 모터의 회전수를 사용해 로봇 휠의 회전수를 계산할 수 있으며 이 숫자를 사용해 로봇이 얼마나 멀리 이동했는지 추정할 수 있다. 안타깝게도 이는 환경이 로봇의 실제 움직임에 영향을 미치기 때문에 추정한 것일 뿐이다. 타일이 깔린 바닥에 있는 로봇은 마른 잔디 위에 있는 로봇보다 두 배나 미끄러질 수 있다.

스마트폰에 사용되는 가속도계와 같은 관성 항법 시스템[INS, Inertial Navigation System]과 관성 이동 시스템[IMU, Inertia Movement Systems]도 추측 항법 정보를 제공할 수 있으며 주행 기록계의 측정보다 훨씬 더 나은 경우가 많다. 움직임이 부드럽고 갑작스런 거슬림 없이 샘플을 자주 수집할 수 있다면 관성 항법 시스템은 이동 거리의 0.1%까지 정확한 추측 항법 결과를 제공할 수 있다.[74] 불행히도 급발진 내지는 갑작스런 방향 전환이 가속도계의 측정 범위를 초과할 수 있어 오류가 발생할 수 있다. 화성 탐사선 소저너는 관성 항법 시스템을 탑재했다. 한 번 움직였을 때 고유수용성감각을 사용했다면 바위에서 30cm 떨어진 곳에서 멈췄을 것이다. 하지만 외수용감각을 사용해서 실제로는 바위에서 4cm 이내에 위치했다.

위성 위치 확인 시스템[GPS, Global Positioning System]은 야외에서 일하는 로봇에서 많이 쓰인다. GPS 시스템은 지구 궤도를 도는 위성들로부터 신호를 수신함으로써 작동한다. 수신기는 위도, 경도, 고도, 시간 변화 측면에서 최소 4개의 GPS 위성에 상대적인 위치를 계산한다. GPS는 로봇이 로봇 외부의 위성으로부터 신호를 수신해야 하기 때문에 고유수용성감각 센서가 아니다. 그러나 로봇이 환경에 대한 위치를 계산하지 않기 때문에 외수용성감각 센서도 아니다. 센서의 종류와 상관없이 GPS는 대부분의 건물, 특히 많은 양의 철근 콘크리트로 지어진 사무실이나 공장 내부에서 작동하지 않기 때문에 모바일 로봇의 추측 항법 문제에 대한 완전한 해결책은 아니다. 이러한 구조들은 휴대폰 네트워크처럼 무선 신호의 수신을 방해한다. 마찬가지로 GPS는 고층 건물과 다리가 도시의 협곡 역할을 하고 수신을 방해하는 주요 도시에서는 실외에서 작동하지 않을 수 있다.

10.4 근접 센서

근접 센서^{proximity sensor}는 센서와 환경 내 물체 사이의 상대적 거리(또는 레인지)를 직접 측정한다. 일반적으로 물체까지의 거리를 1미터 단위로 짧은 거리를 측정하는 것뿐만 아니라 훨씬 더 먼 거리에서 감지하는 레인지 센서 모두 근접 센서에 해당한다. 근접 센서에는 액티브와 패시브가 있다. 액티브 근접 센서는 로봇이 접촉 전에 물체를 감지할 수 있게 해주는 반면 패시브 근접 센서는 물체나 표면과 접촉해야 한다. 적외선 센서는 가장 많이 사용되는 액티브 근접 센서이며 범프 센서^{bump sensor}와 필러 센서^{feeler sensor}는 가장 대표적인 패시브 근접 센서다.

적외선 센서^{IR, Infrared sensors}는 근적외선 에너지를 방출하고 얼마만큼의 IR 빛이 반환되는지 여부를 측정한다. 장애물이 있으면 이진 신호를 반환한다. IR 센서는 사용되는 빛의 주파수와 리시버^{receiver}의 감도에 따라 레인지가 인치에서 수 피트에 이른다. 가장 간단한 IR 근접 센서는 환경에 빛을 방출하고 3~5인치 레인지의 LED로 구성할 수 있다. 그림 10.2의 케페라 로봇의 단일 직사각형 패키지에 나란히 배치된 IR 이미터^{emitter}와 리시버를 살펴보자. 방출되는 빛은 종종 밝은 주변 조명에 의해 없어지거나 어두운 물질에 흡수되기 때문에(즉, 환경은 노이즈가 너무 심하기 때문에) 종종 고장 나곤 한다. 좀 더 정교한 IR 센서에서는 다양한 IR 대역을 선택하거나 변조해 신호 대비 노이즈 비율을 변경할 수 있으며, 일반적으로 레인지(범위) 내의 물체가 빛을 흡수하지 않고 센서가 물체의 존재를 놓치게 한다.

그림 10.2 케페라 로봇의 IR 센서 링 모습. 3개의 기둥에 장착된 각각의 검은 사각형이 이미터와 리시버다.

로보틱스 센싱에서 또 다른 인기 있는 부류로 범프^{bump}와 필러^{feeler} 센서로 이뤄지는 촉각 센서^{tactile}가 있다. 필러나 휘스커는 튼튼한 전선으로 만들 수 있다. 범프 센서는 일반적으로 로봇 주위에 돌출된 링 모양의 두 개 층으로 구성된다. 물체와 접촉하면 두 층이 접촉해 전기적 신호를 생성한다. 범프 센서의 배치는 매우 중요한 문제다. Nomadic Technologies, Inc.의 Nomad 200 기본 모델의 범프 센서는 낮은 장애물로부터 매우 정확한 싱크로 드라이브 메커니즘을 보호하기 위한 것이었다. 불행히도 특정 회전 구성에서는 바퀴가 뚜껑 너머로 뻗어있어서 범프 센서가 손상을 방지하는 데 전혀 쓸모가 없게 됐다.

이론적으로 범프 센서나 휘스커의 감도는 다양한 접촉 압력에 따라 조정할 수 있다. 일부 로봇은 '더 무거운' 터치보다는 신호를 만들고자 '가벼운' 터치를 원할 수 있다. 실제로 범프 센서는 조절하기가 귀찮을 정도로 어렵다. 1997년, AAAI 모바일 로봇 경진대회의 '오르 되브르, 애니원^{Hors d'Overs, Anyone?}' 행사에서 인간은 로봇 웨이터로부터 간식을 제공받았다. 인간은 콜로라도 광산학교의 노마드 200 로봇 웨이터와 커뮤니케이션하기로 돼 있었는데, 로봇 바닥에 장착된 범프 센서를 발로 걷어차야 음식을 먹을 수 있었다고 한다. 범프 센서의 감도가 너무 낮아서 종종 여러 차례 발로 걷어차야 했고, 브루스 리가 발차기 하는 것 같은 매우 코믹한 장면을 연출했다.

10.5 컴퓨터 비전

컴퓨터 비전은 다이렉트 퍼셉션과 객체 인식을 위한 범용 외수용감각 센싱의 주요 원천이라고 할 수 있다. 컴퓨터 비전은 거리 측정에도 사용할 수 있으며 방법은 11장에서 설명한다. 이 절에서는 컴퓨터 비전과 다이렉트 퍼셉션에 사용되는 몇 가지 기본 알고리듬을 소개한다. 컴퓨터 비전은 로보틱스와는 별개의 연구 분야며 노이즈 필터링, 조명 문제 보상, 이미지 개선, 라인 찾기, 모델에 라인 일치, 형상 추출, 3D 표현 작성에 유용한 알고리듬을 많이 만들어냈다(1장 참조).

10.5.1 컴퓨터 비전의 정의

컴퓨터 비전은 전자기 스펙트럼을 사용해 이미지를 생성하는 모든 양식의 데이터를 처리하는 것을 말한다. 이미지는 이미징되는 장면과 직접적인 물리적 대응이 있는 그림과 같은 형식으로 데이터를 표현하는 방법이다. 각도가 30도보다 작은 원뿔 속 어디엔가 있는 물체와 연관된 단일 레인지 판독 값을 반환하는 음파 탐지기와 달리 이미지는 2차원 배열이나 그리드에 배치된 다중 판독 값을 의미한다. 배열의 모든 요소는 공간의 작은 영역에 매핑된다. 이미지 배열의 요소는 '그림의 요소^{picture element}'라는 단어를 축약한 **픽셀**^{pixel}이라고 한다. 장치의 모달리티에 따라 이미지가 측정하는 값이 결정된다. 가시광선 카메라를 사용하는 경우 각 픽셀에 저장된 값은 빛의 값(예, 색상)이다. 열 카메라를 사용할 경우 저장된 값은 해당 영역의 열이다. 신호를 픽셀 값으로 변환하는 함수를 이미지 함수라고 한다.

 컴퓨터 비전은 인간이 보는 것과 동일한 전자기 스펙트럼을 통해 이미지를 생성하는 모든 종류의 카메라에서 좀 더 낯설어 보이는 기술인 열 감지기, X선, 레이저 거리 탐지기, 합성 조리개 레이더^{SAR, Synthetic Aperature Radar}로 출력되는 것을 포함한다. 이미지에서 데이터의 값을 시각화하려는 사람에게는 이러한 센서가 다소 어려울 수도 있다. 이는 컴퓨터 비전 카테고리 속에 센서가 놓인 이미지 표현의 결과라는 것을 잘 기억하기 바란다.

10.5.2 그레이스케일과 컬러 표현

픽셀 값은 일반적으로 그레이스케일이나 컬러로 표시된다. 그레이스케일 표현은 8비트 숫자(컴퓨터 메모리 1바이트)를 사용하는 표준 표현이다. 이렇게 하면 회색의 서로 다른 256개 값이 만들어지며 0은 검은색, 255는 흰색으로 표시된다(256개의 값은 0…255를 의미한다).

그러나 컬러는 다르게 표현되며 각 표현에는 장단점이 있다. 첫째, 색을 표현하는 다른 많은 방법이 있다. 가정용 PC 프린터는 시안 청색에 노란색을 더하면 녹색이 되는 감산 방식subtractive method을 사용한다. 미국의 대부분 상업용 기기는 NTSC National Television System Committee 표준을 사용한다. NTSC 색상은 빨간색, 녹색, 파란색의 3가지 측정치의 합으로 표현되며, 약칭은 RGB다.

RGB는 일반적으로 그림 10.3과 같이 3D 큐브의 3가지 색상 평면이나 축으로 표현된다. 큐브는 가능한 모든 색을 나타낸다. 특정 색상은 (R, G, B)를 합한 세 값의 튜플로 표현된다. 검은색은 (0, 0, 0) 또는 0+0+0이거나 3가지 색상 평면 중 어느 것도 측정하지 않는다. 흰색은 (255, 255, 255)다. 빨간색, 녹색, 파란색의 순색 은 각각 (255, 0, 0), (0, 255, 0), (0, 0, 255)로 표시된다. 표현은 컬러 그래픽과 동일하다.

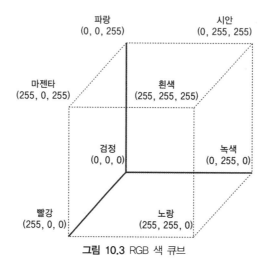

그림 10.3 RGB 색 큐브

그림에서 큐브의 차원은 256 × 256 × 256이며, 여기서 256은 8비트로 표현할 수 있는 정수 값의 범위다. 3가지 색 치수가 있으므로 제조업체는 특정 프레임그래버를 선형 그레이스케일에 색을 매핑하는 프레임그래버와 구별하고자 이 큐브를 24비트 색상(3 × 8)으로 참조할 수 있다. 8비트 컬러 모델은 오래된 흑백 영화에 색을 입히는 데 사용된다. 256개의 색상 값만 있다 보니 상당히 제한적이고 회색 값 자체가 종종 모호할 경우도 있다. 여성의 붉은 입술의 화소 값이 185일 수 있고, 짙은 파란색 드레스도 화소 값이 185일 수 있다. 사람은 수동으로 필름의 각 프레임에서 185 = 빨간색 영역과 185 = 진한 파란색 영역을 명확히 구분해야 할 수도 있다. 색상이 모호하지 않은 환경에서 작업하지 않는 한 8비트 색상은 로봇 비전에 잘 쓰이지 않는다.

로보틱스에서는 대개 24비트 컬러 정도면 충분하다. 의료 영상, 기상 예보 또는 군사 수색 작전 같은 다른 컴퓨터 비전 분야의 경우 종종 8비트 해상도로는 불충분하다. 이러한 응용 분야에서는 각 색상 평면에 10비트를 사용할 수 있다. 10비트는 바이트(8비트) 경계에 속하지 않기 때문에 이러한 종류의 이미지를 표현하고 조작하기 위한 알고리듬을 프로그래밍하는 것은 어색할 수 있다. 종종 이러한 애플리케이션들을 위해 특수 컴퓨터가 제작되곤 한다.

RGB 표현이 로보틱스에서 별로 안 좋은 몇 가지 이유가 있다. RGB 색상은 광원의 파장, 물체의 표면이 이를 수정하는 방식(표면 반사율), 센서의 감도에 대한 함수다. 첫 번째 문제는 색이 절대적이 아니라는 것이다. RGB는 3가지 색상 센싱 요소에 대한 반사광의 감도를 기반으로 한다. 물체는 반사광의 강도로 인해 거리에 따라 값이 다를 수 있다. 그림 10.4는 반사광에 대한 감도의 예로 작은 로봇을 추적하는 '플래그' 역할을 하는 오렌지색 랜드마크 두 장의 사진이다. 카메라가 움직이면서 이미지가 촬영돼 관점이 바뀌었다. 이미지의 바로 바깥 부분을 세그먼트하는 데에 동일한 프로그램과 파라미터에서 이미지를 처리하더라도 결과는 달라진다. 그림 10.4a의 RGB 세그먼트는 그림 10.4b보다 정확하다. 유일한 차이점은 플래그가 지정된 로봇이 움직여서 빛의 발생 각도가 바뀌었다는 것이다. 이러한 세그먼트의 퀼리티가 떨어지는 현상을 **시각적 침식**^{visual erosion}이라고 한다. 이 현상은 조명 변화에 따라 물체가 침식되는 것처럼 보이기 때문에 발생한다. 더 나아가 디지털 카메라 장치는 빨간색에 무감각하기로 악명 높다. 이는 3가지 색상 패널 중 하나가 색을 구별하는 데 도움이 되지 않는다는 것을 의미한다.

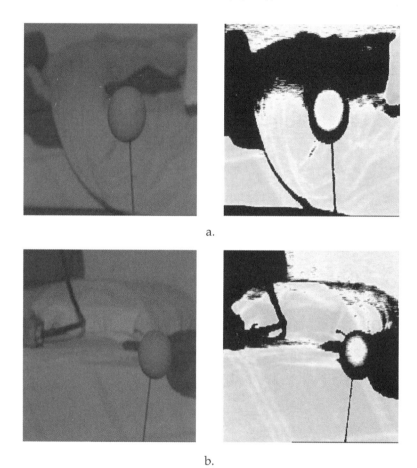

a.

b.

그림 10.4 (보이지 않는) 작은 로봇에서 돌출된 주황색 랜드마크의 시각적 침식을 보여주는 이미지: a) 원본 영상 및 RGB 세그먼테이션. b) 원본 이미지와 로봇이 물체에서 멀어질 때 RGB 세그먼테이션의 저하 현상

분명한 점은 반사광의 절대 파장을 의미하는 색조^{hue}에 민감한 카메라가 RGB의 한계를 극복하는 것보다 유리할 것이다. 색조는 주요 파장이므로 로봇의 상대적 위치

나 물체의 모양에 따라 변경되지 않는다.

이러한 카메라는 색의 표현을 나타내는 HSIHSI(색조^{Hue}, 채도^{Saturation}, 명도^{Intensity})로 작동한다. 채도는 흰색이 부족한 정도를 의미한다. 빨간색은 채도가 높고 분홍색은 상대적으로 채도가 낮다. 명도 측정값은 센서에 의해 수신되는 빛의 양을 의미한다. HSI 표현은 종종 HSV라고 한다. HSV는 RGB와 전혀 다른 색상 체계다.

HSV는 3개의 변수를 갖고 있다는 점에서 3차원 공간이지만 정확히 축이 3개인 큐브 형태는 아니다. 굳이 보자면 그림 10.5와 같이 원뿔에 가깝다.

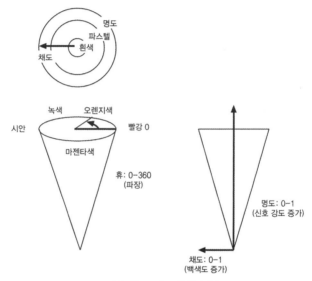

그림 10.5 HSV 공간 표현

색조와 색상은 0에서 360까지 각도로 측정된다. 채도와 명도는 0과 1 사이의 실수 값이다. 일반적으로 이 값은 8비트 숫자로 다시 조정된다. 따라서 빨간색은 0이거나 255에 해당하고, 주황색은 17, 녹색은 85, 파란색은 170, 마젠타(자홍색)는 200이다.

HSV 공간은 여러 가지 이유로 로보틱스 연구학자들에게 매우 어려운 주제다. 첫째, HSV 공간의 색상을 직접 측정하려면 특수 카메라와 프레임그래버가 필요하다. 이 장비는 엄청나게 비싸다. 둘째, RGB 공간의 소프트웨어 변환을 할 수도 있지만 변환 비용이 많이 들고 알고리듬이 계산에 실패하는 특이점^{singularity}이 있기 때문에 사용되지 않는다. 이러한 특이점은 픽셀에 대한 3가지 색상이 동일한 곳에서 발생한다. CCD 카메라에서 빨간색 평면의 평탄도는 특이점이 발생할 가능성이 높다.

현재 로보틱스 분야에서 연구 중인 또 다른 색상 공간으로 구면 좌표 변환^{SCT,} Spherical Coordinate Transform이 있다.[209] 이 색상 공간은 RGB 데이터를 사람 눈의 반응에 좀 더 가까운 색상 공간으로 변환하도록 설계됐다. 그것은 생물 의학 이미지 제작에 사용되지만 로보틱스에서는 연구와 활용이 적었다. 색상 공간의 모양은 그림 10.6 과 같이 삼각형이다. 초기 결과는 RGB보다 조명의 변화에 덜 민감하다는 걸 보여줬다.[96] 그림 10.7은 원본 이미지와 이를 RGB, HSI, SCT 공간으로 색상을 세그먼트 한 결과다.

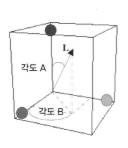 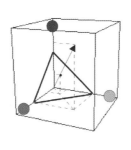 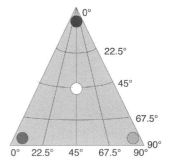

그림 10.6 구면 좌표 변환의 예

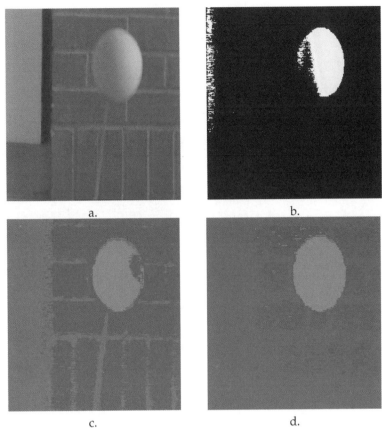

a.   b.

c.   d.

그림 10.7 색상 공간의 비교: a) 원본 이미지 속 랜드마크,
b) RGB 세그먼테이션, c) HSI 세그먼테이션, d) SCT 세그먼테이션

10.5.3 영역 세그먼테이션

반응형 로보틱스에서 컴퓨터 비전이 가장 보편적으로 사용되는 부분은 이미지에서 특정 색상의 영역을 구분하는, 즉 영역 세그먼테이션region segmentation이라는 프로세스다. 영역 세그먼테이션과 색상 어포던스는 로보컵을 포함한 많은 다양한 국제 로봇 경진대회에 성공적인 참가하기 위한 주요 퍼셉션 알고리듬이다. 기본 개념은 영역의 일부인 이미지의 모든 픽셀을 파악한 다음 영역의 중심(센트로이드)으로 이동하는 것이다. 첫 번째 단계는 동일한 색상(임곗값)을 공유하는 모든 픽셀을 선택한 다음

해당 픽셀을 그룹화해 대부분의 픽셀과 같은 영역에 있지 않은 픽셀 영역을 삭제하는 것이다.

19장에서는 재활용을 위해 빨간색 코카콜라 캔을 표시하고자 빨간색으로 표시한 로봇을 설명한다. 이상적으로 캔을 찾는 searching-for-the-can 행동의 수행 과정에서 로봇은 월드를 red, not-red로 구성된 이진 이미지(값 두 개만 있음)로 볼 수 있다. 이미지 임곗값 지정과 이진 이미지 생성으로 월드를 분할할 수 있다. 아래의 C/C++ 예제 코드를 살펴보자.

```
for (i= 0; i < numberRows; i++)
  for (j= 0; j < numberColumns; j++) {
    if ((ImageIn[i][j][RED] == redValue)
        && (ImageIn[i][j][GREEN] == greenValue)
        && (ImageIn[i][I][BLUE] == blueValue)) {
      ImageOut[i][j] = 255;
    } else {
      ImageOut[i][j] = 0;
    }
  }
```

각 픽셀에는 값이 하나만 할당되므로 임곗값 컬러 이미지의 출력은 2차원 배열이다. 또한 이론적으로 이진 이미지는 0과 1의 값만 허용한다. 그러나 많은 컴파일러에서 비트 수준 표현을 하는 것은 특별한 이점이 없으며 코드 재사용을 복잡하게 할 수 있다. 또한 대부분의 디스플레이 소프트웨어는 최소 256개의 값을 표시하는 데 사용된다. 1과 0 사이의 차이는 사람의 눈으로 감지할 수 없다. 따라서 1을 255로 바꾸고 픽셀당 전체 바이트를 사용하는 것이 더 일반적이다.

색상에 대한 일관성이 부족하기 때문에 임곗값 지정은 실제보다 이론적으로 더 효과적이다. 물체의 모양은 인간이 물체를 단색으로 보더라도 컴퓨터는 비슷한 색의 집합으로 본다는 것을 의미한다. 일반적인 해결책은 각 색상 평면에 높은 값과 낮은 값의 레인지(범위)를 지정하는 것이다. 이에 대한 C/C++ 코드는 다음과 같다.

```
for (i= 0; i< numberRows; i++)
  for (j= 0; j<numberColumns; j++) {
    if (((ImageIn[i][j][RED] >= redValueLow)
        && (ImageIn[i][j][RED] <= redValueHigh))
          &&((ImageIn[i][j][GREEN]>=greenValueLow)
        &&(ImageIn[i][j][GREEN] <= greenValueHigh))
          &&((ImageIn[i][j][BLUE]>=blueValueLow)
        &&(ImageIn[i][j][BLUE] <= blueValueHigh))) {
      ImageOut[i][j] = 255;
    } else {
      ImageOut[i][j] = 0;
    }
  }
```

관점과 조명의 변화는 로봇이 새로운 위치로 이동할 때 로봇의 현재 위치에서 객체를 정의하는 픽셀 값의 레인지(범위)가 변경될 가능성이 있음을 의미한다. 1가지 방법은 다른 관점에서 볼 때 객체에 대해 가능한 모든 픽셀 값 집합을 포함하도록 객체의 색상 레인지(범위)를 훨씬 더 넓게 만드는 것이다. 객체의 색상이 해당 환경에 고유한 경우 이러한 색상 레인지(범위)를 늘릴 수 있다. 이렇게 하지 않으면 관심 대상과 충분히 가까운 색을 가진 객체가 있는 경우 해당 객체가 대상으로 오인될 수 있다. 어떤 원에서는 관심의 대상을 전경^{foreground}이라고 하지만 이미지의 다른 모든 것은 배경^{background}이라고 한다. 성공하려면 이미지에 대한 임곗값 지정에서 배경과 전경이 확연히 구분 가능할 만큼 대비돼야 한다. 이와 관련해 다행히도 현재 통계 분석 기법을 사용해 영역의 색상 레인지(범위)를 조정할 수 있는 '캄시프트^{camshift}' 알고리듬이 있다.

그림 10.8은 색상만 놓고 봤을 때 임곗값의 출력을 나타낸다. 로봇이 이미지의 '빨간색'으로 움직인다면 어떤 픽셀을 따라가야 할지 어떻게 알 수 있을까? 퍼셉션 스키마는 각 빨간색 픽셀에 대해 인스턴스화될 수 있다. 이는 간단하지만 과다한 반복 수행이 문제가 될 수 있다. 퍼셉션 스키마는 모든 빨간색 픽셀의 가중치가

반영된 센트로이드를 취할 수 있다. 이 경우 센트로이드는 대부분의 사람이라면 캔이 있다고 말하는 곳 근처라고 하겠지만 실제 위치는 하얀 컵에 더 가까울 것이다. 또는 퍼셉션 스키마는 빨간색 픽셀이 서로 인접한 가장 큰 영역을 찾은 다음 해당 영역의 중심을 취하려고 시도할 수 있다(이 영역을 흔히 '블롭'이라고 하며, 추출 프로세스를 블롭 분석이라고 한다).

a.   b.

그림 10.8 빨간색 코카콜라 캔의 세그먼테이션: a) 원본 이미지.
b) 결과로 나타난 빨간색 영역. 캔과 연결되지 않은 일부 픽셀이 빨간색으로 표시돼 있음에 주목하자.

색상 영역은 어수선한 환경에서도 유용할 수 있다. 그림 10.9는 붕괴된 건물의 탐색을 시뮬레이션하는 데닝 모바일 로봇을 보여준다. 그 작업자의 국제적으로 통용되는 주황색 조끼는 중요한 단서를 제공한다. 로봇은 밝은 색을 보고 텔레오퍼레이터에게 신호를 보낼 수 있다.

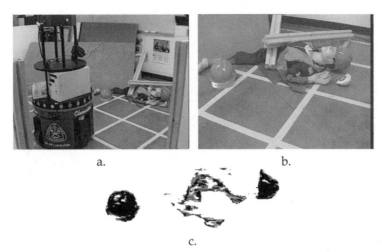

그림 10.9 도시 탐색 및 구조 장면: a) 데닝 모바일 로봇 검색, b) 카메라 이미지, c) 주황색 세그먼테이션

10.5.4 컬러 히스토그램

임곗값 지정은 하나의 색상이나 하나의 지배적인 색으로 구성된 객체에 적합하다. 다른 기법인 색상 히스토그램을 사용해 여러 색상이 있는 영역을 식별할 수도 있다.[202] 색상 히스토그램은 영역의 색상 비율을 일치시키는 방법이다.

히스토그램은 데이터로 막대그래프를 그린 것이다. 사용자는 버킷이라는 각 막대에 대한 값 레인지(범위)를 지정한다. 막대의 길이는 해당 버킷의 레인지(범위)에 속하는 값을 가진 데이터 개수를 나타낸다. 예를 들어 그레이스케일 이미지의 히스토그램에는 8개의 버킷(0-31, 32-63, 64-95, 96-127, 128-159, 160-191, 192-223, 224-251)이 있을 수 있으며 각 버킷에는 해당 레인지(범위)에 해당하는 이미지의 픽셀 수가 포함된다. 색상 히스토그램 구성은 그림 10.10과 같이 색조 공간의 영역을 그대로 반영한다.

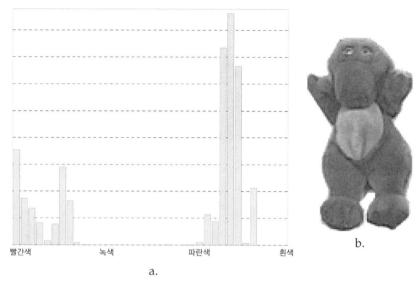

빨간색   녹색   파란색   흰색

a.

b.

그림 10.10 a) 어린이 장난감 바니〈Barney〉의 색상 히스토그램. b) 바니의 이미지.

RGB 또는 기타 분산 색상 공간의 색상 히스토그램은 시각화하기 어렵다. 이러한 이미지에는 중요한 평면이 하나만 있기 때문에 그레이스케일 및 색상 이미지 히스토그램에는 버킷의 축이 하나만 있다. 그러나 컬러 이미지는 RGB 좌표계에 세 개의 평면을 갖는다. 따라서 각 색상 평면이나 축에 대한 버킷이 있다. 각 평면을 8개의 버킷으로 나눈다고 가정할 때 첫 번째 버킷은 (0-31, 0-31, 0-31, 0-31)의 (R, G, B) 레인지(범위)에 속하는 픽셀의 개수다.

반응형 로봇의 색상 히스토그램의 실제 장점은 색상 히스토그램 값을 서로 빼서 현재 이미지(또는 일부) I가 이전에 생성된 히스토그램 E와 일치하는지 확인할 수 있다는 것이다. 히스토그램은 버킷별로 뺄셈을 하면 되고(j 버킷 총합) 차이는 일치하지 않는 픽셀 수를 나타낸다. 일치하지 않는 픽셀 수를 이미지의 픽셀 수로 나누면 일치하는 백분율이 나타난다. 이를 히스토그램 교차점^{histogram intersection}이라고 한다. 다음 식을 보자.

$$intersection = \frac{\sum_{j=1}^{n} min(I_j - E_j)}{\sum_{j=1}^{n} E_j} \tag{10.1}$$

예를 들어 로봇은 색상 히스토그램을 구성해 앞에 있는 객체를 '깨워서' 각인시킬 수 있다. 그런 다음 릴리저나 행동에 대한 퍼셉션 스키마는 현재 이미지의 색상 히스토그램 교차점과 각인 결과를 계산할 수 있다. 로봇은 색상 히스토그램을 사용해 특정 객체의 관심 여부를 확인할 수 있다.

현재 이미지의 색상 히스토그램을 다른 이미지와 일치시킬 수 있기 때문에 이 기법은 모델 기반, 즉 인식의 형태로 나타난다. 그러나 반응형 시스템은 인식 유형을 허용하지 않는다. 무언가 모순 같지 않은가? 사실은 그렇지 않다. 색상 히스토그램은 환경에서 직접 추출할 수 있는 로컬 성격의 행동 특화된 표현의 예다. 예를 들어 뚜렷한 보라색 바탕에 녹색 배를 가진 바니 인형이 로봇에게 이동 목표 대상 move-to-goal으로 보일 수도 있다. 하지만 로봇은 색의 비율이 같기 때문에 녹색 영역이 있는 보라색 삼각형을 따를 것이다. 기억도 없고 추론도 없고 단지 더 복잡한 자극이 있을 뿐이다.

교차점은 반응형 로보틱스에서 유용한 자극 강도의 측정으로 간주할 수 있다. 한 세트의 실험에서 로봇에게 실베스터Sylvester와 트위티Tweety의 포스터를 보여줬다 (그림 10.11 참조). 우선 히스토그램을 학습한 후 객체를 학습하고(예, 객체에 고정됨) 사람이 포스터를 이동하면 태그 게임을 하면서 객체 쪽으로 이동하기 시작한다. 로봇은 단순한 인력 필드 기반의 **move-to-goal** 행동을 사용했는데, 여기서 퍼셉트 스키마는 포스터의 위치와 교차점의 비율을 제공했다. 모터 스키마는 포스터의 방향을 계산하고자 위치를 사용했지만 교차점은 출력 벡터의 크기에 영향을 미쳤다. 사용자가 포스터를 어두운 영역으로 옮기거나 비스듬히 돌리면 교차점이 낮아지고 로봇이 더 느리게 움직인다. 매칭 비율이 높으면 로봇은 속도를 낼 것이다. 전반적으로 보면 개가 사람과 노는 행동처럼 인간이 문제를 너무 어렵게 만들 때까지 로봇은 빠르게(그리고 즐겁게) 술래잡기를 하는 것과 같은 행동을 만들어냈다. 그리고 나서 인간이 포스터를 로봇에게 더 유리한 위치로 다시 옮기면 로봇은 아무런 악감정 없이 다시 게임을 시작할 것이다.

그림 10.11 색상 히스토그램을 사용해 실베스터와 트위티의 포스터와 태그를 재생하는 데닝 모바일 로봇

10.6 센서 선택과 센싱

설계는 특정 센서와 알고리듬에 전념해야 한다. 이때 3가지 개념을 알아둘 필요가 있다. 첫 번째 개념은 다른 센서나 알고리듬에서 동일한 퍼셉트를 생성할 수 있는 논리적 또는 동등한 센서의 아이디어다. 두 번째는 행동 센서 융합으로, 센서를 결합해 단일 퍼셉트나 복잡한 행동을 지원하는 일반적인 방법을 설명한다. 세 번째 개념은 시스템 설계에 사용할 수 있는 센서 제품군의 특성이다.

10.6.1 논리적 센서

센서의 강력한 추상화는 핸더슨^{Henderson}과 쉴크라트^{Shilcrat}에 의해 처음 소개된 논리적 센서^{logical sensor}다.[88] 논리적 센서는 특정 퍼셉트를 제공하는 센싱 장치 내지는 모듈이다. 그것은 물리적 센서로부터의 신호 처리와 퍼셉트 추출에 필요한 소프트웨어 처리로 구성되는데, 퍼셉션의 기능적 구성 요소다. 논리적 센서는 퍼셉트 스키마로 쉽게 구현될 수 있다.

논리적 센서에서 간과되는 측면은 그러한 인식을 얻고자 사용할 수 있는 모든 대체 방법이나 계획을 포함하고 있다는 것이다. 예를 들어 장애물 회피에 일반적으로 사용되는 퍼셉트는 레인지(범위) 데이터의 극성 플롯이다. 퍼셉트에 대한 논리적 센서의 이름은 range_360이며 극성 플롯을 지정하는 데이터 구조나 객체를 반환할 수 있다. 논리적 센서는 더 나아가 로봇이 그러한 형태의 극성 플롯을 구성하고자 가능한 모든 방법을 고려한다. 로봇은 음파 탐지기, 레이저, 스테레오 비전이나 질 감까지도 사용할 수 있다. 각 모듈은 "논리적으로 동일하다logically equivalent". 즉, 동일 한 퍼셉트 데이터 구조를 반환하며 따라서 서로 교환해 사용할 수 있다. 하지만 그들은 반드시 그렇지는 않다. 따라서 논리적 센서에는 각각 유용한 대안을 선택해 야 하는 조건을 지정하는 선택기 기능이 포함돼 있다.

논리적 센서나 논리적 동등성의 강력한 실용적 사용은 월드 모델이 가상 센서 역할을 할 수 있다는 것이다. 일부 레이어 시스템 아키텍처에서는 모든 센싱이 글로 벌 월드 모델을 생성하는 데 사용된다. 행동이 아키텍처에 포함될 수 있지만 퍼셉트 입력은 실제 센서가 아닌 월드 모델에서 퍼셉트를 추출하는 퍼셉션 스키마다.

중복에는 2가지 유형이 있다. 물리적 중복성physical redundancy은 로봇에 물리적으로 동일한 센서가 여러 개 있음을 의미한다. 그림 10.12는 중복 카메라를 가진 로봇의 예다. 이 경우 카메라는 180도 각도로 장착되며 센서 하나가 고장 나면 로봇은 자신 의 미션을 수행하고자 '후진drive backwards'해야 한다.

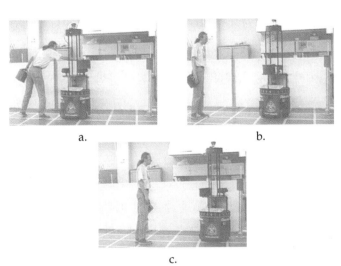

a.   b.

c.

그림 10.12 데이브 허쉬버거(Dave Hershberger)가 소개한 센싱 실패에 대응하는 중복 카메라가 있는 데닝 모바일 로봇의 작업 과정의 예

논리적 중복성$^{logical\ redundancy}$은 다른 센싱 모달리티를 사용하는 다른 센서가 동일한 퍼셉트나 릴리저를 생성할 수 있음을 의미한다. 예를 들어 화성 소저너$^{Mars\ Sojourner}$ 모바일 로봇은 스테레오 비전 쌍과 장애물까지의 레인지(범위)를 결정하는 레이저 스트라이핑 시스템$^{laser\ stripping\ system}$이라는 두 개의 거리 센서를 갖고 있다. 센서가 물리적으로 중복되지는 않지만 로봇에 관련된 장애물의 위치 등 전반적인 정보는 동일하다. 그러나 논리적으로 중복된 센서가 처리 속도나 정확도 및 해상도 면에서 반드시 동일한 것은 아니다. 스테레오 레인지 센서와 알고리듬은 레이저 스트라이핑 시스템보다 훨씬 느리게 레인지(범위)를 계산했다.

물리적 중복성은 새로운 문제를 제시했고 이를 통해 새로운 연구 주제가 생겼다. 가장 흥미로운 것은 로봇이 센서(또는 알고리듬)가 고장 났고 교체해야 한다는 것을 어떻게 결정할 수 있는가 하는 것이다. 고장에서 살아남는 것을 내결함성$^{fault\ tolerance}$ 이라고 한다. 로봇은 대부분의 경우 결함 발생 시기를 파악할 수 있다면 결함을 허용하도록 프로그래밍될 수 있다.

10.6.2 행동 센서 융합

센서 융합$^{sensor\ fusion}$은 여러 센서의 정보를 하나의 퍼셉트로 결합하는 모든 프로세스에 사용되는 광범위한 용어다. 센서 융합은 중복(또는 경쟁), 보완, 조정의 3가지 기본적인 센서 조합에서 비롯됐다. 많은 연구자가 센서 융합을 계층형 또는 심의형 시스템에서 글로벌 월드 모델을 구축하는 수단으로 취급하지만 센서 분열$^{sensor\ fission}$, 액션 지향 센서 융합$^{action-oriented\ sensor\ fusion}$, 센서 패션$^{sensor\ fashion}$을 통해 센서 융합을 행동에 통합할 수 있다.

여러 센서를 사용하는 이유는 하나의 센서가 너무 부정확하거나 노이즈가 많아 신뢰할 수 있는 데이터를 제공하지 못할 수 있기 때문이다. 두 번째 센서를 추가하면 퍼셉트에 대한 또 다른 정보를 제공할 수 있다. 센서는 로봇이 퍼셉트가 있다고 믿게 유도하지만 실제로 그렇지 않은 경우 이를 위양성$^{false\ positive}$이라고 한다. 즉, 로봇은 퍼셉트에 대해 확신했지만 그것은 거짓이었다. 마찬가지로 로봇이 퍼셉트를 놓치는 오류를 **위음성**^{false negative}이라고 한다. 센서는 종종 서로 다른 위양성과 위음성을 만들어낸다. 로봇이 더 높은 위양성이나 위음성 비율을 허용할 수 있는지 여부는 작업에 따라 다르다.

디지털 신호 처리^{DSP, Digital Signal Processing} 작업은 센서 결합 문제를 데이터 스트림에 등록하거나 유사성을 적용하는 문제로 처리한다. 예를 들어 센서가 약간 다른 영역을 덮고 있을 수 있으므로 DSP 문제는 센서 판독 값을 서로 정렬하는 것이다. 한 센서가 다른 센서보다 더 자주 데이터를 생성할 수 있다. 이 아이디어는 데이터 스트림이 요약될 수 있도록 공간과 시간에 맞춰지게 하는 것이다.

행동 센서 융합은 다른 접근 방식을 취한다. 두 개의 센서에서 나온 퍼셉트가 동일할 경우 센서는 중복된 것으로 간주된다. '물리적 중복성'의 예는 그림 10.13에 있으며 Nomad 200에는 두 개의 음파 탐지 고리가 있다. 음파 탐지 소프트웨어는 두 개의 고리에서 최소 판독 값(최단 레인지(범위))을 반환해 일반적으로 상부 음파 탐지기의 빔을 반사하는 낮은 물체에 대해 좀 더 신뢰할 수 있는 판독 값을 제공한다. 센서는 '논리적으로 중복'될 수 있으며, 동일한 퍼셉트를 반환하지만 다른 모달리티나 처리 알고리듬을 사용한다. 스테레오 카메라와 레이저 레인지 측정기에서 레인지(범위) 이미지를 추출하는 것이 그 예다. 때때로 중복 센서는 퍼셉트 결과를 놓고 일종의 경쟁하는 것으로 간주될 수 있기 때문에 **경쟁 센서**^{competing sensor}라고도 한다.

그림 10.13 중복 상단과 하단 음파탐지 링의 예

보완 센서^{complementary sensor}는 퍼셉트에 대한 분리된 서로 겹치지 않는 정보를 제공한다. 도시 탐색과 구조를 위한 행동 센서 융합에서 로봇은 열 감지 센서로 인간의 체온을 관찰하고 모션 탐지 카메라를 함께 활용해 생존자를 찾을 수 있다. 2가지 논리적 센서의 결과 모두 '생존자'의 일부 측면일 뿐 둘 다 완전한 정보를 제공하지 않는다.

코디네이션 센서는 신호 전달이나 주의 집중^{focus-of-attention}을 위해 센서 시퀀스를 사용한다. 프레데터(포식자)는 움직임을 볼 수 있고, 움직임을 멈추고 먹이의 흔적을 찾고자 현장을 더 자세히 조사할 수 있다. 기존의 센서 융합 및 DSP 접근 방식은 조정된 센서의 카테고리를 그대로 유지한다. 아킨^{Arkin}은 이러한 종류의 코디네이션 센서를 '패션^{fashion}'과 '융합^{fusion}'을 암시하는 '패션'이라고 명명했다.[11] 이를 통해 명백한 공백을 메우고 마치 사람들이 계절에 따라 옷 스타일을 바꾸듯이 로봇이 변화하는 상황에 따라 센서를 바꾸고 있다는 것을 암시하려고 했다.

대부분의 작업은 센서 융합을 마치 의도적인 프로세스인 것처럼 취급한다. 글로벌 월드 모델이 필요한 프로세스다. 반응형 시스템의 초기 작업은 몇 개의 단순한 센서, 음파 탐지기 또는 음파 탐지기 고리, 색상, 질감, 모션 어포던스 카메라를 갖춘 로봇을 사용했다. 그 결과 행동 각각에 대해 하나의 센서를 사용하는 설계 철학이 있었다. 행동은 센서 스트림을 공유하지만 그 사실을 자신이 모를 수도 있다. 이러한 철학을 바탕으로 행동 레벨에서 센서 융합이 신기루였고 실제로는 동일한 동작의 여러 인스턴스 조합인 브룩스^{Brooks}의 연구 성과로 이어졌다. 각 인스턴스는 서로 다른 센서 입력을 갖고 있었다. 외부 관찰자들에게는 로봇 내부에서 복잡한 과정이 시행되고 있는 것처럼 보일 수 있지만 사실 이것은 단순한 경쟁이고 긴급한 행동이 있을 것이다. 브룩스는 부분적으로 핵물리학에서 '융합'이라는 단어의 함축된 의미를 참고해 이를 **센서–분열**^{sensor-fission}이라고 불렀다. 융합에서 에너지는 원자와 입자를 서로 강제로 결합시킴으로써 만들어지는 반면 핵분열에서 에너지는 원자와 입자를 분리함으로써 생성된다. 그림 10.14a는 센서 분열의 다이어그램이다.

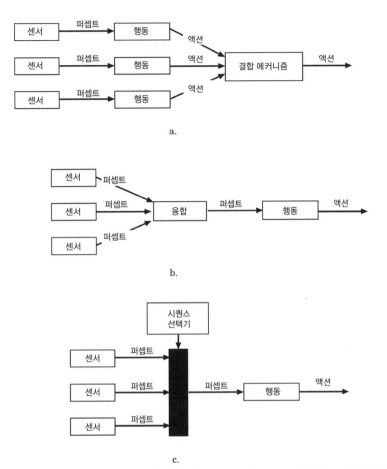

그림 10.14 3가지 동작 센서 융합 유형: a) 센서 분열, b) 액션 지향 센서 융합, c) 센서 패션.

머피Murphy는 인지심리학 및 신경과학을 바탕으로 행동 센서 융합이 동물에게서 일어나므로 로봇의 행동 레퍼토리 중 일부여야 한다는 연구 결과를 발표했다. 뇌 전체의 센서 경로는 분리된 상태로 유지되며 상구superior colliculus의 여러 행동으로 전달될 수 있다. 특정 행동과 관련된 뇌의 부분으로 전달된 센서 신호가 그 위치에 도착할 때에만 새로운 결합된 표현으로 변환되는 것처럼 보인다. 행동에 대한 이러한 센서 스트림의 일부나 전부가 활성화돼 결과 행동에 영향을 줄 수 있다. 예를 들어 고양이의 식사 전 행동을 생각해보자. 고양이가 소음을 듣고 움직임을 본다면 고양이는 단 한 번의 자극만 받았을 때보다 더 강하게 반응할 것이다. 이러한 유형의 센서 융합을 **액션 지향 센서 융합**action-oriented sensor fusion이라고 하는데, 이는 센서 데이터가 월드 모델을 구성하기 위한 것이 아니라 특정 액션을 지원하고자 행동 특화된 표현으로 변환되고 있음을 강조하기 위한 것이다. 그림 10.14b는 액션 지향 센서 융합 도표의 예다.

센서 분열과 액션 지향 센서 융합은 경쟁 및 보완적 센싱 기능을 포함한다. 센서 분열은 보완적 센서가 행동의 특정한 경우를 지원하고자 사용될 수 있지만 정의상으로는 경쟁적 기법이다. 액션 지향 센서 융합은 어쨌든 행동은 로컬 변환을 만들기 때문에 경쟁적 센서나 보완적 센서로 제한되지 않는다. 센서 패션 다이어그램은 그림 10.14c에 나와 있다.

10.6.3 센서 수트 설계

과거에는 반응형 로봇이 저렴한 IR이나 초음파 변환기를 사용해 레인지(범위)를 탐지했다. 이제 그들은 RGB-D 카메라나 depth-from-X 알고리듬을 사용하는 것으로 옮겨갔다. 초기의 행동은 장애물 회피와 벽 추적 같은 기본적인 내비게이션 기술에 초점을 맞췄다. 이러한 행동에 대한 퍼셉트에는 공간의 점유 영역까지의 거리를 아는 것도 포함된다. 이제 소비자 애플리케이션을 위해 저가형 미니어처 카메라 및 레이저 거리 파인더의 등장과 함께 컴퓨터 비전의 사용은 점점 더 흔해지고 있다. 반응형 로봇의 농업 및 운송 분야에서도 GPS 기술이 인기를 끌고 있다. 이 장에서는 이러한 센싱 모달리티의 기본 사항과 모바일 로봇에 사용되는 방법을 설명했다. 센서 시장이 급변하고 있기 때문에 이 장에서는 장치 세부 사항을 요약 정리하는 대신 로봇이 사용할 센서 제품군을 설계하는 방법에 초점을 맞출 것이다.

인공지능 로봇이 진정한 인공지능 로봇으로 여겨지려면 약간의 센싱 기능이 있어야 한다. 월드와 그 행동의 효과를 관찰할 수 없다면 반응할 수 없다. 『인공지능과 모바일 로봇Artificial Intelligence and Mobile Robots: Case Studies of Successful Robot Systems』이라는 책의 '액션 지향적 퍼셉션Action-Oriented Perception'에 관한 장에서 언급한 것처럼 로봇에 대한 센서의 설계는 환경에서 추출해야 하는 정보의 유형에 대한 평가에서 시작한다.[108] 이 정보는 고유수용성감각(기준의 내부 프레임에 대한 움직임 측정), 외수용감각(로봇의 기준 프레임에 상대적인 환경 및 객체의 레이아웃 측정), 외수용감각(환경 레이아웃에 상대적인 로봇 차체 또는 부품의 위치 측정)에서 얻을 수 있다.

콜로라도 광산학교는 1995년 UGV 대회에 참가했다; 1994년 대회는 19장에서 설명한다. 이 경진대회에서는 경로 추적 로봇에 대한 다양한 센싱 유형의 예를 제공한다. 1995년, 카메라의 광각렌즈를 사용해 경로의 양쪽 라인을 추적하게 follow-path 행동이 확장됐다. follow-path는 환경에 대한 정보를 획득했기 때문에 외고유수용성으로 간주될 수 있었다. 어쨌든 로봇용 카메라는 패닝 마스트에 장착됐다. 패닝 마스트는 경로가 어느 방향으로 돌아가든 시야를 유지하고자 회전하게 돼 있었다. 따라서 흰색 선 위치의 이미지 좌표를 스티어링 방향으로 올바르게 변환하고자 로봇은 로봇의 내부 기준 프레임에 비례해 카메라가 회전된 위치를 알아야 한다. 이는 follow-path에 필요한 정보가 고유수용성감각 요소와 외수용성감각 요소를 모두 갖고 있어야 한다는 것을 의미하며, 퍼셉션은 어느 정도 외수용감각이어야 한다는 것을 의미한다(로봇이 외수용성감각에서 카메라의 포즈를 추출한다면 그것은 분명히 외수용감각이어야 한다).

프로그래밍 오류로 인해 follow-path 행동은 외수용감각 카메라 데이터가 패닝 마스트에서 고유수용성감각 데이터로 전용 샤프트 인코더 데이터에 의해 변환됐다고 잘못 가정했다. 이 로봇이 다시 움직일지(즉, 카메라 좌표로 경로를 따라서 방향 전환을 할지, 또는 현재의 카메라 팬 각도에 대한 보정을 추가할지) 결정할 때 외수용감각이 필요하다. 프로그래밍 오류로 인해 카메라가 항상 로봇 중심에 정렬된 것처럼 로봇이 작동했다. 하지만 pan-camera 행동을 통해 경로의 양쪽 선에 대한 시야를 유지하느라 카메라가 살짝 돌려질 수도 있다. 결과적으로 탐색 명령은 방향을 바꾸는 것일 수도 있지만 방향을 바꾸기에는 충분하지 않을 수도 있고, 방향을 잘못 잡는 것일 수도 있다. 이 미묘한 오류는 로봇이 헤어-핀 주변을 맴돌면서 나타났고 이로 인해 로봇이 지속적으로 경계를 벗어났다.

앞의 예에서 볼 수 있듯이 로봇에게 추측 항법 능력이 있을 수 있지만 항상 외수용감각 센서를 갖고 있을 것이다. 그렇지 않으면 로봇이 반응하는 것으로 간주될 수 없다. 즉, 반응을 일으키기 위한 월드의 자극이 없을 것이다. 특정 로봇에 대한 센서 집합을 센서 제품군이라고 한다. 센서 제품군을 구성하고자 모바일 로봇용 센서[74]에 이어 각 센서에 대해 다음 특성을 고려해야 한다.

1. **시야 및 레인지(범위).** 모든 외수용감각 센서에는 커버할 공간이 있다. 해당 영역의 너비는 센서의 시야$^{field\ of\ view}$에 의해 지정되며, 흔히 FOV라고 한다. 시야는 각도 단위로 표시되며 수직 각도 수치와 수평 각도 수치가 다를 수 있다. 시야는 다른 렌즈가 크기와 모양이 다른 영역을 포착하는 사진 촬영에 자주 사용된다. 광각 렌즈는 보통 70도까지도 가능하지만 '일반' 렌즈의 시야는 약 27도 정도다. 필드의 길이를 레인지^{range}(범위)라고 한다. 시야(FOV)는 자기중심적 구면 좌표의 관점에서 생각할 수 있는데, 여기서 한쪽 각도는 수평 FOV이고 다른 한쪽 각은 수직 FOV다. 다른 측면은 레인지나 센서가 신뢰할 수 있는 측정을 수행할 수 있는 거리다. 구면 좌표에서 이러한 측정은 오퍼레이션 레인지의 깊이를 정의한 r의 값이 될 것이다. 센서를 애플리케이션에 매칭할 때 시야와 레인지(범위)가 매우 중요하다. 로봇이 장애물을 안전하게 피하고자 8피트 거리에서 장애물을 감지해야 하는 경우 5피트 레인지(범위)의 센서는 허용되지 않는다.

2. **정확도^{Accuracy}, 반복성^{Repeatability}, 해상도^{Resolution}.** 정확도는 센서 수치가 얼마나 정확한지를 나타낸다. 그러나 동일한 조건의 측정값이 20%만 정확할 경우 센서는 반복성이 거의 없다. 센서가 항상 같은 방식으로 부정확한 경우(항상 2cm 또는 3cm 낮음) 소프트웨어가 바이어스를 적용해 보정할 수 있다. 부정확성이 아무렇게나 나타날 경우 모델링이 어려울 수 있으며 이러한 센서를 사용할 수 있는 용도가 제한된다. 측정값이 1m 단위로 측정되는 경우 해당 측정값은 1cm 단위로 측정되는 센서 수치보다 해상도가 낮다.

3. **대상 영역의 응답성**^{Responsiveness}. 대부분의 센서는 특정 환경에서 기능이 떨어진다. 환경은 관심 대상인 신호를 노이즈와 간섭에서 추출할 수 있어야 한다(예, 유리한 신호 대 노이즈 비율). 뒤에서 보겠지만 음파 탐지기는 예측이 거의 불가능한 방식으로 음파 에너지를 반사하기 때문에 수많은 유리창과 칸막이가 있는 사무실 로비를 탐색하는 데 사용할 수 없는 경우가 많다. 로봇의 생태학적 틈새를 에너지 제공, 흡수 또는 편향의 측면에서 특징짓는 것이 중요하다.

4. **전력 소비량**^{Power consumption}. 로봇의 전력 소비는 항상 걱정거리다. 대부분의 로봇들은 배터리로 작동하기 때문에 더 적은 전력을 소비할수록 더 오래 작동한다. 예를 들어 5개의 배터리를 운반하는 Nomad 200의 배터리 수명은 모든 센서를 차단함으로써 4시간에서 6시간으로 향상됐다. 대부분의 모바일 로봇에 전력이 너무 제한적이어서 많은 로봇 제조업체는 전력 소모를 줄이고자 에너지 효율이 높은 마이크로프로세서 칩으로 교체할 것이다. 많은 전력이 필요한 센서는 그렇지 않은 센서보다 바람직하지 않다. 일반적으로 패시브 센서는 환경에 에너지를 방출하지 않기 때문에 패시브 센서는 액티브 센서보다 전력 요구량이 낮다.

   센서 팩 사용 연한(및 마이크로프로세서 및 통신 링크와 같은 기타 전자 장치)을 지원하는 데 필요한 모바일 로봇의 전력량을 **호텔 하중**이라고도 한다. 센서 그룹은 플랫폼의 '게스트'다. 로봇을 움직이는 데 필요한 전원을 로코모션 하중이라고 한다. 안타깝게도 많은 로봇 제조업체가 전체적인 무게와 크기를 줄이려는 욕구와 전력 수요의 균형을 맞추면서 로코모션 하중에만 초점을 맞추고 있다. 이로 인해 호텔 하중이 매우 적으며 플랫폼에 많은 센서가 추가되지 않는 경우가 많다.

5. **신뢰성**^{Reliability}. 센서에는 얼마나 잘 동작할지에 대한 물리적 한계가 있다. 예를 들어 폴라로이드^{Polaroid} 음파 탐지기는 전압이 12V 이하로 떨어지면 잘못된 레인지(범위) 판독 값을 생성한다. 다른 센서에는 고려해야 할 온

습도 제약이 있다.

6. **크기**size. 센서의 크기와 무게는 전체 설계에 영향을 미친다. 신발 상자를 주문했을 때 마이크로로버는 대형 카메라나 캠코더를 운반할 수 있는 힘이 없다. 하지만 퀵캠Quick-Cam 형태의 미니어처 카메라를 사용할 수도 있다.

위의 목록은 센서의 물리적 측면에 대한 고려 사항에 초점을 맞춘 것이다. 그러나 센서는 관측값만 제공한다. 소프트웨어 퍼셉션 스키마가 없으면 행동은 센서를 사용할 수 없다. 따라서 센서 선택 프로세스의 일부로 센서의 정보를 처리하는 소프트웨어를 반드시 고려해야 한다.

7. **계산 복잡도**Computational complexity. 계산 복잡도는 알고리듬이나 프로그램이 수행하는 연산의 횟수를 추정하는 것이다. 계산 복잡도는 종종 '차수order'라고 부르는 함수 표기법 O로 표현한다. 여기서 $O(x)$는 주요 연산의 수가 x에 비례한다는 것을 의미한다. 예를 들어 100개의 숫자 목록을 스크롤하는 알고리듬은 100회의 연산을 갖는다고 생각할 수 있다. 동일한 알고리듬에 1,000개의 숫자 목록이 주어진다면 연산 횟수는 1,000번이 될 것이다; 연산의 횟수는 입력의 크기에 따라 달라진다. x는 종종 함수 그 자체이고 함수를 나타내고자 x 대신 n이 사용된다. 차수가 낮을수록 좋은 알고리듬이다. $O(n)$ 연산을 동일하게 소비하는 연산을 실행하는 알고리듬이 $O(n^2)$ 연산을 실행하는 알고리듬보다 빠르다(못 믿겠다면 $n \leq n^2$인 n의 정수 값을 찾을 수 있는지 확인해보기 바란다). 또한 $O(n)$ 알고리듬에 대한 입력의 수가 두 배로 증가하면 계산 복잡도는 선형적으로 비례한다. 즉, 알고리듬 실행 시간이 두 배가 된다. 그러나 $O(n^2)$ 알고리듬에 대한 입력의 개수가 두 배로 증가하면 알고리듬 실행 시간이 네 배 더 오래 걸린다. 프로세서가 빠르게 발전하고 구성 요소가 소형화됨에 따라 대형 로봇에는 계산 복잡도가 덜 중요해졌다. 그러나 특히 컴퓨터 비전 알고리듬의 경우 계산 복잡도가 $O(m^4)$이 될 수 있기 때문에 소규모 무인 시스템에서는 심각한 문제로 남아 있다.

8. **해석 신뢰성**^{Interpretation Reliability}. 설계자는 센서가 생태학적 조건과 해석을 위해 얼마나 신뢰할 수 있는지 고려해야 한다. 로봇은 센서가 언제 잘못된 정보를 제공하는지 확인할 수 없는 경우가 많다. 그 결과 로봇은 일종의 '환각 상태^{hallucination}'에 빠져 잘못된 행동을 할 수 있다. 많은 센서는 사람이 몇 년간의 훈련을 거쳐야만 해석할 수 있는 어려운 출력 결과를 만들어낸다. 의료용 X선 기계, 극성 플롯을 만들어내는 합성 조리개 레이더^{SAR}가 또 다른 예다. 이러한 모달리티에서 센서 알고리듬이 제대로 작동하지 않는다면 설계자가 이를 알아차릴 만큼 충분히 숙련되지 않았을 수 있다. 따라서 알고리듬 자체는 반드시 신뢰할 수 있는 상태여야 한다.

10.7 요약

로봇이 제대로 만들어지려면 센서와 센싱의 적합성에 달려 있다. 특정 트랜스듀서^{transducer} 또는 모달리티의 특성에 초점을 맞추기보다는 작업을 수행하는 데 필요한 퍼셉션 스키마나 논리적 센서 측면에서 센싱 기능을 생각하는 것이 더 유용한 경우가 많다.

거의 모든 모바일 로봇은 모터가 회전한 횟수를 기준으로 이동 거리를 추정하는 데 사용되는 샤프트나 휠 인코더의 형태를 갖고 있다. 실외용 로봇은 일반적으로 GPS를 사용하지만 소위 도시 협곡에서는 GPS 정확도와 신뢰성이 크게 떨어지고 실내에서는 값이 존재하지 않을 수도 있다. 따라서 GPS가 제대로 통하지 않는 지역에서 어떻게 내비게이션할지는 여전히 어려운 과제로 남아 있다. 11장에서 설명할 레인지 센서로는 이 문제를 완전히 해결할 수 없다.

소비자 가전제품의 저렴한 가격과 가용성 덕분에 그리고 백업 텔레오퍼레이션을 위해 로봇에 카메라를 장착해야 하는 일반적인 필요성 때문에 컴퓨터 비전은 로보틱스 시스템에서 더 흔해지고 있다. 컴퓨터 비전 처리는 이미지를 생성한 촬영 장비에 관계없이 이미지에서 작동한다. 색상 좌표계는 보통 이미지를 세 평면으로 분할

한다. 가장 일반적인 색상 좌표계는 RGB와 HSV다. HSV는 색상을 절대 항으로 다루지만 장비 제조업체들은 RGB를 더 선호한다. 생체 의학 이미징에 사용되는 색 공간인 SCT는 RGB 및 RGB에서 파생된 HSV보다 빛 조건에 덜 민감한 것으로 보인다. 많은 반응형 로봇은 이미지를 임곗값으로 설정하고 적절한 색상의 영역을 식별해 색상을 적당한 값으로 활용한다. 여러 색상이 있는 객체에 잘 작동하는 색상 어포던스 방법으로 색상 히스토그램이 있다.

설계자는 특정 센서와 알고리듬에 전념해야 한다. 이때 3가지 개념을 알아둘 필요가 있다. 첫 번째 개념은 다른 센서나 알고리듬에서 동일한 인식을 생성할 수 있는 논리적 또는 동등한 센서의 아이디어다. 두 번째는 행동 센서 융합으로, 센서를 결합해 하나의 퍼셉트 또는 복잡한 행동을 지원하는 일반적인 방법을 설명한다. 세 번째 개념은 시스템 설계에 사용할 수 있는 센서 제품군의 특성을 이해하는 것이다.

10장의 개요에서 제시한 질문인 "로봇이 어떻게 할 것인가?"를 생각해보자. 이에 대한 답은 데이터를 제공하는 센서와 해당 데이터에서 퍼셉트를 추출하거나 월드 모델을 생성하는 센싱 알고리듬에 따라 달라진다. 또 다른 질문은 "로봇에게 필수적인 센서는 무엇인가?"다. 물론 구체적인 대답은 주어진 목표에 따라 다르지만 일반적으로 로봇은 물리적 몸체의 자세를 추적하고자 고유수용성감각과 물체를 탐색하고 인식하기 위한 외수용감각 2가지 모두 필요하다. 사람들은 시각의 관점에서 퍼셉션에 대해 생각하는 경향이 있기 때문에 텔레오퍼레이션 로봇에는 일반적으로 텔레오퍼레이터가 로봇을 좀 더 자연스럽게 제어할 수 있도록 가시광선 카메라가 장착될 것이다. 카메라를 활용하는 것은 컴퓨터 비전 분야에서 자세히 알아보자.

또한 이 장에서는 "센서 융합이란 무엇인가?"라는 문제도 다뤘다. 센서 융합 또는 여러 센서가 퍼셉트와 모델을 생성할 수 있는 메커니즘을 설명했다. 디지털 신호 처리와 달리 인공지능의 센서 융합은 센서 데이터가 동일한 인스턴스에서 등록되고 샘플링돼야 한다고 가정하지 않는다. 대신 인공지능 관점의 접근법은 퍼셉션의 중복과 보완적 모달리티를 모두 탐구한다.

센서의 다양성에도 로보틱스는 센싱에서 정교함이 부족한 것으로 유명하다. 이는 이 분야의 형성기에 컴퓨터 비전과 로보틱스가 나뉘면서 비롯됐다고 볼 수 있다. 수레바퀴를 새로 만들지 말고 컴퓨터 비전의 연구 자료들을 철저히 공부해보기 바란다.

10.8 연습문제

문제 10.1
센서 제품군, 액티브 센서, 패시브 센서, 추측 항법, 컴퓨터 비전을 정의하라.

문제 10.2
2005년, 미국 국방고등연구계획국^{DARPA}의 그랜드 챌린지$^{Grand Challenge}$에서 우승한 스탠리^{STANLEY}와 테슬라^{Tesla} 같은 완전 자율주행 자동차에는 어떤 센서가 사용되는가?

문제 10.3
RGB와 HSV 색상 표현을 비교하고 대조하라. 각각에 대한 장단점도 함께 설명해보라.

문제 10.4
다음 문장이 맞는지, 또는 틀렸는지 설명해보라. "색조^{Hue}는 우리가 불변색이라고 생각하는 것으로, 표준 RGB 디지털 이미지에서 안정적으로 추출할 수 있다."

문제 10.5
초음파 센서는 많은 긍정적인 특성과 부정적인 특성을 갖고 있다. 각각에 대해 3가지씩 설명하라.

문제 10.6
물리적 중복성과 논리적 중복성의 차이점은 무엇인지 설명해보라.

문제 10.7

전체적인 센싱 제품군에 대해 고려해야 할 3가지 속성을 예로 들어 설명하라.

문제 10.8

레고 마인드스톰 로봇을 생각해보자. 모달리티에 따라 사용할 수 있는 센서를 분류하라.

문제 10.9

월드 모델을 센서로 사용할 수 있는가? 설명해보라.

문제 10.10

센서 제품군을 설계할 때 주요 관심사가 아닌 것은?

- a. 시야, 센서의 레인지(범위)
- b. 정확성과 반복성
- c. 대상 도메인
- d. 전력 소비의 응답성
- e. 크기
- f. 지리적으로 구분됨

문제 10.11

개별 센서와 센서 제품군에 대한 등급을 매기는 측정 지표를 아는 대로 제시하고 이러한 측정 지표를 특정 애플리케이션에 적용한 예도 함께 설명해보라.

문제 10.12

컴퓨터 비전의 유형을 포함한 3가지 다른 센서의 장단점을 나열하고 설명해보라.

문제 10.13

센서 제품군을 설계할 때 평가해야 하는 센서의 다른 모든 특성을 설명하라. 또한 1994년 AUVS 무인 지상 로봇 대회를 위해 설계된 로봇에 가장 중요한 것과 가장 덜 중요한 것을 결정할 수 있게 각각 우선순위를 부여하라.

문제 10.14

앞에서 설명한 1995 UGV 대회를 위한 로봇을 설계했을 때 잘 동작할 것으로 생각되는 센서 제품군을 선정해보자. 각 센서가 수행하는 작업을 설명하고 센서 및 센서 제품군을 이 장에서 나열한 속성과 관련해 설명하라.

문제 10.15

소방관들이 사용할 새 로봇을 위한 센서 제품군을 설계해야 한다. 이 로봇은 연기로 가득 찬 건물에서 사람들을 찾도록 설계됐다. 다음 사항에 유의하라.

1. 연기로 인해 시야가 매우 제한되는 경우가 많다.
2. 열은 인력(예, 인간) 또는 척력(예, 열린 불꽃)일 수 있다.
3. 장애물에는 다양한 흡음장치(예, 카펫 또는 가구)가 있을 수 있다.

필요할 수 있는 센서의 유형과 사용 방법을 설명하라. 로봇이 움직이는 방식에 초점을 맞추지 말고, 사용해야 할 센서에 집중하라.

추가 질문: 간단한 음성 인식 소프트웨어와 마이크를 사용해 사람의 목소리를 찾는 방법에 대해 설명하라(예, 도움을 요청하는 소리).

문제 10.16

로보틱스에서 논리적 센서의 개념과 객체지향 프로그래밍에서 다형성은 어떤 면에서 유사한가? 설명해보라.

문제 10.17

이미지 함수image function를 정의해보라. 또 다음 각각에 대한 이미지 함수는 무엇인가?

a. 스테레오 쌍의 왼쪽-오른쪽 이미지
b. 깊이 지도

문제 10.18

빛 스트라이퍼의 2가지 단점은 무엇인가? 설명해보라.

문제 10.19

로봇을 가장 개방적 섹터로 안내하는 모터 스키마와 레인지의 극성 플롯을 제공하는 퍼셉션 스키마로 구성된 장애물 회피 동작을 고려해보자. 이 장에서 다루는 퍼셉션 스키마에 대해 변경할 수 있는 모든 논리적 센서를 나열하라. 다음 중 논리적으로 중복되는 것은 무엇이고 물리적으로 중복되는 것은 무엇인가?

문제 10.20

0.5미터 높이의 모바일 로봇과 평면 레이저 거리 측정기가 있다고 가정해보자. 다음 환경에서 로봇이 탐색할 경우 레이저를 어느 각도로 장착하면 될까?

> **a.** 교실에서
>
> **b.** 주된 장애물이 사람들이 있는 복도 내지는 리셉션 구역
>
> **c.** 알려지지 않은 지형의 야외

여러분이 설계하는 데 근거를 둔 가정을 모두 설명해보라. 필요한 정보가 더 있는가? 있다면 무엇인가?

문제 10.21

로코모션 하중과 호텔 하중의 차이점은 무엇인가?

문제 10.22

지능형 로봇 설계에서 호텔 하중이 충분하지 않으면 왜 문제가 되는지 설명해보라.

문제 10.23 [프로그래밍]

인터리빙된 작은 이미지의 임계치를 계산하는 프로그램 코드를 (스스로의 힘으로) 작성하라.

문제 10.24 [월드와이드웹 검색]

이안 호스윌[Ian Horswill]이 만든 로봇 클러지[Kludge]에 대해 알아보자. 그리고 클러지를 이용해 집에서 손수 제작한 면도 시스템을 써보고 얼마나 잘 작동하는지 설명해 보라.

문제 10.25 [프로그래밍]

모바일 로봇이 오렌지 테니스나 축구공을 찾아서 헤딩하는 프로그램을 구현하라.

문제 10.26 [프로그래밍]

색상 히스토그램 프로그램을 만들어보라. 사우스 파크 인형이나 심슨 만화 캐릭터와 같이 4가지 밝은 색상으로 구성된 객체에 대한 색상 히스토그램 E를 만들어보라. 그리고 캐릭터 중 하나에 대해 다른 이미지 I를 이용하는 프로그램을 작성하고 4개의 E 각각과 히스토그램 교차점을 계산하라. 가장 높은 것과 일치하는 캐릭터가 올바르게 식별되는가? 예/아니요로 답하고 그에 대한 이유도 설명해보라.

10.9 엔드 노트

로보틱스 연구학자의 서재를 위해

호바트 에버렛[Hobart Everett]은 『Sensors for Mobile Robot』(A K Peters/CRC Press, 1995) [74]라는 책을 썼는데, 이 책은 로봇에 관해 에버렛이 여러 해 동안 해군에서 일한 경험을 기초로 센서의 분석적인 세부 사항과 실제 사례를 제공한다. 그는 (에버렛의 별명인) ROBART라는 일련의 모바일 로봇들을 만들었다. ROBART II는 1982년부터 지속적으로 운영돼 왔다. 에버렛의 실험실은 전세계에서 가장 이상적인 연구 환경을 갖췄다. 미국 샌디에이고에 있는데, 태평양이 내려다보이고 자주 사용하는 배구 코트와 인접해 있다.

하드웨어, 소프트웨어, 픽사Pixar®

애니메이션 영화로 유명한 픽사는 실제로 고해상도 이미지 처리를 위한 컴퓨터 하드웨어를 만들기 시작했다.

한스 모라벡Hans Moravec

조 엥겔버거Joe Engelberger가 산업용 로봇의 아버지로 알려져 있다면 한스 모라벡은 인공지능 로봇의 아버지로 알려져 있다. 그는 또한 『Mind Children』(Harvard University Press, 1990)[134]과 『Robot: mere machine to transcendent mind』(Oxford University Press, 2000)[135] 같은 논란이 많은 책에서 머신 인텔리전스의 필연성을 주장하면서 유명한 작가가 됐다. 스탠포드 카트와 함께 한 그의 연구는 수년 동안 더디게 진행됐지만 결국 로보틱스에 대한 관심을 끄는 촉매가 됐다. 다큐멘터리를 보면 때때로 스탠포드 카트가 장애물을 피해 야외로 이동하는 영상이 나온다. 카트가 15분 정도 스톱-스타트 방식으로 이동했기 때문에 업데이트에 약 15분 이 소요됐으며, 그로 인해 중간 중간 그림자의 위치가 눈에 띄게 바뀐다. 모라벡의 사무실 동료 로드니 브룩스가 녹화 작업에 많은 도움을 줬다.

발라드와 브라운

다나 발라드Dana Ballard와 크리스 브라운Chris Brown은 『Computer Vision』(Prentice Hall, 1982)이라는 컴퓨터 비전에 관한 첫 교과서를 썼고, 두 사람 모두 로봇에 관한 연구를 해왔다. 1990년 초 이탈리아의 한 해변 리조트에서 열린 워크숍에서 두 사람을 만났다. 나는 공항에 도착한 후 버스를 타고 좁은 산길을 지나 숙소에 도착했고 아침에 회의가 시작되기 전에 시차를 극복했으면 하면서 수영장을 지나 내 객실로 갔다. 내가 수영장을 지나가던 중 내 친구 중 한 명이 "오, 저 분 크리스 브라운이야!"라고 했다. 그 순간 나는 정장에 넥타이를 맨 나이 많고 품위 있는 학자를 생각하며 고개를 돌렸다. 하지만 나는 키가 크고 젊은 남자가 수영장에 장난꾸러기 같이 일종의 대포알을 던지는 바람에 물벼락을 맞고 흠뻑 젖어 버렸다. 그날 이후로 나는 교과서를 쓴 저자라면 고리타분하고 근엄할 거라는 생각을 머릿속에서 싹 지워버렸다.

가장 키가 큰 로보틱스 연구학자

미국 유타 대학교^{Univ. of Utah}의 톰 헨더슨^{Tom Hederson}은 논리적 센서 개념의 창시자 중 한 명이었다. 또한 헨더슨은 가장 키가 큰 로보틱스 연구학자다. 그는 미국 루이 지애나 주립 대학교^{Louisiana State University}의 농구 선수였다.

로봇으로 바니를 쳐라.

이 장에 사용된 색상 히스토그램에 대한 수치 데이터와 각종 자료는 데일 호킨스^{Dale Hawkins}가 강한 믿음으로 끈질기게 수행한 연구의 일부였다. 그가 봉제 바니 인형을 사용한 것은 학급 프로젝트에서 시작됐는데, 바니 인형을 찾아서 치는 모바일 로봇을 프로그래밍하는 것이었다. 이는 사실 간단한 반응형 프로젝트다. 바니 인형은 독특한 보라색이어서 비전 시스템이 쉽게 찾을 수 있다. 이 프로젝트는 프로그래머들이 지구는 평평하다는 가정을 사용할 수 있게 해줬고, 그래서 이미지 좌표의 위치를 기반으로 인형 위치를 추정하는 데 삼각 측정법을 이용할 수 있었다. 호킨스의 프로그램은 바니를 완전히 친 확실한 우승자였다.

반응형 축구

컬러 영역은 로보컵과 같은 로봇 축구 경기에서 추적 공(및 기타 로봇)을 단순화하는 데 종종 사용된다. 1가지 재미있는 측면은 이러한 행동들 중 많은 것이 순전히 반응형이라는 것이다; 로봇이 공을 보면 반응하지만 공을 시야에서 잃으면 멈춘다. 앤 브리건트^{Ann Brigante}와 데일 호킨스^{Dale Hawkins}는 Nomad 200이 반응형으로 추적하게 프로그래밍했는데, 로봇이 물체 영속성에 대한 개념을 갖고 있다면 어떤 일이 일어날지 비교하고자 축구공을 추적하게 했다. 카메라의 각도 때문에 공을 거의 만질 때쯤 로봇은 시야에서 공을 놓칠 것이다. 그 결과 행동들은 예상대로 나타났지만 많은 웃음을 자아냈다. 로봇은 공을 보고 '차기' 위해 추정된 위치로 빠르게 가속한다. 공에 닿았을 때 로봇은 갑자기 속도를 줄였지만 여전히 공에 부딪힐 수 있는 충분한 추진력을 갖고 있었다. 그러다 보니 공은 천천히 앞으로 굴러 다시 정지해 있는 로봇의 시야에 들어간다. 로봇은 다시 앞으로 점프했고, 이 과정은 끝없이 반복됐다.

사진과 스캔

데일 호킨스Dale Hawkins, 마크 미키레Mark Micire, 브라이언 민튼Brian Minten, 마크 포웰Mark Powell, 제이크 스프라우스Jake Sprouse는 로봇, 센서, 퍼셉션 행동의 시연 관련 사진 작업에 많은 도움을 줬다.

11
레인지 센싱

11장에서 다루는 내용

- 초음파 트랜스듀서ultrasonic transducer를 이용한 정반사specular reflection, 크로스
  토크cross-talk, 포어쇼트닝foreshortening 문제를 설명하고 표면의 2D 라인 도면
  이 주어졌을 때 어디서 이러한 문제가 발생할 수 있는지도 알아본다.
- 포인트 클라우드point cloud 지식 표현 및 이와 관련된 종류의 알고리듬을 설
  명한다.
- 포인트 클라우드를 생성하고자 널리 사용되는 2가지 유형의 액티브 레인
  지 센서인 라이다lidar와 RGB-D 카메라를 살펴본다.
- 포인트 클라우드 처리를 위한 센싱-등록-재구성 시퀀스를 자세히 알아
  본다.

11.1 개요

월드에서 지능적으로 동작하려면 로봇은 깊이depth나 (일종의 범위를 의미하는) 레인지
range를 측정하고 추출할 수 있어야 한다. 우선 "깊이와 레인지의 차이는 무엇인가?"
라는 질문부터 생각해보자. 로보틱스에서 '깊이'와 '레인지'는 로봇과 월드의 표면
사이의 거리를 가리키는 동의어로 사용된다. 그러나 컴퓨터 비전 분야에서는 종종

거리의 작은 변화를 참조할 때 '깊이'를 사용하는데, 여기서 말하는 거리란 물체의 표면 재구성과 부피의 추정을 위한 물체의 면^{side of object}을 나타낸다. 물체의 3차원 모양을 결정하는 데 사용될 수 있는 고해상도 센서는 일반적으로 레인지 센서^{range sensor}와 구별하고자 깊이 센서^{depth sensor}라고 한다. 로보틱스 커뮤니티에서는 일반적으로 장애물이나 지형 고도에 대한 거리의 척도로 레인지를 사용한다. 레인지 센서의 측정값은 물체의 매니퓰레이션보다 내비게이션에서 해상도가 훨씬 낮을 수 있다.

11장에서는 "로봇들이 깊이와 레인지를 감지하는 것이 그렇게 어려운가?"에 대해서도 다룬다. 레인지 센싱은 패시브, 액티브 센서로 할 수 있다. 패시브 레인지 센서는 일반적으로 단일 카메라나 스테레오 카메라 쌍이다. 1가지 방법은 7.3.1절에서 설명한 것처럼 시신경의 흐름을 사용하는 것이다. 레인지를 계산하는 또 다른 접근법은 두 개의 이미지에서 보이는 형상을 삼각 측량한 결과를 바탕으로 이미지에서 깊이를 계산하는 방법이나 이미지의 신호^{cue} 정보에서 깊이 정보를 추출하는 것이다. 이러한 접근 방식을 이용할 경우 서로 대응하는 피처를 찾아야 하는 어려운 문제를 해결해야 하며 여기에는 보통 특징 오퍼레이터^{interest operator}라는 알고리듬이 사용된다. 해당 피처를 탐지할 때 가장 많이 사용되는 알고리듬으로 스케일 불변 피처 변환^{SIFT, Scale-Invariant Feature Transform} 알고리듬이 있다. 다행스러운 점은 물체의 상대적 크기처럼 거리와 깊이에 대한 많은 신호가 있다. 그리고 이러한 신호를 X라고 했을 때 소위 'X로부터의 깊이^{depth from X}'라는 컴퓨터 비전의 한 분야도 있다. 액티브 센서는 일반적으로 공간의 일부 영역에 특정 유형을 방출해서 영향 범위가 소위 '도색^{paint}'되게 한다. 액티브 센서는 레인지를 직접 측정하거나 깊이를 추출할 수 있다. 음파 탐지기 및 라이다 같은 액티브 센서는 각각 소리나 빛의 펄스를 환경에 보내고 돌아올 때까지 걸린 시간을 측정한다. 에너지 방출 속도는 이미 알고 있으므로 물체까지의 레인지는 $1/2$ $time_{flight}$ × $speed$로 계산할 수 있다. 액티브 센서는 해당 영역을 빛으로 '도색'하고 단일 이미지에서 관찰할 기능으로 빛 패턴을 사용할 수도 있다. 이렇게 하면 이미지가 여러 개일 필요가 없고 특징 오퍼레이터를 적용해 피처를 일치시킨 다음 스테레오를 사용하는 피처를 통해 깊이를 추출하거나 알고리듬을 이용해 *X*로부터 다른 깊이 값을 추출한다.

역사적으로 로보틱스 연구학자들은 생물학적 비전을 모방해 1960년대 후반부터 RGB 카메라와 카메라 쌍을 처음 조사했지만 알고리듬의 계산 비용이 당시의 컴퓨터 성능보다 훨씬 높았고 받아들일 만한 의미 있는 성과는 거의 없었다. 국방부에서 이용하려는 레이저 레인지 센서가 개발 중이었지만 크기와 제작 비용(10만 달러 이상)이 엄청났다. 다행히도 폴라로이드 카메라의 오토포커스에 사용되는 저렴한 초음파 센서(30달러)가 함께 채택됐다. 이 센서는 공간 해상도가 매우 낮았고 노이즈도 많았지만 로봇이 어레이나 링을 운반할 수 있을 만큼 저렴하고 작았다. 여러 저해상도 이미지를 판독하고 고해상도 영역 맵^{range map}을 생성하고자 다양한 확률론적 알고리듬과 지식 표현을 연구했다. 이러한 방법은 점유 그리드 공간 표현과 증거 추론 방법에 기여해 나중에 15장에서 설명할 SLAM^{Simultaneous Localization And Mapping} 알고리듬의 기초를 형성했다. 독일 센서 전문 기업인 SICK가 수평면에 원통형 좌표로 영역 맵을 생성하는 정밀도 높은 해상도의 레이저 레인저를 도입하면서 레이저 레인지 센서로 넘어왔다. 결국 3차원 영역 맵을 가진 레이저 레인저의 비용과 크기 면에서 훨씬 좋아졌고, 레인저, 특히 벨로다인^{Velodyne®} 센서는 실외 로봇에서 흔한 것이 됐다. 고해상도 자기중심적 레인지 정보의 도입으로 새로운 지식 기반 구조인 포인트 클라우드^{point cloud}가 탄생했다. 포인트 클라우드는 공간의 모든 3D 영역이 점유되거나 비어 있는 것으로 표시되는 절대 좌표계에 매핑될 수 있다. 지도는 본질적으로 점유 그리드^{occupancy grid}지만 현재 대세는 포인트 클라우드다.

몇 년 동안 레인지 센싱에서 가장 큰 변화 중 하나는 RGB-D 시스템의 개발이라 하겠다. 여기서 D는 깊이를 의미한다. RGB-D 시스템은 마이크로소프트의 키넥트^{Kinect}처럼 현재 최신 프로세서에서 계산상 처리할 수 있는 정교한 스테레오 알고리듬과 함께 값싼 액티브 및 패시브 센서를 사용했다. 키넥트가 획기적이라고는 하지만 그렇다고 모든 것을 해결해주는 건 아니다. 시스템이 환경 조건에 민감하고 짧은 레인지에서만 작동하기 때문이다. 구글 탱고^{Tango®} 프로젝트는 RGB-D 센서의 또 다른 예다. 이러한 센서에 대한 소비자 애플리케이션은 아직 등장하지 않았지만, RGB-D 센서는 로보틱스 분야에 큰 영향을 미쳤다.

이 장에서는 물체나 표면까지의 레인지를 결정하는 데 필요한 알고리듬 및 지식 표현의 주요 클래스를 설명한다. 패시브 스테레오 비전 페어로 시작해 액티브 초음파 검사까지 다룬다. 초음파학은 이 장의 뒷부분에서 설명하겠지만 현저한 단점 때문에 거의 사용되지 않는다. 하지만 점유 그리드 지식 표현과 노이즈가 많은 판독 값에서 확실성을 구축하기 위한 증거 추론의 사용으로 이어졌다. 이 연구 성과는 오늘날에도 계속 유효하다. 컴퓨터 비전에서는 스테레오 페어에 대한 계산적으로 덜 복잡한 대안을 추구했으며 이들 대부분은 주로 'X로부터의 깊이'와 관련된 알고리듬이었다. 어떤 장면에 빛을 투사하고 직선이 왜곡되는 현상에서 깊이를 유추하는 라이트 스트라이퍼$^{light\ striper}$는 저비용의 액티브 센싱을 위한 또 다른 시도였다. 이는 가장 효과적이고 정확한 센서로 레인지를 직접 측정할 수 있지만 여전히 가장 비싼 센서다. RGB-D 카메라는 라이트 스트라이퍼를 재구성한 것이다. 라이다와 RGB-D 카메라 모두 계산 복잡도가 엄청나게 높은 매우 조밀한 데이터 세트를 생성한다. 이러한 데이터 세트는 다른 센서를 이용해 등록하고 표면을 추출하는 추가 처리 작업이 필요한 포인트 클라우드로 표현된다.

11.2 스테레오

인간은 눈으로 보고 깊이를 추출한다. 항상은 아니지만 대부분의 경우 깊이에 대한 퍼셉션은 두 눈을 통해 이뤄지고 그림 11.1처럼 입체^{stereopsis}적인 삼각측량을 할 수 있기 때문이다. 레인지 데이터를 추출할 때 두 대의 카메라를 사용하는 것을 흔히 스테레오로부터의 레인지$^{range\ from\ stereo}$, 스테레오 시차$^{stereo\ disparity}$, 쌍안시력$^{binocular\ vision}$ 또는 단순히 스테레오^{stereo}라고 한다. 깊이를 추출하는 방법 중 하나는 그림 11.1a와 같이 각각의 눈 위에 카메라를 겹치게 하는 것이다. 각 카메라는 각 이미지에서 동일한 점을 찾아 이미지에서 해당 점을 가운데로 돌린 다음 상대적 각도를 측정한다. 이러한 카메라를 스테레오 페어^{stereo pair}라고 한다.

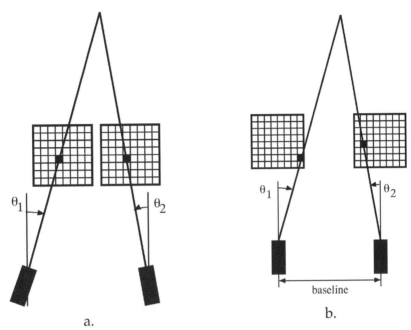

그림 11.1 한 쌍의 카메라에서 깊이를 추출하는 방법:
a) 포인트의 깊이를 결정하는 카메라 검증, b) 보정된 스테레오 이미지 세트.

이 방법에는 2가지 문제가 있다. 첫 번째는 정확하게 포인트에 수렴하게 움직일 수 있는 메커니즘을 설계하고 구축하기가 어렵다는 것이다(심지어 비용까지 적게 드는 검증 메커니즘을 설계하고 구축하기란 더욱 어렵다). 두 번째 문제는 다음과 같이 훨씬 더 근본적이다. '로봇이 두 이미지에서 동일한 지점을 보고 있다는 것을 어떻게 알 수 있을까?' 이 문제는 한 이미지에서 다른 이미지의 한 점에 해당하는 포인트를 찾는 것이기 때문에 대응^{correspondence} 문제라고 한다. 일반적인 접근 방식은 이미지에서 '흥미롭거나 잠재적으로 고유하게 평가되는' 픽셀, 이를테면 매우 밝거나 어두운 포인트 또는 가장자리 같은 것을 식별해내는 것이다. 특징이 있는 픽셀을 선택하는 알고리듬을 특징 오퍼레이터^{interest operator}라고 한다. 조명의 미세한 변화도 이미지의 차이를 만들기 때문에 두 개의 카메라에서 정확히 동시에 확보했더라도 두 개의 이미지가 해당 픽셀에 대해 동일한 값을 '볼' 것이라는 보장은 없다. 따라서 특징 오퍼레이터 알고리듬은 대개 한 픽셀이 아닌 특징이 있는 픽셀 목록을 반환하며 매칭 알고리듬은 모든 픽셀 사이에서 최상의 대응점을 찾으려고 한다. 특징점interest points이 설정된 후 나머지 픽셀에는 해당 점을 기준으로 깊이가 레이블로 표시돼야 한다.

다행히도 기계적 검증 시스템이 꼭 필요한 것은 아니다. 대신 카메라는 광학 축을 서로 평행하고 마운트에 수직인 위치에 장착해 보정된 이미지rectified image를 생성할 수 있다.[55] 그림 11.2가 이와 같은 전통적인 스테레오 '헤드'의 예다. 두 카메라의 축 사이 공간을 기준선baseline이라고 한다. 이미지 사이의 특징점 위치의 거리를 격차disparity라고 한다. 카메라에서 포인트까지 거리는 격차에 반비례한다.[92] 그림 11.1b 는 스테레오 페어의 기하학적 개념을 설명한 것이다.

그림 11.2 팬/틸트 헤드에 장착된 한 쌍의 스테레오 카메라의 모습

보정된 이미지rectified image에는 값비싼 기계적 검증 시스템이 필요 없지만 대응 문제를 해결해주지는 못한다. 카메라가 정확하게 정렬된 경우 왼쪽 이미지의 한 행이 오른쪽 이미지의 한 행에 해당한다. 이렇게 대응된 행들을 에피폴라 선epipolar lines 또는 에피폴라 평면epipolar plane상의 투영projection이라고 한다. 로봇은 한 이미지에서 특징점을 찾을 때마다 다른 이미지에서 에피폴라 선을 따르는 픽셀만 고려해야 한

다. 이를 통해 엄청난 계산 비용 절감 효과를 얻을 수 있다. 그러나 이는 카메라가 광학적으로 완벽하게 일치하고 정렬 상태를 유지할 경우에만 가능하다. 실제로 로봇은 움직이고, 부딪히고, 얼라인먼트의 표류이탈alignment drift을 겪기 때문에, 카메라의 시각에 약간의 결함이 있을 수 있다. 얼라인먼트는 카메라 정밀 조정 작업을 통해 소프트웨어에서 정기적으로 보정할 수 있다. 카메라 정밀 조정 작업에서는 우선 로봇에게 표준 정보가 제공된 다음 정밀 조정에 필요한 룩업 테이블look-up table이나 함수가 생성된다. 그림 11.3은 카메라 시스템을 보정한 카네기 멜론 대학교의 우라노스 로봇이다. 결과적으로 많은 연구자가 얼라인먼트를 변경할 수 없는 고정된 한 케이스에 스테레오 페어를 묶는 장치에 관심을 보였다. 그림 11.6은 고정된 카메라 3대를 사용하는 스테레오 레인지 시스템 결과의 예다.

그림 11.3 정밀 조정 작업(캘리브레이션) 중인 우라누스(사진 제공: 한스 모라벡)

스테레오 비전을 성공적으로 사용한 첫 번째 로봇은 한스 모라벡Hans Moravec의 스탠포드 카트였다(그림 11.4a 참조). 모라벡은 1973년과 1980년 사이에 미국 스탠포드 대학교의 대학원에서 카트 관련 연구를 했다. 그림 11.4b는 실시간 내비게이션에 스테레오 페어를 사용한 1990년대 후반에 개발된 마르소크호드Marsokhod 탐사선이다. 약간의 측정 오류가 발생해도 영향이 작기 때문에 기준선이 길수록 정확도는 높아진다. 반대로 기준선이 작을수록 '풋프린트'가 작기 때문에 사실상 공간을 덜 차지한다. 두 이미지에서 동일한 지점을 식별해야 하는 건 마찬가지다.

b.

a.

그림 11.4 로봇과 스테레오의 예: a) 스탠포드 카트는 1970년대 후반에 개발됐다(사진 제공: 한스 모라벡), b) 1990년대 말 맥도널 더글러스(MacDonnell Douglas) 항공우주 제조사, 러시아, 미국 항공우주국(NASA) 에임스(Ames) 연구센터의 과학자들이 공동 개발한 마르소크호드 탐사선(이미지 제공: NASA)

그림 11.5는 이미지 페어에서 레인지를 추출하는 작업을 단순화한 흐름의 예다. 이 프로세스는 왼쪽-오른쪽이 한 쌍인 두 이미지로 시작해 레인지 이미지range image 또는 깊이 맵depth map이라는 세 번째 이미지를 생성한다. 좌우 이미지 한 쌍은 그레

이스케일이나 컬러일 수 있지만 깊이 맵은 그레이스케일 맵이며, 여기서 명도^{intensity}는 물체에서 카메라까지의 거리에 비례한다. 그림 11.6은 두 개의 스테레오 이미지와 결과 깊이 맵의 예다.

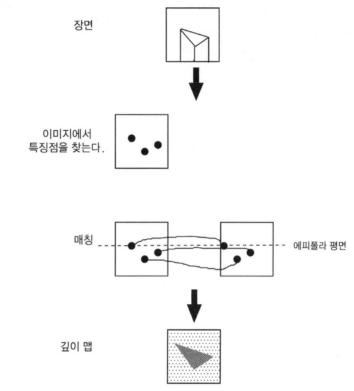

그림 11.5 스테레오 페어로부터 레인지를 추출하는 작업의 흐름을 간단히 표현한 예

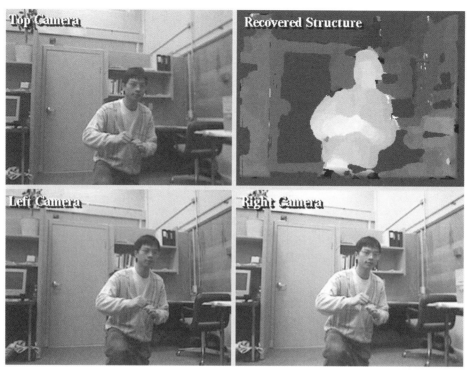

그림 11.6 트리클롭스(Triclops) 스테레오 카메라와 결과 깊이 맵의 스테레오 이미지 세트
(사진 제공: 찬드라 캄바메뚜(Chandra Kambhamettu)).

시야에서 레인지 정보를 추출할 때 주요 단점은 알고리듬의 계산 복잡도가 높을 수 있다는 것이다. 스테레오 매칭 알고리듬의 계산 복잡도는 일반적으로 $\alpha(n^2 m^2)$ 이다. 즉, 640×480 크기의 이미지를 처리하려면 계산 복잡도가 9×10^{10}인 반면 색상 세그먼테이션에 필요한 연산은 $\alpha(nm)$ 또는 3×10^5 정도다. 마이크로프로세서 성능의 발전에도 불구하고 스테레오 레인지 맵은 계산하는 데 몇 분이 걸릴 수 있다.

11.3 X로부터의 깊이

컴퓨터 비전은 오랫동안 표면의 깊이와 방향에 대한 단순한 신호들을 활용해왔다. 이러한 신호에는 그림자나 음영의 위치, 자동 초점 렌즈가 물체에 수렴하는 초점

거리, 질감의 변화 등이 있다. 이들은 흔히 '음영으로부터의 깊이', '초점으로부터의 깊이', '질감으로부터의 깊이' 식으로 얘기하는데, 이를 하나로 묶어 'X로부터의 깊이'라고 한다.

그림 11.7 흑백 카메라를 이용해 시각적으로 가이드하는 반응형 로봇 폴리(Polly)의 모습
(사진 제공: 이안 호스월과 AAAI)

폴리^{Polly}는 텍스처로부터의 깊이를 계산할 수 있는 로봇의 예다(그림 11.7 참조). 1990년대 초에는 미국 메사추세츠 공과대학교^{MIT} AI 연구소와 브라운 대학교에서 자율 여행 가이드 역할을 했다. 그 당시 비전 처리는 느리고 비용이 많이 들었으며, 이는 반응형 모바일 로봇의 내비게이션에서 요구되는 빠른 업데이트 속도와 정반대였다. 장애물 회피 행동에 대한 퍼셉트는 질감^{texture}이라는 어포던스를 기초로 했다. MIT의 AI 연구소 복도에 깔린 카펫은 모두 같은 재료였다. 이미지 속 카펫의 '색상'은

빛 때문에 달라지곤 했지만 전체적인 질감은 그렇지 않았다. 이 경우 질감은 단위 면적의 가장자리로 측정됐으며, 이는 7장에서 설명한 미세한 위치 설정에서 본 것과 같다.

로봇은 시야를 각도 또는 섹터로 분할해 방사형 깊이 맵$^{radial\ depth\ map}$ 또는 극성 플롯과 동등한 결과를 만들어냈다. 카펫의 질감에 가까운 질감 측정값을 만들어낸 모든 영역은 빈 곳으로 처리됐다. 사람이 카펫 위에 서 있다면 그 위치의 카펫 조각은 질감이 다를 것이고, 로봇은 그 영역을 사람이 점유했다고 표시할 것이다. 이 방법론은 바닥에 강한 그림자가 '점유' 영역을 만드는 등 몇 가지 문제가 있었지만 빠르고 꽤 괜찮았다.

11.4 음파 탐지기와 초음파 탐지기

음파 탐지기는 음향을 측정 레인지까지 사용하는 모든 시스템을 말한다. 음파 탐지기는 애플리케이션에 따라 다른 주파수로 동작한다. 예를 들어 수중 차량의 음파 탐지기는 물을 통과하기 적합한 주파수를 사용하는 반면 지상 차량은 공기를 통과하기에 더 적합한 주파수를 사용한다. 지상 차량용 음파 탐지기는 사람의 가청 주파수 레인지와 인접한 초음파를 사용한다. 그 결과 음향 에너지에서 레인지를 추출할 때 '음파'와 '초음파'라는 용어를 서로 바꿔 사용한다.

초음파 탐지기^{Ultrasonics}는 소리를 내보낸 후 그 소리가 되돌아오는 데 걸리는 시간을 측정하는 액티브 센서다. 비행시간(방출 후 되돌아오는 시간)은 해당 환경에서 소리의 속도4와 함께 물체의 레인지(거리)를 계산하기에 충분하다.

초음파 탐지기는 1980년대와 1990년대에 7가지 이유로 매우 흔했다. 이들이 진화한 건 반응형 패러다임이 급부상한 것과 유사하다. 1980년대 중반, 한스 모라벡은 수중 음파 탐지기로 인상적인 로봇 내비게이션을 보여줬다. 링 구성은 극성 플롯 기준으로 360°의 커버리지를 제공했다. 이 링은 최초의 모바일 로봇 제조업체 중 하나인 데닝 로보틱스$^{Denning\ Robotics}$에 의해 개발됐다. 그 이후로 음파 탐지 고리는 제조업체에 관계없이 종종 '데닝 링'으로 불리곤 했다. 직접 레인지 측정을 제공할 뿐만 아니라 링에 있는 음파 탐지기는 값싸고 빠르며 커버력이 뛰어났다. 1980년대 초, 폴라로이드는 카메라 레인지 탐지기용으로 작고 저렴한 음파 탐지기를 개발했다. 더 큰 버전인 폴라로이드 라보 등급 초음파 트랜스듀서는 가격이 30달러 정도였으며, 30도 시야에서 인치 단위 해상도로 1에서 25피트까지 측정할 수 있었다. 측정 시간은 컴퓨터 비전에 쓸 수 있게 몇 초에서 몇 시간까지 가능했다. 초음파 탐지기는 행동 기반 로봇에게 필요한 센서가 됐다.

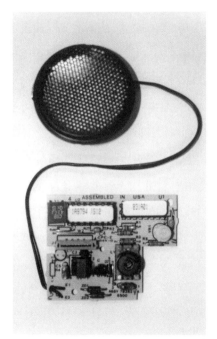

그림 11.8 폴라로이드 초음파 트랜스듀서. 그림 위쪽의 얇은 금속막(membrane)은 디스크다.

그림 11.8은 로봇 음파 탐지기 트랜스듀서다. 이 트랜스듀서의 크기와 두께는 대략 1달러 동전만 하며 얇은 금속막으로 구성돼 있다. 트랜스듀서를 통과하는 매우 강한 전기 펄스는 트랜스듀서의 금속막이 소리를 내도록 일종의 파동을 생성한다. 이 소리는 게가 집게를 열고 닫는 것 같은 미세한 딸깍 소리처럼 들린다. 그 동안 타이머가 설정되고 금속막이 멈춘다. 반사된 소리나 메아리는 금속막을 진동시킨

다. 진동은 반송 신호 강도에 따라 증폭된 다음 임곗값으로 설정된다. 수신한 소리가 너무 작으면 센서는 소리를 노이즈로 간주해 무시한다. 신호가 임곗값만큼 강하면 타이머가 동작하면서 비행시간이 생성된다.

특정 환경의 음파 데이터가 유용한지 여부를 결정하려면 트랜스듀서에서 어떻게 음파가 생성되는지 이해해야 한다. 실제로 사운드 빔$^{sound\ beam}$은 트랜스듀서 주변에서 여러 개의 2차 음파를 생성하며 이는 소리가 퍼져 나가기 전 공간의 다른 영역에서 상호작용을 일으킨다. 여기서 2차 음파를 사이드 로브$^{side\ lobe}$[1]라고 한다. 대부분의 로봇 시스템은 메인이나 메인 로브$^{main\ lobe}$에서 나는 소리가 레인지 측정으로 인한 것이라고만 가정한다. 메인 로브의 폭은 종종 약 5미터 떨어진 곳에서 30도 정도의 너비로 모델링된다. 그러나 실제로는 반응형 로봇의 레인지가 0.3 ~ 3m인 장애물에 대응해야 한다. 따라서 많은 알고리듬이 특정 환경에서 레인지 판독 값이 얼마나 신뢰할 수 있는지에 따라 로브를 8도에서 15도 사이의 너비로 처리한다. 레인지 판독 값의 신뢰성은 15장에서 자세히 설명한다.

환경에서 메인 로브의 강도는 음파 탐지기가 신뢰성을 추출할 수 있는 레인지의 최댓값을 결정한다. 이상적인 실내 장소에서는 음파 탐지기가 최대 25피트까지 되돌아올 수 있는 반면 실외에서는 동일한 음파 탐지기가 8피트 이하일 수 있다. 레인지 판독 값의 최대치는 센서와 환경에 따라 다르지만 하한 값은 그렇지 않다. 초음파 트랜스듀서는 소리의 방출 직후 일종의 '데드 타임$^{dead\ time}$'이 금속막 진동이 감소하는 동안 발생한다. 데드 타임은 11인치 이내의 물체를 감지할 수 없는 것으로 해석되는데, 금속막이 계속 떨리다 보니 이 시간 동안 이뤄진 측정은 신뢰할 수 없기 때문이다.

허용되는 레인지의 최댓값(프로그램이 3미터 이상의 판독 값을 무시하는가?)과 로브의 폭에 관계없이 대부분의 컴퓨터 프로그램은 음파 탐지기가 파악할 수 있는 영역을 그림 11.9처럼 세 영역으로 나눈다. 영역 I은 레인지 판독 값과 관련이 있다. 소리를 반환하는 물체가 빔의 어디에나 있을 수 있기 때문에 이것은 원의 호^{arc} 모양을 띤

---

1. 안테나의 지향성 수평 방향 패턴 중 주빔 이외의 방향으로 방사되는 것(출처: NAVER사전) - 옮긴이

다. 일부 해상도 및 측정 오류가 있을 수 있으므로 호에 너비가 있다. 영역 I의 너비를 공차tolerance라고 한다. 영역 II는 빈 영역이다. 해당 영역이 비어 있지 않으면 레인지 판독 값이 더 짧아질 것이다. 영역 III은 이론적으로 음파탐지 빔에 의해 가려지는 영역이지만 영역 I에 있는 어떤 물체의 그늘에 있기 때문에 점유되고 있는지 비어 있는지는 알 수 없다. 영역 IV는 빔 외부에 있으며 관심 대상이 아니다.

초음파 탐지기가 저렴하고, 빠르고, 작동하는 레인지가 넓지만 여기에는 설계자가 알아야 할 많은 단점과 한계가 있다. 초음파 탐지기 센서는 반사에 의해 동작하므로 정반사specular reflection에 취약하다. 정반사는 파형이 표면에 예각으로 부딪히고 파동이 트랜스듀서에서 튕겨 나올 때 발생한다. 이상적으로 보면 모든 물체는 표면이 트랜스듀서에 수직이면서 평평해야 하지만, 물론 이런 경우는 거의 없다. 설상가상으로, 반사된 신호는 두 번째 물체에 튕길 수 있고 우연에 의해 트랜스듀서로 에너지를 돌려줄 때까지 계속된다. 이 경우 비행시간은 실제 상대적 레인지와 일치하지 않는다.

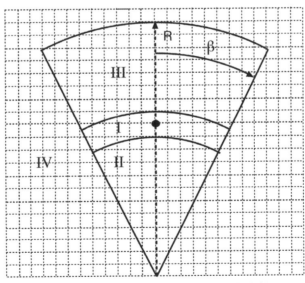

그림 11.9 초음파탐지 센서로 관찰된 공간의 영역

각도가 심하게 예리하더라도 표면은 보통 어느 정도의 소리 에너지를 되돌려 보낼 수 있을 정도로 충분히 거칠다. 단 예외가 있는데, 로봇을 운영하는 병원, 사무실에서 흔히 발생하는 문제인 심각한 정반사 현상을 유발하는 유리^{glass}다. 다행스러운 점이라면 에너지의 일부는 산란되지 않을 수 있으며 트랜스듀서 회로의 임곗값을 통과할 수 있을 정도로 강하다는 것이다. 그러나 (일종의 왜곡 현상인) 포어쇼트닝 foreshortening이라는 새로운 문제가 발생할 수 있다. 음파 탐지기는 시야가 최대 30도라고 했다. 기억하는가? 이는 소리가 폭이 30도인 원뿔 모양으로 널리 퍼져 나간다는 것을 의미한다. 반사 표면이 트랜스듀서에 수직이 아닌 경우 소리가 퍼져 나가는 원뿔의 한쪽이 먼저 물체에 도달하고 레인지를 먼저 반환한다. 대부분의 소프트웨어는 반환된 판독 값이 음파의 축을 따라 있다고 가정한다. 소프트웨어가 판독 값(15도에 대한 실제 판독 값)을 사용할 경우 로봇은 잘못된 데이터에 응답한다. 이 문제에 대한 해결책은 없다.

정반사는 잘못된 판독의 중요한 원인일 뿐만 아니라 음파 탐지기나 배열 링에 새로운 종류의 오류를 일으킬 수 있다. 로봇 주위를 360도로 둘러싼 여러 개의 음파 탐지기로 구성된 링을 생각해보자. 음파 탐지기가 거의 동시에 소리를 발사한다고 가정해보자. 음파 탐지기 각각은 로봇 주변의 다른 영역을 담당하고 있지만 어느 한 음파 탐지기로부터 정반사로 돌아온 소리가 전혀 다른 음파 탐지기로 수신될 수도 있다. 수신한 음파 탐지기는 자신에 의해 생성된 소리와 다른 음파 탐지기에 의해 생성된 소리의 차이를 구분할 수 없다. 이렇게 음파가 교차하는 현상을 **크로스 토크**^{cross-talk}라고 한다. 대부분의 로봇 시스템의 경우 16개의 음파 탐지기가 있는 데닝 링에서 음파 탐지기가 약간의 시차를 두고 소리를 발사하게 한다. 음파 탐지기는 공간을 사분면으로 나누고 사분면당 한 번에 4개의 링에서 음파 탐지기를 발사한다. 이렇게 하면 크로스토크 문제에는 도움이 되겠지만 완전하거나 신뢰할 수 있는 해결책은 아니다. 음파 탐지기 주파수와 발사 속도를 변경할 수 있으면(일반적으로는 그렇지 않다) 정교한 앨리어싱^{aliasing} 기법을 적용할 수 있다. 이러한 기술은 이 책의 범위를 넘어서므로 더 자세히는 다루지 않는다.

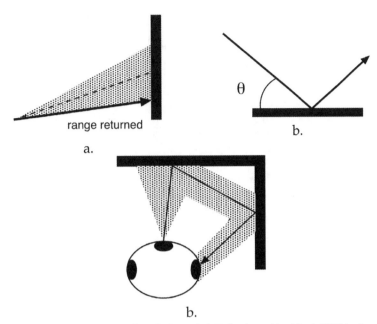

range returned

a.

θ

b.

b.

그림 11.10 음파 탐지기 레인지 판독을 이용하는 3가지 문제: a) 포어쇼트닝, b) 정반사, c) 크로스토크

1980년대 후반 IBM의 T.J. 왓슨 연구소에서 반응형 모바일 로봇은 모네 솔도^{Monet}^{Soldo}라는 연구원이 개발했다. 이 로봇은 음파 탐지기를 주요 센서로 사용했고 솔도는 적절한 속도로 로봇을 문, 방, 홀에 잘 안내하는 행동을 구현했다. 시간이 흘러 어느 날 실험실 복도가 아닌 프런트 리셉션 장소에서 대규모 시연을 했다. 로봇은 성공적으로 연구실을 빠져나왔다. 그런 다음 복도를 따라 내려갔다. 그리고 나서 건물 아트리움에 도착했을 때 미쳐 날뛰었다. 솔도는 로봇을 재부팅하고 다시 시도해봤지만 결과는 마찬가지였다. 며칠 동안 코드를 디버깅한 후 솔도는 행동을 구현한 코드 문제가 아니라 환경 문제라는 것을 깨달았다. 즉, 대부분의 아트리움 리셉션 구역은 유리 파티션으로 구성돼 있었다. 거울에 비친 정반사와 크로스토크 때문에 매번 다르게 실행을 했음에도 로봇은 일종의 환각 상태에 빠질 수밖에 없었다.

필자 역시 음파 탐지기 로봇으로 사무실 환경에서 탐색 작업을 시작했을 때 앞에서와 비슷한 '미쳐 날뛰는 로봇' 문제를 경험했다. 이런 환경에서 로봇은 칸막이로 구분된 사무실 칸막이 사이를 돌아다닐 거라고 생각했다. 칸막이가 천으로 덮여 있다 보니 작업자들의 소리를 흡수했는데, 안타깝게도 칸막이 천이 음파 탐지기의 소리까지 흡수해버린 것이다. 이러한 사례를 보면 센서의 작동 환경과 신호에 미치는 영향을 고려해야 함을 알 수 있다.

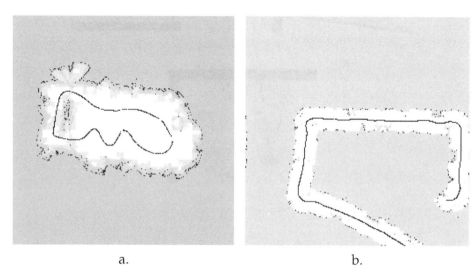

a. b.

그림 11.11 음파 탐지기를 이용하는 모바일 로봇으로 생성한 맵: a) 실험실에서 생성한 결과, b) 홀웨이(복도)에서 생성한 결과 (검은 선은 로봇이 움직인 경로다)

정반사 및 크로스토크 문제는 촬영한 영역의 둘레에 음파 탐지기의 플롯을 겹쳐 보면 더 쉽게 확인할 수 있다(그림 11.11 참조). 어떤 벽은 보이지 않고 어떤 벽은 너무 가깝다. 센서 수치는 매우 불확실하다. 이에 관해서는 확률론적 방법을 사용해 처리한다(14장 참조).

또한 각도가 30도인 원뿔은 해상도 문제를 일으킨다. 음파 탐지기는 종종 깊이에서 뛰어난 해상도를 갖고 있지만 물체가 음파의 상당 부분을 되돌려 보낼 수 있을 정도로 충분히 클 경우 먼 거리에서만 달성할 수 있다. 물체가 로봇에서 멀어질수록 물체는 커져야 한다. 대부분의 책상 의자와 테이블 상판은 센서 표면적이 거의 없기 때문에 로봇은 종종 자신의 존재를 인식하지 못하고 부딪힌다.

실제로 터무니없는 음파 탐지기 판독 값에서 발생하는 또 다른 문제로 전력이 있다. 음파를 발생시키려면 상당한 양의 에너지가 필요하다. 로봇이 낮은 전력으로 작동 중일 때 올바른 파형이 생성되지 않고 그에 따라 반환 신호가 무용지물이 된다.

원인이 무엇이든 간에 잘못된 판독 값을 제거하는 방법 중 하나는 각 센서에서 판독 값 3개(현재 판독 값 + 이전 값 2개)의 평균을 구하는 것이다. 이 방법은 반응형 로봇에서만 그럭저럭 통할 수 있는 임시 프로세스다. 뒤에서 설명하겠지만 다른 방법은 판독 값을 불확실한 것으로 취급하고 판독 값을 다듬기 위한 수학적 증거 추론 기술을 적용한다. 이러한 불확실성 기법은 하이브리드 패러다임에 따라 운영 되는 아키텍처에서 사용된다(15장 참조).

11.4.1 라이트 스트라이퍼

라이트 스트라이퍼나 구조화된 빛 탐지기는 색상의 선(또는 줄무늬), 격자 또는 점 패턴을 환경에 투영한다. 그러면 일반 비전 카메라는 이미지에서 패턴이 어떻게 왜곡되는지 관찰한다. 현재의 RGB-D 카메라는 라이트 스트라이퍼를 기반으로 하 지만 카메라 시스템은 가시광선이 아닌 인간의 눈에 보이지 않는 적외선을 무작위 로 투사한다(11.4.3절 참조).

그림 11.12는 라이트 스트라이퍼가 작동하는 간단한 예다. 그림 11.12a에서 스트 라이퍼는 4개의 라인을 투사한다. 라인은 표면이 평평한 경우 카메라 이미지에서 일정한 간격을 가진 특정 행에서 나타나야 한다. 표면이 그림 11.12b와 같이 평평하 지 않은 경우 라인은 망가지거나 중간이 끊어질 수도 있다. 비전 알고리듬은 지정된 각 행을 신속하게 스캔해 투사된 라인이 연속인지 여부를 확인할 수 있다. 라인에서 갈라진 부분의 위치는 장애물의 크기에 대한 정보를 제공한다. 이미지 좌표의 거리 는 물체의 깊이에 비례하므로 비전 알고리듬은 끊어진 라인이 나타나는 위치도 찾 아낼 수 있다. 라인의 상대적 위치는 물체가 지면 위(장애물) 또는 아래(구멍 또는 악영 향을 주는 장애물)인지 여부를 나타낸다. 라인이 많거나 그리드가 세밀할수록 깊이 정보가 많아진다.

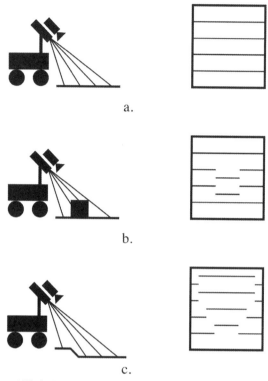

그림 11.12 상황별 결과 이미지: a) 평평한 표면, b) 장애물, c) 부정적인 장애물

라이트 스트라이퍼는 여러 가지 이유로 레이저 레인지 파인더보다 저렴하다. 첫째, 측정할 라인이나 패턴을 생성하기 때문에 많은 비용이 드는 비행시간 탐지기가 필요 없다. 카메라로도 탐지가 가능하다. 둘째, 카메라로 감지할 수 있는 굵은 선을 만들 때 굳이 레이저를 쓸 필요가 없다. 대신 구조화된 빛으로 할 수 있는데, 이는 '정상적인' 빛이 레이저 빛에서 기대하는 속성을 모방할 수 있게 하는 광학 기법이다. 마지막으로 라이트 스트라이퍼는 상당히 거친 패턴을 만들어낸다. 이미지의 모든 픽셀에 선이나 그리드를 투영하지는 않는다. 이 때문에 라이트 스트라이퍼가 덜 까다롭고 구축 비용도 덜 든다.

1980년대 후반과 1990년대 초반에 라이트 스트라이퍼가 인기를 끌었고 루지나 바히시^{Ruzena Bajsy} 교수의 지시로 미국 펜실베니아 대학교^{UPenn} 일반 로보틱스^{Robotics},

자동화^{Automation}, 센싱^{Sensing}, 퍼셉션^{Perception} 실험실$^{GRASP\ Lab}$ 같은 연구소는 3D 정보를 추출하는 데 탁월한 결과를 얻었다. 그러나 이러한 노력은 실험실 조건에서 물체 인식에 깊이 맵을 사용하는 데 초점을 맞춘 것이었다. 그러다보니 조건이 더 열악할 경우 모바일 로봇에 결과가 잘 전달되지 않았다. 반응형 로봇은 인식과 관련이 없기 때문에 많은 알고리듬이 딱히 유용하지 않거나 빠르고 반사적인 응답을 제공할 수 없었다. 또한 개방형 월드에서 물체들은 종종 투사된 빛과 같은 색일 때도 있고 비전 시스템을 혼란스럽게 할 만큼 충분히 가까이 있는 경우도 발생했다. 조명의 양과 방향 또한 스트라이퍼에게 혼란을 줄 수 있는데, 방 안의 조명이 밝으면 라이트 스트라이퍼가 밝은 레이저나 구조화된 빛을 보기 어려워진다.

소저너 화성 탐사선은 장애물을 피하고자 라이트 스트라이핑 시스템을 사용했다. 이 시스템은 차량 앞으로 5개의 라인을 투사했다.[198] 화성에 색상이나 빛의 다양성이 거의 없기 때문에 이 시스템은 잘 작동했다. 흥미롭게도 이 라이트 스트라이퍼는 스테레오 페어의 한 멤버를 사용했지만 마르스크호드와 달리 소저너는 내비게이션에 스테레오를 사용하지 않았다. 대신 이 로봇은 주기적으로 지구상에서 맵을 만들고 재구축하는 스테레오 페어를 취했다.

11.4.2 라이다

초음파 탐지기는 환경에 음향 에너지를 도입하고 신호가 되돌아오는 시간을 측정한다. 레이저에도 동일한 원리를 사용할 수 있다. 레이저 빔이 방출되고 반사율을 측정한다. 매우 넓은 시야를 가진 음파 탐지기 빔과 달리 레이저는 극소량의 시야를 만들어낸다. CRT의 래스터 스캔$^{raster\ scan}$과 마찬가지로 레이저가 스캔에서 방향이 정해지는 경우 장치는 적절한 영역을 커버하고 이미지를 생성할 수 있으며 이미지 함수는 깊이 값을 생성한다. 레이저를 사용해 깊이 지도나 이미지를 생성하는 장치를 레이저 레이더$^{laser\ radar}$, 레이다^{ladar}, 라이다^{lidar}라고 한다. 초당 최대 100만 개의 픽셀, 30m의 레인지, 몇 밀리미터의 정확도로 화소를 생성할 수 있다. 기계식 스캐닝 부품 때문에 라이다의 가격이 엄청나게 비싸질 수 있는데, 대략 3만 달러에서

10만 달러 정도에 이른다. 좀 더 저렴한 내비게이션 솔루션은 평면 레이저 레인지 측정기를 만드는 것이다.

라이다는 명도^{intensity}와 레인지^{range}라는 2가지 이미지를 생성한다. 그림 11.13은 오데틱스^{Odetics} 레이저 레인지^{LADAR} 카메라에 의해 생성된 이미지다. 명도 맵은 본질적으로 장면 속 물체에 반사되거나 흡수되는 빛의 강도를 측정하는 흑백 사진이라고 볼 수 있다. 이는 인간이 그 장면을 어떻게 인식하는가에 해당한다. 레인지 이미지에 대한 이미지 함수는 카메라에서 깊이를 표현한다. 검은색이나 값이 0인 픽셀은 흰색 픽셀보다 레인지 카메라에 더 가깝다. 평평한 바닥은 일반적으로 (가까운 곳인) 검은색에서 (먼 곳인) 흰색으로 이어지는 방사형 반원 집합으로 나타난다. 그런 다음 삼각측량법을 사용해 원이 평평한 표면을 나타내는 것으로 계산한다. 이 프로세스를 레인지 세그먼테이션^{range segmentation}이라고 하며 데이터에서 표면을 재구성 작업이 상당히 어려울 수 있다.

a.   b.

그림 11.13 오데틱스 LADAR 카메라의 라이다 이미지: a) 레인지, b) 명도(이미지 제공: 미국 사우스 플로리다 대학교, 미국 오크 리지 국립 연구소(Oak Ridge National Laboratory)).

라이다는 실제로 몇 가지 문제가 있다. 그림 11.13은 레인지 이미지의 순수한 검은색이나 매우 가까운 영역의 예다. 그러나 명도 이미지에서 알 수 있듯이 이 영역은 실제로 멀리 떨어져 있다. 마찬가지로 벽과 바닥 사이의 검은색 몰딩은 레인지 이미지에서 매우 멀리 있는 것으로 보인다. 오류는 레인지를 벗어난 조건, 빛의 흡수(반사되는 빛이 충분하지 않음) 또는 정반사(구석에 부딪히는 빛은 리시버에서 반사됨)와 광학적으로 동일한 이유에서 발생한다.

그림 11.14의 SICK® 같은 평면 레이저 레인지 측정기는 레이저 광선을 방출한다. 이렇게 하면 얇은 수평 슬라이스 공간이 제공되고 기본적으로 고해상도 극성 플롯이 생성된다. 로봇이 초기에는 바닥과 평행하게 장착된 SICK 레이저를 갖고 등장했다. 이는 (레이저로 투영 작업을 수행하는 비행기를 박살낼 정도로 장애물이 높지 않는 한) 장애물 회피에 유용했지만 3D 정보를 추출하는 데는 특별히 도움이 되지 않았다. 또한 레인지 센서의 시야에는 나타나지 않았지만 센서 포드나 안테나에 부딪힐 수 있는 테이블 같은 장애물이 있다고 가정했을 때 로봇은 음파 탐지기와 마찬가지로 충돌로 인해 머리 부분이 떨어져나갈 수 있는 위험을 무릅쓰고 움직였다. 이 문제를 해결하고자 연구원들은 최근 약간 위로 향한 평평한 레이저 레인지 파인더를 장착하기 시작했다. 로봇이 앞으로 나아갈 때 다가오는 장애물에 대한 다른 시각을 갖게 된다. 어떤 경우 연구원들은 두 개의 레이저 레인저를 설치했는데, 하나는 약간 위로 기울이고 다른 하나는 아래로 기울여서 돌출된 장애물과 부정적인 장애물을 커버할 수 있게 했다.

그림 11.14 180° 영역을 커버하는 SICK 레이저 로봇

11.4.3 RGB-D 카메라

RGB-D 카메라는 일반적인 RGB 가시광선 카메라와 적외선[IR] 라이트 스트라이핑 시스템(라이트 스트라이프가 아닌 무작위 형태의 포인트 투사)의 조합이다. RGB-D는 RGB+D 또는 RGBD 카메라라고도 한다. RGB-D 카메라는 빛의 적외선 주파수에 맞게 조정된 카메라에 의해 판독된 적외선 빛을 투사한다. IR 점들은 사람 눈에는 보이지 않는다. 따라서 IR 카메라 옆에 별도의 RGB 카메라를 장착해 점이 없더라도 동일한 장면을 인식해 사람의 눈으로 볼 수 있게 할 수 있다. 저렴한 가격의 마이크로소프트 키넥트와 아수스[ASUS]의 Xtion 카메라는 기본적으로 비디오 게임에 동일한 기술을 사용하며 로보틱스 연구학자들은 이들을 곧바로 연구에 도입했다.

그러나 수아레즈[Suarez]와 머피[Murphy]의 연구 결과[2011]에서 언급했듯이 RGB-D 카메라는 다음과 같은 3가지 이유로 일반적인 로보틱스에 충분하지 않다. 첫째, RGB-D 카메라는 카메라가 정지해 있는 비디오 게임 시장에 딱 맞게 최적화돼 있고 게이머는 실내의 조명을 조절한 상태에서 카메라 시스템을 실행해서 일관된 결과를 만들어낸다. 한편 모바일 로봇의 경우 로봇은 실내 오락실과는 조명 상태가 완전히 다른 지역을 통과해야 할 수도 있다. 밝은 빛과 직사광선으로 인해 적외선을 받지 못할 수 있다. 둘째, 적외선[IR] 조명은 액티브 센서다. 따라서 반사 표면이나 예리한 가장자리와 각진 표면이 있는 물체는 적외선 이미지에 노이즈를 일으킨다. 셋째, RGB-D 카메라는 특정 레인지의 처리와 수용성에 맞게 조정된다. 키넥트의 경우 레인지는 1.2m에서 3.5m다. 로봇이 1.2m 이상이나 3.5m 이상을 인식해야 하는 경우 키넥트는 사용되지 않는다.

11.4.4 포인트 클라우드

포인트 클라우드[point cloud]는 표면까지의 레인지를 지식으로 표현한 것이다. 클라우드는 일반적으로 수천 개의 점들의 집합이다. 클라우드는 포인트의 배열이나 리스트일 수 있다. 각 포인트는 센서와 물체의 표면 사이의 거리를 표현하는 (x, y, z)

좌표 값인 정점^{vertex}일 수도 있고 (방향, 거리)로 구성된 벡터일 수도 있다. 포인트 자체는 실제로 음파 탐지기가 되돌아오는 공간의 크기를 표현한다. 반면 해상도는 일반적으로 초음파 탐지 센서에 의해 생성되는 것보다 몇 배 더 높다. 또한 포인트는 흑백 사진과 유사한 이미지를 생성할 수 있는 빛의 채도 같은 값을 가질 수도 있다. 포인트 클라우드는 기술적으로 포인트의 집합을 의미하지만 이 용어는 포인트로 작업하는 관련 알고리듬과 시각화 스타일에서 비롯됐다.

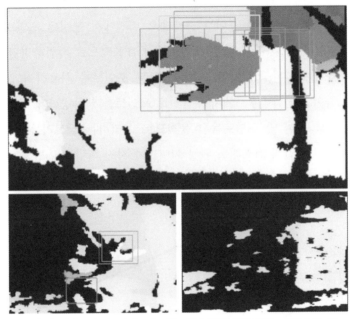

그림 11.15 키넥트로 찍은 사람의 손의 3가지 모습. 위는 실내 조명, 왼쪽 아래는 실외 부분 그늘, 오른쪽 아래는 햇볕이 쨍쨍 내리쬐는 곳이다. 녹색 상자는 추출 알고리듬이 손이 어디 있는지를 추정한 결과다. (이미지 제공: 카를로스 소토(Carlos Soto)).

포인트 클라우드는 일반적으로 라이다 레인지 센서나 구조화된 광 센서 등 액티브 센서에 의해 생성된다. SICK, 벨로다인^{Velodyner®}, 호쿠요^{Hokuyo®}에서 제작한 모델과 같은 액티브 레인지 센서는 레이저 빔을 방출한 다음 빔이 표면에 튕겨져 돌아오는 데 걸리는 시간을 기록한다. 이 센서는 종이 한 장 같은 2차원 평면으로 스캔하거나 3차원으로 스캔한다. 3차원으로 스캔하는 것은 광학적으로나 전자 기계 공학적으로 훨씬 더 복잡하기 때문에 더 비싸다. SICK 센서는 원래 정밀 조사를 위해 개발됐으며 2차원으로도 충분하다. 평면 레이저 레인저라고도 불리는 호쿠요 같은 기타 2D 스캐너들은 비용 절감에 맞춰 2D로 제한된다. 구조화된 광센서는 보통 인간의 눈에는 보이지 않는 근적외선 주파수 대역에서 빛을 방출한다. 가장 잘 알려진 구조화된 광 레인지 센서는 마이크로소프트 키넥트다. 수천 개 또는 수백만 개의 포인트 배열을 처리하는 래스터 스캔과 같이 포인트가 체계적으로 생성되거나 센서가 임의로 영역을 감지해 스캔당 포인트 수를 줄일 수 있다.

원래 포인트 클라우드라는 용어는 스테레오 비전에서 생성된 포인트보다 훨씬 높은 밀도를 의미하며, 따라서 많은 포인트에서 효율적으로 작업하려면 다른 계열의 알고리듬이 필요했다. 일부 알고리듬은 모든 포인트를 사용하지 않고 필요한 계산 시간을 줄이고자 클라우드에서 무작위로 포인트를 샘플링한다. 요즘은 포인트 클라우드의 지식 표현 및 포인트를 효율적으로 처리하는 알고리듬이 일반적으로 사용된다. 지리적 공간의 스테레오 위성 이미지나 사진 측량법 기반의 깊이 이미지의 픽셀은 이제 배열이 아닌 포인트 클라우드로 간주된다.

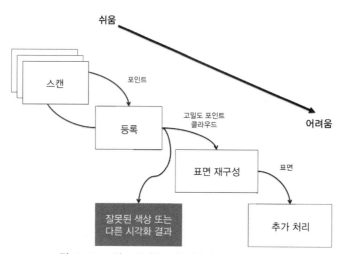

그림 11.16 포인트 클라우드와 관련된 처리 작업의 순서

포인트 클라우드와 관련한 알고리듬은 종종 그림 11.16의 순차적 프로세스에 적용된다. 포인트를 확보한 다음 환경이 재구성되도록 올바른 표면에 이 포인트를 그룹화하는 과정에서 계산 작업이 증가한다. 이 프로세스의 첫 번째 단계는 센서가 환경을 감지하고 포인트 집합을 생성하는 것이다.

둘째, 다른 포인트 집합들처럼 이 포인트 집합을 등록한다. 예를 들어 방을 여러 번 스캔해야 할 수도 있고 이렇게 확보한 이미지들을 서로 이어 붙여서 하나의 큰 이미지로 만들어야 할 수도 있다. 한편 로봇이 물체를 향해 이동하는 경우처럼 시간에 따른 스캔 결과를 통합해야 하는 경우도 있다. 일반적으로 등록의 주요 구성 요소는 각 포인트에 절대 좌표계상의 x, y, z 위치를 할당하는 것이다. 스캔 결과는 상대적 좌표 값 내지는 자기중심적 좌표 값이기 때문이다(나중에 이것들을 절대 좌표의 공통 집합으로 변환해야 한다). 등록을 통해 시각적 이미지를 포인트 클라우드에 겹쳐서 표현할 수도 있다.

포인트 클라우드 자체는 매우 밀도가 높기 때문에 로봇과 다른 거리에 있는 포인트를 (일부러) 잘못된 색으로 표시하는 것만으로도 깊이를 합리적으로 시각화할 수 있다. 단일 물체나 희박한 장면의 경우 표면의 포인트는 종종 시점에서 같은 거리에 있으므로 색상이 동일할 수 있다. 그러나 장면이 더 복잡할 경우 일부러 잘못된 색으로 시각화하면 사람은 머리 속에서 월드를 여러 개의 표면으로 나눠서 생각할 것이다.

로봇은 표면 재구성^{surface reconstruction}을 통해 포인트를 표면으로 변환하는 정신적 노력이 반복적으로 요구된다. 기본적으로 클라우드 속 포인트는 표면 패치의 정점에 해당한다. 표면을 만드는 방법 중 하나는 포인트 클라우드에서 표면을 나타내는 폴리곤이나 삼각형의 메시로 정점을 변환하는 들로네 삼각 분할^{Delaunay triangulation} 또는 마칭 큐브^{marching cubes} 같은 메시 알고리듬을 적용하는 것이다. 또 다른 접근법은 곡선을 사용해 정점들을 연결하는 NURBS^{NonUniform Rational Basis Spline} 알고리듬을 적용하는 것이다.

영역에 대한 포인트 클라우드를 표면으로 변환하면 더 많은 처리 작업이 적용될 수 있다. 표면은 환경을 3D로 재구성할 때 일부가 될 수 있으며 환경을 통한 물체 인식이나 경로 계획에도 사용될 수 있다. 다른 처리 작업으로는 게임(또는 로봇)을 제어하기 위한 손이나 팔의 자세를 추출하는 작업 등이 있다.

11.5 사례 연구: '오르 되브르, 애니원?'

1999년, AAAI 모바일 로봇 경진대회인 '오르 되브르, 애니원?'에서 미국 사우스 플로리다 대학교[USF]가 출품한 로봇은 센서 선택, 반응형 행동 구성, 행동 센서 융합 사용 등에 대한 좋은 사례 연구 중 하나다. 여기에는 두 개의 협동 로봇을 사용했다. 목표는 한 로봇에는 40개의 서로 다른 물리적 장치가 있는 6개의 센싱 모달리티를 사용하고 다른 로봇에는 23개의 장치가 있는 4개의 모달리티를 사용해 로봇 센싱의 한계를 뛰어 넘으려는 것이었다.

1단계: 작업을 기술한다. '오르 되브르, 애니원?' 이벤트는 완전히 자율적인 로봇이 AAAI 콘퍼런스의 리셉션 구역에서 핑거 푸드 트레이를 갖고 돌아다니다가 사람들을 찾아서 접근한 다음 그들에게 음식을 보여주고 제공하는 등의 상호적 행동을 하고 서빙용 트레이를 다시 채워야 했다. 각각의 로봇은 그 구역 안을 다니고 트레이를 언제 다시 채워야 하는지, 사람들과 자연스럽게 상호작용하고 독특한 개성을 갖고 있고, VIP를 인식하는 것에 점수가 매겨졌다. USF 출품작에는 관심을 끌고 다른 개성을 제안하고자 USF 미술학부에서 의상 디자인을 맡은 보르그 상어[borg shark]와 복어[puffer fish]라는 두 대의 로봇이 사용됐다(그림 11.17 참조). 보르그 상어 로봇은 미리 계획된 경로를 따라 청중들 사이를 돌아다니는 서빙 로봇이었다. 이 로봇은 일정한 간격으로 또는 트레이에서 간식을 집을 때마다 멈추고 서비스를 제공했다. 또한 보르그 상어 로봇은 입에 있는 간식을 없애려고 청중을 초대하는 오디오 파일을 재생하는 데에 음성 합성기를 이용하기도 했다. 하지만 자연어인 인간의 명령을 듣고 이해할 방법이 없었다. 사람들과 더 자연스럽게 교류하려고 보르그 상어 로봇은 사람들과 눈을 맞추려고 노력했다. 어떤 사람을 보면 이 로봇은 VIP 색상의 배지가 그 사람의 얼굴과 관련이 있는 이미지 좌표로 위치를 추정했다.

그림 11.17 '오르 되브르, 애니원?'에 출품한 USF 로봇들: a) 로봇 가족의 기념 사진: 왼쪽은 보르그 상어, 오른쪽은 복어의 모습, b) 보르그 상어의 제3의 눈인 열 감지 센서, c) 보르그 상어 이빨 뒤에 위치한 SICK 레이저 (좀 더 명확하게 보여주고자 잠시 대가리를 제거함), d) 음파 탐지기로 공간상의 관계를 보여주는 복어의 치마 옆모습(부풀어 있다)

보르그 상어 로봇은 먹을 것이 거의 떨어졌을 때 무선 인터넷을 통해 보조 로봇 복어에게 연락을 했다. 복어 로봇은 휴면 모드로 정지한 채 부풀어 오른 스커트를 통해 숨을 들이마시고 내쉬며 사람들이 몰려드는 것을 피하듯 카메라를 돌렸다. 복어 로봇이 깨어나면 음식이 가득 담긴 쟁반을 들고 보르그 상어 로봇이 알려준 위치로 향하곤 했다. 또한 복어 로봇은 목표 지점으로 이동하는 데에 추측 항법, 시각적 탐색 등을 이용해 보르그 상어 로봇의 독특한 파란색 의상을 찾곤 했다. 일단 보르그 상어로부터 2미터 이내까지 도달하면 복어 로봇은 이동을 멈췄다. 인간은 물리적으로 트레이를 교환하고 전달이 끝났다는 신호로 범퍼를 걷어찼다. 보르그 상어 로봇은 서빙을 다시 시작하고 복어 로봇은 원위치인 리필 스테이션으로 돌아간다.

두 로봇 모두 테이블, 의자, 사람 등 모든 장애물을 피할 것으로 기대했다. 사람들이 로봇을 둘러싸곤 하면서 해당 구역의 서빙을 못할 수도 있고 리필도 잘 안 될 수 있었다. 그에 따라 로봇들도 다른 반응을 보였다. 보르그 상어 로봇은 지나칠 정도로 나긋나긋하게 프로그래밍돼 있었고, 따라서 "지나갈게요, 지나갈게요"라고 하면서 움직이기 시작했다. 반면 복어 로봇은 심술궂고 시무룩한 성격이었으며 치마를 크게 부풀리면서 짜증스런 소리를 냈다. 그런 다음 재빨리 앞으로 휙 나아가곤 했다. 이렇게 하면 구경꾼들이 뒤로 물러났고 그 덕분에 공간이 생기곤 했다.

2단계: 로봇에 대해 기술한다. 출품에 사용된 로봇은 맞춤형 센서가 장착된 노마드 200 베이스였다. 보르그 상어 로봇의 원래 센서에는 팬 틸트 헤드에 장착된 컬러 카메라 한 쌍, 중복 음파 탐지 링 및 SICK 평면 레이저가 포함돼 있었다(표 11.1 참조). 복어 로봇의 센서는 표 11.2에 나와 있다.

표 11.1 보르그 상어 로봇용 센서

유형	모달리티	디바이스
외수용성	비전	2 카메라
외수용성	래이저	1 평평한 레인저
외수용성	음파 탐지기	15 초음파(상위) 15 초음파(하위)
외수용성	촉각	1 범퍼 스위치
고유수용성	모터 인코더	3 드라이브, 스티어, 터렛 제어 2 팬, 틸트 제어

표 11.2 복어 로봇용 센서

유형	모달리티	디바이스
외수용성	비전	2 카메라
외수용성	음파 탐지기	15 초음파
외수용성	촉각	1 범퍼 스위치
고유수용성	모터 인코더	3 드라이브, 스티어, 터렛 제어 2 팬, 틸트 제어

3단계: 환경에 대해 설명한다. 다양한 조명과 많은 사람이 캐주얼하게 옷을 입는 컨벤션 센터 환경이었다. 로봇에 대해 퍼셉션 관점에서 어려운 과제는 사람들과 눈을 계속 마주치고 사람이 VIP인지 여부를 결정하는 것이었다. VIP 배지는 독특한 색깔의 리본으로 표시됐고 로봇이 올바른 영역을 보고 있다고 확신한다면 그 색깔은 VIP를 제공할 것이다. 하지만 리본의 색깔은 꽤 흔했다. 로봇이 가슴 높이 정도의 리본을 스캔한다면 밝은 색상의 여행복을 입고 있는 군중 속에서 그 색깔의 셔츠를 찾을 수도 있을 것이다. 이로 인해 VIP를 잘못 식별하고 포인트도 잃을 수 있다. 또 다른 접근법은 음파 탐지기로 레인지(거리)를 읽고 카메라를 해당 방향으로 가리키며 평균 키에 해당하는 사람의 눈이 위치하는 각도로 기울임으로써 사람을 찾는

것이었다. 이러한 주의 집중 메커니즘은 원하는 경우 배지의 가능한 위치를 살펴보는 데도 사용할 수 있다. 하지만 사람들이 음파 탐지기의 음향 축을 따라 서 있는 경우가 거의 없었다. 한 사람이 두 개의 음파 탐지기에 잡히면 로봇은 사람의 왼쪽을 10초 동안 그리고 나서 오른쪽을 10초 동안 바라볼 것이다. 사람이 여러 명일 경우 로봇은 훨씬 더 기능이 떨어진 것처럼 보일 수 있고 주의 집중 메커니즘도 제대로 작동하지 않을 것이다.

더 나은 해결책은 로봇이 비전을 사용해서 사람을 감지하는 것이다. 탐지는 인식과 다르다. 탐지는 로봇이 무언가 반응하는 얼굴을 식별할 수 있다는 것을 의미한다. 인식은 얼굴에 레이블을 붙이고 나중에 인식할 수 있는 것을 의미하며, 이는 일종의 심의적 기능이다. 얼굴의 간단한 시각적 어포던스가 있는가? 사실 인간의 피부는 윤리성에도 불구하고 비전 시스템에서 다루는 색상에 현저하게 비슷하다. 일단 로봇이 머리 크기와 모양에 대한 색상 영역을 발견하면 VIP 배지를 더 확실하게 찾을 수 있을 것이다.

어포던스를 위한 또 다른 기회는 복어 로봇이 보르그 상어 로봇을 향해 이동하는 것이었다. 복어 로봇이 보르그 상어 로봇의 위치에 관한 좌표 정보를 받았겠지만 복어 로봇은 추측 항법만으로 보르그 상어 로봇에게 안정적으로 다가갈 수 있을 것 같지는 않다. 시간이 갈수록 보르그 상어 로봇이 이리저리 떠돌아다니게 돼서 좌표가 정확하지 않을 것 같았다. 그에 따라 복어 로봇도 추측 항법의 오차가 누적되는데, 복어 로봇이 정지했다가 다시 움직이기 시작하고 사람들을 피해야 한다면 더 그럴 것이다. 그래서 복어 로봇이 보르그 상어 로봇을 찾아야 한다고 결심하게 됐다. 보르그 상어 로봇의 대가리는 군중보다 높은 위치에서 바라볼 수 있게 하고 복어 로봇이 사람의 셔츠를 보고 멈출 가능성을 줄이고자 의도적으로 크고 독특한 파란색으로 제작됐다.

4~7단계: 행동을 설계, 테스트 및 다듬는다. 간식 제거 같은 다른 행동에 대한 센서의 선택은 센서의 물리적 위치에 의해 영향을 받았다. 예를 들어 보르그 상어 로봇용 SICK 레이저는 그림 11.17b와 같이 연구 플랫폼에 탑재됐다. 연구 플랫폼은 명목상

로봇의 꼭대기에 있어야 하지만 실제로는 음식을 담는 쟁반을 놓기에 적절하게 손이 닿을 수 있는 높이에 있었다. 쟁반에 놓인 음식을 잘 확인하고자 레이저를 사용할 수도 있다. 다른 팀의 경우 쟁반에 색상을 입혀서 보이는 색상의 영역을 세는 것과 같은 다양한 접근 방식을 시도하기도 했다(즉, 색이 많이 보일수록 쟁반에 놓인 간식이 적다는 것을 의미한다). 또 다른 방법은 저울을 붙여서 쟁반 전체 무게가 어떻게 달라지는지 파악하는 것이었다.

로봇의 의상은 센서 제품군에 간접적으로 영향을 미쳤다. 로봇 개성을 살리기 위한 일환으로 각각의 로봇들은 나름의 의상을 장착했다. 복어 로봇은 로봇이 붐비거나 짜증날 때 부풀어 오르는 스커트를 입었다. 연구 팀은 스커트가 음파 탐지기 판독에 방해가 되지 않는지 확인하기 위해 많은 실험 테스트와 수정 작업을 수행했다(그림 11.17d 참조).

표 11.3 보르그 상어 로봇을 위한 행동

릴리저	행동	모터 스키마	퍼셉트	퍼셉트 스키마
always on	avoid()	vfh()	most–open–direction	polar–plot(sonar)
FOOD–REMOVED=treat–removal(laser)	track–face	center–face(face–centroid) track–face() check–VIP()	face–centroid ribbon–color	find–face(vision) look–for–ribbon(VIP–color)
SERVING–TIME–OUT, TRAY–FULL=bumper()	move–to–goal	pfields.attraction(waypoint)	waypoint	list of waypoints
FOOD–DEPLETED=find–face(vision)	track–face	center–face(face–centroid)	face–centroid	find–face(vision)

표 11.4 복어 로봇을 위한 행동

릴리저	행동	모터 스키마	퍼셉트	퍼셉트 스키마
always on	avoid()	vfh()	most-open-direction	polar-plot(sonar)
AT-HOME=	sleep()	turn-camera-head()	obstacle	polar-plot(sonar)
dead-reckoning (encoders)		cycle-skirt()		
AWAKE=radio-signal()	move-to-goal()	pfields.attraction(location)	relative-location	read-encoders()
AWAKE=radio-signal()	move-to-goal()	pfields.attraction(shark)	shark	find-shark-blue(camera)
TRAY-FULL=bumper()	move-to-goal()	pfields.attraction(home)	relative-location	read-encoders()

보르그 상어 로봇의 초기 행동을 표 11.3과 표 11.4에 정리했다. 표에 나와 있듯이 센서 융합의 형태에 관계없이 이를 사용하는 유일한 행동은 복어 로봇에서 목표를 향해 움직이는 것이었는데, 여기에는 센서 분열을 일으키는 목표에 대한 2가지 경쟁적인 인스턴스가 있었다.

vfh 행동은 15장에서 설명하겠지만 모델에서 파생된 극성 플롯을 이용한 장애물 회피 행동이다. 팀이 개별적으로 행동을 테스트함에 따라 find-face 및 treat-removal 행동에서 문제가 확인됐다. 색상이 얼굴에 대해서는 합리적인 어포던스였던 반면 알고리듬에서는 밝은 빛에 있지 않는 한 얼굴을 놓치는, 즉 위양성의 결과를 종종 만들어냈다. 한편 레이저는 때때로 로봇 의상 속 치아에서 반사를 일으키는 것처럼 보였고, 그 때문에 위양성인 결과가 만들어지곤 했다. 뿐만 아니라 사람 손의 움직임이 빠를 경우 전체 시간 중 약 75%에서 레이저가 사람의 손을 놓치곤 했다. 좀 더 자세히 분석한 결과는 다음과 같다.

로지컬 센서	위양성	위음성
얼굴-인식	1.7%	27.5%
음식 개수	6.75	76.7%

find-face의 성능에 대한 해결책은 모기들이 사용하는 인간의 또 다른 어포던스인 열을 활용하는 것이었다. 하지만 여기에는 사람에 대한 부분 세그먼테이션 문제가 있었다. 즉, 대상 지역이 너무 작아서 쓸 수가 없었다는 얘기다. 열은 좋은 결정적 정보일 수 있다. 후보 지역이 뜨거운 지역과 같다면 그 부분이 얼굴이라고 할 수도 있다. 다행히도 연구 팀은 다른 로봇에서 쓰인 E^2T 디지털 온도계를 보르그 상어 로봇에 설치할 수 있었다. 그림 11.17에서 소개한 온도 센서는 접촉하는 사람의 체온을 측정하는 게 목적이었지만 최대 2미터까지 떨어져 있는 사람에 대해서도 주변 온도보다 높다는 것을 감지할 수 있었다.

비전 시스템이 단순히 온도 센서로 교체되지 않은 이유는 무엇일까? 이에 대해 센서의 특성과 센서가 환경에 어떻게 적합한지 다시 설명한다. 온도 센서는 시야가 2도이고 측정 대기 시간이 있다 보니 사람을 찾으려고 공간을 빠르게 스캔하기에는 속도가 너무 느리다. 그 대신 비전 시스템은 훨씬 더 넓은 시야를 다뤘고 적은 후보 지역 목록을 생성할 수 있었다. 그리고 나서 카메라가 가장 큰 지역의 중심으로 돌았을 때 열 탐지 판독 값을 바탕으로 사람 여부를 최종 판단할 수 있었다.

음파 탐지기의 간단한 AND 기능으로 음식 개수를 추정하는 문제도 계산량을 대폭 줄였다. 레이저가 손동작을 감지하는 동시에 트레이 앞에 근거리 판독 값이 있는 경우에만 시스템은 간식이 없어진 것으로 계산했다.

다음 표에서와 같이 잘못된 판독률이 상당히 감소했다.

로지컬 센서	융합 미적용		융합 적용	
	위양성	위음성	위양성	위음성
얼굴-인식	1.7%	27.5%	2.5%	0%
음식 개수	6.7%	76.7%	6.7%	1.7%

자, 이제 10장에서 설명한 속성의 관점에서 "오르 되브르, 애니원?"의 센싱을 다시 살펴보자. 개별 센서의 적합성을 평가하기 위한 속성은 시야, 레인지, 정확도, 반복성, 해상도, 대상 영역의 응답성, 전력 소비량, 신뢰성, 크기 등 여러 가지가 있었다. 시야와 열 감지 센서의 얼굴 찾기 동작의 차이에서 보듯이 센서의 시야와 레인지는 중요하게 다뤄야 할 문제였다. 카메라는 열 감지 센서보다 시야가 훨씬 더 좋았기 때문에 열 감지 센서의 주의를 집중시키고자 사용됐다. 반복성은 높은 위양성/위음성 비율로 레이저에 확실히 문제였다. 음파 탐지기는 해상도가 너무 낮았기 때문에 얼굴의 위치를 추정하는 데 사용할 수 없었다. 각 센서는 하드웨어 관점에서 봤을 때 합리적 수준으로 응답했을 수도 있었지만, 알고리듬이 이를 이용하지 못했을 수도 있다. 로봇의 제작 방식 때문에 모든 센서가 항상 켜져 있다 보니 전력 소비는 문제가 되지 않았다. 하드웨어가 이미 로봇에 탑재됐기 때문에 하드웨어의 신뢰성과 크기는 심각하게 고려되지 않았다.

센서 설계에 대한 알고리듬적 영향은 계산 복잡성과 신뢰성이었다. 2가지 모두 반응형 행동에 대한 퍼셉트 스키마를 설계하는 데 절대적 요소였다. 로봇에는 스테레오 레인지(전용 프레임그래버가 장착된 카메라 2대)를 지원하는 하드웨어가 있었다. 스테레오 레인지 고리는 얼굴을 찾는 데 사용될 수 있었지만 당시의 펜티엄급 프로세서로도 실시간으로 알고리듬을 처리할 수 없었다. 신뢰성도 문제였다. 비전 기반 얼굴 찾기 알고리듬은 카메라 때문이 아니라 알고리듬이 환경에 적합하지 않았기 때문에 매우 신뢰할 수 없었다. 그 결과 아무 상관도 없는 블롭을 선택하기도 했다.

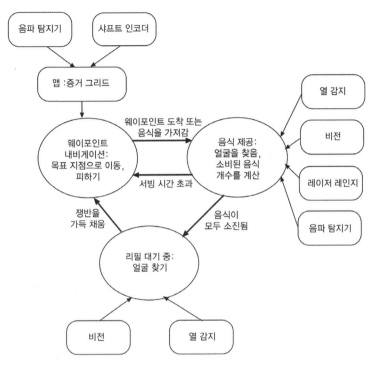

그림 11.18 보르그 상어 로봇에 대한 스테이트 다이어그램(사용되는 센서를 보여주고자 주석을 붙임)

마지막으로 센서 제품군은 단순성, 모듈화, 중복성 측면에서 전반적으로 평가될 수 있다. 두 로봇을 위한 센서 제품군은 대부분 상업적으로 사용할 수 있으며 각각 따로따로 작동할 수 있는 여러 개의 개별 센서를 포함하고 있다는 점에서 단순하고 모듈에 해당한다고 간주할 수 있다. 센서 제품군은 상당한 물리적 중복성을 보였다. 한 로봇에는 이중 음파 탐지기 고리, 음파 탐지기, 레이저, 카메라 페어는 보르그 상어 로봇 이빨의 배치와 스테레오 레인지 알고리듬의 계산 복잡성을 무시하고 레인지 찾기에 사용될 수 있었다. 또한 행동 센서 융합을 통해 대규모 논리적 중복성이 이용됐다.

11.6 요약

11장에서는 "깊이와 레인지의 차이점은 무엇인가? 왜 로봇들이 깊이와 레인지에 대한 센싱이 그렇게 어려운가?"에 대해 살펴봤다. 내비게이션과 매니퓰레이션에는 로봇이 환경을 관찰하는 외수용감각이 필요하다. 특히 내비게이션을 위해 로봇은 일반적으로 먼 거리까지도 깊이를 퍼셉션할 수 있어야 한다. 이를 일반적으로 레인지 센싱이라고 한다. 레이저 레인지 계산기, 즉 라이다가 많이 쓰이지만 비용, 크기, 무게 면에서 단점이 있다. 이 경우 높은 밀도의 (x, y, z, d) 포인트가 생성돼 등록 registration 및 재구성reconstruct을 위한 포인트 클라우드 재전송 및 관련 처리 알고리듬이 생성된다. 마이크로소프트 키넥트가 개발한 RGB-D 카메라는 저비용, 저중량, 소형이지만 실내 게임용으로 세심하게 설계된 IR 센서가 반드시 있어야 하며 센서에서 특정 거리에 서 있는 사람들을 위해 만들어진 특정 알고리듬에서만 동작한다. RGB-D 카메라는 범용 센서가 아니며 실외 조명과 거울 및 반사 표면에 심각한 문제가 있다. 초음파학과 컴퓨터 비전에서 연구가 이뤄졌지만 낮은 해상도와 신뢰성으로 인해 대부분 외면 당했다. 그러나 점유 그리드 표현과 불확실성을 처리하기 위한 증거 추론evidential reasoning은 센싱에서 꾸준히 사용 중이다. 컴퓨터 비전에는 스테레오 페어를 사용하고 특정 위치 X로부터 깊이를 계산하는 것 외에도 깊이를 추출하고 표면을 탐지하는 여러 가지 접근 방식이 있다. 깊이는 일반적으로 매니퓰레이션을 위해 가까운 거리에 있다. 레인지 및 깊이 센서와 알고리듬에는 계산 시간 및 자원, 금전적 비용, 조명이 달라질 경우 작동 불가 외에도 원시 센서 데이터를 정확한 3D 표현으로 강력하게 변환하는 알고리듬의 부족과 같은 많은 단점이 있다.

11.7 연습문제

문제 11.1
포인트 클라우드를 정의하고 포인트 클라우드를 생성하는 센서와 소프트웨어 알고리듬의 예를 하나 이상 제시하라.

문제 11.2
라이다와 RGB-D 카메라의 작동 방식을 비교하고 대조하라. 무엇이 비슷하고 무엇이 다른지, 장점과 단점, 계산 복잡도를 논하라.

문제 11.3
포인트 클라우드 처리를 위한 센싱-등록-재구성의 각 단계별 목적을 설명하라.

문제 11.4
초음파 센서는 많은 긍정적인 특성과 부정적인 특성을 갖고 있다. 3가지 긍정적인 속성과 3가지 부정적인 속성이 무엇인지 설명하라.

문제 11.5
초음파 센싱의 3가지 주요 문제를 설명하고 로봇이 각 문제(예, 창문 또는 유리 파티션이 있는 방)에 직면할 수 있는 가상의 사례를 정의하라.

문제 11.6
초음파 변환기를 이용한 정반사, 크로스토크, 포어쇼트닝 문제를 설명하라.

문제 11.7
데닝 링의 대안은 회전하는 돛대에 하나 이상의 음파 탐지기를 장착하는 것이다. 돌리면 로봇의 커버력이 360°가 된다. 고정 링과 패닝 마스트 중 일반적으로 레인지 센싱에 더 적합한 것은 무엇일까? 패닝 마스트가 포어쇼트닝, 크로스토크, 특정 반사 문제를 줄일 수 있을까?

문제 11.8
이미지 기능을 정의하라. 다음 각각에 대한 이미지 기능은 무엇일까?

    a. 스테레오 페어의 왼쪽-오른쪽 이미지
    b. 깊이 맵

문제 11.9

이미지 배열, 점유 그리드, 포인트 클라우드 간의 유사점과 차이점을 설명하라.

문제 11.10

로봇을 가장 개방적인 섹터로 안내하는 모터 스키마와 레인지의 극성 플롯을 제공하는 퍼셉션 스키마로 구성된 장애물 회피 동작을 고려해보자. 이 장에서 다루는 퍼셉션 스키마에 대해 상호 교환 형태로 사용할 수 있는 모든 센서와 알고리듬을 나열하라. 다음 중 논리적으로 중복되는 것은 무엇인가? 또한 물리적으로도 중복되는가?

문제 11.11

0.5미터 높이의 모바일 로봇과 평면 레이저 레인지 측정기가 있다고 가정해보자. 다음 각각을 로봇이 탐색할 경우 레이저를 어느 각도로 장착하면 될까?

- **a.** 교실에서
- **b.** 주된 장애물이 사람들이 있는 복도나 접수 구역에서
- **c.** 알려지지 않은 야외 지형

설계에 기반을 둔 모든 가정도 기술하라. 필요한 정보가 더 있을까? 있다면 무엇일까?

11.8 엔드 노트

맞아요, 이게 SICK 센서예요.

독일의 측량 회사인 SICK가 만든 평면 레이저의 채택으로 인해(SICK는 상태가 아닌 브랜드 이름) 'sick: 아픈, 병든'이라는 단어와 발음이 비슷하다보니 많은 오해가 있었다.

중요한 장비를 날려버린 로봇

평면 라이다를 로봇에 장착하는 건 상당히 어려운 문제다. 보통은 로봇이 장애물과 지형을 인식할 수 있게 센서를 로봇 위에 최대한 높게, 약간 아래를 향하게 하는 것이다. 하지만 센서가 앞을 가리키지 않기 때문에 사각지대가 있고, 그 결과 일부 로봇과 자율 주행 자동차들은 값비싼 라이다를 날려버렸다.

라이다는 로봇뿐만 아니라 뮤직 비디오에도 쓰였다.

2008년, 영국의 록 밴드 라디오헤드Radiohead는 '하우스 오브 카드House of Cards'라는 노래의 뮤직 비디오를 공개했는데, 이 비디오는 밴드의 포인트 클라우드 비디오를 프로듀싱한 벨로다인 레이저로 촬영됐다.

대학교 학부생과 음파 탐지기

폴라로이드 음파 탐지기에 대한 최초의 진지한 분석은 흥미롭게도 메사추세츠 공과 대학교MIT의 학부생이었던 마이클 드럼헬러Michael Drumheller에 의해 이뤄졌다. 드럼헬러가 쓴 논문 「Mobile Robot Localization Using Sonar」[63]은 1987년 세계 최고 수준의 논문지 <IEEE Transactions on Pattern Analysis and Machine Intelligence>에 발표됐고 말 그대로 고전classic이 됐다.

카메라가 한 대 달린 스테레오

오스트레일리아 모나시 대학교Monash University의 레이 자비스Ray Jarvis는 카메라 한 대에서 보정된 스테레오 이미지를 수집하는 아주 좋은 방법을 생각해냈다. 그는 프리즘을 사용해 카메라의 렌즈에 두 개의 약간 다른 관점을 투사했고, 각각 서로 다른 결과를 보이는 이미지를 만들었다. 알고리듬은 어떤 픽셀이 각 이미지에 속하는지 알기 때문에 처리 작업에는 문제가 없었다.

3부

심의형 기능

12
심의

12장에서 다루는 내용

- 초기 월드 모델, 오퍼레이터operator, 차이 테이블difference table, 차이 이밸류에 이터difference evaluator가 주어졌을 때 STRIPSSTanford Research Institute Problem Solver 알고리듬을 사용해 간단한 심의 문제deliberation problem를 해결해본다. 각 단계를 마친 후 월드 모델의 스테이트도 살펴본다.

- 중첩된 계층형 컨트롤러Nested Hierarchical Controller의 미션 플래너mission planner, 내비게이터, 파일럿을 구성하고 조직화organization하는 것을 설명한다.

- 물리적 심볼 그라운딩 문제physical symbol grounding problem와 앵커링anchoring 문제를 정의하고 사례도 알아본다.

- 월드 모델의 생성, 유지, 사용을 위한 멀티레벨 계층형 모델multi-level hierarchical model과 로컬 퍼셉션 공간local perceptual spaces의 장단점을 비교 및 대조한다.

- 3T 아키텍처에서 시퀀서Sequencer, 스킬 관리자Skill Manager 에이전트의 역할과 운영을 알아본다. 아울러 여기에 반응성과 심의를 어떻게 통합할지도 설명한다.

- 결함 탐지fault detection, 식별identification, 복구recovery를 의미하는 FDIR에 대해 결함 상황fail upwards 및 모델 기반 리즈닝model-based reasoning 접근 방식을 비교

하고 각각의 장점과 단점을 자세히 설명한다.

- 스킬^{skill}, 가상 센서$^{virtual\ sensor}$, 인지 실패$^{cognizant\ failure}$를 정의한다.

12.1 개요

6장에서 8장까지는 행동 기반 로봇의 필수 사항 외에 동물과 비슷한 자율성을 어떻게 얻을 수 있는지 알아봤다. 하지만 우리가 '진짜' 인지 지능$^{cognitive\ intelligence}$이라고 가치를 부여하는 것은 반응형이 아닌 심의형이다. 12장에서는 심의가 무엇인지 이해할 수 있도록 "로봇은 어떻게 생각할까?"라는 질문으로 시작한다. 4장에서 **심의형 지능**$^{deliberative\ intelligence}$이 (1) 목표 및 의도 생성, (2) 이러한 목표와 의도를 가장 잘 충족시키는 방법에 대한 선택이나 계획, (3) 계획을 실행에 옮기는 구체적인 행동과 자원의 구현, (4) 계획 실행을 모니터링하고 제대로 작동하지 않을 경우 계획의 재수립 등과 관련이 있음을 살펴봤다. 심의형 지능을 위한 기법들은 스케줄링^{scheduling}, 자원 할당$^{resource\ allocation}$, 리즈닝^{reasoning}(추론)이라는 하위 분야를 바탕으로 인공지능의 대부분 측면들, 특히 플래닝^{planning}과 문제 해결$^{problem\ solving}$ 분야들에 관련돼 있다.

일련의 학문적 발전 사항을 모두 다룰 수는 없으므로 이 장에서는 독자에게 전문 용어와 참고 문헌을 공부할 때 필요한 개념 프레임워크를 소개하려고 한다. 다행히도 대부분의 용어와 개념 프레임워크는 1967년 스탠포드 연구소^{SRI}에서 최초의 인공지능 로봇인 쉐이키(그림 2.6 참조)에서 비롯됐다. 보도에 따르면 쉐이키는 위쪽이 무거웠기 때문에 그런 이름이 붙여졌다고 한다. 쉐이키가 앞으로 이동하면 TV 안테나가 이리저리 춤추듯 흔들렸다.

쉐이키는 SENSE, PLAN, ACT의 전형적인 계층형 시스템이었다. 또한 쉐이키가 리즈닝하고 경로를 계획할 수 있도록 STRIPS 알고리듬에서 포착된 플래닝 및 문제 해결에서 일반적인 문제 해결책의 아이디어도 조사했다. STRIPS는 로보틱스에서는 거의 사용되지 않지만 다음과 같은 3가지 이유 때문에 STRIPS를 잘 알아둘 필요가 있다. 첫째, STRIPS는 방을 가로질러 걸어가는 것과 같은 간단한 작업조차도 원래 컴퓨터상에서는 어려운 문제를 검토하도록 여러분에게 동기를 부여하는 역할을 할 것이다. 둘째, STRIPS는 전제 조건, 폐쇄형 월드 가정, 개방형 월드 가정, 프레임 문제의 개념을 수학적으로 정형화^{formalization}했다는 점에서 역사적으로 의미가 있다. 셋째, 가장 중요한 것은 STRIPS에 도입된 지식 표현 및 추론 알고리듬의 프로그래밍 설계안들이 인공지능 로보틱스에 계속 보급되고 있기 때문에 STRIPS를 이해해야만 최신 연구를 잘 따라갈 수 있다.

쉐이키와 STRIPS는 로봇의 액션을 스케줄링하기 위한 완벽한 계획을 수립하는 데 초점을 맞췄지만, 이 방법론은 로봇의 센싱 결과를 어떻게 월드 표현으로 변환할 수 있는지에 대한 중요한 사안은 제대로 다루지 않고 대충 넘어갔다. 쉐이키는 크고 밝은 색깔의 물체만 볼 수 있었기 때문에 어쨌든 표현할 수 있는 것이 많지 않았다. 그러나 현대 로봇의 경우 센서와 센싱 기술이 더 좋아진 덕분에 입력 정보가 훨씬 풍부해졌고 그에 따른 지능에 대한 기대에 부응하도록 더 정교한 월드 모델을 만들 필요가 있다. 이 장에서는 기본 개념을 자세히 다룬다.

또한 STRIPS는 액션이 어떻게 구현되는지를 대부분 무시했다. 즉, 실용적 관점에서 STRIPS는 기초 수준의 로봇이었기 때문에 선택의 여지가 없었다. 중첩된 계층형 컨트롤러는 1990년대에 걸쳐 내비게이션 플래닝의 초석이 됐다. 이후 1990년대 중반, 인공지능 로보틱스 연구학자들이 계획, 일정, 이에 관한 구현이 서로 연관성을 갖는다는 문제를 다루기 시작했다. RAPS와 3T 아키텍처는 계획과 행동을 결합하기 위한 초기 시도였다. 3T 아키텍처는 개념 레벨의 계획을 생성할 수 있고 이러한 계획을 특정 액추에이터를 제어하는 데 전파할 수 있는 시스템의 아주 좋은 예다. 자세한 내용은 뒤에서 설명한다.

쉐이키와 STRIPS는 로봇이 매번 업데이트할 때마다 전체 SENSE, PLAN, ACT 사이클을 완료한다고 가정했다. 하지만 반응형 패러다임과 달리 SENSE 단계에는 포괄적인 글로벌 모델 업데이트가 포함돼 있었다. 액션을 통해 월드 속 변화를 센싱하면 사실상 계획의 실행에 대한 모니터링도 이뤄졌다. 로봇이 출입문으로 이동하기로 돼 있었지만 출입문에 도달하지 못했다면 새로운 계획은 가장 최신의 최적 경로나 솔루션을 제공해야 한다. 물론 로봇이 고장 나고 내부에 센싱 기능이 없다면 로봇은 회복이 불가능하다. 이후 인공지능 연구에서는 모니터링, 무언가 잘못되고 있는 시점을 어떻게 알아차릴지, 이를 어떻게 추론할 것인지 등을 다루기 시작했다. 일반적으로 플래닝, 문제 해결, 추론^{inference}, 검색이 이러한 노력에 해당된다. 문제를 원상 태로 복구하는 데에 모니터링, 리즈닝 관점에서 접근하는 주요 학파에서는 로봇의 구성 요소에 대한 지식 표현 외에도 구성 요소가 어떻게 연관돼 있는지, 성능에 대한 통계 모델 등을 사용한다. 결함 탐지, 식별, 복구^{FDIA}를 위한 모델 기반 리즈닝 은 딥 스페이스 원이 탐지한 사례를 통해 가장 잘 이해할 수 있다

쉐이키, STRIPS, 여기서 파생된 심의형 기법은 전통적인 제어 이론에서 개념적으로 출발한 것이다. 명확한 지식 표현에 초점을 맞추거나 술어 논리$^{predicate\ logic}$를 사용할 경우 제어 이론으로 훈련된 사람들에게는 지루하고 혼란스러울 수 있다. 한편 심의를 이해하고 실행하는 데 있어 또 다른 장벽은 프로그래밍 언어의 선택이다. AI 연구자들은 C++ 같은 절차형 프로그래밍 언어 대신 리스프 같은 함수형 언어로 심의형 함수를 코딩하는데, 이는 함수형 언어가 고전적인 인공지능 알고리듬을 코딩하고 실행하는 데 더 적합하기 때문이다.

12.2 STRIPS

최초의 인공지능 모바일 로봇인 쉐이키는 목표를 달성하는 방법에 대한 플래닝에 일반적인 알고리듬을 필요로 했다. 예를 들어 로봇이 311호 오피스에 있다가 313호 오피스로 이동하는 것 또는 로봇이 313호 오피스에 있는데 빨간색 상자를 배달해야 한다는 것을 사람이 입력할 수 있는 동일한 프로그램이 있으면 유용할 것이다.

최종적으로 선택된 방법은 일반적인 문제 해결사^{GPS} 기법 중 하나인 STRIPS였다. STRIPS는 수단-목표 분석$^{means-end\ analysis}$ 방식을 사용한다. 이 기법은 로봇이 한 번 만 '이동'해서 작업을 수행하거나 목표를 달성할 수 없는 경우 로봇이 현재 스테이트

(예, 어디에 있었는지)와 목표 스테이트(예, 어디로 가려고 하는지) 간의 차이를 줄이는 액션을 선택한다. 이 방법은 인간의 인지적 행동에서 영감을 받았다. 여러분이 문제를 해결하는 방법이 보이지 않는다면 완전한 해결책에 가까워지는지 볼 수 있도록 문제의 일부분을 해결하려고 노력하기 바란다.

미국 스탠포드 대학교 인공지능 연구소^{SAIL}에 가는 방법을 알아내는 로봇 프로그래밍 작업을 생각해보자. 로봇이 SAIL에 있지 않다면(변수 goal state로 STRIPS에 표시) 일종의 운송 수단을 배치해야 한다. 로봇이 미국 플로리다 주 탬파(initial state)에 있다고 가정한다. 로봇은 **goal state**와 **initial state** 사이의 유클리드 거리(변수 이름 difference)를 고려하는 **operator**라는 함수로 목표 위치에 도달하는 방법에 대한 결정 프로세스를 표현할 수 있다. 두 위치 간의 차이는 비교를 위해 계산되며 이를 수학적으로 '이밸류에이션(평가)'이라고 한다. 거리를 계산한 수학 함수를 **difference evaluator**라고 한다. 예를 들어 캘리포니아 주 스탠포드에 도달하고자 월드의 중심을 플로리다 주 탬파에 놓는 (X, Y) 기준 프레임을 사용하면 다음과 같이 계산 결과를 얻을 수 있다.

```
initial state:   Tampa, Florida (0,0)
  goal state:    Stanford, California (1000,2828)
  difference:    3,000
```

이러한 차이 관점의 접근 방식을 통해 의사 결정을 명확히 할 수 있는 **difference table**이라는 데이터 구조를 만들 수 있다.

difference	operator
d ≥ 200	fly
100 < d < 200	ride_train
d ≤ 100	drive
d < 1	walk

거리에 따라 적절하게 다른 운송 방식을 적용해야 한다. 앞의 예제 테이블에서 fly, ride_train, drive, walk는 실제로 로봇 프로그램에 들어 있는 함수다. 이를 operator라고도 하는 데 적용할 경우 탬파의 initial state와 goal state 사이의 거리가 줄어들기 때문이다. 이 차이 테이블을 따르는 로봇은 SAIL에 최대한 가깝게 비행할 계획을 세우는 것으로 시작한다.

하지만 이 로봇이 샌프란시스코 공항으로 날아갔다고 가정해보자. 샌프란시스코 공항은 SAIL로부터 100마일 이내에 있기 때문에 로봇은 현명한 결정을 내린 것으로 보인다. 그러나 로봇은 목표 지점에 도달한 게 아니기 때문에 공항과 SAIL 사이의 100마일 거리를 줄여야 할 새로운 차이가 생겼다. 새로운 difference 값을 사용해 차이 테이블을 조사한다. 테이블에는 로봇이 drive를 해야 한다고 쓰여 있다. 무엇을 운전하라는 건가? 자동차? 이런 젠장. 로봇에게 개인용 차량이 있었다면 이 로봇은 탬파로 돌아갔을 것이다. 로봇은 개인용 차량 운전과 렌터카 운전을 구별할 수 있어야 한다. 이는 특정 연산자를 실행하려면 값이 TRUE여야 하는 전제 조건을 나열함으로써 이뤄진다. 전제 조건은 차이 테이블에 별도 열에 표시된다. 단일 연산자는 여러 전제 조건을 가질 수 있다. 실제로 전제 조건 목록은 상당히 길지만 이 예에서는 drive_rental, drive_person만 전제 조건으로 표시된다.

difference	operator	preconditions
d≤200	fly	
100<d<200	ride_train	
d≤100	drive_rental	at airport
	drive_personal	at home
d<1	walk	

차이 테이블을 보면 로봇이 공항에 있을 경우 렌터카를 운전할 수 있다. 그러나 이러한 차이 테이블에 추가된 새로운 문제는 다음과 같다. "로봇이 자기가 어디에

있는지 어떻게 알까?" 이 로봇은 해당 스테이트와 월드를 관찰해서 자신의 위치를 알아낸다. 로봇이 탬파에서 샌프란시스코 공항으로 비행기를 탔다면 스테이트가 바뀐다. 즉, 로봇의 **initial state**는 더 이상 탬파가 아니라 샌프란시스코 공항이다. 따라서 로봇이 연산자를 실행할 때마다 월드 스테이트에 대한 로봇의 지식에 추가(추가 목록에 입력)되고 삭제(삭제 목록)돼야 하는 항목이 거의 항상 생긴다. 이 두 목록은 차이 테이블에 저장되므로 로봇이 차이에 따라 연산자를 선택한 다음 실행할 때 적절한 수정 사항을 쉽게 적용할 수 있다. 다음의 차이 테이블은 추가 및 삭제 목록을 표시하게 확장됐다.

difference	operator	pre-conditions	add-list	delete-list
d≤200	fly		at Y at airport	at X
100<d<200	train		at Y at station	at X
d≤100	drive_rental drive_personal	at airport at home		
d<1	walk			

당연한 얘기지만 이 차이 테이블은 상당히 불완전하다. 렌터카 운전은 렌터카를 이용할 수 있다는 전제 조건이 있어야 한다(게다가 로봇은 실험 차량이다 보니 미국 주 고속도로 순찰대로부터 교통 법규 관련 면제도 받고 비용도 좋은 편이다). 명확하게 표현돼야 하는 팩트와 전제 조건의 수가 폭발적으로 증가하고 있는 것처럼 보이는데, 이것은 프로그래밍 관점에서 매우 나쁘다.

현재로선 세부 사항을 무시하더라도 요점은 차이 테이블이 로봇이 여행 계획을 수립하는 데 필요한 것을 나타내는 좋은 데이터 구조로 보인다는 것이다. 재귀형 함수는 테이블의 각 항목을 검사해 차이를 줄이는 첫 번째 연산자를 찾은 다음 목표에 도달할 때까지 그 차이를 반복하고 줄이는 식으로 작성할 수 있다. 그 결과 만들어진 연산자 목록은 실제 계획에 해당된다. 즉, 로봇이 목표에 도달하고자 수행해야 하는 단계(연산자)의 목록이다. 주의할 점은 로봇이 실행하려는 다른 프로그램에게 전달하기 전에 전체 계획을 수립한다는 것이다. 플래닝 알고리듬이 연산자를 실행하려고 할 수도 있기 때문이다. 이럴 경우 연산자가 작동하지 않으면 다른 연산자를 실행하려고 역추적해서 찾아내야 하는 문제가 발생할 수도 있다.

이 시점에서 로봇이 (샌프란시스코 공항까지) 비행기도 타고 도착한 다음 운전을 할 것 같지도 않다. 따라서 STRIPS에 대한 비판은 아마도 소개한 예가 너무 복잡해서 비현실적이기 때문일 수도 있다. 대신 한쪽 방에서 다른 쪽 방으로 이동하는 것 같은 간단한 작업에 STRIPS를 적용했을 때 STRIPS가 더 능률적인지 알아보자.

12.2.1 좀 더 현실적인 STRIPS의 예

STRIPS 플래너를 만드는 첫 번째 단계는 STRIPS 기반 월드나 월드 모델을 구성하는 것이다. 문제와 관련된 세상의 모든 것은 술어 논리predicate logic로 팩트fact 또는 공리axiom로 표현된다. 술어predicate는 TRUE 또는 FALSE로 평가하는 함수다. AI 프로그래밍 관례에 따라 술어는 대문자로 쓴다.

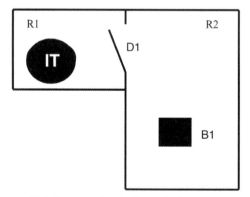

그림 12.1 열린 문으로 드나들 수 있는 2개 방의 STRIPS를 위한 예

다음 문제를 생각해보자. 방 R1 안에 IT라는 이름의 로봇이 있다. 이 로봇은 그림 12.1처럼 집 안의 다른 방 R2로 가야 한다. STRIPS를 이용해 이 문제를 해결하려면

월드를 어떻게 표현했는지가 로봇에게 주어져야 한다. 이를 통해 차이 테이블, 차이 이밸류에이터 등에 영향을 줄 수 있고 추가 목록, 삭제 목록도 작성할 수 있다. 앞의 예제에서 본 월드 모델은 아직까지 수학적으로 정의되지 않았다.

월드 모델은 일반적으로 로봇과 같은 월드 내에 있는 사물^{thing}과 후보 집합에서 (술어로 표현되는) 정적 팩트를 통해 구축된다. 로봇의 이름은 일단 존재한다는 의미(수학적으로는 TRUE이다)에서 대문자로 표시한다. 소문자로 표시한 식별자는 사물이 변수임을 의미하며, 이는 실제 사물이 아직 특정 위치에 할당되지 않았다는 뜻이다.

로봇이 알고 있는 것이 (1) 옮길 수 있는 물체(예, 상자)가 방 안에 있는지, (2) 문이나 다른 옮길 수 있는 물체 옆에 있는지, (3) 문이 열려 있는지 닫혀 있는지, (4) 어떤 방이 문으로 연결돼 있는지 정도로 제한돼 있다고 가정하자. 프로그래밍 관점에서 이 월드에는 **movable_object**(로봇이나 상자 같은), **room**, **door**라는 3가지 종류의 물체만 있을 것이다. 로봇의 지식은 다음과 같은 술어로 나타낼 수 있다.

```
INROOM(x, r)          where x is an object of type movable_object,
                      r is type room
NEXTTO(x, t)          where x is a movable_object,
                      t is type door or movable_object
STATUS(d, s)          where d is type door,
                      s is an enumerated type: OPEN or CLOSED
CONNECTS(d, rx, ry)   where d is type door,
                      rx, ry are the room
```

위의 술어와 함께 그림 12.1에 있는 월드의 초기 스테이트에 대한 월드 모델은 다음과 같이 나타낼 수 있다.

```
initial state:
INROOM(IT, R1)
```

```
INROOM(B1,R2)
CONNECTS(D1, R1, R2)
CONNECTS(D1, R2, R1)
STATUS(D1,OPEN)
```

이 월드 모델은 IT라는 이름의 특정 movable_object가 방 R1에 있고 B1은 방 R2에 있다는 걸 알아냈다. 문 D1은 방 R1과 방 R2를 연결하고 R2와 R1도 연결한다(2가지 다른 CONNECTS는 로봇이 문을 통해 어느 방에서 갈 수 있음을 나타내는 데 사용된다. 즉, 방향성을 나타낸다고 보면 된다). 문 D1에는 OPEN이라는 열거형 값^{enumerated value}이 있다. NEXTTO 는 사용되지 않았다. 값이 TRUE가 아니고, 바인딩된 변수가 아무것도 없었기 때문 이다.

이런 표현 스타일에 따라 goal state에 대한 월드 모델은 다음과 같다.

```
goal state:
INROOM(IT,R2)
INROOM(B1,R2)
CONNECTS(D1, R1, R2)
CONNECTS(D1, R2, R1)
STATUS(D1,OPEN)
```

월드 모델이 만들어지면 차이 테이블을 구성할 수 있다. 차이 테이블의 일부를 살펴보자.

operator	preconditions	add-list	delete-list
OP1: GOTODOOR(IT,dx)	INROOM(IT,rk) CONNECT(dx,rk,rm)	NEXTTO(IT,dx)	
OP2: GOTHRUDOOR(IT,dx)	CONNECT(dx,rk,rm) NEXTTO(IT,dx) STATUS(dx, OPEN) INROOM(IT,rk)	INROOM(IT,rm)	INROOM(IT,rk)

이 차이 테이블을 보면 로봇이 "문 쪽으로 간다."와 "문을 통과한다."라는 2가지 작업만 하도록 프로그램돼 있음을 알 수 있다. 다음 2가지 전제 조건이 TRUE인 경우에만 GOTODOOR 연산자를 적용할 수 있다.

- INROOM(IT, rk) 방에 식별자 rk에 할당될 로봇이 있다.
- CONNECT(dx, rk, rm) 식별자 dx에 할당될 문이 있으며, 이 문은 rm이라는 다른 방에 rk를 연결한다.

레이블 IT는 술어를 제한하는 데 사용된다. GOTODOOR가 호출될 때 변수 dx와 rk만 바인딩된다. rm은 무엇이든 가능하다. GOTODOOR가 실행되면 로봇은 dx라는 문 옆에 위치한다. 로봇이 여전히 방 rk에 있기 때문에(즉, 문 dx가 여전히 방 rk와 rm을 연결하고 있으므로) 월드 스테이트에서 아무것도 삭제되지 않는다. 달라진 것은 로봇이 이제 방 안에서 주목할 만한 위치인 문 옆에 있다는 것뿐이다.

차이 테이블에는 로봇이 방 안에 있는 경우, 문 옆에 있는 경우, 문이 열린 경우, 문이 로봇이 있는 방을 다른 방에 연결하는 경우에만 GOTHRUDOOR 연산자가 작동한다고 돼 있다. 이 경우 연산자가 실행될 때 월드 모델에서 술어를 추가 및 삭제해야 한다. 로봇이 방 rk에 있고 문을 통과할 때 로봇은 방 rm에 있고(월드 모델에 추가) 더 이상 방 rk에 있지 않다(월드 모델에서 삭제).

지금까지의 월드 모델과 차이점 표는 다소 답답해 보이지만 꽤 합리적인 것 같다. 뭔가 답답해 보이긴 하지만 말이다. 그러나 차이에 대해 평가하는 이밸류에이션 함수가 없으면 차이 테이블을 구성하는 것이 의미가 없다(앞에서 본 테이블에 차이를 정리한 열이 없다는 점에 유의하자). 여행 사례의 차이 이밸류에이터는 유클리드 거리였다. 이 예에서 이밸류에이터는 술어 계산법$^{predicate\ calculus}$이다. 즉, initial state가 논리적으로 goal state에서 빠진다. initial state와 goal state의 논리적 차이는 다음과 같다.

    ¬INROOM(IT, R2) or INROOM(IT, R2)=FALSE

차이를 줄이는 것은 조각 맞추기 퍼즐을 푸는 것과 같다. STRIPS는 특정 연산자가 차이를 줄일 수 있는지 확인할 때 다른 대체제로 테스트한다. 차이를 줄이고자 우선 STRIPS는 차이 테이블 맨 꼭대기에서 시작해서 추가 목록 열과 일치하는 항목을 찾는다. 연산자에 대한 추가 목록 항목은 해당 연산자의 결과를 나타내기 때문에 별도의 차이 열이 아닌 추가 목록 열을 찾는다. STRIPS가 목표 스테이트를 생성하는 측정 시스템을 찾으면 해당 측정 시스템이 초기 스테이트와 목표 스테이트 간의 기존 차이를 제거한다.

OP2: GOTRUDOOR에 대한 추가 목록 항목이 폼에 일치한다. rm=R2인 경우 OP2의 결과는 INROOM(IT, R2)가 돼 차이가 없어진다. 따라서 OP2는 후보 연산자다.

STRIPS는 OP2를 적용하기 전에 전제 조건을 확인해야 한다. 이를 위해 rm은 전제 조건의 모든 술어에서 R2로 대체돼야 한다.

OP2에는 2가지 전제 조건이 있으며 CONNECTS(dx, rk, rm)만 영향을 받는다. 결과는 CONNECTS (dx, rk, R2)다. dx와 rk가 바인딩될 때까지 CONNECTS의 결과는 TRUE도 FALSE도 아니다. 기본적으로 dx, rk는 와일드카드, 즉 CONNECTS (*, *, R2)다. 이러한 변수의 값을 채우고자 STRIPS는 일치 항목을 찾는 월드 모델의 현재 스테이트를 확인한다. 월드의 현재 스테이트에서 CONNECTS(D1, R1, R2)는 CONNECTS(*, *, R2)에 잘 맞는다. D1은 dx에, R1은 rk에 바인딩된다.

STRIPS는 리스트에서 다음 전제 조건인 NEXTO(IT, dx)에 대해 전파한다. 술어가 현재의 월드 스테이트에 속하지 않기 때문에 NEXTO(IT, D1)은 FALSE다. 즉, NEXTO(IT, D1)를 실패한 전제 조건[failed precondition]이라고 한다. 비정형적(즉, 수학적이지 않은) 해석으로는 GOTHRUDOOR(IT, D1)을 통해 로봇은 목표 스테이트에 도달하지만 그 전에 IT는 D1 옆에 반드시 있어야 한다(즉, 전제 조건이 충족돼야 한다).

STRIPS는 포기하지 않고 재귀형 프로그래밍 기법을 사용해 전체 절차를 반복한다. 처음 세웠던 목표 스테이트를 G0으로 표시하고 스택에 푸시한 다음 NEXTO(IT, D1)의 새로운 하위 목표 스테이트인 G1을 생성한다.

NEXTO(IT, D1)과 현재 월드 스테이트의 차이는 다음과 같다.

```
    ¬NEXTTO(IT, D1)
```

STRIPS는 차이 테이블의 추가 목록 열을 다시 한 번 검색해 이를 부정할 연산자를 찾는다. 실제로 **OP1: GOTODOR(IT, dx)**는 NEXTO(IT, dx)의 추가 목록에 일치한다. STRIPS는 프로그램이 새 프로그래밍 범위(dx=D1)에 들어갔기 때문에 식별자에 값을 재할당해 다시 시작해야 한다.

다시 이제부터 STRIPS는 전제 조건을 조사한다. 이 시간 rk=R1 및 rm=R2는 CONNECTS (dx, rk, rm)와 일치할 수 있으며 모든 전제 조건이 충족된다(즉, 이밸류에이터는 TRUE 다). STRIPS는 연산자 **OP1**을 계획 스택에 배치하고 월드 모델에 적용해 스테이트를 변경한다(이것은 일종의 '정신적 수술operation'에 해당한다. 즉, 로봇이 실제로 문으로 가는 것이 아니라 문으로 간다면 어떤 일이 일어날지 상상하도록 스테이트를 변경하는 것이다).

월드 모델의 초기 스테이트는 다음과 같다.

```
    initial state:
    INROOM(IT, R1)
    INROOM(B1,R2)
    CONNECTS(D1, R1, R2)
    CONNECTS(D1, R2, R1)
    STATUS(D1,OPEN)
```

연산자 **OP1**을 적용한다는 것은 추가 목록과 삭제 목록의 변경을 의미한다. 변경할 추가 목록에만 술어predicate가 있고 삭제 목록에는 술어가 없다. **NEXTTO(IT, D1)**을 추가하면 다음과 같은 스테이트가 된다.

```
    state after OP1:
      INROOM(IT, R1)
      INROOM(B1,R2)
      CONNECTS(D1, R1, R2)
```

```
CONNECTS(D1, R2, R1)
STATUS(D1,OPEN)
NEXTTO(IT, D1)
```

STRIPS는 제어 권한을 이전 호출로 되돌린다. dx=D1, rm=R2, rk=R1을 사용해 OP2에 대한 전제 조건을 평가하지 않은 곳에서 다시 시작된다. 이제야 월드 모델이 바뀌었 다. STATUS(D1, OPEN)과 INROOM(IT, R1)이 모두 참이므로 OP2에 대한 모든 전제 조건이 충족된다. STRIPS는 OP2를 평면 스택에 배치하고 추가 리스트 및 삭제 리스 트 술어를 적용해 월드 모델을 변경한다. 계획이 실행될 때 월드의 상황은 다음과 같다.

```
state after OP2:
    INROOM(IT, R2)
    INROOM(B1,R2)
    CONNECTS(D1, R1, R2)
    CONNECTS(D1, R2, R1)
    STATUS(D1,OPEN)
    NEXTTO(IT, D1)
```

STRIPS가 종료된다. 로봇이 스택에서 역순으로 실행될 계획은 GOTODOOR(IT, D1), GOTRUDOOR(IT, D1)이다.

12.2.2 STRIPS 요약

STRIPS는 재귀적으로 작동하며 목표에 직접 도달할 수 없는 경우 문제(즉, 실패한 전제 조건)를 파악한 다음 실패한 전제 조건을 하위 목표로 만든다. 하위 목표를 달성 하면 STRIPS는 목록의 하위 목표에 도달하기 위한 연산자를 배치한 다음 백업(스택 에서 팝 연산을 수행)하고 이전 목표를 달성하고자 다시 시도한다. STRIPS는 실행을 하는 게 아니라 계획을 수립하는 것이다. 즉, 적용할 연산자 목록을 생성하지만 시행할 연산자를 적용하지는 않는다. STRIPS를 구현하려면 설계자가 다음 사항을 설정해야 한다.

- 월드 모델 표현
- 연산자, 전제 조건, 목록 추가, 삭제
- 차이 이밸류에이터

STRIPS를 실행하는 단계는 다음과 같다.

1. 차이 이밸류에이터 함수를 사용해 목표 스테이트와 초기 스테이트 간의 차이를 계산한다. 차이가 없으면 종료한다.
2. 차이가 있는 경우 차이 테이블에서 첫 번째 연산자를 선택해 차이를 줄인다. 여기서 차이 테이블의 추가 목록은 차이에는 부정 연산자negate를 붙이는 술어 논리predicate logic가 포함돼 있다.
3. 그런 다음 전제 조건을 검토해 변수에 대한 바인딩 집합을 모두 TRUE로 얻을 수 있는지 확인한다. 그렇지 않은 경우 첫 번째 FALSE 전제 조건을 새로운 목표로 삼고 원래 목표를 스택에 (푸시 연산으로) 넣어 저장한다. 이후 2단계와 3단계를 반복해 이 차이를 재귀적 실행을 통해 줄인다.
4. 연산자의 모든 전제 조건이 일치하면 연산자를 평면 스택에 밀어 넣고 월드 모델의 사본을 업데이트한다. 그런 다음 연산자가 연산자를 적용하거나 다른 실패한 전제 조건에 다시 적용할 수 있게 실패한 전제 조건이 있는 연산자로 돌아간다.

12.2.3 폐쇄형 월드 가정과 프레임 문제를 다시 살펴보자

STRIPS 덕분에 로보틱스 연구 커뮤니티는 폐쇄형 월드 가정과 프레임 문제라는 2가지 문제에 큰 관심을 갖게 됐다. 앞에서 정의한 것처럼 폐쇄형 월드 가정의 경우 로봇이 알아야 할 모든 것을 월드 모델이 포함하고 있는데, 이건 사실 당연한 얘기다. 폐쇄형 월드 가정을 위반하면 로봇이 제대로 작동하지 않을 수 있다. 반면 모든 필요한 세부 사항을 월드 모델에 넣다 보면 뭔가 빠뜨리기 쉽다. 결과적으로 로봇이 제대로 작동하려면 프로그래머(사람)가 모든 것을 얼마나 잘 생각할 수 있느냐에 달려 있다.

하지만 프로그래머가 가능한 모든 경우를 생각해냈다고 가정하더라도 그 결과 만들어질 월드 모델은 엄청나게 클 것이다. 월드 모델이 단지 두 개의 방 사이를 이동하는 데 얼마나 크고 거추장스러운지 생각해보자. 심지어 장애물도 없었다. 사람들은 프로그램이 차이 테이블을 거칠 때마다 정렬해야 할 팩트(또는 공리)의 개수가 현실적으로 적용하기 어려워질 것이라는 것을 깨닫기 시작했다. 실제 상황을 계산적으로 다루기 쉬운 방식으로 표현하는 문제는 프레임 문제$^{frame\ problem}$라고 한다. 폐쇄형 월드 가정과 반대되는 것을 개방형 월드 가정이라고 한다. 로보틱스 연구학자들이 "로봇은 개방형 월드에서 동작해야 한다."고 말할 때 폐쇄형 월드의 가정은 특정 영역에 현실적으로 적용될 수 없다는 의미도 담겨 있다.

한편 앞의 예는 사소한 것이지만 STRIPS가 얼마나 지루한지를 보여준다(컴퓨터는 지루한 알고리듬에 능숙하다). 특히 월드를 수학적으로 표현하고 그에 대한 모든 변화를 유지해야 한다는 건 직관적이지 않다. 한편 STRIPS는 폐쇄형 월드 가정의 장점을 구체적으로 보여준다. 월드 모델이 갑자기 변경될 수 있는 경우 플래닝 알고리듬을 수정하는 것이 얼마나 어려울지도 생각해보자. 재귀형 계산 과정에서 알고리듬이 무언가를 놓칠 수도 있다. 또한 이 예는 프레임 문제를 연상시킨다. 로봇이 이동하고 집어들 수 있는 상자가 있는 세 번째 방이 추가되면 월드 모델의 크기가 어떻게 되는지 상상해보라. 심지어 이건 단지 방들과 박스들의 월드만 놓고 생각한 것이다. 월드를 구성하는 공리가 너무 많아져서 현실적인 영역을 설명하는 데 사용하기 어려워질 것이다.

초기 해결책 중 하나는 ABStrips로, 문제를 추상화의 여러 레이어로 나누려고 했다. 즉, 문제를 먼저 대략적 레벨$^{coarse\ level}$에서 해결하려고 했다. 몇 가지 단점도 있었고 이제 막 로보틱스 연구를 시작한 사람들은 자신들이 플래닝이라는 인공지능 한 분야를 연구한다는 것을 깨달았다. 이 두 분야는 뚜렷하게 나뉘었고, 1980년대에 이르러 플래닝과 로보틱스 분야는 별도의 학술회의를 개최하고 학술지, 논문지도 각각 발간하게 됐다. 1970년대와 1980년대 동안 많은 로보틱스 연구학자는 컴퓨터 비전과 관련된 문제에 대해 연구했다. 로봇들이 세상을 더 잘 감지할 수 있도록 장애물을 둘러싼 가장 효율적인 경로 등을 계산해 목표 장소로 이동하게 말이다.

12.3 심볼 그라운딩 문제

STRIPS에는 월드 모델이 절대적으로 필요하다. 월드 모델은 감지된 월드의 영역들이 hallway, door, my office 같은 심볼, 즉 기호로 분류되는 지식 구조다. 사물이나 개념에 기호를 할당하는 과정을 인지 과학에서 **심볼 그라운딩**symbol grounding이라고 한다. 로보틱스는 센서로부터 얻은 물리적 월드에 대한 데이터가 기호에 할당되는 물리적 심볼 그라운딩physical symbol grounding에 집중한다.[52] 기호는 어느 정도 영구성이 있고 따라서 지속되는 월드의 물체나 조건을 나타낸다. 예를 들어 로봇이 문이 열려 있는 방을 지나갔다가 나중에 문이 닫히면 다시 돌아올 수 있다. 문이 있는 방을 지나갔지만 같은 방이라는 것을 로봇이 어떻게 알 수 있을까? 아니면 누군가가 문을 닫았어야 한다는 것을 어떻게 알 수 있을까?

로봇 시스템이 자연어 인터페이스(존에게 전달)에서 명령을 받아 내비게이션 작업 및 퍼셉션 인식 루틴으로 명령을 수행하는 경우 일반적인 심볼 그라운딩이 훨씬 더 중요해진다. 이제 로봇은 '이러한' 기호를 개념으로 변환한 다음 월드 내에 물리적으로 존재하는 것으로 변환해야 한다. 즉, 앞에서 말한 '이것'은 테이블이나 커피잔이 아닌 사람 앞에 놓인 포장을 의미한다. 물리적인 대상을 이렇게 기호 내지는 심볼로 변환하고 그러한 물리적인 물체로 무엇을 할지 이해하는 것은 종종 인간의 믿음belief, 욕망desires, 의도intention에 대한 일종의 심의를 통해 다뤄진다.

심볼 그라운딩 커뮤니티에서는 물리적 심볼 그라운딩을 이해하는 것이 우선이지만 수십 년 동안 이해하기 어려운 채로 남아 있었다. 스마트폰의 자연어와 같은 다른 유형의 심볼 그라운딩은 모호함을 해결할 수 있는 기회가 더 많고(예, "무슨 말씀인지 모르겠어요") 상호작용을 구성할 수 있기 때문에 상대적으로 우선순위가 높다. 월드 안에서 여기저기 이동하며 전반적인 것을 파악하는 데에 심볼 그라운딩에서 모호해질 수 있는 부분은 상대적으로 적다. 아울러 '적절한 양의 상세 내용으로 월드 모델을 구축하고 설명하는 기법'인 프레임 문제 때문에 물리적 심볼 그라운딩은 어렵다.

물리적 심볼 그라운딩에는 앵커링도 포함돼 있다. 앵커링이란 퍼셉션 입력에 레이블을 할당하고 그에 따라 로봇의 심의형 기능에서 사용할 수 있는 공통 기준 프레임에 퍼셉션을 장착하는 작업을 말한다.

앵커링에는 다음과 같은 2가지 일반적인 전략이 있다.

- **하향식 객체 인식**top-down object recognition. 로봇의 지식 표현에 있는 기존 심볼과 일치시킨다. 예를 들어 로봇은 문, 방, 복도, 막다른 골목, '내 커피 잔' 등을 찾도록 프로그램 돼 있으며 퍼셉션 입력으로부터 이를 인식하는 방법에 대한 상세 내용을 갖고 있다. 심볼 그라운딩에 대한 하향식 전략의 장점은 불필요하거나 관련 없는 퍼셉션 정보를 필터링하고 중요한 것, 즉 프레임 문제에 사실상의 해결책을 부여한다는 것이다. 정리하면 "퍼셉션 입력에서 심볼의 물리적 징후를 발견하라."는 접근법이라 할 수 있다. 개방형 월드에서 하향식 전략의 단점은 무언가가 검색되지 않을 수도 있고 지식 기반에 없기 때문에 중요한 것을 놓칠 수 있다는 것이다. 또한 지도상의 개념이나 피처가 로봇이 신뢰성 있게 인식하기 어려울 수 있다는 것이다. 따라서 내부 표현과 외부 월드 사이에 단절이 있다.
- **상향식 객체 인식**bottom-up object recognition. 로봇은 알 수 없는 객체를 감지하고, 관심 여부를 판단하고, 객체임을 선언하고 `Object-23`이라는 레이블을 지정한다. 이 레이블은 나중에 `CoffeeCup(My)`로 변경될 수 있다.

레이블을 수정하기 위한 1가지 흥미로운 메커니즘은 로봇이 보고 있는 것과 일치하는 레이블이 붙은 이미지를 인터넷에서 검색해보는 것이다. 즉, "퍼셉션 입력에 무엇이 있는가?"라는 방법이다. 상향식 접근 방식의 장점은 예상치 못했던 객체도 배제하지 않는다는 것이다. 단점은 (어디쯤에서 커피 잔이 끝나고 테이블이 시작되는지 이해하는 것과 같이) 피처들을 퍼셉션 관점에서 일관성 있는 객체로 어떻게 분류할지 결정하는 것이다.

앵커링은 심볼 그라운딩에 필요하지만 이걸로는 충분하지 않다. 앵커링은 객체가 무엇이고 어디에 있는지 파악할 수 있지만 객체에 담긴 의미를 제공하지는 않는다. 예를 들어 퍼셉트 입력이 '돈나Donna의 커피 잔'인지 "회의 후 놓고 간 것이니 돈나의 자리로 가져다 놓아야 한다."를 어떻게 결정할지 생각해보자. 이러한 소위 부분 정보로는 '커피 잔'에 제대로 레이블을 붙일 만큼 충분한 퍼셉션 정보가 없다. 기억력, 리즈닝, 추론 같은 심의 형태의 능력이 필요하다. 결과적으로 모호함을 해결하는 더 많은 심의형 작업이 이뤄지지 않는 한 "돈나의 커피 컵을 들어서 갖다 놓아라."라는 명령을 로봇에게 내렸을 때 커피 잔을 두 개 발견하면 매우 혼란을 일으킬 수 있다.

12.4 글로벌 월드 모델

심볼 그라운딩이 CoffeeCup(My) 같은 단일 객체에 대해 어렵다면 글로벌 월드 모델은 심의형 역량 구축에 어떻게 쓰일까? 1가지 방법은 로컬 퍼셉션 공간local perceptual space이라는 제한된 글로벌 월드 모델을 모아서 하나의 글로벌 월드 모델로 만드는 것이다. 좀 더 널리 사용되는 또 다른 방법은 계층형 글로벌 월드 모델hierarchical global world model이라는 물리적 월드에 대한 추상화 레이어가 있는 월드 모델을 만드는 것이다. 중첩된 계층형 컨트롤러는 계층형 글로벌 월드 모델 중 가장 널리 사용되므로 따로 설명하기로 한다. 이러한 2가지 유형의 월드 모델은 모두 반응형 레이어에서 가상 센서virtual sensor로 사용할 수 있다. 로컬 퍼셉션 공간과 계층형 글로벌 모델은 글로벌 월드 모델에 이상적으로 포함된 다른 지식의 통합은 무시하는 반면 물체가 어디에 있는지 앵커링하고 결정하는 것에 집중한다.

12.4.1 로컬 퍼셉션 공간

로컬 퍼셉션 공간은 쉐이키 로봇의 손자뻘 되는 이래틱^{Erratic} 로봇의 일부인데, 코놀리즈^{Konolige}와 마이어^{Myer}가 만들었다(그림 12.2 참조). 처음 아이디어는 로봇이 작동하는 영역의 모델을 만들고 유지한다는 것이었다. 예를 들어 로봇이 방으로 들어와 방에 대한 3차원 스캔 정보를 생성하고 그 방에서 관심 있는 물체를 탐지하고 그 앞에 자리 잡을 수도 있다. 이후 다른 방으로 들어가서 그 곳에 대한 모델을 만들 수도 있다. 이들 모두를 합치면 방 두 곳에 대한 로컬 모델과 이를 연결 짓는 복도 모델로 구성된 글로벌 모델이 만들어진다. 앵커링^{anchoring}은 로봇 작업과 관련된 모든 것에 제한적일 수 있으며, 따라서 이를 통해 프레임 문제를 해결할 수 있다. 로컬 퍼셉션 공간이 로봇 팀에 의해 만들어지고 공유될 수 있다는 점은 매우 혁신적이라 할 수 있다. 어떤 로봇 한 대가 어느 방 하나를 감지하고 그 동안 다른 로봇은 다른 방을 감지할 수 있다. 그런 다음 이들 두 로봇은 각자 파악한 퍼셉션 결과를 공유하고 융합해서 하나의 글로벌 월드 모델을 만들 수 있다. 그림 12.3은 이래틱 로봇을 위한 아키텍처 레이아웃으로 사피라 아키텍처^{Saphira architecture}라고 한다.

그림 12.2 불규칙적인 파이어니어 로봇(사진 제공: 커트 코놀리즈(Kurt Konolige))

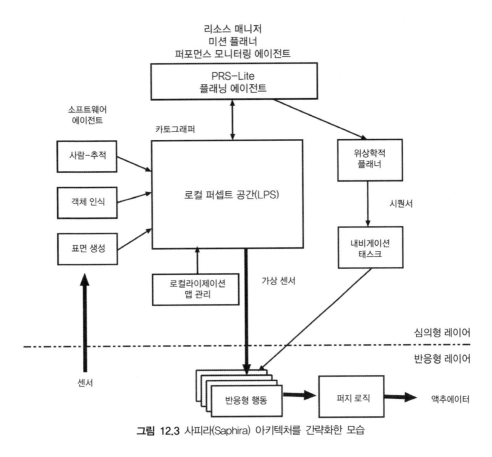

그림 12.3 사피라(Saphira) 아키텍처를 간략화한 모습

로컬 퍼셉션 공간은 SLAM 알고리듬(15장 참조)과 완전히 반대되는 것으로, 특정 객체를 앵커링하지 않고 월드 안에 있는 모든 것을 단일 3D로 표현하려고 한다. 환경의 3D 지도는 심볼 그라운딩^{symbol grounding}이 없기 때문에 일종의 결핍된 글로벌 모델에 해당한다.

12.4.2 멀티레벨 또는 계층형 월드 모델

멀티레벨이나 계층형 월드 모델은 추상화 레이어로 구성된 월드 모델을 만든다. 가장 낮은 레벨은 월드를 2D 또는 3D 공간으로 표현한 것일 수도 있다. 레이어가 점점 높아질수록 추상화 정도도 더 커진다. 즉, 월드의 일부를 '방', '문', '복도'라는 위상학적 공간으로 표현할 수도 있다. 그다음 단계의 레이어는 방 안의 객체에 레이블을 지정하거나 벽의 색상을 나타낼 수도 있다.

레이어들은 공간적으로 등록돼 있어서 심의형 기능이 커피 잔을 위해 월드 모델을 검색해 많은 양의 컵이 존재한다는 것을 발견한다면 이렇게 발견한 것을 '주방'과 엮어서 주방의 위치를 알아낼 수 있다. 이 방법론은 '머피의 사무실'이라는 레이블이 붙기 전까지 그 영역을 대표하는 레이어와 레이블이 사무실의 이미지로 추상화되는 컴퓨터 비전에서 퍼셉션 레이어 구조 내지는 퍼셉션 피라미드와 유사하다.

공간적 표현에서 상징에 이르기까지 추상화의 엄격한 레이어 구조로서 레이어링은 월드에 대한 정보를 저장하고 사용하는 데 필요한 많은 종류의 심의형 기능 때문에 비실용적인 것으로 판명됐다. 실제로 '글로벌'이라는 용어는 '심의형'과 거의 동의어로 사용되고 '로컬'은 '반응형'과 거의 유사하다. 그런데 이는 '글로벌'이 늘 진짜 글로벌이 아닐 수 있기 때문에 상당한 혼란을 초래할 수 있다. 하이브리드 아키텍처의 심의형 부분에는 반응형 행동에서 표현하기 쉽지 않은 것들에 대한 모듈 및 기능이 포함돼 있다. 이러한 기능 중 일부는 분명히 글로벌 월드 모델을 필요로 한다. 좋은 예로 경로 플래닝과 지도 제작을 생각해볼 수 있다.

그러나 다른 활동들은 다른 종류의 글로벌 지식을 요구한다. (사용할 행동을 계획하는) 행동 관리는 현재 미션과 환경의 현재(그리고 예상) 스테이트에 대해 알아야 한다. 이는 모듈이 능동적으로 실행되는 다른 행동이 있는지 여부에 대한 지식 없이 작동할 수 있는 반응형 행동에 비해 외부적인 것을 알아야 한다는 점에서 글로벌 지식이다. 마찬가지로 로봇이 실제로 목표를 달성하고 있는지 확인하기 위한 성능 모니터링과 문제 해결은 글로벌 활동이다. 지형(진흙에 갇힘) 또는 센서(축 인코더가 휠 회전을 올바르게 보고하지 않음)에 문제가 있어 로봇이 전진하지 않는지 진단하는 프로그램을 작성한다고 해보자. 진단을 수행하려고 할 때 프로그램은 어떤 가설을 확증할 다른 센서나 지식 원천이 있다면 그 행동들이 무엇을 달성하려 하는지 알아야 한다. 따라서 심의형 기능은 글로벌 월드 모델이 필요하지 않을 수 있지만 프로그램이 어떤 다른 모듈이나 심의형 기능과 상호작용해야 하는지만 알고 있다면 글로벌 규모의 로봇 내부 작동을 알아야 할 수 있다.

12.4.3 가상 센서

글로벌 월드 모델이 가상 센서 역할을 하는 경우에서 글로벌 월드 모델은 행동에 대한 퍼셉션을 제공하는 역할을 할 수 있다. 퍼셉트 스키마는 센서 입력으로 작동하는 대신 월드 모델에서 퍼셉트를 추출할 수 있다. 논리적 센서는 월드 모델을 센서 입력처럼 처리한다.

논리적 센서의 예로 감지하기 어려운 어수선한 환경에서 탐색을 시도하는 로봇을 생각해보자. 로봇에는 3D 스캐너에 연결된 extract-nearest-obstacle 퍼셉트 스키마를 사용하는 avoid-obstacle 행동 스키마가 있다. 또한 월드를 한 번 3D 스캔한 것보다 더 나은 깊이 정보를 지닌 매우 정확한 월드의 3D 표현을 로봇이 만들고 있을 수도 있다. 글로벌 월드 모델은 가상 3D 스캔에 연결해 퍼셉트 스키마에 대한 입력으로 사용될 수도 있다. 장점은 시간 경과에 따른 센서 융합을 사용하는 월드 모델로 센서 오류와 불확실성을 필터링할 수 있다는 것이다. 이렇게 하면 행동 스키마를 변경하지 않고도 로봇의 성능을 획기적으로 향상시킬 수 있다. 이 기법은 행동을 대체하는 것이 아니라 행동을 구축하는 모듈성과 설계 철학을 유지한다.

12.4.4 글로벌 월드 모델과 심의

센싱에 단일 글로벌 월드 모델을 사용하는 것은 계층형 패러다임으로 돌아가는 것처럼 보이고 개념상으로도 그렇다. 하지만 이는 심의에 반드시 필요하다. 그렇다고 항상 딜리버레이터가 행동 집합을 생성하고, 켜고, 서브태스크를 반복하거나 실패할 때까지 실행하게 하지는 않는다. 센싱의 경우 딜리버레이터가 행동에 대해 구축 중인 글로벌 모델 중 일부를 사용할 수 있게 하는 것이 바람직할 수도 있다. 예를 들어 도로를 따라 이동하는 로봇 차량을 생각해보자. 그리고 커다란 나무 다음에 나타날 교차로에서 우회전을 하려고 나무를 찾는 중이라고 가정한다. 정확한 행동

시퀀스를 유지하도록 딜리버레이터에는 나무를 주목하는 글로벌 월드 모델이 있다. 도로를 따라가면서 장애물을 피하는 반응형 행동은 나무를 명시적으로 나타낼 필요가 없다. 하지만 도로를 따라가는 행동에 혼란이 생길 수 있는 나무 그림자가 생겨서 로봇이 잘못된 조종 명령을 내리면 어떻게 될까? 이 경우 나무가 있다는 정보가 행동에 의해 흡수될 수 있다면 좋을 것 같다. 이를 위한 해결 방안 중 하나는 월드 모델의 메서드가 가상 센서나 퍼셉트 스키마 역할을 하도록 허용하는 것이다. 그런 다음 도로를 따라가는 행동은 가상 센서를 사용할 수 있는데, 가상 센서는 비전 센서에 의해 추출된 도로 경계가 왜곡됐다고 생각될 때의 행동을 알려주고 비전 센서에서 일반적으로 관찰되는 이미지 내에서 영향을 받는 영역을 무시한다. 이는 심의형 레이어가 상황에 대한 퍼셉션의 필터링이나 선택적 어텐션selective attention을 갖고 어떻게 도울 수 있는지를 보여주는 예다.

12.5 중첩된 계층형 컨트롤러(NHC)

중첩된 계층형 컨트롤러NHC는 1987년 알렉스 마이스텔Alex Meystel[129]이 처음 만든 후 글로벌 월드 모델 설계에 큰 영향을 끼쳤다. 각 레이어는 특정 심의 기능이나 에이전트를 지원하는 계층형 글로벌 월드 모델을 사용한다. 조직organization은 직관적이고 구현이 쉽지만 내비게이션에만 적용된다.

그림 12.4와 같이 중첩된 계층형 컨트롤러 아키텍처는 고전적인 계층형 시스템이다. SENSE, PLAN, ACT로 쉽게 식별되는 구성 요소가 포함돼 있으며 시퀀스 내에 이들을 사용할 뿐만 아니라 글로벌 월드 모델도 반드시 필요하다. 로봇은 센서에서 관측값을 수집하고 이러한 관측값을 결합해 SENSE 활동을 통해 월드 모델 데이터 구조를 형성하는 것으로 시작한다. 월드 모델에는 이를테면 빌딩 맵, 업무 시간 동안 로비에서 멀리 떨어져 있어야 한다는 규칙 등이 포함될 수 있다. 월드 모델을 만들거나 업데이트한 후 로봇은 취해야 할 액션을 PLAN할 수 있다. 내비게이션을 위한 플래닝은 미션 플래너, 내비게이터, 파일럿이 실행하는 세 단계로 구성된 로컬

프로시저가 있다. 각 모듈은 플래닝의 일부를 계산할 때 월드 모델에 액세스할 수 있다. 계획의 마지막 단계는 파일럿 모듈이 로봇이 수행할 특정 액션을 생성하는 것이다(예, 초속 0.6m 속도로 좌회전, 우회전, 직진). 이러한 액션은 로우레벨 컨트롤러에 의해 액추에이터 제어 신호(예, 부드러운 회전을 위한 속도 프로필)로 변환된다. 로우레벨 컨트롤러와 액추에이터는 아키텍처의 **ACT** 부분을 구성한다.

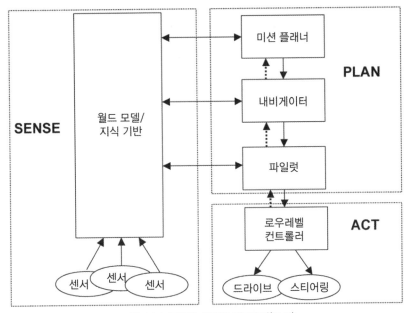

그림 12.4 중첩된 계층형 컨트롤러(NHC)

NHC는 내비게이션 지원을 목적으로 플래닝을 미션 플래너, 내비게이터, 파일럿이라는 3가지 기능이나 서브시스템으로 교묘하게 분해한 것이다. 그림 12.5와 같이 미션 플래너는 미션을 사람으로부터 받거나 스스로 만들어낸다(예, 옆방에서 상자를 집는다). 미션 플래너는 이 미션을 다른 기능이 이해할 수 있는 용어로 운영하거나 변환하는 역할을 한다. 예를 들면 box=B1; rm=ROOM311과 같은 식이다. 그런 다음 미션 플래너는 건물 지도에 액세스해 로봇이 어디에 있고 목표가 어디에 있는지 찾는다. 내비게이터는 이 정보를 가져와서 현재 위치에서 목표 지점까지의 경로를 생성한다. 로봇이 따라갈 웨이포인트 집합이나 직선을 생성한다. 경로가 파일럿에게 전달된다. 파일럿은 첫 번째 직선이나 경로 세그먼트를 갖고 로봇이 경로 세그먼트를 따라가려면 수행해야 할 작업을 결정한다. 예를 들어 로봇이 전방을 향해 운전을 시작하기 전에 웨이포인트 쪽으로 방향을 돌려야 할 수도 있다.

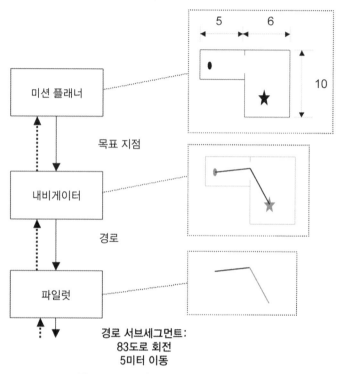

그림 12.5 NHC 아키텍처에서 플래닝 구성 요소

파일럿이 긴 경로 세그먼트(예, 50미터)의 방향을 알려주거나 사람이 갑자기 로봇 앞으로 걸어오면 어떻게 될까? 쉐이키와 달리 NHC하에서는 로봇이 눈을 감은 채로 돌아다닐 필요는 없다. 파일럿이 로우레벨 컨트롤러 명령을 내리고 컨트롤러가 액추에이터 신호를 보내면 로봇은 센서를 다시 폴링한다. 그리고 월드 모델이 업데이트된다. 그러나 전체 플래닝 주기는 반복되지 않는다. 로봇에는 이미 계획이 있으므로 미션 플래너나 내비게이터를 다시 실행할 필요가 없다. 대신 파일럿은 월드 모델을 확인해 로봇이 경로 서브세그먼트에서 이탈했는지(이때 로봇이 새 제어 신호를 생성하

444

는지), 웨이포인트에 도달했는지, 장애물이 나타났는지 확인한다. 로봇이 웨이포인트에 도달하면 파일럿은 내비게이터에게 이를 알린다. 웨이포인트가 목표 지점이 아닌 경우 로봇이 따라가야 할 다른 경로 서브세그먼트가 있으므로 내비게이터는 새로운 서브세그먼트를 파일럿에게 전달한다. 웨이포인트가 목표 지점인 경우 내비게이터는 로봇이 목표 지점에 도달했음을 미션 플래너에게 알린다. 그러면 미션 플래너는 새로운 목표(예, 시작 장소로 돌아가기)를 생성할 수 있다. 로봇의 경로에 장애물이 있는 경우 파일럿은 제어권을 다시 내비게이터에 전달한다. 내비게이터는 업데이트된 월드 모델에 따라 새 경로 및 서브세그먼트를 계산해야 한다. 그런 다음 내비게이터는 업데이트된 경로 서브세그먼트를 파일럿이 수행하도록 제공한다.

NHC의 장점은 다음과 같다. 우선 플래닝과 액션을 혼합한다는 점에서 STRIPS와 다르다. 로봇은 계획을 세우고, 실행하기 시작하고, 월드가 예상과 다르면 계획을 변경한다. 분해는 지능과 범위scope 내에서 본질적으로 계층형이라는 점에 유의한다. 미션 플래너는 파일럿보다 똑똑한 내비게이터보다 '더 똑똑'하다. 미션 플래너는 내비게이터보다 높은 레벨의 추상화를 담당한다. 계층형 패러다임과 하이브리드 패러다임의 다른 아키텍처가 NHC 조직을 활용할 것이라는 것을 알게 될 것이다.

플래닝 기능에 대한 NHC 분해 기법의 단점은 내비게이션 작업에만 적합하다는 것이다. 상자를 옮기는 게 아닌 상자를 집어 올리는 작업에는 책임 분담이라는 게 별로 도움이 안 될 수 있다. 또 엔드 이펙터end-effector를 제어하는 파일럿의 역할이 명확하지 않다. 초기 개발 당시 NHC는 실제 모바일 로봇에서 구현 및 테스트되지 않았다. 계층형 관련 시기에는 하드웨어 비용 때문에 대부분의 로보틱스 연구학자들은 시뮬레이션으로 작업할 수밖에 없었다.

12.6 RAPS와 3T

쉐이키는 모든 형태의 심의를 위한 일반적인 문제 해결GPS 알고리듬을 제공하면서 심의를 고려했는데, 이렇게 한 결과 플래닝이 너무 무거워졌다. 한편 중첩된 계층형 컨트롤러[NHC]는 로봇이 해당 위치로 왜 이동해야 하는지 또는 그 위치로 갔을 때 무엇을 할지 등을 무시하고 탐색 계획에 집중하도록 플래닝을 단순화했다. 그런데 이렇게 했더니 내비게이션이 너무 무거워졌다. 다행히도 1990년대에 일반 AI 커뮤니티의 연구자들은 반응형 로봇의 원리를 접하게 됐다. 지능형 시스템 내지는 에이전트가 환경 속 어딘가에 놓여 있다고 간주한 개념은 상세하면서도 쉐이키와 유사한 월드 표현이 언제나 필요하진 않다는 점과 결합돼 새로운 스타일의 플래닝을 만들어냈다. 플래닝의 이러한 변화를 반응형 플래닝[reactive planning]이라고 한다. 전통적인 인공지능 분야에서 일했던 많은 연구자가 로보틱스에 참여하게 됐다. 로봇을 위한 반응형 플래너의 한 종류인 짐 퍼비[Jim Firby]의 RAP[Reactive-Action Package[76]]는 3T 아키텍처[25] 내부의 레이어로 통합됐다. 아울러 슬랙[Slack]의 NaT 시스템[196], 에란 갓[Erran Gat]의 서브섬션 스타일 ATLANTIS 아키텍처[80], 퍼비의 RAP 시스템[76]이 데이빗 밀러[David Miller]의 주도하에 NASA 제트 추진 연구소[JPL]에 통합됐다. 이후 NASA 존슨 우주 센터 소속의 피트 보나소[Pete Bonasso]와 데이브 코텐캄프[Dave Kortenkamp]에 의해 더욱 다듬어졌다. 이제부터 설명할 실제 로봇 작업을 위한 반응형 플래닝의 개념은 기초적인 것으로 보면 된다.

이름에서 알 수 있듯이 3T는 반응형, 심의형, 그리고 이들 사이의 인터페이스 역할을 하는 3개의 레이어로 구성돼 있다. 그림 12.6은 EVAHR[Extra-Vehicular Activity Helper-Retriever] 로봇 시뮬레이터를 제어하는 미 항공우주국[NASA] 존슨 우주 센터에 있는 3대의 서로 다른 컴퓨터에서 실행 중인 레이어의 모습이다. 3T는 행성 탐사 차량, 수중 운송 차량, 우주 비행사를 돕는 보조 로봇 등에 우선적으로 사용돼 왔다.

3T의 최상위 레이어는 플래너[Planner]다(그림 12.7 참조). 목표를 설정하고 전략적 계획을 수립해 미션 플래너와 카토그래퍼 모듈의 미션을 수행한다. 이러한 목표는 시퀀서라는 중간 레이어에 전달된다. 시퀀서는 RAPS라는 반응형 플래닝 기법을 사용해 라이브러리에서 일련의 프리미티브 행동을 선택하고 특정 하위 목표에 대한 행동의 시퀀스를 지정하는 작업 네트워크를 만든다. 시퀀서는 일반적인 하이브리드 아키텍처의 시퀀싱 및 성능 모니터링 기능을 담당한다(4장 참조). 시퀀서 레이어는

계획을 실행할 일련의 행동(스킬)을 인스턴스화한다. 이러한 행동은 컨트롤러 또는 스킬 관리자라는 서브레이어를 형성한다. 반응형 패러다임에서 남겨진 순수한 반사형 행동의 함축적 의미와 혼동을 피하고자 3T는 이들을 '행동'이라고 하지 않는다. 대신 서브섬션 아키텍처에 의해 대중화된 행동의 함축적 의미와 구별되도록 '스킬'이라고 한다. 스킬은 종종 프리미티브 스킬의 집합체다. 즉, 3T의 흥미로운 측면 중 하나는 조립assembling을 학습하는 도구의 기초가 된다는 점이다.

로우레벨의 강력한 속성은 스킬이 관련된 이벤트를 갖고 있다는 것인데, 이 이벤트는 동작이 올바른 효과를 나타냈는지 명확하게 확인할 수 있는 체크포인트 역할을 한다. 어떤 면에서 이벤트는 선천적인 방출 메커니즘과 같다. 즉, 2가지 모두 월드를 가장 잘 표현한다.

그림 12.6 EVAHR 로봇을 제어하는 각각 다른 컴퓨터에서 실행 중인 3T 레이어의 모습
(사진 제공: NASA 존슨 우주 센터)

세 개의 레이어는 진정한 심의형, 반응형 계획, 반응형 제어를 의미한다. 또한 이들은 책임의 범위scope of responsibility가 아닌 스테이트의 범위scope of state에 의해 조직된

철학을 표현한다. 스킬 관리자^{Skill Manager} 레이어는 현 시점에서만 작동하는 스킬(자극이 일시적으로 나타날 때 일부 행동의 지속성을 허용할 수 있는 허용치 포함)로 구성된다. 시퀀서 레이어의 구성 요소는 과거 및 현재에 대한 기억을 반영하는 스테이트 정보로 작동한다. 따라서 로봇이 이미 수행한 작업과 성공 여부를 기억해서 행동 시퀀스를 관리할 수 있다. 이를 통해 견고성을 크게 높일 수 있고 성능 모니터링도 지원한다. 플래너 레이어는 미래를 예측하고자 스테이트 정보를 이용한다. 또한 과거 정보(로봇이 수행했거나 시도한 것)와 현재 정보(로봇이 현재 수행 중인 것)도 사용할 수 있다. 미션 플래닝에서 플래너는 어떤 환경일지, 그리고 다른 요소들은 무엇일지 미리 생각할 필요가 있다.

실제로 3T는 기능을 스테이트(과거, 현재, 미래)별로 레이어로 엄격하게 구성하지 않는다. 대신 업데이트 속도를 사용하는 경우가 많다. 업데이트 속도가 느린 알고리듬은 플래너에 저장되고 빠른 업데이트 알고리듬은 스킬 관리자 레이어에 저장된다. 이는 계산을 실용적으로 하려다 보니 설계 규칙이 영향을 받은 것으로 보인다. 1990년대 초에는 행동이 매우 빨랐고 반응형 계획(특히 RAP과 범용 계획^{Universal Plans})이 빨랐으며 미션 플래닝은 매우 느렸다. 그러나 컴퓨터 비전과 관련된 많은 센서 알고리듬 역시 너무 느려서 상세 레벨 센싱 기능이 있음에도 플래너에서 실행됐다.

로봇 시스템 아키텍처에는 일반적으로 플래닝, 카토그래퍼, 내비게이션, 모터 스키마, 퍼셉션이라는 5가지 공통 서브시스템이 있지만(4장 참조) 3T는 생성 계획^{generating plans}을 특정 스키마의 선택 및 구현에 연동시키는 것 외에도 계획의 진행 상황을 모니터링할 수 있게 시퀀서^{Sequencer}를 추가했다. 3T는 영향을 미쳤다. 행동을 스킬이나 메타행동으로 그룹화하는 것뿐만 아니라 스킬을 작업 네트워크로 그룹화하는 데에도 영향을 끼쳤다.

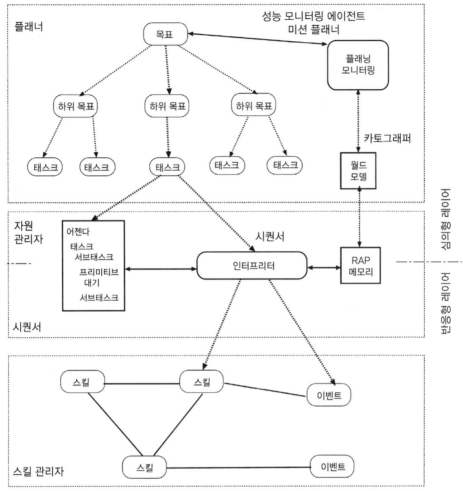

그림 12.7 3T 아키텍처

12.7 FDIR(결함 탐지, 식별, 복구)

앞에서는 로봇이 특정 목표를 달성할 수 있는 방법과 3T 아키텍처처럼 진행 상황을 모니터링하는 방법에 대한 고전적인 플래닝 문제로 심의^{deliberation}를 제시했다. 특히 로봇이 특정 목표를 달성하지 못할 경우 수행할 작업도 문제 해결을 위해 심의가 필요하다. 이러한 유형의 문제를 공학에서 보통 FDIR(결함 탐지, 식별, 복구)라고 한다. FDIR의 초기 작업은 시스템이 결함을 탐지하고 이를 식별이나 진단한 다음 SENSE-PLAN-ACT 사이클과 같은 적절한 복구 방법을 적용해야 한다고 가정했다. FDIR 관련 최근 연구에서는 좀 더 반응적reactive이다. 먼저 결함이 발생했음을 탐지하고 일반적인 복구 방법을 적용해 시스템 작동(예, 충돌이 아니다)을 보존한 다음 결함이 무엇인지 정확하게 식별한 다음 해당 상황에 맞는 복구 방법을 적용한다.

인공지능 로보틱스에서는 이 문제를 보통 다음과 같은 2가지 방법으로 해결해 왔다. 하나는 중첩된 계층형 컨트롤러NHC가 대표적인 사례인 (지금은 실패했지만 다른 수단을 동원해서라도 더 나아질 수 있게 하는) '페일 업워즈fail upwards, 또는 예외 처리exception handling 전략이다. NHC에서는 다음과 같이 가정했다. 내비게이션 진행이 실패할 경우 조종사가 가장 상세한 레벨lowest-level로 문제를 발견한다. 그리고 조종사가 이를 처리할 수 없는 경우 내비게이터에게 페일 업워즈한다. 즉, 내비게이터가 우회로를 생성할 수 없는 경우 시스템은 미션 플래너에게 페일 업워즈한다. 한편 다른 시스템인 SFX 아키텍처도 이러한 예외 처리 방식을 사용한다. 센서가 고장나 퍼셉트 스키마에서 퍼셉션이 안 된다고 가정해보자. 스키마는 스스로 진단할 수 없다. 따라서 이 오류가 발생하면 심의 기능이 트리거된다. 스키마 관리자가 이를 대체할 퍼셉트 스키마나 이와 동등한 행동을 찾을 수 없는 경우 미션 플래너로부터 받은 부과하는 제약 조건을 더 이상 맞출 수가 없다. 이럴 경우 미션 플래너는 아마도 미션에 대한 제약을 완화하거나 실제로 인간 감독자에게 알리게 돼 있을 것이다.

예외 처리 기법은 행동과 기능을 수행하도록 모니터링을 분산시키고 푸시한다. 이렇게 하면 서브시스템의 상호작용 규모가 더 커지고 이로 인해 로봇이 더 미묘한 문제 내지는 해결 방법을 놓칠 위험에 처할 수 있다. 또한 예외 처리 기법은 신속한 복구를 위해 문제의 파악을 지연시키곤 하는데, 이때 새로운 문제가 잘못된 대응을 일으키면 이득이 될 수도 있지만 훨씬 더 많은 문제를 일으킬 수도 있다.

페일 업워즈나 예외 처리는 인지 실패cognizant failure라는 문제를 발생시킬 수 있는데, 이는 인지 자체가 실패했다는 게 아니라 고장 분석 시 문제를 해결하고자 상황에 대한 인식이 필요하다는 것을 의미한다. 에란 갓$^{Erann Gat}$은 인지 실패의 필요성을 인식하고 이를 '웨슨 오일$^{Wesson Oil,}$ 문제라고 이름 붙였다. 오래 전 TV에 나온 웨슨 오일 광고에서 어느 한 엄마가 아들이 팔에 골절상을 당해 빨리 응급실로 가려는 때 그녀는 기름으로 닭을 요리하고 있었다. 실제 상황이라면 엄마는 스토브를 끄고 기름 솥에서 닭고기를 꺼냈을 것이다. 하지만 광고에서 엄마는 기름 솥에서 닭을 꺼내지 않았다. 엄마가 사용한 기름은 웨슨 오일이었기 때문에 치료를 마치고 돌아 왔을 때 닭이 상하진 않았다. 하지만 그 장면에서 보인 기름은 다른 기름이었을 것이다. 로보틱스에서 웨슨 오일 문제의 핵심은 "일련의 반응형 행동이 실행 중간에 꺼지면 어떤 일이 일어날까?"다. 로봇이 운이 좋아서 미션을 실패하지 않을 거라고 가정하는 건 말이 안 된다. 대부분의 경우 해결책을 보면 기존의 행동 인스턴스를 해제하고 새로운 행동을 활성화하듯이 단순하지 않다. 재앙이 일어나지 않게(예, 스토브 스위치 끄기) 반드시 실행해야 하는 행동이 있을 수도 있고, 예상치 못한 부작용(닭을 기름 솥에 계속 담가두면 점점 기름기가 많아진다)을 막기 위한 행동도 있을 수 있다. 이는 왜 실패가 일어났는지, 갑자기 행동을 변경해야 하는 이유, 현재 시퀀스의 의도 가 무엇인지를 플래너나 시퀀서가 알아야 한다는 것을 의미한다. 심의는 결코 사소 하고 간단하지 않다.

문제 해결에 대한 두 번째 방법은 모델 기반 리즈닝으로, 3장에서 소개한 NASA의 탐사선 딥 스페이스 원$^{Deep Space One}$에서 사용됐다. 딥 스페이스 원은 글로벌 월드 모델을 사용했다. 아울러 모든 시스템이 어떻게 함께 작동하는지에 대한 완전한 인과 모델$^{causal model}$도 사용했다.[218] 추진 밸브가 닫힘으로 고정됐을 때 모델 기반의 리즈닝 시스템은 2차 제어 모드로 전환해 이를 복구했다. 뿐만 아니라 이 리즈닝 시스템은 고정 장착된 카메라에서 작동하면서 기기를 재설정하고 수리하도록 다시 제작되기도 했다. 시스템에는 고장에 대해 설명이 가능한 모델이 있기 때문에 모델 을 사용해서 식별과 복구를 단순화했다. 그러나 이마저도 설명이 수천 가지에 달할 수 있다. 따라서 많은 모델 기반 추론자도 복구 속도를 높이고자 확률을 사용해 설명의 우선순위를 지정한다. 모델 기반 FDIR의 단점은 2가지 시스템 모두 완벽한 모델이 필요할 뿐만 아니라 환경에 반응하는 방식도 필요하다는 것이다. 반응형 로봇에서 보듯이 환경을 예측하는 건 한 마디로 어렵다.

12.8 프로그래밍 관련 고려 사항

STRIPS의 술어 논리와 재귀적 실행은 리스프 및 프롤로그^{PROLOG} 같은 언어에 적합하다. 이러한 언어는 특히 논리 연산을 표현하고자 AI 연구자들에 의해 개발됐지만 반드시 C나 C++와 같은 좋은 실시간 제어 속성을 갖고 있지는 않다. 그러나 1960년대에 주류를 이뤘던 과학 및 공학 언어는 포트란 IV로, 재귀적 실행을 지원하지 않았다. 따라서 인공지능 로보틱스 연구자들은 종종 제어를 적합성 불가와 재귀적 실행 불가라는 2가지 문제 중 차악을 선택해서 리스프로 프로그래밍하곤 했다. 로보틱스에 리스프 같은 특별한 AI 언어를 사용하면 로보틱스에 대한 AI 접근법과 엔지니어링에 간극이 생기고 두 커뮤니티 간의 아이디어 적용이 느려졌을 수도 있다. 이 때문에 AI와 관련 없는 연구자들은 인공지능 로보틱스에 참여하기가 사실상 어려워졌다.

왜 이렇게 나뉘었는지 소프트웨어 공학 관점에서 보면 다음과 같다. 우선 기호와 전역 정보로 작동하는 것들은 심의형 레이어에 있어야 하기 때문이다. 또한 센서와 액추에이터에서 직접 작동하는 것은 반응형 레이어에 있어야 한다. 신호 처리는 리스프 같은 언어가 적합하고 제어는 C++와 같은 언어가 좋다.

12.9 요약

12장에서는 심의형 레이어에 대한 개요를 바탕으로 로봇이 어떻게 생각할까?라는 질문에 대한 답을 다뤘다. 심의형 레이어에서 로봇은 1장에 소개된 인공지능의 7개 분야 중 6개와 관련이 있다. 쉐이키를 갖고 살펴본 것처럼 지식 표현은 매우 해결하기 어려운 핵심 과제다. 쉐이키는 STRIPS에 담긴 플래닝 및 문제 해결에 대한 일반적 문제 해결사^{GPS} 스타일과 논리 사용을 지원하는 월드의 지식 표현을 선택했다. 지식 표현은 경험 기반의 지도 내지는 직무와 관련된 지식을 포함하는 관련 지식 기반이 있는 글로벌 월드 모델로 구성됐다. STRIPS는 (CONNECTS와 같은) 공간 정보로 월드에 대한 절차적 지식 표현에 따라 작동한다. 또한 플래닝 및 문제 해결 방법은 로봇이 이러한 지식 표현을 구축하는 것뿐만 아니라 계획 실행을 실제 액션과 연결하고 인식되는 내용에 변화를 앵커링하는 물리적 심볼 그라운딩^{physical symbol grounding}을 수행할 수 있다고 가정했다. 글로벌 월드 모델의 사용 과정에서 프레임 문제가 발생한다.

물리적 심볼 그라운딩 문제는 컴퓨터 비전 및 자연 언어 커뮤니티에서 탐구 중인 로보틱스 분야의 당면 과제로 남아 있다. 평평하거나 '모든 것을 하나로 표현하는' 월드 모델은 실제로 매우 드물다. 대신 로컬 퍼셉트 공간이나 추상적인 레이어 구조를 약간 변형한 모델이 일반적이다. 월드의 공간적 표현을 일반적으로 '월드 모델'이라고 하지만 이들은 뭔가 결핍돼 있고 심의 과정에서 제한적으로 쓰인다. 이들은 일종의 '껍질(셸)' 역할만 하며 로봇이 월드 안에서 어떻게 위치하는지 또는 물체의 레이블이 무엇인지에 대한 절차적 지식을 포함하고 있지 않다. 이러한 셸은 행동 및 내비게이션에서 가상 센서 역할을 할 수 있다.

플래닝 및 문제 해결 알고리듬은 로봇의 심의 능력을 만드는 데 큰 노력을 해왔다. 많은 시스템이 미션 플래너, 내비게이터, 파일럿으로 책임과 범위를 분할하는 중첩된 계층형 컨트롤러^{NHC} 스타일을 모방하는 등 플래닝은 '플래닝 내비게이션 경로^{planning navigational path}'에 국한돼 왔다. 플래닝 및 문제 해결은 종종 탐색 알고리듬을 광범위하게 활용하는데, 여기서 STRIPS는 실행 가능성 있는 오퍼레이션을 위한 명시적 전제 조건을 이용하는 재귀적 검색 엔진이었다.

로봇의 적용이 제한적이다 보니 추론^{inference}은 실제로 자주 사용되진 않는다. 그러나 FDIR(결함 탐지, 식별, 복구)는 중요하다. 문제의 원인을 명확하게 확인할 만한 충분한 시간이 로봇에게 없을 수도 있다. 이에 대한 대안으로 재해 방지를 위한 복구 전략을 신속하게 생성할 수 있을 만큼 근사치를 추측해야 한다.

학습은 심의 작업에서는 자주 나타나지 않는 AI의 한 분야다. 이는 **SENSE-PLAN-ACT** 사이클에 걸쳐 확장된 학습의 편재성 때문일 가능성이 높다.

13장에서는 로봇의 움직임에 대한 플래닝 관련 알고리듬과 공간 지식 표현의 레인지의 연구 조사 결과를 바탕으로 내비게이션 심의를 중점적으로 다룬다.

12.10 연습문제

문제 12.1

다음을 정의하고 예를 들어보라.

- **a.** 인지 실패
- **b.** 물리적 심볼 그라운딩 문제
- **c.** 앵커링

문제 12.2

STRIPS과 유사한 로봇 시스템에서 다음 각 항목이 발생하는 예를 들어보라.

- **a.** 전제 조건
- **b.** 폐쇄형 월드 가정
- **c.** 개방형 월드 가정
- **d.** 프레임 문제

문제 12.3

프레임 문제를 생각해보자. STRIPS 기반 로봇의 월드 모델이 100가지 팩트^{fact}를 나열했다고 가정해보자. 각각의 팩트는 1KB의 메모리 스토리지가 필요하다. 새로운 객체가 월드 모델에 추가될 때마다 모델 속 팩트는 선형적으로 증가한다. 즉, 객체가 1개이면, 팩트는 100개, 스토리지는 100KB이고, 객체가 2개면 팩트는 200개, 스토리지는 200KB다. 64KB의 메모리가 꽉 찰 때 객체의 수를 계산해보라.

문제 12.4

월드 모델의 팩트 수가 새 객체를 추가할 때마다 두 배로 증가할 경우 앞의 문제를 다시 풀어보자. 즉, 하나의 객체, 100개의 사실, 1KB, 두 개의 객체, 200개의 팩트, 200KB, 세 개의 객체, 400개 팩트, 400KB다. 월드 모델의 증가 속도는 선형적인가, 지수 형태인가?

문제 12.5

중첩된 계층형 컨트롤러에서 미션 플래너, 내비게이터, 파일럿의 서로 다른 목적을 설명하라.

문제 12.6

중첩된 계층형 컨트롤러의 미션 플래너, 내비게이터, 파일럿 조직이 12.2.1절에서 소개한 문제를 어떻게 처리할지 설명하라.

문제 12.7

STRIPS를 사용해 1994년에 소개된 AAAI 쓰레기 수거 문제를 해결하라(월드 모델과 차이 테이블을 작성해야 한다).

문제 12.8

STRIPS를 사용해 다음 탐색 문제를 해결하라. 12.2.1절의 월드를 다시 살펴보라. 로봇은 B1 박스로 이동해 집어올린다.

- **a.** 차이 테이블에 새 연산자 pickup을 추가하라.
- **b.** 월드 모델, 차이 테이블, 차이 이밸류에이터를 사용해 계획을 수립하라. 각 단계 후 실패한 전제 조건과 신규 하위 목표를 표시하라.
- **c.** 각 연산자가 적용된 후 월드 모델의 변경 사항을 보여라.

문제 12.9

FDIR에 대한 페일 업워즈와 모델 기반 추론 리즈닝의 차이점은 무엇인가? 각각의 장점과 단점을 설명하라.

문제 12.10

로컬 퍼셉션 공간의 장점과 단점을 비교하고 월드 모델을 생성, 유지, 사용하기 위한 멀티레벨 계층형 모델과 비교해보라.

문제 12.11

3T 아키텍처에서 시퀀서와 스킬 관리자 에이전트의 역할과 오퍼레이션을 설명하고 어떻게 이들을 반응^{reactivity}과 심의^{deliberation}에 통합할지 설명해보라.

문제 12.12

물체를 집어들기에 충분한 정도의 글로벌 월드 모델로, 키넥트 센서로 방을 3차원 스캔한 결과를 변환하려면 무엇이 필요한지 설명해보라.

문제 12.13

글로벌 월드 모델에서 동작하는 가상 센서를 사용하면 더욱 잘 수행될 수도 있는 반응형 행동의 3가지 예를 제시해보라.

문제 12.14

심의에 대한 생성, 모니터링, 선정, 구현, 파티션을 다시 한 번 생각해보자. 이들 각각이 독립된 모듈로 구현 가능할까? 아니면 이들이 서로 엮여있다고 보는가? 이유를 설명하라.

문제 12.15 [인터넷 검색]

STRIPS의 대화형 버전을 웹에서 검색하고 이를 이용한 실험을 수행해보라.

12.11 엔드 노트

GPS^{General Problem Solver}와 GPS^{Global Positioning Satelite}

인공지능 분야의 초기에 만연됐던 일반 문제 해결사^{General Problem Solver}를 줄여서 GPS
라고 한다. 어느 순간 인공지능 로보틱스 연구학자들이 실외 환경 내비게이션 작업
에서 위성 위치 확인 시스템을 GPS라고 부르면서 용어에 혼란이 오기 시작했다.
필자와 동료가 함께 인공지능 학회에 투고했던 논문은 채택되지 못한 적이 있었는
데, 이는 우리가 일반 문제 해결사를 의미하는 GPS가 경로 플래닝에서 어떻게 작동
하는지 명확히 이해하지 못해서였다.

쉐이키

쉐이키가 정말로 최초의 모바일 로봇인지 아닌지는 논란의 여지가 있다. 그레이
월터^{Grey Walter}가 만든 거북이 로봇이 있었지만 인공지능 연구의 주요 분야에는 로봇
이 없었다. 자세한 내용은 행동 기반 로봇^{Behavior-Based Robots[11]}을 참조하기 바란다.

로봇 이름, 그거 별거 아니다.

쉐이키라는 이름이 어떻게 지어졌든 간에 스탠포드 연구소^{SRI}는 쉐이키의 후속 버전
에 플레이키^{Flakey}[1]라는 이름을, 또한 그 후속 버전에는 이래틱^{Erratic}이라는 이름을
붙였다.

STRIPS

STRIPS에 대한 설명과 로봇 사례는 『The Handbook of Artificial Intelligence』
(Butterworth-Heinemann, 1981)[19]에서 각색된 것이다.

공상과학 소설

실제로 화성 탐사 로봇 같은 지능형 로봇은 지구상에서 인간이 안내해주지 않으면

---

1. flakey: [속어] (행동 따위가) 파격적인; 제정신이 아닌
   erratic: 불규칙한, 변덕스러운
   (출처: 네이버 사전) – 옮긴이

스스로 새로운 세상을 탐험하지 않는다. 미국의 수학자, 컴퓨터 과학자이자 과학소설 작가인 버너 빈지Vernor Vinge는 그의 단편소설 '롱샷Long Shot'에서 인간의 식민지로 가장 가능성이 높은 행성을 탐험하고 결정해야 하는 완전 자율형 로봇 우주선을 잘 묘사했다.

13
내비게이션

13장에서 다루는 내용

- 내비게이션에 관한 4가지 질문, 그와 관련한 로봇의 기능과 해당 기능이 도출하는 인공지능 영역을 알아본다.
- 내비게이션에서 공간 메모리의 역할과 공간 메모리를 유지하는 방법 4가지를 설명한다.
- 라우팅 경로, 위상 내비게이션^{topological navigation}이 레이아웃, 메트릭, 내비게이션과 어떤 차이가 있는지 알아본다.
- 자연 랜드마크^{natural landmark}와 인공 랜드마크^{artificial landmark}의 차이점을 정의하고 각각의 사례를 다룬다.
- 게이트웨이, 퍼셉션 안정성^{perceptual stability}, 퍼셉션 구별성^{perceptual distinguishability}을 정의한다.
- 실내 사무실 환경과 일련의 행동에 대한 설명이 주어지면, 게이트웨이를 이용한 로컬 제어 전략^{local control strategies}과 차별화된(특정한) 장소^{distinctive places}에 레이블을 붙이는 관계형 그래프 표현을 구축한다.
- 위상 내비게이션의 관계형 기법^{relational method}, 연관형 기법^{associative method}을 비교하고 대조한다.

13.1 개요

'모바일'이라는 용어가 암시하듯이 모바일 로봇에서 개방형 월드의 내비게이션에는 지능이 필요하다. 모빌리티 관점에서 몇 가지 질문을 생각해보자. 첫째, "내비게이션이란 무엇인가?"다. 둘째, 생물학적 지능을 복제하는 데 성공했다는 점을 전제로 다음 질문을 생각해보자. "동물들은 어떻게 길을 찾을까?" 셋째, 컴퓨팅 관점에서 질문은 다음과 같다. "다른 종류의 내비게이션이 있을까?" 그리고 "어떤 것이 가장 좋을까?" 이 장에서 볼 수 있듯이 인공지능 로보틱스에서 내비게이션은 전체 로봇을 한 위치에서 다른 위치로 이동시키는 것을 의미하며 때때로 **목적지 플래닝**^{destination planning}이라고 한다.

동물의 내비게이션 연구에서 볼 수 있듯이 내비게이션은 경로 플래닝보다 훨씬 더 광범위하다. 목적지 경로 플래닝은 내비게이션 목표를 알고 있고 지도가 존재하며 에이전트가 경로를 실행하고 위치를 유지할 수 있다고 가정한다. 또한 동물들 대부분은 단순한 위상 모델을 이용하지만 내비게이션은 에이전트가 월드 모델을 유지하기 위한 공간 메모리를 갖고 있음을 암시한다. 경로 플래닝이 내비게이션을 이해하는 데 그저 빙산의 일각에 불과하다는 걸 생물학적 지식에서 알 수 있다 . 따라서 이러한 4가지 내비게이션 측면(미션 플래닝, 경로 플래닝, 로컬라이제이션, 매핑)에 대한 인공지능 기법을 여러 장에 걸쳐 나눠 다룬다. 미션 플래닝은 12장에서 이미 설명했다.

13장, 14장에서는 경로 플래너를 중점적으로 다룬다. 인공지능 로보틱스 연구의 큰 부분이 경로 플래닝 알고리듬을 만들어내는 쪽으로 확장됐다. 경로 플래닝 알고리듬은 홀로노믹 차량으로 로봇을 취급하는데, 여기서 홀로노믹 차량은 지도상에서 인식 가능한 위치와 구별 가능한 위치 사이를 오고가는 차량을 의미한다. 특히 목적지까지 경로 안내를 생성하는 스마트폰 애플리케이션의 내비게이션에 사용되는 추상화 개념 및 알고리듬과 동일하다. 이 분야의 연구를 경로 플래닝^{path planning}이라고 한다. 경로 안내는 자동차, 버스, 사람과 같은 세부 사항을 추상화하고 월드에서 퍼셉션 그라운딩일 것으로 예상되는 심볼 레이블을 통해 동작한다. 예를 들어 매퍼는 사람이 걷든 버스나 차를 운전하든 상관없이 '비젤^{Bizzell} 스트리트에서 좌회전'하라고 안내할 수 있다. 또한 에이전트가 방향을 전환할 가능성을 감지할 수 있고 교차로에서 비젤 스트리트라는 표지판이 있다고 가정한다.

스마트폰의 매핑 애플리케이션은 에이전트의 절대 좌표를 정확하게 알지 못한 상태에서 실행 가능한 경로를 생성한다. 예를 들어 '비젤 스트리트에서 좌회전'할 때 그저 비젤 스트리트 교차로의 위상학적 피처에 해당하는 비젤 스트리트의 GPS 정보는 굳이 없어도 된다. 좌회전 위치가 마지막 탐색 지점에서 얼마나 멀리 떨어져 있는지 알면 도움이 되겠지만 반드시 필요한 것은 아니다. 따라서 이 경로는 좌표 프레임의 위치와 거리에 대한 정량적 정보 없이도 실행할 수 있다. 정량적 방향을 제시하지 않는 경로 플래너를 정성적 경로 플래너^{qualitative path planners}라고 한다. 내비게이션이 월드의 지각적으로 구별되는 특징에 따라 다른 값을 반환한다는 점을 강조하고자 정성적 경로 플래너는 위상 내비게이션 위상학적 경로 플래너^{topological path planner} 또는 인스턴스라고 한다. 지형은 위상학적^{topological} 정보가 아니라 지형적 ^{topographical} 정보이기 때문에 위상학적 경로 플래닝은 지형적 특성과 내비게이션에 미치는 영향을 고려하는 것과는 다르다.

이 장에서는 정성적 또는 위상학적 내비게이션을 중점적으로 다룬다. 이는 인공지능의 탐색 및 플래닝 분야 연구와 매우 관련이 높다. 탐색과 플래닝은 모두 에이전트의 목표를 달성하는 액션 시퀀스를 찾는 것이다. 이는 마치 건초더미에서 바늘을 찾는 것과 같다. 건초더미 속에 바늘이 있다는 걸 안 상태에서 바늘이 무엇인지, 건초더미가 어떻게 생겼는지 알 수 있는 좋은 모델도 있고, 건초더미 경계 부분도 잘 알고 있다고 생각해보자. 이때 탐색과 플래닝은 서로 동일하다. 탐색을 통해 로봇은 시작점에서 목표 지점까지의 최적 경로를 찾을 수 있다. 상황 포즈^{situation pose} 및 차량 역학 문제^{vehicle dynamics matter}에 대한 메트릭 경로 플래닝^{metric path planning}과 모션 플래닝은 14장에서 다룬다. 또한 SLAM과 지형 민감도를 내비게이션에 통합하는 주제는 15장에서 소개한다.

13.2 내비게이션에 대한 4가지 질문

내비게이션은 동물들에게서 광범위하게 연구됐을 뿐만 아니라, 과학자들은 내비게이션이 생존에 필요한 다음 4가지 질문에 대한 답을 준다고 생각했다.

어디로 가는 중인가? 이는 12장에서 설명한 것처럼 에이전트가 심의를 통해 목표를 설정하는 AI의 미션 플래닝에서 다룬다. 예를 들어 행성 탐사 로봇에게 멀리 있는 분화구로 이동해 칼데라에서 특정 암석을 찾으라고 할 수 있다. 로봇이 특정 목표를 지향하거나 목표로 설계됐다고 가정해서 로보틱스 연구학자는 보통 하이레벨 미션 플래닝을 내비게이션의 일부로 포함시키지 않는다.

그곳으로 가는 가장 좋은 방법이 무엇인가? 이는 경로 플래닝$^{path\ planning}$ 문제로 내비게이션 영역 중 가장 관심을 많이 받아왔다. 앞에서 다룬 것처럼 경로 플래닝 기법은 크게 정성적(라우팅 경로), 정량적(메트릭)이라는 2가지 광범위한 카테고리로 구성된다.

내가 어디까지 왔는가? 이건 일종의 지도 제작$^{map\ making}$에 해당한다. 지도 제작은 새로운 센서 및 퍼셉션 레인지 알고리듬 덕분에 인공지능 로보틱스 분야에서 엄청난 연구가 이뤄지는 영역 중 하나다. 로봇이 새로운 환경을 탐험할 때 지도를 만드는 것도 해야 할 작업 중 하나일 수 있다. 환경을 지도로 제작하려면 로봇이 자신의 위치 파악, 즉 로컬라이제이션이 필요하다. 이와 관련한 대표적인 알고리듬으로 동시성 로컬라이제이션 및 지도 제작$^{SLAM,\ Simultaneous\ Localization\ And\ Mapping}$이 있다. 또한 SLAM은 로컬라이제이션 및 매핑과 관련해서 엄청난 계산적 난제 앞에 놓였다는 ^{slammed} 뜻의 농담으로 쓰이기도 한다.

그러나 "내가 어디까지 왔는가?"라는 질문을 하는 이유가 SLAM이기 때문만은 아니다. 로봇이 동일한 환경(예, 사무실 건물에서 우편물을 배달)에서 작동하더라도 변경 사항을 확인해 성능을 향상시킬 수 있다. 벽을 새로 세우거나 가구를 재배치하거나 그림을 옮기거나 교체할 수도 있다. 또는 카네기 멜런 대학교 로보틱스 연구소의 실내 로봇 중 하나인 자비어^{Xavier}를 통해 알게 된 것처럼 특정 시간(수업 종료 시간, 점심 시간)에 복도가 너무 붐빌 수 있으므로 피해야 한다. 웨이즈^{Waze} 같은 애플리케이션은 직접적인 경험을 대체하고자 다른 운전자들이 어디에 있었는지에 대한 정보를 이용해 교통 체증이나 도로 폐쇄를 계획함으로써 내비게이션 성능을 향상시킨다.

지금 여기가 어디인가? 경로를 따라가거나 지도를 작성하려면 로봇은 자기가 어디에 있는지 알아야 한다. 이를 로컬라이제이션이라고 한다. 로봇이 그저 적당한 위상학적 지도만 고려한다면 시각적 호밍^{homing}(출발 지점으로 복귀)이나 QualNav 같은 관계형 기법을 사용해 쉽게 위치를 파악할 수 있다. 로컬라이제이션은 로컬 환경(예, 로봇이 방 한가운데에 있음), 위상학적 좌표(예, 룸 311), 절대 좌표(예, 위도, 경도, 고도)에 상대적일 수 있다. 위치가 절대 좌표 프레임에서 정확해야 하는 경우, 즉 지도의 축척이 정확해야 하는 경우 로컬라이제이션이 더 어렵다. 안타깝게도 앞에서 본 것처럼 로봇의 추측 항법 결과는 쓸 만한 수준이 아니다. 로봇이 방 가장자리로 돌아다니지만 이에 대한 자취를 기록할 수 없을 때 지도 제작 과정에서 무슨 일이 일어날지 상상해보자. 레인지 센서는 로컬라이제이션 문제를 배제하지 않는다. 레인지 센서는 로컬라이제이션에 활용할 수 있는 풍부한 데이터 세트를 제공하지만 실제로는 문제에 대한 계산이 더 복잡해지게 한다. 지도 제작과 로컬라이제이션은 모두 15장에서 다룬다.

최근과 같은 무인 자동차에 대한 관심이 있기 전에 인공지능 연구학자들은 1998년까지 복잡한 환경에서 동작하는 신뢰성 높은 실내용 내비게이션 장치를 개발했다. 라이노^{Rhino}와 미네르바^{Minerva} 여행 가이드 로봇(그림 13.1 참조)은 어떻게 앞의 4가지 질문이 애플리케이션 분야에서 자연스럽게 나올 수 있는지에 대한 아주 좋은 예를 보여준다.[206] 라이노와 미네르바 로봇은 박물관에서 여행 가이드의 모든 기능을 수행하도록 미국 카네기 멜런 대학교^{CMU}와 독일 본^{Bonn} 대학교의 연구원들이 제작한 것으로, 여기에는 질문에 답하고 요청에 따라 전시를 보러온 사람들을 안내하는 기능이 포함돼 있다. 라이노는 독일 본에 있는 독일 박물관$^{Deutsches\ Museum}$ 투어를 담당했고 미네르바는 미국 워싱턴 DC에 있는 스미스소니언 국립역사박물관$^{Smithsonian's\ National\ Museum\ of\ History}$에서 사용됐다.

a.

b.

그림 13.1 관광 가이드 로봇 2대: a) 독일 본에 있는 독일 박물관의 라이노 로봇,
b) 훨씬 더 감성적인 미네르바 로봇을 가까이서 본 모습(사진 제공: 세바스찬 스런, 볼프람 부르가트)

여행 가이드 로봇은 전시회에 대한 질문에 답하거나 다른 전시회로 가는 길을 제공
하도록 언제든 자신의 위치(로컬라이제이션)를 알고 있어야 했다. 뿐만 아니라 미네르

바는 맞춤형 투어도 가능했는데, 이는 로봇이 각 전시회별로 어떻게 가야 하는지 알아야 한다는 것(경로 플래닝)을 의미한다. 투어 경로는 납득할 수 있을 만큼 효율적이어야 한다. 그렇지 않으면 여행자 그룹이 멈추기 전에 봐야 할 전시회를 로봇이 반복적으로 지나쳐 버릴 수도 있다. 아울러 이는 로봇이 어디에 있었는지 기억해야 한다는 것을 의미한다. 미네르바 로봇은 자체 지도를 제작했지만 라이노 로봇은 박물관의 지도를 활용했다. 지도가 갖는 중요한 측면은 거리뿐만 아니라 전시물들 사이를 이동하는 데 필요한 시간이 내포돼 있다는 것이다. 이러한 유형의 정보를 통해 플래너는 하루 중 피해야 할 특정 시간대를 고려할 수 있다. 예를 들어 카네기 멜런 대학교의 자비어^{Xavier} 로봇은 수업 시간 중간 쉬는 시간에 특정 로비를 헤쳐 나가지 않게 하는 방법을 배웠다. 그 시간에는 복도에 이동하는 사람이 많아져 로봇의 이동 속도가 현저히 느려지기 때문이다.

13.3 공간 메모리

"최적의 경로가 무엇일까?"에 대한 답은 로봇이 사용하는 월드의 표현에 달려 있다. 다시 말해 좋은 알고리듬은 좋은 데이터 구조에 의해 활성화된다는 것이다. 로봇의 월드 표현과 시간에 따른 로봇의 유지 방법은 공간 메모리다.[84]

공간 메모리는 카토그래퍼 모듈의 핵심으로, 현재 센서 입력으로부터 출력을 처리하고 저장하는 기법과 데이터 구조를 지원해야 한다. 예를 들어 로봇이 "오른쪽의 세 번째 빨간색 문까지 복도를 따라 내려가라"는 지시를 받았다고 가정해보자. 반응형 행동을 조정하고 제어하기 위해서라도 로봇은 '홀', '빨간색', '출입문' 같은 개념을 퍼셉션 스키마를 통해 찾을 수 있는 피처로 연산 작업을 해야 한다. 빨간 문을 몇 개나 지나쳤는지도 기억해 둬야 한다. 로봇이 벽이나 막다른 골목을 감지하고 월드 맵을 업데이트하는 것도 좋은 점에 해당한다.

또한 내비게이션 작업에 대한 관련 기대치를 추출할 수 있는 기법을 지원하도록 공간 메모리를 구성해야 한다. 이번에는 로봇에게 "오른쪽 세 번째 문을 향해 복도를 따라 내려가라"는 지시를 내렸다고 가정해보자. 공간 메모리 덕분에 홀수 번째 문은 빨간색이고 짝수 번째 문은 노란색이라는 것을 알 수 있다.

'빨간색'과 '노란색'을 탐색하고 이를 출입문의 다른 퍼셉션 관 련 피처에 더해서 로봇은 어텐션에 집중하거나(예, 빨간색 및 노란색 영역이 보이는 이미지에서만 출입문 탐지를 실행) 센서 융합(데이터 소스가 많을수록 퍼셉트가 더 확실해짐)을 통해 출입문을 좀 더 안정적으로 식별할 수 있다.

공간 메모리는 다음과 같은 4가지 기본 기능을 지원한다.

1. **어텐션**Attention. 다음에는 어떤 피처나 랜드마크를 찾아야 하는가?
2. **리즈닝**Reasoning. 저 표면이 내 무게를 지탱할 수 있는가?
3. **경로 플래닝**Path planning. 이 공간을 통과하는 가장 좋은 방법은 무엇인가?
4. **정보 수집**Information collection. 이곳은 어떻게 생겼는가? 내가 그걸 전에 본 적이 있는가? 지난번에 왔을 때랑 뭐가 달라졌는가?

13.4 경로 플래닝의 종류

공간 메모리에는 라우트(정성적), 레이아웃(메트릭 또는 정량적) 2가지가 있다. 그림 13.2에 나와 있는 2가지 유형의 로보틱스 경로 플래닝을 살펴보자. 여기서 2가지 유형의 경로 플래닝은 공간을 탐색하는 서로 다른 유형의 알고리듬으로 세분화된다. 일반적으로 경로 플래닝 알고리듬은 로봇을 홀로노믹 차량으로 추상화하고 월드를 그래프로 추상화한다.

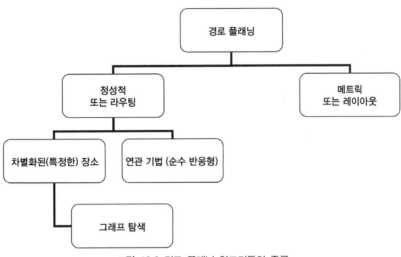

그림 13.2 경로 플래닝 알고리듬의 종류

위상학적 경로 플래닝은 그래프를 통한 경로를 최적으로 탐색하고자 데이크스트라 Dijkstra의 단일 소스 최단 경로 알고리듬 같은 고전적인 컴퓨터 과학 알고리듬을 적용한다. 전체 공간을 고려할 때 회전 가능한 장소(노드)의 수는 상당히 적다. 메트릭 경로 플래닝은 빈 공간의 각 블록이 그래프의 노드가 될 수 있는 큰 빈 공간을 통해 효율적으로 플래닝을 처리할 수 있는 A* 알고리듬의 변형 같은 좀 더 특화된 경로 플래닝 알고리듬을 적용한다.

라우트, 위상학적, 정성적 표현은 랜드마크 간의 연결 측면에서 공간을 표현한다. 라우트 표현의 예는 "주차장에서 나와 파울러 드라이브Folwer Drive 길에서 좌회전한다. 오른쪽에 있는 박물관을 찾고 다음번 신호등에서 좌회전하라"와 같이 사람이 (목록에 따라) 제안적으로 방향을 제시할 때를 생각해볼 수 있다. 라우트 내비게이션은 관점에 따라 다를 수 있다. 사람이 쉽게 볼 수 있는 랜드마크가 바닥 가까이에서 작동하는 소형 로봇에는 보이지 않을 수 있다. 한편 '주차장 밖으로'(차량이 주차장 안에 있음을 의미), '좌회전', '오른쪽에' 같은 라우트 표현도 방향의 단서를 제공하곤 한다. 이러한 방향 관련 단서는 에이전트가 각 단계의 방향을 따라가는 중이라고 가정한다는 점에서 자기중심적egocentric이다. 또한 라우트 표현은 물리적 심볼 그라운딩이 있다고 가정한다. 라우트를 이용한 내비게이션은 공간상에서 랜드마크를 연관 지을 때 토폴로지(위상학)를 사용하기 때문에 일반적으로 위상학적 내비게이션 topological navigation이라고 한다.

레이아웃, 메트릭, 정량적 표현은 라우트 표현과 반대다. 사람이 지도를 그려 길을 알려줄 때 지도는 레이아웃 표현이다. 대부분의 지도에는 거리 추정에 쓰이는 대략적인 축척scale이 있기 때문에 레이아웃 표현은 종종 메트릭 표현이라고 불린다. 레이아웃과 라우트 표현의 주요 차이점은 관점과 유용성이라고 할 수 있다. 레이아웃 표현은 기본적으로 새가 세상을 내려다보는 것과 같다. 이러면 에이전트의 관점에 따라 달라지지 않는다. 즉, 에이전트가 레이아웃을 감지한 피처로 변환할 수 있다고 가정한다. 또한 레이아웃은 방향 및 위치와 무관하다. 레이아웃 표현은 경로 표현을 생성하는 데 쓰일 수도 있지만 반드시 다른 방식으로 작동할 필요는 없다(단 한 번만 다녀온 도로의 정확한 지도를 그리는 것과 비교 했을 때 지도를 읽고 운전자에게 구두로 지시하는 것이 얼마나 쉬운지 생각해보자). 대부분의 지도에는 교차로 같은 추가 정보가 포함돼 있다. 에이전트는 이 정보를 사용해 원하는 라우트가 차단된 경우 대체 라우트를 생성할 수 있다. 월드의 메트릭 레이아웃을 사용하는 내비게이션을 정량적 내비게이션이라고도 하지만 대부분 **메트릭 내비게이션**이라고 한다.

라우트 또는 위상학적 내비게이션은 동물에서 가장 흔하게 볼 수 있는 내비게이션 형태다. 메트릭 레이아웃, 지도가 있으면 위상학적 라우트나 메트릭 경로를 생성할 수 있기 때문에 로보틱스 연구학자는 공간 메모리의 레이아웃 스타일을 만들려고 한다.

위상학적 내비게이션과 메트릭 내비게이션이 어떻게 다른지는 무인 항공기와 무인 자동차 내비게이션이 어떻게 다른지를 보면 알 수 있다. 세그먼트 간의 거리가 정확하더라도(예를 들면 파크웨이Parkway의 포웨이 스톱four-way stop 및 파크웨이와 애비뉴Avenue의 신호등까지 거리) 차량이 외부적으로 인식할 수 있는 위치에서만 방향을 전환할 수 있기 때문에 라우트를 이용해 내비게이션을 하는 것은 당연하다. 반대로 UAV는 GPS 웨이포인트만으로 내비게이션한다고 보는 것이 당연하다.

실제로는 불확실성을 극복하고 퍼셉션에 대한 단서를 주고자 자동차는 위상학적 내비게이션과 메트릭 내비게이션을 조합해서 사용한다. 예를 들어 파크웨이^{Parkway}의 포웨이 스톱^{four-way stop} 및 파크웨이와 애비뉴^{Avenue}의 신호등까지 거리가 0.8km라는 것을 알면 도움이 된다. 차량이 1km 이상 주행했다면 신호등을 통과한 것이 분명하고 0.75km에서 신호등을 발견하면 진짜 신호등일 가능성이 높을 뿐만 아니라 거리 측정에 일부 오류가 있었다는 얘기도 된다. 마찬가지로 퍼셉션 시스템은 포웨이 스톱을 지나 0.5km를 이동할 때까지 신호등을 찾는 데 CPU 자원을 할애할 필요가 없을 수도 있다.

13.5 랜드마크와 게이트웨이

위상학적 내비게이션은 랜드마크 존재 여부에 따라 결과가 모두 다르다. 랜드마크는 객체나 현장에서 관심 대상일 수 있는 퍼셉션 관점에서 독특한 피처로 정의할 수 있다. 랜드마크는 '빨간색 문'처럼 단일 독립형 객체뿐만 아니라 객체의 집합도 될 수 있다. 예를 들어 사람들에게 '맥도날드'라고 하면 높은 간판, 특유의 모양으로 지어진 밝은 건물, 다양한 활동이 보이는 주차장을 떠올리게 한다. 또한 야외에서 찾을 수 있는 대표적인 랜드마크로 '사시나무 군락'도 있다(미국 유타주 '사시나무 군락^{quaking aspen}' 참조).

랜드마크는 내비게이션의 여러 면에서 쓰인다. 로봇이 월드에서 랜드마크를 발견했을 때 해당 랜드마크가 지도에 나타나면 로봇은 지도 관점에서 로컬라이제이션된다. 로봇이 세그먼트로 구성된 경로 플래닝을 세우려면 랜드마크가 필요하다. 이를 통해 언제 세그먼트가 완료됐는지 그리고 다른 세그먼트를 시작해야 하는지 알 수 있기 때문이다. 로봇이 새로운 랜드마크를 찾으면 지도 제작과 확장 작업에 공간 메모리를 추가할 수 있다.

데이브 코텐캠프^{Dave Kortenkamp}는 랜드마크에서 특히 흥미로운 특별한 경우인 게이트웨이^{gateway}를 대중화했다.[107] 게이트웨이는 로봇이 전체적인 내비게이션 방향을 바꿀 수 있는 일종의 기회다. 예를 들어 두 복도가 교차하는 지점은 게이트웨이에 해당한다. 여기서 로봇은 직진, 좌회전, 우회전 중 하나를 선택할 수 있다. 게이트웨이는 내비게이션 관점에서도 기회이므로 게이트웨이를 인식하는 것은 로컬라이제이션, 경로 플래닝, 지도 작성에 매우 중요하다.

랜드마크는 인공적이거나 자연적일 수 있다. '인공'과 '자연'이라는 용어를 '사람이 만든man-made' 내지는 '인체 장기의organic'라는 단어와 혼동해서는 안 된다. 랜드마크 인식이나 기타 퍼셉션 활동을 위해 기존 객체나 현장에 추가된 피처 집합을 **인공 랜드마크**라고 한다. 미국의 주와 주 사이를 연결하는 고속도로interstate highway의 출구 표시는 인공 랜드마크의 좋은 예다. 이 표지판은 보기 쉽게 역반사retro-reflective 배치됐으며, 녹색 바탕 위의 흰색 글꼴은 최적의 가시성을 위해 적절한 크기로 맞춘다(관념 활동은 표지판 읽기). 자연 랜드마크는 퍼셉션 활동을 위해 명시적으로 설계되지 않은 인식용으로 선택된 기존 기능의 구성이다. 누군가가 "맥도날드를 지나 두 번째입니다."처럼 목적지(집)에 해당하는 길을 알려준다면 맥도날드는 집으로 가는 길을 안내하는 방향 단서로 사용된다. 분명한 건 맥도날드는 개인 집으로 가는 길을 안내하기 위한 목적으로 지어진 것이 아니다. 하지만 다른 목적으로 사용됐다는 점에서 맥도날드는 자연 랜드마크라고 할 수 있다.

랜드마크가 인공적이든 자연적이든 상관없이 다음 3가지 기준을 충족해야 한다.

1. 쉽게 알아볼 수 있어야 한다. 로봇이 랜드마크를 찾을 수 없으면 아무 쓸모가 없다.

2. 업무에 관련된 활동을 지원한다. 업무 관련 활동이 단순히 방향 설정 단서 정도여도 충분하다(예, '맥도날드 지나서 두 번째 집'). 우주 정거장에 대한 우주 왕복선의 도킹을 유도하는 위치 추정에 랜드마크가 필요하다고 가정하자. 이 경우 랜드마크는 접촉 지점까지의 상대적 거리를 쉽게 추출할 수 있어야 한다.

3. 여러 가지 다른 관점에서 퍼셉션할 수 있어야 한다. 랜드마크가 광범위한 영역에서 보이면 로봇이 랜드마크를 찾지 못할 수도 있다.

그림 13.3은 1992년 AAAI 모바일 로봇 대회에서 사용하고자 구성된 인공 랜드마크의 예다.[56] 각 로봇은 경기장에서 웨이포인트 시퀀스의 라우트를 따라야 했다. 그 팀들은 인공 랜드마크로 웨이포인트를 표시할 수 있었다. 웨이포인트 각각은 체커보드 패턴으로 쉽게 알아볼 수 있었다. 올바른 웨이포인트로 이동하는 작업 관련 활동은 각 스테이션에 고유한 원통형 바코드를 통해 훨씬 쉽게 이뤄졌다(그림 13.3 참조). 실린더 형태로 제작한 덕분에 경기장 내의 어느 곳에서든 랜드마크 인식이 가능했다.

그림 13.3 1992년 AAAI 모바일 로봇 경진대회에서 사용된 인공 랜드마크(사진 제공: AAAI)

로보컵 축구 리그가 시작됐을 때 내비게이션에 도움이 될 랜드마크를 결정하는 데에 상당한 노력이 투입됐다. 골대와 경기장 주변의 모서리는 컴퓨터 비전 알고리듬으로 추출하기 쉬운 밝은 색으로 장식됐다. 같은 색상이더라도 위치가 다르면 다른 정보를 의미한다(예, 상단의 녹색은 경기장에서 수비 지역을 의미하고 하단의 녹색은 상대편 영역을 의미한다).

좋은 랜드마크에는 여러 가지 바람직한 특징이 많다. 정전에도 사용할 수 있으려면 에너지를 방출하지 않는, 즉 패시브^{passive}해야 한다. 또한 로봇이 봐야 할 전체 범위에 걸쳐 퍼셉션이 가능해야 한다. 아울러 좋은 랜드마크는 가능한 한 독특한 피처$^{distinctive\ feature}$와 고유한 피처$^{unique\ feature}$를 가져야 한다. 독특한 특징은 로컬 관점에서 고유한 것으로, 월드의 영역 내에 있는 로봇의 모든 뷰포인트에서 보면 랜드마크의 일부로만 나타난다(예, 부쉬 블러바드$^{Busch\ Boulevard}$ 길에는 맥도날드가 하나뿐이다). 피처가 전체 오퍼레이션 영역에서 한 번만 발생하는 경우(예, 플로리다 주 탬파^{Tampa}에는 맥도날드가 하나만 있다) 피처를 전체적으로 고유하다고 간주한다. 뿐만 아니라 좋은 랜드마크는 인식^{recognition}이 되도록 퍼셉션이 가능해야 하고, 작업을 위해서도 퍼셉션이 가능해야 한다. 로봇이 랜드마크에서 0.5미터 이내에 위치해야 하는 경우 랜드마크를 해당 정확도의 추출을 지원하도록 설계해야 한다.

13.6 관계형 기법

관계형 기법은 노드 및 에지의 그래프나 네트워크로 월드를 표현한다(그림 13.4 참조). 노드는 게이트웨이, 랜드마크, 목표 지점을 의미한다. 에지는 사실상 두 노드 사이의 탐색 가능한 경로를 나타내며, 두 노드가 공간적 관계를 갖는 것을 표현한다. 방향(동, 서, 남, 북), 대략적인 거리, 지형 유형, 해당 경로의 내비게이션에 필요한 행동 같은 추가 정보를 에지에 첨가할 수 있다. 경로는 데이크스트라의 단일 소스 최단 경로 알고리듬 같은 표준 그래프 알고리듬을 사용해 두 점 사이에서 계산할 수 있다(자세한 내용은 알고리듬 교과서를 참조하기 바란다).

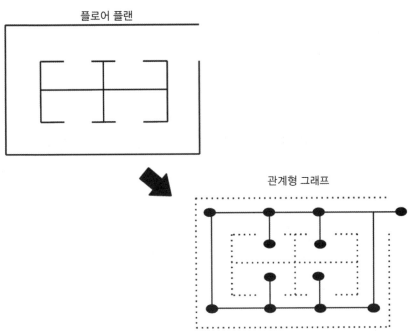

그림 13.4 관계형 그래프로 표현한 플로어 플랜

내비게이션을 위해 관계형 그래프에 대해 가장 먼저 해야 할 조사 중 하나는 스미스 Smith와 치즈먼Cheeseman의 연구를 통해 이뤄졌다.[197] 이들은 월드를 관계형 그래프로 표현했다. 여기서 에지는 노드 사이의 방향과 거리를 나타내고 로봇이 내비게이션 과정에서 추측 항법을 사용할 경우 어떤 일이 일어날지 시뮬레이션했다. 결과는 오류가 지속적으로 증가해 로봇이 어떤 노드에도 도달할 수 없다는 것을 발견했다 (그림 13.5 참조). 한편 이와 관련해 10장의 고유수용성감각 관련 설명도 참조하기 바란다.

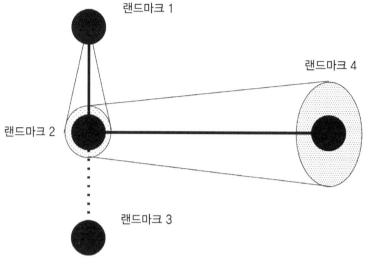

그림 13.5 관계형 그래프에서 에러 전파

13.6.1 차별화된(특정한) 장소

카이퍼스Kuipers와 변Byun의 연구에서는 차별화된(특정한) 장소distinctive place를 이용해 센싱과 관계형 그래프를 연관지었다.[109] 차별화된(특정한) 장소는 로봇이 이웃neighborhood이라는 인근 지역에서 탐지할 수 있는 랜드마크를 의미한다. 이 연구의 시작은 동물 세계에서 공간적 표현이 멀티레벨 레이어를 형성한다는 인지 과학 분야의 연구를 바탕으로 이뤄졌다(그림 13.6)(참고로 최근 연구에서는 이 레이어 구조를 이전의 연구 결과만큼 명확하게 분할하지 않았다). 가장 낮은 곳에 위치한 레벨(가장 프리미티브한 공간 표현 방법)은 랜드마크(문, 복도)를 식별하고 랜드마크 사이를 이동하는 절차적 지식follow-wall, move-thru-door을 보유하는 것이다. 그다음 레이어는 위상학적 레이어다. 여기서는 플래닝과 리즈닝을 지원하는 관계형 그래프에서 랜드마크와 절차적 지식procedural knowledge을 표현했다. 가장 높은 곳에 위치한 레벨은 메트릭이며 여기서는 에이전트가 랜드마크 사이의 거리와 방향을 파악해 랜드마크를 고정 좌표계에 배치할 수 있었다. 레이어가 높을수록 지능이 향상된다는 것을 의미했다.

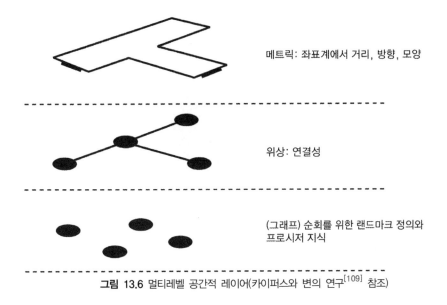

메트릭: 좌표계에서 거리, 방향, 모양

위상: 연결성

(그래프) 순회를 위한 랜드마크 정의와
프로시저 지식

그림 13.6 멀티레벨 공간적 레이어(카이퍼스와 변의 연구[109] 참조)

카이퍼스와 변의 연구에서 위상을 어떻게 표현했는지 자세히 살펴보자. 각 노드는 고유한 위치를 나타낸다. 근처에 도착하면 로봇이 센서 판독 값을 사용해 랜드마크와 비교해서 이미 알고 있는 어떤 지점을 자신의 위치로 지정할 수 있다. 한편 차별화된(특정한) 장소의 예로 구석/모퉁이(그림 13.7 참조)가 있다(카이퍼스와 변의 연구는 시뮬레이션 환경에서 이뤄지다 보니 차별화된(특정한) 장소 측면에서 모퉁이의 경우 음파 탐지기로 탐지가 어려웠다). 이웃이라는 개념은 로봇이 랜드마크에 대해 지정된 상대적 위치에 도달할 때까지 이웃에서 이동한다는 것을 의미한다. 예를 들어 로봇은 각 벽에서 1.0미터 떨어진 곳에 위치할 수 있다. 그런 다음 지도상에서 로봇의 로컬라이제이션이 이뤄진다.

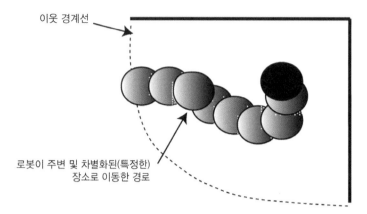

이웃 경계선

(코너에서) 차별화된(특정한) 장소

로봇이 주변 및 차별화된(특정한) 장소로 이동한 경로

그림 13.7 모퉁이에 반응해 주변의 차별화된(특정한) 장소로 이동하는 로봇의 예

관계형 그래프의 에지나 호(아크^{arc})를 로컬 제어 전략^{LCS, Local Control Strategy}이라고 한다. 로컬 제어 전략은 현재 노드에서 다음 노드로 이동하는 일종의 프로시저다. 로봇이 랜드마크를 감지하면 일련의 피처 값을 채운다. 그런 다음 힐-클라이밍 알고리듬을 사용한다. 힐-클라이밍 알고리듬은 측정 함수(예, 벽의 거리)가 피처 값이 최대가 되는 위치(예, 양쪽 다 1.0m 떨어져 있음)에 로봇이 다다를 때까지 그 주변을 맴돌게 한다. 피처 값이 최대가 되는 지점이 차별화된(특정한) 장소다. 힐-클라이밍 알고리듬은 매우 단순한 기법이다. 기본 아이디어는 다음과 같다. 대부분 언덕 어딘가에서 여러분이 항상 높은 곳으로 다음 단계를 선택한다면 정상에 빨리 도달할 수 있다는 것이다. 따라서 로봇은 항상 측정 함수에서 가장 긍정적인 변화를 일으키는 방향으로 움직인다.

학자들이 서로 독립적으로 반응형 행동과 차별화된(특정한) 장소를 발견했지만 반응형 행동은 그림 13.8처럼 차별화된(특정한) 장소와 로컬 제어 전략에 잘 매핑된다. 넓은 홀을 따라 막다른 골목까지 이동하는 로봇을 생각해보자. 로컬 제어 전략은 릴리저(예, look-for-corner)와 함께 작동하는 일종의 행동(예, follow-hall)이다. 릴리저는 외수용감각의 단서에 해당한다. 로컬 제어 전략이 동작할 때 로봇은 차별화된(특정한) 장소 근처에 위치하고 릴리저 행동 hillclimb-to-corner는 로봇이 벽에서

476

1.0미터 이내를 유지하게 한다.

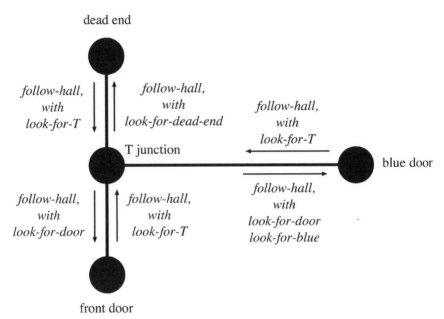

그림 13.8 로컬 제어 전략 역할을 하는 행동과 주변으로 진입 신호를 보내는 역할을 하는 릴리저

13.6.2 장점과 단점

차별화된(특정한) 장소의 개념은 각 노드에서 내비게이션 오류를 제거한다. 홀이 넓기 때문에 로봇이 이동 경로에서 이탈할 수도 있지만 목적지 근처에 도착하면 스스로 교정하고 로컬라이제이션(위치 파악)을 수행한다. 오차 값 대부분은 평균에 수렴하기 때문에 카이퍼스와 변의 연구는 시뮬레이션에서 추측 항법에 오류가 있는 로봇이 노드들 사이에서 여러 번 움직이는 과정에서 합리적인 메트릭 지도 제작이 가능함을 보여줬다. 차별화된(특정한) 장소 기법의 또 다른 장점은 로봇이 알려지지 않은 환경을 탐색할 때 새로운 랜드마크를 발견할 수 있게 한다는 것이다. 로봇이 안정적으로 로컬라이제이션을 수행할 수 있는 차별화된(특정한) 무언가를 찾을 수 있다면 그 장소는 위상학적 지도에 표시할 수 있을 것이다. 그런 다음 로봇이 반복

적으로 그 장소로 이동하면서 메트릭 맵을 구성할 수 있다.

다시 한 번 강조하지만 랜드마크는 노드 쌍에 고유해야 한다. 실제 월드에는 모퉁이가 없을 수도 있다. 여기서 말하는 모퉁이는 그래프상의 노드 사이에 존재하지 않는 것으로, 그렇지 않으면 로봇이 잘못 로컬라이제이션을 수행할 수도 있다.

애초에 이미 정리가 됐지만 차별화된(특정한) 장소 접근법은 행동 기반 로보틱스 연구학자들이 실제 로봇에 적용하기 시작했을 때 몇 가지 문제에 부딪혔다. 가장 도전적인 문제 중 하나는 퍼셉션이었다. 좋은 차별화된(특정한) 장소는 찾아내기 어렵다. 인간에게 유용해 보이는 컨피규레이션(예. 모퉁이)은 신뢰할 수 있고 로컬라이제이션이 어렵다는 것이 입증됐다. 모서리, 문, 수평선 등 센싱이 쉬운 피처들은 세상에 너무 많다보니 로컬 환경에서 고유하지 않다. 또 다른 과제는 로컬 제어 전략을 배우는 것이었다. 로봇이 모르는 새로운 환경을 탐사하면서 차별화된(특정한) 장소를 찾을 수 있다고 생각하기 쉽다. 하지만 적절한 로컬 제어 전략을 어떻게 배웠을까? 실내 환경에서 로봇은 다른 행동이 더 낫더라도 항상 벽을 따라가는 행동(wall-following)을 사용할 수 있다. 로봇이 어떻게 다른 행동을 시도했을까? 또 다른 미해결 이슈는 구별하기 어려운 위치indistinguishable location의 문제다. 구별할 수 없는 위치 문제는 확률론적 기법을 활용한 연구에서 어느 정도 다뤄졌다. 이에 관한 자세한 내용은 15장에서 설명한다.

13.7 연관형 기법

위상학적 내비게이션을 위한 연관형 기법은 기본적으로 센서가 특정 랜드마크를 관찰하도록 변환하는 행동을 생성한다. 로봇 시스템에서는 연관형 기법이 자주 사용되지 않지만 잘 알아둘 필요가 있다. 연관형 기법에는 기본적으로 몇 가지 접근 방법이 있다. 첫째, 시각적 호밍visual homing[161, 72]부터 알아보자. 시각적 호밍은 로봇이 위치 및 라우트와 관련된 시각적 패턴을 인식하는 방식이다(벌이 목적지를 향해 이동하는 방식과 유사하다). 두 번째 접근 방법으로 QualNav가 있다. [115] QualNav는

로봇이 랜드마크의 상대적 위치가 어떻게 바뀌는지를 기반으로 위치를 추론 해낸다
(별자리를 이용해 항해하는 것과 유사하다).

기본 가정은 내비게이션을 위한 위치나 랜드마크에 일반적으로 2가지 속성이 있
다는 것이다.

1. **퍼셉션 안정성**perceptual stability: 가까운 위치에서 보면 비슷하게 보여야 한다.
2. **퍼셉션 구별 가능성**perceptual distinguishability: 멀리서 보면 다르게 보여야 한다.

이러한 원칙은 차별화된(특정한) 장소 주변의 이웃이라는 개념에 함축돼 있다. 로봇
이 주변에 있으면 랜드마크의 모습이 비슷해 보인다. 차별화된(특정한) 장소와 연관
형 기법의 주요한 차이는 연관형 기법이 상대적으로 낮은 해상도의 컴퓨터 비전
기술을 사용한다는 것이다. 연관형 기법은 단계나 라우트를 재추적하는 데 매우
좋다.

13.8 하이브리드 아키텍처를 이용한 위상 내비게이션의 사례 연구

이 절에서는 1994년 AAAI 모바일 로봇 경연대회에서 콜로라도 광산학교 학부 팀의
SFX 아키텍처를 이용한 위상 탐색 사례 연구를 자세히 알아보자. 1994년 대회는
사무실 내비게이션 이벤트가 있었다.[18] 각각의 로봇은 임의의 방에 놓였고 다음
단계로 방을 나가서 15분 이내에 다른 방으로 이동해야 했다. 참가자들에게는 위상
지도를 제공했지만 방과 홀의 배치를 측정하는 건 허용되지 않았다. 이 사례는 위상
지도가 입력된 방법, 카토그래퍼의 활동, 행동 관리를 단순화하는 스크립트(19장 참
조)를 사용한 방법과 교훈을 보여준다.

그림 13.9 1994년 AAAI 모바일 로봇 경진대회 '오피스 딜리버리' 이벤트에서 경기장에
식별되지 않은 진입을 테스트하는 학생의 모습(사진 제공: AAAI)

13.8.1 위상학적 경로 플래닝

위상학적 지도가 배커스-나우르 표기법$^{\text{BNF, Backus-Naur Form}}$에 ASCII 파일로 입력됐
다. 샘플 지도는 그림 13.10과 같다. 입력 지도는 방(R)^{Room}, 홀(H)^{Hall}, 현관(F)^{Foyer}
3가지 종류의 노드로 구성된다. 월드는 직교한다고 가정한다. 노드 사이의 에지는
네 방향으로만 존재할 수 있기 때문에 지도에서 북쪽(N), 남쪽(S), 동쪽(E), 서쪽(W)으
로 표기하고 여기서 N은 지도상에 임의로 설정된다. 로봇에는 시작 노드가 주어진
다. 하지만 추가로 어려운 문제가 만들어질 수 있어서 지도에서 최초 방향은 로봇에
게 주어지지 않는다. 위상학적 지도는 구조적으로 정확하지만 통로나 문이 막혔는
지 여부를 반드시 표현하지는 않는다. 그런데 통로나 문은 언제든 막힐 수도 있고
위치가 바뀔 수도 있다. 문 외부에 방 번호나 방 이름 같은 랜드마크가 표시된 것은
추가적 가정$^{\text{additional assumption}}$에 해당한다.

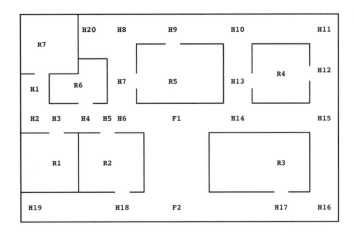

a.

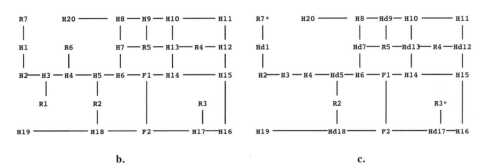

b.   c.

그림 13.10 a) 사무실 배치의 메트릭 맵, b) 그래픽 위상 표현, c) R3에서 R7까지의 이동에 대한 정제 그래프

SFX의 카토그래퍼는 라우트 구성을 담당한다. 위상학적 지도의 게이트웨이 유형, 시작 노드, 목표 지점 노드를 입력으로 사용하며 시작과 목표 지점 사이에 최상의 경로에 대한 노드 목록을 만들어낸다. 카토그래퍼는 경로 플래닝을 지원하는 맵의 전처리 및 경로 계획 자체라는 두 단계로 작동한다. 전처리 단계는 입력 지도에 노드의 데이터베이스를 구축하고 홀과 문의 연결^{hall-to-door connection}을 의미하는 코리더 노드를 Hd로 재분류하는 것으로 시작한다.

시작 노드와 목표 지점 노드를 알고 나면 카토그래퍼는 외부 게이트웨이를 제거한다. Hd 노드가 방문할 수 없는 방(예, 목표 지점에 해당하는 방, 출발지에 해당하는 방, 문이 1개 이상인 방)에 연결될 수도 있다. 방문할 수 없는 방일 경우 R 및 Hd 노드

모두 데이터베이스에서 제거된다. 메트릭 지도에 대한 샘플 입력 그래프의 위상학적 표현은 그림 13.10과 같다. 출발 노드로 R3을 선택하고 목표 지점을 R7로 선택했을 때 정제된 그래프 표현을 그림 13.10에서 확인할 수 있다. Hd3-R1과 Hd4-R6이 삭제됐는데, 이는 출발 지점 방이나 목표 지점 방과 관련이 없고 각각 출입구가 하나뿐이기 때문이다. H10 같은 게이트웨이 노드는 그대로 남아 있는데, 이는 차단된 경로가 발생할 경우 유용할 수 있기 때문이다. 예를 들어 로봇이 H11에서 H8로 복도를 따라 내려가다가 경로가 차단된 경우 로봇은 방향을 바꿔 다시 배치하고자 알려진 위치로 돌아가야 한다. 그러나 H10이 제거되면 로봇은 H10 기준으로 자신이 어디에 있는지 모르기 때문에 코리더의 맨 처음 부분으로 돌아가야 한다. 동일한 복도를 세 번 여행해야 하는 문제를 해결하고자 카토그래퍼는 가능한 대안 전략을 나타내는 노드를 유지 관리한다. 게이트 유형, 태스크, 로봇 역량에 따라 전처리 전략이 다르다는 점에 유의해야 한다.

최적의 경로는 데이크스트라의 단일 소스 최단 경로 알고리듬을 사용해 계산된다. 알고리듬은 연결된 각 노드 쌍 사이의 비용을 고려해 최단 경로를 생성한다. 비용은 그래프에서 에지의 길이나 가중치로 표현된다. 위상학적 표현은 메트릭이 아니므로 노드 간의 연결은 라우트 생성 시 기본 설정을 반영한다. 이러한 기본 설정은 에지 가중치로 표현된다. 이 표현에서 포이어^{foyer}를 통한 내비게이션은 계산 비용이 상당히 많이 들고 신뢰할 수 없었다. 따라서 포이어에서 비롯된 모든 경로 서브세그먼트에 대한 에지 간격은 3으로 설정됐다. 로봇이 '무례한(예, 사람의 사무실을 무단 침입)' 해결책을 만들지 못하게 어떤 방에서 다른 방으로 이동하는 에지 가중치를 2로 설정하고 다른 모든 연결은 1로 설정됐다.

SFX의 태스크 관리자는 카토그래퍼가 계산한 경로를 사용해 특정 노드 쌍 사이의 이동에 적합한 ANB를 선택한다(ANB는 19장 참조). 현재 노드와 경로에서 다음번 의도된 노드에 대한 포인터를 유지한다. 현재 및 다음 노드 유형은 다음에 표시된 전이 테이블에 따라 적절한 행동을 결정한다.

	To			
From	H	F	R	H
H	Navigate-hall	Navigate-hall	Undefined	Navigate-hall
F	Navigate-hall	Navigate-foyer	Navigate-door	Navigate-hall
R	Undefined	Navigate-door	Navigate-door	Navigate-door
Hd	Navigate-hall	Navigate-hall	Navigate-door	Navigate-hall

전이 테이블에 모든 노드의 조합이 등록되는 것은 아니다. 정의에 따르면 로봇은 Hd 노드를 거치지 않고 홀 노드 H에서 룸 노드 R로 이동할 수 없다. 또한 이 테이블의 목록이 항상 대칭성을 보장하지 않는다. 방의 경우 내비게이션 문을 사용해 출입해야 하지만 포이어로 이동하는 경우에는 로봇이 홀을 지나가는지 아니면 포이어를 지나가는지 여부에 따라 전략이 달라진다. ANB의 경우 노드에 대한 데이터베이스 항목의 정보를 현재 웨이포인트 쌍에 대한 스크립트를 인스턴스화하는 파라미터로 사용한다.

앞에서 구현한 결과에서 새로운 측면은 태스크 관리자가 차단된 경로를 처리하는 방식이다. 현재 인스턴스화된 추상적 내비게이션 행동[ANB, Abstract Navigation Behavior]을 되돌리지 않는다. BLOCKED 조건이 발생한 화이트보드 구조에 장애물 회피 행동이 게시되는 경우 태스크 관리자는 현재 활성 상태인 ANB를 종료한다. 로봇이 노드 사이에 있기 때문에 태스크 관리자는 로봇이 현재 노드로 돌아가도록 지시한다. 하지만 이는 단순히 move-to-goal 행동만 실행하면 된다. 즉, 로봇이 ANB를 새로운 파라미터로 다시 인스턴스화해야 할 때보다 더 빨리 방향을 바꿀 수 있다.

로봇이 마지막으로 알려진 위치로 대략 돌아오면 태스크 관리자가 카토그래퍼에게 새 경로를 요청한다. 카토그래퍼는 현재 노드와 의도했던 노드 간의 연결을 제거한 다음 현재 노드를 시작으로 새 경로를 다시 계산한다. 새 경로가 완성되면 태스크 관리자가 제어를 다시 시작한다.

그림 13.11은 실제 AAAI 모바일 로봇 경진대회에서 배포한 지도로 움직이는 로

봇의 예다. 시작 노드는 R7이고 목표 노드는 R2다. 카토그래퍼는 경로를 R7-H1-H2-H5-R2로 계산한다. H3과 H4는 이 작업과 관련된 게이트웨이로 간주되지 않으므로 경로에 나타나지 않는다.

출력에 나온 것처럼 카토그래퍼는 첫 번째 행에서 경로를 계산한다. 두 번째 행은 R7에서 H1로 이동하는 것이 현재 내비게이션 작업이라는 것을 보여준다. 태스크 관리자가 navigate-door를 선택하고 사용자가 문의 위치를 지정하지 않았기 때문에 로봇은 우선 문부터 찾기 시작한다. 데이터베이스를 살펴본 후 문이 남쪽에 있다는 걸 알아냈다. 이에 따라 남쪽으로 향하는 move-ahead 행동을 초기화한다. 문을 발견하면 추상적 행동의 초기화 단계가 끝나고 문을 통과하는 명목형 행동이 트리거된다. 로봇이 문을 통과하면 명목형 행동을 종료하고 추상 행동 전체에 대해서도 종료한다.

다음 내비게이션 작업은 다시 남쪽 방향으로 H1에서 H2로 이동하는 것이다. 태스크 관리자는 navigate-hall을 선택한다. H2에서 H5로 이동하는 작업에 주목해보자. 이는 홀을 따라가기 위한 종료 조건이 H1에서 H2로 이동하는 것과 다르기 때문이다. H5는 관심 있는 방에 대한 게이트웨이이며 다른 퍼셉션 프로세스가 방을 시각적으로 식별하는 데 사용된다. 문을 시각적으로 식별되면 로봇이 H5에 있는 것으로 간주한다. H5-R2 연결은 navigate-door를 인스턴스화한다. 단, 이 경우 초음파 검사에서 문이 열렸는지 아직 확인되지 않았기 때문에 초기화 단계는 문이 열렸다고 인식될 때까지 벽을 따라가게 한다. 그런 다음 명목형 행동이 활성화되고 로봇이 방으로 이동해서 작업을 성공적으로 완료한다.

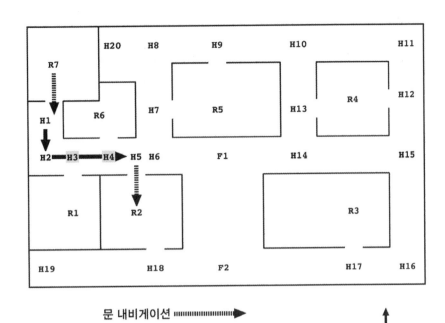

```
R7 -> R2
R7 - H1 - H2 - H5 - R2
Moving from R7 to H1, going SOUTH
In navigating door behavior
        ultra looking for door towards the: SOUTH
        MOVE AHEAD MOTOR ACTIVE
        Found door - Initialization terminated
        MOVE THROUGH DOOR MOTOR ACTIVE
Moved through door - Nominal Behavior terminated

Moving from H1 to H2, going SOUTH
In navigating hall behavior
        turning towards the: SOUTH
        Turned towards hall - Initialization terminated
        looking for hall towards the: EAST
        HALL FOLLOW MOTOR ACTIVE
Found hall - Nominal Behavior terminated

Moving from H2 to H5, going EAST
In navigating hall behavior
        turning towards the: EAST
        Turned towards hall - Initialization terminated
        vision looking for door relative: 90 (right side)
        HALL FOLLOW MOTOR ACTIVE
Found door (vision) - Nominal Behavior terminated

Moving from H5 to R2, going SOUTH
In navigating door behavior
        ultra looking for door towards the: SOUTH
        following wall on left (right ground truth)
        WALL FOLLOW MOTOR ACTIVE
        Found door - Initialization terminated
        MOVE THROUGH DOOR MOTOR ACTIVE
Moved through door - Nominal Behavior terminated
Goal location reached!
```

그림 13.11 R7에서 R2로 이동하는 시나리오. 음영 처리된 게이트웨이는 플래너가 제거 및 제외한다.

그림 13.12의 두 번째 시뮬레이션은 경진대회에서 사전에 제공한 표본 위상 지도를 사용한다. 의도한 경로는 R1-H1-F1-H8-H0-R0이었으나 H8-H0이 차단됐다. 그림과 같이 로봇은 경로가 차단됐음을 탐지하고 H8로 돌아가도록 move-to-goal을 이용한 다. 카토그래퍼가 위상 지도를 업데이트하고 새 경로를 계산하면 로봇이 실행을 재개한다(그림의 예에서는 H8-F1-H5-H6-H7-H0-R0). 그림 하단의 스크립트 출력은 로봇이 연관된 방에 들어가지 않게 했음에도 로봇이 노드 H5과 H6을 확인하는 결과를 보여준다. 이러한 노드는 경로에 계속 남겨진다. 차단된 다른 홀이 발견될 경우 로봇이 R5나 R6으로 돌아가 그 사이에 있는 문을 통과하는 라우트를 이용할 수 있기 때문이다.

13.8.2 내비게이션 스크립트

경로 플래닝과 실행 구성 요소는 분명히 심의형에 해당한다. 카토그래퍼가 그래프 형식으로 지도를 유지하고 진행 상황을 모니터링한다. 전이 테이블은 하이레벨 시퀀서의 역할을 수행한다. 스크립트는 계획에 대한 암묵적 세부 사항을 모듈화하고 재사용 가능하게 지정하고 수행하는 데 사용된다.

구현 결과는 문, 홀, 현관을 탐색하는 세 개의 스크립트로 이뤄졌다. C++ 스타일로 작성한 navigate-door의 의사코드는 다음과 같다. 참고로 스위치 문의 인덱싱 속성을 활용했다.

```
switch(door)
case door-not-found:
    // 초기화 단계
    // 문을 찾을 때까지 벽을 따라 이동
    if wall is found
        wallfollow to door else
    else
        move-ahead to find a wall
case door-found:
    // 통상적인 활동 단계
```

move-thru-door(door-location)

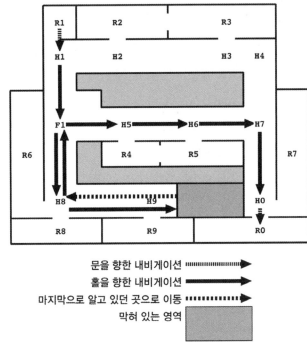

문을 향한 내비게이션 ▪▪▪▪▪▪▪▪▪▪▪▶

홀을 향한 내비게이션 ━━━━━━━━▶

마지막으로 알고 있던 곳으로 이동 ▪▪▪▪▪▪▪▪▶

막혀 있는 영역

```
Moving from H8 to H0, going EAST
In navigating hall behavior
        turning towards the: EAST
        Turned towards hall - Initialization terminated
        HALL FOLLOW MOTOR ACTIVE
User stopped or BLOCKED - behavior terminated
        In last known location loop
        MOVE TO GOAL MOTOR ACTIVE

Moving from H8 to F1, going NORTH
In navigating hall behavior
        turning towards the: NORTH
        Turned towards hall - Initialization terminated
        HALL FOLLOW MOTOR ACTIVE
        will follow wall on right (left ground truth) to stay in foyer
Found foyer - Nominal Behavior terminated

Moving from F1 to H5, going EAST
In navigating hall behavior
        following wall on left (right ground truth)
        trying to exit foyer
        looking for hall towards the: EAST
        WALL FOLLOW MOTOR ACTIVE
        Found hall - Initialization terminated
        HALL FOLLOW MOTOR ACTIVE
Found door (vision) - Nominal Behavior terminated
```

그림 13.12 막힌 경로가 있는 경우 R1에서 R0으로 이동하는 시나리오

명목형 행동인 move-thru-door는 자체 종료되므로 별도의 종료 조건이 없다. 문에 대한 퍼셉션은 로봇이 무엇을 해야 하는지 결정하는 핵심 요소다.

navigate-hall 동작은 코리더(복도), 포이어(로비/현관), 코리더 간 및 코리더에서 코리더/도어 노드 간 이동에 사용된다. 행동에는 2가지 다른 출발 조건이 있다. 첫 번째 조건은 로봇이 포이어에 있고 홀을 감지하는 것이다. 홀이 어느 정도 앞에 있을 수도 있고 hallfollow 행동은 로봇이 홀 안에 있다고 가정하기 때문에 스크립트는 홀을 찾는 wallfollow를 사용한 다음 홀을 따라가기 시작한다. 태스크 관리자는 데이터베이스에 저장된 방향 정보를 사용해 포이어의 벽을 따라간다. 한편 두 번째 조건은 로봇이 이미 홀에 있다고 가정한다. 로봇이 홀의 중심선을 향한다는 보장이 없으므로(ANB는 전역 변수를 제외하고는 인스턴스화 이전에 수행된 작업에 대해 알지 못함) 서브스크립트는 로봇이 기대하는 홀에 맞춰 방향을 돌린다.

```
switch(hall)
  case not-facing-hall:
    // 초기화 단계
    if starting in a FOYER
      if hall-not-found
        wallfollow until find the hall
      else
        if not facing hall
          turn to face hall
    else starting in a HALL
      if not facing hall
        turn to face hall
  case facing-hall:
    // 통상적인 활동 단계
    hallfollow until next gateway
```

navigate-hall ANB는 다음 예상 게이트웨이(경로의 다음 노드)가 발견되면 종료된다. 게이트웨이를 찾는 3가지 행동이 있다. hallwatch는 예상되는 방향에 있는 홀의 초음파 서명을 찾는다. foyerwatch는 마찬가지로 포이어를 찾으며, confirm-door는 방과 관련된 랜드마크를 감지하고자 시야를 사용한다. 이러한 행동은 명목형 행동과 동시에 실행된다.

navigate-foyer ANB는 로봇을 두 개의 포이어 사이에서 이동하는 데 사용된다. 두 개의 연결된 포이어 노드가 서로 다른 방향(즉, 포이어에 여러 개의 게이트웨이)에서 진입할 수 있는 큰 단일 포이어로 표현했다고 가정한다. 이 스크립트는 두 번째 포이어의 방향으로 로봇이 n 피트만큼 첫 번째 포이어로 이동한다. 이러면 로봇이 혼동을 일으킬 수 있는 초음파 신호에서 벗어날 수 있다. 그런 다음 태스크 관리자가 다음 예상 게이트웨이를 탐지할 때까지 어느 포이어를 wall-follow해야 할지 결정한다. 활동 시퀀스가 고정돼 있으므로 의사코드에는 따로 조건문이 없다.

```
// 1단계
move-to-goal(n, dir) in direction of next foyer
// 2단계
wallfollow until next gateway is detected
```

13.8.3 시사점

CSM 팀은 AAAI 학술대회의 경진대회에 참가하지 않았다. 로봇은 일련의 하드웨어 고장을 겪었고, 이로 인해 전원 공급 장치와 음파 탐지기가 모두 망가졌다. 어쨌든 로봇은 결국 고쳐지긴 했으며 소프트웨어도 잘 작동했다. 경진대회 전과 후의 테스트를 통해 몇 가지 실제적인 교훈을 제공했다.

첫째, 로버스트한 프리미티브로 추상적인 내비게이션 동작을 구축하는 것이 중요하다. 이렇게 구현할 때 가장 큰 문제는 스크립트 자체가 아니라 사실상 프리미티브 행동의 품질에 있었다. 로봇이 방 주변의 벽을 따라가는 동안 열린 출입구를 확실히 감지할 수 없다면 스크립트가 어떻게 작성됐든 결코 밖으로 나가지 않을 것이다. 둘째, 센싱 리소스에 대한 경합 문제가 로봇 제어 체계에서 새롭게 대두된다. 로봇의 비디오카메라는 팬 메커니즘에 이상이 없었다. 즉, 클레멘타인의 방향 컨트롤은 카메라 이펙터다. H 노드와 Hd 노드 사이의 hallfollow 행동의 인스턴스 중 navigate-hall의 명목적 행동은 종종 예상했던 문의 위치에서 멀리 떨어져 있는 클레멘타인과 카메라를 가리켰고 navigate-hall 종료에 쓰인 confirm-door 퍼셉션 행동을 방해했다. 속도가 느렸을 때도 클레멘타인 로봇은 자주 문을 빗나갔다. 이를 해결하는 대안 중 하나는 두 개의 활성 행동이 교대로 로봇을 제어하게 하는 것이다. 이를 통해 이동, 중지, 센싱 시나리오가 만들어지고 이 때문에 로봇의 진행 속도가 느려지긴 했지만 결국 문을 통과할 수 있었다.

사용된 표현 및 경로 플래닝 알고리듬은 부가적인 메트릭 정보를 필요로 한다는 점에 유의하자. 방문했던 모든 노드 쌍 사이의 메트릭 거리를 데이터베이스에 저장할 수 있다. 노드 클래스는 기준 인덱스를 N, E, S, W(동, 서, 남, 북)에 연결된 노드에 저장했다. 거리 값은 이러한 인덱스에도 붙일 수 있다. 단순히 메트릭 거리를 붙일 경우 어떤 값을 사용할지 결정해야 한다. wallfollow가 로봇이 출구로 나가려고 포이어(로비)의 주변을 돌았을 때 로봇의 이동 거리는 노드 사이의 직선 거리가 될 수 없고 양방향 측정도 될 수 없다. 포이어가 비대칭이고 로봇이 매번 다른 벽을 따라가는 경우 포이어를 통과하는 N-S는 S-N보다 훨씬 길어질 수 있다. 반면 포이어의 폭을 알고 있다면 로봇은 추측 항법을 사용해 원하는 출구로 직접 이동할 수 있다. 특히 장애물이 복도를 따라 이동하는 사람들처럼 이동 거리를 늘리는 장애물의 영향도 문제가 될 수 있다. 어떤 짧은 홀을 방문했을 때 사람들로 붐비면 길을 찾는 데 오랜 시간이 걸릴 수 있지만 그 사이 다른 홀은 비어있다. 메트릭 거리를 추가할 때 이 거리를 어떻게 효과적으로 사용할지 결정하는 것도 또 다른 어려운 점이다. 모든 노드 쌍에 대한 메트릭 거리를 알 수 없기 때문에 데이크스트라 알고리듬을 적용하기 어렵다. 마찬가지로 거리는 경로를 선택하는 데 그저 여러 요소 중 하나일 수도 있다. 우리가 현재 구현한 결과는 방 사이의 지름길보다는 복도를 통과하게 한다. 효용 이론Utility theory은 이러한 경쟁 문제competing concerns의 영향을 정량화하는 하나의 메커니즘이다.

13.9 인공지능에 대한 기회

내비게이션에 대한 인공지능 로보틱스 접근 방식은 경로 플래닝과 SLAM에 초점이 맞춰져 왔다. 이러한 주제는 지식 표현, 탐색, 플래닝이라는 AI 분야의 연구 성과와 기술을 많이 활용했다. 위상학적 기법, 특히 연관 기법^{associative method}은 컴퓨터 비전 분야에서 나온 것이다. 위상학적 기법은 본질적으로 행동 기법이며 전체적으로 로 버스트니스가 부족하다는 단점이 있다. 이 기법은 실패할 경우 문제 해결 기술을 탐지하고 적용하기 어렵다. 다른 AI 분야는 통상 위상학적 내비게이션을 구현하는 데 쓰이지 않는다.

위상학적 경로 플래닝에 사용되는 핵심 지식 표현은 공간 메모리의 형태를 띤다. 반응형 패러다임은 공간 메모리, 게이트웨이, 랜드마크에 적용되는 의미를 갖는 레 이블을 최소화하는 소위 위상학적으로 "적을수록 더 좋다"라는 접근 방식에서 영감 을 얻은 것이다. 에이전트가 탐색해야 하는 공간 메모리의 규모는 유동적이며 여러 요인에 따라 달라진다. 로봇이 얼마나 정확하고 효율적으로 경로를 정하고 움직여 야 하는가? 시간이 중요한가? 아니면 소위 차선의 경로가 있는가? 최적화가 필요한 내비게이션 작업은 더 밀도가 높고 복잡한 월드 표현을 요구하곤 한다. 환경의 특징 은 무엇인가? 방향에 대한 단서를 얻을 수 있는 랜드마크가 있는가? 랜드마크 사이 의 거리는 정확한 값인가? 지형, 표면 특성, 장애물 등을 지정하는 환경에 대한 정보 의 출처는? 해당 환경에서 사용할 수 있는 센서의 속성은 무엇인가?

위상학적 내비게이션에는 경로를 따라 내비게이션을 실행하는 절차를 선택하고 구현해 경로를 생성하는 기능이 포함돼 있다. 관계형 기법에서 월드 모델은 기본적 으로 행동인 로컬 제어 전략에 의해 연결된 차별화된(특정한) 장소로 구성된다. 표준 그래프 알고리듬을 사용할 수 있을 만큼 충분히 희박하기 때문에 경로를 찾는 데 정교한 탐색 알고리듬이 필요하지 않았다. 연관형 기법에서 월드 모델은 이동할 연관 방향^{associative direction}이나 랜드마크의 조합이 포함된 뷰프레임^{viewframe}으로 구성 되며, 여기서 연관 방향은 사전에 접했던 경로나 환경 탐사를 위해 기억 속에 저장될 수도 있고 새로운 목표를 추론할 수도 있다.

위상학적 내비게이션은 특히 컴퓨터 비전에 해당하는 퍼셉션이 랜드마크와 게이트웨이를 식별하고 학습하기에 충분하다고 가정한다. 물론 위상학적 내비게이션 관련 기법에서 심볼 그라운딩 문제를 회피하려고 노력하지만 말이다. 차별화된(특정한) 장소^{distinctive place}란 장소를 '인식'한다는 것으로, 여기서 말하는 인식은 실제 인식보다 어포던스에 가까우며 나이저의 2가지 유형의 퍼셉션으로 되돌아간다. 연관 기법은 컴퓨터 비전을 지향한다는 점에서 흥미롭다. 모든 경우에서 근본적인 주제는 에이전트가 환경을 탐사하고 무엇이 고유한지(예, 차별화된(특정한) 장소, 랜드마크, 뷰포인트)와 행동(예, 로컬 제어 전략, 이동 방향)을 학습해 월드 모델을 구축하는 것이었다. 실제로 신뢰할 만한 퍼셉션과 행동 실행에 대한 실질적인 어려움으로 인해 위상학적 구현이 쉽지 않았고, 이에 따라 아프리오리 맵^{a priori map}으로 시작하곤 했다.

위상학적 기법들은 플래닝을 사용하는 반면 플래닝의 문제 해결 측면은 상대적으로 덜 다뤄졌다. 1가지 이유는 메트릭 정보(예, 한 장소에서 다른 장소로 이동하는 데 걸리는 시간)가 없으면 진행 상황을 모니터링하기가 어려울 수 있어서다. 실내에서 열리는 AAAI 경진대회를 포함한 여러 행사를 보면 로봇이 너무 멀리 가서 신호를 놓쳤다는 것을 빠르게 감지할 수 있을 만큼 환경에 게이트웨이가 충분히 많았다. 지방 고속도로에서 GPS나 다른 형태의 메트릭 로컬라이제이션이 없을 경우 로봇은 먼 거리를 한참 이동한 후에야 올바른 경로에서 벗어났음을 알아차릴 수도 있다.

13.10 요약

13장에서는 다음과 같은 내용을 다뤘다. 인공지능 관점에서 내비게이션이란 무엇인가? 내비게이션은 4가지 기능이나 질문으로 나눌 수 있는데, 각각 모두 지능을 필요로 한다. 첫째, "나는 어디로 가는 중인가?"라는 질문은 미션 플래너 문제를 다룬다. 둘째, "그곳으로 가는 가장 좋은 방법은 무엇인가?"라는 질문은 내비게이션과 같은 의미인 경로 플래닝 문제를 다룬다. 그리고 "내가 어디까지 왔는지?"와 "현재 여기가 어디인지?"라는 질문에서는 탐사와 SLAM 문제의 기초를 다룬다.

이 장에 화두를 던졌던 질문들로 돌아가 보자. 동물들은 어떻게 길을 찾아가는가? (즉, 동물의 내비게이션은 어떻게 동작하는가?) 이에 관해서는 대개 다음과 같이 답할 수 있다. 그들은 위상학을 바탕으로 길을 찾아간다. 그러나 주의할 점은 일부 동물은 원래 있던 곳으로 되돌아갈 때 소위 추측 항법을 활용한다는 것이다. 하지만 인간의 내비게이션은 동물과는 근본적으로 다르다. 랜드마크(예, 도로 표지판)와 추가 정보 (예, 마일 마커mile marker)로 환경을 설계하고 GPS를 사용해 내비게이션을 단순화한다. 이 장에서는 일부이긴 하지만 다음과 같은 답을 제시했다. 우선 "어떤 종류의 내비 게이션이 있는가?"라는 질문을 생각해보자. 내비게이션에는 위상학적 기법, 메트릭 기반 기법이라는 2가지 광범위한 분야가 있지만 앞에서 소개한 내비게이션 기능적 질문처럼 4가지 관점으로 생각할 수도 있다. 1가지 구체적인 기법으로 경험 기반 지도 내지는 공간 메모리에 기반을 둔 경로 플래닝path planning이 있다. 또 다른 중요 한 기법으로는 지도를 생성하기 위한 탐사와 지도 제작이 있다. 12장에서 설명한 내비게이션의 미션 플래닝 측면이나 목표 지점 설정 등은 로보틱스 분야의 주요 연구 주제는 아니었다. 사람 내지는 에이전트가 목표를 설정한다는 가정이 있었다. 여기서 말하는 목표 설정은 프로그래밍 방식일 수도 있고 자연 언어로 소통하는 방식일 수도 있으며 포인팅(사상적 제스처) 방식일 수도 있다. 한편 "어떤 유형의 내비 게이션이 가장 좋은가?"라는 질문에는 정답이 없다. 굳이 답하자면 애플리케이션에 따라 다르다. 위상학적 내비게이션은 공간 메모리의 실제 스타일과 행동 구현이 충분한 상황에 매우 적합하다.

이 장에서는 위상학적 내비게이션 기법을 자세히 설명했다. 라우트, 정성적 내비게 이션이라고도 불리는 위상학적 내비게이션은 종종 행동 기반 로봇의 경우 더 간단하 고 자연스러운 것으로 여겨진다. 이건 마치 사람들이 다른 사람들에게 길을 알려주는 경우가 많다보니 로봇이 "홀을 향해 내려가서 막다른 골목에서 왼쪽으로 돈 다음 오른쪽에 있는 두 번째 문으로 들어가세요" 같은 명령어를 단위별로 나눠 분석할 수 있을 것이라 생각하는 것과 같다. 모든 것이 어디에 있는지에 대한 지도가 없더라도 로봇이 '홀', '막다른 골목', '룸'이 무엇인지 안다면 내비게이션 정보로는 충분하다.

로봇의 위상학적 내비게이션에는 랜드마크가 절대적으로 필요하다. 랜드마크는 방향 관련 단서를 제공해 "내가 지금 어디에 있는지?"라는 문제를 간단하게 바꿔준다. 게이트웨이는 로봇의 방향 전환 가능성을 반영하는 랜드마크의 특수한 경우다 (예, 다른 도로나 홀로 내려가는 경우, 방으로 들어가는 경우). 정성적 내비게이션 기법에는 관계형과 연관형 2가지 카테고리가 있다. 관계형 기법은 차별화된(특정한) 장소(노드)를 그래프를 형성하는 노드 사이를 이동하는 데 필요한 로컬 제어 전략(에지)이나 행동과 관련짓는다. 로봇은 단일 소스 최단 경로 알고리듬과 같은 기술을 통해 경로를 만들어낼 때 그래프를 이용할 수 있다. 관계형 기법은 그래프상에서 순회 중인 에지와 연관된 행동을 활용해 경로를 실행한다. 어떤 위치에 있는 랜드마크를 봤다면 로봇은 그 주변에 있고, 따라서 해당 랜드마크를 기준으로 잡고자 힐-클라이밍 같은 다른 행동을 사용할 수도 있다. 로봇이 특정 위치에서 원위치할 수 있도록 변경 사항에 대한 시각적 패턴을 기억하는 방법이나 랜드마크가 어떻게 배치됐는지 각각의 위치를 유추하는 방법을 통해 연관형 기법은 퍼셉션과 위치를 관련짓는다. 연관형 기법은 알려진 경로를 재추적하는 다른 라우팅 방법보다 좋다.

왠지 위상학적 내비게이션은 내비게이션과 인공지능을 겉핥기 한 것 같은 느낌이다. 14장에서는 메트릭 경로 플래닝, 모션 플래닝, SLAM, 마지막으로 지형과 클러터가 내비게이션에 미치는 영향을 다룬다.

13.11 연습문제

문제 13.1
공간 메모리란 무엇이며, 이게 왜 내비게이션에 중요한가?

문제 13.2
에이전트가 공간 메모리를 유지하는 4가지 방법은 무엇인가?

문제 13.3

다음 용어를 정의해보라:

a. 게이트웨이

b. 퍼셉션 안정성

c. 퍼셉션 구별 가능성

문제 13.4

내비게이션과 관련된 4가지 질문을 나열해보라. 각 질문에 대해 관련 로봇 기능과 AI 관련 영역을 설명하라.

문제 13.5

공간에서 라우트와 메트릭 표현이 어떻게 다른지 설명해보라.

문제 13.6

자연 랜드마크와 인공 랜드마크의 차이를 정의하고 각각의 예를 하나씩 제시하라.

문제 13.7

게이트웨이를 정의하라. 박물관에는 어떤 게이트웨이가 있을까? 이러한 센서를 안정적으로 감지하려면 어떤 센서가 필요할까?

문제 13.8

(다시 한 번) 게이트웨이를 정의하라. 도로에 어떤 게이트웨이가 있을까? 이러한 센서를 안정적으로 감지하려면 어떤 센서가 필요한가?

문제 13.9

캠퍼스 내 건물의 층에 대해 게이트웨이를 사용해 차별화된(특정한) 장소와 로컬 제어 전략을 레이블링하는 관계형 그래프 표현을 작성하라.

문제 13.10

카이퍼스Kuipers와 변Byun의 연구에서 소개한 공간적 레이어를 생각해보자. 이 3가지 레벨이 하이브리드 아키텍처에 자연스럽게 적용되는가? 레벨이 스테이트-레이어 스타일로 어떻게 구현될까? 모델 지향적 스타일로는 어떻게 구현될까?

문제 13.11

미네르바 로봇은 토폴로지 내비게이션을 사용했는가? 랜드마크로 무엇을 사용했는가?

문제 13.12

연관 기법이 단계나 라우트를 재추적하는 데 좋은 이유는 무엇인가?

문제 13.13 [심화 문제]

미네르바 웹 사이트에서 과학 논문들을 읽고 다음 질문에 대해 서술하라.

  a. 경로 플래너가 사용했다. 개요 부분에 제시된 기준을 사용해 평가하라.
  b. 미네르바 내비게이션에 센서 불확실성이 미치는 영향을 논하라. 또한 센서 불확실성이 어떻게 해결됐는지 설명하라.
  c. 공간 메모리의 4가지 기능 중 어떤 것이 사용됐는지 나열하라.

문제 13.14 [프로그래밍]

다음 알고리듬을 찾아보고 작동 방식을 설명하라. 서로 교환해 사용할 수 있는가?

  a. 데이크스트라의 단일 소스 최단 경로 알고리듬
  b. 힐-클라이밍 알고리듬.

문제 13.15 [프로그래밍]

시각적 랜드마크를 설계하고 힐-클라이밍 알고리듬을 구현해 랜드마크를 기준으로 로봇의 위치를 지정하라.

문제 13.16 [프로그래밍]

다음에 대해 4가지 고유한 랜드마크를 설계하라.

a. 사용자가 지정한 순서에 따라 로봇이 각 랜드마크를 방문하도록 프로그래밍하라.

b. 랜드마크를 다른 위치에 배치하라. 사용자가 지정한 두 지점 사이의 최단 경로를 계산하고자 데이크스트라의 단일 소스 최단 경로 알고리듬을 구현한다.

c. 로봇이 모든 웨이포인트를 효율적으로 방문할 수 있도록 최소 신장 트리 알고리듬을 구현하라.

13.12 엔드 노트

배터리 및 위상학적 내비게이션.

CSM 팀은 클레멘타인^{Clementine}의 전원 공급장치와 관련된 대규모 하드웨어 고장으로 인해 참가하지 못했다. 어느 순간 이 팀은 시애틀 컨벤션 센터 밖에 주차해놓은 승합차의 배터리를 사용하고 있었다. 우리는 차를 몰고, 주차를 하고, 승합차를 열어 배터리를 꺼내곤 했다. 우리는 배터리를 갖고 컨벤션 센터로 들어갔고 그날 저녁 늦게 승합차에 다시 가져다 놨으며 다음날 이른 아침 집으로 차를 몰고 가곤 했다. 경비원이나 경찰 누구도 이에 대해 한 마디도 하지 않았다.

차량이 원을 그리며 주행했을 때 장점

QualNav의 재미있는 측면 중 하나는 로봇이 머리 뒤쪽에 카메라를 장착했다고 알고리듬에서 가정했다는 것이다. 하지만 안타깝게도, QualNav 이론 테스트용 DARPA 자율 지상 차량은 그렇지 않았다. 즉, 모든 센서가 전방을 향해 있었다. 데릴 로튼^{Daryl Lawton}은 조합 운전자에게 10피트마다 차를 세우고 360도 회전해서 알고리듬이 눈에 보이는 모든 랜드마크의 경관을 기록할 수 있게 하자고 설명했다 이 미친 과학자가 10피트마다 360도 회전하는 자율 내비게이션을 할 수 있는 첨단 기술을 가진 트럭을 왜 원했는지 이해하긴 어려웠지만 마침내 그 운전자는 요청을 받아들였다.

위상학적 내비게이션의 예

CSM 팀이 사용한 토폴로지 내비게이션의 그림과 출력물은 폴 위베[Paul Wiebe]가 준비한 것이다.

14
메트릭 경로 플래닝과 모션 플래닝

14장에서 다루는 내용

- Cspace, 경로 완화path relaxation, 디지털화 편향digitization bias, 서브골 오브세션 subgoal obsession, 종료 조건termination condition을 정의한다.

- 일반화된 보로노이 그래프GVG, Generalized Voronoi Graph, 규칙적인 그리드regular grid, 쿼드 트리quad tree로 실내 환경을 표현하고 경로 플래닝에 적합한 그래프를 만든다.

- 그래프에 A* 탐색 알고리듬을 적용해 두 위치 사이의 최적 경로를 찾는다.

- 연속형 리플래닝continuous replanning과 이벤트 중심 리플래닝event-driven replanning 간의 차이점을 설명한다.

- D* 탐색 알고리듬이 연속형 리플래닝을 수행하는 방법을 설명한다.

- 피아노 운반자의 문제piano mover's problem가 무엇인지 알아보고 경로 플래닝과 어떤 차이가 있는지도 살펴본다.

- RRTRapidly exploring Random Tree 알고리듬과 A* 계열의 알고리듬 간에 유사점과 차이점을 설명한다.

- 경로 플래너의 평가 기준을 나열하고 경로나 모션 플래너에 대한 설명이 주어진 경우 기준을 사용해 플래너의 효용을 평가한다.

14.1 개요

경로 플래닝은 "목표가 알려지고 지도가 존재한다고 가정할 때 그곳에 가는 가장 좋은 방법은 무엇인가?"라는 내비게이션 관련 질문에 대한 답을 얻고자 한다. 13장에서는 2가지 형태의 내비게이션 중 하나인 위상학적 내비게이션을 소개했다.

위상학적 내비게이션은 랜드마크 사이의 라우트로 구성된 공간 메모리를 활용하는 반면 다른 형태의 내비게이션인 메트릭 내비게이션은 환경의 레이아웃이 공간 메모리에 상주한다고 생각했다. 여기서 위상학적 내비게이션과 메트릭 내비게이션/경로 플래닝이 어떻게 다른지 궁금할 것이다. 한편 실제 구현 관점에서 "무엇이 일반적으로 많이 쓰이고 동작도 잘할까?"라는 것도 궁금할 것이다. 좀 더 자세하게 생각한다면 "얼마나 많은 경로 플래닝이 필요할까?"일 수도 있다. 12장에서 다뤘던 중첩된 계층형 컨트롤러 파티셔닝 기법은 플래닝이 빈번하지 않다는 점을 내포하고 있다. 하지만 고급 컴퓨팅 자원을 사용할 경우 연속적 심의형 리플래닝에 부정적인 부분이 있을까?

이 장에서는 앞에서 던진 문제를 자세히 다뤄보려고 한다. 먼저 위상학적 내비게이션으로는 충분하지 않은 4가지 상황을 통해 위상학적 내비게이션과 메트릭 내비게이션이 어떻게 다른지 살펴본다. 메트릭 경로 플래너와 모션 플래너에는 **표현**representation(데이터 구조)**과 알고리듬**algorithm이라는 2가지 구성 요소가 있다. 이 장에서는 이들을 각각 설명한다. 먼저 경로 플래너가 경로 플래닝을 위해 월드를 어떻게 구조 또는 지도(즉, 컨피규레이션 공간configuration space)로 분할하는지를 다룬다. 한편 '표현'이 의도하는 것은 관심 영역space of interest 내에서 내비게이션과 관련된 물체의 두드러진 특징salient feature 내지는 관련 구성relevant configuration만 표현하는 것이다. 이런 이유에서 컨피규레이션 공간이라고 한 것이다. 이 장에서는 탐색과 관련해서 A* 및 D* 계열의 알고리듬에 초점을 맞춘 경로 플래닝 관련 알고리듬도 설명한다. 탐색 알고리듬은 일반적으로 모든 컨피규레이션 공간 표현configuration space representation을 통해 탐색할 수 있지만 다른 알고리듬과 마찬가지로 일부는 특정 데이터 구조와 함께 구현했을 때 더 좋은 결과를 보인다. 그림 14.1은 메트릭 경로 플래닝과 모션 플래닝의 3가지 카테고리를 정리한 것이다. 경로 및 라우팅 알고리듬은 2가지 큰 카테고리로 나뉜다. 첫 번째는 A* 알고리듬의 변형 버전을 응용한 그래프 탐색 문제로 경로 플래닝을 처리하는 방식이다. 두 번째는 그래픽 컬러링 문제로 경로 플래닝을 해결하는 웨이브프론트 전파 알고리듬이다. 이 장에서는 A* 및 D* 알고리듬의 변형 버전을 중점적으로 설명한다. 아울러 여러 가지 포즈에 민감한 상황 및 매니퓰레이션에 대한 모션 플래닝도 다룬다. 여기서는 일반적으로 RRT 알고리듬의 변형 버전을 사용한다. 마지막으로 경로 실행과 인터리빙interleaving 반응 및 플래닝 문제를 다룬다. 어떤 알고리듬을 쓰든 간에 언제 계획을 세울 것인지, 특히 어떻게 반응과 플래닝을 인터리브interleave할 것인가는 항상 고민거리다. 플래너는 모든 센서를 업데이트한 후 재실행해야 할까, 아니면 월드가 바뀌거나 성능이 크게 저하될 때만 계획을 수정해야 할까?

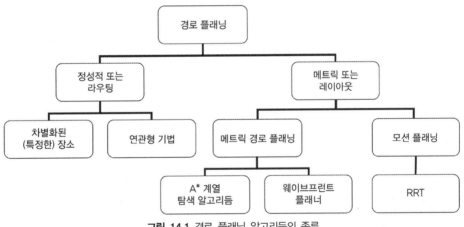

그림 14.1 경로 플래닝 알고리듬의 종류

14.2 위상학적 내비게이션이 충분하지 않은 4가지 상황

위상학적 내비게이션을 적용하기 적절치 않은 상황을 정리하면 적어도 4가지를 생각해볼 수 있다. 첫째, 출발 지점과 목표 지점 사이의 공간에 레이블이 붙어 있거나 퍼셉션 측면에서 구분되는 영역으로 손쉽게 추상화 되지 않는 경우다. 예를 들어 하늘에 떠있는 무인 항공기의 경우 퍼셉션으로 처리할 수 있는 랜드마크가 거의 없을 수도 있다.

둘째, 라우트 선택이 차량의 제어나 에너지 비용에 영향을 미칠 때 발생한다. 예를 들어 어떤 로봇이 빠른 속도로 움직일 경우 방향 전환이 어려울 수도 있지만 어느 정도 느리면 가능할 수도 있다. 속도를 줄이지 않으면 회전 반경이 더 커지고 그에 따라 이동 거리가 더 늘겠지만 어찌됐건 최종 목적지에는 도착할 수 있을 것이다. 이론적으로 빠르게 방향을 전환하는 것에 대한 보상은 로컬 제어 전략에 통합될 수 있지만 플랫폼 충돌 위험을 감수하는 걸 전제로 올바른 차량 역학에 대한 실험과 학습을 수행해야 한다. 이상적으로 로봇은 아프리오리 맵$^{a\ priori\ map}$에서 직접 안전한 경로 선택을 생성할 수 있다. 한편 경사가 완만한 라우트를 더 선호하거나 에너지를 집중적으로 사용해서 오르막길을 올라야 하는 지상 로봇도 좋은 예이며, 측면 바람을 최소화하는 항공기도 적절한 사례 중 하나다.

셋째, 경로의 목적이 영역에 대한 센서의 커버리지를 허용할 때 발생할 수 있다. 예를 들어 무인 수중 차량은 침몰한 배나 비행기 난파선을 찾고자 해양의 한 지역을 (잔디 깎는 기계처럼) 샅샅이 스캔해야 할 수도 있다. 또 다른 예는 필드나 건설 현장을 조사하는 UAV를 생각해 볼 수 있다. 이러한 경우 경로는 좌표 프레임에서 일련의 위치나 웨이포인트(경유지)로 지정된다.

넷째, 목적지에 도달하는 동안 또는 영역을 커버하는 동안 로봇 포즈가 중요할 때 발생할 수 있다. 피아노를 아래층으로 옮기는 상황을 생각해보자. 피아노가 한 쪽으로 뒤집혀야 할 수도 있고 좁은 공간을 통과하려면 이리저리 틀어야 할 수도 있다. 이를 소위 '피아노 운반 문제$^{piano\ mover's\ problem}$'라고 한다. 실제 로봇은 홀로노믹하지 않기 때문에 피아노 운반 문제는 좁거나 어수선한 공간에서 곧바로 나타난다. 피아노 운반 문제는 로봇 팔을 한 장소에서 다른 장소로 이동하는 과정에서도 발생한다. 로봇 팔이나 다리의 움직임은 전체 플랫폼의 매크로 움직임과 구분되게 보통 모션 플래닝$^{motion\ planning}$이라고 한다.

포즈pose는 커버리지 애플리케이션에서도 중요할 수 있다. 항공 측량 조사aerial survey의 경우 동일한 고도에서 카메라가 지면에 수직인 방향으로 지역의 이미지를 촬영하면 측량 결과에 대한 전반적인 품질이 향상된다. 그러나 잔디 깎는 기계처럼 스캔lawnmower scan하는 경우 고정익 UAV는 방향을 전환해야 한다. 이는 카메라가 더 이상 똑바로 아래를 향하지 않을 뿐만 아니라 고도에도 변화가 있을 수 있다는 것을 의미한다. 따라서 UAV가 측량 작업을 재개하기 전에 포즈를 올바르게 갖출 수 있는 충분한 거리를 확보하도록 고정익 UAV에는 오버슈팅이 포함된다.

이러한 4가지 상황을 고려하는 과정에서 메트릭 경로 플래닝과 모션 플래닝이라는 서로 다른 경로 플래닝이 만들어졌다. 개략적인 설명 차원에서 메트릭 경로 플래닝을 메트릭 기법metric method이라고 하고 모션 플래닝은 레이아웃 지향 기법layout oriented method이라고 한다. 메트릭 기법에서 로봇은 환경에 대한 경험 기반 지도를 갖고 있다. 또 목표와 커버리지에 맞게 적절히 이동하는 계획도 생성한다. 메트릭 기법은 보통 최적의 경로나 모션 시퀀스를 만들어내는 기술을 선호하는데, 이는 가장 좋은 측정값을 바탕으로 한다. 반면 정성적 기법(13장 참조)의 경우 식별 가능한 랜드마크나 게이트웨이를 이용해서 라우트를 생성하는 정도에 그친다. 또 다른 차이점은 메트릭 경로가 일반적으로 경로를 웨이포인트로 구성된 서브골subgoal로 분해한다는 것이다. 이러한 웨이포인트는 대부분 고정된 위치, 좌표(x, y), 위치 및 포즈 등으로 표현된다. 이러한 위치는 수학적인 의미를 가질 수 있지만 월드 내에 물체나 랜드마크와 적절하게 대응되지 않을 수도 있다. 예를 들어 "랜드마크 L까지 약 15m 이동하고 왼쪽으로 회전하라"와 비교했을 때 "15m 이동하고 −90도 회전하라"에는 로컬라이제이션과 매핑이 필요하다.

'최적optimal'과 '가장 좋은 최고best'라는 용어는 로보틱스에 심각한 영향을 미친다. 경로가 최적이라는 것은 비교의 의미가 내포돼 있다. 일부 메트릭 기법은 포인트 사이의 가능한 모든 경로를 고려하기 때문에 최적의 경로를 생성할 수 있다. 놀랍게도 최적의 경로는 인간의 관점에서 최적이 아닌 것처럼 보일 수도 있다. 예를 들어 타일이나 그리드로 분할된 월드에서 수학적으로 최적인 경로는 직선보다는 삐뚤삐

뚤하고 불규칙할 수 있다. 가능한 모든 경로를 생성하고 비교하는 능력의 경우 플래닝이 월드에 대해 기존(또는 경험 기반) 지도를 이용할 수 있다고 가정한다. 마찬가지로 경험 기반 지도를 사용하는 경로 플래닝도 지도가 정확하고 최신 상태라고 가정한다. 이와 같이 메트릭 기법은 심의형 시스템deliberation과 호환 가능한 반면 정성적 기법은 반응형 시스템에서 잘 작동한다. 심의형 기능 관점에서 메트릭 기법은 월드의 표현, 동적 변화와 돌발 상황 처리, 계산 복잡도 등에서 어려움을 겪곤 한다.

14.3 컨피규레이션 공간

로봇과 장애물이 존재하는 물리적 공간을 월드 공간으로 생각할 수 있다. 로봇이 자신과 다른 모든 물체와 로봇의 위치(위치와 방향)를 지정할 수 있는 데이터 구조를 컨피규레이션 공간configuration space, 또는 줄여서 Cspace라고 한다.

Cspace를 잘 표현하면 플래너가 차원 수를 잘 줄일 수 있다. 예를 들어 물체가 있는 위치를 정확하게 나타내려면 6차원(자유도DOF, Degree Of Freedom)이 필요하다고 생각해보자. 사용자는 기준 프레임에서 (x, y, z) 좌표로 객체의 위치를 지정할 수 있다. 하지만 물체는 (점이 아니라) 앞면, 뒷면, 바닥의 3차원으로 구성돼 있다. 따라서 앞면이 어디를 향하는지, 기울었는지, 똑바로 서있는지, 심지어 엎어졌는지 등을 나타내려면 의자에 추가로 3의 자유도가 더 필요하다. 이를 오일러 각Euler angles, ϕ, θ, γ로 표현한다. 이들 각각을 피치pitch, 요yaw, 롤roll이라고 한다.

모바일 지상 로봇에 필요한 (대부분 경로 플래닝에 해당) 자유도는 6보다 작다. 로봇과 모든 물체가 바닥에 있는 경우 z(높이) 좌표를 제거할 수 있다. 그러나 로봇이 공중에 떠 있거나 수중 차량이라면 z 좌표가 필요하다. 이와 마찬가지로 오일러 각이 꼭 필요한 건 아니다. 로봇이 하려고 하는 것이 장애물 주변의 경로에 대한 계획을 세우는 것이라면 로봇이 어느 쪽을 향하고 있든 무슨 상관이겠는가? 그러나 행성 탐사선의 피치나 앞에 놓인 언덕의 기울기slope는 바위가 많은 험난한 지형에서의 미션을 수행하는 데 매우 중요할 수 있다. 그림 14.2는 물체를 Cspace에 변환한 결과의 예다. 일반적으로 모바일 로봇의 메트릭 경로 플래닝 알고리듬은 전위(병진)translation 및 회전rotation이라는 두 개의 자유도만 가정했다. 월드는 2차원(x, y)으로 기술했으며 로봇은 전진, 후진만 가능하고 (x, y) 평면 내에서 회전할 수 있다.

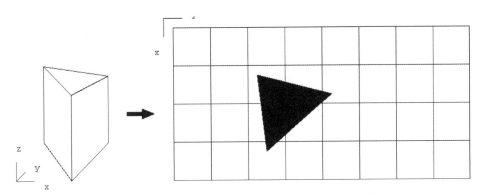

그림 14.2 자유도가 6인 월드 공간을 자유도가 2인 컨피규레이션 공간(Cspace)으로 축소시킨 모습

Cspace 표현에 대한 경우의 수는 엄청나게 크다 보니 이 책에서는 간략한 샘플링 수준으로만 다루려고 한다. 이 절에서는 Cspace 표현에 대한 상세 내용을 메도우 맵Meadow Map, 일반화된 보로노이 그래프GVG, Generalized Voronoi Graph, 규칙적인 그리드 Regular Grid 3가지로 나눠 각각 설명한다. 이 3가지 표현에 대한 개요부터 살펴보자. 먼저 월드를 빈 공간의 불규칙한 다각형 영역으로 나눈다(예, 메도우 맵, GVG처럼). 메도우 맵은 지난 몇 년 동안 별로 사용되지 않았다. 하지만 메도우 맵은 직관적이다. 또한 장애물이 많아지는 상황과 경로 이완path relaxation에 대한 모범 사례도 잘 보여준다. 뿐만 아니라 기하학을 통해 어떻게 경로를 찾는지도 자세히 보여준다. 또한 메도우 맵은 지역 지향 기법의 주요 문제점들을 구체적으로 보여준다. 첫째, 알고리듬이 만들어내는 폴리곤의 경우 알고리듬이 달라지거나 시작점이 달라지면 맵도 달라진다. 둘째, 로봇이 경계선을 믿을 만한 수준으로 인식해서 어디가 경계선 인지 아는 게 쉽지 않다. 그러나 레인지 센싱과 고밀도의 포인트 클라우드가 볼륨 추출의 안정성과 일관성을 높여주기 때문에 GVG와 기타 지역 지향 방법이 다시 주목받고 있다. 개방형 공간의 폴리곤을 찾기보다는 공간을 규칙적이고 재현 가능

한 방법으로 분할한 다음 각 부분에 대한 점유 여부를 표시하는 브루트 포스brute force 표현 기법이 대안일 수 있다. 기본적으로 이러한 방법은 전체 월드에 그리드를 만든다. 규칙적인 그리드는 단순한 분할 결과를 생성한다. 안타깝게도 그리드 요소 크기가 작을수록 컨피규레이션 공간의 해상도는 높아지지만 탐색해야 하는 요소가 많아지므로 플래닝에 필요한 계산 시간과 공간이 증가한다. 이런 이유로 재귀형 그리드 분할 기법, 특히 쿼드트리quad-trees, 옥트트리oct-trees 기반 기법이 등장했다.

14.3.1 메도우 맵

모바일 로봇을 위해 개발된 많은 초기 경로 플래닝 알고리듬은 로봇이 사전에 매우 정확한 월드 맵을 확보한다고 가정했다. 이 맵은 어떤 식으로든 디지털화가 가능하고 로봇은 다양한 알고리듬을 적용해 맵을 적절한 Cspace 표현으로 변환할 수 있다. 경험 기반 지도와 함께 쓸 수 있는 Cspace 표현의 좋은 예로 메도우 맵 또는 하이브리드 정점 그래프 프리 스페이스hybrid vertex-graph free-space 모델이 있다(그림 14.3 참조).

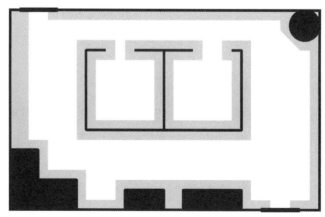

그림 14.3 로봇의 너비까지 '넓어진' 객체 경계가 표시(회색)된 경험 기반 지도. 로봇은 지도에 없다.

메도우 맵은 프리 스페이스를 볼록 다각형, 즉 컨벡스convex로 변환한다. 컨벡스는 로봇이 둘레에서 시작해 둘레의 다른 점을 향해 직선으로 이동하면 폴리곤 밖으로 나가지 않는다는 중요한 성질을 지니고 있다. 폴리곤은 로봇이 횡단할 안전한 영역을 나타낸다. 경로 플래닝 문제는 어떤 폴리곤들을 순서대로 통과하는 게 가장 효율적인지를 결정하는 문제가 된다. 메도우 맵은 로보틱스에서는 잘 쓰이지는 않지만 컨피규레이션 공간을 효과적으로 만들고 그 위에서 경로 플래닝을 어떻게 수립하는지에 대한 원리를 설명하는 역할을 한다.

프로그래밍 단계는 명확하다. 첫째, 플래너는 월드 공간의 메트릭 레이아웃으로 시작한다. 대부분의 플래너들은 물체 경계에 로봇의 크기를 추가해서 모든 물체의 크기를 더 크게 생각할 것이다. 이렇게 하면 플래너는 로봇을 2D 물체가 아닌 포인트처럼 다룰 수 있다. 경로 플래너가 시작 단계부터 홀로노믹 차량이라고 암묵적으로 가정한다는 점도 기억해두자.

경로 플래닝 알고리듬의 다음 단계는 흥미로운 피처의 쌍 사이에 라인 세그먼트 line segment가 있다고 생각해서 컨벡스 폴리곤을 구성하는 것이다. 실내 지도에서 모퉁이, 출입구, 물체의 경계선 등이 좋은 예다. 그런 다음 알고리듬은 컨벡스 폴리곤의 프리 스페이스를 분할하는 라인 세그먼트의 조합을 결정할 수 있다.

메도우 맵은 이제 기술적으로 완성됐지만 경로 플래닝을 지원하는 형식은 아니다. 각 컨벡스 폴리곤은 로봇의 안전한 통로를 나타낸다. 하지만 아직 해야 할 일이 남아 있다. 둘레를 형성하는 일부 선분은 다른 폴리곤(즉, 벽의 일부)에 연결돼 있지 않으므로 플래닝 알고리듬의 범위를 벗어난다. 또한 그림에 나와 있듯이 일부 선분은 상당히 길다. 이러면 로봇이 폴리곤을 가로지르는 전체 경로의 길이에 차이가 있을 수 있다. 플래너가 연속형 라인 세그먼트를 이산화하는 건 쉬운 게 아니다. 어떻게 폴리곤에 후보 포인트candidate points를 지정할 것인가가 주요 문제가 된다. 이에 대한 1가지 해결책은 다른 폴리곤과 경계를 이루는 각 라인 세그먼트의 중간 지점을 찾는 것이다. 이러한 중간점midpoints 각각은 노드가 되고, 중간점 사이에 에지를 그리면 무방향 그래프undirected graph가 만들어진다. 이를 바탕으로 경로 플래닝 알고리듬은 최적의 경로를 결정한다.

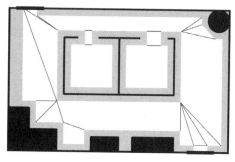 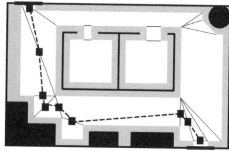

a.   b.

그림 14.4 메도우 맵의 예: a) 프리 스페이스를 컨벡스 폴리곤으로 분할한다.
b) 중간점을 사용해 그래프를 생성한다.

메도우 맵 또는 Cspace 표현의 단점은 그림 14.4에서 명확하게 찾을 수 있다. 선택되는 모든 길은 다소 들쭉날쭉할 수 있다. 각각의 변곡점^{inflection point}은 웨이포인트다. 파티셔닝 프로세스의 결과를 보면 프리 스페이스가 기하학적으로는 납득이 가게 분할된 것 같지만 실제로 이 공간을 통과해야 하는 로봇 입장에서는 꼭 그렇다고 보긴 어렵다는 것이다. 왜 복도를 반쯤 내려가서 비스듬히 설까? 연구에서는 파티셔닝이 수학적으로 최적인 것 같기도 하다 그러나 실제로는 완전히 멍청하게 보인다. 척 쏘프^{Chuck Thorpe}는 카네기 멜런 대학교에서 프리 스페이스를 대상으로 가능한 모든 종류의 이산화 과정에서 생성될 수 있는 경로에 대한 해결책을 고안했다 (그림 14.5 참조). [205] 그 경로를 일종의 끈으로 생각해보자. 그런 다음 양쪽 끝을 당겨서 끈을 조인다고 상상해보자(이를 기술적으로 경로 이완^{path relaxation}이라고 한다). 이러한 스트링 타이트닝^{string-tightening} 알고리듬은 컨벡스 폴리곤의 안전 영역 특성을 위반하지 않으면서 경로상의 꼬인 부분을 대부분 제거할 수 있다.

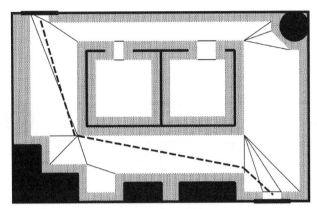

그림 14.5 초기 경로의 완화에 따른 스트링 타이트닝

메도우 맵에는 유용성을 제한하는 문제점이 3가지 있다. 첫째, 폴리곤을 생성하는 기술은 계산상 매우 복잡하다. 하지만 더 중요한 것은, 메도우 맵은 폴리곤 경계를 결정하는 데에 실제로 감지할 수 있는 것보다는 지도의 인공물을 사용한다는 것이다. 로봇의 위치 파악, 즉 로컬라이제이션이 정확하지 않으면 자신이 길고 피처(특징)가 없는 홀의 중간 지점에 있는지 그리고 30° 방향 전환을 해야 하는 걸 어떻게 알 수 있을까? 세 번째는 로봇이 경험 기반 지도와 실제 월드 사이에 불일치를 발견했을 때 다이어그램을 어떻게 업데이트할지 또는 수정할지 불분명하다는 것이다.

14.3.2 GVG: 일반화된 보로노이 그래프

일반화된 보로노이 그래프^{GVG}는 Cspace를 표현하고 그래프를 생성하는 데 널리 사용되는 메커니즘이다. 메도우 맵과 달리 로봇이 새로운 환경에 진입할 때 GVG가 만들어질 수 있고, 따라서 카네기 멜론 대학교의 호위 초셋^{Howie Choset}이 연구[45]에서 보여준 위상학적 맵을 만들 수 있다.

　GVG의 기본 아이디어는 보로노이 에지^{Voronoi edge}라는 모든 점에서 거리가 같은 라인을 생성하는 것이다. 그림 14.6을 보자. 여기서 보로노이 에지는 복도와 열려 있는 곳(개구부)의 중간 지점을 따라 내려간다. 보로노이 에지가 만나는 지점을 보로노이 정점^{Voronoi vertex}이라고 한다. 보로노이 정점은 종종 환경에서 감지될 수 있는 구성과 물리적으로 일치한다. 이를 통해 로봇은 GVG에서 생성된 경로를 훨씬 쉽게 따라갈 수 있다. 이게 가능한 건 모든 장애물과 동등하게 유지하기 위한 암묵적 로컬 제어 전략이 있기 때문이다.

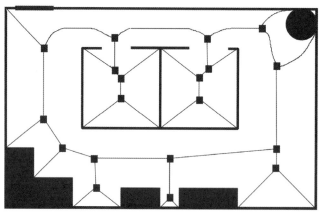

그림 14.6 GVG의 예

로봇이 보로노이 에지를 따라가면 로봇이 공간의 '중앙'을 유지하기 때문에 모델링된 장애물과 충돌하지 않는다. 이렇게 하면 메도우 맵처럼 장애물 경계를 확장할 필요가 없어진다. 에지는 주요 통행로 역할을 한다. 또한 GVG의 곡선 에지는 그래프 이론이나 그래프 알고리듬에서 별 문제가 되지 않는다는 점도 주목하자. 물리적 실체가 아니라 길이로 인해 차이가 나타나기 때문이다.

14.3.3 규칙적인 그리드

월드 공간을 분할하는 또 다른 방법은 규칙적인 그리드$^{regular\ grid}$다. 규칙적인 그리드 기법은 그림 14.7처럼 월드 공간에 2D 데카르트 그리드를 그린다. 그리드 요소에 포함된 영역에 물체가 있는 경우 해당 요소는 '점유 중^{occupied}'으로 표시된다. 따라서 규칙적인 그리드를 흔히 점유 그리드$^{occupancy\ grid}$라고 한다. 점유 그리드는 15장에 자세히 설명한다.

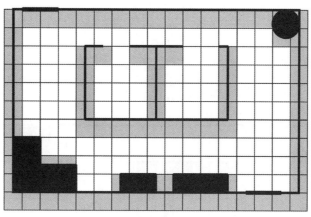

그림 14.7 규칙적인 그리드의 예

규칙적인 그리드는 적용하기에 간단하다. 그리드 각 요소의 중심은 노드가 될 수 있고, 따라서 그리드를 고도로 연결된 그래프로 변환할 수 있다. 노드 간에 연결선을 대각선으로 그릴 수 있는지 여부에 따라 4 연결형이나 8 연결형 그리드로 구분한다.

안타깝게도 규칙적인 그리드에도 문제점이 있다. 첫째, 디지털화 바이어스^{digitization}

^{bias} 개념이 쓰이는데, 이는 물체가 그리드 요소의 가장 작은 부분에 놓였더라도 해당 요소 전체가 '점유 중'으로 표시된다는 것을 의미한다. 이러면 공간 낭비도 심하고 물체들도 삐죽삐죽 해진다. 낭비되는 공간을 줄이고자 실내용 규칙적인 그리드를 4~6인치 정사각형 순서로 세밀하게 분할해서 사용하는 경우가 많다. 이렇게 해상도를 높이면^{fine granularity} 경로 플래닝 알고리듬이 고려해야 할 노드가 엄청나게 많아지고 결국 저장 비용도 높아진다.

14.3.4 쿼드트리

쿼드트리^{quadtree}는 공간 낭비를 피하려는 규칙적인 그리드의 변형 버전이다(그림 14.8 참조). 쿼드트리는 재귀형 그리드 계열 중 하나다. 표현은 64인치(8 × 8인치)의 넓은 면적을 나타내는 그리드 요소로 시작한다. 물체가 그리드의 (전체를 덮지 않고) 일부에 놓인 경우 Cspace 알고리듬은 그리드 요소를 4개의 작은 그리드로 나눈다(각각은 16인치 크기의 정사각형일 것이다). 물체가 특정 하위 요소를 다 채우지 않으면 알고리듬은 해당 요소를 4인치 정사각형 영역으로 표현하는 4개의 하위 요소로 다시 분할한다. 한편 3차원 쿼드트리는 옥트리^{octree}라고 한다.

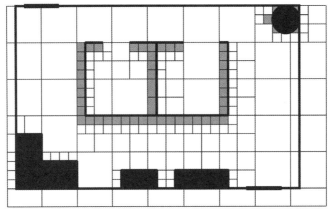

그림 14.8 쿼드트리 Cspace 표현

14.4 메트릭 경로 플래닝

목표 지점이나 경로 플래닝을 위한 메트릭 기법은 경험 기반 지도를 기반으로 한다. 그래프 기법은 경험 기반 지도를 그래프 형태의 Cspace로 변환한 다음 그래프 탐색 알고리듬을 사용해 시작 노드와 목표 지점 노드 사이의 그래프에서 최단 경로를 찾는다. A* 탐색 알고리듬은 로봇에 맞게 설계된 D* 탐색 알고리듬의 변형 버전인 인공지능 그래프 탐색 알고리듬이다. 이 외에 그래픽스에서 그래프 컬러링 알고리듬을 이용하는 방법도 있다.

14.4.1 A* 탐색 알고리듬과 그래프 기반 플래너

앞에서 이미 설명했지만 대부분의 Cspace 표현은 그래프로 변환할 수 있다. 이는 시작 노드와 목표 지점 노드 사이의 경로를 그래프 탐색 알고리듬을 사용해 계산할 수 있음을 의미한다. 그래프 탐색 알고리듬은 네트워크와 라우팅 문제에서 많이 다루기 때문에 많은 컴퓨터 과학자에게 익숙하다. 그러나 이 계열의 알고리듬 다수는 시작 노드와 목표 지점 노드 사이의 최단 경로를 결정하고자 그래프상의 노드를 방문하는 프로그램이 필요하다. 그래프상의 노드를 전부 방문하는 것은 보로노이 다이어그램에서 유도한 것과 같이 희박하게 연결된 그래프sparsely connected graph의 경우 어느 정도 계산이 가능하지만 규칙적인 그리드에서 생성된 그래프처럼 연결성이 높은 그래프의 경우 계산 복잡도가 엄청나게 커진다. 따라서 '브랜치 앤 바운드branch and bound' 방식의 검색, 즉 최적 경로가 아닌 경로를 소위 가지치기 하는 플래너를 적용하는 데 많은 연구가 이뤄졌다. 문제의 핵심은 가지치기의 타이밍이다.

A* 탐색 알고리듬은 홀로노믹 로봇의 최적 경로를 계산하는 고전적인 방법으로 A 탐색 알고리듬에서 파생됐다. A 탐색 알고리듬을 우선 예제를 통해 먼저 소개하고 이어서 A*(보통 이렇게 부른다)를 설명한다. 둘 다 각 노드의 위치가 절대 좌표인 메트릭 맵을 가정하고 그래프 에지는 해당 노드 사이에서 옮겨 다닐 수 있는지 여부를 나타낸다.

A 탐색 알고리듬은 초기 노드에서 시작해 그래프를 통해 목표 지점의 노드로 이동함으로써 최적의 경로를 점진적으로 생성한다. 즉, 업데이트는 경로에 추가할 수 있는 노드를 고려해 최적의 경로를 선택한다. 경로를 확장할 때마다 경로에 추가할 '오른쪽' 노드를 선택한다. 이 방법의 핵심은 노드의 타당성을 측정하기 위한 수식 (또는 평가 함수)이다. 다음 식을 보자.

$$f(n) = g(n) + f(n)$$

여기서는 다음과 같다.

- $f(n)$은 노드 n으로의 이동이 얼마나 좋은지를 측정한다.
- $g(n)$은 시작 노드에서 노드 n에 도달하는 비용을 측정한다. A가 시작 노드에서 확장될 때 지금까지 생성된 경로의 거리 + 노드 n까지의 에지 거리이다.
- $h(n)$은 n에서 목표까지 도달하는 최저 비용을 나타낸다.

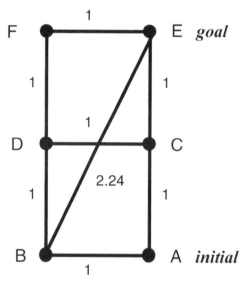

그림 14.9 A* 탐색 알고리듬을 위한 그래프의 예

그림의 예제에서 앞에서 정의한 계산식이 어떻게 사용되는지 생각해보자. Cspace 표현으로 그림 14.9의 그래프가 만들어졌다고 가정하자.

A 탐색 알고리듬은 노드 A에서 시작해서 경로에 추가할 수 있는 노드를 결정하는 의사 결정 트리 모양의 구조를 만든다. 이 예에서 선택할 수 있는 노드는 B와 C 두 개뿐이다.

추가할 노드가 올바른 노드인지 결정할 때 A 탐색 알고리듬은 에지를 보고 B나 C 중 어느 것을 추가하는 게 나은지 평가한다. B를 추가한다고 가정하면 다음과 같다.

$$f(B) = g(B) + h(B) = 1 + 2.24 = 3.24,$$

여기서 $g(B)$는 A에서 B로 가는 비용이고, $h(B)$는 B에서 E로 가는 비용이다.

한편 C를 추가한다고 가정하면 다음과 같다.

$$f(C) = g(C) + h(C) = 1 + 1 = 2.0,$$

여기서 $g(C)$는 A에서 C로 가는 비용이고 $h(C)$는 C에서 E로 가는 비용이다. $f(C) > f(B)$이므로 A에서 C로 이동하는 게 경로가 돼야 한다.

그러나 이건 $h(n)$이 모든 노드를 안다고 가정했을 때다. 즉, 알고리듬이 $h(n)$의 정확한 값을 찾으려고 재귀적으로 계산이 반복돼야 하며 결국 알고리듬이 모든 노드를 방문해야 한다는 것을 알 수 있다.

탐색은 가능한 모든 경로를 서로 비교하기 때문에 최적의 경로를 생성할 수 있다. A* 탐색은 생성하고 비교해야 하는 경로의 수를 줄이는 흥미로운 접근 방식을 취한다. 이 알고리듬은 가능한 경로를 가능한 한 최상의 경로와 비교한다. 실제 월드에서 그러한 경로를 사용하지 않더라도 말이다. A* 알고리듬은 해당 거리에 목표에 도달할 수 있는 경로 세그먼트가 실제로 있는지 확인하는 대신 h를 추정한다. 그런 다음 어떤 노드가 가장 유망한지, 그리고 특정 경로가 다른 후보보다 짧은 경로로 목표 지점에 도달할 가능성이 없어서 탐색에서 제거돼야 하는지를 결정할 때 추정치를 사용한다.

A*에서 평가 함수는 다음과 같다.

$$f^*(n) = g^*(n) + h^*(n)$$

여기서 *는 함수가 A 탐색 평가에 연결됐을 때 추정치를 의미한다. 경로 플래닝에서 $g^*(n)$은 $g(n)$과 동일하며 경로의 증분 구축을 통해 알려진 초기 노드에서 n까지 얻는 비용이다. $h^*(n)$은 실제 차이다. 그렇다면 n에서 목표까지의 비용을 추정하는 방법은 무엇일까? 또한 추정치가 충분히 정확해서 우리가 실제로 최적이 아닌 경로를 선택하지 않을 것이라고 어떻게 확신할 수 있는가? 이것은 $h^*(n)$이 $h(n)$보다 작지 않다는 것만 확인하면 된다. $h^*(n) \leq h(n)$이라는 제약 조건을 허용성 조건^{admissibility}

condition이라고 한다. $h^*(n)$은 추정치이므로 경험적 규칙을 사용해 고려할 최적의 노드를 결정하기 때문에 휴리스틱 함수heuristic function라고도 한다.

다행히도 노드 n에서 목표까지의 비용을 추정하는 휴리스틱 함수로 유클리드(직선) 거리가 있다. 각 노드의 위치는 에지와 상관없이 이미 알고 있다. 따라서 두 노드 사이의 직선 거리는 그냥 계산하면 된다. 직선 거리는 항상 두 지점 사이의 최단 경로며 지구의 곡률은 고려하지 않는다. 실제 경로는 이보다 짧을 수 없기 때문에 허용성 조건이 충족된다.

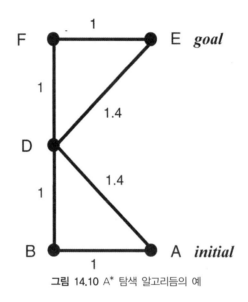

그림 14.10 A* 탐색 알고리듬의 예

A*가 이를 사용해 방문한 노드를 실제로 어떻게 제거하는지는 그림 14.10을 참조한다. A 탐색과 마찬가지로 A*의 첫 번째 단계는 시작 노드를 무엇으로 할지 여부다.

516

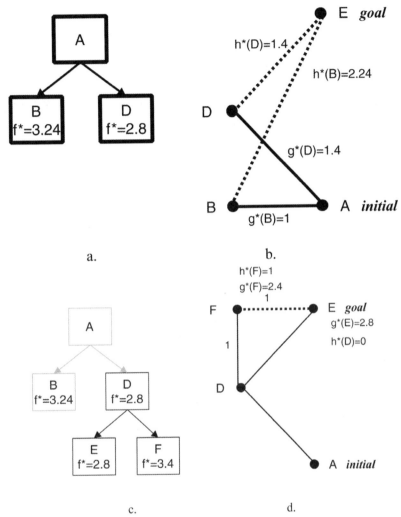

그림 14.11 a) 경로 A − ? − E를 A*에서 어떻게 '볼' 것인지? b) 원본 그래프의 모습.
c) 경로 A − D − ? − E를 A*에서 어떻게 '볼' 것인지? d) c) 관련 그래프

이 예에서는 *B*와 *D* 중 하나를 선택할 수 있으며, 탐색 트리(그림 14.11a 참조) 또는 원본 그래프의 부분 집합(그림 14.11b 참조)으로 생각할 수 있다. 시각화 방법에 관계없이 각 노드를 평가해 가장 타당한 이동인지 여부를 결정한다. 그림 14.10을 통해 알고리듬이 실행됐을 때 어떤 상태인지를 자세히 살펴보자. 다음 중 하나를 선택할 수 있다.

$$f^*(B) = g^*(B) + h^*(B) = 1 + 2.24 = 3.24$$
$$f^*(D) = g^*(D) + h^*(D) = 1.4 + 1.4 = 2.8$$

$A - D - ? - E$에서 가는 경로가 $A - B - ? - E$에서 오는 경로보다 짧을 가능성이 있다. 따라서 D가 가장 그럴듯한 노드다. 알고리듬이 실제로 D에서 E로 가는 경로를 '보고' 그것이 실제로 가능한 한 짧은지 결정할 수 없기 때문에 A*는 B를 통과하는 경로를 제거할 수 없다.

2단계와 같이 그림 14.11처럼 D가 가장 그럴듯하기 때문에 A*는 D에서 다시 돌아간다(즉, 평가 연산을 반복한다).

D로부터 가능한 경로는 E와 F 2가지다. 각각의 평가 결과는 다음과 같다.

$$f^*(E) = g^*(E) + h^*(E) = 2.8 + 0 = 2.8$$
$$f^*(F) = g^*(F) + h^*(F) = 2.4 + 1.0 = 3.4$$

이제 알고리듬은 E가 탐색 트리의 리프 노드 중에서 가장 좋은 선택이라고 생각한다(B가 가장 좋은 선택이었다면 알고리듬은 브랜치를 변경했을 것이다). 즉, E가 F와 B보다 낫다. 알고리듬이 E로 경로를 확장하면 E가 목표 지점이라는 걸 인식하고 알고리듬 수행을 완료한다. 최적의 경로는 $A - D - E$며, $A - B - F - E$를 고려할 필요는 없었다. 지금까지 설명한 절차를 개선하는 다른 방법이 있다. 알고리듬이 선택한 것들 중 하나가 목표라고 판단되는 경우 $f^*(F)$를 계산할 필요가 없었다. 에지의 값이 0보다 작을 수 없기 때문에 다른 경로 선택하면 더 길어져야 한다. 즉, $D - F - E$가 $D - E$보다 길어야 한다.

또 다른 중요한 통찰은 A에서 E로 통과하는 모든 경로가 D를 통과해야 하므로 탐색 트리의 브랜치 B는 제거가 가능했다는 점이다. 물론 앞의 예에서 알고리듬이 B를 확장하지 않았기 때문에 이를 알아차릴 기회가 없었다. 그래프가 좀 더 클 경우 D를 통해 여러 번 확장한 후 탐색 트리의 B에 있는 리프 노드가 가장 그럴듯하게 나타날 수 있는 경우가 있을 거라고 쉽게 상상할 수 있다. 그러면 알고리듬은 A를 확장해 선택지가 D라는 것을 알게 될 것이다. D는 이미 $g^*(D)$가 더 작은 다른 브랜치에서 확장했고 브랜치 B는 가지치기를 통해 안전하게 제거될 수 있었다. 이는 로봇을 대상으로 하지 않는 플래닝 분야에서 일어나는 희소 그래프 대비 규칙적인 그리드에서 생성된 고밀도로 연결된 그래프에 A* 탐색 알고리듬을 적용할 때 특히 유용하다.

A* 탐색 알고리듬 기반 경로 플래너의 매우 매력적인 특징 중 하나는 그래프로 변환할 수 있는 모든 Cspace 표현과 함께 사용할 수 있다는 것이다. Cspace가 A* 플래너에 미치는 가장 큰 영향은 경로를 찾는 데 필요한 계산 횟수다.

A*의 한계는 경로 생성 시 고려해야 할 거리 이외의 요인이 있는 경로 플래닝에 사용하기 매우 어렵다는 것이다. 예를 들어 직선 거리는 로봇에 위험을 주는 바위 지형이나 모래를 커버할 수도 있다. 마찬가지로 로봇은 에너지를 절약하고자 언덕을 넘어가는 것을 피하고 싶을 수도 있지만 같은 이유로 가능하면 언덕을 내려가고 싶을 수도 있다. B가 경로 비용에 미치는 영향을 고려하려면 휴리스틱 함수 $h^*(n)$을 변경해야 한다. 그러나 새로운 휴리스틱 함수는 허용 가능성 조건인 $h^* \leq h$를 계속 충족해야 한다는 점을 기억하기 바란다. 새로운 h^*가 그저 최악인 경우의 에너지 계산 비용이나 안전한 계산 비용만 부담한다면 허용성은 만족하지만 가지치기 경로 에는 특별히 유용하지 않다. 또한 내리막길에서 에너지를 얻는 것은 본질적으로 가중치가 0보다 작은 에지가 그래프에 있다는 것으로 이는 A* 탐색 알고리듬이 다룰 수 없다는 의미다(가중치가 0보다 작으면 에너지 효율적인 솔루션이기 때문에 로봇이 반복적으로 언덕 아래로 굴러 내려가는 루프에 빠질 수 있다는 점에서 흥미로운 문제일 수 있겠지만 이 방법으로는 앞으로 나아갈 수 없다. 벨만-포드Bellman-Ford 유형의 알고리듬은 이러한 상황에 대처한다).

14.4.2 웨이브프론트 기반 플래너

웨이브프론트 전파 방식의 플래너는 그리드 유형의 표현에 적합하지만 로보틱스에 서는 그동안 인기를 얻지 못했다. 기본 원리는 웨이브프론트가 Cspace를 시작 노드 에서 목표 지점 노드를 향해 방사되는 열을 지닌 전도성 물질로 간주한다는 것이다.

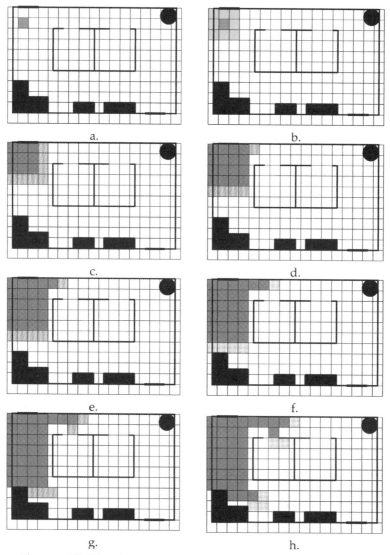

그림 14.12 규칙적인 그리드를 통해 전파되는 웨이브의 모습. 회색으로 표시된 부분은 현재 프런트를 유지하는 요소이고 짙은 회색은 더 오래된 요소다.

이런 식이면 결국 열은 확산돼 목표 지점에 도달한다(그림 14.12 참조). 웨이브프론트 플래너와 비슷한 방식으로 색상이 인접한 픽셀로 퍼지는 그래프 컬러링이 있다. 웨이브프론트 전파에서 주목할 사항은 첫 번째는 모든 그리드 요소에서 목표 지점까지의 최적 경로는 부수 효과side effect로 계산될 수 있고 두 번째는 지형을 통과하는 모든 비용에 전도도가 다를 수 있다는 것이다. 웨이브프론트 전파는 잠재적 필드처럼 보이는 맵을 생성한다. 켄 휴Ken Hughes가 개발한 트룰라Trulla 알고리듬[146]은 경로 플래너의 많은 웨이브프론트 유형 중 하나다. 경로가 센서 관찰인 것처럼 로봇이 무엇을 해야 하는지를 경로 자체적으로 표현하게 하는 잠재적 필드의 유사성을 활용한다.

14.5 계획이 수립된 경로의 실행

대부분의 경로 플래닝 알고리듬은 엄격하게 한 번 계획을 세우면 그에 따라 실행하는 방식으로 동작했다. 거의 모든 기술이 경로를 세그먼트로 분할한다. 웨이브프론트 플래너조차도 실제로 각 방향 벡터에 대한 목표 위치(웨이포인트)를 생성한다. 경로를 세그먼트로 분해하는 작업은 카토그래퍼가 경로 세그먼트나 전체 경로를 시퀀서로 넘겨주는 아키텍처에 적합하다. 그런 다음 시퀀서는 일련의 move-to-goal 행동 인스턴스를 사용해 새로운 서브골이 충족될 때 동작을 비활성화하고 다시 인스턴스화할 수 있다. 안타깝지만 앞에서 설명한 메트릭 경로의 반응성 해석에는 '서브골 오브세션subgoal obsession'과 '기회주의적 리플래닝opportunistic replanning의 결여'라는 2가지 문제가 있다.

14.5.1 서브골 오브세션

서브골 오브세션은 로봇이 정확한 서브골 위치에 도달하고자 너무 많은 시간과 에너지를 소비할 때, 또는 더 정확히 말하면 종료 조건termination condition이 비현실적인 허용 오차로 설정됐을 때 발생한다. 서브골에 대한 종료 조건 설정 문제를 예제로 알아보자. 다음 웨이포인트가 위치 (35, 50)이라고 가정한다. 로봇에 샤프트 인코더나 GPS가 있는 경우 로봇이 웨이포인트에 도착했는지 여부를 확인하는 것은 이론상으로 복잡할 수가 없다. 하지만 실제로는 로봇이 정확하게 움직이는 것이 어렵기 때문에 로봇, 심지어 홀로노믹 로봇도 정확히 어떤 위치에 도달하는 게 매우 어렵다. 로봇이 도달한 위치가 (34.5, 50)일 수도 있다. 이건 목표 지점보다 0.5미터 못 미쳤다는 걸 의미하고, 따라서 로봇이 목표 지점 (35, 50)에 정확히 도달하려고 다시 움직인다. 그런데 이동 중에 오버슈팅돼 도달한 위치가 (35.5, 50.5)일 수 있다. 이제 로봇은 방향을 돌려서 다시 움직여야 하고 몇 분 동안 그렇게 계속 왔다 갔다 해댈 것이다. 결국 시간 낭비, 에너지 낭비뿐만 아니라 멍청한 로봇이라는 취급도 받을 수 있다. 심지어 특정 위치에 도달하려고 방향을 전환할 때 백업해야 할 수도 있는 논홀로노믹 차량의 경우 이 문제는 더 심각해진다. 백업을 하면 거의 항상 내비게이션 과정에서 오차가 더 많이 발생한다.

많은 로보틱스 연구학자는 서브골 오브세션을 다루고자 목표 달성을 위한 종료 조건에 대한 허용치를 move-to-goal로 프로그래밍한다. 홀로노믹 로봇에 적용되는 일반적인 휴리스틱은 로봇 너비만큼의 +/- 허용 오차를 두는 것이다. 따라서 직경 1.0미터의 원통형 홀로노믹 로봇에게 (35, 50)이라는 목표 지점이 주어졌을 때 $34.5 < x < 35.5$와 $49.5 < y < 50.5$를 만족하면 로봇이 그 자리에 멈춘다. 플랫폼마다 처리 방식^{maneuverability}이 다르다 보니 논홀로노믹 로봇에 대한 공통 휴리스틱은 없다. 서브골 오브세션의 더 골치 아픈 문제는 목표 지점이 가로 막혀서 로봇이 종료 조건에 도달하지 못하는 경우다. 예를 들어 서브골이 로봇으로부터 홀의 반대쪽 끝에 있다고 생각해보자. 하지만 홀은 막혀 있어서 돌아갈 길이 없다. 로봇은 반응형 방식으로 실행되기 때문에 진전이 없다는 걸 깨닫지 못할 수도 있다. 1가지 해결책은 시퀀서가 로봇이 목표에 도달할 수 있는 최대 허용 시간을 추정하는 것이다. 이 추정치는 행동에 대한 파라미터(n초 후 오류 코드로 종료) 또는 내부 스테이트 릴리저로 구현할 수 있다. 특히 내부 스테이트 릴리저 방식은 코드가 모니터의 일부가 돼 어떤 형태로든 스스로 깨달을 수 있는 장점이 있다.

14.5.2 리플래닝

계획을 실행할 때 기회주의적 개선이나 향상이 부족하다는 사실은 서브골 오브세션 subgoal obsession과 관련이 있다. 모델링되지 않은 장애물로 인해 로봇이 당초 의도했던 경로에서 벗어난 상황에서 로봇이 서브골 2로 향하는 중이라고 가정해보자. 그리고 현재 로봇이 새로운 위치에서 서브골 3을 인식할 수 있다고 가정한다. 기존의 중첩된 계층형 컨트롤러 방식에서는 로봇이 서브골 3을 찾지 않는다. 따라서 로봇이 서브골 3으로 직진하는 것이 더 최적일지라도 서브골 2로 계속 이동한다.

한편 경험 기반 지도가 부정확하다고 판명될 때에도 기회주의적 리플래닝opportunistic replanning이 발생한다. 로봇에게 진흙탕 길을 통과하라는 명령이 전달되면 어떤 일이 일어날까? 로봇이 진흙탕 속에 갇힐 경우 그다음에 어떤 선택을 하느냐에 따라 수많은 결과를 초래할 수 있다. 따라서 진흙탕 주변을 반응형 방식으로 탐색하겠다는 건 그다지 현명하지 못한 것 같다. 대신 로봇이 카토그래퍼에게 제어권을 넘기면 카토그래퍼가 맵을 업데이트하고 재실행할 수 있다. 다만 이런 문제가 있다. '당초 의도했던 경로에서 너무 멀리 벗어났으니 리플래닝해야 한다는 걸 로봇이 어떻게 알 수 있을까?'

리플래닝에는 2가지 방법이 있다. 하나는 계층형 SENSE, PLAN, ACT 주기를 지속적으로 리플래닝하는 것이다. 다른 하나는 계획이 제대로 실행되지 않는 징후, 이벤트, 예외 상황에서 리플래닝하는 것이다. 이벤트 주도형 리플래닝은 하이브리드 형태인 PLAN 수행 후 SENSE-ACT 아키텍처에서 사용할 수 있지만 심의형 모니터링이 추가돼야 한다.

D* 탐색 알고리듬은 연속형 리플래닝의 대표적인 예다. 반면 이벤트 기반 리플래닝의 대표적인 예로 트룰라Trulla 알고리듬의 확장이 있다. 두 플래너 모두 경험 기반 지도에서 시작해 모든 위치에서 목표 지점까지의 최적 경로를 계산한다. D* 알고리듬은 가능한 위치에서 목표 지점까지 A* 탐색 알고리듬을 미리 실행해 이 작업을 수행한다. 이 리플래닝 기법은 A* 탐색 알고리듬을 단일 소스 최단 경로 알고리듬에서 전체 경로 알고리듬으로 변환한다. 전체 경로 알고리듬은 계산 비용이 많이 들고

완료하는 데 시간이 오래 걸리지만 로봇이 작업을 시작할 때 경로를 계산하고 그동안 가만히 있기 때문에 별 문제가 되진 않는다. 트룰라 알고리듬은 웨이브프론트 방식의 플래너이므로 시작 위치에서 목표 지점까지 경로를 계산하는 과정에서 Cspace의 모든 포인트 페어 사이에 최적 경로를 생성하는 부작용이 있다.

모든 위치에서 목표 지점에 대한 최적의 경로를 계산하면 실제로 경로에 대한 반응형 실행을 할 때 좋다. 즉, 로봇이 경험 기반 지도에서 스스로 위치 확인, 즉 로컬라이제이션을 할 수 있으면 로봇은 매번 업데이트할 때 move-to-goal에 대한 최적의 서브골을 알아낼 수 있다. 그림 14.13의 예처럼 모델링되지 않은 장애물을 피하느라 로봇이 크게 흔들리는 경우 로봇은 리플래닝까지 할 필요 없이 최적 경로에 맞게 자동으로 방향을 재설정한다. 직접적인 센서 데이터를 대체해서 목표 지점까지 움직이게 하는 가상 센서가 어떻게 메트릭 경로에서 만들어지는지 주목하기 바란다. 이를 통해 하이브리드 아키텍처의 심의형 요소(경로 플래닝) 및 반응형 요소(실행)가 어떻게 상호작용하는지 잘 알 수 있다.

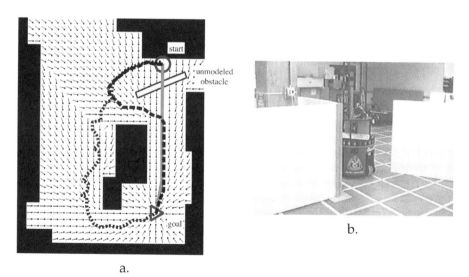

a.

b.

그림 14.13 모델링 되지 않은 장애물 레이아웃: a) 회색 선은 예상 경로를 의미하고, 긴 점선은 트룰라 알고리듬을 사용한 실제 경로를 나타내며 짧은 점선은 순수한 반응형 경로다. b) 클레멘타인이 '기회주의적으로'(안 부딪치려고 요리조리 눈치보면서) 선회하는 모습

이 접근 방식을 사용하면 로봇이 반응형 방식으로 '최적의' 경로를 바꿀 수 있고, 따라서 더 가까운 웨이포인트에 기회주의 방식으로 이동할 수 있기 때문에 서브골 오브세션 문제를 없앨 수 있다. 삶의 대부분은 '과유불급'에 해당한다고 생각한다. 그러나 어느 시점에서는 모델링되지 않은 많은 장애물로 인해 로봇이 어딘가에 갇히거나 정처 없이 돌아다니는 식으로 서브골이 바뀌고 실질적인 진전도 이루지 못할 수도 있다. 이 문제에 대한 D* 탐색 알고리듬 기반의 해결책은 맵을 지속적으로 업데이트하고 맵에 변경이 일어났을 때 영향을 받는 A* 탐색 경로를 동적으로 복구하는 것이다. D* 탐색 알고리듬은 리플래닝에서 1가지 극단적인 경우인 연속형 리플래닝^{continuous replanning}을 표현한다.

연속형 리플래닝에는 2가지 단점이 있다. 첫째, 계산 복잡도가 너무 높아서 행성 탐사 로버처럼 성능 제한이 있는 프로세서와 메모리가 내장된 로봇에게 실질적인 적용이 안 될 수 있다. 둘째, 연속형 리플래닝은 센싱 결과의 퀄리티가 절대적으로 중요하다. 로봇이 T1 시간에 모델링되지 않은 장애물을 감지하면 새 경로를 계산하고 더 긴 경로로 보정한다. 그런데 첫 번째 판독 값이 센서 노이즈로 인한 (장애물이 아닌) 일종의 허상이었고 로봇은 시간 T2에 장애물을 감지하지 못할 수도 있다. 이때 로봇은 또 다른 더 긴 경로로 보정 작업을 수행한다. 이러다 보면 로봇은 이리저리 엄청나게 휙휙 거리며 움직이는 상황에 놓일 수 있고 실제로 목표 지점에 도달하는 데 시간이 훨씬 더 오래 걸릴 수 있다.

내장된 프로세서와 노이즈가 많은 센서를 사용한 경로 플래닝의 경우 반응형 시스템에서 주목할 만한 이벤트로 인해 리플래닝이 이뤄지는 일종의 이벤트 중심^{event-driven} 기법을 사용하는 것이 바람직할 것이다. 트룰라 알고리듬은 의도된 경로 벡터와 실제 경로 벡터의 벡터 내적 계산법을 사용한다. 실제 경로가 의도한 경로 대비 90° 이상 이탈됐다면 로봇이 따르는 경로 벡터와 실제 벡터의 내적 계산 결과는 0보다 작거나 같을 것이다. 따라서 이 결과는 리플래닝이 이뤄지게 하는 일종의 어포던스 역할을 할 수 있다. 즉, 로봇이 경로를 이탈하는 이유를 알 필요가 없이 경로를 이탈한 것에만 주목한다는 것이다.

이것은 원래 계산한 경로에서 진전을 이루는 데 방해가 되는 상황에 적합하다. 즉, 실제로 현실 세계에서는 의도했던 목표 지점에 도달하는 데 순리대로 잘되지 않기 때문이다. 하지만 반대로 이 방법의 경우 현실 세계에서 로봇에게 우호적인 상황을 잘 다루지 못한다. 그림 14.14는 어딘가에 있다고 생각한 장애물이 실제로는 없는 경우의 예다. 로봇은 기회주의 방식으로 이 차이를 극복해서 내비게이션 시 상당한 비용 절감을 달성할 수 있었다.

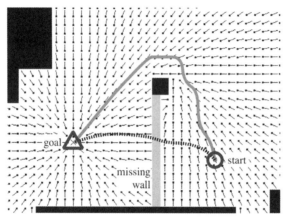

그림 14.14 경로를 개선할 수 있는 기회의 예: 회색 선은 실제 경로이고 점선은 좀 더 바람직한 경로를 의미한다.

이러한 기회주의는 월드가 원래 모델링한 것보다 정말 더 유리하다는 것을 로봇이 알아차리게 한다. D* 탐색 알고리듬 같은 연속형 리플래너는 자동으로 월드의 변화를 감지하고 적절하게 응답하기 때문에 뚜렷한 장점이 있는 반면 트룰라 알고리듬은 경로의 이탈이 일어나지 않게 하기 때문에 로봇에게 유리한 변화를 알아차리지 못한다. 로봇이 기회주의 방식으로 경로를 최적화할 수 있도록 월드상의 유리한 변화를 알아차릴 어포던스가 있는지 여부는 여전히 해결 중인 연구 주제 중 하나다.

14.6 모션 플래닝

모션 플래닝은 로보틱스 중 산업용 매니퓰레이터 분야에서 시작됐다. 좀 더 자세히 설명하면 로보틱스의 산업용 매니퓰레이터에서는 로봇의 동역학을 홀로노믹스 가정으로 추상화할 수 없을 뿐만 아니라 로봇의(또는 로봇이 운반하는 부품의) 형상도 무시할 수 없다. 로봇이 논홀로노믹한 이유를 보여주는 예로 로봇이 공장 한쪽에서 다른 쪽으로 225kg의 부품을 빠른 속도로 운반하는 걸 생각해보자. 속도를 줄여야 할 수도 있고 큰 반원을 그리며 방향을 크게 바꿔야 할 수도 있다. 그렇지 않으면 넘어질 수 있기 때문이다. 영상이 중요한 이유도 예를 들어보자. 로봇이 개구부를 통해 팔을 움직인 다음 부품을 조립하려고 팔을 위로 들어 올리고 장애물 주위를 돌아야 할 수도 있다는 걸 생각해보자. 플래닝 공간이 고려해야 할 차원의 수가 많은 이러한 상황에서는 라우트 생성 경로 플래닝 기법이 작동하지 않는다. 따라서 모션 플래닝을 고민해야 한다. 차량의 동역학을 활용하는 모션 플래닝은 일반적으로 경로 플래닝과 실행을 수정하는 제어 문제로 취급되므로 이 책에서 다루지 않는다. 그러나 다른 포즈와 제약 조건을 통합하는 모션 플래닝은 종종 인공지능에서 다뤄지며 이에 관해서는 뒤에서 설명한다.

포즈의 추상화가 불가능한 응용 분야를 종종 피아노 운반자의 문제라고 한다. 로봇이 극도로 어수선한 3차원 환경에서 움직이는 것이 마치 피아노를 옮기는 사람들이 실행 계획을 짜는 것과 비슷하기 때문이다. 이를테면 피아노가 아파트 문을 통과 한다든지, 밖으로 나간다든지, 비행기에서 내릴 때 각 계단에서 방향을 돌리고 뒤집는 식이다. 피아노 운반자의 문제는 경로의 어느 지점에서든 로봇의 포즈가 중요하므로 로봇이 원형 점$^{round\ dot}$ 내지는 자유도 3으로 축소된 컨피규레이션 공간으로 처리될 수 없다는 점을 분명히 해야 한다. 한편 위치와 포즈의 조합은 본질적으로 경우의 수가 무한하다. 다행히도 목표가 단순히 충돌이 일어나지 않는 계획을 짜는 것이고 반드시 최적이 아니어도 괜찮다면 피아노 운반 문제는 다루기 쉬워진다. 다시 말하면 목표는 피아노를 아파트에서 꺼내서 망가지지 않게 계단을 내려오는 것이지, 그것을 최적화해서 또는 빠르게 하는 게 아니다. 충돌 없는 경로의 생성

기법에서는 보통 RRT 알고리듬의 변형 버전을 사용한다.

좀 더 수학적으로 설명하면 피아노 운반자의 문제에서 모션 플래닝은 공간의 각 지점에서 로봇의 위치와 포즈인 (location, pose) 그리고 충돌 없이 (location$_i$, pose$_i$)에서 (location$_{i+1}$, pose$_{i+1}$)로 이동하게 방향 전환과 회전이 가능한지도 고려해야 한다. 로봇이 벽이나 물체를 만지지 않고 공간 속에 있을 수 있는 일련의 유효한 포즈의 집합으로 공간의 모든 포인트를 생각하는 것도 모션 플래닝을 이해하는 방법 중 하나다. 경로 플래닝은 위치뿐만 아니라 가능한 모든 포즈를 고려해야 한다. 탐색 공간은 매우 넓기 때문에 좀 더 계산상 쉽게 추상화할 필요가 있다. 따라서 월드를 3D 규칙적인 그리드나 옥트 트리$^{\text{oct tree}}$로 분할하면 검색 공간을 줄이는 데 도움이 된다. 하지만 각 요소에 엄청나게 많은 포즈가 있을 수 있다. 한편 방향 전환의 문제가 있다. 로봇이 (location$_a$, pose$_a$)에 있을 때 (location$_b$, pose$_b$)로 이동할 경우에는 다섯 개의 포즈로만 변환될 수 있지만 로봇이 (location$_c$, pose$_c$)에 있다면, location$_b$에서는 유효한 포즈의 집합이 무한할 수 있다.

스티븐 라발르$^{\text{Steven Lavalle}}$의 연구에 기초한 RRT라는 기법은 무작위성을 사용해 공간과 포즈를 샘플링한다. 그림 14.15는 RRT-Connect라는 RRT의 변형 버전으로 생성한 랜덤 트리와 이를 통해 계산된 경로의 일부다.

기본 알고리듬은 다음과 같다.

- 트리의 루트 역할을 하는 경험 기반 지도와 시작 노드 (location, pose)로 시작한다.
- 공간을 무작위로 샘플링하고 후보 (location, pose) 노드 목록을 생성한다.
- 목록에서 무작위로 후보 노드를 선택하고 노드가 로봇이나 일부분이 벽이나 물체 내부에 없는 유효한 포즈를 포함하고 있는지 확인한다. 노드가 올바르지 않으면 올바른 노드를 찾을 때까지 반복한다. 여기서 프로그램 함수는 무작위로 선택한 위치 (location, pose)가 유효한지만 확인할 뿐 해당 위치에서 유효한 모든 포즈를 탐색하지는 않는다.

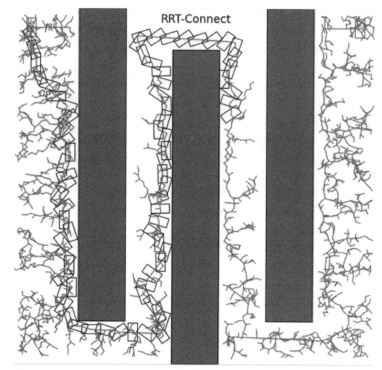

그림 14.15 RRT–Connect 알고리듬으로 생성된 임의의 트리와 트리를 통한 경로의 일부
(자료 제공: 드미트리 트리포노프(Dmitry Trifonov))

- 유효한 후보 노드의 경우 트리의 가장 가까운 정점과 노드 사이에 충돌 없는 경로가 있는지 확인한다(즉, 로봇이 트리의 정점에서 충돌 없이 후보 노드로 물리적으로 변환 및 회전할 수 있다). 그렇다면 노드를 트리에 추가한다. 그렇지 않으면 후보 노드를 삭제하고 다른 노드를 선택한다.
- 목표 지점이 트리에 포함될 때까지 계속한다.
- 트리가 만들어지면 트리를 통과하는 경로로 계획을 만들어낸다.

14.7 경로 및 모션 플래너 평가 기준

이제 로봇 설계자에겐 거의 30년에 걸쳐 이뤄진 연구 성과를 바탕으로 선택할 수 있는 다양한 기술이 있다. 다른 모든 로봇과 마찬가지로 기술의 선택은 로봇이 어떤 생태학적 특성으로 작동할지가 중요하다. 경로 또는 모션 플래너의 적합성을 평가하는 최소 기준은 다음과 같다.

1. **복잡성.** 알고리듬이 너무 계산적 또는 공간상으로 부담이 커서 실행이 불가능하거나 로봇의 한계 범위를 넘어서는가? 많은 UAV 플래너들은 로봇에 온보드 컴퓨터onboard computer가 없거나 온보드 컴퓨팅이 너무 제한적이기 때문에 비행을 하기 전에 노트북 컴퓨터로 프로그램을 실행한다.

2. **지형을 충분히 나타낸다.** 많은 연구학자가 평평한 실내 환경에서 연구를 한다. 실외에서 동작하는 로봇은 가파른 경사가 있는 거친 지형이나 미끄러운 모래, 진흙처럼 예측이 쉽지 않은 지역에서 동작해야 할 수 있다. 경로 플래닝 알고리듬이 (영역이 돌아다닐 수 있는지 여부를 예/아니요로 나타내는) 이진법 표현binary representation에서 경로를 생성하도록 구축됐다면 좀 더 다양한 환경에 적용하려고 할 경우 로봇에 문제가 발생할 수 있다.

3. **로봇 플랫폼의 물리적 한계를 충분히 표현한다.** 로봇은 물리적 한계가 있다. 경로 플래닝에 영향을 미치는 가장 심각한 제한 사항은 로봇이 홀로노믹인지 아닌지의 여부다. 홀로노믹 로봇은 제자리에서 회전할 수 있고 속도도 즉시 바꿀 수 있다.

4. **반응형 레이어와 호환된다.** 정의에 의하면 경로 플래너는 심의형이지만 경로 실행은 반응형 레이어가 담당할 것이다. 이렇게 실행 가능한 작업으로 단순화하는 기술이 훨씬 바람직하다.

5. **맵 수정 및 리플래닝을 지원한다.** 경로 및 모션 플래닝은 경험 기반 지도를 필요로 하는데, 이 맵에 잘못된 정보가 담겨 있을 수 있다. 예를 들어 후쿠시마 제 1원전 사고 때 사용된 퀸스Quince 로봇은 원자로 건물의 3층으로 계단을 통해 올라가라고 보냈지만 계단이 건물 도면상에 나와 있는 것보다

좁아서 몸통을 돌릴 수 없었다.[157] 결국 로봇은 작업을 포기하고 다시 돌아와야 했다. 정리하면 로봇이 어떤 맵을 갖고 작업을 시작할 수는 있지만 맵에 오류가 있다는 걸 알았다면 맵을 업데이트하고 다시 실행해야 할 수 있어야 한다는 것이다. 아예 폐기하고 처음부터 다시 계산하기보다는 D* 탐색 기법처럼 기존 계획을 수정 보완할 수 있게 하는 것이 바람직하다.

14.8 요약

메트릭 경로 플래닝은 월드 공간을 컨피규레이션 공간이나 Cspace 표현으로 변환해 경로의 최적 경로 플래닝을 용이하게 한다. 공간의 면적이나 부피를 표현하는 방법은 여러 가지가 있지만 이러한 방법은 모두 로봇의 위치 및 시점과 무관하게 한 번에 바라볼 수 있는 버드아이 뷰bird's-eye view로 이 공간을 변환한다. 일반적으로 Cspace 표현은 A* 탐색에 적합한 그래프나 트리를 만든다. GVG에도 흥미로운 부분이 있지만 규칙적인 그리드 기법은 현재 실제로 가장 널리 사용되는 Cspace 표현이다. A* 탐색 기법은 일반적으로 로봇이 홀로노믹하다고 가정하며 로봇의 크기에 따라 장애물이 커지는 Cspace 기법은 이러한 가정을 실현하는 데 도움이 된다. Cspace 기법은 이산화 오류discretization error를 일으킬 수 있으며, 따라서 잘못된 방향 전환을 일으키는 경로가 만들어질 수도 있다. 이러한 오류는 경로 완화relaxation 또는 스트링 타이트닝string-tightening 알고리듬을 통해 제거할 수 있다.

메트릭 기법은 계획된 경로를 어떻게 실행할지에 대해 나타날 수 있는 문제점들을 무시해버리곤 하는데, 이는 특히 센서 노이즈의 영향이나 로컬라이제이션 내의 불확실성에 대해 그렇다. 반응형 실행을 이용해 메트릭 경로 플래닝을 인터리빙할 때 발생하는 2가지 대표적인 문제가 서브골 오브세션과 리플래닝이다. 변경되지 않는 경험 기반 지도에 대한 최적 경로 플래닝 기법은 잘 이해되지만 로봇이 경험 기반 지도에서 상당한 편차를 발견하는 경우 다시 시작하지 않고 경로를 업데이트하거나 수정 보완하는 방법은 명확하지 않다. D* 탐색 알고리듬을 통해 포착한 해결 방안 중 하나는 리소스 허용 및 센서 안정성이 높은 경우 연속적 리플래닝을 하는 것이고, 또 다른 방법은 어포던스를 사용해 리플래닝 시기를 감지하는 이벤트 기반 리플래닝이다.

경로 플래닝에서 물리적 월드의 제약 조건을 더욱 확실하게 누락시킨 이유는 라우트 생성 경로 플래너가 개방형 공간에서 작동하는 홀로노믹 차량에만 적용되기 때문이다. 모션 플래닝의 경우 차량의 동역학과 포즈가 중요한 매우 어수선하고 고차원의 공간에서 로봇의 움직임에 대한 계획을 어떻게 세울 것인지를 검토한다. RRT 계열 알고리듬은 피아노 운반자의 문제 해결에 많이 쓰이곤 한다.

인공지능 측면에서 경로와 모션 플래닝은 실제로 아프리오리 지식의 더미 속에서 효율적으로 답을 찾는 것이 목표인 탐색 문제다. 이 경우 트리나 그래프로 연결할 수 있는 웨이포인트나 이동의 시퀀스가 답이 된다. 이러한 유형의 그래프 플래닝은 STRIPS에서 볼 수 있는 일반적인 플래닝이나 문제 해결 방법과는 다르다. 모션 플래닝은 무작위성을 사용하지만 추론^{inference}은 아니다. 추론은 심의를 사용해 누락된 정보를 추가하거나, 데이터 세트 또는 개념 사이에 누락된 관계를 제공하거나, 새로운 지식을 추론한다는 점을 기억하기 바란다. 모션 플래닝은 랜덤 샘플링을 사용해 명시적으로 표현 가능한 것을 통해 계산상 쉽지 않은 탐색 작업에 도움이 되게 하는 것이지 알려진 것과 알려지지 않은 것 사이의 격차를 메우기 위해서가 아니다.

14장의 맨 앞에서 제시한 질문으로 돌아가 보자. 위상학적 내비게이션, 메트릭 탐색, 경로 플래닝의 차이점은 무엇인가? 위상학적 내비게이션은 저장해 놓은 감지된 경로에 초점을 맞추는 반면 메트릭 기법은 최적의 경로나 이동 시퀀스를 생성하고자 경험 기반 지도를 사용한다. 이 장에서는 "무엇이 일반적으로 쓰이거나 충분히 효과가 있는가?"라는 질문과 관련한 몇 가지 컨피규레이션 공간과 알고리듬을 설명했다. 실제로 가장 일반적인 라우트 생성 알고리듬은 로봇의 실제 논홀로노믹 특성과 속도 및 궤적을 고려한 A* 또는 D* 탐색 알고리듬의 변형 버전이다. 이러한 알고리듬은 일반적으로 규칙적인 그리드 컨피규레이션 공간을 사용한다. 모션 플래닝의 경우 RRT 계열 알고리듬이 널리 사용된다. 마지막으로 "경로 플래닝은 얼마나 필요한가?"는 여러 가지 답을 생각해볼 수 있다. 첫 번째 중요한 고려 사항은 로봇의 동역학이나 포즈를 고려해야 할지 여부다. 로봇을 홀로노믹을 통해 근사화할 수 있고 도로나 복도와 같이 비교적 개방된 공간에서 작동한다면 경로 플래닝에 A* 탐색 알고리듬 정도면 충분하다. 그렇지 않다면 모션 플래닝이 필요하다. 두 번째 고려 사항은 원하는 출력이 목적지까지의 경로인지 아니면 영역의 센서 커버리지를 최대화하는 경로인지 여부다. 세 번째 고려 사항은 리플래닝이 발생할 때다. 무어의 법칙에 힘입어 이제는 각 단계별 재실행이 계산상 가능해졌다. 이를 통해 경로 플래너는 월드의 장애물이나 변화에 반응하기보다는 주변 상황을 감지하고 계획을 수립할 수 있다. 그러나 설계자는 심의와 반응의 차이를 유지하고자 할 수 있으므로 플래닝과 실행을 인터리빙하는 것이 더 나을 수도 있다.

메트릭 경로 및 모션 플래닝은 월드 맵을 갖고 있고 로봇이 계획을 실행할 때 해당 맵에 자신을 위치시킬 수 있는지에 따라 달라진다. 15장에서는 SLAM을 설명한다. Cspace 표현과 알고리듬은 지형의 종류를 어떻게 표현하고 추론할지 고려하지 않는 경우가 많으며, 실제로 언덕 아래로 내려갈 때 에너지를 보전하거나 발생시키는 로봇과 같은 특별한 경우는 대개 무시된다. 한편 15장에서는 지형도 다룬다.

14.9 연습문제

문제 14.1

다음 용어들을 정의하라:

a. Cspace

b. 경로 완화

c. 디지털화 바이어스$^{digitization\ bias}$

d. 서브골 오브세션$^{subgoal\ obsession}$

e. 종료 조건

문제 14.2

실내 환경을 GVG, 규칙적인 그리드, 쿼드 트리로 표현해보라.

문제 14.3

실내 환경을 10cm 크기의 규칙적인 그리드로 표현하라. 장애물이나 겹치는 벽의 작은 부분이 있을 때 그리드 요소를 비어 있거나 사용 중인 것으로 표시하는 방법을 결정하는 데 사용하는 규칙을 기록한다.

문제 14.4

크기가 20 × 20인 규칙적인 격자를 생각해보자. 이웃이 다음과 같은 경우 그래프의 가장자리 수는 몇 개인가?

> **a.** 4개 연결?
>
> **b.** 8개 연결?

문제 14.5

메도우 맵을 다음과 같이 그래프로 변환하라.

> **a.** 개방형 경계의 중간 지점
>
> **b.** 중간 지점과 두 끝점

두 그래프에 *A*에서 *B*로의 경로를 그림으로 나타내고 차이점을 설명하라.

문제 14.6

그림 14.16에서 실내 환경의 GVG를 작성하라.

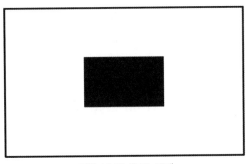

그림 14.16 GVG 문제

문제 14.7

휴리스틱 함수란 무엇인가?

문제 14.8

A* 알고리듬을 사용해 그림 14.17의 *E*에서 *J*까지의 경로를 플래닝하라.

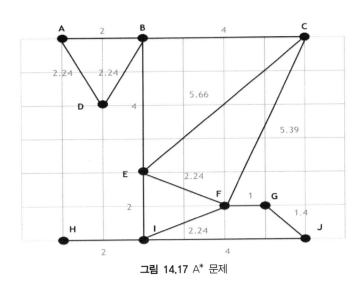

그림 14.17 A* 문제

a. A* 애플리케이션을 적용할 수 있도록 A* 평가 함수를 위한 수식을 작성하고 각 항을 구체적으로 설명하라.

    b. 각 단계와 각 노드의 평가 결과를 보여라. 값이 동일할 경우 알파벳에서 가장 먼저 나오는 소문자로 표시된 노드를 선택한다.

문제 14.9

웨이브프론트 전파^{wavefront propagation}를 규칙적인 그리드에 적용하라.

문제 14.10

피아노 운반 문제를 설명해보라. 또한 라우트 플래닝^{route planning}과 어떻게 다른지도 설명해보라.

문제 14.11

RRT 플래닝 알고리듬의 유형과 사용되는 용도를 설명하라.

문제 14.12

RRT 알고리듬과 A* 계열 알고리듬 간의 유사점과 차이점을 각각 설명해보라.

문제 14.13

경로 플래너를 평가하기 위한 기준을 나열하라.

문제 14.14

영역을 커버하는 UAV 경로 플래너가 다음과 같이 작동한다고 생각해보자. 사용자는 먼저 UAV가 커버해야 하는 지도에서 폴리곤(예, 필드)을 지정한다. 그런 다음 UAV는 폴리곤을 통과하는 경로를 제공하는 영역을 커버하는 일련의 웨이포인트를 계산한다. 위치 오류가 있을 경우 UAV는 폴리곤 내부의 모든 지점을 최소 두 번 이상 통과해야 한다. 경로 플래너를 평가하는 기준을 사용해 플래너의 유용성을 평가한다.

문제 14.15

서브골 오브세션은 메트릭 플래너의 문제로 묘사돼 왔다. 하이브리드 시스템이 위상학적 플래닝을 사용할 경우 서브골 오브세션이라 할 수 있는가?

문제 14.16

트룰라 알고리듬은 벡터의 내적 계산 결과가 0 이하일 때 리플래닝이 일어나게 한다. 이는 원래 계획한 경로 대비 90°가 차이나는 경우에 해당한다. 90°를 이용하는 장점과 단점은 무엇인가? 45° 또는 135°로 설정하면 트룰라 알고리듬의 실행 결과는 어떻게 될까?

문제 14.17

연속형 리플래닝과 이벤트 기반 리플래닝의 차이점을 설명하라. 행성 탐사 로버에 더 적합한 것은 무엇인가? 논리적으로 설명해보라.

문제 14.18 [프로그래밍]

A* 경로 플래너를 프로그램으로 구현하고 13장에서 설명한 데이크스트라^{Dijkstra} 알고리듬(단일 소스 최단 경로 알고리듬)의 결과와 비교하라.

14.10 엔드 노트

로보틱스 연구학자의 서재를 위해

스탠포드 대학교의 장 끌로드 라똥브^{Jean-Claude Latombe}가 저술한 『Robot Motion Planning』(Kluwer Academic,1990)[113]은 컨피규레이션 공간을 다루는 서적들의 조상 급이라 하겠다. 다만 하위 초젯^{Howie Choset}, 케빈 린치^{Kevin Lynch}, 세스 허친슨 ^{Seth Hutchinson}, 조지 캔터^{George Kantor}, 볼프람 부르가르드^{Wolfram Burgard}, 리디아 카브라키^{Lydia Kavraki}, 세바스찬 스런^{Sebastian Thrun}이 지은 『Principles of Robot Motion: Theory, Algorithms, and Implementations』(Bradford Books, 2005)[43]는 반드시 참고하기 바란다.

보로노이 다이어그램

보로노이 다이어그램은 가장 오래된 Cspace 표현일 수 있다. 『Computational Geometry: Theory and Application』(Science Press Pub, 1991)[58] 책에 의하면 보로노

이 다이어그램의 원리는 1850년에 처음 세상에 나왔지만 보로노이가 이걸 만들었고 그에 따라 다이어그램에 그의 이름이 붙여진 건 1908년 이후다.

경로 플래닝을 위한 창의적 휴리스틱 기능

케빈 기포드Kevin Gifford와 조지 모겐탈러George Morgenthaler는 여러 가지 종류의 지형에서 경로 플래닝을 위한 휴리스틱 함수에 대해 가능한 수학적 정의를 연구했다. 또한 기포드는 내리막길과 관련해서 에너지 절약이나 포획을 고려할 수 있는 알고리듬을 개발했다.[83]

사람들은 정말로 A*를 사용한다.

미 국방부의 이사회를 위해 여행하는 동안 나는 많은 조종사를 만났다. 한 그룹은 개인 노트북에서 A* 알고리듬을 프로그래밍하고 비행 경로를 계획려고 C++를 독자적으로 공부했다. 이들의 비용 함수는 거리와 바람을 조합해 허용 가능한 연료비를 산출해냈는데, 일반적인 유클리드 거리 계산보다 더 복잡했다.

15
로컬라이제이션, 매핑, 탐사

15장에서 다루는 내용

- 모바일 로봇의 포즈를 정의한다.

- 로컬라이제이션, 지도 제작^{매핑mapping}, 탐사^{exploration}의 차이점을 알아본다.

- $bel(\mathbf{x}_t) = f(bel(\mathbf{x}_{t-1}),\ \mathbf{u}_t,\ \mathbf{z}_t,\ m)$의 각 항을 정의한다.

- 마르코프, 확장형 칼만 필터^{EKF, Extended Kalman Filter}, 그리드 기반 및 몬테카를로 로컬라이제이션^{Monte Carlo Localization} 알고리듬의 차이점을 알아본다.

- 로컬라이제이션 및 SLAM^{Simultaneous Localization And Mapping}의 차이점을 설명한다.

- 루프 클로저^{loop closure} 문제를 정의한다.

- DTED^{Digital Terrain Elevation Data} 지도, DEM^{Digital Elevation Model} 지도, DSM^{Digital Surface Maps}, 오쏘모자이크^{orthomosaic} 이미지 간의 차이를 설명한다.

- 고유수용성 지형 식별^{proprioceptive terrain identification}과 외부수용성 지형 식별^{exteroceptive terrain identification}을 위한 2가지 유형의 방법 중 적어도 1가지 이상의 사례를 알아보고 각각의 한계를 알아본다.

- 트래버서빌리티^{traversability}의 5가지 속성인 버티캘리티^{verticality}, 표면 속성^{surface properties}, 토추어시티^{tortuosity}(굴절도), 장애물의 심각성^{severity of obstacles}, 접근성 요소^{accessibility elements}를 알아본다.

- 프론티어 기반 탐사 및 GVG 기반 탐사의 공통점, 차이점을 비교 분석한다.

15.1 개요

13장에서는 내비게이션의 4가지 기본 질문 중 "어디로 가는 중인가?"라는 미션 플래닝[mission planning] 문제와 "그 곳으로 가는 가장 좋은 방법이 무엇인가?"라는 경로 플래닝[path planning] 문제 2가지를 다뤘다. 이제 "지금 여기가 어디인가?"라는 로컬라이제이션 문제, "내가 어디까지 왔는가?"라는 지도 제작(매핑) 문제가 남았다. 이 장에서는 로컬라이제이션 및 매핑과 관련한 탐색 주제에 대한 알고리듬을 설명한다.

얼핏 보면 로컬라이제이션과 지도 제작(매핑)은 이미 해결된 문제로 보인다. 인공지능 로보틱스에 익숙하지 않은 사람들은 종종 이렇게 묻곤 한다. 이게 왜 문제인가? GPS, RFID 비콘 또는 RGB-D 센서에서 3D 스캔을 사용하면 안 될까? 실제로 GPS는 실외에서 정확한 위치 정보를 제공한다. 또한 로봇을 추적하기 위한 메커니즘 내지는 RFID 등으로 실내 환경을 처리할 수 있다. 로봇을 추적하는 이러한 메커니즘은 해당 트랙을 따라 월드를 매핑하는 메커니즘과 다르다. 일반적으로 지도에는 단순히 로봇의 위치 정보보다 훨씬 큰 내용의 정보가 더 많이 포함돼 있다. 광산의 '지도'는 (자원이 채굴되면서 광산 속의) 재료가 어떻게 없어졌는지 결정하는 데 쓰일 수 있는 DEM[Digital Elevation Map]일 수도 있다. 반면 오피스 빌딩의 '지도'는 비상 대피 시 모든 출입문과 비상구를 표현한 2차원 평면도일 수도 있다. 교량의 수중 부분에 대한 '지도'에는 말뚝 기초 공사[piling]와 해저 표면에 대한 3차원 모델이 있을 수 있다.

로보틱스 연구학자들은 더 구체적인 질문을 한다. 첫째, 어떻게 하면 로봇을 위한 지도, 즉 월드 맵을 그리면서 동시에 로봇이 자신의 위치에 대해 확신할 수 있을까? 다시 말해 움직이는 동안 오류가 발생했음에도 월드 맵을 만들 수 있는 구체적인 기술은 무엇인가. 둘째, 새로운 영역을 효율적으로 또는 최소한 일관되게 탐색하는 방법은 무엇일까? 셋째, 인공지능에 대한 더 미묘한 질문은 다음과 같다. 객체, 특징 또는 지형을 지도에 어떻게 표시할까?

이 장은 매핑의 첫 번째 단계로 로컬라이제이션부터 시작한다. 그런 다음 SLAM (동시적 위치 추정과 지도 작성) 기법으로 넘어간다. SLAM은 주로 건물이나 도시 구조물 주변에서 사용돼 왔기 때문에 야외 지도 제작과는 별도로 내용을 설명한다. 야외 지도 제작의 한 측면은 일반적으로 아프리오리 지형 맵을 어떻게 이해하는지와 관련이 있으며, 다른 측면은 지형도 생성과 관련이 있다. 2가지 능력 모두 야외 내비게이션에 필수적이다. 지리적 공간geospatial 또는 농업용 야외 지도 제작의 또 다른 측면은 입체 사진 측량 기법stereophogogrammetry을 적극적으로 활용한다는 점이다. 지상 로보틱스에서 지도 제작은 경로 플래닝이나 장애물에 반응하는 데 사용된다. 월드의 트래버서빌리티 여부가 로봇이 목표를 달성하는 데 절대적인 요인이다. 따라서 이 주제는 별도로 구분해서 집중적으로 다룬다. 다음으로, 이 장에서는 미지의 탐사에 대한 실용성pragmatics도 살펴본다. 이 장에서는 인공지능, 특히 의미론적 월드 지식의 주제에 대한 로컬라이제이션, 매핑, 탐사를 주로 공부한다. 그런 다음 일반적인 질문을 다시 살펴보고 마무리를 짓는다.

15.2 로컬라이제이션

스런Thrun, 부르가트Burgard, 폭스Fox의 저서 확률론적 로보틱스[207]에서는 모바일 로봇 로컬라이제이션localization을 주어진 환경 지도map of environment와 관련된 로봇의 포즈pose를 결정하는 문제로 정의했다. 로봇의 포즈는 로봇의 위치와 방향이다. 2차원에서 포즈는 $\mathbf{x} = (x, y, \theta)^T$다.

모바일 로봇 로컬라이제이션을 위치 추정position estimation이라고도 하지만 대부분의 경우 로봇의 방향이 중요하므로 로컬라이제이션이 더 완벽한 용어다. 로컬라이제이션은 아프리오리a priori map가 있고 로봇이 그에 비례해 로컬라이제이션한다고 가정한다. 로컬라이제이션은 상당히 어려운데, 이유는 다음과 같다. 문제를 해결하기 더 어렵게 하는 3가지 일반적인 로컬라이제이션 유형이 있다. 이들 각각을 관련 알고리듬과 함께 하나씩 자세히 알아보자.

『확률론적 로보틱스』(에이콘, 2020)[207]에서는 로컬라이제이션이 어려운 이유를 다음과 같이 설명하고 있다.

- 로봇의 액추에이터, 센서, 다양한 환경에서 센서의 정확성과 반복성을 통합하는 모델이 필요하다.
- 불확실성을 초래하는 고유수용성proprioceptive 및 외수용성exteroceptive 센서 노이즈가 있을 수 있다.
- 로컬라이제이션 기법의 계산 복잡도가 매우 높다.
- 일부 로컬라이제이션 문제의 경우 로봇이 초기 위치를 모를 수 있다.
- 물체가 움직이는 다이내믹 워크 엔벨로프dynamic work envelope에서 로봇이 작동 중일 수도 있다. 이 때문에 센서 판독 값이 로봇이 이동한 결과인지 아니면 객체 A의 이동 결과인지 고민해야 한다.
- 경로나 태스크에서 로컬라이제이션을 지원하지 않을 수 있다. 예를 들어 로봇이 대규모이고 개방형이며 (위치, 방향 등을 판단할 때 참고할 만한) 피처가 없는 창고를 가로질러 이동하는 경우 로컬라이징할 피처를 감지하지 못할 수 있다.

로컬라이제이션 문제에는 3가지 다른 유형이 있다. 이들 3가지 유형의 관계를 정리한 것이 그림 15.1이다. 로컬 로컬라이제이션local localization에서 로봇은 미션을 시작할 때 명시적으로 입력된 초기 x_t로 시작하는데, 이렇게 하면 그 시간 이후 로컬라이제이션 상태를 유지하기가 매우 어려워진다. 일반적으로 로컬라이제이션은 로봇의 위치와 방향을 추적하는 것이다. 글로벌 로컬라이제이션global localization 문제는 로봇에 초기 x_t가 없을 때 발생한다. 로봇에 초기 x_t가 없는 이유와 관계없이 문제는 로봇이 지속적인 센서 업데이트를 받을 수 있는지 또는 이러한 업데이트가 중단될 수 있는지 여부에 따라 세분화된다. 중단된 업데이트의 예로는 로봇이 꺼져 있고 현재 위치에서 아무도 재설정하지 않고 건물의 다른 부분으로 이동하는 경우를 들 수 있다. 이를 유머러스하게 '납치된 로봇kidnapped robot' 문제라고 한다. 지속적인 업데이트 문제가 있는 글로벌 로컬라이제이션에서 목표는 로봇이 올바른 위치로 신속하게 수렴할 수 있는 알고리듬을 만드는 것이다. 중단된 업데이트 문제가 있는 글로벌 로컬라이제이션에서 과제는 로봇이 월드가 변했다는 것을 알아차리는 것이며, 이러한 변화의 결과로 잘못된 로컬라이제이션이 받아들여지기보다는 글로벌 로컬라이제이션이 다시 시작돼야 한다.

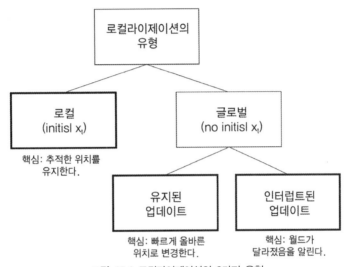

그림 15.1 로컬라이제이션의 3가지 유형

3가지 유형의 로컬라이제이션 문제는 로컬라이제이션 알고리듬과 동일하지 않다. 로컬라이제이션 알고리듬은 가능한 위치를 추정하고자 베이지안 확률론적 기법 Bayesian probabilistic methods을 사용하는 베이즈 필터bayes filter 알고리듬의 변형이다. 이러한 알고리듬은 일반적으로 접근 방식에 따라 분류된다. 이 알고리듬은 피처에 따라 로봇을 로컬라이제이션(피처 기반 로컬라이제이션feature-based localization)하거나 원시 센서 판독값을 일치시켜 로컬라이제이션(아이코닉 로컬라이제이션iconic localization)한다. 이 카테고리에 해당하는 알고리듬은 3가지 로컬라이제이션 문제 어디에든 사용할 수 있다. 물론 일부 알고리듬은 특정 유형에 더 적합하다. 실제로 몬테카를로 로컬라이제이션 기법은 피처 기반 및 아이코닉 카테고리 모두에 대한 대표적인 로컬라이제이션 기술이다.

15.3 피처 기반 로컬라이제이션

피처 기반 로컬라이제이션은 원시 데이터에서 피처를 추출하고 해당 피처를 지도에 일치시킨다. 이러한 피처는 모서리, 벽, 문 내지는 지도에서 인지하고 식별할 수 있는 것들일 수 있다. 피처 기반 로컬라이제이션의 장점은 월드를 작은 피처 집합으로 추상화하므로 지도상의 해당 피처에 감지되는 피처와 일치시키는 데 계산 시간이 덜 필요하다는 것이다. 단점은 피처를 안정적으로 추출하기 어렵다는 것이다.

가장 일반적인 피처 기반 로컬라이제이션은 마르코프 로컬라이제이션^{Markov localization}이다. 마르코프 로컬라이제이션은 가장 높은 빌리프^{belief}가 가장 가능성 있는 포즈인 각각의 가능한 포즈에 대한 빌리프를 계산한다. 빌리프는 다음과 같은 함수다.

$$bel(\mathbf{x}_t) = f(bel(\mathbf{x}_{t-1}), \ \mathbf{u}_t, \ \mathbf{z}_t, \ m)$$

여기서 각 항목은 다음과 같다.

- $\mathbf{x}$: 가능한 포즈의 집합이다. 실제로 공간은 이산형일 수 있다.
- $bel(\mathbf{x}_t)$: 로봇이 t 시간에 $\mathbf{x}$에 있다는 빌리프다.
- $bel(\mathbf{x}_{t-1})$: 이전 시간 단계에서 로봇이 $\mathbf{x}_{t-1}$에 있었다는 빌리프다.
- $\mathbf{u}_t$: 제어 동작 집합이나 로봇이 정해진 시간에 실행해야 하는 동작이다.
- $\mathbf{z}_t$: 측정 세트나 로봇이 시간 t에서 관찰한 것을 의미한다.
- m: 맵을 의미한다.

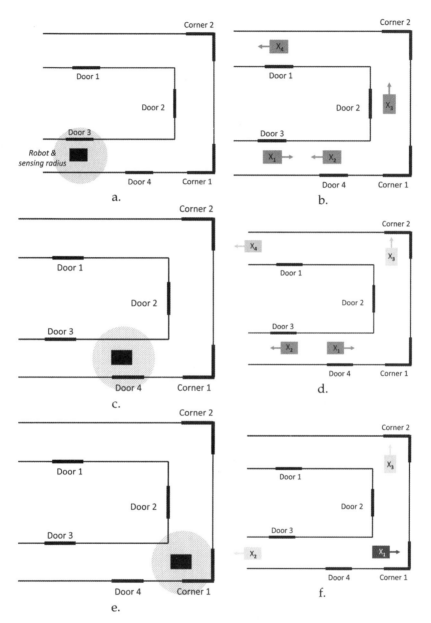

그림 15.2 마르코프 글로벌 로컬라이제이션 예: (a) 로봇은 알 수 없는 위치를 감지해, (b) 동일하게 가능한 4가지 포즈를 발생시킨다. (c) 전진 가능한 2가지 포즈와 감지 가능성이 낮은 2가지 포즈, (e) 전진 가능한 2가지 포즈 및 다시 업데이트 가능한 2가지 포즈, (f) 3가지 가능한 포즈의 세트를 생성하며, 이들 중 하나는 확실히 다른 것들보다 더 그럴듯하다.

마르코프 로컬라이제이션은 상당히 빨리 올바른 포즈에 수렴하므로 월드 로컬라이제이션 문제에 제격이다. 그림 15.2를 통해 이를 개념화해보자. 로봇은 알 수 없는 포즈 x_{t1}로 시작한다. 맵 m(그림 15.2a)과 일치시킬 수 있는 왼쪽 z_{t1}의 문을 관찰할 수 있다. 이로 인해 $bel(x)$가 생성되며, 여기서 x는 그림 15.2b에 표시된 동일하게 가능한 4가지 포즈의 집합이다. 로봇이 앞으로 u_{t2}로 이동하고 센싱 z_{t2}를 업데이트한다. 이제 오른쪽에 문이 보인다(그림 15.2c). 이 피처를 맵에 일치시키면 그림 15.2d의 가능성이 높은 포즈와 가능성이 낮은 포즈 2가지가 생성된다. 센서 불확실성 때문에 x_3에 대한 빌리프가 0이 안 될 수도 있다. 로봇이 앞으로 이동하고 센싱 기능을 다시 업데이트해서 Corner 1을 감지할 수 있다. 로봇이 t_3에서 x_1에 있다는 빌리프는 증가하는 반면 $bel(x_2)$는 감소하고 $bel(x_4)$는 0일 수 있다. $bel(x_3)$는 왼쪽 문과 모서리 센싱은 성공했지만 오른쪽 문 센싱은 놓쳤을 가능성이 있으므로 증가했을 수 있다.

EKF$^{\text{Extended Kalman Filter}}$는 로컬라이제이션에 자주 사용된다. EKF 알고리듬은 제어 동작이 주어졌을 때 로봇이 다음 단계에서 무엇을 감지할지 예측하도록 설계됐다. 그런 다음 추정치를 바로 잡거나 미세하게 고정하고자 예측 결과와 실제로 센싱한 값의 차이를 계산한다. 예를 들어 로봇이 직진하는 대신 왼쪽으로 약간 표류할 수 있으며, 이러면 EKF가 조정된다. 이 경우 EKF는 센싱한 피처 z에 대한 일련의 관측값을 추출한다. 그런 다음 이러한 피처를 맵에 일치시킨다. 이러한 특징을 대응 변수$^{\text{correspondence variables}}$라고 한다. 로봇이 움직이는 방식에 대한 예측을 더 정확하게 미세 조정할 수 있다면 피처에 대한 로봇의 로컬라이제이션을 더 확실하게 수행할 수 있다.

15.4 아이코닉 로컬라이제이션

아이코닉 로컬라이제이션은 원시 센서 판독 값을 사용해 로봇이 특정 위치에 있는 경우 실제 관측값과 예상 관측값을 매칭한다. 앞에서 다룬 마르코프 로컬라이제이션 예에서 로봇은 6개의 피처, 4개의 문, 2개의 공간 모서리만 매칭했다. 라이다 하나만으로도 수백 개의 센서 판독 값이 있을 수 있어 계산량이 엄청날 수 있다. 로컬라이제이션에는 그리드 기반 기법과 몬테카를로 로컬라이제이션이라는 2가지 일반적인 아이코닉 기법이 있다.

그리드 기반 로컬라이제이션grid-based localization,에서 감지된 월드는 컨벡스 폴리곤의 테셀레이션tessellation으로 분할된다. 그런 다음 알고리듬은 관측값이 주어진 각 폴리곤 내에서 가능한 모든 포즈의 라이클리후드를 계산한다. 장점은 그리드가 공간을 이산화해 계산 복잡성을 줄이는 역할을 한다는 것이다. 실제로 그리드 기반 로컬라이제이션 알고리듬은 종종 로컬 '서브맵sub-map'으로 매칭을 제한함으로써 복잡도를 더욱 감소시킨다. 단점은 서브맵 접근 방식이 로봇이 항상 맵의 일반 영역을 알고 있는 로컬라이제이션에만 적용된다는 것이다.

몬테카를로 로컬라이제이션MCL, Monte Carlo Localization은 RTT 및 기타 애플리케이션에 대한 몬테카를로 방법과 유사하다. 입자나 샘플 포즈가 공간 곳곳에 흩어져 있다. 그런 다음 알고리듬은 관측값이 주어졌을 때 로봇이 어떤 포즈를 취한다는 빌리프를 계산한다. 다음 단계에서, 더 많은 입자가 추가되고 그중 확률 값이 낮은 입자들은 "제거한다". 기술적으로 몬테카를로 로컬라이제이션은 원시 센서 관측값을 사용해야 하는 제약은 없지만 일반적으로 이러한 방식으로 사용된다.

15.5 정적 환경과 동적 환경

지금까지 로컬라이제이션은 마치 월드가 정적인 곳처럼 묘사돼 왔다. 안타깝게도 로봇은 사람이 있는 영역, 건설 현장, 광산 같은 곳에서 작업을 할 수도 있다. 여기서 사람이 있는 지역은 사람의 움직임이 예측 불가능한 문제가 있을 뿐만 아니라 광산이나 건설 현장 같은 곳은 환경의 구조와 지도가 최신 버전이 아닐 수 있다는 것이다. 월드는 끊임없이 바뀌기 때문에 대부분의 알고리듬은 고장 나 버린다. 이러한 변화는 센서 노이즈로 수용할 수 있는 수준을 초과하는 경우가 많다. 로봇이 다음 단계에서 무엇을 관찰해야 하는지에 대한 추정치를 표현하도록 알고리듬에서는 로컬라이제이션 프로세스에 '히든 스테이트hidden state'를 효과적으로 추가한다. 동적 환경에서 로컬라이제이션을 처리할 때 스테이트 어그멘테이션state augmentation과 아웃라이어 제거outlier rejection라는 2가지 기본 기술이 있다. 스테이트 어그멘테이션의 목표는 히든 스테이트, 즉 관찰에 대한 사람들의 영향을 추정하는 것이다. 이와 관련해 군중들의 흐름을 추정하는 컴퓨터 비전 연구가 있었다. 아웃라이어 제거의 목표는 센서와 환경에 대한 지식을 사용해 의심스러운 판독 값을 제거하는 것이다. 예를 들어 로봇이 넓은 복도에 있다고 생각될 경우 놀랍게도 짧은 범위의 측정값을 버릴 수도 있다. 아웃라이어 제거에서 발생할 수 있는 최악의 상황은 나머지 관측값에서 포즈를 추정할 때 계산 시간이 더 오래 걸리는 경우다. 매우 혼잡한 복도에서는 로봇의 측정값이 부족하므로 빌리프를 생성할 수 없다.

15.6 SLAM

지도 제작, 즉 매핑은 환경에 대한 표현을 이용해서 "내가 어디까지 왔는가?"라는 질문에 대한 답을 줄 수 있다. 미지의 환경에 대한 지도를 제작한다는 것 자체가 현재 지도가 없다는 얘기다. 문제는 경험 기반 지도가 없으면 로봇이 위치 파악, 즉 로컬라이제이션을 스스로 수행할 수 없다는 점이다. 그러므로 실제로 매핑은 로봇이 지도를 만들고 동시에 그 지도에 위치해야 한다는 것을 의미하며, 이를 SLAMSimultaneous Localization And Mapping(동시적 위치 추정 및 지도 작성)이라고 한다. 일반적으로 로봇이 월드를 통과해 온 경로가 이 기법에서 필요한 대상이다.

이상적인 조건이라면 로봇은 월드 z_{t1}를 관찰하고 다음 관측값인 z_{t2}가 z_{t1}과 겹치게 u_{t2} 값을 아주 작게 해서 조금만 이동하고 오버랩을 사용해 z_{t1}과 z_{t2}를 맵에 병합한 다음, 새 맵을 기준으로 자신의 위치를 지정하는 로컬라이제이션을 수행한다. 새로운 맵은 월드의 맥시멈 라이클리후드maximum likelihood, 즉 월드가 실제로 무엇인지에 대한 가장 높은 확률을 나타낸다. 문제는 로봇이 예상대로 정확하게 움직이지 않을 수 있기 때문에 여러 가지 포즈와 가능한 맵이 생성될 수 있다는 것이다. 라오-블랙웰 필터링Rao-Blackwell Filtering은 맥시멈 라이클리후드 맵을 계산하는 SLAM의 주요 기법이다. 몬테카를로 로컬라이제이션과 마찬가지로, 라오-블랙웰 필터링은 입자 필터링particle filtering을 사용한다. 이 경우 각 입자는 맵의 버전 대신 경로와 로컬 맵을 표현한다. 각 관찰을 수행한 후 알고리듬은 맵의 감지된 영역만 업데이트하고 각 입자에 대한 빌리프를 계산해 가능성이 없는 입자를 버리고 유망한 샘플에 대한 입자 수를 증가시킨다. 계산 과정에서 흥미로운 점은 알고리듬이 트리를 사용해 현재 입자 집합의 이력을 형성하는 모든 입자를 저장한다는 것이다.

SLAM은 일반적으로 로컬 지역에서 신뢰할 수 있지만 맵이 더 큰 지역에서는 오류가 있을 수 있다. 그 결과 로봇은 연결 홀을 계속 돌아다니는 일이 발생할 수 있으며, 지도 제작 과정에서 점진적인 오류로 인해 시작 지점으로 돌아왔다는 것을 깨닫지 못하거나 맵의 시작과 끝이 물리적 불일치를 보이는 맵을 생성할 수도 있다. 이는 주행 거리를 측정하는 오도메트리odometry에서 보고된 것과 본질적으로 동일한 문제다. 따라서 필요한 경우 맵을 확인하고 조정하고자 추가적인 방법을 실행해야 한다. 로봇이 이전에 방문한 장소로 돌아왔음을 인식하는 메커니즘을 루프 클로저loop closure라고 한다. 이 방법은 더 많은 피처에 대한 추가 센싱, 다른 센서 및 하이브리드 특징 센서 조합뿐만 아니라 기대치에 일치시키는 통계적 처리가 추가로 필요하다. 다행히도 루프 클로저가 잘되면 더 나은 경로 추정치를 얻을 수 있으며, 이 경로는 역방향으로 전파되고 전체 맵과 로컬라이제이션이 향상된다.

루프 클로저 문제를 해결하기 위한 4가지 주요 접근법이 있다.

- **피처 매칭:** 지도 내의 기하학적 피처를 일치시킨다. 이 과정은 차별화된(특정한) 장소distinctive places를 위상학적 지도(13장 참조)에 일치시키는 것과 개념상 유사하다. 로봇은 차별화된(특정한) 장소 와 마찬가지로 환경이 균질한homogeneous 경우(예, 공간의 모서리 또는 문) 문제가 발생할 수 있다.

- **센서 스캔 매칭:** 센서 스캔이 해당 영역의 전체 프로필과 일치하는가? 이 접근 방식에서 로봇 전방이나 이동 방향에서만 센서 판독 값을 일치시키는

대신 로봇은 모든 센서 판독 값을 주기적으로 고려해 판독 값을 더 큰 영역에 일치시킨다. 일치시킬 환경이 없기 때문에 환경이 균질하면 센서 스캔 매칭에서 오류가 발생할 수 있다.

- **하이브리드 피처-스캔 매칭**: 가시적 피처와 레인지 판독 값의 프로필이 동일한가? 이 방법은 멀티모달 센서 판독 값을 결합하기 때문에 더 좋은 결과라 할 수 있다.

- **기댓값 매칭**: 로봇이 시작 위치로 되돌아갔을 가능성이 통계적으로 있는가? 이 방법은 오류가 덜 발생하며 여러 센서 양식을 활용하지는 않지만 계산이 오래 걸린다.

15.7 지형 식별과 매핑

로컬라이제이션과 지도 제작(매핑)은 일반적으로 실내 설정이나 도시 구조물 주변의 실외 설정과 관련이 있다. 이를테면 지형이 평평하고 이동성, 즉 모빌리티에 적합하다는 전제가 깔린 도시의 지도를 제작하는 지상 차량 같은 것을 생각해볼 수 있다. 국토를 횡단하거나 행성을 탐사하는 지상 차량은 평평하고 단단한 표면과 모래 언덕의 차이가 모빌리티에 영향을 미치기 때문에 지형을 파악하고 식별할 필요가 있다. 홍수의 위험이 있는 지역을 식별하고자 카운티 또는 지방의 영역에 대한 지도를 제작하는 무인 항공기는 지형의 고도를 측정하는 차원이 다른 스케일로 작업한다. 따라서 지형 식별과 매핑을 이해하는 데 유용하다.

로봇에게 중요한 지형적 특징에 대한 카탈로그 또는 지형에 대한 정확한 정의는 없다. 그러나 미 육군은 특히 탱크 같은 지상 차량의 관점에서 지형을 확장 연구해 왔으며, 이 작업의 성과[59]는 지형 특징 식별을 위한 토대가 됐다. 미 육군은 지형도가 주어졌을 때 병사가 지형을 식별할 수 있다는 것을 전제로 한다. 미 육군의 분류 체계[59]에서 지형도는 일반적으로 자연 지형, 인공 지형이라는 2가지 유형의 정보가 담겨 있다. 자연 지형 정보에는 4가지 주요 속성이 있다. 지표면의 컨피규레이션은 지형의 모양, 부조, 경사도 등을 표현한다. 또한 지형도에는 탐색에 영향을 미치는 나무, 덤불, 토양, 수자원 같은 초목 관련 특징이 포착돼 있다. 실외 공간도 인간이 만든 피처가 포함된다. 인간이 만든 특징은 모빌리티(예, 고속도로, 철도, 교량 등)를 단순화하거나 로컬라이제이션(예, 공항, 기지국, 관심 지점 등)을 위한 피처로 사용될 수 있다.

15.7.1 디지털 지형 평가 맵

로보틱스 연구학자는 일반적으로 DTED 또는 지면의 고도를 보여주는 지도를 이용할 수 있다. 미국에서는 국립영상지도국^{NIMA, National Imagine and Mapping Agency}에서 이러한 지도를 제작하는데, 해상도가 5가지에 이른다. DTED 1 지도는 가로와 세로가 100m인 정사각형 지면에 대한 평균 고도를 제공한다. 나머지 지도의 해상도는 DTED 2 지도의 경우 30m, DTED 3은 10m, DTED 4는 3m, DTED 5는 1m다. 낮은 고도에서 비행하는 UAV에서 수집한 데이터로 4cm의 해상도까지도 이론상으로 가능하다.

DTED 지도는 미션 플래너나 카토그래퍼가 지상 로봇의 안전한 경로를 결정하는 데 매우 유용하다. 일반적으로 10m × 10m 또는 30m × 30m 해상도는 경로 플래닝, 이동 시간 추정, 모빌리티 적합성, 에너지 비용 예측에 충분하다. DTED 지도를 사용하면 미션 플래너가 로봇이 능선 뒤에 숨겨져 있거나 특정 인공 피처를 피할 수 있도록 로봇을 라우팅할 수 있다.

15.7.2 지형 식별과 파악

DTED 지도는 나무, 큰 바위, 낮은 면적의 매끄러운 진흙 지역 등을 표시하지 않기 때문에 내비게이션에 충분하지 않다. 물, 모래, 다른 토양의 표면 특성은 움직임에 영향을 미칠 수 있다. 안전하게 지나가려고 할 때 나뭇잎이 장애물로 보일 수 있다. 내비게이션에 충분하지 않은 또 다른 이유는 지도가 최신 상태가 아니어서 실제 상황을 반영하지 못할 수 있기 때문이다.

따라서 로봇이 환경에 적응할 수 있도록 지형 식별 알고리듬이 필요하다. 첫째, 능동적 행동의 파라미터나 이득이 변하는 센서 모터 변경^{sensori-motor changes}을 만들어 낸다. 예를 들어 가속도계가 울퉁불퉁한 움직임을 알리면 로봇이 속도를 늦춘다. 둘째, 낙엽 더미를 돌아다니는 데 더 적합한 다른 센서로 대체하는 것처럼 액티브 행동에 어떤 변경이 일어나는 것 같은 스키마 변경^{schematic changes}을 만든다. 셋째, 어떤 행동과 센서가 현재 상황에서 가장 잘 작동하도록 머신러닝 기술을 사용할 수도 있다. 끝으로 지형 식별을 다른 로봇에게 배포^{distribution}해 내비게이션 전략을 변경하고 조정할 수 있다.

지형 정보는 일반적으로 3가지 소스 중 하나에 해당한다. 지형도는 인공위성이나 고고도 항공기^{high-altitude aircraft}의 이미지에서 만들어지고 로봇에게 경험 기반 지도 (예, DTED 지도)로 제공될 수 있다. 하지만 앞에서 설명한 것처럼 안전한 내비게이션 에 이 정도 정보는 충분하지 않다. 로봇은 전방 지역을 측량 조사하는 다른 로봇으 로부터 훨씬 최신의 정보나 실시간 정보를 얻을 수 있다. 좀 더 일반적으로 보면 로봇은 이동하면서 자신만의 지형도를 구성할 수 있다.

복잡한 지형을 탐색하는 로봇에게 어려운 과제는 지형 식별^{terrain identification}을 수행 할 수 있는 온보드 센싱 기능이 있는지 여부다. **프로젝션 기반 지형 식별**^{projective terrain} ^{identification}을 사용하면 로봇은 주행 시작 전에 지형을 파악하고 식별할 수 있다. 반면 로봇이 이미 어떤 지형을 지나서 경험이 쌓였다면 **반응 기반 지형 식별**^{reactive terrain} ^{identification}이 이뤄진다.

프로젝션 기반 지형 식별은 카메라, 다중 스펙트럼 이미지, 라이다 같은 외부수용 성 센서를 통해 로봇 전방의 지형을 확인한다. 모든 로봇에 카메라가 있다 보니 연구학자들은 컬러 카메라를 사용하는 데 집중해왔다.[60, 54] 지형 식별에 관한 컴퓨 터 비전 작업 대부분은 지도학습^{supervised learning}과 관련이 있다. 1990년대 후반 이후 일반적인 방법은 지형의 변화를 나타내는 다중 스펙트럼 이미지에서 질감의 변화를 감지하는 것이다.[22] 라이다^{Lidar, LADAR, LIDAR}는 정확한 깊이 지도^{depth map}를 만들어낼 수 있으며 2000년대 초부터 사용돼 왔다. 전문화된 센서가 너무 크고, 무겁고 또는 너무 비싸서 실제로 사용할 수 없기 때문에 지형 식별 작업의 많은 부분을 포기할 수밖에 없었지만 센서의 소형화 기술이 발전하면서 지형 식별에 대한 관심이 다시 높아지고 있다.

모든 외부수용성 기법은 바위와 키 큰 풀 사이의 차이를 결정하는 데 계속해서 어려움을 겪고 있다. 그림 15.3을 보자. 지상 로봇은 키가 큰 잔디를 마치 장애물처럼 다뤘다. SICK 레이저 레인지 측정기에서 정제되지 않은 이미지를 보면 로봇 오른쪽에 있는 풀잎이 빛을 차단해서 레인지가 짧은 결과를 반환했음을 알 수 있다. 정제되지 않은 데이터만 사용할 경우 로봇은 풀과 나무들 사이의 좁은 틈을 지나야만 앞으로 나아갈 수 있다는 얘기다. 심지어 고해상도의 라이다는 실제로 문제를 더 어렵게 만들었다. 키가 큰 풀잎을 따로따로 볼 수 있었기 때문이다. 그러나 중앙값 필터링median filtering의 변형 버전은 풀잎보다 큰 판독 값의 윈도우를 통해 최대 판독 값을 계산하는 데 사용됐으며, 이로 인해 키가 큰 잔디 때문에 좁게 나타났던 부분이 제거됐다.

반응 기반 지형 식별은 고유수용성 센싱을 통해 지형을 유추한다. 일반적으로 경사계inclinometer 내지는 그 외 다른 메커니즘을 사용해 기울기를 탐지한다.[93,112] 이 밖에도 지형과 휠의 상호작용 패턴에서 변화를 파악하기도 한다.[111, 112]

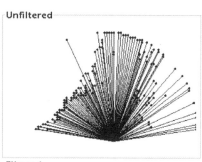

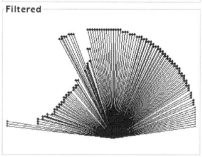

a.

b.

그림 15.3 a) 키가 큰 풀이 있는 땅을 가로지르는 ATRV 로봇,
b) 레이저 레인지 스캔의 필터링 버전과 필터링 되지 않은 버전

15.7.3 입체 사진 측량 기법

로봇의 사진이 위성사진의 지도와 비슷하지만 해상도가 더 높은 지도를 만들 수 있게
하는 입체 사진 측량 기법에서 주요한 발전이 이뤄졌다. 입체 사진 측량 기법은 소형
무인 항공기에 일반적으로 사용되고 있지만 지상 및 수중 차량에도 적용된다.

입체 사진 측량 기법에서 '스테레오'란 스테레오 카메라(입체 사진 촬영용 카메라)가
아닌 두 위치에서 촬영된 동일한 지점의 이미지를 사용하는 것을 말한다. SIFT^Scale-
Invariant Feature Transform 알고리듬이 두 영상에서 피처를 찾아 일치시킬 수 있도록 두
영상에 동일한 위치가 충분히 있어야 한다. 예를 들어 UAV에서 GPS 좌표, 고도,
카메라 각도 등 각 이미지에 대해 카메라의 포즈를 알고 있는 경우 피처를 사용해
거리를 추출할 수 있다.

로보틱스에서 입체 사진 측량 기법이 어떻게 사용되는지 이해하고자 몇 가지 정

의를 정리해보자. **오쏘모자이크**^{orthomosasic}라는 용어는 일반적으로 타일처럼 나눈 여러 이미지에서 편집된 고해상도 마스터 이미지를 가리키지만 입체 사진 측량 기법의 결과물과 동의어로 사용되는 경우가 많다. 그림 15.4는 오쏘모자이크 영상의 예다.

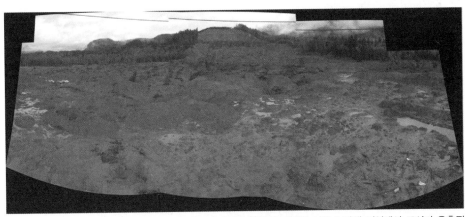

그림 15.4 소형 무인 항공기로 찍은 약 20장의 이미지를 합쳐서 제작한 산사태 발생 지역에서 토사가 유출된 모습(여러 장의 사진을 합치는 과정에서 왜곡되는 부분에 대한 적절한 보정 작업이 이뤄졌다)

입체 사진 측량 기법의 또 다른 결과물은 DEM^{Digital Elevation Model} 지도다. DEM은 군사용 DTED 지도와 동일하며, 일반적으로 그리드나 픽셀의 지도로 구성된다. 여기서 그리드 요소로 커버하는 지형 이미지 조각의 평균이나 최대 높이 등이 각 그리드 요소에 해당한다. DEM은 식물 및 지면과 독립적이어서 전체적인 구조를 잡아내는 데 유용하다. 디지털 3차원 표현이기 때문에 마치 비디오 게임처럼 지도와 상호작용도 할 수 있다. 사용자는 지도를 확대/축소하고 회전하며 탐색할 수 있다. 대부분의 프로그램에서 사용자는 픽셀을 클릭해 해당 지점의 고도에 대한 판독 값을 얻을 수 있다.

지형도^{topographical map}는 DEM과 유사하며 자연적, 인공적, 식물 없이 지형의 윤곽을 나타낸다. 지형도는 일반적으로 동일한 고도를 가진 지구상의 단면을 보여주는 동심원 형태의 2차원 표현을 사용하는 종이 지도를 가리키기도 한다.

또 다른 제품은 DSM^{Digital Surface Maps}이다. DSM은 식물과 지면을 포함하는 DEM이

다. DEM과 달리 DSM 지도의 각 픽셀은 그리드 영역에 대해 지면이 아닌 가장 높은 표면의 고도를 가진다. DSM은 비디오 이미지가 중첩된 고도(그림 15.5a 참조) 또는 그림 15.5b의 '있는 그대로의' 포인트 클라우드point cloud로 표시된다. 그러나 DSM에는 라이다나 다른 형태의 직접 범위 감지로 생성된 포인트 클라우드의 정확도 값이 없을 수도 있다.

a.

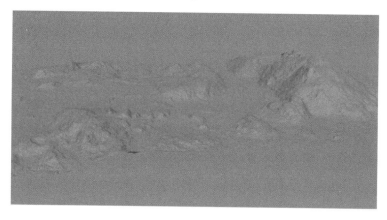

b.

그림 15.5 a) 디지털 지형 표면(surface) 맵의 모습. b) 소형 무인 항공기를 이용해 촬영한 약 100개의 이미지를 바탕으로 제작한 산사태 발생 지역에서 토사가 흘러내린 모습의 포인트 클라우드

무인 시스템은 DSM을 생성하고자 입체 사진 측량 기법을 사용한다. 소프트웨어 패키지는 지리적으로 태그를 붙인 이미지에서 사진 측량 결과물 만들어내는 UAV에 상업적으로 이용할 수 있다. 소프트웨어는 실시간으로 실행되지 않고 이미지 배치(일괄) 처리로 실행된다. 실제로 많은 UAV 제조업체와 타사 애플리케이션은 영상 결합을 최적화하고자 비행 경로 플래닝 및 조정된 카메라 제어 알고리듬을 제공한다. 그러나 입체 사진 측량 기법은 꼭 완벽해야 할 필요는 없다. 입체 사진 측량 기법의 품질은 수집된 데이터에 따라 크게 달라진다. 결과물 최적화를 위한 일부 경험 기반의 규칙rules of thumb은 그림자 및 명도의 변화로 인해 피처에 변경이 일어나지 않도록 가능한 한 시간에 짧은 시간 내에 해당 지역을 비행해야 한다는 것이다. 예를 들어 정오 무렵 비행을 하면 그림자가 작아져서 결과물이 좋아진다. 하지만 그렇다고 모든 장면이 잘 처리될 수 있는 것은 아니다. 예를 들어 물이 흐르는 지역은 복원했을 때 결과 이미지에서 흐릿해지는 블러blur 현상이 종종 일어난다. 고도는 DSM 지도(로컬 좌표)에서는 일관성이 유지되지만 절대 좌표에서 정확한 판독 값을 생성하려면 지도를 조사했던 지점에 고정돼야 한다.

입체 사진 측량 기법의 결과물은 (1) 물체가 자기 위에 겹쳐 보이는 **유령 현상**ghosting, (2) 구조의 **정렬 오류**misalignment of structures, (3) 구조나 물체가 균형을 잃은 **잘못된 비율**misproportion, (4) **소용돌이 모양의 블러 현상**swirling blur 등 최소 4가지 이상의 오류를 고려해야 한다.[184] 참고로 소용돌이 모양의 블러 현상은 예술가 살바도르 달리Salvador Dali의 초현실주의 스타일 이후에 **달리 효과**Dali effect라고 불리기도 한다. 이러한 오류가 농업 분야에서는 별 거 아닐 수 있지만 구조 검사에는 심각한 문제가 될 수 있다.

15.8 스케일과 트래버서빌리티

지형 식별은 로봇이 지역을 횡단할 수 있는지 여부의 문제 중 일부라고 할 수 있다. 단지 로봇 전방의 지형 유형을 식별하는 것을 넘어 해당 지역의 크기와 세부 정보를 통해 로봇은 기회와 위험 요인을 파악할 수 있다. 따라서 의도했던 환경뿐만 아니라 환경에 대한 스케일과 (지역 전체를 순회할 수 있는 능력을 의미하는) 트래버서빌리티 traversability 대비 로봇의 크기를 수학적 관점에서 또는 공식화해서 생각하는 게 더 나을 것이다(물론 이와 관련한 측정 지표도 당연히 활용해야 한다). [141]

로봇이 동작하는 작업 공간이나 환경 E는 하나 이상의 지역region으로 구성되며 각 지역에는 각기 다른 크기의 제한과 고유한 트래버서빌리티 특성이 있을 수 있다. 예를 들어 붕괴된 광산을 탐사하는 지상 로봇은 좁고 우선 매끄러운 대칭형 시추공(첫 번째 지역)을 통과해야 하며, 그런 다음 잔해로 덮인 광산의 진흙 바닥(두 번째 지역)으로 들어가야 한다. 이 두 지역을 보면 서로 다른 모빌리티 제약 조건이 잘 조합돼야만 성공적인 시스템이 만들어질 수 있음을 알 수 있다. 큰 로봇은 진흙 바닥을 쉽게 밟고 잔해 위로 올라갈 수 있었지만 시추공을 통과할 수는 없다. 또 다른 예로 소형 무인 항공기UAV는 나무가 가지런히 심어진 일종의 수목 한계선tree line(어떤 지역) 위로 장시간 비행할 수 있지만 이륙이나 착륙을 하려면 (수목 한계선 위쪽 하늘과는 다른 지역인) 나무나 덤불이 없는 넓은 초원이 필요하다. 마찬가지로 난파선을 탐사하는 ROVRemotely-Operated Vehicle는 물 속뿐만 아니라 난파선 내부에서도 움직일 수 있어야 한다.

15.8.1 스케일

로봇이 환경에서 작동할 수 있는 능력은 환경에 비해 로봇의 상대적 스케일(규모)에 영향을 받는다. 작은 로봇은 대형 로봇보다 작은 영역에서 작업할 수 있다. 로봇이나 환경의 크기는 특성 차원characteristic dimension cd로 표현할 수 있다. 지상 로봇의 특성 차원은 회전 반경turning radius이다. UAV의 경우 물체 위에 떠서 안전하게 맴돌 수 있는 정지 거리stand-off distance 또는 UAV가 물체 근처에서 편안하게 비행할 수 있는 거리다. 로봇이 통과할 수 있는 가장 좁은 지점의 단면이 환경의 특성 차원 cd라고 보면 된다. 점점 더 작아지거나 커지는 파이프 속으로 로봇이 들어가려고 할 때, 특징 차원의 값은 파이프의 가장 작은 단면적이 될 것이다.

환경의 특성 차원 E_{cd}와 로봇(또는 에이전트)의 특성 차원 A_{cd}에 대한 비율은 환경을 다음과 같이 3가지 모빌리티 체제mobility regime로 대략 나눌 수 있다.

- E_{cd}/A_{cd} > 2.0, 상주 가능 체제: 이 체제에서 로봇은 자유롭게 움직일 수 있는 공간을 갖고 있다. 지상 로봇은 스스로 되돌리거나 후진할 필요 없이 이리저리 방향을 전환할 수 있다. 모빌리티는 트래버서빌리티 때문에 일부 절충이 될 수도 있지만 지역 크기에는 제한을 받지 않는다.
- E_{cd}/A_{cd} ≤ 2.0, 제한된 기동성restricted maneuverability 체제: 이 체제에서 로봇은 움직일 수 있지만 반드시 제자리에서 방향 전환을 할 필요는 없다. 그리고 로봇의 오차 범위가 훨씬 낮다.
- E_{cd}/A_{cd} ≤ 1.0, 세분화된 체제: 이 체제는 제한된 기동성보다 더 어려운 경우에 해당한다. 로봇이 기본적으로 환경 속으로 파고들기도 하고 정상적인 차량의 모빌리티 수준을 뛰어넘는 환경과 물리적인 접촉이 이뤄지기 때문이다.

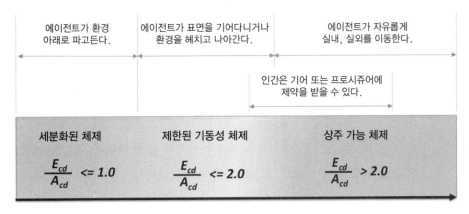

물리적 에이전트와 관련된 지역의 총 규모 증가

그림 15.6 물리적 에이전트 대비 지역의 규모에 따른 3가지 체제.

그림 15.6에서 3가지 모빌리티 체제를 자세히 정리했다. 인간은 상주 가능한 공간으로 간주할 수 있는 영역(예, 원자력발전소) 내에서 움직일 수도 있다. 하지만 일단

사람이 보호 장비를 착용하면 특성 차원의 비율이 달라지면서 벽이나 장비 등에도 가까이 다가가는 게 가능해진다.

15.8.2 트래버서빌리티 속성

트래버서빌리티는 어떤 지역을 여기저기 옮겨 다닐 수 있는 능력을 의미한다. 한 지역 내에 있는 로봇의 트래버서빌리티는 다음과 같은 환경 속성 중 최소 4가지 속성에 큰 영향을 받는다.

- **버티캘리티**[verticality]. 버티캘리티는 지역의 경사도 중 최댓값을 의미한다(즉, 지면 대비 얼마나 수직에 가까운가를 의미하며 간혹 '수직성'이라고 표현하기도 한다). 평평한 바닥에서 수평으로 움직이게 설계된 폭탄 처리 로봇은 무너진 건물 속에서 가파른 경사를 내려가는 게 불가능할 수도 있다. 무인 항공기[UAV]는 실내 내비게이션 수행 중 고도를 거의 변경하지 않는다.[2] 따라서 로봇이 수직으로 위나 아래로 이동해야 하는 영역이 있는지, 이동해야 하는 경우 얼마나 많이 움직여야 되는지 추측하는 것이 중요하다.

- **토추어시티**[Tortuosity]. 토추어시티는 동물의 움직임을 분석하는 생물학자들이 사용하는 측정 지표다. 이 값은 에이전트의 각 방향별 전환 횟수를 의미한다(즉, 경로의 중간 부분이 얼마나 여러 차례 '비틀려 있는지'를 나타낸다). 경로에 대한 토추어시티의 값이 높다면 동물이 수색 중일 수도 있고 우왕좌왕하는 중일 수도 있다는 걸 의미한다. 토추어시티가 높은 환경은 로봇이 내비게이션을 수행할 때 상당히 꼬불꼬불하게 다닐 수 있어야 한다는 걸 내포하고 있다(그림 15.7 참조).

- **장애물의 심각도**[Severity of obstacles]. 장애물의 심각도는 토추어시티와 유사하며 공간에 대한 클러터[clutter] 또는 침입 및 방해물의 추정치를 의미한다. 환경에 대한 경험 기반 지도에 토추어시티 값이 낮은 지역이 있다는 걸 추측할 수 있다. 하지만 그 지역을 돌아다니는 지상 로봇의 트래버서빌리티 값을 감소할 때에는 가구, 초목, 바위 등의 위치가 지도상에 나타나지 않을 수도

있다. 이론상 UAV는 가구 위 또는 천정에 매달린 조명 기구 아래 같은 일종의 명목상 고도$^{nominal\ altitude}$로 비행할 수도 있다(하지만 실제 상황에서는 비행해서는 안 되고 그 곳을 피하거나 벗어나야 한다). 이럴 경우 장애물과 접촉이 일어날 수 있고 그로 인해 UAV가 심각한 손상을 입을 수도 있다.

- **표면 특성.** 환경에는 모빌리티에 영향을 미치는 표면이 있다. 예를 들어 콘크리트 하수관의 진흙탕 속에서 완벽하게 동작하는 추적 차량이 두꺼운 쉐그^{shag} 카펫에서는 제대로 움직이지 못할 수도 있다.

- **접근성 요소**$^{accessibility\ elements}$. 문, 창문, 엘리베이터, 계단처럼 지역을 연결하는 건축 관련 요소들이라고 할 수 있다. 후쿠시마 제1 원자력 발전소 사고에서 직면했던 문제는 지상 로봇이 주로 실외 지역 한곳에서 쓰이도록 설계됐다는 것이다. 실제로는 로봇이 건물 안으로 들어가서 일련의 방과 복도를 들여다보고 문도 통과하고 계단도 오르내려야 했다. 이 환경을 보면 계단도 찾기 어려운 곳에 있고 문도 열기 어려운 곳이 여러 군데 있었다.

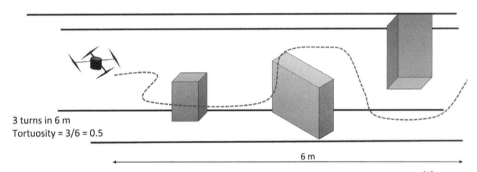

3 turns in 6 m
Tortuosity = 3/6 = 0.5

6 m

그림 15.7 UAV를 위한 영역의 토추어시티의 예(출처: 아가르왈(Agarwal)과 머피(Murphy)[2])

토추어시티, 장애물의 심각도, 접근성 요소는 환경 관점에서 로봇의 스케일에 대한 기능이라는 점에 주목하자. 일반적인 접근성 요소인 방과 방 사이의 문에 대한 임곗값은 매우 작은 로봇에겐 비현실적으로 클 수도 있고 아주 큰 로봇에겐 너무 작을 수도 있다.

지상 로봇의 트래버서빌리티 문제는 토양의 특성이나 도로 포장 상태 같은 표면 특성도 포함된다. 수중 차량이라면 해류, 파도, 바람과 싸워야 할 것이다. 마찬가지로 무인 항공기 UAV에도 지역 내에서 움직이는 능력에 영향을 미치는 바람, 습도 같은 요소가 있을 것이다.

15.9 탐사

어쩌면 지도 제작, 즉 매핑의 반대일 수 있는 '탐사'의 질문은 "내가 어디까지 왔는가?"가 아닌 일종의 "내가 어딘가에 있지 않았던가?"이다. 탐사는 반응적으로 이뤄질 수 있다. 그러나 탐사에서 핵심 유의 사항은 "미지의 영역을 얼마나 효율적으로 커버할 수 있는가"다. 심의형 탐사를 위한 알고리듬은 프론티어 기반$^{frontier-based}$ 기법과 일반화한 보로노이 그래프^{GVG} 2가지 부류로 크게 나눌 수 있다. 이러한 기법들은 실내에서는 만족스러운 수준으로 동작하지만 외부 작업 공간에 대한 유틸리티는 구축돼 있지 않다.

15.9.1 반응형 탐사

탐사는 행동을 통해 이뤄질 수 있다. 1가지 방법은 무작위 탐색을 사용하는 것이다. 로봇은 문자 그대로 무작위로 돌아다닌다(임의의 잠재적 필드 사용). 어느 정도 긴 시간이 지난 후 결과를 통계적으로 살펴보면 전체 영역을 커버하지 못했음을 알 수 있다. 또 다른 반응형 기법은 로봇이 최근에 방문한 영역에서 (다시 방문하지 않게) 밀려나는 고유수용성감각(오도메트리)을 짧게 유지하게 하는 것이다. 이를 avoid past 행동이라고 한다.[17] avoid past 행동은 거친 점유 그리드 속의 셀이나 이전에 방문했던 모든 셀에 의해 생성되는 척력 필드$^{repulsive\ field}$로 구현할 수 있다. 또 다른 행동 기반 기법은 점유 그리드의 증거 정보$^{evidential\ information}$를 이용하는 것이다. 로봇이 새로운 영역을 탐사하면서 그리드의 많은 셀이 미지의 상태일 것이고(즉, 점유 상태, 공백 상태도 아니다. 자세한 내용은 14장을 참조하라) 로봇은 미지의 영역에 대한 중심점, 즉 센트로이드를 목표 지점으로 사용할 수 있다. 이러한 행동 지향 접근 방식은 간단하고 구현하기 쉽지만, 특히 탐사가 아직 이뤄지지 않은 영역이 둘 이상일 경우 비효율적인 경우가 많다. 로봇이 복도에서 교차로를 만났다고 가정해보자. 과연 탐사할 영역을 어떻게 선택할까?

아직 탐사하지 못한 영역에 순위를 매기고 신중한 선택을 해야 할 때 프론티어 기반 및 일반화된 보로노이 그래프^{GVG} 기법이라는 2가지 기본적인 탐색 방법을 많이 사용하는데, 2가지 모두 실내 환경에 적합하다. 넓은 공터에서 이러한 기능이 어떻게 작동하는지는 명확하지 않다. 둘 다 내비게이션에 행동을 사용하지만 내비게이션 목표를 설정하는 방법은 다르다. 각 기법을 간략하게 살펴보자.

15.9.2 프론티어 기반 탐사 기법

프론티어 기반 탐사 기법은 브라이언 야마우치$^{Brian Yamauchi}$가 처음 만들었다.[189] 이 기법은 로봇이 베이지안 점유 그리드를 사용한다고 가정한다(뎀프스터-셰퍼 그리드 Dempster-Shafer grid도 가능하다). 그림 15.8과 같이 로봇이 새로운 영역에 진입할 때 감지되고 개방된 각 영역과 감지되지 않은 영역 사이에는 경계가 있다(로봇이 점유 영역을 통과해 뒤에 무엇이 있는지 감지할 수 없기 때문에 점유 영역과 이미지의 영역 사이의 경계는 관심 대상이 아니다). 그림 15.8에는 2가지 경계가 있으며, 이 경계선 각각은 탐사해야 할 경계를 형성한다.

먼저 탐사할 프론티어의 선택은 다양한 방법으로 이뤄질 수 있다. 단순한 전략은 가장 가까운 프론티어를 먼저 탐사하는 것이다. 또 다른 방법은 가장 큰 프론티어를 먼저 탐사하는 것이다. 월드가 미지의 상태이므로 로봇이 큰 프론티어에 도달할 경우 벽이 1m밖에 떨어지지 않는다는 걸 알 길이 없다. 즉, 로봇이 방을 가로질러 이동하고 어느 한 지역을 잠시 탐사한 다음 거의 시작점 부근으로 돌아와 해당 지역을 탐사하고 다른 장소로 이동하는 등의 작업을 수행할 수도 있다. 그러나 실제로 이런 상황은 실내 환경에서 그다지 자주 일어나지 않는다.

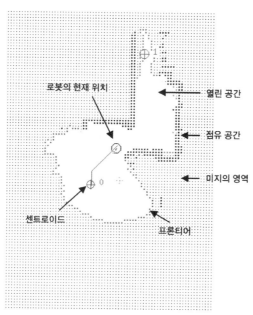

그림 15.8 프론티어 기반 방법을 사용해 지역을 탐사하는 로봇의 예
(이미지 제공: 미국 해군연구실 인공지능 응용 연구 센터)

15.9.3 GVG 기법

공간을 탐색하는 방법을 결정하는 또 다른 방법은 로봇이 월드를 이동할 때 축소된 GVG를 구축하게 하고 이동 선택을 위한 게이트웨이나 기회를 감지하는 것이다. 이 방법은 호위 초셋^{Howie Choset}의 연구를 시작으로 광범위하게 사용돼 왔다.^[45,44,43]

GVG 기법에서 로봇은 움직일 때 감지하는 모든 물체와 동일한 거리를 두는 경로를 유지하려고 시도한다. 기본적으로 로봇은 앞으로 이동하려고 하지만 주변 물체의 중간이나 접점에 머무른다. 이 경로는 GVG 에지인데, 공간을 보로노이 그래프로 분해해 생성되는 것과 동일하다. 경로를 생성하는 것과 생성된 경로를 따라가는 것은 행동으로 이뤄진다.

로봇이 막다른 골목이나 게이트웨이에 도달하면 로봇이 갈 수 있는 GVG 에지가 여러 개 있다. 그림 15.9와 같이 막다른 골목에서는 두 개의 GVG 에지가 생긴다.

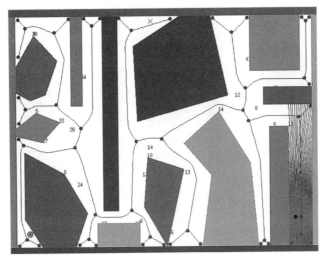

a.

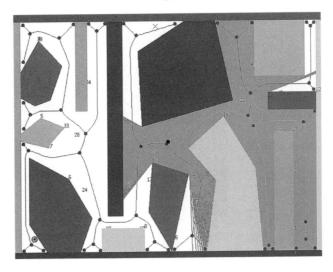

b.

그림 15.9 GVG 방법을 사용해 실내 영역을 탐색하는 로봇의 예: a) 로봇은 오른쪽 하단 모서리(구석) 부분에서 시작한다. b) 중심을 탐색한다. 검은색 선은 이상적인 GVG를 나타내고 흰색 선은 로봇이 이동한 GVG 부분을 나타낸다(그림 제공: 호위 초셋).

a.

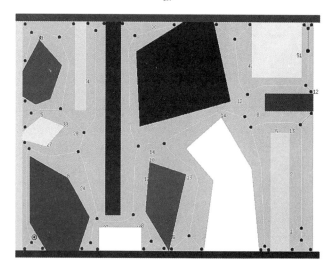

b.

그림 15.10 GVG 방법을 사용해 실내 영역을 탐색하는 로봇의 예(계속): a) 막다른 골목에 도달한 후 역추적하는 과정, b) 모든 모서리를 다 돌아보지는 않았지만 영역을 완전히 커버한다(이미지 제공: 호위 초셋)

하지만 이 경우 로봇은 에지 둘 다 물체에서 끝나는 것을 알 수 있으므로, 이 에지를 따를 이유가 없다. 그런 다음 로봇은 시작점이나 다른 브랜치에 있던 경로를 따라 역추적할 수 있다. 로봇이 GVG 에지에서 브랜치를 발견하는 경우 무작위로 하나를 선택해 따라갈 수 있다.

그림 15.9는 로봇이 영역을 탐색하는 방법의 예다. 이 그림은 편의를 위해 로봇이 이 지역을 완전히 탐사한 후에 만들어낼 GVG 전체의 모습이다. 로봇은 홀에 무엇이 있는지 전혀 인식하지 못한 채 양쪽 벽을 감지하는 것으로 시작한다. 밝은 회색으로 표시된 곳은 감지된 영역이다. 로봇은 교차로의 라인에 대해 수직으로 이동하면서 벽 사이의 중심을 잡으려고 시도하다가 결국 교차로에 도달한다. 교차로에서는 두 개의 에지가 생성되며 이들 모두 객체에서 종료되는 것처럼 보이지 않는다. 로봇은 알고리듬이 역추적해야 할 경우에 대비해 임의로 왼쪽 에지를 선택하고 오른쪽을 저장한다. 그림 15.9b과 같이 막다른 골목에 다다를 때까지 반복적으로 이 행동을 하면서 복도를 계속 따라간다. 그런 다음 로봇은 동일한 에지 행동을 사용해 역추적한다(중간을 유지). 그림 15.10a처럼 좌측 하단의 막다른 골목에 이를 때까지 좌측 탐사 위주로 계속 진행한다. 그 후 로봇은 그림 15.10b와 같이 전체 영역을 다 둘러볼 때까지 탐사와 역추적을 계속한다.

15.10 로컬라이제이션, 지도 제작, 탐사, AI

로컬라이제이션, 지도 제작(매핑), 탐사는 1장에서 소개한 인공지능의 7가지 핵심 분야 중 많은 부분을 포함한다. 이러한 기능들은 퍼셉션 기반의 월드를 심볼릭 지도와 연결시킨다는 점에서 본질적으로 퍼셉션의 성격을 지닌다. 또한 이 기능들은 그들은 비전을 통해 동작한다. 탐사는 심의형 플래닝과 관련이 있을 수 있지만 반응형으로 수행될 수도 있다. 대부분의 알고리듬은 지도나 이전에 스캔한 결과와 가장 잘 일치하는 포즈를 찾고자 확률론적 탐색과 추론을 이용한다. 얼핏 보기에 로컬라이제이션, 지도 제작, 탐사는 새로운 환경을 익힐 때처럼 주로 학습^{learning}이 필요할 것이다. 주의할 점은 옛날 고전적인 인공지능에서 쓰였던 '학습'이 아니라 알고리듬은 퍼셉션을 수행하고 표현을 생성한다는 점이다. 고전적인 머신러닝 기술은 지형 파악과 식별에 사용되며 시스템이 고유수용적 또는 외부수용적 신호를 지형의 유형과 연관시킨다. 로컬라이제이션, 지도 제작, 탐사는 자연어의 이해와는 무관하다. 이들은 여러 로봇을 사용하는 분산형 인공지능 기술 활용해서 크고 복잡한 영역을 동시에 설계할 수 있다.

그러나 인공지능에서, 특히 지식 표현에서 더 많은 작업이 필요하다. 이 말은 어떤 면에서 직관적이지 않을 수 있는데, 지도가 일종의 지식 표현이기 때문이다. 해결이 어려운 문제로 매핑의 제한 요인이 될 수 있는 심볼릭 그라운딩 문제가 있다. 로컬라이제이션 및 SLAM 알고리듬에서 볼 수 있듯이 지도상의 피처를 환경의 피처에 신뢰성 있게 일치시키거나 지도에 어떤 피처를 통합해야 하는지 학습하는 것은 어렵다. 로컬라이제이션, 지도 제작, 탐색은 좀 더 정교한 문제 해결, 추론, 학습이 로봇 탐색 전반에 가치를 더할 수 있는 분야일 수 있다.

15.11 요약

모바일 로봇 로컬라이제이션을 위해서는 주어진 환경 맵과 관련된 로봇의 포즈를 결정해야 한다. 로컬라이제이션 알고리듬은 베이즈 필터 알고리듬의 변형으로, 포즈에 대한 빌리프는 로봇의 포즈, 제어 액션, 맵의 함수다. 피처를 추출할 때 신뢰성 문제로 인해 피처 기반 로컬라이제이션보다 아이코닉 로컬라이제이션이 더 일반적이다. 피처 기반 로컬라이제이션은 역사적으로 EKF 솔루션을 사용해왔지만 이 방법은 피처 관찰을 맵의 심볼릭 피처에 연결하려 할 때 대응 변수가 필요하다. 실제로 몬테카를로 로컬라이제이션 방법은 아이코닉 기법과 피처 기반 접근법보다 더 낫다. 로컬라이제이션은 좋은 모델이 있는 정적 환경에서는 매우 잘 작동하지만 변화가 심한 동적 환경에서는 어렵다.

SLAM 알고리듬은 특히 로봇이 레인지 스캔을 사용하고 한 영역을 통해 여러 루프를 만들고 루프 클로저를 만들 수 있는 경우 실내에서 잘 작동한다. 프론티어 기반 및 GVG 기법은 2가지 탐색 유형이 있지만 반드시 예상만큼 직관적으로 효율적이지는 않다.

현재 낮은 해상도로 제공되는 지형도는 플래닝에는 좋지만 실행에는 좋지 않다. 실외 내비게이션을 하려면 지형 센싱 능력이 필요하다. 신뢰할 만한 고유수용성 또는 외부수용성 기법이 지형 식별에는 없지만 단기적으로 실무에 쓰기에는 더 나아 보인다. 입체 사진 측량 기법을 통해 로봇은 오쏘모자이크, DEM, DSM 등의 지도를 만들 수 있다.

로봇 대비 환경의 상대적 스케일 및 환경의 트래버서빌리티 측면에서 환경 속 로봇의 모빌리티를 부분적으로 정량화할 수 있다. 실제로 대부분의 환경은 다양한 스케일과 모빌리티를 바탕으로 여러 영역으로 구성된다. 로봇이나 다른 유형의 에이전트 A에 대한 환경 E의 상대적인 스케일은 로봇(또는 에이전트)의 특성 차원 비율 ratio of robots(agents)' characteristic dimension이다. 이 비율은 영역을 다음과 같은 모빌리티의 3가지 카테고리로 나누는 데 사용될 수 있다. 첫째, 로봇에 비해 환경이 크고 넓으면 ($E_{cd}/A_{cd} > 2.0$) 해당 영역은 로봇이 쉽게 상주할 수 있다. 환경과 로봇의 크기가 비슷할 경우($E_{cd}/A_{cd} \leq 2.0$) 로봇의 기동성maneuverability에 제한이 생긴다. 환경이 로봇보다 작고 로봇이 기본적으로 영역 내에 파묻힌 경우($E_{cd}/A_{cd} \leq 1.0$) 영역은 세분화된다. 트래버서빌리티는 버티캘리티, 토추어시티, 장애물의 심각성, 접근성 요소 등 4가지 일반적인 특성을 갖고 있다. 게다가 지상 로봇은 지표면의 특성에, 항공 차량은 바람에, 해상 및 수중 차량은 파도에 영향을 받는다.

로컬라이제이션, 매핑, 탐사는 AI의 대부분의 기본 영역을 포함한다. 그러나 심볼 그라운딩 문제는 인공지능 분야에서 여전히 난제로 남아 있으며 현재 솔루션은 제한적이고 도메인에 특화돼 있다.

이 장을 시작할 때 제시했던 질문으로 돌아가 보자. "왜 이것이 문제인가? GPS, RFID 비콘, 또는 RGB-D 센서에서 3D 스캔을 사용하면 안 될까?"에 대한 답이 이제는 명확해졌을 것이다. 로컬라이제이션, 매핑, 탐사는 한 마디로 복잡하다. "어떻게 하면 여러분이 동시에 월드를 지도로 제작하고 여러분이 어디에 있는지 확신할 수 있을까?"라는 질문에 대한 답은 SLAM 연구에서 찾을 수 있다. SLAM 기술에서 확률 이론의 비중은 절대적이다. 새로운 영역을 효율적으로 또는 최소한 일관성 있게 탐사하려면 어떻게 하면 될까? 이 질문에 대한 답은 프론티어 기법이나 GVG 기법에서 찾을 수 있다. 프론티어 기법은 항상 가장 큰 미탐사 영역으로 로봇을 유도한다. 또 GVG 기법은 로컬상에서 체계적으로 작동한 후 글로벌상에서 집계 작업을 수행한다. "물체, 피처, 지형을 이용해 맵에 레이블을 어떻게 표시할까?"라는 문제는 아직 해결 중이고 연구가 활발하게 이뤄지고 있다.

내비게이션과 관련은 있지만 분명히 다른 활동인 탐사를 통해 로컬라이제이션과 매핑은 전체 영역을 완벽하게 내비게이션할 수 있다. 내비게이션은 지능형 로봇에서 심의형 시스템의 1가지 애플리케이션에 불과하지만 모빌리티에 필수적이므로 모든 기술 아키텍처에 포함된다. 16장에서는 상호작용형 레이어를 중점적으로 다룬다.

15.12 연습문제

문제 15.1
모바일 로봇의 포즈를 정의하라.

문제 15.2
아이코닉 로컬라이제이션과 피처 기반 로컬라이제이션의 차이점을 설명하라.

문제 15.3
$bel(\mathbf{x}_t) = f(bel(\mathbf{x}_{t-1}), \mathbf{u}_t, \mathbf{z}_t, m)$에서 각 항의 의미를 정의하라.

문제 15.4
EKF, 그리드, 몬테카를로 로컬라이제이션 알고리듬 간의 차이점을 설명하라. 그리고 이들이 3가지 유형의 로컬라이제이션 문제와 관련이 있는지도 답하라.

문제 15.5
로컬라이제이션과 SLAM의 차이점을 설명하라.

문제 15.6

루프 클로저 문제를 정의하라.

문제 15.7

프론티어 기반 및 GVG 기반 탐사 기법을 비교하라.

문제 15.8

고유수용성 지형 식별 및 외부수용성 지형 식별이라는 2가지 기법 각각에 대해 최소 1가지 이상 사례를 제시하고 각 방법의 한계를 설명해보라.

문제 15.9

DTED, DEM, DSM, 오쏘모자이크의 차이점을 설명하라.

문제 15.10

트래버서빌리티의 5가지 속성인 버티캘리티, 표면 특성, 토추어시티, 장애물의 심각성, 접근성 요소를 설명하라.

문제 15.11

그라운드 로봇에 의한 고유수용성 지형 식별, 외부수용성 지형 식별에 대한 2가지 유형의 예를 제시하고 각 방법의 한계를 설명하라.

문제 15.12

로봇의 지형 데이터 사용 가능 여부와 지형이 로봇 기능에 미치는 영향을 나열하라.

문제 15.13

환경에 대한 에이전트의 3가지 척도의 비율을 제시하고 로봇에 대한 각 척도의 의미를 설명하라.

문제 15.14

GPS가 없는 로봇이 사막에서 로컬라이제이션을 수행하기 어려울까? 예/아니요로 답하고 그에 대한 이유도 설명하라.

문제 15.15

프로젝션 기반 지형 식별과 반응 기반 지형 식별의 차이점은 무엇인가? 설명하라.

문제 15.16

심볼 그라운딩 문제가 지도 제작 및 해석에 미치는 영향은 무엇인가? 설명하라.

15.13 엔드 노트

로보틱스 연구학자의 서재를 위해

베이즈 필터링을 잘 이해하고 싶다면 고전인 『확률론적 로보틱스』(에이콘, 2020)[207]를 꼭 읽어보기 바란다.

16
학습

16장에서 다루는 내용

- 경험을 통한 4가지 주요 유형(지도, 비지도, 준지도, 강화) 학습과 관련 기법을 설명한다.

- 수학적 귀납법^{induction}, 서포트 벡터 머신$^{support\ vector\ machine}$, 역전파^{backpropagation} 학습 기법을 설명한다.

- 입력, 가중치, 활성화 함수를 포함한 피드포워드^{feedforward} 인공 신경망^{ANN,} $^{Artificial\ Neural\ Network}$이 주어졌을 때 유닛^{unit}의 출력을 계산한다.

- 보상 매트릭스$^{rewards\ matrix}$와 무작위 탐사$^{random\ exploration}$의 조건하에서 Q-러닝$^{Q-learning}$의 공식을 작성한 다음 폴리시^{policy}(정책)를 작성한다.

- 진화형 로보틱스$^{evolutionary\ robotics}$를 정의하고 이와 관련한 기법이 학습으로 간주되지 않는 이유를 설명한다.

- 선택적 번식$^{selective\ reproduction}$, 무작위성 돌연변이$^{random\ mutation}$, 유전자 재조합$^{genetic\ recombination}$과 같은 유전자 알고리듬$^{genetic\ algorithm}$의 프로세스를 정의한다.

- 유전자의 쌍 집합$^{a\ set\ of\ pairs\ of\ genome}$과 교차점$^{cross-over\ point}$이 주어졌을 때 개체군^{population}에서 다음 세대를 만들어낸다(번식한다).

- 크리틱^{critic}, 신조어 문제$^{new\ term\ problem}$, 오퍼피팅^{overfitting}, 크레딧 할당 문제$^{credit\ assignment\ problem}$, 온라인 학습$^{online\ learning}$을 정의한다.

16.1 개요

앞에서는 로코모션, 내비게이션, 매니퓰레이션, 물체 인식, 심의를 위한 SENSE, PLAN, ACT 기본 요소를 구성하고 구현할 때 어떤 어려운 부분이 있는지 알아봤다. 반응과 심의의 유연성과 어려움은 이러한 역량이 사람에게 얼마나 자연스러운지와 서로 어긋나는 것 같다. 그리고 이런 의문이 든다. 로봇이 그저 무언가를 배울 수는 없는 걸까? 사실 로봇이 사물이나 상황을 인식할 수도 있고 무언가를 배울 수도 있지만 슬프게도 이런 것이 사람에겐 쉬워도 컴퓨터에겐 어려울 수 있다. "학습이란 무엇인가?" 그리고 "학습의 종류는 무엇인가?"라는 2가지 질문을 통해 로봇이 학습하고자 하는 욕구가 무엇인지 알아보자. 다른 유형의 학습이 있을 거라고 생각하는 사람도 있겠지만 신경망, 특히 딥러닝$^{deep\ learning}$은 엔터테인먼트와 뉴스 미디어에 주로 적용된다. 이러면 "로봇이 항상 신경망을 사용하지 않는 이유는 뭔가요? 신경망은 로봇에겐 일종의 뇌이니까요, 그렇지 않나요?" 같은 질문으로 자연스럽게 이어진다. 좀 더 실무적인 설계 관점에서는 "학습이 오퍼레이션 아키텍처에서 지향하는 것은 무엇인가?"라는 질문에 대한 답을 할 수 있어야 한다.

16장에서는 이러한 모든 질문을 다룬다. 우선 학습이 무엇인지 정의하고 일반적인 학습 유형을 설명한다. 학습 유형은 일반적으로 2가지 카테고리로 나뉜다. 에이전트는 사례, 경험을 통해 학습할 수도 있고 리즈닝이나 유추^{analogy}를 통해서도 학습할 수 있다. 1가지 놀라운 점은 유전자 알고리듬, 시뮬레이티드 어닐링$^{simulated\ annealing}$이라는 기술은 학습과 관련이 있음에도 기술적으로 알고리듬을 학습하지 않는다는 것이다(시뮬레이티드 어닐링은 이 책에서 다루지 않는다). 다음으로 이 장에서는 사례와 경험에 의한 학습에서 쓰이는 3가지 알고리듬 그룹을 자세히 다룬다. 첫째, 비지도학습$^{unsupervised\ learning}$과 인공 신경망$^{ANN,\ Artificial\ Neural\ Network}$를 알아본다. 둘째,

어떻게 패턴을 인식하는지를 학습하는 데 데이터 마이닝^{data mining}을 집중적으로 활용하는 지도학습^{supervised learning}을 다룬다. 참고로 지도학습의 2가지 주요 기술로 수학적 귀납법^{induction}과 서포트 벡터 머신^{support vector machine}이 있다. 셋째, Q-러닝으로 최적의 액션이나 다음에 무엇을 해야 하는가에 초점을 맞추고 있다는 점에서 로보틱스 분야에서 가장 인기 있는 학습 유형 중 하나다. 학습 유형을 공부한 내용을 바탕으로 학습이 로봇 아키텍처에서 어디에 적합한지를 살펴보고 학습 유형을 모두 통합해본다. 다음으로 유전자 알고리듬의 개념 및 학습과의 연관성을 알아본다. 그리고 학습과 인공지능에 대한 고찰로 이 장을 마무리한다.

16.2 학습

학습은 에이전트가 월드에 대해 관찰을 수행한 후 앞으로 해야 할 태스크에 대한 성과를 향상시키는 과정으로 정의할 수 있다.[181] 지형이나 태스크의 변경 사항, 모터의 마모를 보완하고자 더 많은 에너지를 써야 하는 것과 같은 자체적인 변경 사항, 기후 변화 같이 진화 과정^{evolutionary process}에서 포착되는 장기적인 변경 사항 등 월드의 변화에 에이전트가 적응할 수 있게 하는 것이 학습이라고 할 수 있다.

머신러닝을 위한 많은 기법이 있으며 이들 각각에 대해 설계자는 다음 사항들을 알고 있어야 한다(러셀^{Russell}과 노빅^{Norvig}의 저서[181] 참조).

- **개선 또는 향상시켜야 할 구성 요소.** 머신러닝을 사용해 4장에서 다룬 플래닝, 카토그래퍼, 내비게이션, 모터 스키마, 퍼셉션이라는 5가지 서브시스템 내에서 기능을 개선할 수 있다.

- **에이전트가 사용할 수 있는 사전 지식.** 로봇은 (마치 인간이 태어날 때 백지 상태 ^{tabula rasa}인 것처럼) 사전 지식 없이 깨어나는가? 아니면 이미 기능을 수행하는 방법이 있지만 그걸 개선시켜야 하는가?

- **학습할 데이터와 구성 요소의 표현.** 데이터가 RGB 이미지인가? 값의 리스트인가? 알고리듬을 공부하다 보면 알 수 있듯이 표현을 잘하면 솔루션의

알고리듬 부분이 훨씬 간단해지고 실행도 더 빨라질 수 있다.

- **학습에 활용 가능한 피드백.** 로봇이 점점 더 나아지려면 일종의 오류 피드백 기능이 필요하다. 로봇이 잘 수행하는지 또는 내부적으로 무엇을 개선해야 할지 측정할 수 있는 센서 판독 값의 보유 여부를 알려야 할 수도 있다.

머신러닝이 로보틱스에서 어떻게 사용됐는지, 설계자가 구성 요소component, 사전 지식prior knowledge, 표현representation, 피드백feedback 측면에서 알아야 했던 것에 대해 4가지 예를 통해 알아보자. 첫 번째 예는 1980년대 후반 로보틱스 연구학자들이 매니퓰레이터 또는 기타 반복적인 로봇의 모션을 제어하려고 제어 법칙control laws을 배우기 시작했을 때 시작된 로보틱스에 머신러닝을 적용한 최초의 사례 중 하나다.[47, 48] 많은 산업용 매니퓰레이션 애플리케이션에서는 로봇이 반복적인 액션을 수행해야 한다(예, 부품을 옮길 때 부품을 올려놓은 트레이를 완전히 평평하게 잡아야 한다). 이러한 애플리케이션에는 예상하는 궤적이 이미 나와 있다. 문제는 궤적을 따라가도록 설계된 자유도가 1보다 큰 로봇에 포함된 관절, 즉 조인트 각각의 토크와 타이밍을 조정하는 것뿐만 아니라 액추에이터가 마모되고 손상되면서 발생하는 노이즈와 시간의 흐름에 따른 환경 요인에 적응하기 위한 제어 법칙을 결정하는 것이 매우 어렵다는 점이다. 조인트와 토크 사이에 존재하는 연속적 상호작용의 복잡성은 비선형적이어서 수학적으로 표현하고 풀기가 매우 어렵다. 다행히 로봇을 관찰해 기대하는 궤도와 실제 궤적 간의 차이를 측정할 수 있다. 이를 **기준 궤적**reference trajectory이라고 한다. 그런 다음 로봇은 반복적이거나 반복 시행적 실험을 통해 자신을 제어하는 방법을 학습할 수 있다. 이 예에서 개선 또는 향상시켜야 할 구성 요소는 모션에 대한 제어 법칙이고, 사전 지식은 기준 궤적이며, 피드백은 실제 궤도와 기준 궤적 사이에 측정된 오차다. 지정된 반복 시행 학습 알고리듬에는 반복 시행 과정에서 학습한 결과를 기록하는 학습 이득 매트릭스learning gain matrix 같은 다른 데이터 표현이 포함돼 있다.[216]

두 번째 예는 장소 학습learning place이다. 로보틱스에서 지속적으로 다뤄지는 문제 중 하나는 노이즈 값이 섞인 센서 데이터를 심볼릭 데이터로 변환하는 것이다. 특히

게이트웨이의 어포던스("방향을 바꿀 수 있다")와 장소 인식("본사 사무실 문 앞에 있다") 사이에 큰 차이가 있는 로봇 내비게이션에서는 더욱 그렇다. 장소 학습 관련 많은 기술은 월드를 뷰프레임(13장 참조) 같은 피처 벡터나 패치로 나눈다. 로봇은 베이지안 통계 기법$^{Bayesian\ statistics}$을 사용해 로봇이 보는 것과 정확히 맞지 않는, 즉 오차가 발생하는 뷰프레임을 위치 좌표$^{location\ coordinates}$에 연결한다. 이 예에서 개선할 구성 요소는 월드의 지도이며 사전 지식은 사용돼야 하는 피처의 유형이다. 또한 표현은 뷰프레임이나 벡터이고 피드백은 로봇이 다른 각도에서 해당 장소에 접근하는 일련의 시험에서 확보된다.

세 번째 예는 지형 학습이다. 로봇이 컴퓨터 기반 시뮬레이션이나 통제된 시험을 통해 어려운 지역의 내비게이션을 수행하는 방법을 학습하는 것은 때때로 현실적이지 않다. 표고(해발 고도), 진흙이나 바위, 여러 가지 나무와 풀의 변화가 있을 수 있는 소위 '어려운' 지형은 모델링이 매우 어렵다. 1가지 해결책은 온라인 학습을 사용해 지형 모델을 지속적으로 업데이트하는 것이다. 로봇은 센서를 사용해 전방 지형을 예측한 다음 토크(예, 진흙 표시), 진동(예, 울퉁불퉁), IMU(예, 등반 중) 등과 같은 피드백을 사용해 프로젝션이 정확한지 여부를 확인한다. 이 예에서 개선할 구성 요소는 지형 모델링이고 사전 지식은 센서가 지형 특징을 추론하는 방법이다. 또 데이터 표현은 프로젝션이 이뤄진 지형의 슬라이딩 맵이며 피드백은 실제 사용 결과다.

네 번째 예는 행동의 할당에 대한 학습이다. 행동의 모듈화는 물체를 찾아서 다시 가져오는 방법처럼 새로운 상황에 대한 시행착오를 통해 어떤 행동을 선택할지 학습하는 데 도움이 될 수 있다.[122, 130] 올바른 시퀀스에서 또는 이득을 제대로 취하고자 로봇은 search, move-to-goal, grasp, avoid 또는 기본 오퍼레이션 같은 행동[24;23]들을 언제 사용할지 학습할 수 있다. 설계 요소들의 목록으로 돌아가 보면 이 예에 대해 개선돼야 할 구성 요소는 액션 선택이며, 사전 지식은 사용 가능한 행동의 집합이다. 표현은 시도된 행동의 조합 및 시퀀스의 목록이며, 피드백은 로봇이 목표를 달성하는지 여부다.

16.3 예제를 통한 학습의 종류

학습에는 예제 기반 학습learning from example, 경험 기반 학습, 시연demonstration 기반 학습(모방 학습imitation learning), 리즈닝 기반 학습, 사례 기반case-based 또는 설명 기반explanation-based 학습, 유추analogy에 의한 학습 등 많은 종류가 있다. 에이전트가 개념이나 행동의 예제를 제공받는 예제 기반 학습이 가장 일반적이며 로봇에 성공적으로 사용해왔다.

예제 알고리듬에 따라 학습을 분류하는 전통적인 방법은 피드백의 유형에 따라 분류하는 것이다.[181] 피드백에는 지도학습, 비지도학습, 준지도학습semi-supervised learning, 강화학습reinforcement learning이라는 4가지 카테고리가 있다. 이 4가지 중 첫 번째 2가지는 월드를 인식하는 방법을 학습할 때 로보틱스 분야에서 흔히 사용된다. 준지도학습은 종종 퍼셉션에 적용되지만 지도학습이나 비지도학습보다 빈도가 낮다. 따라서 이 책에서 더 자세히 다루지는 않는다. 강화학습은 다단계 액션 시퀀스에 적용할 수 있기 때문에 로봇 학습의 가장 일반적인 형태일 수 있다. 이를 폴리시(정책)라고 한다.

지도학습은 명확하고 직접적 피드백을 활용한다. 로봇은 물체, 장소, 스테이트, 연관성의 개념을 인식하도록 트레이닝이 이뤄진다. 여기에는 각 입력에 대해 올바른 출력으로 레이블이 지정된 예(이미지 같은)가 제공된다. 로봇은 이러한 (입력, 출력) 쌍 세트를 사용해 입력의 어떤 특성이 출력 분류로 이어지는지를 학습한다. 새로운 입력이 제공되면 로봇은 개념의 존재 여부를 인식한다. 예를 들어 사람이 어떤 모션을 사용하는지 관찰해서 작업을 수행하도록 휴머노이드 로봇을 훈련시키는 것을 생각해보자.[185] 사람의 모션은 태스크나 스킬인 개념에 대한 레이블이 붙은 입력 데이터다.

비지도학습은 간접적 피드백을 사용한다. 로봇에는 입력 데이터 세트에 대한 속성 집합이 제공되고 학습 내용을 제공받지 않고 속성 클러스터를 인식하는 방법을 학습한다. 로봇은 입력 데이터 세트를 검사하고 속성의 출현에 대한 수학적 중요도를 계산해 입력에 숨겨진 객체, 장소, 상태 또는 연관성을 밝혀낸다. 비지도학습은 종종 데이터 마이닝data mining 및 클러스터링clustering과 관련이 있다. 대표적인 예로 로그Rogue가 있다. 로그는 하루 중 로비가 붐빌 것 같은 시간에 로비를 통과하는 경로를 피하는 방법을 학습했고 좀 더 길더라도 더 빠른 경로를 택하곤 했다.[85]

준지도학습은 지도학습에 따라 작은 레이블 (입력, 출력) 쌍 세트를 사용해 알려지지 않은 입력으로부터 비지도학습을 가이드하는 데 도움이 된다. 예를 들어 무인 자동차는 자전거에 탄 사람의 이미지와 트랙 관련 이미지가 주어졌을 때 자전거 타는 사람을 추적하는 방법을 학습하고 자전거 타는 사람이 교통체증을 요리조리 잘 피해서 쏜살같이 달릴 수도 있는 곳을 예측할 수 있다.[204]

강화학습은 액션 시퀀스 학습 과정에서 시행착오의 피드백을 사용한다. 로봇에게 목표가 주어지고 목표에 도달하기 위해 가능한 액션을 시도하며, 이러한 액션 각각의 가치value를 목표에 도달하는 순서에 맞춰 추정한다. 강화학습은 속성(최적의 액션 세트)가 외부로 드러나지 않으므로 비지도학습과 유사하다. 비지도학습과 달리 목표, 레이블링된 출력은 이미 알고 있다. 지도학습과 달리 로봇은 탐사exploration를 통해 입력 정보를 스스로 생성한다. 대표적인 예로 긴팔원숭이처럼 수평 막대를 자유롭게 돌아다닐 수 있게 학습한 로봇 브라치아토르Brachiator[128]가 있다. 브라치아토르는 다리가 흔들리는 운동량을 생성하고 그립기가 다음 손잡이에 도달해 잡을 수 있도록 센서-모터 액션을 조정하는 방법을 학습하는 데에 강화학습을 사용했다.

16.4 지도학습 알고리듬

지도학습에서 에이전트는 트레이닝 단계 동안 일부 예제 (입력, 출력) 쌍을 관찰하고 입력을 출력에 매핑하는 함수 h를 학습한다. 출력에는 양수나 음수로 레이블이 지정된다. 주요 기술로 수학적 귀납법, 서포트 벡터 머신SVM, 의사 결정 트리decision tree 등이 있다. 수학적 귀납법과 서포트 벡터 머신은 매우 유사하다. 또한 현재 로보틱스 분야에서 지도학습이라고 하면 대부분 서포트 벡터 머신이라고 보면 된다.

16.4.1 수학적 귀납법

수학적 귀납법은 레이블링된 (입력, 출력) 쌍의 개념을 추론한다. 트레이닝 중 일부 쌍은 개념('Is') 또는 긍정적 인스턴스의 예가 된다. 그러나 일부 쌍은 개념이 없거나 부정적 인스턴스('Is Not')가 된다. 학습 알고리듬은 그림 16.1과 같이 입력을 'Is'와 'Is Not'으로 가장 잘 나누는 선을 그린다. 이 선을 가설 h라고 하며 기술적으로는 가설 함수$^{hypothesis\ function}$라고 한다. 실제로 입력에는 여러 속성이 있으므로 x축이 실제로 다차원일 수 있다. 이 개념은 'Is' 또는 'Is Not' 이상을 포함하며 더 큰 개념의 카테고리(예, '사과', '오렌지', '포도'를 포함할 수 있는 과일)를 반영한다. 피처 세트 x 는 분류되는 입력의 색상, 모양, 크기일 수 있다.

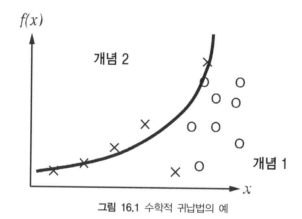

그림 16.1 수학적 귀납법의 예

일반적으로 수학적 귀납법과 지도학습의 주요 문제는 오버피팅^{overfitting}이다. 알고리듬은 트레이닝, 학습 중에 입력 데이터를 완벽하게 분류하는 h를 생성하지만 실제 입력값이 주어지면 큰 실수를 범할 수 있다. 그림 16.2는 학습용 데이터와 일치하지만 일단 작동되면 새로운 데이터를 잘 분류하지 못하는 h 함수의 예다.

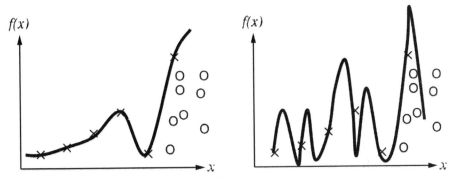

그림 16.2 오버피팅의 예: 2가지 모두 학습 데이터에서는 일관성을 보였지만 새로운 데이터를 제대로 분류하지 못하는 것처럼 보인다.

16.4.2 서포트 벡터 머신

서포트 벡터 머신은 데이터의 통계적 특성을 사용해 오버피팅을 피하고자 하는 수학적 귀납법 방식의 학습 메커니즘이다. 고전적인 수학적 귀납법 기법은 일반적으로 개별 출력과 h 사이의 오류를 최소화하려고 한다. 이는 개념적으로 최소 제곱법 least squares method을 사용한 커브 피팅curve fitting과 유사하다. 수학적 귀납법은 출력을 올바른 개념으로 완벽하게 또는 거의 완벽하게 나누는 곡선을 생성할 수 있다. 단, h는 오버피팅될 수 있다. 서포트 벡터 머신은 오버피팅이 일어나지 않게 한다. 즉 개별 출력 결과를 고려하지 않고 그림 16.3처럼 통계적 분포를 형성하는 출력 그룹을 살핀다. 이러한 그룹이 잘 분할되게 곡선을 피팅하므로 곡선이 데이터에 피팅될(맞춰질) 가능성이 줄어든다. 일부 이상치가 잘못 분류돼 곡선의 잘못된 쪽(즉, 잘못된 그룹)에 떨어질 가능성이 있지만 수학적 귀납적 방법에도 그러한 가능성은 있다.

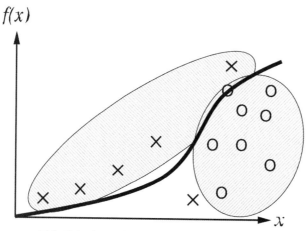

$f(x)$

x

그림 16.3 서포트 벡터 머신으로 결과를 그룹핑한 예

16.4.3 의사 결정 트리

의사 결정 트리는 어떤 측정 세트가 가치 있고 측정값을 얻는 순서^{order}를 학습한다는 점에서 서포트 벡터 머신과 다르다. 의사 결정 트리 알고리듬은 정보 이론^{information theory}을 사용해 최선의 선택이나 액션을 학습한다.

예를 들어 시스템이 사람에게 차량 운전을 넘겨야 할 가능성을 경고할 수 있도록 자율 주행 시스템이 도로 주행 중 고장이 발생할 때를 예측하는 문제를 생각해보자. 로봇이 다양한 시험의 지형 및 날씨 특성과 자율 주행 시스템이 고장 나서 사람이 운전을 넘겨받아야 했는지에 대한 측정값 테이블에 액세스했다고 가정한다. 여기서 그림 16.4a를 참조한다. 이 데이터를 기반으로 로봇은 특정 피처 조합에 대해 실패할 것인지 여부를 예측하는 방법을 학습할 수 있다. 이와 동시에 어떤 순서로 데이터를 조회해야 하는지도 알 수 있다. 예를 들어 안개가 끼면 로봇이 자동 제어를 항상 실패한다는 것을 알 수 있다. 따라서 로봇은 안개가 끼었는지 확인하고자 일기예보를 먼저 다운로드함으로써 시간을 절약할 수 있었다. 안개가 끼지 않으면 로봇은 다음으로 가장 유용한 피처를 살펴볼 수 있다. 이 프로세스를 거쳐 그림 16.4와 같은 의사 결정 트리가 생성된다. 대표적인 의사 결정 트리 알고리듬으로 ID3가 있다.[132]

날씨	하루의 시간	차선 수	도로의 난이도	결과
맑음	낮	4차선 이상 도로	직선 도로	성공
비	저녁 무렵	4차선 이상 도로	곡선 도로	실패
맑음	낮	2차선 도로	곡선인 오르막길	성공
안개	저녁 무렵	2차선 도로	곡선인 오르막길	실패
비	낮	4차선 이상 도로	곡선 도로	성공
안개	밤	4차선 이상 도로	곡선 도로	실패
...	...	...	...	...

a.

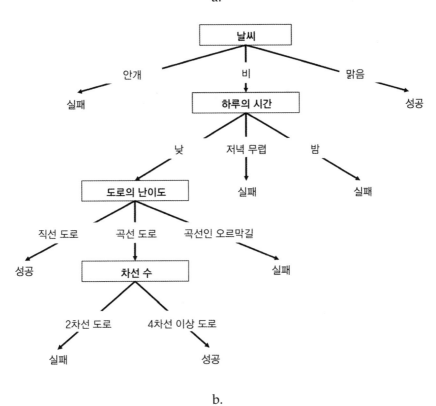

b.

그림 16.4 의사 결정 트리의 예: a) 학습 데이터 세트, b) 생성된 의사 결정 트리

16.5 일반적인 비지도학습 알고리듬

비지도학습도 입력에 대한 숨겨진 패턴을 학습하지만 (지도학습처럼) 명확한 피드백을 받지는 않는다. 비지도학습은 널리 사용되는 학습 유형이며 웹 애플리케이션에서 추세나 선호도를 찾는 고객에 대한 데이터 마이닝 작업에 사용되곤 한다. 로보틱스에서 로봇은 지형을 횡단하기도 하고 특정 진동과 지형을 연관 짓기도 하며, 다른 환경에서는 어떤 센서가 가장 적합한지 결정하는 등 다양한 방식으로 지형을 학습할 수도 있다. 비지도학습을 위한 2가지 주요 알고리듬으로 클러스터링^{Clustering}과 인공 신경망^{ANN}이 있다. 클러스터링은 **패턴 인식 알고리듬**이라고도 하며 베이지안 통계 학습$^{Bayesian\ statistical\ learning}$이 가장 유명하다. 인공 신경망은 딥러닝 기술의 근간이다. 인공 신경망은 지도학습에 해당하기도 한다. 이 절에서는 일반적인 아이디어와 용어를 익힐 수 있도록 개념 수준 정도로 역전파^{backpropagation}를 이용하는 피드포워드^{feedforward} 인공 신경망 모델을 살펴본다. 이 개념을 응용하려면 좀 더 깊이 있게 공부를 해야 할 것이다.

16.5.1 클러스터링

클러스터링은 입력 데이터 세트의 유사성을 인식해 개념이나 액션의 집합을 학습하려고 시도한다. 예를 들어 학습 알고리듬은 나무에 달린 오렌지는 둥근 모양이지만 잎은 다른 모양이라는 것을 알아차릴 수 있다. 알고리듬은 항목 1(오렌지)과 항목 2(잎)를 정의하는 통계적 속성을 추출한다. 그런 다음 새 이미지가 주어졌을 때 프로그램은 새 이미지가 항목 1과 항목 2에 얼마나 가까운지 계산하고 가장 근접한 항목으로 새 이미지에 레이블을 지정할 수 있다. 클러스터링에서 어려운 점은 클러스터가 만들어지는 속성을 지정해야 한다는 것이다. 또한 알고리듬을 실행하려면 클러스터 개수를 지정해야 한다(예, k-평균 클러스터링). 이는 설계자가 무엇이 '숨겨진' 것인지 알아야 한다는 것이나 시행착오를 통해 최적의 파티션 개수를 실험적으로 결정해야 한다는 것을 의미한다.

16.5.2 인공 신경망

인공 신경망은 인공지능 분야가 만들어졌을 때부터 주요 연구 분야 중 하나였다. 인공 신경망에 대한 아이디어는 신경과학에서 온 것으로 데이빗 럼멜하트David Rumelhart가 이와 관련한 주요 인물이다.[180] "우선 입력의 강도를 바탕으로 뉴런이 작동한다. 그리고 다른 강도로 작동하는 다른 뉴런들에 연결 네트워크를 통해 자극을 일으킨다. 이는 궁극적으로 출력 객체와 개념의 강도를 증가시킨다." 연결 네트워크는 클러스터링이나 서포트 벡터 머신에서 도출하기 어려운 비선형 관계를 잡아낼 수 있다. 속성 집합이 크지만 속성이 객체나 개념을 인식하는 데 어떻게 기여하는지에 대한 모델이 없는 경우 또는 네트워크 학습 프로세스가 수렴될 수 있는 대규모 트레이닝 예제 집합이 있는 경우 인공 신경망이 사용되곤 한다.

이 절에서는 먼저 인공 신경망을 네트워크 토폴로지 관점의 용어로 설명한다. 그리고 그 토폴로지를 사용해 가장 보편적 학습 방법인 역전파가 어떻게 작동하는지 설명한다. 네트워크의 각 노드, 유닛에는 출력으로 바뀌는 가중치가 반영된 입력 집합이 있다. 판독 값이나 트레이닝 인스턴스 값은 네트워크를 통해 앞 쪽으로 전파돼 네트워크 출력값을 생성한다. 값이 가장 높은 유닛은 네트워크 출력이다. 계산된 네트워크의 출력과 이상적인(즉 이론상 가장 좋은) 출력과 비교를 통해 트레이닝 인스턴스에서 네트워크의 학습이 이뤄진다. 여기서 두 출력의 차이, 즉 오차error를 바탕으로 가중치를 조정한다. 설계자는 네트워크의 시작 토폴로지를 지정하는데, 네트워크가 완전히 새로운 용어, 즉 신조어를 자발적으로 배우지 않는다는 것을 의미한다. 시스템에 원래는 없었던 새로운 객체나 개념이 생겨서 토폴로지에 지정된 출력 선택 중 적절한 게 아무것도 없을 경우 신조어가 나온다. 안타깝게도 인공 신경망은 보통 공학 기반의 토폴로지에 의해 제한을 받는다. 따라서 정의에 따르면 잠재적 출력으로 표현된 어떤 것도 학습할 수 없다.

찾아내기 어려운 상관관계를 발견하겠다는 것처럼 신조어를 학습하겠다는 일종의 도전적 과제를 신조어 문제new term problem라고 한다. 인공 신경망이나 다른 유형의 학습 기법과 더불어 신조어를 개발하는 데 중요한 연구가 있긴 하지만 현재 로봇에 대한 실질적인 학습 메커니즘은 없다.

네트워크 토폴로지

그림 16.5는 네트워크 입력 i(또는 관심 속성)가 5개이고 궁극적으로 3개의 네트워크 출력 o에서 강도나 확실성을 만들어내는 네트워크(간단한 인공 신경망)의 예다. 네트워크 입력은 일반적으로 센싱 값으로 percent green pixels in the object(객체 속 녹색 픽셀의 비율), leg up, positive change in the encoder(인코더 속 양성 변화 정도) 등이 해당된다. 네트워크의 각 노드는 뉴런을 의미하며 유닛unit이라고 한다. 네트워크는 복잡한 관계를 학습할 수 있게 하는 유닛, 자극 가중치weighting of stimulus, 히든 유닛hidden units, 활성화 함수activation function 등 4가지 요소로 구성된다.

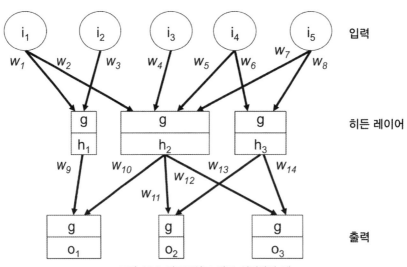

그림 16.5 피드포워드 인공 신경망의 예

유닛은 에지로 연결된다. 에지에는 유닛에 대한 자극의 강도가 가중치로 반영돼 있다. 예를 들어 녹색이 없는 물체는 percent green pixels in the object에 대한 자극이 0이어야 하지만 완전히 녹색인 물체는 이 값이 거의 1.0이어야 한다. 자극은 여러 유닛으로 전달될 수 있다. 예를 들어 그림 16.5에서 i_1, i_4, i_5의 자극은 두 개의 다른 유닛으로 이동한다. 단, 자극의 값이나 중요도는 수신 유닛이나 자극을 받은 유닛마다 다를 수 있다. 따라서 유닛에 대한 각 자극은 해당 유닛에 대해 연관 가중치 w_n을 갖는다. 가중치 w는 학습이 이뤄진다. 그림 16.5에서 유닛 h_2에 대한 입력은 $input_{h_2} = i_1 * w_2 + i_3 * w_4 + i_5 * w_7$이다.

유닛은 가중치가 반영된 입력값을 받은 후 가중치가 반영된 자극^{weighted stimuli}에 활성화 함수 g_u에 적용해서 출력을 생성한다. 출력에는 다음 유닛으로 이어지는 가중치 w가 곱해지기도 하고 최종 네트워크 출력 o_j의 강도가 출력되기도 한다. 활성화 함수는 무엇이든 가능하다. 이진 형태의 임곗값을 갖는 활성화 함수를 **퍼셉트론**^{perceptron}이라고 한다. 퍼셉트론은 단순하고 극히 제한적이다. 활성화 함수의 또 다른 유형으로 **로지스틱 함수**^{logistic function}가 있다.

$$g_u = 1/(1 + e^{-u})$$

물체에 있는 녹색 픽셀의 백분율을 의미하는 i_1이 0.9이고 $w_1 = 0.8$일 때, 그리고 물체의 모양이 얼마나 원에 가까운지 나타내는 i_2는 0.5이고 $w_3 = 0.7$이면 h_1에 대한 입력은 다음과 같다.

$$input_{h_1} = i_1 * w_1 + i_2 * w_3 = 0.9 * 0.8 + 0.5 * 0.7 = 1.07$$

히든 유닛 h_1의 출력은 다음과 같다.

$$g_{h_1} = 1/(1 + e^{-h_i}) = 1/(1 + e^{-1.07}) = 1/(1 + 0.343) = 0.745$$

유닛의 출력은 다른 뉴런 유닛에 대한 자극(입력)이나 출력 개념에 대한 전반적인 자극의 강도로 사용될 수 있다. 그림 16.5에서 h_1의 출력은 하나의 네트워크 출력 o_1에만 입력으로 사용됐다. 모든 다중 출력 개념은 활성화에 대한 일종의 기준이 있을 것이다. 그리고 가장 높은 활성화 기준을 올바른 개념으로 간주할 것이다(인공 신경망이 잘못된 분류 결과를 만들어낼 수도 있겠지만 말이다).

히든 레이어^{hidden layer} 덕분에 입력을 출력과 매우 유연하게 연결할 수 있다는 점에서 인공 신경망은 비선형 분류를 수행할 수 있다. 인공 신경망에는 직접적인 관련이 있는 입력만으로 출력을 만들어내는 데 필요한 가중치를 생성한다는 제약이 없다. 예를 들어 교통 신호등에 노란색 직사각형이 있고, 노란색 직사각형 안에 녹색원이 있고, 직사각형 안에 빨간색 원이 있다는 입력을 센싱했다고 하자. 해당 물체에 (실제로도) 노란색 직사각형이 뚜렷하게 있고, 노란색 직사각형 안에 녹색 원이 있고, 노란색 직사각형 안에 빨간색 원이 있다면 이 물체는 교통 신호등일 것이다. 그러나 노란색 직사각형 속의 녹색 원과 노란색 직사각형 속의 빨간색 원이 동시에 강하게 센싱된다면 뭔가가 잘못돼 네트워크가 이 물체를 제대로 식별하지 못할 수도 있다. 인공 신경망에서 학습의 상관관계에서 유연성은 히든 레이어라는 인접한 뉴런 유닛을 통해 제공된다. 그림 16.5는 히든 레이어가 한 개인 인공 신경망의 예다.

'히든 레이어'라는 용어에서 '히든'이라는 단어는 참 적절한 것 같다. 딥러닝이라고도 하는 많은 수의 유닛과 히든 레이어를 사용하는 네트워크에서는 유닛 간의 비선형 관계가 너무 복잡해져 네트워크가 무엇을 학습했는지 분석하기 어렵거나 불가능하다. 이는 네트워크 설계자가 앞에서 설명한 교통 신호등 예제에 대해 if-then 규칙이나 의사 결정 트리의 관점에서 신경망을 표현할 수 없음을 의미한다. 설계자는 신경망의 히든 부분이 제 역할을 하고 있다고 믿는 것 말고는 딱히 할수 있는 게 없을 수도 있다. 또한 문제에 대한 최적의 히든 레이어 수를 알 수 없다는 점이 설계가 어려워지는 데 큰 영향을 준다. 설계자는 히든 레이어 개수가 다른 네트워크를 여러 개 만들고 이들 각각을 트레이닝 데이터를 적용해 학습시켜야 할수도 있다. 그림 16.5는 유닛 간의 커넥션을 바탕으로 학습이 이뤄진 후의 네트워크 결과라는 점에 주목하자. 네트워크는 종종 유닛이나 완전히 연결된[fully connected] 단일 방향성 그래프를 만들어내는 모든 가능한 입력을 갖고 시작한다. 일부 커넥션의 경우 특정 유닛과 관련이 없으면 해당 에지는 제거 가능하다는 점을 학습한다.

네트워크에서 유닛은 피드포워드와 리커런트[recurrent]의 2가지 주요 방법으로 연결할 수 있다. 피드포워드 네트워크에서 모든 화살표는 출력 개념[output concept]을 활성화하고자 센서 입력^{sensory input}으로부터 자극이 상승하는 한 방향으로 간다. 그림 16.5
는 피드포워드 네트워크의 예다. 리커런트 네트워크^{recurrent network}에서는 양방향 화
살표뿐만 아니라 루프가 만들어지도록 더 앞 단계의 히든 레이어를 향하는 화살표
도 사용할 수 있다. 사실 가장 일반적인 건 피드포워드 네트워크다.

역전파

앞에서 입력에 기초해 객체나 개념을 어떻게 분류하는지 그리고 네트워크를 통해
어떻게 피드포워드가 이뤄지는지 등을 통해 토폴로지를 자세히 설명했다. 하지만
네트워크에서 어떻게 학습이 이뤄지는지는 다루지 않았다. 신경망의 학습 메커니즘
은 네트워크에서 실제 계산한 출력 o_i와 입력 i_i에 대해 예상하는 계산 결과인 타깃
출력 사이의 오차가 작아지도록 가중치 w_i를 조정하는 것이다. 역전파^{backpropagation}는
가중치를 조정하는 가장 일반적인 방법이다.

역전파는 연결된 에지들의 가중치를 따라 출력의 오차를 거꾸로 분산시킨다. 예
를 들어 그림 16.5에서 총 오차 E는 다음과 같이 추정할 수 있다.

$$E_{total} = \Sigma \frac{1}{2}((target_{o_i} - out_{o_i})^2)$$
$$= \frac{1}{2}(target_{o_1} - out_{o_1})^2 + \frac{1}{2}(target_{o_2} - out_{o_2})^2 + \frac{1}{2}(target_{o_3} - out_{o_3})^2$$

역전파는 이 오차를 이용해 가중치를 업데이트한다. 즉, 오차 E_{total}의 변화에 가중치
w_i 각각을 기준으로 편미분 값을 계산한다. 이를 수식으로 표현하면 다음과 같다.

$$\frac{\delta E_{total}}{\delta w_i}$$

예를 들어 오차를 줄이고자 w_9를 조정하려면 $\frac{\delta E_{total}}{\delta w_9}$를 계산한다. 여기서 δw_9를 모
르기 때문에 체인 룰^{chain rule}이 적용될 수 있다.

$$\frac{\delta E_{total}}{\delta w_9} = \frac{\delta E_{total}}{\delta o_1} * \frac{\delta o_1}{\delta input_{o_1}} * \frac{input_{o_1}}{\delta w_9}$$

체인 룰을 잘 보면 o_1의 출력 변화로 인한 총 오차의 변화량이 얼마인지, o_1에 대한 입력 $input_{o_1}$에서 바뀌면서 출력 o_1이 얼마나 바뀌는지, 또한 $input_{o_1}$이 w_9의 변화로 인해 얼마나 바뀌는지에 대한 함수가 가중치 w_9의 오차라고 할 수 있다.

앞의 결과는 수학적으로 델타 룰$^{delta\ rule}$로 일반화할 수 있다.

$$\frac{\delta E_{total}}{\delta w_9} = -(target_{o_1} - output_{o_1}) * output_{o_1}(1 - output_{o_1}) * output_{h_1}$$

델타 룰은 전체 오차에 대한 w_9의 기여도, 즉 E_{total}의 오차가 w_9의 오차로 인해 얼마나 변했는지 계산하는 데 사용된다. w_9를 조정하고자 이 오차는 w_9에서 뺀다. 그러나 트레이닝 데이터 세트에 포함된 노이즈로 인한 계산 오차 값이 크게 달라지는 걸 줄이려면 할인율$^{discount\ rate}$ 또는 학습률$^{learning\ rate}$ α이 델타 규칙에 적용돼야 한다. w_9의 업데이트는 w_9가 변경됐음을 알 수 있도록 일반적으로 위첨자 +로 표시한다.

$$w_9{}^+ = w_9 - \alpha * \frac{\delta E_{total}}{\delta w_9}$$

모든 가중치가 조정될 때까지 네트워크 출력에서 역방향으로 작업을 반복한다(따라서 이를 '역전파'라고 한다). 이 과정에서 네트워크는 또 다른 중간 결과를 제시하며 네트워크 출력을 조정하려고 전방을 향해 계산 작업을 수행한다. 이러한 출력에는 여전히 심각한 오류가 있을 수 있으며, 역전파 단계로 이어질 수 있다. 수백 또는 수천 번의 많은 시행 후에 네트워크는 가중치의 최적 값에 수렴한다. 그러나 최적화 결과는 히든 레이어와 출력 카테고리의 특정 수에 대한 것으로, 히든 레이어의 수가 달라지면 더 나은 결과를 산출할 수도 있다.

16.6 강화학습

지도학습과 비지도학습은 일반적으로 객체나 학습 패턴 인식과 관련이 있는 반면 강화학습은 에이전트가 주어진 상황에서 취해야 할 액션에 대해 Π로 표현하는 폴리시(정책)를 학습하고자 할 때 자주 사용된다. 폴리시는 상당히 정교할 수 있다. 예를 들어 공을 던지는 방법을 학습한다고 생각해보자. 그러면 팔을 올리고, 발을 들어 올리고, 몸의 균형을 잘 맞추고, 손목을 구부리고, 현재의 바람 상태를 고려해 좀 더 세게 던지는 것 등의 여러 가지 액션으로 시퀀스가 구성돼야 할 것이다. 또한 시퀀스의 각 요소에는 위치가 약간 어긋날 경우 관절의 속도 변경을 포함해 조정할 수 있는 변수가 많다. 기본 아이디어는 투수가 연습으로 자신의 몸을 조정해 잘되는 것과 안 되는 것이 무엇인지를 각각 강화해 나가며 공을 던지는 방법을 배우듯이 에이전트가 문제 공간problem space을 탐사하면서 그러한 적응을 배운다는 것이다.

목표를 달성하기 위한 각 액션 세트action set Π를 학습하는 것이 강화학습의 목표다. 투수가 투구 결과를 볼 수 있는 것처럼 에이전트는 자신이 목표에 도달하는 시점, 심지어 목표에 근접해 있다는 것까지도 알려줄 수 있다. 그러나 에이전트는 일반적으로 중간 단계intermediate step 또는 스테이트의 유틸리티(효용성)를 알지 못한다. 예를 들어 투수의 경우 와인드업이 좋았는가? 발을 너무 높이 올렸는가, 아니면 너무 빨리 올렸는가? 같은 것들이다. 이상적인 경우 로봇은 "항상 발을 높이 들고, 바람이 불면 스냅을 조절하라." 같은 폴리시를 수립하도록 중간 스테이트intermediate state의 유틸리티를 평가하려고 한다. 목표에 도달하는 것이 리워드reward(보상)라면 학습 프로그램은 효과가 있을 것 같은 것들에 대한 유틸리티 평가 결과가 높아지도록 시퀀스의 각 스테이트에 보상을 역분배reward backward한다. 목표 달성에 대한 스테이트 각각의 기여도를 수치적으로 측정하는 데 있어 어려움이 있는데, 이를 **크레딧 할당 문제**credit assignment problem라고 한다. 크레딧 할당 문제는 "어떤 스테이트에서 가장 효과가 좋은가?"라는 질문을 던진다. 크레딧 할당은 표면적으로 역전파와 유사하다. 그러나 역전파는 출력 생성 오차를 감소시키는 반면 크레딧 할당은 출력으로 직접 이어지는 스테이트에 대한 보상을 증가시킨다.

강화학습 알고리듬은 대개 학습이 이뤄지는 대상을 마르코프 결정 프로세스라고 가정한다. 즉, 로봇은 현재 스테이트에서 가능한 모든 작업을 선택할 수 있으며 현재 스테이트에 따라서만 선택할 수 있다. 액션의 선택은 이전 선택과는 조건부 독립conditionally independent이다. 예를 들어 투수는 가능한 투구 동작의 시퀀스에서 가능한 범위 내에서 언제든 발을 들어 올리는 실험을 할 수 있다.

강화학습을 위한 주요 기술은 유틸리티 함수utility function와 Q-러닝이다. 각각 자세히 알아보자.

16.6.1 유틸리티 함수

유틸리티 함수는 학습의 초기 조사 단계에서 사용됐다. 1959년 새뮤얼스Samuels는 체커checkers 게임이 체스chess 게임보다 계산적으로 더 복잡하다는 것을 깨닫지 못한 채 체커 게임을 학습하는 프로그램을 만들기 시작했다. 그의 체커 프로그램은 결국 성공했고 지금도 여전히 머신러닝의 기틀 역할을 하고 있다. 핵심 아이디어는 보드에 있는 피스의 현재 위치를 나타내고 프로그램이 보드 위치의 유틸리티를 학습하게 한 다음, 플레이 중에 차선책을 찾는 것이었다. 보드 위치의 값은 보드의 검은색 피스 개수 BB, 보드의 빨간색 피스 개수 RB, 검은색 킹 개수 BK, 위협받는 빨간색 피스 개수 RT 등 보드의 각 측면에 가중치가 할당되는 유틸리티 함수로 표현됐다. 유틸리티 함수의 가중치는 단순 퍼셉트론 ANN의 가중치와 유사하며, 여기서 보드 위치 b를 산출하는 이동에 대한 가치 V는 다음과 같다.

$$V^b = BB * w_1 + RB * w_2 + BK * w_3 + RT * w_4 + \ldots$$

유틸리티 함수에서 어려운 문제는 가중치가 아니라 속성을 결정하는 것이다. ANN은 네트워크에 대한 입력이 정보를 제공해야 한다는 점에서 이와 유사하게 어려움이 있다고 볼 수 있다.

16.6.2 Q-러닝

유틸리티 함수는 직관적으로 매력적일 수 있지만 사뮤엘스[Samuels]가 얘기한 것처럼 가능한 스테이트의 광범위한 가치를 단일 함수[single function]로 표현하는 것은 매우 어려울 수 있다. 이에 대한 대안으로 단순히 목표에 도달할 때 스테이트의 유틸리티에 순위를 매기는 방법이 있다. 앞에서 다룬 투수의 예를 들면 와인드업 초반에 발을 들어 올리는 것이 보통 좋은 피칭과 관련이 있다면 해당 스테이트가 시작할 때 더 높은 순위를 가져야 한다. 이러면 문제는 수십 개의 가중치를 표현, 생성, 설정하는 것을 피하면서 크레딧 할당 문제를 어떻게 수행할지로 다시 정리된다. 이와 관련한 해결 방법 중 하나로 가장 일반적인 강화학습 알고리듬인 Q-러닝이 있다. Q-러닝에서는 목표에 도달하기 위한 강화[reinforcement] 요소가 시퀀스를 통해 전파된다. 그런 다음 스테이트에서 액션을 선택하는 유틸리티는 여러 시도 시퀀스[trial sequence]를 통해 업데이트되고 결국 최적의 폴리시로 수렴된다.

Q는 스테이트 s일 때 특정 액션 a를 수행하는 예상 유틸리티 Q를 계산하는 Q 함수[Q function]를 의미한다. Q-러닝의 가장 기본적인 공식은 다음과 같다.

$$Q(s, a) = R(s) + \gamma \; argmax_{a'}(Q(s, a')) \tag{16.1}$$

여기서 $Q(s, a)$는 스테이트 s에서 액션 a를 취할 유틸리티 추정치다. 예상 유틸리티는 현재 스테이트에 있을 때 리워드 $R(s)$에 $\gamma \; argmax_{a'}(Q(s, a'))$를 더한 값이며, 이는 액션 a를 취한 후 새로운 스테이트 s'에서 가능한 최선의 액션 a'를 취했을 때에 대한 기여도의 추정치다.

유틸리티 추정치 계산은 세 개의 항으로 이뤄진다. 첫 번째 항은 스테이트 s에 도달하는 데 대한 아프리오리 리워드[a priori reward] $R(s)$다. 대부분의 경우 리워드는 목표 스테이트에 대해서만 알려져 있으며, 이 때문에 크레딧 할당 문제가 나온 것이다. 두 번째 항인 $argmax_{a'}(Q(s, a'))$는 다음 단계에서 가장 좋은 추정 유틸리티를 얻고자 한 단계 앞을 내다보는[look ahead] 것이다. 세 번째 항은 디스카운트 함수인 γ로, 중간 스테이트가 기대하는 스테이트에서 멀어질수록 유틸리티가 적어지므로 리워드나 크레딧의 몫이 감소해야 한다는 개념을 통합한 것이다.

그림 16.6은 Q-러닝의 예다. 로봇에게 병에 주어졌고 로봇이 이 병의 어린이 보호용 뚜껑을 제거하는 작업을 수행한다고 생각해보자. 사람은 뚜껑이 열릴 때까지 여러 가지 방법을 시도하고 그 후로 폴리시가 제대로 작동하는지 확인하려고 시도를 몇 번 더 할 수도 있다. Q-러닝에서 로봇은 이와 거의 똑같이 시도를 하곤 한다. 명칭은 스테이트 탐사라고 다르지만 말이다.

초기 단계에서 로봇은 스테이트와 액션 간에 가능한 트랜지션(전이)과 특정 액션의 선택에 대한 리워드만 알고 있다. 트랜지션의 집합은 마르코프 결정 프로세스다. 로봇이 현재 스테이트에 어떻게 도달했는지 여부는 관심이 없고 로봇이 현재 어떻게 해야 할지에 대해서만 관심이 있기 때문에 마르코프 결정 프로세스에는 메모리가 없다^{memoryless}. 메모리가 없는 속성은 알고리듬이 스테이트에 도달하고자 가능한 모든 방법을 유지할 필요가 없기 때문에 편리하다. 마르코프 결정 프로세스는 스테이트와 액션 사이의 가능한 전이를 표현하는 유한 스테이트 머신 다이어그램(그림 16.6)으로 시각화할 수 있다. 실제로는 로봇을 더 세게 또는 더 부드럽게 미는 것을 표현하는 푸시^{push}를 위한 파라미터가 있을 수 있다. 이 파라미터로 인해 트랜지션 집합이 더 복잡해질 수도 있다.

어린이 보호용 병뚜껑 문제로 돌아가서 그림 16.6의 다이어그램을 눈으로 살펴보면 뚜껑을 열 수 있는 여러 가지 폴리시를 얻을 수 있다. 가장 직접적인 2가지는 동시에 뚜껑을 눌러서 돌린 다음 들어 올리거나 뚜껑을 누른 다음 돌리고 나서 들어 올리는 것이다. 뚜껑을 누른 채 돌린 다음 들어 올리는 것은 직관적으로 가장 좋은 폴리시일 수 있다. 그것은 누르면서 바로 돌린 다음 들어 올리는 동안 단 두 단계만 필요하기 때문이다. 따라서 크레딧 할당 프로세스가 더 짧은 시퀀스를 선호할 수 있다.

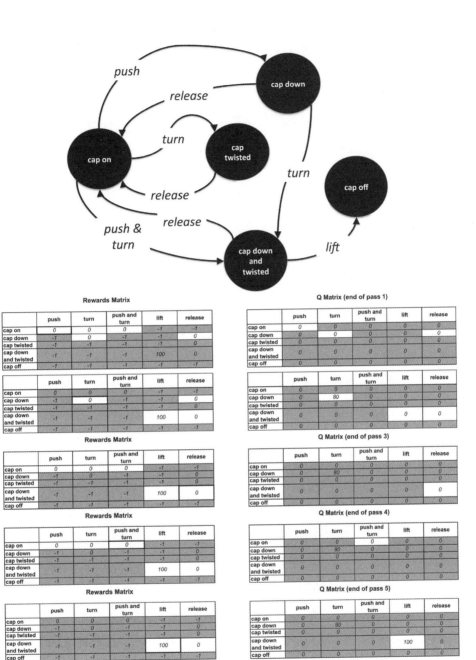

그림 16.6 리워드 매트릭스와 Q 매트릭스를 이용해 병 뚜껑을 열기 위한 스테이트 전이의 예

최적의 폴리시는 좀 더 현실적인 상황에서 A* 탐색 알고리듬으로 확인하거나 발견하기 어려울 것이다. 탐색을 통해 경로를 생성할 수 있지만 이 경우 링크와 관련된 비용이 들지 않으므로 탐색 알고리듬이 최적의 경로를 식별할 수 없다. 크레딧 할당 프로세스가 있는 경우 시퀀스의 각 단계의 유틸리티를 평가할 수 있다.

폴리시를 찾는 문제에 접근하는 또 다른 방법은 처음 아동 보호용 병뚜껑을 여는 방법을 고려하는 것이다. 사람은 (스테이트, 액션) 공간을 탐험할 수도 있고 다른 것을 시도할 수도 있으며, 결국 목표 스테이트에 도달하고자 뚜껑을 열 것이고 결국 *push, release, push and turn* 폴리시로 성공할 수 있다. 이 폴리시는 최적은 아니지만 효과가 있을 것이다. 이상적으로 사람은 정책에서 *push*와 *release*가 유틸리티(즉, 크레딧 할당 적용)를 추가하지 않았다는 것을 깨달은 후 *push and turn* 후 *lift*를 다시 한 번 시도하고, 그것이 실제로 효과가 있는지(즉, 추가 조사) 확인할 수 있다. 효과가 있다면 *push and turn* 후 *lift*라는 것이 미래에 사용할 수 있는 더 간단한 정책으로 기억될 것이다. 또는 동시에 뚜껑을 눌러서 돌리거나 뚜껑을 누른 다음 돌리는 2가지 다른 폴리시가 뚜껑을 들어 올릴 수 있다는 것을 알아낼 수 있다. 또는 사람이 "뚜껑을 누르고 돌릴 때까지 할 수 있는 한 모든 걸 다 시도하라. 그러면 그다음 들어 올릴 수 있다"고만 기억할 수 있다. 폴리시에 관계없이 *cap down and twisted* 스테이트에 도달하는 것은 그 스테이트에서 직접 목표에 도달할 수 있기 때문에 도달해야 할 가장 가치 있는 스테이트다.

Q-러닝은 다이내믹 프로그래밍의 컴퓨터 과학 전략을 사용해 (스테이트, 액션) 시퀀스를 탐색하고 추정 유틸리티를 업데이트함으로써 이러한 유형의 인간 학습을 복제하려고 한다. Q-러닝은 (스테이트, 액션) 공간을 무작위로 탐사한 결과를 복제한다. 즉, 다이내믹 프로그래밍에 의해 어떤 스테이트는 다른 스테이트보다 외부적이거나 더 가치 있는 것으로 결정되는 인지 크레딧 할당 프로세스cognitive credit assignment process를 복제한다. 다이내믹 프로그래밍은 프로그램이 큰 문제를 해결하려 할 때 발생하는 하위 문제에 대해 (일부일 수도 있고 전체일 수도 있는) 솔루션을 저장하면서 계산을 줄이는 프로그래밍 기법이다. 이 경우 하위 문제는 목표에 도달하기 위한

각 (스테이트, 액션)의 추정 유틸리티다. Q-러닝 알고리듬이 많은 시도를 통해 문제 공간을 탐사할 수 있다면 많은 폴리시를 거칠 것이고 모든 스테이트에 도달할 것이다. 뿐만 아니라 크레딧 할당 방법이 있는 경우 각 단계의 유틸리티를 추정한다. 결국 알고리듬은 각 스테이트의 추정 유틸리티에 수렴돼 최적의 폴리시로 이어진다. 추정 유틸리티가 각 스테이트에 대해 이미 나와 있는 경우 에이전트가 뚜껑이 열린^{cap off} 스테이트에서 시작한다면 다음에 취해야 할 가장 좋은 액션이 무엇인지 알고 있다. 그 후 다음 단계를 거쳐 새로운 스테이트에 들어가면 새로운 스테이트에서 무엇이 가장 좋은 액션인지를 알게 된다. 에이전트는 수행할 시퀀스를 기억할 필요가 없으며 특정 스테이트일 경우에만 수행할 액션을 기억할 필요가 있다.

Q-러닝은 디스카운트 함수인 γ와 함께 크레딧 할당 문제를 처리한다. 일반적인 아이디어는 $Q(s, a)$가 다음 스테이트와 액션에 대해 가능한 최선의 선택이나 1단계 예측의 추정 유틸리티라는 것이다. 따라서 $Q(s', a)$가 최대가 되는 액션을 선택하는 것이 가능한 최선이다. 그러나 직관적으로 (s, a)에 있는 것이 가능한 가장 좋은 (s', a')에 있는 것만큼 좋지는 않기 때문에 $Q(s, a)$는 $argmax(Q(s', a'))$보다 작아야 한다. 따라서 $argmax(Q(s', a'))$를 임의의 크기(예, 80%), 즉 $\gamma = 0.8$로 디스카운트한다. 탐사가 스테이트 *cap down and twisted*이고 목표까지 이동하는 액션 *lift*를 취할 때 목표의 리워드가 100이라면 식 16.1에 의해 $Q^*(cap\ down\ and\ twisted,\ lift)$의 추정 가치는 80이다. 그런 다음 스테이트와 액션을 탐사한 결과 가장 최선의 선택이 *cap down and twisted, lift*라면 (스테이트, 액션)의 가치는 64로 업데이트된다.

16.6.3 Q-러닝 사례

그림 16.6은 병에서 어린이 보호용 뚜껑을 열 때 가능한 스테이트 전이를 정형화했다. 뚜껑을 제거하는 일반적인 방법은 아래로 누름과 동시에 돌린 다음 뚜껑을 들어 올리는 것이다. 또는 뚜껑을 아래로 누른 다음 돌리고 마지막으로 들어 올릴 수 있다. 이러한 스테이트 전환을 일종의 아프리오리라고 한다.

각 스테이트 및 액션에 대한 아프리오리 리워드와 현재 추정된 Q는 그림 16.6의 병렬 매트릭스로 유지된다. 이 예에서 유일한 리워드는 리워드 매트릭스^{reward matrix}에 딱 한 개만 있는 값인 100에서 알 수 있듯이 뚜껑을 여는 것이다. 어찌 보면 당연하다고 볼 수 있다. Q-러닝은 종종 최종 스테이트만 알고 있는 상황에 적용된다. 그러나 리워드 매트릭스를 통해 리워드가 분배될 수도 있다. 그렇지만 리워드 매트릭스는 알고리듬을 실행하는 동안 변경되지 않은 채로 유지된다. Q 매트릭스의 모든 항목은 0으로 초기화되며 에이전트가 탐색할 때 업데이트된다.

알고리듬은 반복 시행 형태를 띤다.

```
for each episode
   select a random initial state s
   do
      randomly select an action a from
         the set of possible a for that s
      estimate the utility of the new state s'
      update the Q-matrix
   until goal state is reached
```

Q-러닝은 가능한 경우의 수가 너무 크다 보니 학습 프로세스가 가능한 모든 조합을 탐사할 수 없을 것으로 가정한다. 이에 따라 설계자는 에피소드이나 시도 횟수를 지정한다. 에피소드가 많을수록 학습 과정은 최적의 폴리시로 수렴한다.

Q-러닝은 로봇이 지금까지 학습한 내용을 사용해 정상적인 루틴을 실행하므로 온라인 학습에 사용될 수 있다. 온라인 학습에서 로봇은 Q 매트릭스의 유틸리티에 대한 현재 추정치를 사용해 다음 액션을 선택하고 모든 액션이 0인 스테이트로 이어진 경우 무작위로 선택해 공간을 탐사한다. 이는 다른 객체 인식을 학습하는 것과 같이 모든 학습이 오프라인인 지도학습과 대조된다.

알고리듬이 에피소드를 시작한다. 병뚜껑을 여는 방법을 학습하는 경우 초기 스테이트는 *cap on*이다. 학습을 시작하려면 *cap on*이 *s*가 된다. 다음으로 알고리듬이 do loop문에 들어간다. do loop의 첫 번째 시도에서 리워드 매트릭스의 행에 있는

*cap on*에는 가능한 액션이 *push, turn, push and turn* 3가지가 있다(그림 16.6 참조). 무작위로 *push*가 선택돼 현재 (*s, a*) 튜플은 (*cap on, push*)다. 액션 *turn*을 실행하면 *cap down*이 새로운 스테이트 *s'*가 생성된다. 이제 식 16.1을 적용해 *cap on* 스테이트에서 *turn*을 선택하는 유틸리티를 추정할 수 있다. *Q* 매트릭스의 해당 요소는 그림 16.6에 진하게 표시돼 있다. 리워드 매트릭스로 돌아가면 *cap down* 스테이트에서 가능한 액션은 {*turn, release*}이며, 이 또한 진하게 표시돼 있다.

$$
\begin{aligned}
Q(cap\ on,\ push) = {}& R(cap\ on,\ push) + \\
& 0.8\ argmax(Q(cap\ down,\ turn),\ Q(cap\ down,\ release)) \\
= {}& 0 + 0.8\ argmax(0,\ 0) \\
= {}& 0
\end{aligned}
$$

로봇은 지금 이 순간 *cap on*에서 시작해 *push*를 적용하면 *push* 유틸리티가 0이라는 것을 알게 된다. 그러나 *push*는 나중에 탐색되면 유틸리티가 더 높아질 수 있다. *Q* 매트릭스는 그대로 유지된다.

로봇은 *cap off*라는 목표 스테이트가 아닌 *cap down* 스테이트에 있으므로 에피소드가 완료되지 않는다. 따라서 알고리듬은 *do loop*를 두 번째로 시행한다. 현재 스테이트는 *s* = *cap down*이며, 다음 단계는 {*turn, release*}에서 무작위로 액션을 선택하는 것이다(그림 16.6 참조). *turn*이 선택됐다고 가정해보자. 이는 로봇이 *cap on*에서 시작해 *push and turn*을 적용하는 폴리시를 탐사했다는 것을 의미한다. 이는 *s'* = *cap down and twisted*로 이어진다. 이 시퀀스에서 (*cap down, turn*) 단계의 유틸리티는 식 16.1로 추정할 수 있다.

$$
\begin{aligned}
Q(cap\ down,\ turn) = {}& R(cap\ down,\ turn) + \\
& 0.8\ argmax(Q(cap\ down\ and\ twisted,\ lift), \\
& Q(cap\ down\ and\ twisted,\ release)) \\
= {}& 0 + 0.8\ argmax(100,\ 0) \\
= {}& 80
\end{aligned}
$$

Q 매트릭스는 *cap down*에서 *turn*을 적용한 유틸리티가 80임을 나타내도록 업데이트된다. 현재 스테이트는 *cap down and twisted*이며, 이는 목표가 아니다. 따라서 알고리듬은 세 번째 시행을 위해 **do loop**문의 맨 윗줄로 간다. 그림 16.6에서 진하게 표시된 것처럼 (*lift*, *release*)를 이용해 스테이트를 다시 한 번 임의로 선택한다. 우리는 스테이트를 보고 *lift*가 더 낫다는 것을 알 수 있지만 *release*가 임의로 선택됐다고 가정해보자. 로봇엔 왜 이렇게 한 건지 결국엔 파악할 것이다. 이러면 로봇은 다시 *cap on* 스테이트로 빠진다. (*cap down and twisted*, *release*)의 예상 유틸리티는 다음과 같다.

$$Q(cap\ down\ and\ twisted,\ release) = R(cap\ down\ and\ twisted,\ release)$$
$$+ 0.8(Q(cap\ on,\ push),\ Q(cap\ on,\ turn),$$
$$Q(cap\ on,\ push\ and\ turn))$$
$$= 0 + 0.8\ argmax(0,\ 0,\ 0)$$
$$= 0$$

Q 매트릭스는 변경되지 않은 스테이트를 유지한다. 알고리듬은 네 번째 **do loop**를 시작한다. 이제 로봇은 그림 16.6에 진하게 표시된 {*push*, *turn*, *push and turn*}을 선택해 *cap on* 스테이트로 돌아왔다. 이제 로봇이 임의로 *push and turn*을 선택하면 로봇은 *cap down and twisted* 스테이트로 돌아간다. 이 선택의 예상 유틸리티는 다음과 같다.

$$Q(cap\ on,\ push\ and\ turn) = R(cap\ on,\ push\ and\ turn) +$$
$$0.8\ argmax(Q(cap\ down\ and\ twisted,\ lift),$$
$$Q(cap\ down\ and\ twisted,\ release))$$
$$= 0 + 0.8\ (0,\ 0)$$
$$= 0$$

로봇이 목표에 매우 근접했다는 것을 알 수 있음에도 Q 매트릭스는 그대로다. **do**

loop문을 처리하는 다섯 번째 패스가 시작된다. 현재 스테이트 *s*는 {*lift, release*}가 선택된 *cap down and twisted*다(그림 16.6 참조). 이번에는 임의로 *lift*를 선택한다. 이 예에서 스테이트 다이어그램은 목표에 도달하면 취해야 할 액션이 없음을 보여 준다. 일부 애플리케이션은 아니지만 목표에 도달한 다음 그 스테이트에 머무르지 않고 이리저리 떠돌아다닐 수 있다(어린이들이 새로운 걸 찾아 끊임없이 돌아다니는 것을 생각해보라). (*cap down and twisted, lift*)의 추정 유틸리티는 리워드 *R*(*cap down and twisted, lift*)로 되돌아간다.

$$Q(cap\ down\ and\ twisted,\ lift) = R(cap\ down\ and\ twisted,\ lift) +$$
$$0.8(no\ states)$$
$$= 100 + 0.8(no\ states)$$
$$= 100$$

Q 매트릭스가 업데이트되고 (*cap down and twisted, lift*)가 목표 스테이트에 도달하므로 에피소드가 완료된다. 한편 {*push, turn, release, push and turn, lift*}라는 (스테이트, 액션) 공간을 통해 랜덤 워크$^{random\ walk}$를 생성해서 로봇은 *lift*를 선택할 수 있는 *cap down and twisted* 스테이트에 있었고 *cap down* 스테이트일 경우 *turn*을 선택해야 한다는 것을 알게 된다. 추가 에피소드는 다른 랜덤 워크를 만들어내고 결국 전체 *Q* 매트릭스는 수렴할 것이다.

16.6.4 Q-러닝 토론

앞의 예에는 로봇에 잘 지정된 스테이트 전환이 있었지만 실제 상황에서는 이들이 실제로 일어나기 전까지 모든 스테이트들과 스테이트 전이$^{state\ transitions}$에 대해 알지 못할 수 있다. 투수가 공을 던지는 예제로 돌아가서 시스템은 모든 스테이트를 필요한 키네마틱스(운동학)에서 계산할 수 있기 때문에 미리 명시적으로 표현할 필요가 없다. 이를테면 다리를 올리고 팔을 뒤로 하고 싶은가? 음, 다리를 위한 유일한 신체적 움직임은 다리를 내리거나 더 높이 올리는 것이다. 이 경우 Q-러닝 알고듬은 전이에 직면할 때 전이 테이블을 다이내믹하게 작성할 수 있다.

식 16.1은 가장 기본적인 Q-러닝 알고리듬이지만 훨씬 더 정교한 변형 버전이 있다. 일부 변형 버전은 유틸리티의 초기 추정치가 낙관적일 수 있으며 그 스테이트에 대해 나중에 다시 방문했을 때 수정이 필요하다는 점을 고려한다. 다른 변형 버전에서는 학습을 더 점진적으로 하고자 디스카운트 비율과 연계해 학습률$^{learning\ rate}$ α를 사용한다. 이를 통해 로봇은 작업을 성공적으로 수행하도록 첫 번째 폴리시에서 중단되지 않게 한다.

16.7 진화형 로보틱스와 유전자 알고리듬

진화형 로보틱스$^{evolutionary\ robotics}$는 생체 모방 프로세스를 사용해 로봇의 모양(형태학 ^{morphology})을 설계하고 로봇에게 새로운 운동 기술(예, 개트^{gait} 같은)을 배우게 하거나 환경의 혼란에 적응하게 한다. 그 아이디어는 진화를 복제하는 것이다. 직관적으로는, 진화는 학습과 동의어로 보인다. 그 이유는 에이전트가 월드에 맞춰지는 정도를 향상시키고 있기 때문이다. 중요한 차이점은, 인공지능 기반 학습은 에이전트 집단이 여러 차례에 걸쳐 학습하는 방식이 아니라 개별 에이전트가 자신의 경험을 통해 학습하는 방식을 내포한다는 점이다.

진화형 로보틱스는 일반적으로 유전자 알고리듬, 인공 신경망 외에도 로봇의 역량을 진화시키는 다양한 조합을 사용한다. 인공 신경망은 앞에서 이미 설명했다. 유전자 알고리듬은 뒤에서 더 자세히 설명한다. 실제로 진화형 로보틱스는 유전자 적용의 복제에만 관심이 있으며 에이전트의 문화와 사회가 어떻게 진화하는지(이를 후생 유전학^{epigenetics}이라고도 한다) 이해하는 데는 관심이 없다.

유전자 알고리듬$^{GA,\ Genetic\ Algorithms}$은 피트니스 함수$^{fitness\ function}$를 만족시키기 위한 선택적 번식$^{selective\ reproduction}$, 랜덤 돌연변이$^{random\ mutation}$, 유전자 재조합$^{genetic\ recombination}$의 진화 과정을 따른다.[163] 피트니스 함수에 대한 기호는 패턴 인식 분야의 명명법에 따라 h로 쓰지만 ϕ로 쓸 수도 있다.

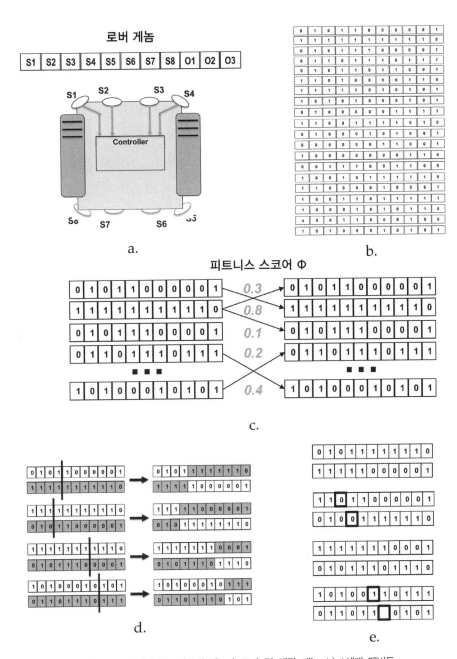

그림 16.7 유전자 알고리듬의 예: a) 로버 및 해당 게놈, b) 1세대 멤버들,
c) 관련 빌리프 질량, d) 결과 빌리프 함수, e) 돌연변이

그림 16.7은 암석이 많은 사막에서 내비게이션을 수행할 때 채취한 샘플을 반송할 차량에 도달할 수 있는 화성탐사 로버를 진화시키는 데에 유전자 알고리듬을 사용하는 일반적인 프로세스다. 그림 16.7a와 같이 이 탐사 로봇은 바위 위를 볼 수 있는 2진 타깃 센서를 갖고 있으므로 샘플 반송 차량이 범위 내에 있을 경우 탐사 로봇이 이를 볼 수 있다. 이 탐사 로봇에는 8개의 바이너리 장애물 센서가 있다. 로버에 스키드 스티어링$^{skid\ steering}$이 있으며 모터 디코더를 사용해 입력값을 모터에 대한 3가지 이진 출력으로 변환한다고 가정한다. 탐사 로봇을 위한 게놈은 크기가 11인 벡터(입력 8개, 출력 3개)이며, 게놈은 로봇 제어 폴리시를 반영한다. 목표는 입력과 출력 사이의 매핑을 학습하는 것이다. 입력 세트는 2^8 = 256이며 출력은 2^3 = 8이다. 즉, 검색할 벡터에 의해 캡처된 8^{256} = 10^{231}개의 연관성이 있을 수 있다. 탐색 공간이 이렇게 크다 보니 14장에서 설명한 A* 탐색 알고리듬 같은 트리 기반 기법, 브랜치앤바운드 기법, 탐색 기법을 사용하기보다는 무작위로 탐색 공간을 샘플링하는 기법을 사용하는 게 더 나을 수 있다.

이 프로세스는 상당히 유사한 암반 지대와 동일한 목표에서 작동하는 로버의 세대^{generation}에서 시작한다. 한 세대는 각각 다른 게놈을 가진 개별 탐사 로봇들의 집단으로 구성된다. 게놈 각각은 모두 다르게 구성된 벡터다. 각 로버의 구성이 서로 다르므로 모집단의 다양성을 반영한다. 예를 들어 20개의 서로 다른 로버 구성이 있다고 하자. 그림 16.7b와 같이 모집단은 각각 다른 게놈을 가진 20개의 로버다. 각각의 탐사 로봇은 자갈밭 내 임의의 위치에 배치돼 목표물에 도달하거나 장애물에 부딪히거나 시간이 다 소요될 때까지 게놈에 따라 움직일 수 있게 된다.

각 게놈은 피트니스 함수 ϕ를 사용한 성능에 대해 스코어를 받는다. 적절한 피트니스 함수를 설계하는 것은 좋은 함수가 더 나은 솔루션으로 이어진다는 점에서 탐색 알고리듬에 대한 휴리스틱 함수 설계(14장 참조)와 유사하지만 동등한 허용 가능 기준$^{admissibility\ criterion}$은 없다.

이 예에서는 키믈런^{Keymeulen}의 연구에서 소개한 피트니스 함수[102]를 사용한다.

$$\phi = 0.5(1 - \frac{Distance_{remaining}}{Environmental_{Distance}} + 0.5(1 - \frac{Number_{steps}}{Steps_{maximum}})$$

이 피트니스 함수의 결과는 [0, 1] 사이의 스칼라 값이다. 여기서 1은 완벽하게 데이터에 잘 맞춰졌음을 의미한다. 탐사 로봇 로버가 목표 대상에 얼마나 가까운지에 대해 ϕ는 $\frac{Distance_{remaining}}{Environmental_{Distance}}$ 항을 통해 크레딧의 50%를 부여한다. $Distance_{remaining}$은 로버가 정지한 위치와 목표 지점 사이의 거리를 의미한다. 로버가 목표 지점에 도착했다면 이 값은 0이다. $Environmental_{Distance}$는 로버가 횡단해야 하는 전체 영역을 임의로 측정한 값이다. 목표 지점에 도달하지 못했더라도 목표 지점에 근접할수록 더 높은 스코어를 받는다. 스코어의 나머지 50%는 단계의 수 $Number_{steps}$, 로봇 컨트롤러 루프의 실행 사이클 수를 기준으로 한다. 이 스코어는 로버에 적합한 것으로 간주되는 최대 단계 수를 임의로 측정한 값이다. $1 - \frac{Number_{steps}}{Steps_{maximum}}$이 0에 가까워질수록 $\frac{Number_{steps}}{Steps_{maximum}}$은 1에 근접한다. 따라서 로버가 수행할 단계가 더 적을수록 스코어가 더 높을 것이다.

로버 각각은 자갈밭에서 반복적으로 테스트가 이뤄진다. 이 작업은 개별 로버를 임의의 위치에 배치하고 목표물에 도달하거나 시간이 다 될 때까지 이동시킨 후 점수를 매긴 다음 다른 위치로 이동한 후 계속 진행하면 된다. 64개의 시작 위치가 무작위로 선택됐다고 가정한다. 따라서 로버 각각은 64번의 테스트를 진행하지만 20대 로버 전체 세대를 놓고 보면 64 × 20 = 1,280번의 테스트를 거치게 된다. 각 로버의 게놈에는 각 실험마다 피트니스 스코어가 매겨지며 그림 16.7c와 같이 64번의 실험 동안 평균 피트니스 스코어가 매겨진다.

로버 20대 각각에 대해 평균 피트니스 스코어를 산출했다면 다음 단계에서는 재조합을 통해 차세대 로버가 만들어지도록 현재 모집단에 선택 유전 연산자selection genetic operator를 적용한다. 선택 연산자는 로버 쌍을 선택한 다음 교차 함수crossover function를 사용해 벡터 부분을 교환한다. 그림 16.7c의 화살표에 표시된 것처럼 로버 쌍은 스코어가 높은 로버 구성이 더 자주 페어링되는 일종의 준무작위성으로 선택이 이뤄진다. 가축 사육 방식을 응용해 점수가 높은 로버를 일종의 번식용으로 선정했다. 선택 알고리듬은 성능이 매우 떨어지는 게놈을 제거하지만 일반적으로 낮은 점수를 받는 게놈을 모두 제거하려고 하지는 않는데, 나중에 다른 구성과 결합하거나 로버가 다른 환경을 만났을 때 그들의 구성에 가치 있는 무언가가 있을 수 있기 때문이다.

로버 쌍이 선택되면 교차 함수는 로버 쌍을 위한 교차점의 위치에 따라 교환할 유전자를 결정한다. 로버 쌍의 교차점은 무작위로 선택할 수 있다(그림 16.7d의 수직선 참조).

돌연변이 유전자 연산자도 적용될 수 있다. 모집단이 변화가 일어나기에 충분하지 않은 경우 또는 교차점에 의해 생성된 큰 청크에서만 변화가 일어나는 경우 로컬 맥시멈local maximum에 빠질 수 있는 문제의 해결에 돌연변이가 도움이 될 수 있다. 그림 16.7e는 돌연변이가 포함된 4대의 탐사 로봇의 예다.

선택, 재조합, 돌연변이가 적용되면 새로운 세대의 로버 게놈이 만들어진다. 이 프로세스를 통해 개체 수가 증가하거나 개체 수를 통제할 수 있으며, 각 세대는 20대의 로버를 유지할 수 있다.

차세대 로봇 게놈은 동일한 64개의 시작 위치에서 동일한 프로세스를 거치고 선택, 재결합, 돌연변이 연산자를 적용한다. 키플런의 연구에서는 복잡한 지역을 탐색할 수 있는 유용한 로봇 컨트롤러가 20세대에 걸쳐 진화했지만 통상적인 수렴 결과를 얻으려면 휴리스틱 관점에서 100세대가 필요하다고 한다.[163]

앞의 예는 진화의 가장 큰 2가지 문제를 다뤘다. 진화는 오랜 시간이 걸리고 물리적인 로봇에 사용하기에는 비현실적이다. 설계자는 탐사 로봇을 1,000 × 128 = 12,800회 실행할 계획을 세워야 한다. 한편 바위에 부딪혀 로버가 손상될 수도 있다. 이는 설계자가 테스트용 로봇을 하나만 갖고 있고 20가지 구성을 프로그래밍하고 있을 경우 문제가 된다. 배치가 잘못되면 탐사 로봇을 망가뜨리고 진화를 멈출 수 있다. 로버가 손상되지 않은 경우에도 암석을 제 위치에서 충돌시키거나 테스트 환경을 변경할 수 있으므로 설계자는 다음 로버 구성 설정에 시간을 할애할 뿐만 아니라 필드를 재설정해야 한다. 설계자가 로봇을 설정하고 필드를 재설정하는 데

5분이 걸린다면 12,800번의 실험이 1,066시간이나 44일 이상이 걸릴 것이다.

이 2가지 문제는 왜 진화형 로보틱스가 거의 항상 컴퓨터 시뮬레이션에서 수행되는지 설명한다. 그러나 복잡한 환경에서 센서 판독 값을 정확하게 시뮬레이션하는 것은 매우 어려울 수 있다는 것을 10장에서 살펴봤다. 시뮬레이션에서 진화한 일련의 탐사 로봇은 실제 월드에서 기대했던 것만큼 성능이 좋지 않을 수 있다. 시뮬레이션이 물리적 월드에서 감지되는 몇 가지 기발하거나 드문 상호작용을 포착하지 못했기 때문에 로버에는 숨겨진 취약성이 있을 수 있다.

다행히도, 유전자 알고리듬은 어쩌면 로보틱스에 더 실용적인 애플리케이션일 수도 있다. 다른 알고리듬의 스테이트 테스트 세트를 만드는 데도 사용될 수 있다. 예를 들어 피트니스 함수 h를 만족하는 컨트롤러에 수렴하고자 유전자 알고리듬을 사용하는 대신 이 알고리듬은 피트니스 함수가 입력이 얼마나 다르거나 어려운지를 포착하는 시험 사례를 생성한다. 예를 들어 바위와 언덕의 조합을 1,000개 만들어내는 식이다. 또 다른 전략은 유전자 알고리듬을 사용해 다른 알고리듬의 입력이 되는 스테이트를 생성하는 것이다. 예를 들어 센서 판독 값의 조합이 주어지면 올바른 응답을 생성하도록 신경망 작업을 조정한다.

16.8 러닝과 아키텍처

앞 절에서는 학습 유형을 알아봤다. 하지만 로봇 아키텍처 내에서 알고리듬이 어디에 위치하는지는 설명하지 않았다. 표준 하이브리드 아키텍처에서 학습이 진행되는 경우 관련이 별로 없었는데, 이는 대부분의 학습이 (로봇이 루틴을 거치면서 학습이 이뤄지는) 온라인보다는 오프라인(시뮬레이션 환경)에서 이뤄지기 때문이다. 온라인 학습은 로봇이 학습 반응, 심의, 상호작용형 기능 또는 일부 조합일 수 있기 때문에 표준 아키텍처의 어느 곳에나 위치할 수 있다.

온라인 학습 자체는 전체 시스템 아키텍처를 가질 수 있다.[132] 그림 16.8은 SENSE, PLAN, ACT, LEARN의 4가지 로봇 기본 요소에 대한 학습 아키텍처의 예다.

아키텍처 흐름은 로봇이 월드를 감지하고 퍼셉션을 생성하면서 시작된다. 퍼셉션은 자체 또는 심볼릭 그라운드symbolic-grounding 처리를 포함한 월드 모델을 업데이트하는 데 사용될 수 있다. 아프리오리로 알려진 것을 포함한 퍼셉트나 업데이트된 월드 모델은 크리틱critic에게 전달된다. 크리틱은 목표나 기대와 관련해 월드의 현재 상황에 대해 무엇이 잘못됐거나 개선될 수 있는지를 식별하는 에이전트다. 크리틱은 물체가 잘못 조여져 있다거나 투수의 투구가 낮게 왼쪽으로 떨어졌다는 오류 신호 정도로 생각할 수 있지만 실제로는 더 정교할 수 있다. 크리틱의 산출물은 피드백을 제공하는 학습 요소learning element로 넘어간다. 실제로 학습을 수행하는 학습 요소나 알고리듬은 입력을 받아 성능 요소를 조정하고 새로운 문제를 발생시킬 가능성이 있다. 성과 요소performance element는 실제로 학습을 사용하는 구성 요소다. Q-러닝에서 성능 요소는 폴리시다. 학습 요소는 문제나 스테이트 탐사state exploration에 대한 미니 시뮬레이션을 만들고자 로봇이 하던 일을 멈추게 할 때 필요할 수 있다. 예를 들어 로봇은 새로운 기술을 연습하고자 일시 중지할 수 있다. 클라우드 기반 로보틱스에서 로봇은 인터넷에 액세스해 물체의 다른 예를 찾고 다른 시스템에 의해 어떻게 레이블이 지정됐는지 확인할 수 있다. 온라인이든 오프라인이든 이러한 탐사는 문제 생성problem generation 구성 요소에 의해 활성화된다.

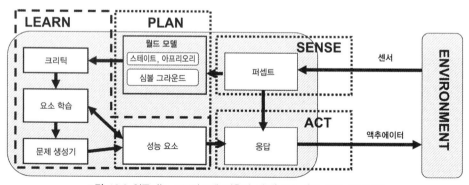

그림 16.8 인공지능 로보틱스에 적용된 미셸(Mitchell)의 학습 아키텍처

LEARN 인스턴스는 반응형이거나 심의형일 수 있다. 즉, 중앙 집중형 '전체 학습' 모듈이 없다. 여러 가지 다양한 유형의 학습은 로봇 안에 있는 다른 기능에 쓸모가

있고, 학습 인스턴스 각각은 동일한 일반 아키텍처에 따라 구현할 수 있다. 학습 아키텍처$^{learning architecture}$는 크리틱이 월드의 실제 스테이트에 대해 심의형 관점에서 모니터링과 리즈닝을 수행할 필요가 없다. 뿐만 아니라 월드의 실제 스테이트를 아이디어 스테이트와 비교하지 않아도 된다. 반응형 오차 신호$^{reactive error signal}$는 크리틱에 해당하며, 앞으로 이동하고 수평을 유지하는 입력을 통해 걷는 방법을 학습하는 징기스에서 확인할 수 있다.[119] 마찬가지로 작동(오퍼레이션)을 재개하기 전에 로봇은 방금 전에 학습한 것을 시험하느라 새로운 문제를 만들지 않아도 된다.

16.9 갭과 오퍼튜니티

2012년, 무인 시스템의 자율성에 대한 미국 국방과학위원회 연구[144]는 머신러닝과 자율 시스템의 격차에 대한 중요한 통찰을 제공한다. 주요 핵심 내용은 다음과 같다.

- 머신러닝은 주로 무인 지상 차량에 적용됐으며 항공, 해상, 수중 차량에는 적용되지 않았다.
- 애플리케이션은 사막의 자율 주행 크로스컨트리 같은 구조화되지 않은 정적 환경$^{unstructured static environment}$일 수도 있고 다른 자동차와 보행자가 있는 도시의 자율 주행처럼 구조화된 동적 환경$^{structured dynamic environment}$일 수도 있었다. 그러나 구조화되지 않은 동적 환경$^{unstructured and dynamic environment}$을 목표로 개발된 애플리케이션은 거의 없다.
- 무인 시스템의 사례에서 가장 많이 사용되는 학습 유형은 지도학습이다. 지도학습을 사용하기 어려운 주요 이유 중 하나는 학습용 세트$^{training sets}$를 구성하는 데 상당한 인간의 노력이 들어간다는 것이다.
- 강화학습은 너무나 많은 시도를 해야 하기 때문에 쓸 만한 수준에 도달하기가 불가능할 정도로 어렵지만 인간이 스테이트의 순서를 선택한다든지 크리틱(비판자) 역할로서 조언을 주는 모방 학습을 통해 그 과정을 가속화할 수 있다.

- 머신러닝은 일반적으로 사물이나 학습 폴리시^{learning policy}를 인식하는 데 사용되지만 이상 징후 감지^{anomaly detection}, 상황 인식^{situation awareness}, 신조어 학습^{learning new term}에는 많이 사용되지 않는다. 환경의 요소가 다르다든지 로봇이 운전 중 함정에 빠질 수 있다는 것에 대한 인식은 아직 해결되지 않았으며 머신러닝 분야에서 다루기 어려운 문제로 남아 있다.

16.10 요약

예제 기반 학습은 학습의 한 종류일 뿐이지만 로보틱스 분야에 가장 성공적으로 적용됐다. 객체나 지형의 학습은 일반적으로 로봇에 오프라인 방식으로 많은 학습 예제가 제공되는 지도학습이나 비지도학습을 통해 이뤄진다. 예제의 개수와 각각의 순서가 학습에 영향을 미칠 수 있기 때문에 학습용 세트 제작은 생각보다 어려울 수 있다. 뿐만 아니라 알고리듬이 학습용 세트로는 완벽하게 작동하지만 새로운 데이터에 대해 오류를 생성하는, 즉 오버피팅 문제도 일어날 수 있다. 트레이닝 단계에서 쓰인 예제를 재사용하지 말고 새로운 데이터로 학습을 검증하는 것이 중요하다. 예제 기반 학습은 언제 어떤 조치를 취해야 할지를 포착하는 액션이나 폴리시를 학습하는 데도 적용할 수 있다. 폴리시는 일반적으로 Q-러닝으로 작성된다. '신조어 학습'은 대부분의 학습 알고리듬이 배우고 있는 무언가에 대해 일종의 아프리오리 가정이 있어야 하므로 매우 어렵다. 예를 들면 배워야 할 5가지 유형의 과일이 있다는 것, 진정한 신조어 학습을 저해하는 것, 이미지 속에 실제로는 6가지 유형의 과일이 있다는 것 등이다.

학습은 로봇 성능의 모든 측면에 적용될 수 있으며 심의형 또는 반응형 레이어로 제한되지 않는다. 온라인 학습은 거의 없고 보통은 시뮬레이션 환경에서 학습하는 오프라인 학습이다. 여기서 시뮬레이션은 인공 신경망에 제공된 일련의 트레이닝 예제일 수도 있다. 또한 로봇은 Q-러닝을 사용해 스테이트 공간을 탐색하는 데 집중할 수도 있다. 온라인 학습을 구현할 때 학습에는 크리틱, 학습 요소^{learning}

element, 문제 생성기^{problem generator}, 성능 요소^{performance element}라는 4가지 아키텍처 구성 요소가 있다고 보는 것이 좋다.

이 장의 맨 앞에서 제시한 질문으로 돌아가 보자. 첫 번째 질문 "학습이란 무엇인가?"는 월드에 대한 관찰을 한 후 미래 과제에 대한 성과를 향상시킨다. "학습에 어떤 유형이 있는가?"라는 질문에 대해 이 장에서는 설명한 답은 다음과 같다. 많은 종류의 학습이 있지만 로봇에서 가장 흔한 건 예제를 통한 학습이다. 예제 기반 학습은 비지도학습, 지도학습, 강화학습, 준지도학습의 4가지 주요 유형으로 분류할 수 있다. 그중 준지도학습은 여전히 새로운 분야이고 거의 사용되지 않는다. 또한 이 장에서는 "로봇이 항상 인공 신경망을 사용하지 않는 이유는 뭔가요? 인공 신경망은 로봇에겐 일종의 뇌이니까요, 그렇지 않나요?"라는 질문도 다뤘다. 인공 신경망은 실제로 뇌와 유사하지만 현재는 신경계 구조를 단순화한 수준이다. 알고리듬은 종종 트레이닝에 수백에서 수천 개의 예제가 필요할 뿐만 아니라 히든 레이어의 수를 지정할 방법이 필요하므로 구현이 매우 어려울 수 있다. 인공 신경망은 주로 객체, 개념의 퍼셉션 및 분류 작업에 사용된다. 사실상 인공 신경망은 학습 정책이나 일련의 조치를 위한 것이 아니라 퍼셉션, 심볼릭 그라운딩을 위한 것이다. 끝으로 "학습이 오퍼레이션 아키텍처에서 지향하는 것은 무엇인가?"라는 질문을 다뤘다. 학습이 이뤄지는 단일 구성 요소는 존재하지 않기 때문에 아키텍처 속에서 '학습'은 한 곳에서 이뤄지지 않는다. 대신 반응형, 심의형, 상호작용형 레이어 전반에 걸쳐 여러 가지 학습 모듈의 인스턴스가 있을 수 있다.

16.11 연습문제

문제 16.1

학습의 4가지 주요 유형(지도학습, 비지도학습, 준지도학습, 강화학습)을 구체적인 사례를 바탕으로 설명하라. 또한 각각 어떤 기술이 있는지도 답하라.

문제 16.2

다음 용어들을 정의하라.

    a. 크리틱

    b. 신조어 문제

    c. 오버피팅

    d. 크레딧 할당 문제

    e. 온라인 학습

문제 16.3

수학적 귀납법, 서포트 벡터 머신, Q-러닝, 인공 신경망의 표현이 각각 어떻게 다른지 표로 일목요연하게 정리하라.

문제 16.4

로고가 텍사스 A&M 대학교 컬리지 스테이션Colleage Station 캠퍼스를 의미하는지, 텍사스 A&M 대학교 코퍼스 크리스티Corpus Christi 캠퍼스인지를 색상(컬리지 스테이션 캠퍼스는 마룬marron색, 코퍼스 크리스티 캠퍼스는 파란색)으로 분류하도록 그림 16.9의 인공 신경망 기반 모델을 생각해보자.

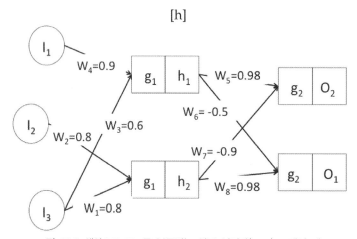

그림 16.9 색상으로 로고를 분류하는 인공 신경망(ANN) 모델의 예

$g_1 = 1/(1 + e^{-x})$, $g_2 : 1 \ if \ x >= 0.25; \ 0 \ if \ x < 0.25$이면 0인 활성화 함수에 대해 $I_1 = 1$, $I_2 = 0.3$, $I_3 = 0.7$일 때 네트워크의 출력을 계산하라.

문제 16.5

유전자 알고리듬genetic algorithm과 학습이 어떻게 다른지 설명하라.

문제 16.6

16.6.3절의 Q-러닝 예제를 완성하라.

문제 16.7

그림 16.10과 같이 G가 목표 지점인 보상 행렬이 주어졌을 때 행렬을 통과하는 세 개의 무작위 경로를 작성해보자. 그리고 각각에 대해 단계별 업데이트 결과인 U 행렬을 보여라.

R

	F	T	B	G
F	0	0	-1	100
T	0	0	0	-1
B	-1	0	0	100
G	-1	-1	-1	-1

Q

	F	T	B	G
F	0	0	0	0
T	0	0	0	0
B	0	0	0	0
G	0	0	0	0

그림 16.10 보상 행렬과 U 행렬

문제 16.8

학습에 적합한 크기의 제대로 된 트레이닝 데이터 세트를 생성하는 것이 왜 어려운지 생각해보자. 그렇다면 학습에 적합한 로봇 애플리케이션은 무엇이라고 생각하는가? 설명하라.

문제 16.9

'학습'이 로봇에게 지능을 만들어내는 '해결책'이 될 수 없는지 설명하라.

문제 16.10

이 장에서 다뤘던 내용을 바탕으로 정책과 행동이 어떻게 다른지, 또 어떻게 유사한지 설명하라.

16.12 엔드 노트

항상 공부하고 배우자.

마빈 민스키Marvin Minsky와 시모어 패퍼트Seymour Papert는 MIT 인공지능 분야의 선도적인 연구학자들이다. 인공지능 분야에서 인공 신경망의 개념이 인기를 끌자 그들은 퍼셉트론에 집중했고 이진 활성화 함수binary activation function로 무엇을 할 수 있는지 살펴봤다. 이들이 내린 결론은, 퍼셉트론은 극도로 제한적이어서 ANN의 효용가치가 없다는 것이었다. 심지어 퍼셉트론의 치명적인 문제를 극복할 수 있는 다른 인공 신경망 구조를 아무도 고안해낼 수 없었기에 결국 인공 신경망 연구는 중단됐다. 수십 년 후, 새로운 세대의 인공지능 연구학자들은 뉴런을 모델링했던 데이빗 럼멜하르트David Rumelhart의 연구로 돌아가 인공 신경망이 과거에 가로 막혔던 개념에 다시 도전했다. 그들은 로지스틱 함수logistic function 같은 다른 활성화 함수도 가능할 뿐만 아니라 생물학에서도 연구 문헌이 있다는 걸 발견했다. 인공 신경망 연구는 다시 인기를 끌게 됐고 마빈 민스키Marvin Minsky는 종종 강연 자리에서 인공 신경망 연구를 멈춰버리게 했던, 그게 아니라면 최소한 지연시킨 것에 대해 사과했다.

어려운 방법을 배우는 것

1980년대 후반과 1990년대 초, 로보틱스 연구학자들은 머신러닝에 대해 노력을 두 배 이상 들였다. 일부 연구원은 장애물을 피하는 것을 로봇에게 가르치는 것을 목표로 시작했다. 하지만 결과는 수백 건의 충돌로 이어졌다. 행동 로보틱스 연구학자들은 동물들이 학습이 거의 필요하지 않은 소위 고착화된 행동을 하는 경우가 많다고 지적했다. 예를 들어 사냥감에 해당하는 동물들의 새끼들은 포식자로부터 벗어나고자 즉시 그리고 빠르게 그들의 움직임을 미세하게 조정하려고 시도하기 시작했다.

로봇이 벽이나 사람에 대해 할 수 있는 손상 외에 로봇의 비용까지 감안할 때 장애물 회피는 로봇이 엄청난 실험을 시행한 다음 학습이 이뤄지게 하기보다는 로봇에 사전에 탑재돼야 할 어떤 것처럼 보였다.

미안합니다. 그리고 감사합니다.

유전자 알고리듬 탐사 로봇 예제는 내가 웹에서 찾은 일반적인 과학 청중을 대상으로 한 튜토리얼에서 영감을 받았다. 내용을 그대로 가져다 쓰진 않았지만 훌륭한 튜토리얼이었기 때문에 참고하고 싶었다. 그런데 참조하려고 웹 사이트를 다시 보니 튜토리얼은 없었고 이전 검색 결과에서도 찾을 수 없었다. 그래서 나는 항상 학생들에게 웹 페이지를 캡처하라고 얘기하곤 한다. 튜토리얼이나 여러분의 작업 결과와 비슷한 내용이 보이면 알려주기 바란다. 이 책의 정오표 목록을 바로 업데이트하겠다. 튜토리얼을 써주신 데 깊이 감사드린다.

4부
상호작용형 기능

17
멀티로봇 시스템

17장에서 다루는 내용

- 멀티로봇 시스템multirobot systems 설계 시 매우 어려운 점 7가지가 무엇인지 살펴본다.
- 멀티로봇 시스템의 선택에 영향을 끼칠 멀티로봇 시스템 태스크의 주요 측면을 나열하고 설명한다.
- 멀티로봇 시스템 설계 시 고려해야 하는 코디네이션 차원coordination dimension 과 시스템 차원system dimension의 구성 요소를 나열하고 설명한다.
- 멀티로봇 시스템에서 가장 일반적인 5개 멀티로봇 팀의 이름을 지정하고 각각에 대한 사례를 최소 2가지 이상 다룬다.
- 간접 통신indirect communication과 직접 통신direct communication의 차이점을 설명하고 각각의 예도 살펴본다.
- 의도된 태스크intended task, 로봇의 집합, 로봇 간에 허용되는 상호작용 interaction에 대한 내용을 전제로 다중 에이전트 시스템을 설계한다. 또한 태스크, 코디네이션 차원, 시스템 차원 측면에서 시스템을 기술한다.
- 집단적 스웜collective swarms을 형성하거나 의도적 협력intentional cooperation을 수행하는 멀티로봇 시스템의 예를 다룬다.
- 스웜 로봇swarm robots, 분산형 문제 해결distributed problem solving, 센서 네트워크,

리컨피규레이션 로봇^{reconfigurable robot}, 클라우드 로봇, 스티그머지^{stigmergy}, 태스크 간섭 현상^{task interference}, 컨트랙트 넷 프로토콜^{contract net protocol}, 네트워크 로봇^{networked robots}의 개념을 정의한다.

- 새로운 멀티로봇 시스템 행동에 대한 사회적 규칙의 이그노런트 공존^{ignorant coexistence}, 인폼드 공존^{informed coexistence}, 인텔리전트 공존^{intelligent coexistence} 유형의 영향을 설명한다.

17.1 개요

함께 작업하는 둘 이상의 모바일 로봇의 무리를 **멀티로봇 시스템**^{MRS, MultiRobot Systems}이라고 한다. 이 장에서는 멀티로봇 시스템에 대한 일반적인 문제를 다룬다. 가장 기초적인 질문은 "로봇이 여러 대 있으면 뭐가 좋은가?"다. 또한 "곤충의 스웜^{swarm}처럼 움직이는 팀, 더 복잡한 지능을 사용하는 팀 등 어떤 유형의 로봇 팀이 있을까?"라는 질문도 있다. 이 장에서는 멀티로봇 팀이 태스크, 코디네이션 차원, 시스템 차원 측면에서 어떻게 다른지 다룬다. '무리 또는 떼'라는 의미의 스웜이란 용어를 얘기한 건 "엄청나게 많은 로봇을 보유할 수 있을까?"라는 걸 생각해보자는 이유에서다. 그리고 태스크 간섭^{task interference}의 개념을 소개한다. 설계자는 "멀티로봇을 프로그래밍하는 것과 단일 로봇을 프로그래밍하는 것이 어떻게 다른가?"라는 사항에 고민이 많다. 이 장에서는 캐노니컬 오퍼레이션 아키텍처의 3가지 레이어와 관련해 이 문제를 재구성한다.

이 장에서는 멀티로봇 시스템이 제공하는 기회나 이점을 나열하는 것으로 시작한다. 아울러 이러한 장점을 실현할 때 어려운 문제들도 다룬다. 다음으로 이 장에서는 다중 에이전트 시스템, 분산형 인공지능에 대해 좀 더 큰 인공지능 관련 맥락에서 멀티로봇 시스템을 살펴보기로 한다. 이렇게 지능 관련 기틀을 다진 후 멀티로봇 시스템 설계 관련 세부 사항으로 넘어간다. 먼저 멀티로봇 시스템을 작업과 일치시키는 방법을 설명한 다음 특정 플랫폼의 코디네이션과 시스템 속성을 설계하는 방법을 설명한다. 태스크, 코디네이션, 시스템 가능성은 상당히 크지만 이 장에서는 가장 일반적으로 발생하는 5가지 멀티로봇 시스템을 검토한다. 그런 다음 4장에서 소개한 오퍼레이션 아키텍처의 레이어들을 언급하면서 팀을 프로그래밍하기 위한 다양한 전략의 개요를 제공한다. 끝으로 일반적인 질문에 대한 답변의 요약과 검토 사항에 대한 결론을 정리한다. 또한 멀티로봇 시스템을 위한 인공지능 관련 미해결 문제에 어떤 것들이 있는지도 정리하고 마무리한다.

17.2 4가지 기회와 7가지 어려운 문제

멀티로봇 시스템 연구를 이제 막 시작한 사람들은 곤충 같은 집단만 고려하거나 높은 성능의 인간 팀을 복제하려고 하다 보니 새로운 기회나 어려운 문제를 과소평가하는 경우가 많다. 이 절에서는 생물학적 영감과 더불어 모든 유형의 멀티로봇 팀의 장점과 해결하기 어려운 문제도 설명한다.

17.2.1 멀티로봇 시스템의 4가지 장점

멀티로봇 시스템은 연구[166]에서 제시한 최소 4가지의 이유에서 필요하다. 이 책에서는 이를 바탕으로 좀 더 확대해보고자 한다. 멀티로봇 시스템이 필요한 첫 번째 이유는 로봇 한 대보다 여러 대가 빠르고 가격도 저렴할 수 있기 때문이다. 개미나 다른 곤충들처럼 값이 싼 로봇 여러 대가 함께 일할 경우 값비싼 로봇 한 대를 대체할 수 있기 때문에 다중 에이전트의 비용 효율성이 더 높아진다. 행성 탐사, 지뢰 제거의 경우 많은 값싼 로봇이 더 많은 지역을 더 빨리 커버할 수 있어야 한다. 실제로 스웜 로봇swarm robot이라는 용어는 일반적으로 단일 작업을 수행하는 다수의 로봇을 가리킨다. 스웜 로봇은 곤충, 물고기, 새들이 상대적으로 지능이 낮은 각각의 개체가 모여 지능적인 창발적 행동emergent behavior을 일으키는 데 사용하는 메커니즘을 종종 복제하곤 한다.

멀티로봇 시스템이 필요한 두 번째 이유는 단일 로봇으로는 너무 복잡한 태스크에 대해 로봇이 병렬로 작업할 경우 복잡도를 낮출 수 있기 때문이다. 행성 탐사 예로 돌아가 보자. 로봇 한 대가 행성 전체의 지도를 제작하는 건 상상조차 어렵다. 차라리 작은 로봇 여러 대로 행성의 지도를 만드는 것이 더 실현 가능해 보인다. 그러나 "로봇이 병렬로 작업한다"가 로봇 인스턴스들이 항상 다른 위치에서 동일한 행동을 수행한다는 뜻은 아니다. 킴 스탠리 로빈슨 상$^{Kim\ Stanley\ Robinson's\ award}$을 수상한 공상과학 소설 『붉은 화성$^{Red\ Mars}$』에서 묘사된 것처럼 어떤 로봇들은 미래에 인류가 거주할 기지를 건설하고 그 사이 다른 로봇들은 행성 탐사를 수행할 수도 있다.

멀티로봇 시스템이 필요한 세 번째 이유는 중복성^{redundancy}을 통한 견고성^{robustness}이라 할 수 있다. 이게 무슨 뜻일까? 어떤 로봇 한 대가 작업을 실패하거나 망가지더라도 다른 로봇이 해당 작업을 계속하고 완료할 수 있다는 얘기다. 다만 그렇게 빠르거나 효율적이지 않을 수는 있다. MIT에서 교수를 역임한 '로봇의 아버지' 로드니 브룩스$^{Rodney\ Brooks}$는 '빠르고 값은 저렴하지만 통제 불능인'[31]이라는 제목의 유명한 기술 보고서에서 NASA가 수백 개의 값이 싼(개미 같은) 반응형 로봇을 화성으로 보낼 것을 제안했다. 로봇이 많다는 건 일부 로봇은 전체 미션을 성공시키는 데 아무 역할도 못하고 운송 또는 착륙 과정에서 망가질 수도 있다고 주장했다. 이 결론은 지뢰 탐지의 사례에도 그대로 적용될 수 있다. 싸구려 로봇 한 대가 폭발한다고 해도 지뢰 탐지 작업은 계속 진행할 수 있다.

마지막으로 일부 태스크는 본질적으로 분산돼 있기 때문에 멀티로봇 시스템이 필요하다. 즉, 스포츠 팀이 여러 종류의 전문성, 역할을 각각 담당하는 에이전트들로 구성된 것과 같다. 예를 들어 축구에서 골키퍼, 공격수, 수비수를 하나의 로봇으로 모두 해결하게 하는 것은 상상조차 어렵다. 로봇이 어느 한 시점에 여러 장소에 있어야 하기 때문이다(즉, 골대 막으면서 자기 팀 수비하면서 상대 팀 진영에서 공격 슈팅을 동시에 수행하는?). 그러나 사람들은 로봇이 동일한 적응력을 갖췄으면 하는 기대를 하기 때문에 로봇 각각이 다른 위치에 놓일 경우 자신의 태스크나 역할이 바뀔 수도 있다는 걸 기억하는 것이 중요하다. 육상 계주에서 태스크는 순차적으로 일어나야 하고 개인이 수행해야 할 역할과 액션으로 나눌 수 있는데, 이 과정에서 에이전트들 사이에 시간적 상호의존성^{interdependency}이 만들어진다. 멀티로봇 시스템에서 개별 로봇 간의 책임을 나누는 방법을 일반적으로 **태스크 할당**^{task allocation}이라고 한다.

17.2.2 멀티로봇 시스템에서 7가지 어려운 문제

멀티로봇 시스템을 통해 로봇은 새로운 기회를 얻을 수 있지만 로봇 안에 지능을 프로그래밍할 때 여러 가지 새로운 도전 과제도 함께 나타난다. 이는 상호작용이라는 것이 하나의 유능한 로봇을 만드는 것 이상을 포함하기 때문이다. 1980년대 이후 아킨[11], 본드^{Bond}와 개서^{Gasser[26]}, 브룩스[29], 올리베이라^{Oliveira[164]}, 파커^{Parker[165, 166]}의 연구를 보면 모두 다중 에이전트로 이뤄진 팀의 문제에 대해 다음과 같이 언급하고 있다.

1. **기본 시스템 설계가 더 어렵다.** 설계자는 지능의 중요도를 로봇 각각에 둘 것인지 그룹 전체에 둘 것인지 결정해야 한다. 또한 설계자는 다중 에이전트에 적합하게 문제의 특성도 파악해야 한다.

2. **어떤 태스크 할당 메커니즘을 선택할지 결정하기 어렵다.** 설계자 사전 프로그래밍을 할 수도 있고 에이전트가 스스로 태스크를 나누고, 멀티로봇 시스템 계획을 생성하고 태스크를 할당할 구성원을 선택할 수도 있다. 이는 결국 행동 조정 메커니즘, 심의형 기능, 행동의 할당을 어떻게 할 것인지에 대한 고민으로 이어진다. 다중 에이전트 팀의 에이전트 각각은 대개 반응형 또는 하이브리드 심의형/반응형 패러다임에 따라 행동하도록 프로그래밍된다. 반응형 패러다임의 경우 로봇에서 동시에 작용하는 여러 행동이 창발적 행동^{emergent behavior}을 초래했다는 사실을 떠올려보자. 예를 들어 명확하게 프로그래밍되지 않았어도 로봇이 장애물에 대응할 수도 있다. 마찬가지로 다중 에이전트에서는 각 로봇의 (서로 독립적인) 동시성 액션으로 인해 창발적 소셜 행동^{emergent social behavior}이 발생한다. 집단 행동은 '집단 동역학' 또는 '집단 심리학'을 모방하기 때문에 개인 행동과는 다르다.

3. **에이전트 간의 통신이 언제 필요한지, 무슨 내용을 주고 받을지 명확하지 않다.** 새가 지저귀는 것이나 사슴이 꼬리를 치켜드는 식의 신호는 명백한 동물들 간의 의사소통이라고 볼 수 있다. 하지만 많은 동물이 명확한 의사소통 없이 어떤 대형, 즉 포메이션을 유지하고자 무리를 이루기도 한다. 이러한 포메이션 제어formation control는 종종 단순히 다른 에이전트와 가깝다는 것 또는 액션을 인식할 때 이뤄진다. 예를 들어 물고기 무리는 양쪽에서 헤엄치는 물고기와 거리를 동등하게 유지하려고 한다. 그러나 로봇과 최신 통신 기술은 계산적이고 장비 관련 비용이 들지만 한 팀을 구성하는 모든 에이전트가 다른 로봇의 내부 정보에 대해 모두 알 수 있게 해준다. 어떻게 이런 비교 불가 수준의 커뮤니케이션 능력을 이용할 수 있을까? 통신 연결이 안 되면 어떻게 될까? 예를 들어 휴대폰은 통신에 대해 100% 신뢰를 보장할 수 없다. 휴대전화에 대한 소비자의 압박이 아무리 엄청나더라도 말이다. 하지만 로봇 커뮤니케이션은 많은 경제적 인센티브가 있으니 로봇 커뮤니케이션이 100% 신뢰하기 어렵다고 가정해도 괜찮다. 중요한 정보를 추상화하고 명확한 커뮤니케이션을 최소화할 수 있는 다중 에이전트용 언어가 있는가?

4. **문제의 도메인에서 '올바른' 레벨의 개성과 자율성이 대체로 명확하지 않다.** 설계에 대한 주요 결정 사안 중 하나는 중앙형 리더, 분산형 리더십, 리더십 없음 등 일종의 책임 역할을 지정하는 것이다.[166] 높은 개인적 자율성을 가진 에이전트들은 심지어 '자율주의적인' 것처럼 보일 정도까지 그룹 목표와 비교했을 때 차이가 더 심할 수도 있다.[164] 그러나 에이전트에 자율성이 더 많을수록 개방형 월드를 더 잘 처리할 수도 있다.

5. **태스크 간섭의 가능성이 있다.** "사공이 많으면 배가 산으로 간다"는 것과 같다. 태스크상에서 또는 팀 내에 로봇이 더 많을수록 각각의 로봇이 의도하지 않았더라도 서로 간섭이 일어날 가능성이 증가하고 이로 인해 전체 생산성이 낮아질 수 있다.

6. **멀티로봇 시스템은 모니터링이 어렵다.** 따라서 팀이나 팀을 구성하는 로봇이 언제 비생산적이라는 걸 팀에서 스스로 알아채기가 어렵다. "사공이 많으면 배가 산으로 간다"는 문제에 대한 1가지 해결책은 팀 간의 경쟁이 일어나지 않게 조정하는 것이다. 단일 중앙 집중형 컨트롤러single centralized controller는 이와 관련한 좋은 방법 중 하나지만 모든 유형의 팀에 맞는다는 보장은 없다. 또한 중앙 집중형 컨트롤러와 커뮤니케이션이 끊길 수도 있고 아예 망가질 위험도 있다. 이러한 문제가 일어나지 않으려면 팀은 생산성 여부를 확인하고자 스스로를 모니터링할 수 있어야 한다. 결국 이는 커뮤니케이션의 문제로 되돌아간다.

7. **행동의 정확한 설계와 행동 비결정론에 대처할 수 있는 테스트는 만들어 내기가 더 어렵다.** 멀티로봇 시스템 설계가 어려운 건 사회적 행동을 예측하고 검증할 수 있는 도구가 부족하기 때문이다.

17.3 멀티로봇 시스템과 AI

멀티로봇 시스템이 성공한 것은 인공지능 연구 성과 덕분이다. 멀티로봇 시스템은 지식 표현, 학습, 추론, 검색, 플래닝, 문제 해결, 컴퓨터 비전을 사용할 수 있다. 그러나 더욱 중요한 것은, 인공지능 분야의 연구학자들은 일반적으로 멀티로봇 시스템을 분산형 인공지능 핵심 영역의 부분 집합으로 보고 있다. 그림 17.1은 분산형 인공지능과 멀티로봇 시스템 및 관련 연구들과의 관계다.

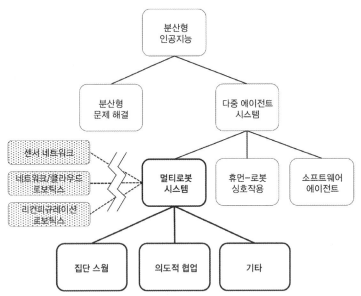

그림 17.1 인공지능 및 로보틱스의 다른 여러 분야와 멀티로봇 시스템 연구 사이의 연관 관계

그림 17.1에 나와 있듯이 멀티로봇 시스템은 분산형 인공지능 연구에서 특화된 영역 중 하나다. 분산형 인공지능은 일반적으로 '분할 정복 알고리듬divide and conquer' 전략을 통해 문제를 해결하거나 목표를 달성하는 데 초점을 맞춘다. 스톤Stone과 벨로소Veloso의 연구[200]에 의하면 분산형 인공지능 연구는 분산형 문제 해결distributed problem solving, 다중 에이전트 시스템multiagent systems에 초점을 맞춘 연구로 세분화할 수 있다. 분산형 문제 해결에서는 여러 에이전트가 제공한 솔루션에서 태스크를 분해하거나 솔루션을 합성하는 최선의 방법을 결정하려고 한다. 다중 에이전트 시스템 연구는 특히 어떤 에이전트가 어떤 태스크를 할당받고 에이전트가 협력하는지를 식별해서 에이전트 간에 태스크나 책임을 분할하는 방법을 결정하는 것이다. 분산형 문제 해결은 소프트웨어 에이전트를 사용해 단일 컴퓨터에서 수행할 수 있다. 다중 에이전트 시스템은 다른 컴퓨터나 로봇의 소프트웨어 에이전트에 할당될 분산형 문제 해결 알고리듬을 사용할 수 있다.

다중 에이전트 시스템 연구에서 에이전트가 소프트웨어 에이전트인지, 물리적 위치 에이전트인지, 사람인지 여부는 별개의 문제다. 웹에 상주하는 에이전트와 물리적 세계에서 작동하는 에이전트 사이에 차이가 있다. 그림 17.1을 보면 멀티로봇 시스템이라는 로봇 에이전트 연구를 통해 다중 에이전트 시스템 연구가 더욱 세분화돼 있음을 알 수 있다.

하지만 멀티로봇 시스템의 영역도 너무 크다 보니 집단 스웜[collective swarm]과 의도적 협력[intentional cooperation]이라는 두 개의 영역으로 더 세분화할 수 있다. 그러나 조정 스타일[the style of coordination]과 시스템의 물리적 구현에 기초한 멀티로봇 시스템의 다른 버전들도 있다.

멀티로봇 시스템과 관련된 3가지 영역은 다음과 같다. 참고로 이는 멀티로봇 시스템 관련 학술대회나 서적 등에서 찾아보기 어려울 수도 있다.

- 센서 네트워크는 많은 수의 센서로, 종종 팬/틸팅, 줌인/줌아웃, 물리적 이동, 위치 조정 등을 통해 공동 활동을 수행한다. 센서가 모바일 로봇인 경우 센서 네트워크는 멀티로봇 시스템으로 간주되곤 한다. 이때 로봇은 센서 역할을 하기도 하고 원하는 위치에 센서를 배치하기도 한다. 그러나 센서 네트워크는 멀티로봇 시스템 관련 연구 문헌에서 찾아보기 어려울 수도 있다. 시스템 조정에 필요한 전반적인 지능이 아니라 원하는 영역의 센서 커버리지를 유지하는 데 필요한 공간 추론이 센서 네트워크에서 어려운 문제이기 때문이다. 예를 들어 노드나 로봇이 시간이 지남에 따라 파손되거나 센서 앞에서 움직이는 일부 물체에 가려지거나 로봇이 움직이는 물체를 추적하고 있기 때문에 센서 네트워크를 동적으로 조정해야 할 수도 있다.

- 리컨피규레이션 로봇은 여러 모듈로 구성되며, 각 모듈은 서로 연결해 로봇의 대체 버전을 만들 수 있는 하나의 독립된 로봇 개체일 수 있다. 리컨피규레이션 로봇은 트랜스포머[Transformer®] TV 및 영화 시리즈의 로봇과 유사하다. 이와 관련한 최초 시스템 중 하나가 '셀룰러 로봇 시스템'이라는 뜻의 CEBOT이다.[36] CEBOT은 유용한 로봇을 형성하고자 연결된 작은 단일 로봇으로 구성돼 있었다. CONRO 같은 로봇은 환경을 더 잘 통과하려고

본 모습인 긴 뱀에서 거미 형태로 모듈을 바꾼다는 점에서 트랜스포머와 비슷하다. 한편 무선 환경에 적응하는 안테나처럼 부품이 자라나는 (마치 나뭇잎 펼쳐지듯) 모양을 바꾸는 블록 격자lattice of blocks처럼 보이는 로봇도 있다. 또한 소위 단백질처럼 접혔다 펴졌다 할 수 있는 (작은 노트북 PC인) 넷북netbook 크기의 평평한 시트 모양의 로봇도 있다. 리컨피규레이션 로봇은 함께 작동해야 하는 여러 모듈이 있다는 점에서 멀티로봇 시스템과 유사하다. 그러나 실제로는 알고리듬 측면에서 어려운 문제가 있다 보니 적용이 제한적이다. 기본 개요는 임Yim, 셴Shen, 살레미Salemi의 연구[222]를 참조하기 바란다.

- **네트워크 로봇, 클라우드 로보틱스**는 통신 네트워크가 단일 로봇에서 기능을 활성화하는 방법에 초점을 맞춘다. 이러한 시스템에서 네트워크를 만들고 유지 관리해야 하는 문제와 미션 수행을 위해 다른 로봇의 리소스나 데이터를 가져오려고 로봇이 웹을 통해 액세스해야 하는 문제는 결코 만만한 게 아니다. 예를 들어 센서 네트워크에는 노드가 너무 많고 잠재적으로 높은 통신 과부하가 일어날 수 있을 만큼 정보량이 많을 수 있기 때문에 라우팅 및 처리량throughput 측면에서 효율적인 알고리듬이 중요하다. 이와 관련한 기본 개요는 매크니McKee의 연구[126]를 참조하기 바란다.

17.4 태스크를 위한 멀티로봇 시스템 설계

멀티로봇 시스템을 어떻게 설계할 것인가에 대해 이 장에서 가장 중요한 점을 다루기 전에 생태적 틈새ecological niche의 개념을 다시 한 번 살펴보자. 6장에서는 설계에 생태적 접근을 한 결과 로봇이 작업할 일종의 '틈새'를 식별해냈다. 이러한 틈새는 로봇의 태스크, 환경 외에 에이전트에 따른 기능으로 정의된다. 이 절에서는 설계 요구 사항을 명확히 하는 데 도움이 되는 방법으로 어떻게 태스크를 정의하는지 중점적으로 알아본다. 볼치Balch의 연구[208]에 따르면 다중 에이전트 시스템의 태스크는 (결국 멀티로봇 시스템 태스크로 귀결되겠지만) 작업 완료에 소요되는 시간의 예상치, 액션의 주체, 무브먼트에 대한 제약 사항, 로봇 간의 암묵적, 명시적 의존성이라는 4가지 축을 기준으로 정리할 수 있다.

17.4.1 작업을 위한 예상 소요 시간

멀티로봇 시스템의 장점 중 하나는 빠른 속도다. 따라서 로봇이 작업을 수용하는 데 걸리는 시간에 대한 예상치를 생각해둘 필요가 있다. 예상치는 다음과 같이 4가지로 분류할 수 있다.

- **고정 시간**: 종료해야 하는 시점 직전에 멀티로봇 시스템이 최대한 많이 수행해야 할 작업이다.
- **최소 시간**: 멀티로봇 시스템이 최대한 빨리 수행해야 할 작업이다.
- **무제한 시간**: 이 경우 멀티로봇 시스템은 시간의 제약을 받지 않으며 양질의 잡^{job}을 수행하는 데 필요한 만큼의 시간이 필요할 수 있다.
- **동기화**: 이 경우 멀티로봇 시스템을 구성하는 로봇은 정해진 시간에 동일한 장소에 도착하거나 공동 작업(예, 박스 푸싱)을 수행해야 한다.

시간이 멀티로봇 시스템의 디자인에 어떤 영향을 미치는지 알아보고자 사이언티픽 아메리칸 프론티어$^{Scientific American Frontiers}$ TV 프로그램의 <로봇 얼라이브!$^{Robots Alive!}$>라는 에피소드에 나온 콘퍼런스 콜$^{Call a Conference}$ 태스크를 생각해보자. 이 경진대회에서 로봇은 빈 회의실을 찾느라 오피스 빌딩을 탐색해야 했다. 그런 다음 회의에 참석자들에게 찾아가서 회의 시간과 장소를 알려줘야 했다. 대회 결과 빈 회의실을 가장 빨리 찾아낸 다음 모든 참가자를 찾는 데 걸리는 시간까지 정확하게 추정해낸 로봇이 우승을 차지했다. 스탠포드연구소$^{SRI International}$ 팀은 이 태스크 수행에 여러 대의 로봇을 사용했다. 주요 스코어가 작업을 얼마나 빨리 끝내는가이므로 여기서 태스크는 최소 시간$^{minimum time}$ 태스크를 의미한다. 이 태스크는 로봇이 빈 회의실의 위치 정보를 공유했기 때문에 동기화 태스크$^{synchronization task}$로 볼 수 있다. 스탠포드 연구소의 설계안은 각 로봇이 가능한 한 빨리 작업을 완료해서 최소 시간 내에 전체 작업을 끝낼 수 있도록 프로그래밍하는 데 초점을 맞췄다.

시간이 멀티로봇 시스템 설계에 미치는 영향을 보여주는 또 다른 예로 소위(전쟁에서 방치된 엄청난 지뢰들 때문에 민간인 피해가 발생하지 않게 하는) 인도적 지뢰 제거 humanitarian demining 작업이 있다. 이 작업에서는 사람이 아닌 로봇 그룹이 땅에 매설된 지뢰를 제거하려는 대상 지역을 샅샅이 탐색한다. 또 이 작업에서 시간 제약은 사실상 없다. 즉, 무제한이다. 지뢰를 못 찾아내고 지나쳤을 경우 사람들이 목숨을 잃을 수 있기 때문에 시간이 얼마가 걸리든 간에 목표는 로봇이 지뢰를 빈틈없이 찾아내는 것이다.

17.4.2 액션 서브젝트

멀티로봇 시스템 설계에서 태스크에 영향을 주는 두 번째 요소는 액션 서브젝트 subject of action다(여기서 말하는 서브젝트는 일종의 '대상'을 의미한다). 멀티로봇 시스템에는 2가지 가능한 액션 서브젝트가 있다. 그중 하나는 '객체(객체 기반)'이며 이를테면 로보컵에서 로봇이 공을 '대상'으로 축구를 한다는 것을 생각하면 된다. 또 다른 액션 서브젝트는 로봇 자체(로봇 기반)로, 로봇이 월드를 로컬라이제이션하고 지도를 제작해야 하는 일종의 매핑 작업이 여기에 해당한다. 로봇 축구에서 태스크의 서브젝트는 공이다. 로봇들은 공을 기준으로 모션을 지시한다. 장애물이나 다른 로봇을 상대로 한 로봇의 모션은 공을 옮긴다는 더 큰 목표와 비교하면 다음 우선순위에 해당한다. 협업을 통한 지도 제작의 경우 태스크는 로봇이 어디에 있는가다. 로봇들이 자신의 정확한 위치도 모르고 다른 로봇들의 모션도 추적할 수 없다면 이들은 지도를 함께 이어 붙일 수도 없을 뿐더러 그들이 파악한 영역을 복제했는지도 확신할 수 없는 문제가 발생한다.

액션 서브젝트가 멀티로봇 시스템 설계에 어떤 영향을 미치는지 '콘퍼런스 콜' 태스크로 돌아가 보자. 여기서 태스크는 로봇 기반 액션 서브젝트라고 할 수 있는데, 지도 제작은 본질적으로 경쟁에 해당하기 때문이다. 로봇이 이 미션을 수행하려면 자신의 위치를 제대로 알아야 한다. 회의실을 찾고 교수들이 어디에 있는지 파악하는 것이 골goal, 즉 '목표'지만 로봇의 액션은 객체 기반 액션 서브젝트가 아니다. 로봇의 액션은 자신들이 있었던 위치, 다른 로봇들이 있었던 위치에 '상대적'이기 때문이다.

인도적 지뢰 제거도 보통 로봇 기반 액션 서브젝트에 해당한다. 대부분 구현의 목표는 어떤 영역을 파악하는 것이기 때문에 로봇이 어떻게 움직여야 하고 어떤 지역을 파악해야 할지 결정하기란 매우 어려울 수 있다. 로봇 집단이 마치 양떼가 아무렇게나 우르르 움직이듯이 행동할 수도 있는데, 사실 이것 역시도 한 지역을 파악하는 일종의 전략 중 하나다.

17.4.3 무브먼트

멀티로봇 시스템 설계의 세 번째 기준은 태스크를 완료하기 위한 바람직한 무브먼트다. 무브먼트는 다음 4가지 카테고리로 나눌 수 있다.

- **커버리지**coverage: 가능한 한 많은 영역을 포괄하는 집단의 스프레드collective spread다.
- **수렴**convergent: 집단은 결국 수렴하거나 또는 어떤 장소 또는 객체(물체)에서 만난다.
- **이동 위치**move to: 그룹의 구성원들은 다른 장소에서 시작할 수 있지만 모두 한 지점으로 이동한다.
- **무브먼트 진행 중**movement while: 집단은 위치에 대한 제약 사항을 유지하면서 이동한다. 이러한 제약 사항은 보통 특정 포메이션(예, 일직선, 기둥column, 다이아몬드, 쐐기wedge 형 등)이다. [16]

'콘퍼런스 콜' 경진대회의 경우 태스크를 위한 무브먼트는 커버리지에 해당했다. 이 경진대회는 가능한 한 빨리 빈 회의실을 찾고자 오피스 빌딩을 탐색해야 했기 때문이다. 인도적 지뢰 제거 역시도 무브먼트에서 커버리지에 해당한다. 하지만 로봇이 필드를 가로질러 일렬로 이동하는 식으로 구현했을 경우 이는 '무브먼트 진행 중' 카테고리에 해당한다.

17.4.4 디펜던시

멀티로봇 시스템의 네 번째 축은 집단 멤버 사이의 의존성, 즉 디펜던시다. 구성원들은 서로 독립적일 수 있다; 로봇들은 함께 일할 필요도 없고 서로를 의식할 필요도 없다. 한 로봇이 혼자서 할 수 없을 때 박스 푸싱처럼 태스크 수행에 여러 대의 로봇이 필요할 때, 무거운 물체를 운반해야 해서 두 대의 로봇이 필요할 때, 서로에 대해 인식해야 할 때, 로봇은 의존 관계[dependent]에 놓인다. 또한 어떤 한 로봇이 작업을 주도적으로 수행하지만 기지에서 연료를 보급하는 다른 로봇이 필요한 재공급 작동 운영 같은 주기적 디펜던시가 있을 경우 이들은 상호의존적[interdependent]일 수 있다. 리필러 로봇이 연료를 가져올 때까지 주 작업 로봇은 태스크를 완료할 수 없다. 리필러 로봇은 주 작업 로봇을 다시 공급할 때까지 기지로 돌아갈 수 없다. 그래서 두 로봇이 다른 미션을 갖고 있지만 한 로봇은 다른 로봇이 태스크를 완수할 때까지 자신의 태스크를 완수할 수 없다. 그러므로 그들은 상호의존적이다.

디펜던시는 유연할 수 있으며 설계자는 이를 바탕으로 태스크를 개념화할 수 있다. '콘퍼런스 콜' 경진대회의 과제는 로봇이 그들끼리 태스크를 나눴기 때문에 분명히 의존성이 있었다. 그러나 인도적 지뢰 제거에는 특정 유형의 디펜던시가 필요하지 않다. 설계자가 양처럼 로봇이 무작위로 그 지역을 돌아다니기를 원한다면 이 로봇들은 독립적일 것이다. 설계자가 로봇이 일렬로 서서 그 지역을 빈틈없이 탐색하게 한다면 로봇들은 의존 관계에 놓여야 한다.

17.5 멀티로봇 시스템 설계의 코디네이션 차원

환경 및 로봇의 역량과 더불어 태스크는 생태적 틈새를 구축하지만 로봇이 어떻게 서로 상호작용할 수 있는가를 확립하려면 무언가가 더 필요하다. 파리넬리[Farinelli],

이오치locchi, 나디Nardi의 연구[75]에서는 이러한 상호작용을 조정과 시스템이라는 2가지 차원으로 개념화한다.

코디네이션 차원은 로봇 팀 구성원이 어떻게 상호작용해야 하는지에 대한 설계 방안 결정과 관련이 있다. 코디네이션 차원은 기본적으로 우연히 결합되는 로봇의 그룹보다는 집단을 어떻게 만드는지를 살핀다.

파리넬리, 이오치, 나디의 연구[75]에서 소개한 멀티로봇 시스템 설계에서 고려해야 할 코디네이션 차원의 4가지 요소를 알아보자.

- **협력**Cooperation: 멀티로봇 시스템은 어떤 태스크를 제대로 완료하고자 협력 또는 경쟁competency할 수 있다. 협력하는 멀티로봇 시스템은 로봇이 물체를 들어 올리는 것처럼 글로벌 개념의 태스크 수행을 위해 명확하게 협력하는 시스템이다. 경쟁하는 멀티로봇 시스템은 어떤 태스크를 성취하려고 경쟁하는 로봇과 관련이 있으며, 먼저 해내는 로봇이 승리한다. 경쟁하는 멀티로봇 시스템은 탐사 작업 등에 사용되는 경우가 많다.

- **지식**Kowledge: 로봇 각각은 멀티로봇 시스템 내에서 다른 로봇을 인식할 수도 있고 인식하지 못할 수도 있다. 예를 들어 로봇은 물체를 탐색할 수 있다. 로봇이 작업을 확실하게 나누고 서로 대화(즉, 협력)할 때 로봇은 인지한다.

  1가지 작업만 가능한 소위 단일 마인드single-minded 로봇 여러 대가 독립적으로 동일한 작업(즉, 경쟁)을 수행하기 시작할 때 그들은 인지할 수도 있고 인지하지 못할 수도 있다. 일반적으로 경쟁하는 로봇은 다른 로봇을 마치 다른 움직이는 물체처럼 다룬다. 이는 코디네이션(조정)이 인지되지 않은 경우에 해당한다. 로봇이 다른 로봇을 인식할 수 있고 새가 V자 형태로 비행하는 무리 내에서 자신의 위치를 조정하듯이 다른 로봇들이 어떻게 하는가에 따라 자신의 태스크 수행 방법을 바꾼다면 로봇도 그러한 것들을 알고 있다고 볼 수 있다. 로봇은 커뮤니케이션, 정보 공유, 명시적 협력이 없더라도 코디네이션을 인지했다고 외부로 보여줄 수 있다.

- **코디네이션**Coordination: 코디네이션은 약할 수도 있고 강할 수도 있다. 여기서 약하다는 건 암묵적으로 코디네이션하는 것을, 그리고 강하다는 건 코디네이션 메커니즘이 명확하다는 것을 의미한다. 물고기 무리는 코디네이션이 약하다고 할 수 있는데, 이는 물고기가 특정 어종 옆에서 헤엄치게 돼 있지 않고 다른 종류의 물고기 근처에서 헤엄치게 돼 있기 때문이다.

- **조직**Organization: 조직은 통제에 대한 알고리듬적 접근법이다. 조직의 유형 중 하나는 하나의 컴퓨터가 모든 구성원을 제어하는 강한 중앙 집중형으로 멀티로봇 시스템을 설계하는 것이다. 영화 <스타워즈: 유령의 위협>의 B1 배틀 드로이드battle droid는 강한 중앙 집중형 시스템이며, 따라서 아나킨 스카이워커Anakin Skywalker는 나부Naboo 행성의 궤도에 있는 연합군 경비정을 파괴해서 모든 로봇을 정지시킬 수 있었다. 이와 정반대인 경우는 단일 컴퓨터 컨트롤러 없이 분산되며, 각 멀티로봇 시스템을 구성하는 로봇은 스스로 작업하기도 하고 다른 로봇과 협상하는 과정을 통해 전체적인 멀티로봇 시스템의 행동을 만들어낸다. 분산된 조직은 동물들, 특히 곤충들에게서 흔히 볼 수 있다. 세 번째 유형은 약한 중앙 집중화weakly centralized다. 이는 강한 중앙 집중형 조직과 분산형 조직의 일부 측면을 모두 갖고 있다. 예를 들어 중앙 집중형 컨트롤러가 그룹에 태스크를 할당한 다음 구성원이 스스로 작업할 수 있게 한다.

17.6 설계에서 시스템 차원

코디네이션 차원은 로봇이 멀티로봇 시스템으로 작동하는 방식과 관련된 전략적 특징을 포착하려고 시도한다. 시스템 차원은 원하는 코디네이션을 달성할 수 있는 팀의 물리적 특징을 따로 분리한다. 파리넬리, 이오치, 나디의 연구에서는 커뮤니케이션, 팀 구성, 팀 규모, 시스템 아키텍처라는 4가지 유형의 물리적 특징으로 구분했다.[75] 하나씩 자세히 알아보자.

17.6.1 커뮤니케이션

멀티로봇 시스템 설계에 가장 큰 영향을 미칠 수 있는 물리적 특징은 커뮤니케이션이다. 커뮤니케이션은 메시지의 내용^{content}, 즉 말하는 것과 커뮤니케이션하는 방법, 즉 말하는 것 모두를 말한다. 내용은 종류가 매우 다양하므로 이 절에서는 멀티로봇 시스템이 커뮤니케이션하는 방법만 설명한다. 커뮤니케이션 역시도 정말 범위가 넓다. 이를테면 간접적 신호 또는 간접 커뮤니케이션^{indirect communication}에서 시작해서 명시적 대화 같은 직접 커뮤니케이션^{direct communication}에 이르기까지 모두 커뮤니케이션에 포함된다고 볼 수 있다. 커뮤니케이션 방법은 메시지를 전송하는 방법이 매우 중요한데, 로보틱스에서는 무선 네트워크가 일반적이다 보니 커뮤니케이션 범위와 토폴로지에 대한 고민이 있다.

앞에서 설명한 기법은 어떤 에이전트가 메시지를 인지할 수 있는지에 따라 다르다. 다음을 보자.

- **스티그머지**^{Stigmergy}: 스티그머지는 생물학에서 사용되는 용어로, 개미 같은 곤충들이 환경을 떠났을 경우 어떻게 의사소통을 할 수 있는지를 의미한다. 예를 들어 땅 위의 페로몬 흔적에서 벗어나는 개미들은 스티그머지하다고 할 수 있다. 스티그머지에서 에이전트는 서로를 인지하지 못한다. 오히려 서로의 액션 결과를 탐지한다. 예를 들어 등산객은 다른 등산객들이 길을 따라갈 수 있도록 경로 표시 차원에서 나무의 잔가지를 부러뜨린다. 모든 생물학적 종은 다른 종이 남긴 단서들과 마주칠 수 있지만 해당 단서의 의미는 전형적으로 단서를 남긴 생물학적 종의 구성원들만 해석할 수 있다.

- **패시브 커뮤니케이션**^{Passive communication}: 패시브 커뮤니케이션은 한 에이전트가 종족의 다른 구성원들에게 전달되기를 바라며 메시지를 모두에게 전송하는(즉, 브로드캐스팅하는) 것을 의미한다. 예를 들어 새들은 위험 요인의 존재 여부, 먹이의 위치, 짝을 유혹하려고 할 때 지저귄다. 새를 포함한 다른 동물들은 깃털, 피부색, 생식기 부위가 부풀어 오르는 등의 모습을

통해 짝짓기 준비 상태라는 걸 전달할 수 있다. 이러한 표현은 에너지를 필요로 한다는 점에서 모두 액티브한 속성에 해당할 수 있지만 이 기법은 의도한 수신자에게 도달하는 데 소극적이기 때문에 패시브에 해당한다. 새는 자기가 지저귀는 소리를 다른 새가 듣는지 안 듣는지 알 수가 없다. 스티그머지는 새의 노래 소리가 끝날 때 사라지지 않고 전파된 메시지가 지속되는 패시브 커뮤니케이션의 특별한 경우로 볼 수 있다.

- **의도적인 명시적 커뮤니케이션:** 의도적인 명시적 커뮤니케이션은 한 에이전트가 형식 언어$^{formal\ language}$를 사용해 특정 에이전트와 직접 통신할 때 발생한다. 개는 어떤 의미에서는 고의적이고 노골적인 침입자에게 으르렁거릴 수 있지만 침입자는 개가 공격하려고 한다는 것을 추론해내야 한다. 따라서 커뮤니케이션은 암묵적이다. 다른 사람에게 "멈추고 손 들어!"라고 말하는 경비원은 특정한 의도를 노골적으로 전달하는 것이다.

인공지능에서는 에이전트 사이에 작은 커뮤니케이션으로도 성능을 크게 향상시킬 수 있다는 휴리스틱이 있지만 너무 과다한 커뮤니케이션은 성능을 저하시키거나 취약하게 만들 수 있다. 사실 인지 과학자들은 한 팀의 사람들의 성과가 높을수록 구성원들이 의도적인 명시적 커뮤니케이션에 대한 의존도가 더 낮다는 것을 보여줬다. 최고 수준의 스포츠 팀 선수들은 단지 어떤 플레이가 효과적이며 어떤 플레이가 패스를 할 준비가 돼 있는지 알고자 서로를 바라볼 수 있다. "준비됐어요?"라고 외치는 것보다 상대 선수가 제 위치에 있고 공을 받을 준비가 돼 있는 것을 보는 게 훨씬 빠르다. 말이 너무 많으면 선수들은 산만해지고 실수를 할 수 있다.

두덱^{Dudek}의 연구[64]에서는 멀티로봇 시스템에서 구성원들 간의 커뮤니케이션에 관해 다음 2가지 실질적인 관심사를 소개했다.

- **커뮤니케이션 범위:** 일반적으로 설계자는 에이전트가 얼마나 떨어져 있는지 고려해야 한다. 그들은 수동적인 의사소통 방법을 사용할 수 있도록 서로를 보거나 들을 수 있는가? 무선 네트워크 작업이 있는 경우 어느 거리에서 신뢰할 수 있는 지원 통신을 제공할 수 있으며 환경은 어떠한가? 무선

네트워크에는 부분적으로 거리에 따라 달라지는 전송 제한이 있으며 내부 구조에서는 연결이 예측할 수 없다.

- **커뮤니케이션 토폴로지:** 시스템이 모바일 애드혹 네트워크를 사용하고 있는가? 커뮤니케이션 메커니즘의 선택이 커뮤니케이션 메커니즘의 다른 멤버와 직접 연결하거나 통신하는 능력을 제한하는가? 중앙 집중형 통신 서버를 이용하는 네트워크 토폴로지를 잘못 선택하면 분산 시스템으로 의도됐던 것에 중앙 집중형 시스템의 한계가 나타나게 된다.

17.6.2 멀티로봇 시스템 컴포지션

멀티로봇 시스템은 동일한 성격의 로봇으로 구성되는데, 이는 동종 개체 멀티로봇 시스템$^{homogeneous\ MRS}$ 또는 이종 개체 멀티로봇 시스템$^{heterogeneous\ MRS}$으로 구성되며, 동종 개체 멀티로봇 시스템 팀은 시각적으로 동일하다. 즉, 신체적 외관 및 형태학적 측면에서 동일하다. 동종 개체 멀티로봇 시스템의 예로는 '콘퍼런스 콜' 경진대회의 두 로봇과 양처럼 움직이는 지뢰 제거 로봇 그룹이 있다. 재보급 보조 로봇을 지닌 무인 지상 차량^{UGV}과 무인 항공기^{UAV}–무인 지상 차량^{UGV} 연합 팀은 이종 개체 멀티로봇 시스템의 대표적인 예다.

일반적으로 로봇 그룹을 구성하는 로봇의 하드웨어가 동일하면 해당 그룹을 동종 개체 멀티로봇 시스템이라고 생각하는데, 이건 잘못된 것이다. 동종 멀티로봇 시스템은 구성원의 하드웨어뿐만 아니라 소프트웨어까지 동일하다는 것을 의미한다. 동일한 로봇이 여러 대 있을 때 이를 종종 무리를 의미하는 스웜이라고 하는데, 이는 모든 로봇의 소프트웨어도 동일하다는 것을 암시한다. 로보컵 축구에서 팀을 구성하는 로봇들의 외관이 동일할 수 있겠지만 골키퍼 역할을 맡은 로봇의 소프트웨어는 다른 로봇과 상당히 다를 수 있다. 즉, 이 경우는 이종 개체 멀티로봇 시스템에 해당할 것이다(바꿔 말하면 멀티로봇 시스템이 이질적^{heterogeneous}이다). 그러나 각 로봇이 동일한 소프트웨어로 프로그램돼 있고 소프트웨어가 골키퍼, 스트라이커, 수비수 등과 같은 모든 역할을 포함한다면 멀티로봇 시스템은 동질적일 ^{homogeneous} 것이다. 이 경우 팀을 구성하는 로봇의 하드웨어와 소프트웨어는 동일하며, 로봇 각각에 맞춰 소프트웨어의 다른 부분이 인스턴스화된다.

동종 개체 멀티로봇 시스템에서 미묘하게 어려운 문제는 시간이 갈수록 팀을 구성하는 로봇이 마모되면서 결국 이질적인 상태가 된다는 것이다. 멀티로봇 시스템은 동질성을 지닌 채 시작할 수 있지만 하드웨어와 센서의 물리적 성능 저하 또는 고장이 일어날 경우 일부 구성원이 더 느려지거나 특정 행동을 수행하지 못할 수 있다. 다행히도 팀 구성원 각각의 역량이 망가지더라도 일부 멀티로봇 시스템과 애플리케이션에서는 문제가 되지 않는다. 예를 들어 로봇 스웜의 일부 구성원들이 더 느리게 또는 완전히 망가진 상태로 시작할 수도 있지만 이러한 스웜의 장점 중 하나는 다른 구성원들이 실패한 구성원을 보완하려고 노력을 확대한다는 것이다. 로봇 축구 팀의 경우 다른 멤버들은 실패한 팀원을 보완하고자 역할을 동적으로 바꿔야 할 수도 있다. 역할 변경은 곤충과 관련된 역할 할당 및 실행 모니터링과 비교했을 때 훨씬 더 정교해야 한다.

이종 개체 로봇 팀은 일반적으로 하드웨어와 소프트웨어 형태가 다른 로봇을 의미한다. 일반적인 이종 개체 팀 구성은 더 비싸고 역량이 있는 컴퓨팅 처리가 가능한 팀 구성원을 한 명 두는 것이다. 이 로봇은 팀의 리더 역할을 하며 조금 덜 똑똑한 다른 로봇을 지휘하거나 특별한 상황에 사용될 수 있다. 문제는 전문 로봇이 실패하거나 파괴되면 팀 미션 수행은 한 마디로 물 건너 가버릴 수 있다.

폭탄 테러 팀 사이에서 인기를 끌고 있는 이질적인 팀의 일종인 유대류 로봇 팀 marsupial robot team은 캥거루 어미와 새끼 캥거루처럼 작은 '도터daughter' 로봇이 '마더 mother' 로봇에 실려서 운반된다.[151] 마더 로봇이 리피터 노드나 보조 뷰 포인트가 필요할 때 도터 로봇이 밖으로 배포된다. 마더 로봇은 도터 로봇의 코치 역할도 할 수 있다(그림 17.2 참조). 1997년 초, 연구원들은 무인 항공기UAV와 무인 지상 차량 UGV을 잘 조합해서 탐사 작업을 수행해왔다. 서던 캘리포니아 대학교USC에서는 무인 지상 차량이 한 지역을 탐사하는 사례를 보여줬다.

그림 17.2 사우스 플로리다 대학교의 유대류 로봇 팀의 모습. 추적 화학 검사를 담당하는 '도터' 로봇인 부홀드(Bujold)를 데리고 다니는 '마더' 로봇이 문제 해결의 핵심 역할을 한다. 부홀드는 지프 자동차 뒤쪽에서 나간다(사진 제공: 톰 와그너(Tom Wagner)).

17.6.3 팀 규모

팀의 규모는 4가지 카테고리로 나뉜다.

- **단독형:** 멀티로봇 시스템의 퇴행성 경우
- **페어형:** 대부분의 사람들이 멀티로봇 시스템이라고 생각하는 최솟값
- **제한적:** 로봇의 대수가 태스크나 환경의 크기보다 작은 경우
- **무제한적:** 여기서 n은 태스크나 환경의 크기보다 큼

제한적 내지는 무제한적 팀 규모는 좀 더 흥미로운 것 같다. 제한적 팀의 경우 하나의 그룹이나 동시에 처리할 액션 측면에서 구성원이 충분하지 않다. 예를 들어 이삿

짐 회사는 상자 하나당 한 사람씩으로 계산하지 않고 집에서 이삿짐 밴으로 상자를 여러 번 나르도록 제한된 수의 사람들을 보낸다. 반면 무제한적 팀의 경우 구성원이 너무 많아서 효과적인 조정이 어려울 수 있다. 예를 들어 축구 경기장에 투입 가능한 로봇 대수를 두 배로 늘린다고 해서 점수가 두 배로 올라가진 않는다. 소위 '잉여 로봇'들이 공간을 차지하고, (경기에 진행에 방해가 되는) 장애물이 되고, 경기의 구조를 바꾸고, 플래닝 알고리듬의 계산량을 늘린다. 무제한적 규모의 팀들은 종종 스웜을 형성하곤 한다.

17.7 멀티로봇 시스템의 5가지 일반적인 현상

태스크 유형, 코디네이션 차원, 시스템 차원에 따라 멀티로봇 시스템을 어떻게 설계할 것인지 검토하기란 매우 어려울 수 있다. 서로 다른 태스크 및 차원의 정의 조건 사이에 중복이 있기 때문에 완전한 분류 체계를 만드는 건 훨씬 더 어렵다. 따라서 한 걸음 뒤로 물러나서 가장 일반적인 설계 속성의 조합을 식별하는 것이 훨씬 낫다. 과학 관련 연구 문헌에서 가장 자주 나타나는 조합을 보면 공통적인 카테고리가 있다.[75] 이러한 카테고리 중 3가지는 비인식 및 집단적 스웜unaware collective swarms, 인식 및 비조정aware but not coordinated 집단적 스웜, 약하게 조정된weakly coordinated 집단적 스웜이다. 앞의 2가지는 의도적으로 조정된 멀티로봇 시스템intentionally coordinated MRS의 변형으로, 하나는 강하게 조정strongly coordinated됐지만 중앙 집중도는 약하고weakly centralized 또 다른 하나는 강하게 조정됐지만 분산형 시스템distributed system이다.

앞에서 '비인식Unaware'이란 각 로봇이 다른 팀 구성원에 대한 지식 없이 자신의 태스크를 실행한다는 것을 의미한다. 이는 보통 순수하게 반응형에 해당하며 종종 개미의 행동 및 스티그머지에 기초를 두고 있다. 개미들은 대부분 다른 개미들을 알아차리지 못하지만 그 대신 페로몬을 감지한다는 점을 다시 한 번 생각하기 바란다. 비인식 시스템Unaware system은 탐색을 수반하는 도메인에서 널리 사용된다.

인식 및 비조정 시스템aware, not coordinated system에서 각 로봇은 환경의 다른 로봇에 대해 어느 정도 인식하지만(예, 로봇이 다른 로봇을 보면 해당 로봇에게 말을 할 수 있다) 다른 로봇이 무엇을 하고 있는지 또는 왜 그렇게 하는지 알지 못한다. 이렇게 하면 태스크 간섭task interference 문제를 줄이는 데 도움이 될 수 있다.

멀티로봇 시스템의 구성원 로봇끼리 서로를 알고 있어서 태스크 간섭은 막을 수 있었지만 조정은 잘되지 않았던not coordinated 사례 중 하나로 1994년 AAAI 모바일 로봇 경진대회의 '쓰레기 줍기' 행사에 출전한 미국 조지아 공과대학교의 멀티로봇 팀이 있다.[18] 당시 경진대회에서 팀의 각 구성원은 오렌지색 블롭(오렌지색 탄산음료 캔)을 찾으러 이리저리 움직였다. 그런 다음 캔을 움켜쥔 후 파란색 재활용품 수거함을 찾아서 이동한 다음 캔을 떨어뜨렸다. 회원들은 조정되지 않았다not coordinated. 하지만 로봇들은 녹색이었고 녹색에 대해서는 척력을 발생시켰기 때문에 멀티로봇 시스템은 서로를 인식할 수 있었다. 이는 로봇이 검색 범위를 넓혀 성능을 향상시켰다는 것을 의미했다. 즉, 한 로봇을 다른 로봇 근처에 놓을 경우 두 로봇이 서로 멀어지게 된다. 따라서 두 로봇이 동일한 영역을 탐색하지 않는다. 또한 두 로봇이 동시에 같은 재활용 수거함에 캔을 넣으려고 했을 때 둘 중 한 로봇은 재활용 수거함에서 재활용 과정을 늦춤으로써 로봇들이 서로를 방해하지 않았다는 것도 내포돼 있다. 로봇들은 다른 로봇의 의도를 인지하거나 '녹색=로봇'이라는 실제 의미론적 이해semantic understanding를 할 필요가 없었다. 그들은 그저 '녹색'을 피했을 뿐이다.

약하게 조정된weakly coordinated 시스템의 경우 태스크에는 협력이 필요하지만 시스템은 명시적 커뮤니케이션을 요구하지는 않는다. 그 예로는 박스 푸싱이 있다. 로봇들은 박스가 앞으로 밀리는지 여부를 느끼고 그들이 박스와 접촉하는 것으로부터 압력을 느끼면 밀어낸다. 반대로 접촉이 없으면 멈춘다. 다른 로봇들은 자신의 끝에 있는 박스를 밀어 넣고, 따라서 상자를 대기 중인 로봇으로 회전시켜 압력을 느끼게 한다. 이 경우 통신은 암묵적이다. 로봇은 단지 접촉을 감지하는 것일 뿐 "나는 상자를 옮겼을 뿐이다. 이제 네 차례다"라는 커뮤니케이션을 명확하게 한 게 아니다. 약한 조정 방식의 장점 중 하나는 다른 로봇, 심지어 이기종 로봇도 동일한 결과를 갖고 동일한 동작을 적용할 수 있다는 것이다.

강한 조정 및 약한 중앙 집중형^{strongly coordinated but weakly centralized} 멀티로봇 시스템 팀은 가장 일반적이다. 이 팀에는 리더가 필요하지만 리더는 그 때 그 때 맞춰 동적으로 선택된다. 리더를 동적으로 선택했을 때 좋은 점은 견고함^{robustness}이다. 강한 중앙 집중형^{strongly centralized}에서는 팀을 리딩하게 만들어진 리더가 하나 있을 것이다. 로봇이 손상되거나 파괴되면 팀은 더 이상 기능을 수행할 수 없다. 약한 중앙 집중형^{weakly centralized} 팀에서는 다른 로봇이 리더를 맡을 수 있다. 따라서 탐색 작업에는 강한 조정 및 약한 중앙 집중형^{strongly coordinated but weakly centralized} 시스템이 많이 쓰인다.

강한 조정 및 분산형^{Strongly coordinated but distributed} 팀에는 역할 및 조직화할 수 있는 능력이 있는데, 강한 조정 및 약한 중앙 집중형^{strongly coordinated but weakly centralized} 팀과 유사해 보이지만 이 팀에는 중앙 집중형 리더가 없다. 각 로봇은 공유 플레이북^{shared playbook}에서 특정 스크립트나 역할을 즉시 인식한 내용을 기반으로 실행한다. 로보컵 축구에서는 보통 이런 식으로 구성한다. 강한 조정 및 분산형 시스템의 또 다른 예는 어려움에 처한 다른 로봇을 로봇이 다가가서 도울 수 있는 것이다. 이를 협력형 모빌리티^{cooperative mobility}라고도 한다.[90]

17.8 멀티로봇 시스템용 오퍼레이션 아키텍처

그림 17.3은 오퍼레이션 아키텍처 맥락에서 멀티로봇 시스템을 배치한 것이다. 각 로봇에는 반응형, 심의형뿐만 아니라 상호작용형 기능도 있다. 추가 기능을 통해 다른 로봇이나 인간과 상호작용할 수 있다. 사람과의 상호작용에 대해서는 18장에서 자세히 설명한다. 상호작용형 기능은 심의형, 반응형 또는 둘 다일 수도 있다.

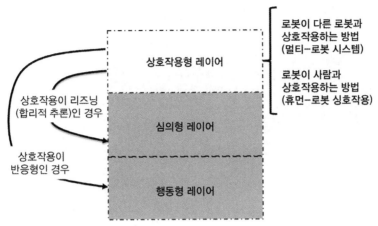

다음과 같은 텍스트 라벨이 이미지에 포함됨:

- 로봇이 다른 로봇과 상호작용하는 방법 (멀티-로봇 시스템)
- 로봇이 사람과 상호작용하는 방법 (휴먼-로봇 싱호작용)
- 상호작용형 레이어
- 상호작용이 리즈닝 (합리적 추론)인 경우
- 심의형 레이어
- 상호작용이 반응형인 경우
- 행동형 레이어

그림 17.3 반응형, 심의형, 상호작용형 기능 간의 관계를 보여주는 오퍼레이션 아키텍처

마타릭Mataric의 사회적 규칙societal rules은 멀티로봇 시스템이 상호작용을 구현하는 방법의 1가지 예로, 완전히 분산된 통제하에 동작하는 다중 에이전트 집단에서 역학관계가 나타나는 것을 의미한다.[123] 마타릭은 다음과 같은 3가지 조건을 비교했다. 첫째, 상호작용 기능이 없는(알아차리지 못하는unaware) 이그노런트 공존ignorant coexistence이다. 둘째, 상호작용을 관리 감독하는governing 반응형 사회적 규칙이 추가된 인폼드 공존informed coexistence이다. 셋째, 심의형 사회적 규칙이 추가된 인텔리전트 공존intelligent coexistence이다.

이러한 조건들은 '너드 허드The Nerd Herd'라는 20개의 동일한 로봇 그룹을 보여줬다. 서브섬션 아키텍처를 사용해 동작으로 프로그래밍됐다. 이 로봇들은 그림 17.4에 나와 있다. 로봇에게 같은 목표가 주어졌지만 목표 위치는 좁은 문이 있는 칸막이의 다른 쪽에 있어서 한 번에 하나의 로봇만 칸막이를 통과할 수 있었다. 로봇들은 파티션의 같은 쪽에 무작위로 놓였고 동시에 움직이기 시작했다.

그림 17.4 '너드 허드'의 모습(사진 제공: USC(서던캘리포니아 대학교) 상호작용 연구실)

첫 번째 시연에서 로봇들은 이그노런트 공존 상태로 움직였다. 로봇들은 한 팀으로 공존했지만 서로에 대한 지식이 전혀 없었다. 한 로봇은 다른 로봇을 장애물로 취급했다. 각 로봇은 move-to-goal, avoid-obstacle 행동과 동일한 행동을 장착하고 있었다. 로봇이 장애물로 취급됐기 때문에 일단 로봇들이 입구에 모이면 그들은 대부분의 시간을 서로를 피하면서 보냈다. 그러다 보니 목표 지점의 문을 통과하는 게 느릴 수밖에 없었다. 설상가상으로 로봇 숫자가 많을수록 교통 체증[traffic jam]은 더 커지고 모든 팀 멤버가 통과하는 데 더 오랜 시간이 걸렸다. 이는 멀티로봇 시스템에서 태스크 간섭의 예다.

두 번째 시연인 인폼드 공존에서 로봇들은 서로를 인식할 수 있었고 로봇과 로봇의 상호작용을 지배하는 간단한 사회적 규칙이 주어졌다. move-to-goal, avoid-obstacle 외에도 로봇을 피하기 위한 세 번째 행동이 만들어졌다. 로봇이 다른 로봇을 감지한 경우 로봇은 멈추고 p 시간을 기다린다. 차단 로봇이 시간 p 이후에도 방해가 된다면 로봇은 왼쪽으로 돌았다가 목표를 향해 다시 이동한다. 이 새로운 행동의 결과는 교통 체증을 줄이기 위한 것이었고, 이 그룹은 하나의 에이전트가 20번 문을 왔다 갔다 하는 것과 거의 비슷한 시간에 문을 통과했다.

644

세 번째 시연인 인텔리전트 공전의 결과는 정말 놀라웠다. 로봇을 피하는 사회적 행동은 다른 로봇에 의해 거부당하지만 로봇이 멀어질 때 이 또한 대부분의 다른 로봇들과 같은 방향으로 움직이려고 시도한다는 또 다른 휴리스틱으로 대체됐다. 로봇은 근처의 모든 로봇을 척력 필드로 인식했다. 그러나 각 로봇은 각 로봇의 헤딩 벡터를 합산해 다른 로봇의 일반 방향의 두 번째 벡터를 사용할 수 있었다(이건 커뮤니케이션으로 보지 않는다. 로봇은 무선 송신기로 방향을 브로드캐스팅해서 시각이나 음파 탐지기로 서로를 인식할 수 없기 때문이다). 로봇은 척력 벡터에 영향을 주는 다른 로봇을 볼 수 있었다. 그러나 감지된 로봇은 문 쪽으로 향할 수 있었다. 즉, 방향 벡터^{heading vector}에 기여할 수 있었다. 로봇은 일반적으로 충돌에서 멀어지는 벡터를 합할 수 있었지만 여전히 문 쪽으로 이동할 수 있었다. 인텔리전트 공존을 적용한 결과, 로봇은 한곳으로 몰려드는 행동을 보였고 결국 문을 한 줄로 통과했다. 휴리스틱은 각 로봇이 대부분의 로봇과 동일한 방향을 따라야 한다는 필요성을 만들어냈다. 뿐만 아니라 근처 로봇들의 반발력으로 인해 로봇이 일직선으로 합쳐질 공간이 만들어졌다. 이 2가지 효과는 명확한 방향이 없었음에도 일렬종대로 통과하는 강한 경향을 만들어냈다. 교통 체증도 줄어들었을 뿐만 아니라 태스크가 전반적으로 더 빨리 완료됐다.

17.9 태스크 할당

사회 규칙을 통해 로봇 간의 명시적 커뮤니케이션을 배제한 분산형 팀 내에서 긴급한 코디네이션이 어떻게 이뤄지는지 이해할 수 있었다. 하지만 로봇이 커뮤니케이션할 수 있고 책임을 분담해야 하는 등의 팀과 태스크는 알 수 없었다. 이를 태스크 할당^{task allocation} 문제라고 한다. 이 문제에 대한 접근법은 크게 3가지가 있다.

첫 번째 방법은 팀 구성원에게 태스크를 할당하고 이유를 설명하는 중앙 집중형 집단이다. 이 방식은 중앙 집중화라는 단점이 있으며, 인공지능 로보틱스 연구학자들은 중앙 컨트롤러의 취약성 때문에 이 방식을 도입하기보다는 분산형 방식을 선호하는 경향이 있다.

두 번째 방법은 에이전트를 사용해 정보("여기 먹을 게 있다") 또는 요청("나 좀 도와줘")을 브로드캐스팅broadcasting, 즉 전체에게 알리면 개별 에이전트가 여기에 응답한다. 예제를 통해 자세히 알아보자. 게이지Gage의 연구[78]에서는 로봇에게 일종의 '수치심'을 부여하는 기능이 포함된 멀티로봇 시스템을 만들었다. 로봇이 요청을 들으면 해당 요청을 이행할 동기가 커진다. 요청 수행이 가능한 상태일 경우 로봇은 요청에 응답한다. 로봇이 (다른 일을 하느라) 바쁜 상태이고 동시에 요청이 계속 반복되면(즉, 수치심의 정도가 점점 커지면) 로봇은 현재 태스크를 완료하는 즉시 응답할 것이다. 수치심 값은 로봇이 반응하느라 하던 일에 방해가 될 만큼 커질 수도 있다. 개별 로봇은 서로에 대해 알 필요가 없었고 직접 비교하거나 최적의 태스크 할당 결과가 왜 그렇게 나왔는지도 알 필요가 없었다.

또 다른 세 번째 방식인 컨트랙트 넷 프로토콜Contract net protocol은 로봇이 할당에 대해 협상할 수 있도록 서로 직접 커뮤니케이션을 할 수 있게 한다. 컨트랙트 넷 프로토콜에서 태스크 할당은 일종의 마켓market과 같다. 태스크 수행이 가능하고 적절한 역량을 갖춘 로봇은 각자 태스크에 지원한다. 이를 (경매에서처럼) 소위 "입찰한다bid"고 표현할 수도 있겠다. 이때 입찰의 품질은 그들이 태스크에 착수할 수 있는 시기, 그들이 태스크를 얼마나 빨리 완료할 것으로 예상하는지, 신뢰성 등과 같은 요인들에 따라 평가된다.

17.10 요약

많은 태스크는 비싼 로봇 한 대보다 값싼 로봇 여러 대를 사용하는 걸 선호한다. 이러한 다수의 로봇 집단을 다중 에이전트, 멀티로봇 시스템이라고 한다. 성공적인 멀티로봇 시스템을 설계하려면 작업 및 가능한 팀 구성을 이해해야 한다. 집단과 과제가 새롭게 강조됐기 때문에 설계자는 이제 개인의 역량뿐만 아니라 조정coordination도 고려해야 한다. 이는 개인을 더 지능적으로 만들 것인지, 얼마나 지능적으로 만들 것인지, 아니면 그룹을 더 지능적으로 만들 것인지에 대한 기본적인 설계

결정을 제시한다. 또한 설계자는 작업을 수행하는 데 명확한 계획이 필요한지 여부와, 필요한 경우 작업이나 하위 작업을 할당하는 방법을 고려해야 한다. 또한 상호작용은 의사소통이 필요한 시기와 예를 들어 어떤 형태의 스티그머지를 결정하는 것을 포함한다.

개요에서 제기된 질문으로 돌아가 보자. 가장 기본적인 질문은 다음과 같다. "로봇이 여러 대 있으면 무엇에 좋은가?" 이 장에서는 이 질문에 대해 적어도 4가지 동기를 부여해서 좀 더 풍부한 내용을 다뤘다. 이론적으로 멀티로봇 시스템은 너무 복잡하기 때문에 디바이드앤컨커 전략이 유용하거나 단순한 로봇 여러 대가 비싼 로봇 한 대보다 값싸고, 빠르고, 견고하다. 실제로 박스 푸싱, 조립, 축구 경기 시연 등의 예를 보면 협력이 필요한 태스크 외에 먹이 찾기/탐색, 멀티타깃 관찰, 탐사 같은 커버리지 작업에서도 멀티로봇 시스템은 쓸모가 있다는 것이 많은 연구 성과를 통해 입증됐다.

곤충 떼(스웜)와 같이 움직이는 팀, 더 복잡한 지능을 사용하는 팀 등 여러 유형의 로봇 팀이 있다. 현재까지 태스크 수행 완료를 위한 조정 및 시스템 설계의 5가지 주요 그룹이 있다. 그룹의 크기가 크고 개별 로봇이 조정되지 않은 경우 종종 스웜이라고 부른다. 스웜은 일반적으로 스티그머지 같은 단순한 생물학적 제어 원리를 복제하는 동일하거나 동질적인 큰 수의 로봇을 내포하고 있지만 일부 개체군은 강력한 조정과 중앙 집중식 제어를 사용함에도 스웜이라고 한다. 이러한 2가지 표현은 "어떻게 멀티로봇 시스템이 프로그래밍되고 제어될 수 있는가?"라는 표현(로봇 집단이 마치 벌떼처럼 행동하는 것)과 "어떻게 멀티로봇 시스템이 사용되는가(즉 미션을 달성하려고 많은 로봇을 사용하는 것을 스웜이라고 함)?" 사이의 미묘한 차이에서 비롯된다. 스웜에 대한 모든 논의는 결국 다음의 질문으로 귀결된다. "여러분은 엄청나게 많은 로봇을 가질 수 있는가?" 답은 "그렇다"이다. 로봇이 너무 많으면 태스크 간섭이라는 현상을 초래한다.

프로그래밍에서 실질적으로 필요한 문제는 다음과 같다. 여러 대의 로봇을 대상으로 프로그래밍하는 것과 단일 로봇에 대해 프로그래밍하는 것이 어떻게 다른가?

멀티로봇 시스템을 프로그래밍하는 것은 단일 로봇을 프로그래밍하는 것과 크게 다르지 않다. 일반적으로 멀티로봇 시스템은 역량이 있는 로봇 각각에 추가 동작 규칙additional behavioral rules 또는 명시적 커뮤니케이션 메커니즘explicit communication mechanism을 추가하는 것이 매우 중요하다. 로봇 각각은 태스크의 할당 몫을 반응적으로 할 수도 있다. 약간은 명시적으로 태스크가 할당됐기 때문이다. 프로그램을 통해 작업을 어떻게 할당하는지 연구하는 것을 태스크 할당이라고 한다.

멀티로봇 시스템에서 상당한 진전이 이뤄졌고 곤충과 공상과학 소설이 로봇 떼를 계속해서 고무시키고 있는 동안, 인공지능 관점에서 볼 때 많은 풀리지 않은 문제가 있다. 멀티로봇 시스템을 감시하는 것은 어렵다. 중앙 집중형 서버가 없는 경우 집합이나 개별 구성원이 비생산적인 시기를 결정하는 것은 어렵다. 무리들과 느슨하게 조정된 다른 팀들은 다른 팀 구성원들을 방해할 가능성이 있다. 채택의 주요 문제는 입증할 수 있을 정도로 정확한 동작 설계를 만들고 멀티로봇 시스템을 테스트하는 방법이 사실상 존재하지 않는다는 것이다. 멀티로봇 시스템은 모든 인공지능 로봇에서 발견되는 비결정론을 강조해 테스트를 복잡하게 만든다.

18장에서는 인간-로봇 팀이라는 새로운 팀을 소개하고 인간-로봇 상호작용의 설계를 설명한다.

17.11 연습문제

문제 17.1
다중 에이전트가 바람직한 이유를 3가지 이상 제시하라. 다중 에이전트에 적합한 애플리케이션의 일반적인 속성을 설명하고 예를 들어보라.

문제 17.2
멀티로봇 시스템을 설계할 때 어려운 점 7가지를 나열하고 각각에 대해 설명하라.

문제 17.3

멀티로봇 시스템 선택에 영향을 미치는 멀티로봇 시스템 작업의 주요 측면을 나열하고 설명하라.

문제 17.4

멀티로봇 시스템을 설계할 때 고려해야 하는 다음 2가지 구성 요소를 자세히 설명하라.

> **a.** 코디네이션 차원
> **b.** 시스템 차원

문제 17.5

멀티로봇 시스템에서 가장 일반적인 다섯 개의 멀티로봇 팀의 이름을 나열하고 각각에 대해 두 개 이상의 예를 제시하라.

문제 17.6

다음 각 항목에 대해 한 문장으로 정의하라.

> **a.** 스웜 로보틱스
> **b.** 분산형 문제 해결
> **c.** 리컨피규레이션 로봇
> **d.** 클라우드 로보틱스
> **e.** 스티그머지
> **f.** 태스크 간섭
> **g.** 컨트랙트 넷 프로토콜
> **h.** 네트워크 로봇

문제 17.7

다음을 정의하라.

a. 이질성

b. 통제

c. 협력

d. 목표

문제 17.8

간접 커뮤니케이션과 직접 커뮤니케이션의 차이점은 무엇인가? 자연 환경을 대상으로 각각에 대해 예를 들어보라. 그리고 로보틱스 분야에서 예를 제시하거나 여러분의 생각을 제시하라.

문제 17.9

집단적 스웜collective swarm은 언제가 바람직할까? 답하라.

문제 17.10

집단적 스웜을 형성하는 멀티로봇 시스템과 의도적 협력에 대한 멀티로봇 시스템에 대해 각각 예를 인터넷에서 검색해서 내용을 정리하라.

문제 17.11

가장 가까운 소행성에 갔다가 기지로 돌아오도록 프로그래밍된 로봇 우주 개미 팀을 생각해보자. 소행성으로 잘 이동할 수 있게 다른 로봇을 모집하느라 첫 번째 로봇이 다른 로봇들과 커뮤니케이션을 했다면 무슨 일이 일어날까? 행동이나 목표 구조가 바뀔까? 예/아니요로 답하고 그에 대한 이유도 설명하라.

문제 17.12

사회적 행동에 대한 3가지 접근 방식, 즉 사회적 규칙, 내적 동기, 리더십을 설명하고 비교하라. 어떤 것이 프로그래밍하기 가장 쉬울 것 같은가?

문제 17.13

이그노런트 공존, 인폼드 공존, 인텔리전트 공존이 좁은 틈을 통과하는 로봇 팀을 만드는 데 미치는 영향을 설명하라.

문제 17.14

너드 허드^{Nerd Herd}의 행동은 순전히 반응형이었는가? 왜/아니요로 답하고 이유도 설명하라.

문제 17.15

로봇 팀이 운하에서 누수 여부를 검사하는 것을 생각해보자. 한 팀 멤버는 매달 비행하는 무인 항공기^{UAV}다. 무인 항공기의 데이터는 누수를 식별하고자 수자원공사 관할관청에서 처리한다. 누수가 감지되면 무인 수상 차량^{USV}이 운하의 해당 부분을 스캔하고자 물 위에 띄워진다. 이 차량은 수면 위아래를 모두 볼 수 있기 때문이다. 또한 USV는 운하의 물 속 손상 부위를 좀 더 직접적으로 볼 수 있도록 원격 조정 수중 로봇인 ROV를 운반한다. USV가 ROV를 제어한다. 각각의 로봇에는 행동과 심의형 기능이 있다. 태스크의 각 구성 요소, 조정, 시스템 치수에 따라 시스템을 설명하라.

    a. 태스크

    b. 조정

    c. 시스템

문제 17.16 [프로그래밍]

광축^{phototaxis} 및 추측 항법 기능이 있는 3~5개의 로봇으로 우주 개미 예제를 구현하라.

    a. 다중 에이전트 포레이징^{foraging}(채집) 문제. 이 문제에서는 돌아다니기, 주광성, 로봇 피하기 행동만 사용한다. 특히 여기서 말하는 '로봇'은 빛을 제외한 모든 장애물을 의미한다. 이 프로그램은 빛으로 구성된 아무것도 없는

월드에서 시작한다(바로 옆에 빛을 놓아서 '더 큰 빛'을 만들어야 할 수도 있다). 월드 내에 정해지지 않은 다른 위치에 로봇을 놓는다. 각각의 로봇은 빛을 만날 때까지 장애물을 피하며 월드 안에서 이리저리 돌아다닐 것이다. 그런 다음 빛을 만나면 로봇은 빛으로 바로 이동할 것이다. 두 개 이상의 로봇이 동일한 빛에 끌릴 경우 장애물을 피하면 로봇이 조명 주위에서 간격을 잘 맞춰서 중심에 자리를 잘 잡아야 한다. 이제 빛을 위한 단일 로봇 포레이징이 있는 프로그램(19장 참조)과 이 프로그램을 비교하라. 어떤 프로그램이 더 빨리 빛을 찾아낼까?

b. 음식을 집으로 가져오기 위해 협력한다. 이제 로봇이 불빛에서 집까지 일직선으로 가려는 곳에서 push-to-home 행동을 추가하라. 무슨 일이 일어날까?

문제 17.17 [인터넷 검색]

로보컵 웹 사이트 www.robocup.org에 접속하라. 지난 3년 동안 가장 좋은 성적을 거둔 팀은 어디인가? 제어와 협력의 측면에서 멀티로봇 시스템 조직을 설명하라.

문제 17.18 [심화 문제]

분산형 인공지능에 관한 에드 더피[Ed Durfee]의 재밌는 논문 「What Your Computer Really Needs to Know, You Learned in Kindergarten」(https://www.aaai.org/Papers/AAAI/1992/AAAI92-132.pdf)을 읽어보라(AAAI 1992 학술대회 논문집 참조). 그리고 'Share Everything', 'Play Fair' 등 10가지 이슈 각각에 대해 로봇에 어떻게 적용되는지 설명하라. 각 이슈에 대해 이 장에서 설명한 로봇 팀에 어떻게 적용할지 예를 제시하라.

문제 17.19 [심화 문제]

국제학술지 <IEEE Transactions on Robotics and Automation, vol. 14, no., 1998>에 게재된 터커 볼치[Tucker Balch]와 론 아킨[Ron Arkin]의 「Behavior-Based Formation Control for Multirobot Teams」 논문을 읽고 요약하라.

문제 17.20 [과학 소설 관련]

우주정거장에서 일하는 모바일 로봇 3대로 구성된 팀에 관한 영화 <사일런트 러닝 Silent Running>을 본 다음, 그들의 팀워크를 이질성, 통제력, 협력, 목표 관점에서 분류하라.

문제 17.21 [과학 소설/영화 관련]

영화 <스타워즈 IV, V, VI> 편을 감상해보자. 그리고 영화 속에서 C-3PO와 R2-D2를 자세히 관찰하라. 그런 다음 이질성, 통제, 협력, 목표 관점에서 팀워크를 분류하라.

17.12 엔드 노트

로보틱스 연구학자의 서재를 위해

로봇 팀: 터커 볼치Tucker Balch와 린 파커Lynne Parker가 지은 『From Diversity to Polymorphism』(CRC Press, 2002)은 다양한 멀티로봇 상호작용에 대한 고전 서적이다.

스웜과 무리flock

스웜 로봇에 대한 참고 문헌은 너무 많아서 여기서 다 소개하기는 어려울 듯하다. 많은 논문이 곤충의 행동과 조정 전략에 대한 자세한 내용을 탐구했을 뿐만 아니라 시뮬레이션 결과도 제공한다. 적응형 행동('동물에서 동물로'라고도 한다) 시뮬레이션 관련 연례 학술대회의 모든 논문 발표 모음 자료를 보면 스웜을 점차 잘 이해할 수 있을 것이다. 장 루이 드뇌부르Jean-Louis Deneubourg는 곤충 군체의 통찰력을 모바일 로봇 프로그래밍에 유용한 형태로 합성하는 흥미로운 글을 여러 편 발표했다. 1987년 출간된 컴퓨터 그래픽스 분야의 크레이그 레이놀즈Craig Reynold가 쓴 논문 「Flocks, herds, and schools: A distributed behavioral model」(SIGGRAPH 1987, ACM, 21 (4): 25-34.)은 행동 기반 로보틱스에서 지적했듯이 단순하고 개별적인 상호작용에서 어떻게 집단flock이 생겨나는지 보여줬다.

캥거루, 주머니쥐 그리고 로봇!

'유대류marsupial'라는 용어는 존 블리치John Blitch가 콜로라도 광산학교 대학원 연구 중 만들어낸 것으로 로보틱스 연구 문헌에는 1996년 처음 등장했다. 이어서 1997 AAAI 모바일 로봇 전시회에서 대학생들이 만든 유대류 로봇이 시연됐다. 유대류라는 용어는 1998년 미국 DARPA의 기술 개발 프로그램의 목표가 되면서 미국 내에서 폭넓게 수용됐다. 북미 대륙에는 주머니쥐(또는 포섬possum)라는 토착 유대류 종이 있다. 주머니쥐는 미국 남부의 토착종이다.

로봇 이름 추가

너드 허드Nerd Herd는 토스터처럼 보이는 IS Robotics R2 로봇으로 구성됐다. 색상이 밝긴 했지만 그래봐야 토스터 같다. 20개의 로봇 이름은 토스터에서 나오는 것들(예, 베이글)에서 따왔다.

공상과학 영화

1972년 영화 <사일런트 러닝>은 웃길 정도로 형편없는 영화임에도 볼만한 가치가 있다. 이 영화는 더글러스 트럼불Douglas Trumbull이 연출을 담당했다. 참고로 더그는 2001년 <스페이스 오디세이Space Odyssey>라는 작품을 완성했다. 그리고 <힐 스트리트 블루스Hill Street Blues>라는 TV 역사 프로그램을 제작한 스티븐 보치코Steven Bochco가 부분적으로 각본을 담당했다. 전설적인 포크 가수 존 바에즈Joan Baez가 사운드 트랙의 타이틀곡을 불렀고 브루스 던Bruce Dern이 주연을 맡았다. 이렇게만 놓고 보면 이 영화는 사실 블록버스터급이었다. 하지만 이 영화는 세 로봇인 휴이Huey, 듀이Dewey, 루이Louie를 제외하곤 환경에 대한 교훈적 내용뿐만 아니라 일반적으로 재미없는 성격의 느린 슬로건이었다. 그들의 활동과 서로, 그리고 던이 영화 속에서 맡은 역할과의 상호작용은 꽤 그럴듯했다. 로봇들 자체는 자연주의적으로 보였고, 바람이 오랫동안 불면 땅으로 몸을 숨이기도 했다. 이 작은 로봇들의 걷는 동작은 사실 하반신이 절단된 배우들에 의해 손으로 연기를 한 것이었다.

18
인간-로봇 상호작용

18장에서 다루는 내용

- 인간-로봇 상호작용[HRI, Human-Robot Interaction]을 정의하고 HRI 연구가 관련 영역인 인간-컴퓨터 인터페이스[HCI, Human-Computer Interfaces], 심리학, 통신 각각에서 얻은 통찰을 이용하는 방법을 1가지 이상 상세하게 설명한다.

- 성공적인 지능형 로봇 시스템을 위해 로보틱스 연구학자가 구축해야 할 수도 있는 3가지 유형의 사용자 인터페이스(진단[diagnostic], 오퍼레이션[operation], 설명[explicative])를 나열하고 구분한다.

- 주어진 애플리케이션에 대해 물리적, 인지적, 사회적/감정적 상호작용을 포함하는지 여부를 구분한다.

- 상황 인식[situation awareness]의 3가지 레벨을 정의한다. 로봇 애플리케이션에 대한 설명이 주어지면 어느 레벨에 해당하는지 파악한다.

- 트러스트[trust]의 정의 및 로봇의 트러스트 향상 방법 5가지를 알아본다.

- 안전한 인간-로봇 비율을 계산하는 수학적 공식을 작성한다. 로봇 애플리케이션에 대한 설명이 주어지면 공식을 사용해 필요한 적절한 인력을 확보한다.

- 인간-로봇 상호작용 데이터를 수집하는 4가지 방법인 인터뷰[interview], 연구 조사[survey], 연구 논문 작성, 게재[journaling](관찰, 생체 인식, 특수 시험 방법 등)을 설명한다.

- 인간-로봇 상호작용 시스템 측정 기준의 5가지 카테고리인 생산성, 효율성, 신뢰성, 안전성, 공조를 설명한다.
- 자연어 이해의 음성 인식, 언어 이해, 언어 생성, 음성 합성 단계 간의 차이를 설명하고 각 단계의 현재 역량 수준을 설명한다.
- 언어 이해의 3가지 접근 방식인 단어^{words}, 구문론^{syntax}, 의미론^{semantics}을 설명한다. 그리고 그것들이 로봇에 의해 어떻게 사용될 수 있는지도 설명한다.
- 팀, 센스메이킹, 언캐니 밸리$^{Uncanny Valley}$, 공통 근거$^{common ground}$, BDI$^{Belief, Desires, Intension}$, 오즈의 마법사$^{WOZ, Wizard Of Oz}$, 지시적 제스처$^{deictic gestures}$, 신호 제스처$^{signaling gestures}$를 정의한다.

18.1 개요

설계자들은 지능형 로봇을 독립형 에이전트라고 생각하곤 하지만 시스템 어딘가에는 항상 사람이 있다. 즉, 로봇이 하는 일의 오퍼레이터나 이해관계자, 로봇의 도움을 받거나 목적의 상호작용을 하는 로봇의 '앞' 또는 로봇이 일하는 일터에서 '옆'에 위치해 있다. 현재 로보틱스는 플랫폼의 '뒤에서' 파일럿이나 오퍼레이터 등 시스템의 정확한 작동을 위해 특별히 훈련되고 책임을 지는 사람과의 상호작용에 초점을 맞추고 있다. 앞에서처럼 조종사와 오퍼레이터에 집중하면 정비 담당자, 열차 운전사, 시스템을 시험하고 평가하는 사람 같은 '뒤에 있는' 다른 이해관계자들이 무시된다. 로봇 관련 트레이닝을 안 받았거나 책임을 지지 않아도 되는 인간과 로봇이 어떻게 상호작용하는지에 더 많은 관심이 쏠리고 있다. 이 인간들은 로봇의 '앞'에 있는, 예를 들면 무인 자동차가 운행 중인 마을의 시민들이다. 이론적으로 에이전트는 사용자가 해야 할 일을 전달하고 자신감을 불어넣을 수 있어야 한다. 사용자 또는 구경꾼은 과거의 경험, 기대치 등을 바탕으로 무엇을 어떻게 대응해야 할지 결정한다. 시스템에 대한 경험이 없는 경우 에이전트의 지능, 능력, 어웨어니스

awareness, 견고성sturdiness을 과대평가하는 경우가 많다. 무인 시스템을 보면 사람들은 종종 로봇에게 다가가서 부적절하게 만지고 다루기도 하지만(이로 인해 로봇이 망가질 수도 있다) 로봇이 그들 주변에서 안전하게 일하기를 기대하기도 한다. 일부 연구원은 무인 시스템이 어떻게 근거리 무선 조종 장치나 예를 들어 낮잠을 자고 있는 병사들 위로 굴러 떨어지면 안 되는 로봇 노새의 역할을 하는지 고려하기 시작했다.

인간-로봇 상호작용HRI의 정의는 여전히 명확하지 않다. HRI 분야를 정립한 기초 워크숍[35]에 따르면 목표는 '...인간과 로봇으로 구성된 팀이 자신의 능력에 따라 미션을 수행하는' 것이다.

이를 작업 정의로 사용하면 인간-로봇 상호작용 분야가 로봇과 사람 사이의 풍부한 상호작용에 전념하고 있다는 것이 분명하다. 이 장에서는 인공지능이 어떻게 인간-로봇 상호작용의 핵심 구성 요소인지를 설명한다. 또한 어떻게 인간과 로봇이 한 팀에서 함께 일할 수 있는지도 다루고 로봇이 섬뜩한 인상을 주는 상황도 살펴본다. 언캐니 밸리Uncanny Valley라는 용어는 모리Mori의 연구[136]에서 휴머노이드 로봇이 물리적 관점에서 사실성이 매우 높지만 완벽할 만큼 충분히 높지 않을 때 인간과 이상할 정도로 닮은 것이 흥미롭게도 오히려 오싹하게 만든다는 것을 설명하고자 소개됐다.

'팀'이란 종종 함께 활동을 하는 사람들의 앙상블을 암시하는 데 쓰이기 때문에, 풍부한 상호작용을 인간-로봇 팀으로 잘못 생각할 수도 있다. 그러나 '팀'은 조직 심리학 및 인지 심리학 관점에서는 의미가 다르다. 인지 과학에서 클라인Klein의 연구[105]에 나와 있듯이 팀은 함께 일해왔고 작업 능력을 갖고 있으며, 서로를 도울 수 있는(그리고 방법을 알고 있는) 사람들이란 걸 함축하고 있다. 인간 팀이 형성되려면 몇 달 또는 몇 년이 걸릴 수 있다. 농구 경기에서 급조된 팀과 프로 농구 팀의 차이를 생각해보기 바란다. 연습, 결과에 대한 투자 등이 팀의 성과에 미치는 차이도 생각해보기 바란다. 진정한 팀까지는 아니지만 함께 일하는 그룹을 임시 팀ad hoc team이라고 한다.

인간-로봇 상호작용 설계는 설계자와 사용자로부터 다음과 같은 질문을 받았을 때 동기 부여가 생기곤 한다. 사용자 질문은 다음과 같다. "로봇을 작동시키려면 몇 명의 사람이 필요할까?" 즉, 이를 통해 조직적이고 경제적인 영향에 대해 계획을 세울 수 있다. 설계자는 종종 인간:로봇 비율을 줄이고자 비현실적인 기대를 한다. 설계자들의 질문은 다음과 같다. "책임이나 역할을 어떻게 나눌 것인가? 그리고 사람들은 로봇과 어떻게 상호작용을 할까?" 이러한 질문에 대한 답을 이해하는 것은 성공적인 엔터테인먼트용 로봇이나 사람을 보조하는 로봇에 필수적일 뿐만 아니라 일상적인 작업 중심의 상호작용에도 큰 영향을 미친다. 로봇과 사람은 서로를 이해해야 하는가(예, 공유 인지 모델shared cognitive model이 있어야 할까)? 또한 사용자는 종종 다음과 같이 묻기도 한다. "로봇에게 이래라 저래라 할 수 있지 않나요? 인터페이스와 제어에 대해 걱정할 필요가 없잖아요". 이는 로봇들이 자연 언어를 이해하는 데 필요한 숨겨진 지능을 모르기 때문이다.

이 장에서는 이러한 모든 질문을 자세히 다룬다. 우선 상호작용의 분류 체계부터 시작한다. 여기서 인간-로봇 시스템은 설계에 영향을 미치는 협력 모드와 인지적 참여 스타일을 갖는다. 확립된 분류법을 통해 인간-컴퓨터 인터페이스, 심리학, 통신 분야에서 인간-로봇 상호작용에 대한 기여도를 좀 더 쉽게 확인할 수 있으며, 인간-로봇 상호작용이 이 3가지 분야와의 연관성이 상당히 높은데도 고유한 영역을 유지하는 이유를 알 수 있다. 성공적인 인간-로봇 상호작용을 설계하는 첫 번째 단계는 작업 영역, 사용자, 로봇과의 예상 상호작용을 모델링하는 것이다. 이와 관련한 일반적인 접근법으로 인지 태스크 분석Cognitive task analysis과 인지 작업 분석Cognitive work analysis이 있다. 작업 영역을 이해하면 로봇을 안전하게 작동시키는 데 필요한 인간:로봇의 비율을 결정할 수 있다. 인간과 로봇의 역할을 정립하면 각 등급별로 사용자를 지원하기 위한 사용자 인터페이스UI, User Interface가 더 간단해진다. 사용자 인터페이스 설계는 8가지 규칙으로 간결하게 요약돼 있다.[193] 좋은 사용자 인터페이스는 상황 인식situation awareness을 지원한다고 가정하며, 이 장에서는 상황 인식의 공식적인 정의와 관련 개념을 알아본다. 우수한 자연어 인터페이스natural language interface를 통해 인간-로봇 상호작용의 문제점이 전부는 아니더라도 대부분

해결될 거라는 사용자의 가정 사항을 감안해서 자연어 관련 내용을 집중적으로 다루고 이것이 왜 인공지능 분야에서 여전히 도전적인 과제인지도 설명한다. 또한 에이전트가 제스처와 포즈를 사용해 통신하려는 내용을 명확히 하고 증폭하는 멀티모달 커뮤니케이션^{multi-modal communication}도 소개한다. 신뢰를 의미하는 트러스트^{Trust}는 인간-로봇 상호작용 설계가 잘된 결과에서 나타났다고 보기 때문에 이 장에서는 트러스트를 별도로 자세히 설명한다. 또한 시스템에 대한 사용자의 트러스에 영향을 미치는 요소도 자세히 다룬다. 인간-로봇 상호작용 테스트는 컴퓨터 프로그램이나 하드웨어 설계 시험과는 다르며 사용자로부터 유효한 정보를 수집하고자 다양한 기법이 필요하다. 끝으로 인공지능이 어떻게 인간-로봇 상호작용에 도움이 될지 생각하면서 이 장을 마무리한다.

18.2 상호작용 관련 분류 체계

지능형 로봇이 더 많은 애플리케이션에서 사용되고 있기 때문에 로봇과 사람이 상호작용하는 새로운 방법이 계속해서 등장하고 있다. 인간-로봇 상호작용에 대한 초기 접근 방식에서는 감독자, 동료, 부하 직원 같은 관계를 사용해 다양한 상호작용을 분류하려고 했다.[188] 이러한 분류 체계는 실행 가능한 인간-로봇 상호작용을 설계하는 과정에서 근본적인 계산상의 어려움을 잡아내지 못했다. 부분적으로 어떤 사람이 다른 사람의 감독자이면서 동시에 친구인 것처럼 다른 사람과의 관계가 1가지 이상일 수 있고 이로 인해 반응이 혼합돼 버리기 때문이다.

사회적 관계를 디스크립터^{descriptor}로 사용하는 데 대한 대안은 로봇과 인간이 협력하고자 사용하는 모드와 조인트 인지 시스템^{joint cognitive system}의 스타일을 고려하는 것이다. 이 분류 체계는 협력이 컴퓨터 지능에 미치는 영향을 포착하는 데 중점을 둔다.

협력의 3가지 주요 인간-로봇 상호작용 모드는 다음과 같다.

- **물리적^{physical} 모드:** 로봇과 사람이 직접 신체 접촉하는 경우(예, 수술 로보틱

스) 또는 무거운 짐을 함께 들어 올리는 작업 같아 간접적으로 물리적 접촉이 있는 경우다. 물리적 인간-로봇 상호작용에서 초점은 사람의 안전을 보장하는 것이다.

- **인지적**^{cognitive} **모드:** 폭탄 제거처럼 로봇과 사람이 공동 작업에 관여한다.
- **사회적/감성적**^{social/emotional} **모드:** 엔터테인먼트처럼 명확하거나 자폐증에 대한 훈련 보조 도구처럼 암묵적으로 사람이 로봇에 대해 어떻게 반응하는가에 영향을 받도록 로봇이 설계된 경우가 여기에 해당한다.

협력의 인지 모드에는 인지 참여의 스타일^{styles of cognitive engagement}이 있다. 로봇과 사람이 상호작용할 때 두 종류의 에이전트가 서로 결합하는 메커니즘이 있는데, 이를 조인트니스^{jointness}라고 한다. 이러한 메커니즘은 사람과 로봇이 암묵적 또는 명시적으로 동일한 월드와 태스크에 대해 생각하고 반응하는 인지적 요소를 갖고 있다. 이러한 조인트 인식^{joint cognition}은 두 에이전트가 어떤 태스크에 대해 명확하게 긴밀한 협력을 해나갈 때 공유될 수 있다. 기계와 사람이 목표를 달성하고자 상호작용하는 방법은 우즈^{Woods}와 홀나겔^{Hollnagel}의 연구[200]에서 **조인트 인지 시스템**^{joint cognitive system}으로 명명됐다. '시스템'이라는 용어가 사용된 건 기계와 사람이 반드시 한 팀을 이루진 않기 때문이다. 이러한 인지 활동은 다음과 같이 느슨하게 나눌 수 있다.

- 태스커블 에이전트^{taskable agent}에서는 로봇을 어느 정도의 자율성과 이니셔티브를 위임받은 독립 에이전트로 취급한다. 태스커블 에이전트에서는 효과적으로 태스크를 위임하고 에이전트가 태스크를 수행하거나 문제가 있음을 인간에게 경고할 것이라는 것을 신뢰하는 인지적 도전 과제가 있다.
- 리모트 프레즌스^{remote presence}에서는 사람이 있을 수 없는 환경이나 상황에서 로봇을 통해 인간의 실시간으로 확장한 1인칭 뷰를 의미한다. 이는 5장에서 소개한 것처럼 중재에 대한 인지적 도전과 인간-로봇 시스템이 새로운 것을 시도하고 개인적 스트레스를 증가시키는 새로운 도전적 과제로 이어진다.

- 보조 에이전트는 로봇이 사람과 함께 배치돼 사람을 돕는다. 이는 상대의 의도와 기대가 무엇이고 사회적 일치에 대한 정신적 모델을 만들고 유지하는 인지적 도전 과제로 이어진다.

표 18.1은 협력 스타일과 참여 메커니즘의 교차점으로서 인간-로봇 상호작용의 예들을 조합한 것이다.

표 18.1 협력과 참여의 조합을 위한 인간-로봇 상호작용의 예

	태스커블 에이전트	리모트 프레즌스	보조 에이전트
사회적/감성적	박물관 로봇	재택근무	파로〈Paro〉
인지적	운전자 없는 무인 자동차	드론	체중 감량 코치
물리적	물류 창고의 키바(Kiva) 로봇	다빈치 수술	스마트 휠체어

18.3 HCI, 심리학, 커뮤니케이션의 기여

2001년 워크숍[179]에서 논의된 것처럼 인간-로봇 상호작용은 HCI, 심리학, 커뮤니케이션이라는 3가지 주요 원칙의 교차점이다.

18.3.1 인간-컴퓨터 상호작용

인간-로봇 상호작용은 인간-컴퓨터 인터페이스[HCI] 및 컴퓨터 지원 워크그룹[CSWG, Computer Supported WorkGroup] 분야와 관련이 있다. 이 두 분야를 컴퓨터-인간 상호작용을 의미하는 CHI로 부르기도 한다. HCI는 사람들이 컴퓨터와 상호작용하는 방식에 집중한다. 이 분야에는 인체 공학, 인적 요인, 사용성, 멀티모달 인터페이스 등 많은 하위 영역이 있다. 일반적으로 컴퓨터 인터페이스 설계자에게는 사용자가 무엇을 해야 하는지, 어떻게 해야 하는지에 대한 사용자의 선호도와 기대치에 대한 모델이 있다. 컴퓨터는 움직이지 않지만 로봇은 움직이기 때문에 HCI는 인간-로봇 상호작용[HRI]과 다르다.

HCI는 인터페이스 설계를 위한 많은 원칙을 제공한다. 특히 로봇과 관련된 몇 가지 사항은 다음과 같다.

- 시각적 과부하를 피한다. 특히 화면에 여러 개의 윈도우와 카메라 뷰를 표시할 때 더욱 그렇다.

- 설계자는 최종 사용자가 아니며 설계자의 인터페이스 사용 능력이 최종 사용자가 인터페이스를 사용할 수 있는지 또는 좋아하는지에 대한 신뢰할 수 있는 예측 변수에 해당하지 않으므로 정형적 테스트 기법^{formal test methods} 을 사용한다.

- 몇 가지 색상만 사용하는 단순 디스플레이를 선호하며, 빨간색은 '정지' 또는 '나쁨'을 의미한다.

- 사용자가 비디오로 움직임을 보고 표시된 다른 정보를 무시하는 경향이 있는 '시각적 캡처'에 유의해야 한다.

- **10분 규칙 적용:** 사용자가 10분 이내에 로봇을 사용할 수 없으면 해당 로봇은 폐기한다.

- 중요하거나 자주 발생하는 기능을 취할 때 클릭 또는 풀다운 메뉴 수를 최소화한다.

- 사용자는 시간이 갈수록 시스템에 점점 익숙해진다. 즉, 초보자에서 전문가가 된다는 얘기다. 따라서 초보자에게만 도움이 되게끔 설계된 인터페이스는 사용자가 전문가가 됐을 때 오히려 방해가 될 수 있다는 점을 기억해야 한다.

18.3.2 심리학

인간-로봇 상호작용은 심리학, 특히 인지 공학^{cognitive engineering} 및 산업 조직 심리학 ^{industrial organization psycology} 분야와 관련이 있다. 심리학은 팀 프로세스, 특히 사람들이 집단으로 일하는 방법, 길거리 농구 게임처럼 갑자기 구성된 임시 팀에서 역할을 하고 프로 스포츠 팀처럼 중요한 경험이 있는 기량이 높은 팀^{high-performing team}에서 역할을 어떻게 하는지 다룬다. 또한 심리학은 사회 정보학^{social informatics}을 다루는데, 특히 그룹이나 팀에서 누가 어떤 역할을 하고 언제 팀 구성원이 역할을 맡고, 팀 구성원이 어떻게 상호작용하고 역할/책임을 변경하며, 구성원은 조직에 어떻게 적합한지? 등이 대상이다. 주요 주제는 탄력성이나 사람들이 더 큰 공통의 목표를 달성하고자 어떻게 서로 도울 수 있는가다. 심리학은 종종 기계가 사람들의 신체적, 신경 생리학적^{neurophysiology} 능력 내에서 어떻게 가장 잘 작동할 수 있는지에 초점을 맞춘 인체 공학^{ergonimics}을 다룬다. 팀 프로세스, 사회 정보학, 복원력^{resilience}의 이러한 모델은 인간-로봇 팀 프로세스의 기초로 사용될 수 있다(인간-로봇 팀 프로세스의 기초에 관해서는 클리포드 나스^{Clifford Nass}의 연구[178]를 참조한다).

또한 심리학은 인간-로봇 상호작용에 대한 생각에 많은 통찰력을 제공한다. 로보틱스에서 중요한 몇 가지는 다음과 같다.

- 자기 성찰^{Introspection}은 오해의 소지가 있다. 여러분이 생각하는 방식은 종종 실제로는 여러분이 생각하는 방식이 아니다. 따라서 "나는 이런 식으로 문제에 대해 생각하고 이 리즈닝(합리적 추론)을 반복하겠다."는 말은 로봇의 지능을 높이는 데 별 의미가 없다.

- 사람들은 밀러의 법칙^{Miller's law}에 따르면 7 ± 2 또는 [5, 9]처럼 제한된 수의 '청크' 정보만 관리할 수 있다. 긴 시퀀스를 기억하거나 많은 입력이나 행동을 관리하는 훈련을 받은 사람은 최적의 조건에서 작동할 수 있지만 사람들은 잊어버리고 실수를 저지르기 쉽다.

- 사람은 기술 수준, 문화, 사회 경제학, 나이, 경험, 성격, 스트레스에 대한 반응에 따라 다르다. 최종 사용자의 진정한 대표 샘플 없이 인간-로봇 상호작용을 테스트하는 것은 오해의 소지가 있고 신뢰할 수 없다. 앞에서 언급한 바와 같이 사무실 동료나 동료는 최종 사용자의 인구 통계, 교육, 기술, 관심사를 거의 반영하지 않는다.

18.3.3 커뮤니케이션

커뮤니케이션은 미디어를 연구하는 분야다. 로봇이나 컴퓨터에 대한 정보와 지시 사항은 로봇이나 컴퓨터에 의해 조정되기 때문에 이는 특히 인간-로봇 상호작용과 관련이 있다. 또한 커뮤니케이션은 구두와 신호를 통해 사람들이 서로, 그리고 머신 과 어떻게 의사소통하는지를 연구할 때 HCI와 교차 영역이 있긴 하지만 커뮤니케이 션이 말하는 것과 그 이유에 더 초점을 맞춘다는 점에서 HCI와는 다르다. 커뮤니케 이션 이론은 예를 들어 침대 머리맡에서 로봇이 취해야 할 매너 같은 소셜 로보틱스 연구에 주요한 동기다.

커뮤니케이션은 HCI에 대해 생각할 수 있는 많은 통찰을 제공한다. 그중 가장 중요한 것은 다음과 같다.

- **미디어 방정식**^{Media Equation}은 미디어 = 실생활 또는 사람들이 미디어를 사람 처럼 취급한다는 것을 명시한다. 리브스^{Reeves}와 나스^{Nass}의 상호작용 컴퓨 터와 컴퓨터들은 사회 행위자들 패러다임[175]에서 시작해 사람들은 움직이 는 모든 것을 마치 살아있는 것처럼 무의식적으로 취급하는 것으로 기록됐 다. 사람들은 동일한 행동의 일관성, 개인 공간에 대한 동일한 존중 그리고 개, 다른 동물 또는 다른 사람에게서 얻을 수 있는 것 같은 의사 표시를 기대한다.

- 사람들은 동물이나 다른 사람과 일관된 버릇(매너리즘)을 갖고 행동하지 않 으면 로봇을 신뢰하고 받아들이지 않는다. 로봇이 실제보다 더 똑똑하게 보이고 행동한다면 인지 부조화와 불신을 야기한다.

- 로봇과 함께 일하거나 로봇 주변에서 일하는 사람들의 반응은 시간이 갈수 록 진화한다. 사람들이 음식 '맛 테스트'와 비슷하게 초기 상호작용만 하는 로봇을 좋아하는지 여부를 테스트하는 것은 의심스러운 결과를 낳을 가능 성이 높다. 처음에 인내심을 요하는 로봇은 시간이 갈수록 짜증날 수 있다.

18.4 사용자 인터페이스

사용자 인터페이스를 통해 로봇과 직접 상호작용할 수 있다. 인터페이스의 유형과 내용은 사용자의 목표에 따라 다르다. 로보틱스 연구학자가 지능형 로봇 시스템에 통합해야 하는 사용자 인터페이스에는 3가지가 있다.

진단형 사용자 인터페이스$^{Diagnostic user interface}$는 로봇 설계자가 로봇의 포즈한 작동 및 개별 알고리듬에 액세스할 수 있게 하기 위한 것이다. 이러한 유형의 인터페이스는 로봇에 대해 너무 상세하고 로봇을 실제로 실행하기 위한 컨텍스트에 대해서는 너무 적은 경우가 많다. 5장의 다크 스팟 사건을 상기해보라.

대신 일반 사용자는 예외적인 경우를 포함해 로봇의 성공적이고 안전한 작동을 허용하는 운영형 사용자 인터페이스$^{operational user interface}$가 필요하다. 최종 사용자는 폭탄 제거반 기술자 같은 로봇 오퍼레이터이거나 UAV에서 들어오는 정보를 보는 비상 관리자 같은 미션 수행 전문가일 수 있다.

로봇 오퍼레이터용 사용자 인터페이스는 오퍼레이터 제어 장치$^{OCU, Operator Control Unit}$ 또는 오퍼레이터 제어 스테이션(로봇과 상호작용하는 오퍼레이터만 있는 경우)이라고도 한다. 인터페이스의 모양과 느낌은 종종 사용자 인터페이스 설계의 초점이다. 모양과 느낌에 초점을 맞추면 설계자는 사용자 인터페이스가 상황 인식 생성과 유지 관리에 어떻게 영향을 끼치는지보다 미묘한 측면을 고려하지 않을 수 있다. 상황 인식은 로봇을 사용하는 사람의 역할에 따라 달라지기 때문에 각 사용자마다 고유한 사용자 인터페이스가 필요할 수 있다.

기자, 스폰서 또는 VIP가 로봇을 사용하고 내부 작업을 감상하고자 사용자 인터페이스의 세 번째 변형인 탐색적 사용자 인터페이스가 필요할 수 있다.

18.4.1 사용자 인터페이스 디자인을 위한 8가지 황금 룰

슈나이더만^{Schneiderman}과 쁠레장^{Plaisant}의 연구[193]에서는 사용자 인터페이스 디자인을 위한 8가지 황금 규칙을 소개했다.

1. **일관성을 위해 노력하라.** 일관성이란 동일한 작용이 유사한 상황에서 동일한 결과를 초래하거나 모든 경우에 동일한 의미를 갖는다는 것을 의미한다 (예, 빨간색은 '나쁨', '정지' 또는 '경고'). 일관성의 예는 조이스틱을 위한 후타바 Futaba 컨트롤러 또는 비디오 게임 컨트롤러 규약을 사용하는 것이다. 후타바 무선 컨트롤러 협약이 로봇 제어에 문제를 일으킨다는 증거가 있지만 새롭거나 더 나은 컨트롤러를 만들려고 하기보다는 사용하는 것이 일반적이므로 사용할 가치가 있다. 마찬가지로 드보락Dvorak과 콜맨Coleman 키보드가 더 효율적이지만 더 많은 사람이 그것에 친숙하기 때문에 쿼티QWERTY가 표준으로 남아있다.

2. **보편적인 사용성Universal usability을 충족시킨다.** 범용 사용성은 장애인을 포함해 다양한 배경, 연령, 경험을 가진 사람들이 로봇을 사용할 수 있게 해준다. 그러나 보편적 사용성은 그것보다 더 광범위하다. 보편적 사용성이 필요한 예는 과도기 사용자 인터페이스transitional user interface에 있다. 게임 컨트롤러 인터페이스처럼 초보자에게 적합한 사용자 인터페이스는 사용자가 더 익숙해지거나 더 전문적인 작업을 수행하기를 원하기 때문에 잘 맞지 않을 수 있다. 사용자 인터페이스를 사용하면 전문가가 바로 가기, 전원 키, 키 다시 매핑 또는 매크로 등을 만들 수 있다.

3. **유익한 피드백informative feedback을 제공한다.** 피드백은 특히 명령이 실행된 경우 사용자가 로봇의 상태를 파악하는 데 도움이 된다. 예를 들어 로봇이 모드를 변경할 경우 아이콘이 나타날 수도 있고 모드가 변경돼서 상태 표시줄status bar이 변경될 수도 있고, 로봇이 소리 내지는 청각과 시각 신호 모두를 생성할 수도 있음을 알리는 등의 표시가 있어야 한다. 피드백은 행동의 중요성과 희귀성에 비례해야 한다는 것이 원칙이다.

4. **끝맺음을 내는 대화상자를 설계한다.** 대화와 끝맺음의 개념은 종종 순서대로 나타난다. 대부분의 로봇 미션에는 시작 단계가 있으며, 그다음 실행 및 종료 단계가 있다. 활동 및 옵션의 유형은 일반적으로 각 단계에 따라 달라

진다. 예를 들어 기능에 대한 아이콘이 단계에 따라 나타났다가 사라질 수 있다. 발사 준비가 된 UAV의 인터페이스는 자동 이륙 아이콘을 표시할 수 있지만 귀환 또는 자동 착륙 아이콘은 표시할 수 없다. 이러한 아이콘은 UAV가 이륙 단계를 벗어났을 때 볼 수 있다.

5. **오류를 예방한다.** 사용자 인터페이스가 오류를 방지해야 한다는 것은 명백해 보인다. 미션 진행 상황을 감시하고 문제를 발견하는 것은 심의형 기능이지만 인터페이스는 인공지능 없이도 도움이 될 수 있다. 모터 차단 같은 중요한 조치를 위해 확인 메시지 또는 추가 버튼을 눌러 오류를 방지하거나 유용한 주의 사항을 제공하거나 도움말 기능에 쉽게 접근할 수 있다.

6. **액션을 쉽게 번복할 수 있게 한다.** 액션을 번복하는 건 로보틱스에서 어려운 개념일 수 있다. 물리적 액션은 종종 돌이킬 수 없을 수도 있고 쉽지 않을 수도 있으며(워드프로세서에서 '취소Undo' 기능을 실행하듯이) 자동으로 이전 상태로 되돌려 놓지 못할 수도 있기 때문이다. 가역 액션reversible action의 예로는 로봇 작동을 위해 계획된 경로 또는 바운딩 박스를 수정할 수 있는 기능과 사용자가 원격 로봇을 호출할 수 있는 홈 기능으로 복귀하는 기능이 있다. 시스템이 작업을 되돌릴 수 없는 경우 작업을 중지하거나 작업을 종료하는 옵션은 명확해야 한다.

7. **내부 제어 위치**internal locus of control**를 지원한다.** 사용자들은 인터페이스를 통해 자신의 작업을 쉽게 할 수 있기를 원하지만 그 반대는 원하지 않는다. 예를 들어 사용자 인터페이스가 불량할 경우 사용자가 지도를 클릭해 웨이포인트를 선택할 수 있는 대신 GPS 웨이포인트를 수동으로 입력해야 한다. 내부 제어 위치의 원리는 사용자가 로봇을 직접 운전하거나 자신의 사진이나 동영상을 촬영하는 것과 같이 로봇을 직접 제어하기를 원한다는 의미로 해석되는 경우가 많다. 그러나 페셸Peschel의 연구[168]에 의하면 응답자들, 특히 의사 결정 레이어가 높은 응답자들은 로봇이 무엇을 하고 있는지 이해할 수 있는 한 통제를 위임하는 것을 선호한다는 것을 발견했다.

8. **단기 메모리 부하를 줄인다.** 예를 들어 로봇이 계단을 내려가도록 구성하는 데 많은 단계가 있었던 5장의 로봇을 불러온다. 사용자 인터페이스에는 각 단계가 로봇에 의해 완료됐음을 알리는 알림이나 표시조차 제공되지 않았기 때문에 오퍼레이터는 로봇의 순서와 상태를 기억해야 했다. 전문 오퍼레이터가 있음에도 로봇이 추락한 것은 놀라운 일이 아니었다. 또한 사용자 인터페이스는 사용자가 다른 화면이나 모니터를 봐야 할 때마다 정보를 기억해야 하므로 여러 화면이나 윈도우에서 단기 메모리 부하를 증가시키거나 감소시킬 수 있다.

사용자 인터페이스는 OCU의 한 측면일 뿐이며, 인체 공학을 고려하고 피드백과 사용자 이해의 균형을 맞추는 것도 중요하다. 예를 들어 아프가니스탄과 이라크에서 급조된 폭발 장치를 다루고자 작은 전술 기동 로봇을 사용하는 군대의 피드백은 모든 로봇이 짜증나는 인터페이스를 갖고 있다는 것이었다. 각각의 로봇은 조이스틱, 창문, 버튼과 다른 인터페이스를 갖고 있었다. 군대는 종종 플레이스테이션2 컨트롤러를 원한다고 말했다. 방위산업체들은 즉각 관제사와 함께 작업할 수 있도록 소프트웨어를 개조하는 작업에 착수했다. 군인들은 조종간의 뿔이 주머니에 끼었고 단추가 장갑으로 누르기 어려웠으며, 단추에 기능을 배치하는 것이 항상 이치에 맞지 않았다고 불평하기 시작했다. 역으로 생각해보면 계약자들은 사용자들이 "우리는 모든 로봇이 동일한 조이스틱 인터페이스를 사용하기를 원하며, 조이스틱 인터페이스는 비디오게임 제조업체들이 PS2 컨트롤러에 넣은 것과 같은 세세한 부분에 주의를 기울여 설계돼야 한다. 그래야 로봇 컨트롤러가 로보를 위해 쉽고 편안하게 사용할 수 있다. PS2가 비디오 게임 작업을 위한 것처럼 말이다." 콘트랙터는 PS2 컨트롤러의 인체 공학적인 결과를 놓쳤었다. 그들은 또한 PS2 컨트롤러가 처음에는 초보 군인이 사용하기 쉬웠으나 군인이 초보자에서 전문가로 변하면서 더 정교한 기능을 사용하기 어려워지는 과도기적인 사용자 효과도 놓쳤다.

18.4.2 상황 인식

사람이 로봇이 하는 일을 따라가는 방법은 상황 인식^{situation awareness}이라는 현상의 예이며, 좋은 사용자 인터페이스는 상황 인식을 구축하고 유지하는 데 이상적으로 도움이 된다. 상황 인식^{SA}은 미카 엔슬리^{Mica Endsley}에 의해 "…시간과 공간 내의 환경 요소에 대한 퍼셉션, 의미 파악 및 가까운 미래 상태 예측으로 정의됐다".[70] 좋은 사용자 인터페이스는 세 단계의 상황 인식을 모두 지원할 것이다.

엔슬리의 연구에 의하면 상황 인식은 인식 향상 정도에 따라 다음과 같은 3가지 수준으로 나눌 수 있다.

- 레벨 1 SA는 감각 입력을 정렬해 관련 감각 정보를 인식^{perceive}한다.
- 레벨 2 SA는 감각 정보와 그것이 현재 또는 단기 미션 수행 목표에 무엇을 의미하는지 해석하고 이해한다.
- 레벨 3 SA는 감각 정보가 미래 사건에 의미하는 바를 종합하고 투영한다.

이상적으로 사용자는 레벨 3A 상황 인식을 갖고 있다. 이는 사용자가 관련된 것을 인식할 수 있고, 그들이 미션을 수행할 수 있도록 월드의 현재 스테이트와 미션에 대한 정확한 이해를 구축하고 유지할 수 있다는 것을 의미한다. 그리고 그들이 미션을 수행하는 동안 다음 단계에 대해 생각하고 어떤 문제의 징후도 경계한다. 그러나 사용자는 사용할 수 있는 인지적 노력^{cognitive effort}의 양이 한정돼 있으며, 이러한 노력은 사용자가 지치고 스트레스 증가를 경험함에 따라 시간이 갈수록 감소한다. 사용자가 대부분의 노력을 레벨 1 SA에 할애할 경우 레벨 2와 레벨 3에 대한 노력은 거의 없을 것이다.

사용자 인터페이스는 사용자가 관련 감각 정보를 인식하고 이를 현재의 관찰과 관련시킬 수 있도록 지원하는 가장 분명한 메커니즘이다. 모든 것을 표시하려는 어수선한 사용자 인터페이스는 종종 레벨 1 SA를 구축하고 유지하려는 사람의 능력에 방해가 된다. 사용자가 상당한 인지적 노력을 기울여야 하기 때문이다. 즉, 관련 정보를 분류하고 찾기 위한 더 많은 노력을 요구해 인지 작업량이 증가한다는 얘기다. 그러나 사용자 인터페이스가 오류를 범할 수 있으며, 특히 로봇이 적절한 감각 정보를 제공하지 않는 경우 정보를 너무 적게 제공할 수 있다.

미국 유타 주 크랜달 캐니언Crandall Cnayon에서 광부들의 위치를 찾고자 사용된 이누크툰 광산 크롤러Inuktun Mine Crawler의 사용자 인터페이스 예를 보자(그림 18.1 참조).[137] 이 로봇은 다형성polymorphic, 즉 여러 형태로 이뤄져 있었다. 시추공을 통과하고자 평평하게 놓여 있었고 그런 다음 카메라 마스트가 회전했다. 사용자는 종종 로봇이 바위나 파편 위로 기어 올라가면서 뒤집힐지 여부, 즉 로봇의 외수용감각 스테이트를 알아야 한다. 많은 사용자 인터페이스는 로봇의 고유수용성감각 스테이트의 아이콘을 제공한다(이 예에서는 마스트의 위치). 그런 외수용감각 스테이트를 추정하기 위한 고유수용성감각 정보와 지형에 대한 모든 센서 데이터(예. 범위 지도, 시각적 이미지 등)를 정신적으로 결합한다combine mentally. 하지만 이누크툰 같은 많은 로봇은 로봇의 포즈에 대해 어떠한 전용 정보도 제공하지 않는다. 이 경우 로봇에는 카메라 마스트의 각도를 나타내는 인코더가 없었다. 오퍼레이터는 마스트의 대략적인 각도를 기억해서 마스트를 완전히 펴지 않아야 했다. 그렇지 않으면 완전히 직립된 위치에서 걸려서 로봇이 평평하게 눕지 못하고 다시 시추공에 다시 들어갈 수 없다.

이렇게 열악한 사용자 인터페이스는 시간이 지남에 따라 운영자들에게 영향을 미쳤다. 로봇이 광산 바닥을 수색하는 동안 잠을 거의 자지 못하고 스트레스를 받는 상황에서 작업하던 운전자들은 카메라의 위치를 가늠할 수 없었고, 안전한 상태에서 다시 시작하고자 카메라를 계속 뒤로 빼야 했다. 그 결과 오퍼레이터는 레벨 1 SA에서만 작업했을 가능성이 높다. 오퍼레이터들은 갱도에 갇힌 광부의 징후나 붕괴 원인에 대한 단서를 감지하는 데 집중할 수 있도록 주기적으로 로봇을 멈춰야 했다. 오퍼레이터는 다음 레벨을 생각해보거나 앞으로 발생할 문제를 예측하고 준비할 수 있는 시간과 정신적 자원을 확보할 수 있는 레벨 3 SA에 거의 도달하지 못했다.

a.

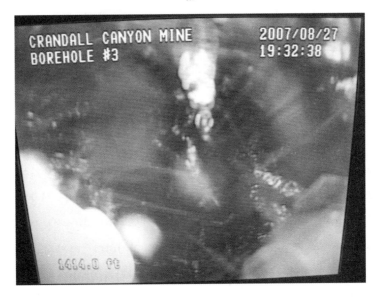

b.

그림 18.1 시간, 날짜 및 거리 정보를 중첩해 로봇의 환경을 보는 시각을
보여주고 있는 마인 크롤러 로봇과 사용자 인터페이스

상황 인식^{situation awareness}과 상황적 인식^{situational awareness}은 안타깝게도 번갈아 사용되곤 하는데, 상황적 인식이 어떻게 월드의 측면에 대한 개인의 관심이 상황에 따라 달라지는지에 대한 별개의 주제를 언급하기 때문에 그렇다. 반면 상황 인식은 사람이 월드를 이해하는 스테이트를 의미한다. 센스메이킹^{sensemaking}이라는 용어는 상황 인식 대신 그 용어를 특정 집단이 쓰는 경우와 헷갈리지 않게 하고 전체적으로 그 사람의 퍼셉션 기능을 강조하고자 사용되기도 한다. 클라인^{Klein}은 '이동 궤적을 예측하고 효과적으로 행동하고자 (사람, 장소, 사건 사이에 있을 수 있는) 연결성을 이해하려는 동기와 지속적인 노력'이라고 센스메이킹을 정의했다. 이는 상황 인식의 기저에 깔린 지식의 스테이트보다 훨씬 더 광범위하다.

18.4.3 여러 사용자

종종 로봇 사용자가 두 명 이상일 수 있으므로 각 사용자에 대해 서로 다른 상황 인식 요구를 지원하도록 디스플레이와 인터페이스가 여러 개 있어야 할 수 있다. 예를 들어 UAV가 행사에서 경찰을 위해 정찰을 수행하는 경우 오퍼레이터가 있을 것이다. 하지만 로봇에 대해 아무것도 모르지만 카메라 피드를 보고 다른 시각을 얻고자 로봇에게 다시 질문할 필요가 있는 다른 경찰관들도 있을 것이다. 1가지 해결책은 DJI Inspire UAV의 옵션인 오퍼레이터의 디스플레이를 그대로 보여주는 화면을 제공하거나 인터넷을 통해 오퍼레이터의 디스플레이를 사용자에게 스트리밍하는 것인데, 이는 DJI Phantom 제품의 옵션이다. 하지만, 다른 사용자들은 그들의 특정한 작업에서 전문가다. 이는 그들이 UAV의 운용에 대한 정보보다는 그들의 책임 관계와 관련된 정보에 관심이 있다는 것을 의미한다. 따라서 오퍼레이터와 전문가는 각자의 목표가 서로 다를 수 있으며, 이는 각자 알아야 할 '상황'이 서로 다를 수 있다는 것을 의미한다. 따라서 약간 다른 사용자 인터페이스가 필요하다. UAV의 배터리 수준, GPS, 무선 연결 강도 등에 관한 아이콘이나 레이블은 추적 해제될 수 있으며 일반적으로 운영자가 아닌 다른 사람은 관심을 갖지 않는다. 또한 오퍼레이터 관련 정보가 이미지에 덮어씌워져 관심 대상을 못 볼 수 있다. 결과적으로 '정보 소비자'인 사용자에 맞는 다른 버전의 인터페이스를 개발하는 게 더 나을 수 있다. 이러한 인터페이스는 사용자에게 권한을 부여하고 로봇에 대한 수용 정도 acceptance를 높일 수 있다.[168]

여러 분야의 사용자가 있으면 역할별 화면도 여러 개이겠지만 협업 및 경합 부족 문제도 발생한다. 사용자 그룹도 하나고 로봇도 한 대면 사용자는 오퍼레이터나 로봇과 어떻게 커뮤니케션할까? 사용자에게 제어권이 주어진 경우 시스템은 사용자가 상충되는 지시 사항을 보내지 않도록 어떻게 보장하고 있는가? 이러한 충돌을 방지하려면 도메인, 사용자, 이들의 상호작용 모델링과 운영자, 로봇, 기타 사용자가 공통점을 유지하는 방법이 포함된다. 이러한 개념은 이 장의 나머지 부분에서 설명한다.

18.5 도메인, 사용자, 상호작용 모델링

로봇이나 로봇 집단의 여러 사용자가 서로 다른 목표를 가질 가능성은 설계자가 사용자의 목표가 무엇인지를 어떻게 결정하거나 모델링하는지, 사용자가 로봇을 사용해 작업하고 미션을 수행하고자 무엇을 인식해야 하는지, 즉 적절한 인간-로봇 상호작용을 결정하는 데 있어 좀 더 미묘한 어려움이 있다. 어떤 측면, 환경이나 로봇이 제공하는 정보, 사용자와 로봇이 서로 어떻게 상호작용하는지 알아야 한다. 이러한 유형의 질문에 대한 답은 도메인 모델에서 찾을 수 있다.

인공지능에서 도메인 모델링은 일반적으로 a) 도메인의 핵심 속성과 속성 사이의 관계를 포착하는 온톨로지를 생성하거나 또는 b) 전문가 지식을 명시적으로 나타내는 방식으로 접근한다. 전문 지식의 표현은 온톨로지를 활용할 수 있다. 인공지능에는 전문 지식expert knowledge과 전문 지식에 대한 추출, 표현, 추론 방법에 전념하는 지식 공학knowledge engineering이라는 전체 분야가 있다. 지식 공학 접근법은 정보의 출처를 결정하고 전문가가 의사 결정으로 변환하는 방법을 나타내는 데 탁월하지만 종종 그러한 지식 자체 또는 지식을 호스팅하는 에이전트와 상호작용하는 방식이 아니라 캡슐화할 지식에 좁게 초점을 맞춘다. 사람과 로봇이 특정 애플리케이션 영역에 대해 어떻게 상호작용할지 예측하는 2가지 기법, 즉 인지 태스크 분석^{cognitive task analysis}과 인지 작업 분석^{cognitive work analysis}이 있다.

18.5.1 사용자와 상호작용의 동기 부여 예제

2013년, 텍사스는 가정 내 학생이나 장기 입원 중인 학생들이 수업을 따라갈 수 있게 하기 위한 수단으로 텔레오퍼레이션 로봇을 도입하기 시작한 미국의 일부 주 중 하나였다. 텍사스는 바퀴가 달린 모바일 플랫폼에 장착된 눈높이 정도의 기둥에 태블릿이 달려 있는 VGo 로봇(VGo Communications)을 사용한다. 이 시스템은 텔레오 퍼레이터에게 양방향 오디오 및 양방향 비디오를 제공한다. 로봇의 베이스에는 2가지 자유도, 변환 및 회전 기능이 있으며 이들은 인터넷 연결을 통해 원격으로 작동된다. 이러한 로봇 사용 방법을 통해 왜 인간-로봇 상호작용이 단순한 사용자 인터페이스 이상이고, 작업 도메인을 이해하고 사용자와 이해관계자의 전체 집합을 식별하며, 모든 사용자와 이해관계자가 로봇과 상호작용할 것으로 기대하는 방식을 정형화하는 것이 유익한지를 잘 알 수 있다.

설계에 영향을 받는 모든 이해관계자를 식별하는 것은 인간-로봇 상호작용 설계에서 필수적이다. 시스템 설계에 만족해야 하는 이해관계자는 가정 내 학생과 교사보다 더 많았다. 가정 내 학생의 부모나 보호자는 로봇의 사용을 장려하고자 도움을 주고 참여해야 했다. 다른 학생과 가족들은 이해관계자들이었다. 로봇이 교실의 방해물이 돼 그들의 교육을 방해할 수 없었기 때문이다. 교육 서비스 센터의 프로그램 관리자는 이해관계자였다. 그들은 로봇을 구매하고 유지 관리하고, 학생, 학부모, 교사를 훈련시키고, 로봇이 사용되는지 확인하는 책임을 져야 했기 때문이다. 텍사스 주는 전체적으로 이해관계자였다. 로봇은 교사에게 부담을 주거나 다른 학생들의 주의를 산만하게 하지 않고 확실히 집으로 향하는 학생들을 도울 수 있어야 했고, 로봇은 비용 효율적이고 확장 가능한 솔루션이 돼야 했다.

인간-로봇 상호작용 설계에서 각 이해관계자의 역할, 특히 이들의 이익과 기대가 상호작용을 형성하는 방법을 결정해야 한다. 누가 '뒤', '앞', '옆'에 있는지를 생각하면 로봇이 도움이 된다. 로봇이나 사용자와 직접적 상호작용이 있는 이해관계자에 해당하는 대상은 가정 내 학생뿐만이 아니다. 로봇 뒤에는 가정 내 학생, 부모나 보호자, 교육 서비스 담당자들이 있었다. 로봇 '옆'에는 교실의 다른 학생들이 있었는데, 말 그대로 학생들은 물리적으로 어떤 자리를 차지하고 있는 상태에서 그들 옆에 로봇이 있었다는 것이다. 이 학생들은 로봇에 대해 그리고 로봇으로부터 무엇을 기대해야 하는지 배울 수 있었다. 일부 학생은 로봇 앞에 있을 수도 있으며, 그룹 연습과 팀 프로젝트에서 가정 내 학생과 적극적으로 작업할 수도 있다. 선생님은 로봇 앞에 있었고 로봇을 움직이고, 재부팅하고, 재충전하는 훈련을 받을 수 있었다. 하지만 복도와 학교 전체에서 로봇과 마주칠 수 있는 학생, 교사 그리고 학교 근로자들 외에도 로봇과 상호작용하는 방법에 대해 특별히 훈련되지 않은 일반인들도 있었다.

이해관계자의 정체성을 확립하고 상호작용을 결정하면 적절한 사용자 인터페이스를 설계할 수 있다. 로봇 뒤에서 학생은 카메라를 탐색하고 제어할 수 있어야 했다. 부모는 로봇을 설정하고 학생이 풀 수 없는 문제를 해결하고, 자녀가 무엇을 하는지 관찰할 수 있어야 했다. 부모와 학생은 서로 다른 컴퓨터 기술과 컴퓨터, 로봇과 같은 수준을 갖고 있었을 것이다. 프로그램 관리자는 문제 해결을 위해 교육 서비스 영역에 있는 모든 로봇의 상태를 확인하고 원격으로 로그인해야 했다. 그러나 그 로봇 앞에는 사용자가 있었는데, 명목상 그 학생은 교실에 앉아 있었다. 선생님은 무선 연결 여부를 확인하고자 로봇을 쉽게 충전할 수 있어야 했다.

이해관계자의 요구를 모델링하면 설계자는 다음과 같이 경고한다. "로봇 '앞'과 '옆'에 있는 사람들이 사교적으로 반응할 것이다. 하지만 이 경우 로봇은 그저 약간 의인화됐을 뿐이고 로봇의 '머리'에 해당하는 태블릿을 움직일 수 있는 방법은 없다." 앞의 사례에서 다른 학생들은 로봇이 복도를 따라 내려갈 때 눈짓을 했고, 로봇이 갇혔을 때 도움을 줬다. 교실에서 일반 학생 모두에서 다른 학생들이 로봇과 가정 내 학생과 적극적으로 협력했다는 증거가 있었다. 이러한 상호작용은 휠체어를 탄 학생과의 접촉을 피하거나 최소화하려는 일반적인 행동과는 대조적이었다. 소방 훈련에서 한 그룹의 학생들은 그들의 같은 반 친구를 로봇과 너무 강하게 연관 짓는 바람에 VGo한테서 떠나고 싶어 하지 않았다.[33]

가정 내 학생을 위한 로봇 사용을 통해 자율성과 텔레오퍼레이션 사이의 트레이드오프를 알 수 있다. 텔레오퍼레이션은 시스템이 저렴하고 유지 보수 및 문제 해결이 간편하며 일관성을 유지할 수 있게 했다. 이론적으로 자율 내비게이션은 로봇의 움직임을 단순화하고, 책상과 의자와 충돌하기 전에 환기시키고, 문을 통과하거나 복도를 내려가기 쉽게 만들 것이다. 그러나 학생들은 대부분의 시간을 다른 학생들, 책상, 테이블과 가까운 교실에서 보낸다. 이러다 보니 로봇을 책상에 정렬하거나 교실 앞을 향하거나 다른 학생의 개인 영역에서 적절하게 움직이는 게 가장 어려운 일일 수 있다. 로봇이 복도를 따라 이동할 때 복도는 다른 학생들로 가득 찰 수 있다. 자율 내비게이션은 사람들의 이동으로 인해 역동적으로 변화하는 실내 공간에서 매우 가깝고 사회적으로 민감한 거리를 다룰 수 있어야 한다. 일반적으로 책상과 의자는 현재의 센서가 감지하기 어려운 좁은 프로필을 보여주기 때문에 실내를 탐색하는 게 훨씬 더 어렵다. 사용자가 로봇에 제어 권한을 위임할 수 있도록 문을 통과하거나 책상에 정렬하는 자동 내비게이션 알고리듬이나 매크로가 안정적이고 일관성이 있어야 한다.

18.5.2 인지 태스크 분석

인지 태스크 분석[CTA, Cognitive Task Analysis[174]]은 로봇이 잘 설정된 작업이나 기능을 자동화할 때 적합하다. 정상적인 작업 및 성능 표준이 알려져 있기 때문에 잘 확립된 도메인을 **규범적 도메인**[normative domain]이라고 한다. 이러한 도메인에서 로봇은 알려진 작업을 수행하고 있으며 알려진 명령 및 정보 레이어에 적합하다. 예를 들어 미국 국방고등연구계획국[DARPA] 로보틱스 챌린지(2012~2015)는 인간을 위해 설계된 자동차에 탑승하고, 시설로 운전하고, 차에서 내리고, 원자력 발전소나 화학 시설에 들어가고, 폭발을 방지하고자 밸브를 돌릴 수 있는 로봇의 개발을 장려했다. 그 기대는 로봇이 인간만큼 빠르게 이러한 일을 수행하는 것이었다.

인지 태스크 분석에서는 과제가 무엇이고 성과 척도가 무엇인지를 정확히 도출하기 위한 일련의 방법이 매우 중요하다. 가장 일반적으로 사용되는 방법은 기존 관행, 매뉴얼, 서면 절차를 검사한다. 그러나 이것만으로는 충분하지 않다. 잠재적인 문제를 알아차리는 것과 같이 매뉴얼에 있는 것 외에 또는 그 이상의 기능을 수행할 것을 작업자에게 암묵적으로 기대한다. 암묵적 기대는 작업자가 더 큰 목표를 촉진할 수 있는 메커니즘이 공식적으로 문서화되지 않았더라도 사람들이 팀 플레이어이고 더 큰 목표에 도달하기 위한 동기가 있다는 것이다. 따라서 인지 태스크 분석에는 종종 이해관계자들이 암묵적 기대를 밝히게 격려하기 위한 인터뷰 및 운용 연습 table-top exercises도 포함된다.

CTA는 로보틱스에 있어서 주요한 단점을 갖고 있다. 우즈Woods와 홀나겔Hollnagel의 연구[220]에서 지적한 바와 같이 로봇은 인간을 완전히 대체하지 않는다. 로봇은 인간만큼 유연하거나 적응력이 없고 인간이 하는 것과 같은 방식으로 팀 동료처럼 의사소통하고 일하지 않기 때문이다. 또한 우즈와 홀나겔은 전체 시스템에 미묘한 변화가 없는 업무에서 로봇이 인간을 대신할 것이라는 기대를 일종의 대체 신화 substitution myth라고 했다. 인터뷰, 설문조사, 운용 연습 등은 사람들이 새로운 기술이 그들의 직업에 어떻게 영향을 미칠지 상상하기 어렵기 때문에 오해를 불러일으킬 수 있다. 따라서 로봇 설계자는 로봇이 작업을 어떻게 변화시킬지 투영해야 하며 인간이 로봇에 어떻게 반응하고 적응할지도 도와야 한다.

18.5.3 인지 작업 분석

인지 작업 분석CWA, Cognitive Work Analysis[212]은 로봇이 새로운 태스크 또는 기능에 사용되고 있거나 작업 수행 방법을 근본적으로 변경할 때 적합하다. 이러한 새로운 태스크나 기능은 작업을 성취하는 가장 좋은 방법이 여전히 형성되고 있기 때문에 포머티브 도메인formative domain이라고 한다. 예를 들어 해양 로보틱스 기술을 이용해 습지의 지도를 만드는 것은 새로운 역량을 제공한다. 해양 수송선은 얕은 공간에 들어가 수평선 위의 경치를 비디오로 녹화하고, 바닥을 지도로 만들고, 수질, 해양 생물 존재 여부 그리고 해초 범위 등을 지속적으로 측정할 수 있다. 이러한 유형의 퍼베이시브 지도 제작^{pervasive mapping}은 새롭기도 하면서 동시에 UMV 사용에 대한 어려운 문제도 제기됐다. 또 다른 예로 야생동물 감시 목적 용도로 유인 헬리콥터를 대체하는 작은 무인 항공기^{UAV}를 생각해보자. UAV는 명목상 헬리콥터와 동일한 작업을 수행할 수 있지만 작업을 수행하는 방법은 매우 다를 수 있다. 전담 조종사를 두는 대신 경찰관이나 엔지니어가 무인 항공기를 직접 조종한다고 예상할 수 있다.

CWA의 핵심은 기법의 수트^{site of methods}인데, 그중 다수는 CTA와 겹치다 보니 많이 헷갈리곤 한다. CTA의 목적은 다음과 같은 도메인의 5가지 측면을 포착하는 것이다.

- **작업 도메인**^{work domain}: 애플리케이션의 '큰 그림' 또는 생태계. 즉 환경, 실현 가능한 로봇의 유형, 일반적인 미션 및 기대치
- **제어 태스크**^{control task}: 의사 결정권자들이 로봇을 사용해 정보를 얻고 결정을 내리는 방법, 로봇이 비디오를 제공하기 위해 필요한 것 그리고 로봇이 사용되는 방법의 패턴의 일반적인 작업 흐름
- **전략**^{strategies}: 로봇이 특정 미션나 작업을 수행하는 방법
- **소셜 조직**^{social-organization}: 작업은 어떻게 나눠져 있는가? 로봇은 무엇을 해야 하며, 탑재 여부에 따라 무엇을 해야 하는가? 인간은 무엇을 하는가? 여러 사람과 상호작용이 있다면 어떨까? 의사 결정권자들은 어떻게 정보를 얻는 것을 선호하는가?
- **작업자 역량**^{worker competencies}: 일반적인 사용자는 누구이며 배경은 무엇인가? 로봇의 작동 및 유지 보수를 위해 필요한 교육은 무엇인가?)

그림 18.2는 인지 태스크 분석과 인지 작업 분석을 비교한 결과다.

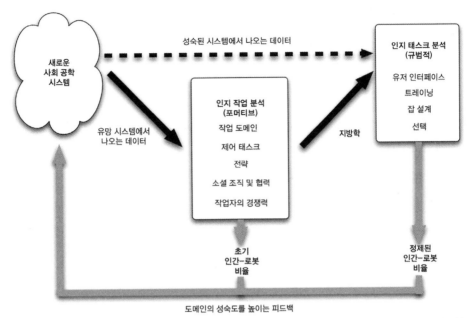

그림 18.2 인지 태스크 분석과 인지 작업 분석은 인간–로봇 상호작용에 대해 서로 어떻게 관련이 있는가?

18.6 자연 언어 및 자연주의적 사용자 인터페이스

일반적인 사용자의 요청은 "내가 원하는 걸 로봇이 알아들을 수 있게 만들어주시기만 하면 됩니다."이다. 즉, 자연어를 사용하는 로봇 인터페이스를 설계하는 것이다. 1장에서 언급했듯이 자연어는 인공지능의 주요 분야이며 여전히 풀리지 않은 매우 도전적이면서도 복잡한 과제다. 음성 인식 및 태스크와 단어를 연관 짓는 데서 엄청난 진전이 있었지만(예, 시리Siri) 언어의 이해는 여전히 미해결 연구 쟁점으로 남아 있다. 게다가 구술어는 자연스러운 의사소통 스타일의 한 측면일 뿐이다. 제스처, 포즈, 포인트, 목소리의 볼륨 변화 등 사람에겐 표현할 수 있는 방법이 엄청나게 많다. 즉, 자연어는 사실 멀티모달이다.

18.6.1 자연 언어 이해

말로 하는 자연어의 이해에는 3가지 뚜렷한 단계가 있다. 소리가 음성으로 그리고 단어로 변환되는 음성 인식[speech recognition], 단어와 결과 단어 구조가 가장 가능성 있는 의미로 구분 분석되는 언어 이해[language understanding], 그리고 문장이 계획되고 그 안에 들어 있는 언어 통합 뜻을 전하고자 생성되는 언어 생성 및 음성 합성[language generation and speech synthesis]이 그것이다.

언어 이해는 가장 어려운 문제이며 일반적으로 3가지 방법 중 하나를 선택한다. 첫 번째 방법은 개별 단어 자체에 집중하는 것이다. 이는 스마트폰에서 문자 메시지를 보내거나 특정 노래를 재생하려는 경우에는 괜찮을 수 있다. 그러나 자연어 이해[NLU] 시스템의 어휘가 제한돼 있을 수 있고 맥락을 판단할 수 없을 수도 있다. 미육군이 개발하고 레이 커즈와일[Ray Kurzweill]이 설명한 채터봇 니콜라이[Nicolai]와 미국의 인지 과학자 더글러스 호프스태터[Doug Hofstadter]가 나눈 대화는 문맥이 단어 자체만큼 중요한 이유를 보여준다(이를테면 'arms'가 팔을 의미하는지, 무기를 의미하는지?).

Hofstadter: What are feet?

Nicolai: FEET ARE 12.0 INCHES.

Hofstadter: What are ears?

Nicolai: EARS ARE AUDITORY ORGANS FOUND ON ANIMALS.

Hofstadter: What are arms?

Nicolai: THAT INFORMATION IS CLASSIFIED.

자연어 이해에 대한 또 다른 접근법은 표현의 문법적 구조에 집중하는 것이다. 노암 촘스키[Noam Chomsky]는 언어학자들과 컴퓨터 과학자들이 주로 사용하는 4가지 문법 체계를 만들었다.[42] 촘스키의 체계는 대략 다음과 같다.

- **정규 그래머**^{Regular grammars}는 가장 기본적인 문법이다. 자연어를 잡아내기에는 프리미티브하다. 뿐만 아니라 대개 컴퓨터 언어로 사용하기에는 표현력이 충분하지 않다. 검색용 쿼리 정도에 적합하다.
- **컨텍스트 프리 그래머**^{Context-free grammars}는 비결정론적 푸시다운 오토마타에 기반을 둔 컴퓨터 언어의 기초다. 그러나 이러한 지나치게 정확하고 제한된 문법은 일반적인 자연어를 잡아내지 못한다.
- **컨텍스트 센시티브 그래머**^{Context-sensitive grammars}는 앞에서 살펴본 발^{feeet}, 귀^{ears}, 팔^{arms}의 예에서 볼 수 있듯이 컨텍스트는 매우 중요하다. 컨텍스트 센시티브 그래머는 이론적으로 대부분의 자연어 특성을 포착해낸다. 그러나 실제로는 자연어의 작고 제한된 하위 집합에 대해서조차도 컴퓨터가 적용할 수 있는 규칙에서 컨텍스트를 포착해내기가 어렵다.
- **재귀적 열거 가능형 그래머**^{Recursively enumerable grammars}는 보편적인 튜링 머신 제작에 사용될 수 있는 이론적인 문법들이다. 이 문법들은 일반적인 자연어를 넘어선다.

의미론(시맨틱스^{semantics})는 깊게 깔려 있는 표현의 근본적인 의미에 관한 것으로 인공지능의 진정한 목표라 할 수 있다. 자연 언어에서 의미론의 표현과 알고리듬에는 크게 3가지 카테고리가 있다. 한 카테고리는 모든 자연 언어 대화에 적용 가능하고 단어 선택에 의존하지 않는 일반화 가능한 알고리듬을 만들려고 시도한다. 가장 유명한 알고리듬은 샹크^{Schank}의 개념 의존성 이론^{conceptual dependency theory}으로, 여기서 알고리듬은 표현되는 기본적인 음성 행동을 식별한다. 샹크는 음성 액션 목록을 작성했는데, 한 에이전트가 누군가에게 무언가를 말하는 것과 같은 정신적 정보를 전달하려고 하는 MTRANS, 에이전트가 객체의 물리적 위치의 트랜스퍼에 대해 얘기하는 PTRANS, 에이전트가 자극이나 객체에 초점을 맞추는 ATTEND, 에이전트가 소리를 내는 SPEAK 등이 포함돼 있다.

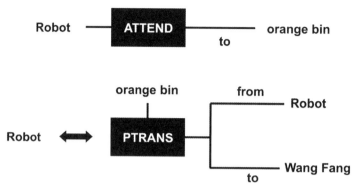

Robot, see that orange bin? Bring it to Wang Fang.

Robot —— ATTEND —— **orange bin**
to

orange bin

Robot ⟷ PTRANS ⟮ from **Robot**

Wang Fang
to

그림 18.3 개념 의존성 이론이 지시문을 액션으로 분해하는 예

그림 18.3은 개념 의존성 이론이 지시문을 음성 액션으로 어떻게 분해하는지를 보여준다. 이를 통해 액션을 로봇 기능에 매핑할 수 있다. "Please bring Wang Fang the orange bin over there"(저기 있는 오렌지 통을 왕팡한테 가져다 주세요)라는 말은 "Robot, see that orange bin? Bring it to Wang"(로봇, 오렌지 통 보이지? 그거 왕팡한테 가져다 줘)로 동일한 음성 액션으로 분해할 수 있다는 점에 주목해보자. 이 문제는 전체 대화의 더 큰 맥락을 만들어내고 'it' 같은 모호한 식별자들이 의미하는 바를 따라가는 것인데, 이를 '프로노미얼 레퍼런스'pronomial reference(대명사 참조)'라고 한다.

18.6.2 의미론과 커뮤니케이션

커뮤니케이션이 모호하고 구체적이지 않기 때문에 의미론적 이해가 어렵지만 우리는 종종 상대방의 의미 또는 무엇을 원하는지 안다. 자연어에 대한 의미론적 접근은 커뮤니케이션의 암묵적 측면을 명확하게 하려고 한다. 가장 주목할 만한 2가지 접근 방식인 공통 근거common ground와 BDIBelief-Desire-Intention는 다른 에이전트가 생각하고 커뮤니케이션하는 것에 대한 모델을 모두 한 에이전트가 갖고 있다고 가정한다. 그러나 성공을 위해 인간의 로봇 모델이나 로봇의 인간 모델을 얼마나 정교하게 수정해야 하는지에 대한 연구는 명확하지 않다. 커뮤니케이션이 어려운 또 다른

이유는 의미^{meaning}가 단지 단어에서 유래된 것이 아니라는 것이다. 목소리 톤이나 운율, 우리가 웃는 모습, 우리가 눈치를 유지하든, 어디를 보든, 그리고 우리가 의미하는 것에 대한 다른 단서들이 있다. 따라서 로봇은 인간이 제공하는 방향을 이해하고 관여나 혼란을 보여주는 다양한 의사소통 방식을 통해 자신을 이해하고 표현해야 한다.

18.6.3 에이전트의 내부 스테이트 모델

의미론에 대한 공통 근거는 한 그룹의 사람들이 그들이 같은 것에 대해 말하고 있다는 것을 어떻게 아는지를 결정하는 데 초점을 맞춘다. 공통 근거의 한 측면은 퍼셉션의 심볼릭 그라운딩이다. 예를 들어 어떤 사람이 로봇에게 "커피 좀 가져다주세요"라고 말했을 때 사람과 로봇 둘 다 커피포트 근처의 부엌에 있다면 이 문장은 로봇이 커피 컵을 가져다가 커피포트에서 커피를 따르고, 커피가 담긴 잔을 사람에게 가져다주는 것을 인간이 로봇에게 지시한다는 걸 의미한다고 볼 수 있다. 공통 근거의 또 다른 측면은 컨텍스트다. 사람이 "커피 좀 가져다주세요"라고 말했는데, 이게 식품점에 갈 것이라고 사방에 알린 로봇에게 말한 거라면 이 문장은 인간이 로봇에게 커피 한 봉지를 사오도록 지시했다는 것을 의미할 수도 있다.

BDI$^{Belief\text{-}Desire\text{-}Intension}$는 인간이 하고 있고 달성하고자 하는 것에 대한 모델이 로봇이 담기기를 기대함으로써 공통 근거보다 훨씬 더 멀리 나아간다. 이름에서 알 수 있듯이 의사소통에 영향을 미치는 믿음, 희망, 의도를 갖고 있다는 것을 로봇이 이해할 것으로 사람들은 기대한다. 어떤 사람이 로봇에게 시장을 볼 때 "커피를 좀 가져다주세요"라고 말하면 그 로봇에겐 그 사람의 모델이 있는 것이다. 이러한 맥락에서 로봇은 사용자가 로봇에게 명령을 내릴 자격이 있으리라고 믿는다. 하지만 그 사람의 믿음이 로봇에게 의무감을 주는 것은 아니다. 사람이 로봇에게 지시할 수 없는 경우 로봇은 그 사람의 믿음에 대한 이해를 통해 그 요청을 이행할 수 없다고 대답할 것이다. 또한 문맥은 희망과 의도에 영향을 미친다. 정상적인 커피 공급이 부족할 경우 로봇에게 라더^{larder}(식품 보관 창고)를 재공급하게 할 것이다. 그 사람이 (스타

벅스의) 'Whole Bean Breakfast Blend' 같은 특정한 종류의 커피를 원할 수 있는데, 이는 로봇이 인간과의 과거 경험으로부터 추론할 수 있다. 또한 그 로봇은 그 사람이 가장 좋은 가격에 커피를 원한다고 추론할 수 있다. 하지만 디너파티가 다가온다면 가격에 상관없이 코나Kona 커피나 에스프레소 로스트가 소셜 이벤트의 의도를 충족시키기 위한 것일지도 모른다.

공통 근거와 BDI 모두 로봇이 하고 있는 일과 목표의 모델을 인간이 갖고 있거나 구축한다고 가정한다. 인간은 로봇의 외관 같은 많은 요소를 바탕으로 공통 근거를 구축하고 기대치를 형성한다. 앞서 언캐니 밸리에서 언급했듯이 로봇이 실물과 같은 모습을 보일수록 생명체와 같이 행동하고 계획적으로 행동할 것이라는 기대가 더 강해진다. 하지만 로봇의 형태는 또한 로봇의 목적과 예상되는 지능에 대한 단서를 제공한다. 예를 들어 아이로봇iRobot의 룸바Roomba는 보통 우리가 생각하는 진공청소기처럼 보이지 않는다. 그러다 보니 잔디 깎는 기계가 잔디밭을 빈틈없이 훑는 방식을 룸바는 방 스캔에 사용하지 않을 거라고 걸 사용자가 알아야 한다. 또한 암arm(팔), 명확한 센서, 버튼 정도 인터페이스밖에 없기 때문에 다른 기능은 없는 것처럼 보인다. 색깔은 일종의 어포던스일 수 있는데, 검은색은 군대나 경찰에서, 의료 종사자와 관련이 있는 경우는 부드러운 파란색, 긴급 작업자의 경우 노란색이나 주황색으로 표현한다. 다른 요인에는 로봇의 커뮤니케이션 콘텐츠가 포함된다. 간단한 단어와 격식을 갖춘 문장을 선택하면 로봇이 해당 언어를 다룰 수 없을 때 의사 전달에 도움을 준다. 느리고 신중한 액션 같은 매너리즘mannerism은 로봇의 기술과 지능이 제한적이라는 것을 암시한다. 다른 로봇과 인공지능 시스템에 대한 인간의 과거 경험을 바탕으로 공통 근거를 결정하고 기대치를 형성할 수 있다.

18.6.4 멀티모달 커뮤니케이션

커뮤니케이션은 언어적 커뮤니케이션에 국한되지 않는다. 즉, 일종의 멀티모달이라고 할 수 있다. 언어적 커뮤니케이션은 비언어적 커뮤니케이션에 의해 강화될 수 있고, 언어적 커뮤니케이션은 에이전트가 의도를 전달하는 데 전혀 필요하지 않을 수도 있다. 주요 비언어적 커뮤니케이션 방식에는 표현과 몸짓이 포함되지만 이에 국한되지는 않는다. 표현식은 에이전트가 내부 상태를 통신하는 메커니즘 중 하나다. 표현의 주요 형태는 프록시믹스proxemics인데, 다른 에이전트에 대한 에이전트의 상대적인 위치, 자세, 감정적인 얼굴 표정, 목소리의 톤이나 운율을 의미한다.

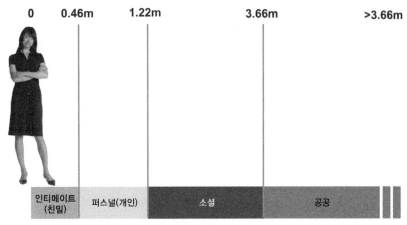

그림 18.4 사람 주변의 프록시믹스 영역; 거리는 문화와 성별에 따라 약간 다를 수 있다.

로봇이 의인화됐든 아니든 모든 로봇은 프록시믹스를 통해 멀티모달 커뮤니케이션 신호를 내보낸다. 이는 제대로 된 구현에서 가장 중요한 비언어적 의사소통 신호다. '개인 공간을 침해하는 것'이라는 말은 프록시믹스에서 유래했다. 아가일Argyle[10]과 홀Hall[86]의 연구에 의하면 한 에이전트가 다른 에이전트에 근접하는 것이 다른 상호 작용 모드를 가능하게 하고 의도를 내포한다는 것을 보여준다. 프록시믹스는 존zone 이라는 사람 주변의 네 지역으로 나뉘는데, 존의 거리는 문화(일부 문화에서 이야기할 때 가까이 서있는 것이 허용됨), 성별(여성은 멀리 서있는 것을 선호함), 그리고 상황(공원 내보다 붐비는 지하철에서)에 따라 다르다. 보통 많이 추천하는 존은 다음과 같다.[21]

- **공공 존, 3.66 ~ 7.62m 또는 그 이상.** 이 영역에서 로봇은 사람과의 상호작용 영역 바깥쪽에 있다. 사람이 로봇을 인지하고 있을 수는 있지만 로봇에 주의를 기울이거나 로봇 의도와 관련된 신호를 구별할 수는 없다. 로봇은 충분히 멀리 떨어져 있어서 사람이 군중 소음이나 세세한 부분에서는 들을

수 없지만 사람은 커다란 색상 표시(로봇이 켜져 있음을 나타내는 깜박임 불빛)와 로봇이 움직이는 방향을 볼 수 있다.

- **소셜 존, 1.22 ~ 3.66m.** 예를 들어 두 사람이 차례대로 서로를 지나갈 때 사교를 목적으로 고개를 끄덕이는 것처럼 소셜 존에서 한 사람이 다른 사람에게 충분히 가까이 다가갔을 때 서로가 서로를 인정하고 의식한다. 인간은 소셜 존에 있는 에이전트가 상호작용하려는 의도를 내포하고 있는지 여부를 결정하고자 에이전트가 어디에 있든지 감시한다. 그러므로 로봇이 소셜 존에 들어갈 때 인간은 로봇에 더 많은 주의를 기울일 것이다. 인간은 로봇의 방향(나를 향하고 있는가?)과 일반적인 자세(순종적이거나 위협적으로 보이는가?)를 볼 수 있지만 미묘한 얼굴 신호를 감지하지 못할 수도 있다. 인간은 색이 변하는 것을 볼 수 있고 로봇의 소리가 충분히 크면 소리를 들을 수도 있다.

- **퍼스널 존, 0.46 ~ 1.22 m.** 사람의 개인 영역에 들어가는 모든 요원은 그 사람을 참여시키기 위한 특정한 의도를 갖고 있는 것으로 추정된다. 그 사람은 로봇이 이제 타격 거리 내에 있기 때문에 상호작용이 위협적인지 여부를 결정하고자 무의식적으로 단서에 반응하기 시작한다. 인간은 로봇이 어디를 향하고 있는지, 자세, 얼굴 표정 등을 볼 수 있기 때문에 이러한 신호들이 의도를 전달하는 것이 중요하다. 빠르게 또는 불규칙하게 움직이는 로봇은 사람을 다치게 할 수 있기 때문에 위협으로 여겨질 것이다. 따라서 로봇에 대한 신뢰도를 높이는 데 있어 움직임이 부드럽고 느려지는 것이 점점 더 중요해진다. 마찬가지로 고개를 숙이거나 자세를 낮추고 시선을 낮추면 로봇이 사람을 인지하고 안전하게 행동할 수 있다는 것을 알 수 있다. 사람은 주변 소음보다 로봇의 소리를 더 쉽게 들을 수 있어야 한다. 따라서 공공 및 소셜 존에서 사용되는 소리는 작아졌을 것이다.

- **인티메이트(친밀) 존, 0.15 ~ 0.46m.** 친밀한 영역은 사람과 매우 가깝다. 사람들은 본능적으로 누군가가 이 존에 들어오면 불편해한다. 인티메이트

존에 있는 사람들은 그들 자신을 보호할 만큼 충분히 빨리 움직일 수 없기 때문에 극도로 취약하다. 일반적으로 로봇은 사람과 접촉하거나 필요한 검사를 수행하지 않는 한 인티메이트 존에서 벗어나야 한다. 그리고 나서 안심시킬 수 있는 말과 비언어적인 신호를 발산해야 한다. 인티메이트 존에서는 로봇이 인간과 너무 가까워서 사람이 로봇의 방향을 볼 수는 있지만 로봇의 신체 움직임과 자세를 식별할 수는 없을 것 같다. 사람이 로봇의 색상 변화를 볼 수 없을지도 모른다. 로봇이 매우 가까이 있기 때문에 인간은 로봇의 소리를 쉽게 들을 수 있기 때문에 로봇의 볼륨을 줄여야 할 수도 있다. 따라서 로봇은 인간의 불안을 줄이고자 천천히, 순종적으로, 분명한 의도를 갖고 움직여야 한다.

지상 로봇은 인간의 프록시믹스 기대에 부합해야 한다. 그렇지 않으면 로봇이 불안감을 유발하거나 섬뜩하게 인식될 수 있다. 로봇을 운전하는 텔레오퍼레이터들은 로봇이 어떻게 움직이는지, 시중드는 역할을 하는 로봇을 사람들 가까이에 얼마나 가까이 배치하는지가 그러한 사람들과의 상호작용의 질에 미묘한 영향을 미칠 것이라는 것을 알아야 한다. 베델Bethel의 연구[21]에서는 예를 들어 로봇이 속도를 늦추고 높이와 부피를 낮춰서 퍼스널 존에 들어올 때 사람들이 훨씬 더 편안하다고 느낄 수 있다는 것을 보여줬다.

사람 근처에서 작동하는 무인 항공 시스템[66]에는 프록시믹스 규칙이 적용되지 않는 것 같다. 이럴 경우 사람들이 UAV에 아주 가까이 접근할 수도 있고 방어적으로 반응하지 않아 부상에 노출될 수 있다. 다이버 보조 로봇 같은 무인 해양 운송 차량에 프록시믹스 규칙이 적용되는지는 아직 알려져 있지 않다.

제스처는 로봇에게 길을 알려주고 정보의 우선순위를 매기는 데 특히 중요한 역할을 한다. 인간은 일반적으로 제스처를 통해 로봇에게 지시하거나 지시 사항을 명확히 하기를 기대한다. **지시적 제스처**deictic gestures는 에이전트의 머리, 눈, 손 또는 팔이 환경에서 참조자referent를 나타내는 포인팅 제스처다. 1990년대 이후, 지시적 제스처에서 해결이 어려웠던 주요 문제는 컴퓨터 비전을 사용해 인간이 보고 있거나 가리키는 방향을 추출하는 것이었다. **신호 제스처**는 '멈춰', '이리 와' 같은 명령을 전달한다. 로보틱스 연구학자들은 일반적으로 크레인 오퍼레이터 또는 군사 작전에서 사용되는 표준 신호 동작을 기본으로 한다. 제스처는 정보 내용의 우선순위를 정하는 데 도움이 될 수 있다. 팔을 흔드는 것, 특히 비트^{beat}를 만드는 것이 어떻게 **구두로 지시**$^{verbal\ directive}$하는 데서 핵심 요소들을 강조하는지 생각해보기 바란다.

18.7 인간-로봇 비율

사용자 인터페이스에 대해 논의하다 보면 자연스럽게 로봇을 작동하는 데 몇 명의 사람이 필요한가? 즉, 인간-로봇 비율$^{human-robot\ ratio}$에 대한 질문으로 이어진다. 도시 수색, 구조, 원자력 발전소 폐쇄 같은 리모트 프레즌스 애플리케이션이 필요한 경우 이 작업의 상태는 인간-로봇의 비율이 2:1이다. 버크^{Burke}의 연구[34]에서는 좁고 퍼셉션이 매우 어려운 환경에서 높은 수준의 상황 인식$^{situation\ awareness}$에 도달하고 유지하는 데 한 명의 인간이 하는 것보다 공유 화면을 갖고 함께 일하는 두 명의 인간이 9배 더 낫다는 것을 보여줬다. 이러한 현상은 새로운 곳을 운전할 때 한 사람이 운전하고 다른 한 사람이 주소와 주차할 곳을 찾는 것이 훨씬 나은 것과 유사하다. 표준 실무에서는 두 로봇 팀이 매니퓰레이션 태스크를 수행하거나 이동을 제한하는 좁은 지역을 탐색하고 한 로봇은 다른 로봇에 대해 '오버워치'를 제공한다.

안전한 오퍼레이션에 대한 인간 로봇 비율은 최악의 경우 다음과 같다.[154]

$$N_{humans} = N_{vechicles} + N_{payloads} + 1$$

이 공식을 사용하면 카메라 한 대가 달린 소형 무인 정찰기의 인간-로봇 상호작용은 3명이 한 팀을 이루는 것으로 시작할 것이다. 이 공식은 플랫폼 오퍼레이션만 전담하는 차량($N_{vechicles}$ = 1)을 위한 파일럿, 미션을 지휘하고 촬영할 사진을 결정하는 미션 전문가($N_{payloads}$ = 1), 그리고 팀과 플랫폼의 안전을 보장하기 위한 외부 안전 담당 요원(+1)이 있음을 의미한다. 팀이 안전하게 한두 명 정도로 축소될 수 있는지는 인간-로봇 상호작용 분석과 규제 제약 조건을 적용할 수 있는가가 관건이다. 이 미션이 낮은 고도에 있는 건물들과 가까이 비행한다면 조종사는 필요할 경우 조종을 하고자 자율 로봇을 감독해야 할 것이다. 경우에 따라 조종사와 미션 수행 전문가의 역할이 결합될 수 있다. 예를 들어 정밀 농업에서는 일반적으로 작은 UAS를 사용해 고정 경로를 이동한 다음 나중에 다른 사용자가 분석을 수행한다. 조종사는 데이터를 책임진다는 의미에서 미션 수행 전문가 역할을 한다. 그러나 조종사가 미션 수행 전문가 훈련을 받지 않았을 수 있기 때문에 역할이 항상 결합될 수는 없다. 예를 들어 조종사는 카트리나^{Katrina} 같은 허리케인에 의해 손상된 건물에 대한 추가 검사 여부에 대해 중요한 세부 사항을 알아차릴 만큼 토목공학 기술을 충분히 알지 못할 수 있다.[171] 두 상황에서 항공 규정에는 외부 안전 담당자나 육안 관찰자가 필요할 수 있다.

또 다른 예는 무인 해양 표면 운송 차량이 수상선 위 카메라와 수상선 아래 수중 음파 탐지기로 교량을 검사하는 데 사용되는 경우다. 앞에서 정의한 식으로 계산하면 안전을 위한 출발 기준선으로 4인 팀을 제안한다. 그러나 조종사, 카메라 전문가, 수중 음파 탐지 전문가로 구성된 3인 팀이 안전할 수도 있다. 카메라를 검사용으로 사용하는 것이 아니라 내비게이션에 사용할 경우 팀은 두 명으로 더 작아질 수 있다. 이 경우 조종사는 내비게이션, 카메라와 시선 간 교환 등을 지시할 수 있으며 전문가는 유용한 음파 탐지 데이터를 수집하게 할 수 있다. 규정에서 독립적인 시각적 관찰자가 꼭 있어야 한다는 건 아니므로 차량의 안전성과 해양 충돌 규정 준수는 조종사가 처리할 수 있다. 인간이 구조물, 다른 보트 등에 비해 차량에 대한 인식을 잃을 정도로 해저 관점에 초점을 맞추는 위험을 감수하지 않고는 조종사와 미션 수행 전문가의 역할이 결합될 수 있을 것 같지 않다. 충돌 가능성은 작을 수도 있지만 2인 팀을 구성했을 경우 그에 따른 대가는 값비싼 플랫폼의 손실에서 보트 사고로 인한 익사에 이르기까지 실로 엄청날 수 있다.

현재 실행 상태는 높은 인간 대 로봇 비율이지만 로봇 지능이 증가하면 인간 대 로봇 비율을 줄이고 결국 단일 운영자가 여러 로봇을 제어할 수 있다는 희망이 있다. 많은 연구자는 태스크 자체나 태스크의 일부를 로봇에 위임하거나 오퍼레이터가 로봇을 점검하기 전에 다른 태스크를 얼마나 오래 할 수 있는지 추정하려고 인지 워크로드 부하를 줄이는 방법을 연구했으며, 그중 가장 두드러지게는 허용 오차 tolerance를 무시했다.[53] 이에 관해 수많은 장벽이 있었다. 1가지 장벽은 인지 워크로드 부하를 줄이는 것이 인간이 특별히 유용한 다른 일을 하고자 반드시 '자유로운' 능력을 소비할 수 있다는 것을 의미하지 않는다는 것이다. 두 번째 장벽은 로봇에 태스크를 완전히 위임하고 다른 태스크를 수행 중이거나 이메일 확인 같은 사소한 태스크를 통해 멀티태스킹을 수행 중인 사람이 비상 시 제어를 신속하게 다시 수행할 수 없는 경우가 많다는 것이다. 앞서 5장에서 논의한 인간 소외 관련 연구[99]에서도 볼 수 있듯이 인간이 예상치 못한 사건에 반응할 것으로 예상되는 경우 부정적 결과가 발생하기 전에 통제력을 되찾을 수 있을 만큼 충분히 빠르게 반응할 준비를 하고자 작업에 연관돼 있어야 할 수 있다. 세 번째 장벽은 사람들이 분리될 수 없다는 것이다. 미션 수행에 사람이 필요하다면 그 사람은 그 미션을 수행하려고 계속 대기해야 한다. 예를 들어 로봇이 조종사가 필요한 특정 단계(예, 도킹)를 제외하고 자율적인 경우 미션 수행을 위한 인간-로봇 비율은 1:1이다. 로봇을 전환하고 설정하는 데 2명이 필요할 경우 조종사와 미션 수행 전문가 1명이 될 수 있는지 여부에 관계없이 인간-로봇 비율은 2:1이다.

앞에서 설명한 "왜 로봇에게 무언가를 하라고 말할 수 없는가?"라는 흔한 요청은 "왜 로봇이 문제에 부딪혔을 때 나에게 경고를 하지 않고 그에 대해 어떻게 해야 하는지 말해줄 수 없는가?"라는 얘기다. 이렇게 "로봇이 나에게 경고 상황을 알린다"는 건 확실히 인공지능의 현재 역량 범위 내에 있고 실제로 HCI와 오토파일롯의 표준 관행일 뿐만 아니라 로보틱스에서는 표준 관행이어야 한다. 두 번째 부분은 실행 편차에 대한 감시와 그러한 편차의 인과성에 대한 추론 사이에 차이가 있기 때문에 까다롭다. 로봇이 왜 문제가 있는지 추론할 수 있다면 스스로 고칠 수 있을 것이다. 현재 시스템이 할 수 있는 최선의 방법은 인간의 이성에 도움이 되는 관련 정보를 표시하는 것이다.

인간-로봇 비율은 미션을 수행하기 위한 인원수를 의미하지만 미션이 주로 내비게이션이었을 때 네트워크 연결은 로봇의 페이로드에 대해 접근을 실시간으로 확장했다. 오퍼레이션(설정, 운전, 안전 유지)을 담당하는 사람과는 별개로 수십 명의 사람이 데이터를 보고 로봇에게 더 많은 정보를 얻도록 지시하게 할 수 있다. 사용자는 정렬해야 하는 로봇(또는 오퍼레이터)끼리 충돌이 발생하면 이들이 경합을 하게 할수도 있다. 오퍼레이터가 우선순위를 주문하면 지치고 주의가 산만해진다. 로봇은 목표를 달성하려고 시도할 수 있지만 우선순위가 명확하지 않으면 성공을 극대화하기 어려울 것이다.

18.8 트러스트

신뢰를 의미하는 트러스트는 로봇 사용자의 주요 관심사 중 하나다. 특히 사용자가 로봇이 예상대로 작동할 수 있다고 신뢰할 수 있을까? 트러스트는 종종 로봇을 사용할 때 편안함을 의미하는 컴포트comfort와 동의어로 사용된다. 예를 들어 사용자가 로봇이 테스트를 거쳤고 안정적으로 작동한다고 확신하더라도 사용자는 로봇을 사용하면서 계속 걱정을 하거나 불편함을 느낄 수 있다. 또한 트러스트는 권한 부여와 관련이 있다. 예를 들어 로봇은 우리가 무언가를 더 잘 할 수 있게 해준다. 그리고 우리는 스스로의 능력을 향상시키고자 로봇을 사용하려고 한다.

신뢰성Reliability은 트러스트의 한 요소지만 적어도 4가지 다른 영향이 있다. 트러스트는 새로운 기술의 수용과 연관이 있기 때문에 종종 개인이 혁신하기로 결정하는 방법에 영향을 미치는 5가지 요소[179] 중 4가지를 긍정적으로 충족한다. [179]에서 소개한 요소 중 다섯 번째는 트러스트와는 무관한 기술 혁신의 상대적 이점이다. 4가지 요소를 하나씩 살펴보자.

- **호환성**Compatibility은 로봇이 기존 가치, 과거 경험, 요구 등과 일치하는 정도를 의미한다. 캐노니컬 오퍼레이션 프로시저를 크게 변경해야 하는 로봇은 불확실성과 위험으로 이어질 수 있다. 로봇은 태스크 하나는 더 쉽게 만들

수 있지만 더 큰 태스크를 더 어렵게 만들 수도 있다. 호환성의 또 다른 예는 과거에 로봇이 적용됐던 태스크와 현재 사용 중인 태스크의 유사성이다. 로봇을 새 도메인에 적용하면 성능과 신뢰성이 일치하지 않을 위험이 있다.

- **복잡성**Complexity은 로봇을 사용하기 어렵다고 인식하는 정도를 의미한다. 2001년 9월 11일 세계무역센터 붕괴 사건(9/11 테러) 발생 당시 응급 의료요원들은 아이로봇의 팩봇Packbot이 너무 실험적으로 보인다며 사용을 거부했다.[141] "너무 실험적으로 보인다"는 말은 오퍼레이터 제어 유닛 때문이었다. 이 유닛은 물리적으로 노트북에 부착된 컴퓨터 게임 조이스틱joystick으로 구성됐으며 삶과 죽음이 오가는 극한 상황에 사용되는 것이라기보다는 장난감처럼 보였다. 인터페이스 화면은 엔지니어들을 위해 설계한 윈도우 운영체제였고, 한 마디로 복잡해 보였다. 응급 의료요원들은 이 로봇 대신 물리적으로는 능력이 떨어지지만 포스터-밀러Foster-Miller 회사의 SOEM 로봇을 선택했다. 참고로 이 로봇은 옵션이 거의 없는(복잡하지 않은) 전용 오퍼레이터 제어 장치를 갖췄고 커넥터도 견고했다.

- **시험성**Trialability은 제한적으로 로봇을 실험할 수 있는 정도를 의미한다. 예상대로 무언가에 친숙해질수록 트러스트, 즉 신뢰는 점점 더 커진다. 사용자가 다양한 시나리오에서 로봇과 함께 더 많은 훈련을 할수록 사용자는 시스템을 더 신뢰한다. 로봇이 얼마나 사용자의 기대치를 충족하는지 또는 벗어나는지에 대해 사용자가 내부 모델을 개발하면 이는 신뢰 여부로 이어진다. 사용자가 훈련이 이뤄지지 않은 로봇이 사용자 옆에서 또는 함께 작업해야 한다면 로봇은 무의식적으로든 의식적으로든 사용자의 신뢰를 이끌어내도록 설계돼야 한다.

- **관찰 가능성**Observability은 로봇의 액션이나 심의 결과를 관찰할 수 있는 정도를 의미한다. HCI 연구에서 관찰 가능성은 **가시성**visibility이라고도 한다. 초기 HCI 연구학자들은 컴퓨터가 짧은 시간 동안 질의나 명령에 반응하지

않으면 점점 마음이 불편해진다는 걸 알아냈다. 사용자들은 컴퓨터가 태스크를 수행 중인지 고장이 났는지 알지 못했다. 이를 극복하려고 (화면상에 '작업 중'을 표시하는) 모래시계, 손목시계, 빙글빙글 회전하는 무지개 아이콘 등이 많이 쓰였다. 사용자는 로봇이 '무엇을 생각하는지'를 자세히 반드시 관찰해야 하는 건 아니지만 로봇이 뭘 하려는지 궁금하긴 할 것이다. 이제는 로봇의 사용자 인터페이스에는 사용자가 로봇의 상태를 이해할 수 있는 아이콘과 상태 패널status panel이 거의 기본 기능에 가깝게 포함돼 있다. 고급 사용자 인터페이스를 사용하면 작업의 진행 상황이 백분율로 화면에 표시될 수 있다.

18.9 테스트와 메트릭

인간-로봇 상호작용이 중요하다는 점을 감안할 때 로보틱스 연구학자는 시스템이 우수한 인간-로봇 상호작용을 지원하는지 여부를 어떻게 결정할 수 있을까? 이에 대한 답은 인간-로봇 상호작용의 품질이다. 그리고 그 품질에 대한 이유는 인간과 로봇의 액션을 관찰하거나 설계된 실험을 통해 도출돼야 한다는 것이다. 인간-로봇 상호작용의 정형적 실험formal experiments을 위한 기법과 측정 기준을 보면 대개 특정 영역에 관련된 태스크, 환경, 사람의 유형, 로봇 등을 재현하거나 스테이징staging하려고 한다. 수집된 데이터는 적어도 42개의 서로 다른 메트릭을 생성하는 4가지 등급으로 나뉜다.[143] 인간-로봇 상호작용을 테스트할 때 최소 3가지 이상의 등급에서 데이터를 수집해 사용하면 유용한 데이터를 확보했는지 뿐만 아니라 교차 검증cross-check 및 더 강력한 추론에도 매우 좋다.[20] 인간-로봇 상호작용 테스트는 참가자의 안전과 프라이버시를 보장하고자 기관 검토 위원회의 승인을 받아야 할 수도 있다.

인간-머신 시스템의 정형적인 실험은 명확하다. 그리고 실험 설계experimental design 과목은 심리학과 또는 산업공학과에 개설돼 있다. 이 과목에서는 통계적으로 유의미하고 반복 가능한 충분한 데이터를 사용해 복제 가능한 실험을 설계하는 데 중점을 둔다. 반복성과 통계적 유의미성은 종종 규모에 맞게 작동하는 인간 로봇 시스템의 통제되지 않은 지저분함과 상충된다. 정형적 실험은 일반적으로 시스템의 매우 구체적이고 작은 측면에 집중하기 때문에 실험이 가능한 한 많은 예상 환경, 작업 활동, 인간 참여를 복제할 수 있게 하는 것이 중요하다. 그렇지 않으면 결과가 실세계로 전달되지 않을 수 있다. 대학교 1학년 심리학과 학생을 참여자로 활용할 수 있는 많은 심리학 실험과는 달리 로보틱스는 사용자의 등급이 다를 수 있으며, 사용자의 인구 통계학적 정보로 인해 실험 결과에 차이가 나타날 수 있다. 예를 들어 얼마나 고도로 훈련된 우주 비행사나 소방관들이 로봇을 사용할지 예상하는 실험을 학생들을 대상으로 한다면 과연 의미 있는 결과가 나올까? 별로 그럴 것 같지 않다.

18.9.1 데이터 수집 기법

자율 로봇과 상호작용하는 인간에 대한 실험은 일반적으로 3가지 형태 중 하나다. 첫째, 동작하는 자율 시스템으로 실험을 한다. 예를 들어 언캐니 밸리를 연구하는 연구원들은 사람처럼 스스로 움직이고 행동할 수 있는 로봇을 제작하지 못할 수도 있다. 둘째, 원하는 자율 능력을 가진 로봇을 만드는 게 어렵다보니 실험자가 커튼 뒤에 숨어 로봇을 조종하는 영화 오즈의 마법사^{WOZ}에 나오는 마법사 같은 형태로 실험을 하게 된다. WOZ 실험 참가자에게 로봇은 자율적인 것처럼 보인다. 셋째, 컴퓨터 기반 시뮬레이션이다. 컴퓨터 기반 비디오 게임의 인기에 힘입어 시뮬레이션 기술을 활용하는 건 이제 당연해졌다. 시뮬레이터는 사람들이 로봇과 어떻게 상호작용할지를 탐구하는 것보다 로봇 제어 실험을 하는 데 더 유용한 경향이 있다. 한편 화면이나 가상 현실 공간 CAVE에 실물 크기로 투영된 로봇과 함께 작업하는 혼합 현실 시뮬레이션도 유용할 수 있다.

실험의 형태에 관계없이 목적은 의미 있는 데이터를 수집하는 것이다. 실험에서 데이터를 수집하는 4가지 방법은 다음과 같다.

- **인터뷰, 설문조사, 저널링.** 이 기법에서는 즉흥적으로 또는 상호작용 후에

기술의 주관적 인상을 포착한다. 설문조사는 길 수도 있고 짧을 수도 있다 (예, 시스템 가용성 척도 관련 질문 10개).[98, 210] 응답자가 상호작용 중에 발생한 문제를 잊어버리거나 실험자의 기분을 나쁘게 하고 싶지 않거나 부정적인 피드백이 그들의 작업에 영향을 미칠 것을 우려해 보류할 수 있기 때문에 이러한 방법만으로는 충분하지 않은 경우가 많다.

- **관찰**Observation. 관찰은 관찰자의 주관적인 해석을 포착하는 민족지학적 ethnographic 영상 자료와 메모를 사용해 수행될 수 있다. 관찰자는 일종의 조용한 '벽 위의 파리'처럼 액션을 취한다. 이 분야의 민족지리학은 그림 18.5와 같은 템플릿을 사용해 표준화할 수 있다. RASAR-CS와 같은 코드 체계를 사용해 여러 명의 관찰자가 따로따로 활동한 결과를 채점하는 정형적 프로토콜 분석formal protocol analysis 방법을 적용해서 민족지학에 개입될 수 있는 주관성을 낮출 수 있다. 코딩 방식은 오퍼레이터가 로봇의 상태를 결정하는 시기와 방법, 로봇에 대한 특정 태스크 수행 등의 이벤트를 정의한다. 코딩 체계에 정의된 이벤트는 대규모 인간-로봇 상호작용 측정으로 이어진다. 예를 들어 '파트너가 로봇 팔을 끝까지 들어 올리는지 알 수 있는지 묻는 오퍼레이터'의 경우 오퍼레이터가 상황 인식situation awareness 레벨 1 또는 2에서 작업하고 있음을 의미한다. 코딩은 주관적이다. 따라서 오차를 줄이려면 평가자rater 역할을 하는 여러 명의 관찰자가 영상 자료와 음성 자료를 검토하고 점수를 매겨야 한다. 그런 다음 평가자 간에 합의가 이뤄지도록 각각의 점수를 분석한다.

	역할 1	역할 2	역할 3	다중	합계
방해					
미끄러짐					
실수					
혼동/망설임					
접수한 질문					
버그					
인체 공학					
합계					

그림 18.5 인간-로봇 상호작용에 대한 현장 관찰 기록 양식.

- **생체 인식 기술**^{Biometrics}. 인간-로봇 상호작용 측면에서 신체적 움직임과 생리학적 반응을 측정하거나 추론할 수 있다. 아이 트래킹^{eye-tracking}은 사용자가 화면의 어떤 윈도우와 아이콘을 보고 있는지 판단하려고 HCI에서 광범위하게 사용돼 왔다. 증가된 업무량이나 두려움과 불안으로 인한 스트레스의 변화는 호흡수, 심장 박동, 전기적 피부 반응의 변화 등으로 신호화할 수 있다. 생체 인식 기술에서 지표를 측정할 때 일반적으로 사람이 생체 인식 센서를 착용해야 하기 때문에 방해가 된다(그림 18.6 참조). 이 센서는 종종 착용자의 움직임을 제한하기도 하고 불편하기도 하다. 측정 결과는 착용자의 땀과 환경 요인에 의해 영향을 받을 수 있으며, 외부 현장 조건으로 인해 측정 결과의 신뢰가 영향을 받을 수도 있다. 생체 인식 기술은 일반적으로 실험실의 실험이나 고도로 통제된 현장 실험에서 사용된다.
- **특화된 테스트**. 인간-로봇 상호작용 실험자는 활동을 중단하고 참가자들에

게 설문조사를 작성하거나 시험을 치르게 요청할 수 있다. 예를 들어 실험은 미리 정해진 일부 지점에서 중단될 수 있고 참가자들은 NASA-TLX 연구 조사[87]를 완료하도록 요청했다. 이 설문조사는 주관적이지만 활동 직후에 실시되기 때문에 사후 조사보다 정확할 수 있다. 실험을 중단하고 테스트를 시행하는 게 덜 주관적일 수 있다. 이러한 테스트 중 하나로 SAGAT^{Situation Awareness Global Assessment Technique}가 있다.[69] 이러한 유형의 테스트는 파괴적이고 시나리오의 충실도를 방해할 수 있으며, 그로 인해 결과가 손상될 수 있다는 단점이 있다.

그림 18.6 생체 인식 센서를 장착한 인간-로봇 상호작용 연구 참가자의 모습.

18.9.2 측정 지표

데이터가 일단 수집되면 인간-로봇 상호작용의 측정 기준을 사용해 시스템에 대한 데이터를 검사할 수 있다. 머피^{Murphy}와 슈레켄고스트^{Schreckenghost}의 연구[143]에 의하면 다양한 연구자가 제안하거나 사용한 42가지 측정 기준을 정리했다. 측정 기준의 대부분(29개)은 시스템 성능의 일부 측면을 측정했지만 일부 측정 기준은 로봇이나 로봇 활동에 대한 상호작용이 일어나는 동안 사람의 반응을 측정했다. 시스템 성능 측정 기준은 5가지 카테고리로 더 세분화됐다.

- **생산성**Productivity: 인간-로봇 시스템이 효과적이었는가? 수동 기반 오퍼레이션manual operation과 비교해 자율적 오퍼레이션에 얼마나 많은 시간이 소요됐는가?
- **효율성**Efficiency: 인간-로봇 시스템이 인간 전용 시스템보다 빨랐는가? 이 로봇을 작동시키는 데 몇 명의 사람이 필요했는가?
- **신뢰성**Reliability: 인간이 몇 번이나 개입해야 했는가?
- **안전**Safety: 로봇이 인간에게 위험을 줬는가? 작업 영역 안에 있는 인간들에 대한 인식이 있었는가?
- **공동 활동**Coactivity: 인간과 로봇의 노력 분담이 잘 이뤄졌는가? 로봇에 위임된 태스크에 예기치 않은 감독이 필요했는가? 로봇은 얼마나 자주 문제를 겪었거나 도움을 요청해야 했는가?

18.10 인간-로봇 상호작용과 인공지능의 7가지 영역

인간-로봇 상호작용이 잘되려면 인공지능이 필요하다. 자연어 인터페이스는 7가지 핵심 영역 중 하나인 자연어 이해를 필요로 한다. 그러나 지식 표현은 특히 공통의 근거와 BDIBelief, Desire, Intention를 포착하는 데 꼭 필요하다. 상호작용은 맥락에 민감하기 때문에 추론이 중요하다. 컴퓨터 비전이 인간-로봇 상호작용에 미치는 영향은 종종 간과되곤 하지만 비언어적 의사소통(예, 제스처, 포즈, 표정)과 상황에 대한 공통 근거(예, 저기 있는 붉은 커피 컵)를 인식할 필요가 있다. 또한 학습은 로봇이 개별 기본 설정에 스스로 적응하는 능력에도 기여한다. 인간-로봇 상호작용은 분산 인공지능과도 관련이 있다. 많은 경우 인간과 로봇은 태스크와 책임을 나누고 있기 때문이다.

좋은 인간-로봇 상호작용은 태스크에 대한 에이전트의 전반적인 자율성에 달려 있다. 3장에서 다뤘던 이니셔티브의 정도[49]에 따라 자율성을 표현하는 접근법은 꽤나 매력적이다. 로봇에게 어떤 기대를 갖고 위임하는지를 명확하게 정형화했기 때문이다. 자율성은 직무에 대한 관계가 아니라 인간과의 관계로 프레임화된다. '자율성이 없음'의 경우 로봇은 과제를 위임받지만 자동차의 크루즈 컨트롤과 마찬가지로 태스크나 목표와 관련된 엄격한 프로그램을 따른다. 프로세스 자율성에서 로봇은 작업 목표를 달성하고자 알고리듬이나 프로세스를 선택할 수 있다. 인간은 로봇이 작업을 하고 있다는 것을 알고 있지만 세부 사항을 감독하거나 승인할 필요는 없다. 시스템 상태 자율성에서 로봇은 목표를 달성하기 위한 옵션을 생성하고 선택할 수 있다. 로봇은 그 일을 스스로 수행할 것인지, 아니면 사람에게 부탁할 것인지를 결정할 수 있다. 이러한 유형의 자율성은 외부 제어 조건이 탁월하다는 경고를 넘어서는 것이다. 목표 달성과 관련된 팀원들의 역량을 이해하는 것이 더 중요하다. 의도적 자율성intentional autonomy을 통해 로봇은 산만하거나 실적이 좋지 않은 다른 팀 플레이어의 일부 기능을 넘겨받아 팀을 돕는 등 팀 내 역할의 의도에 맞게 목표를 변경할 수 있다. 마지막으로 제약적 자율성constraint autonomy하에서 로봇은 액션에 대한 제약을 완화함으로써 자신만의 역할과 목표를 만들 수 있다.

이러한 이니셔티브의 각 정도는 서로 다른 상호작용 방법, 신뢰도 및 테스트 방법을 의미한다. 예를 들어 의도적 자율성에서는 로봇이 태스크의 적절한 부분을 인수하고자 팀원의 성능이 저하된 것을 알아차리고 진단해야 한다. 제약적 자율성에 대한 신뢰도는 프로세스 자율성process autonomy에 대한 신뢰도보다 훨씬 높다. 또한 로봇에 더 많은 이니셔티브가 주어짐에 따라 테스트 및 평가도 훨씬 다르고 요구사항이 더 많다.

18.11 요약

인간-로봇 상호작용은 지능형 로봇에서 기본이다. 인간은 오퍼레이터, 팀원, 구경꾼으로서 로봇과 관련되기 때문이다. 로봇은 일반적으로 작업 가능한 에이전트, 보조 에이전트 또는 리모트 프레즌스remote presence 제공이라는 3가지 기본 모드 중 하나로 작동한다. 인간과의 상호작용은 신체적, 인지적, 사회적/감성적 협력의 조합으로 이뤄질 수 있다. 인간-로봇 상호작용을 이해하고 설계하는 것은 HCI, 심리학, 통신 분야의 작업에 기초하지만 사실상 그 이상이다. 예를 들어 HCI는 사용자 인터페이스 설계를 위한 8가지 황금률golden rule을 제공하지만 언캐니 밸리를 피하기 위한 원칙은 제공하지 않는다. 애플리케이션에 대한 인간-로봇 상호작용 설계의 첫 번째 단계는 규범적 도메인에 대한 인지 태스크 분석cognitive task analysis 또는 포머티브 도메인formative domain에 대한 인지 작업 분석처럼 애플리케이션 도메인을 잘 이해하는 것이다. 도메인을 이해한 후에는 각 에이전트의 역할과 책임, 환경과 태스크의 변동성 및 규제 제약 조건이 명확해야 한다. 이를 통해 필요한 인력을 결정하고자 안전한 인간 로봇 비율 공식을 적용할 수 있다. 각 사용자 및 역할은 3가지 상황 인식 수준을 모두 구성하고 유지하고자 서로 다른 사용자 인터페이스가 필요할 수 있다. 파일럿은 내비게이션 및 플랫폼 상태에 대한 상황 인식situation awareness을 요구할 수 있지만 페이로드 전문가는 이러한 속성에 대해 신경 쓰지 않을 수 있으며, 미션 수행 진행 및 페이로드 운영에 대한 상황 인식을 필요로 할 수 있다. 명확한 언어, 제스처의 상호작용뿐만 아니라 암묵적 포즈, 제스처, 얼굴 표정을 지원하는 자연어 의사소통은 매력적이지만 여전히 인공지능의 실제 능력을 넘어선다. 인간과 로봇 사이에 책임을 나누는 원칙은 없지만 설계자는 사람들이 다른 사람과 작업을 위임하고 공유하는 것에 대해 갖고 있는 암묵적인 가정이 로봇에도 적용된다는 것을 알아야 한다. 안타깝게도 로봇은 그룹에서 일할 때 암묵적인 측면을 포착하지 못한다. 위임 및 공유에 대한 이러한 암묵적 가정이 명시적으로 다뤄지지 않을 때 작업이나 프로세스가 문제에 부딪히고 다른 작업에 종사하는 사람이 예기치 않게 제어해야 하지만 문제를 처리할 능력이나 시간이 없는 인간 소외 또는 배제 문제가 발생할 수 있다. 로봇의 신뢰성과 시험성이라는 비인간-로봇 상호작용 요인에 의해 신뢰가 증가하지만 인간-로봇 상호작용이 좋으면 트러스트(신뢰)가 더욱 증가해야 한다. 상호작용 설계는 조직의 기존 절차 및 작업자 기술과 호환되고 일관되며 시스템의 복잡성뿐만 아니라 외관이 복잡성도 줄이고 로봇이 하는 일에 대한 관찰성이나 가시성을 높이는 사용자 상호 얼굴을 제공함으로써 신뢰를 높일 수 있다. 인간-로봇 상호작용은 알고리듬 성능과는 다른 스타일의 시험과 평가가 필요하다. 인체 대상 실험은 규제될 가능성이 높으며 참여자의 안전과 프라이버시를 보장하고자 기관이나 정부 당국의 검토를 필요로 한다.

이 장의 개요에서 다룬 질문으로 돌아가 보자. 첫 번째 질문에 대한 답이다. "로봇을 작동시키려면 몇 명의 사람이 필요할까?" 이는 인간 대 인간 비율이 환경, 작업, 로봇 자체와 같은 생태에 따라 달라진다. 최악의 경우 안전한 인간-로봇 비율은 $N_{humans} = N_{vehicles} + N_{payloads} + 1$을 사용해 계산할 수 있다. 설계자는 사용자 인터페이스, 높은 작업 부하, 인간 소외 문제로 인해 도입된 인지 한계$^{cognitive\ limitation}$, 규제 허용 여부에 따라 비율을 줄일 수 있는 정도를 결정할 수 있다. 한편 책임이나 역할은 어떻게 나눌 것인가? 이 역시 생태계에 따라 다르다. 좀 더 성능이 뛰어난 로봇에게는 더 많은 기능과 이니셔티브를 위임할 수 있다. 모든 이해관계자와 역할을 정의할 경우 더 미묘한 문제가 발생할 수 있다. 간혹 이해관계자(예, 모든 로봇의 상태를 확인하고 원격으로 문제를 해결해야 하는 교육 서비스 프로그램 관리자)를 잊기 쉽지만 이러한 이해관계자는 로봇 채택에 매우 중요할 수 있다. 한편 "사람들은 로봇과 어떻게 상호작용을 할까?"라는 질문에 대한 답은 사람들이 로봇과 가능한 한 편리하고 자연스럽게 상호작용하는 것을 좋아하기 때문에 조금 편하지만 편리함과 자연주의는 성취하기 어려울 수 있다고 생각할 수 있다. '뒤에 있는' 사람들은 자신의 필요에 맞게 멀티모달 사용자 인터페이스를 선호하고 레벨 3 SA에 도달하는 데 도움을 주며, 로봇에게 위임된 작업을 수행하고 있다는 트러스트(신뢰)를 높인다. 사람들의 '앞'과 '옆'에서 지상 로봇들은 '컴퓨터는 사회적 액터$^{Computers\ Are\ Social\ Actors}$'라는 패러다임을 따라 무의식적으로 그들과 사회적 상호작용을 한다.[175] 사람들은 로봇의 외형으로부터 의도와 경쟁력을 추론해낸다. 또한 그들은 언캐니 밸리 곡선을 따라서 무브먼트와 매너리즘에서 자연스러움^{naturalism}의 정도에 대해 반응한다. 또한 사람들은 로봇들이 자신의 개인적 공간을 침해하는 것에 대해 소위 프록시믹스^{proxemics}(인간과 문화적 공간의 관계를 연구하는 학문이다. 출처: 네이버 사전)에 따라 반응한다. 한편 "로봇과 사람이 서로를 이해해야 하는가(예, 공유 인지 모델이 있는가)?"라는 질문을 생각해보자. 로봇과 사람이 공통 기반을 필요로 하는 정도 또는 서로의 BDI에 대한 모델을 보유하는 정도는 알려지지 않았다. 명시적 인지 모델을 소유했다는 것은 대인 신뢰^{interpersonal trust}와 관련이 있지만 로봇이 잘 정의된 작업을 수행하도록 신뢰하는 데는 필요하지 않을 수 있다. "로봇에게 이래라 저래라 할 수 있지 않나요? 인터페이스와 제어에 대해 걱정할 필요가 없잖아요."라는 질문은 안타깝지만 자연 언어를 이해할 수 있는 로봇을 설계한다는 게 엄청나게 어려운 과제임을 무시했다는 점에서 문제가 있다.

인간-로봇 상호작용을 잘 설계하면 상호작용형 레이어 설계가 완료된다. 19장에서는 더 넓은 관점에서 자율 로봇의 설계와 지금까지 책에서 제시한 주제를 종합해 다룬다.

18.12 연습문제

문제 18.1

사용자 인터페이스와 인간-로봇 상호작용의 차이점을 설명하라.

문제 18.2

인간-로봇 상호작용을 정의하고 각 관련 분야, 즉 HCI, 심리학 및 커뮤니케이션의 통찰력을 사용하는 방법을 최소 1가지 이상 설명하라.

문제 18.3

다음 애플리케이션 각각에 대해 인간-로봇 상호작용 협력의 신체적, 인지적, 사회적/감성적 모드를 포함하는지 여부를 구별하라.

    a. 의사가 돌무더기 속에 갇힌 희생자를 찾으려고 로봇을 사용한다. 탐색 과정에서 나타나는 특징들을 로봇 인터페이스를 통해 볼 수 있다.

    b. 외과 의사가 고관절 대체물을 이식할 때 필요한 환자의 뼈에 구멍을 뚫는 로봇을 갖고 있다.

c. 어떤 한 의사가 텔레프레즌스 로봇을 통해 약 3,000km 거리에 있는 다른 나라의 내과의사 보조 요원과 얘기를 나누고 있다.

문제 18.4

다음 중 로봇에 대한 신뢰도를 높이는 방법이 아닌 것은 무엇인가?

a. 적합성compatibility 보장

b. 복잡성complexity 감소

c. 관찰 가능성observability 증가

d. 중복성redundancy 추가

e. 신뢰도reliability 증가

f. 시험 가능성trialability 지원

문제 18.5

인간-로봇 상호작용 데이터를 수집하는 방법 4가지를 설명하라. 이들 방법 각각에서 데이터를 수집하는 주체는 오퍼레이터와 과학자 중 누구인가? 이것도 함께 답하라.

문제 18.6

인간-로봇 상호작용 시스템 메트릭의 5가지 카테고리를 설명하라.

문제 18.7

자연어 이해natural language understanding에 대한 3가지 접근법과 이를 로봇에서 어떻게 사용할 수 있는지 설명하라.

문제 18.8

다음 용어를 정의하라.

a. 팀

b. 사용자 인터페이스

c. 상황 인식^{situation awareness}

d. 센스메이킹^{sensemaking}

e. 언캐니 밸리^{uncanny valley}

f. 인간 소외 문제^{human out of the loop control problem}

g. 공통 근거^{common ground}

h. BDI^{Belief-Desires-Intentions}

i. 오즈의 마법사^{WOZ}

문제 18.9

지시적 제스처^{deictic gestures}와 신호 제스처^{signal gesture}의 차이점은 무엇인가? 인간이 로봇을 조종한다면 언제 이걸 사용할까? 인간과 의사소통을 하고자 로봇은 언제 이러한 제스처를 사용할까? 답하라.

문제 18.10

다음 문장에 대해 '예/아니요'로 답하고 그에 대한 이유도 설명하라.

인간 소외 문제^{human out-of-the-loop control problem}에서 인간이 문제이므로 인간이 소외 받지 않게 하려면 로봇이 완전히 자율적으로 움직여야 한다.

문제 18.11

다음 문장에 대해 '예/아니요'로 답하고 그에 대한 이유도 설명하라.

어떤 에이전트에 다른 에이전트가 생각하는 것, 커뮤니케이션하는 것에 대한 모델이 있다면 커뮤니케이션은 강화된다. 많은 다른 모델이 있는데, 대표적인 2가지는 공통 기반^{common gorund}과 BDI다.

문제 18.12

계단을 오를 수 있는 지능형 휠체어의 개발을 생각해보자. 이 문제에 대한 태스커블 에이전트 및 보조 에이전트 접근 방식을 비교하라. 3가지 결과 시스템의 일반적인 맛^{flavor}은 무엇인가? 각 사용자 인터페이스의 차이점은 무엇인가?

문제 18.13

안전한 인간-로봇 비율에 대한 수학적 공식을 작성하고 각각의 항에 대해 자세히 설명하라.

문제 18.14

로보틱스 외에 어떤 종류의 신기술이 효과가 있을지 어떻게 결정할 수 있을까? 외관을 기반으로 해야 할까? 무료 체험으로 해야 할까? 친구들로부터의 추천? 여러분은 로봇의 태스크 수행에 대한 신뢰 여부를 어떻게 판단할 것이라고 생각하는가?

문제 18.15

상황 인식situation awareness과 센스메이킹의 차이점은 무엇인가?

문제 18.16

UAV를 태스커블 에이전트로 사용해 옥수수 밭을 촬영하는 오퍼레이터를 생각해보자. 일단 출발하면 UAV는 정기적으로 앞뒤로 자율적으로 비행한다. 이제 건물 붕괴를 조사하는 전문가에게 리모트 프레즌스를 제공하고자 동일한 UAV를 사용하는 오퍼레이터를 고려해보자. 각 애플리케이션에 필요한 상황 인식situation awareness의 차이를 설명하라.

문제 18.17

음성 인식speech recognition, 언어 이해, 언어 생성 간의 차이점을 설명하라.

문제 18.18

미디어 방정식Media Equation이란 무엇인가?

문제 18.19

커뮤니케이션을 위한 모달리티를 최소 3가지 이상 나열하라.

문제 18.20

지시적 제스처deictic gesture가 무엇인지 설명하고 사용자가 로봇을 제어하고자 이러한 제스처를 사용하는 방법을 설명하라. 로봇과 상호작용하는 데 사용할 수 있는 3가지 작업과 제스처를 지정하라.

문제 18.21

로봇이 사용되는 규범적 도메인과 포머티브 도메인^{formative domain}을 생각해보자. 차이점이 무엇일까? 로봇이 각각에 해당하게 하는 요인은 무엇인가?

문제 18.22

자연어 이해^{NLU, Natural Language Understanding} 연구학자들은 종종 NLU가 인공지능의 모든 분야의 전문성이 필요하다고 주장한다. 인공지능의 7개 분야 중 하나 혹은 그 이상이 NLU와 관련이 없다고 생각할 수 있을까? 답하라.

문제 18.23

상업적으로 이용할 수 있는 무인 항공기^{UAV}의 이름을 제시하라. 대중들이 이를 통해 UAV에 대한 두려움이 커진다고 보는가? 아니면 작아진다고 보는가? 여러분의 생각을 얘기하라.

18.13 엔드 노트

로보틱스 연구학자의 서재를 위해

로봇이 아닌 인간-로봇 상호작용의 기초를 다지기 위한 필독서 두 권을 소개한다. 우선 바이런 리브스^{Byron Reeves}와 클리포드 나스^{Clifford Nass}가 지은 『Media Equation』(CSLI, 2003)[175]은 10년 이상의 인간-로봇 상호작용 연구에 동기를 부여한 수년간의 연구 성과에서 '컴퓨터는 사회적 액터^{Computers Are Social Actors}'라는 패러다임을 제시한다. 그렇다. 우리 모두는 우리가 로봇에 무의식적으로 반응하지 않을 만큼 똑똑하다고 생각하고 싶지만 결국 리브스와 나스의 연구는 그렇지 않다는 것을 보여준다. 한편 로살린 피카드^{Rosalind Picard}가 지은 『Affective Computing』(MIT Press, 2000)[169]은 컴퓨터 과학자들과 로보틱스 연구학자들이 사람들이 어떻게 무의식적으로 기술과 상호작용을 하는지에 대해 적극적으로 생각할 수 있게 한 획기적인 책이었다.

TV는 때때로 우리를 웃게 만든다.

미국 NBC TV 시리즈물 '30 Rock'의 '석세션^{Succession}' 에피소드는 스타워즈, 비디오 게임, 톰 행크스^{Tom Hanks}, 포르노그라피 등에 적용된 마사히로 모리^{Masahiro Mori} 교수의 논문에 나오는 실제 인물을 사용해 언캐니 밸리에 대한 가장 간결하고 재미있는 설명을 담고 있다. 동영상이 유튜브에 있다.

TV는 때때로 우리를 울게 만든다.

<스타 트렉: 넥스트 제너레이션^{Star Trek: The Next Generation}>의 '다르목^{Darmok}' 에피소드는 왜 단어를 식별하는 것이 누군가의 말을 이해하는 것과 다른지에 대한 가슴 아픈 예를 제공한다. 이 슬픈 에피소드에서 명백한 유사한 희망^{desires}과 의도^{intentions}에도 불구하고 공통 근거가 부족하다 보니 두 종이 서로 상충돼 버린다. 이 에피소드에는 커맨더 데이터^{Commander Data} 말고는 로봇이 없다.

비교 및 대조해볼 만한 두 영화

프랭크 랑겔라^{Frank Langella}, 피터 사스가드^{Peter Sarsgaard}가 함께 한 2012년 영화 <로봇과 프랭크^{Robot and Frank}>는 불행한 노인과 상호작용하는 보조 로봇의 관점을 제공한다. 이 전제는 보조 로봇 시장의 매우 현실적인 문제를 다루고 있다. 즉, 노부모의 자녀가 로봇을 구입할 수 있지만 노인이 로봇을 원하지 않으면 로봇을 사용하지 않는다. 여성 휴머노이드 로봇이 집안의 하인 역할, 일반적인 자기 부양, 성관계 등에 사용된 2015년 영화 <엑스 마키나^{Ex Machina}>와는 완전히 다르게 로봇과 프랭크 영화는 보조 및 오락용 로봇에 대한 낙관적 관점에 해당한다. 엑스 마키나에서 오스카 아이작^{Oscar Isaac}의 자만심을 잘 살펴보기 바란다. 또한 <스타워즈: 깨어난 포스 ^{Star Wars: The Force Awakens}>에서 포 다메론^{Poe Dameron}이 죽지 않았다는 것에 실망할 수도 있다.

언캐니 로봇은 언제나 신뢰할 수 있다.

언캐니 밸리^{Uncanny Valley}를 묘사한 이 소름끼치는 어린 아이 모습을 한 로봇이 (2014년 아주 나쁜 로봇 영화 <로봇 오버로드^{Robot Overlords}>에서) 로봇은 절대 거짓말을 하지 않는다고 발표했을 때 로봇이 거짓말을 하는 게 확실히 입증됐다.

5부

지능형 로봇 제작의 설계와 윤리

19
자율 시스템의 설계와 평가

19장에서 다루는 내용

- 특정 자율 역량specific autonomous capability을 구현하는 데 필요한 알고리듬상의 정교함 수준algorithmic sophistication에 영향을 미치는 5가지 설계 질문에 대해 설명한다(로봇은 어떤 기능을 제공해야 하는가? 기능 설계를 위해 사전 기획 및 검토가 필요한 영역은 무엇인가? AI 알고리듬은 얼마나 빠르게 결과물을 출력 또는 생산해내야 하는가? 로봇에 필요한 월드 모델World model은 무엇인가? 그리고 인간은 언제 개입해야 하는가?).

- 로봇 고장robot failure의 3가지 주요 원인(외부적/외형적 고장, 물리적 고장 및 인적 오류)에 대한 예를 제시한다.

- 로봇 평가 목표가 주어지면 적절한 유형의 실험(통제 실험, 시연, 컨셉 실험 및 참가자-관찰자 실험 등)을 선택하고 검증을 통해 이를 정당화한다.

- 실험 중 수집할 6가지 데이터 카테고리(활동 로그, 컨텍스트, 로봇 시각 데이터, 로봇 상태 데이터, 외부 관점 로봇 데이터, 인간과 로봇의 상호작용 데이터)를 나열하고 카테고리별 데이터 획득 전략을 알아본다.

19.1 개요

이 책은 로봇에 사용되는 인공지능 구성 요소에 대한 프레임워크를 제공하고자 자율성, 자동화, 아키텍처 등을 다뤘다. 19장에서는 앞장에서 소개한 개념으로 돌아가 "지능형 로봇을 설계하려면 어떻게 해야 할까?"라는 질문을 다시 살펴본다.

생태학적 접근 방식$^{ecological\ approach}$은 로봇 지능이 시스템의 생태학적 틈새^{ecological} ^{niche}에 잘 맞게 로봇을 설계할 뿐만 아니라 로봇, 태스크 환경 및 로봇이 수행할 작업도 면밀히 검토한다. 설계자는 로봇이 무엇을 할 수 있는지 고려해야 한다. 예를 들어 인식 범위(10장)와 같이 로봇이 직간접적으로 감지할 수 있는 것은 무엇일까? 로봇의 로코모션과 매니퓰레이션 능력은 어떠한가? 어떤 컴퓨팅 성능이 로봇에 필요할까(9장과 14장)? 인간이 수행할 수 없거나 또는 개입할 수 없는 상황에서 로봇은 무엇을 해야 하는가(5장과 18장)? 설계자는 운영 환경도 고려해야 한다. 운영 환경을 폐쇄형 영역$^{closed\ world}$으로 모델링하거나 자동화를 지원해야 하는가(3장)? 운영 환경에 제공되는 것은 무엇인가(6장)? 그러한 어포던스가 충분한가(7장)? (15장) 각 지역의 규모와 횡단성은 어느 정도인가? 마지막으로 로봇이 수행할 태스크 자체는 설계에 영향을 미친다. 태스크 내비게이션 또는 기타 작업인가(13장)? 목표는 멀티로봇 시스템(17장)으로 더 잘 수행될 수 있는가? 로봇 트러스트 및 상태 모니터링(3장)과 같은 암묵적 목표는 무엇인가? 목표는 심사 숙고^{deliberation}가 필요한가(3장)? 생태학적 접근법은 전체 로봇 시스템 설계뿐만 아니라 특정 기능 설계에 적용할 수 있다. 학습(16장)도 고려해보자. 성공적인 학습 알고리듬을 만들려면 로봇이 무엇을 하고 있는지, 무엇을 감지하고 무엇을 통해 배울 수 있는지 이해해야 한다. 이는 생태학적 접근 방식이 태스크, 로봇 및 운영 환경을 고려해 설계할 것을 다시 한 번 상기시킨다.

또한 4장은 하이브리드 아키텍처가 단순한 프로그래밍 스타일 이상의 중요한 요소인 점을 설명했다. 이 구조는 설계자가 5가지 주요 설계 질문을 제시해 인공지능이 얼마나 많이 필요한지 결정하게 한다. 다음 항목을 참고하자. 로봇이 제공해야 하는 기능은 무엇인가? 기능에는 어떤 플래닝 호라이즌이 필요할까? 알고리듬이 출력을 얼마나 빨리 업데이트해야 할까? 로봇에 필요한 월드 모델은 무엇일까? 그리고 인간은 어느 시점에 개입해야 하는가?

이 장에서는 실제 설계 시 고려해야 하는 사항들에 대해 앞에서 공부한 내용들을 통합해 정리하고자 한다. 일반적인 설계 방법에서 시작해 특정한 자율 역량을 설계하는 방법을 설명하고 설계자가 구조적인 관점에서 물어야 하는 5가지 질문을 살펴보고, 이 설계 프로세스의 성공적인 사용에 대한 사례 연구를 다룬다. 한편 독자에게 이 책 전반에 걸쳐 소개된 다양한 분류 체계와 측정 기준은 특히 3장에서 소개한 우수한 인공지능 시스템 설계에 필요한 사항들과 일부 차이가 있다는 점을 밝힌다. 이 장은 로봇 고장/결함 확인, 특정 평가 목표를 위해 수행할 실험 유형 및 수집할 권장 데이터 세트와 같은 시스템 설계 평가를 설명하고 마무리한다.

19.2 특정 자율 역량 설계

캐노니컬 오퍼레이션 아키텍처(4장)는 단순 프레임워크 이상일 뿐만 아니라 설계자가 답해야 하는 5가지 질문도 제시하기 때문에 자율 역량 설계에 보조 도구로 활용할 수 있다. 이 질문들은 설계자가 기능을 설계할 때 정의해야 하는 기능의 명시적 기대와 특히 암시적 기대치를 충족하도록 돕는다. 설계자가 운영 구조의 레이어를 로드맵으로 취급한다면 자율 역량 설계는 매우 어려워질 수 있다. 로봇의 자율성 레벨을 나타내는 ALFUS[Autonomy Levels For Unmanned Systems] 같은 지표는 종종 설계자에게 복잡한 상황은 훨씬 정교한 사고 능력을 요구하는 것으로 오인하게 할 위험이 있다. 6장에서 봤듯이 지능이 낮은 유기체도 극도로 복잡하고 열악한 환경에서도 잘 생존한다. 결국 올바른 전략은 로봇에게 필요한 기능을 정의한 후 하드웨어, 소프트웨어, 환경 및 인간 제약 조건에 따라 이러한 기능을 달성하는 적절한 방법을 검토하는 것이다.

19.2.1 설계 철학

이 책에서 주창하는 설계 철학은 자율적 능력이 캐노니컬 아키텍처^{canonical architecture}의 모든 기능과 레이어를 포함한다는 원칙에서 출발한다. 이러한 기능 중 일부는 컴퓨터가 이러한 기능을 수행하는 데 방해가 되는 기술적 한계 때문에 사람에 의해 처리되는 것이 효율적일 수 있다. 미 국방부가 드론으로 대표되는 무인 항공 시스템을 배치할 때 들어간 인건비의 예에서 볼 수 있듯이 로봇 시스템을 배치할 때 함께 들어가는 인적 비용 요소를 고려하지 못할 경우 엄청난 비용 지출 및 인력 수요가 발생하게 된다. 반면에 설계자는 로봇의 자율 능력이 모든 것을 고려할 필요는 없고 마치 새가 창문을 인식하지 못하고 부딪히는^{fly-at-the-window} 자율 능력의 취약성을 받아들일 수도 있다. 마찬가지로 극한 환경을 탐험하는 자율 주행차를 설계할 때 다양한 위험 요소를 고려하고 최적의 의사 결정을 내리는 시스템을 설계할 수도 있고, 또는 자율 주행차는 위치를 파악하고 차량 상태를 실시간으로 모니터링하고 탐험 관련 주요한 의사 결정은 사람이 내리도록 설계할 수도 있다. 요점은 설계자가 미션 수행에 필요한 자율적 능력이 무엇인지 명확히 정의하고 시스템 관점에서 그러한 능력이 어떻게 구현될지를 결정해야 한다는 것이다.

미션 수행에는 여러 종류의 자율적 능력이 필요할 것이다. 예를 들어 웨이포인트 내비게이션^{waypoint navigation}에는 4가지 기능이 필요할 것이다. 경로 플래닝, 장애물 탐지 및 우회, 로봇이 특정 시간까지 웨이포인트에 도달하지 못하는 경우 리플래닝을 트리거하는 모니터링 시스템 및 타이머 설정, 문제 발생 시 진행 상황을 표시하고 진단 디스플레이를 송출하는 사용자 인터페이스 제공 등의 4가지 기능이 포함될 수 있다. 로봇의 두 번째 자율 역량인 장애물 탐지 및 우회가 작동하는 방식을 예시로 살펴보자. 로봇은 침입자를 발견하면 소프트웨어와 적외선 카메라를 사용해 동물과 일치하는지 여부를 판별하는 작은 열 시그니처^{heat signature} 그룹 대조 방식을 사용해 침입자가 동물과 다름을 파악하고 시스템 운영자에게 경고 메시지를 보낼 것이다. 로봇에 대한 세 번째 자율 역량은 앞에서와 동일한 센서, 환경을 대체하는 서브시스템과 트리거의 상태를 모니터링해서 장애 탐지와 복구를 결정할 수도 있다.

자율 역량이 여러 개인 시스템은 월드 모델world model, 모니터링 및 인터페이스에 대한 요구 사항이 각기 다를 수 있다. 오퍼레이션 아키텍처는 이러한 기능이 고려돼야 한다는 것을 설계자에게 충분히 알려주지만 아키텍처 자체로는 설계자가 어떤 방식으로 각기 다른 요구 사항을 수용할지에 대한 답을 줄 수 없다. 다양한 설계 요구 사항을 관리하는 방법은 시스템과 기술 아키텍처 뷰의 역할이다. 시스템과 기술 아키텍처 뷰는 다양한 기능을 지원하고자 어떤 방식으로 모니터링 기능이나 유저 인터페이스를 설계해야 하는지 설명한다.

19.2.2 자율 로봇을 설계하기 위한 5가지 문제

설계자가 각 특정 자율 역량을 설계할 때 참고해야 하는 5가지 일반적인 질문은 다음과 같다.

특정 업무/기능Capability을 위해 로봇이 수행해야 하는 내부 기능들internal functions은 무엇인가? 계획을 세울 필요가 있는가? 계획 실행을 보니터링할 것인가? 다른 날씨 조건이나 지형 유형에 따라 자원이나 전략을 다르게 선택해야 하는가? 이러한 전략을 행동으로 이행한 후 설정하고 해제하는 방법은 무엇인가? 어떻게 행동을 실행할 것인가? 미션 수행 중에 원격 학습을 통해 새로운 역량을 업그레이드할 것인가? 미션 종료 후 운영자 또는 오프라인에서 로봇에게 학습을 제공할 것인가?

자율 역량을 설계할 때 시계열 관점에서 얼마나 만큼의 플래닝 호라이즌Planning horizon (현재, 현재와 과거; 현재, 과거, 미래 등)을 배정할 필요가 있는가? 플래닝 호라이즌은 기능에 대한 기대치를 형성하는 데 밀접하게 관련돼 있다. 로봇의 장애물 회피 같은 반응적 능력은 현시점에서는 매우 신속하게 작동하지만 인간 무릎의 조건 반사처럼 최적은 아닐 수 있다. 최적의 알고리듬은 일반적으로 과거에 대한 상태를 유지하는 동시에 향후 모델 구성에 영향을 미칠 수 있는 미래 결과를 제시하기도 한다. 이렇듯 플래닝 호라이즌은 각 기능들의 내부 모델과 구조에 영향을 미친다.

기능을 작동시키는 알고리듬은 얼마나 빠르게 실행돼야 하는가? 일반적으로 무인 로봇의 '인공지능' 수식에는 포함되지 않지만 많은 UAV 비행 제어 알고리듬은 매우 빠른 속도로 실행돼야 한다. 로봇이 움직이는 장애물이나 발사체를 피해야 한다면 회피 능력은 매우 빨리 실행돼야 할 것이다. 로봇의 실행 속도 계산 로직이 로봇 스테이트^{State} 및 월드 모델$^{world\ model}$을 유지하는 데 필요한 추가 계산까지 포함한다면 이 기능은 신속하게 실행될 수 없을 것이다. 이 경우 회피 기능을 반응형 레이어에만 구현해 좀 더 빠르게 기능이 실현되게 할 수 있다. 기능이 작동하는 데 필요한 시간이 설계상의 이유로 원하는 것보다 오래 걸리는 경우가 많으며, 6장에서 봤던 것처럼 센서 데이터는 여러 가지 기능을 수행하는 데 활용된다. 예를 들어 로봇은 충돌을 피하고자 센서 데이터를 사용하는 것과 동시에 센서 데이터를 사용해 물체가 장난감 공$^{Nerf\ nall}$이고 경로를 다시 시작해도 안전하다는 것을 결정할 수 있다.

특정 알고리듬에는 어떤 종류의 모델이 필요할까? 로컬? 글로벌? 둘 다? 일반적인 가정은 자율 역량이 정교하고 상세한 모델을 필요로 한다는 것이다. 최초의 아이로봇 룸바$^{iRobot\ Roomba}$ 모델은 성공적이었다. 그 로봇은 방을 청소하고자 방의 설계 도면을 미리 학습할 필요가 없었을 뿐더러 방을 벗어난 영역에 대한 고려를 모델에 포함하지 않았기 때문이다. 마찬가지로 많은 시스템이 센서 기능과 관심 영역에 기초해 모델을 만든다. 로봇의 작업 범위$^{Work\ envelope}$가 반경 3m로 정의돼 있다면 반경 9m에 이르는 상세 모델을 만들 필요가 있을까? 3D 시각 정보 구현이 청소 로봇에 필수적인가? 아니면 단순히 시각화하는 것이 매력적이기 때문에 구현하는 것은 아닌가? 추가적인 모델링은 상당한 추정 복잡성과 처리 병목 현상을 가중시키며 자율 역량에서 취약점을 만들 수 있다. 여러 기능을 추가하는 과정에서 정말로 로봇이 구현해야 하는 기능을 생략하거나 성능에 영향을 미치는 우를 범해서는 안 될 것이다.

인간은 어떻게 로봇의 업무에 개입해야 하는가? 18장에서 봤듯이 인간은 항상 어떤 방식으로든 로봇에 관여하며 이는 처음부터 설계에 명확히 정의돼 있어야 한다. 인간은 로봇에게 일을 시키는 것일 뿐인데, 로봇은 작업 개시, 모니터링, 어떤 문제든 처리하는 등 업무 전반을 담당하는 것이 맞는가? 인공지능의 현재 발전 상태를 고려할 때 이런 질문은 시기상조이다. 현재 수준의 알고리듬 완성도는 제한적이며 특정 영역에 대한 이해는 완벽할 수 없다. 따라서 운영자는 자율 AI의 실패와 예상치 못한 장애를 처리할 수 있어야 한다. 로봇의 미션이 완전히 로봇에게 위임된 것일까? 또는 인간 운영자에게 도움을 주기 위한 보조적 용도일까? 인간이 하나 이상의 기능에 관여하는 경우 어떤 에이전트(로봇 또는 인간)가 어떤 기능을 수행해야 하는가? 예를 들어 인간이 로봇의 업무 진행 상황을 모니터링하고 있을까? 인간과 로봇에 의해 기능이 공유되고 있다면 어떤 방식으로 공유되는가? 예를 들어 로봇은 경로나 자원 할당에 대한 추천을 할 수 있지만 최종 결정은 인간 운영자가 내릴 수 있다.

19.3 사례 연구: 무인 지상 로보틱스 경진대회

1994년, 무인 지상 로봇 대회[148]에 출품된 콜로라도 광산학교CSM의 작업은 설계 과정의 좋은 예다. 이 작업은 수십 년이 넘었지만 설계 원칙이 결과와 어떻게 연결되는지 확인하는 데 단순성이 큰 도움이 된다. 이 대회의 목적은 작은 무인 자동차(골프 카트 크기 이하)가 잔디 위에 그려진 흰색 선이 있는 야외 코스를 자율적으로 주행하게 하는 것이었다. CSM 출품작은 1위를 차지했고 상금은 5,000달러였다. 연구 팀은 7단계로 구성된 생태학적 디자인 방식을 사용했다. 각 설계 단계는 먼저 굵은 글씨로 제시하고 이어서 CSM 팀이 실제로 수행한 작업을 자세히 정리했다. 이 사례는 생태학적 틈새에 대한 이해와 결합된 어포던스를 사용과 더불어 현저하게 적은 행동의 효과적인 사용에 대해 자세히 설명한다. 또한 단순한 로봇의 설계도 실행이 가능하려면 여러 번 반복할 필요가 있다는 점을 강조한다.

1단계: 작업 정의. 이 단계의 목적은 로봇이 성공적으로 해야 할 것을 지정하는 것이다.

태스크는 로봇 차량이 헤어핀(누운 8자형 머리핀) 회전, 경로상의 장애물 및 모래 구덩이가 포함된 경로를 주행하는 것이다. 두 대 이상의 로봇이 같은 거리를 이동하거나 코스를 완주하지 않으면 가장 멀리 떨어진 로봇이 우승자가 될 것이다. 최고 속도는 시속 5마일이었다. 로봇이 부분적으로 경계를 벗어난 경우(바퀴 하나 또는 트레드의 일부가 내부에 남아 있는 경우) 페널티로서 주행 거리의 일부를 차감한다. 로봇이 장애물을 움직일 수 있을 만큼 강하게 부딪히면 또 다른 주행 거리 차감 페널티가 부과됐다. 따라서 경기는 어떠한 페널티도 받지 않고 코스를 완주할 수 있는 출품작이 빠르게 주행하지만 경계선을 넘어 표류하거나 장애물과 충돌하는 출품작보다 유리하다. 참가자들은 실제 코스에서 이틀에 걸쳐 준비를 하고 대회 당일 3번 주행을 하게 됐다. 예선의 시간은 추첨으로 결정됐다.

2단계: 로봇 기능 정의. 이 단계의 목적은 로봇의 기본적인 물리적 기능과 기능 제약 사항을 결정하는 것이다. 이론적으로 설계자는 로봇 자체의 디자인, 어떤 기능을 수행할 수 있는지, 어떤 센서를 적용할 것인지 등 로봇 기능을 자유롭게 정의할 수 있다고 예상할 수 있다. 그러나 실제로 대부분의 로보틱스 연구학자는 상업적으로 사용할 수 있는 로봇 플랫폼을 사용해 작업하는데, 플랫폼마다 추가할 수 있는 하드웨어와 센서에 제한이 있을 수 있으며 비용적인 이유로 비교적 저렴한 키트 유형의 플랫폼을 사용해 작업하기도 한다. 따라서 설계자는 설계에 영향을 미치는 로봇 플랫폼 등 몇 가지 고정 제약 조건에 영향을 받는다.

대회 규정상 로봇 자동차는 최소한 가로 3피트, 세로 3.5피트 이상의 규격을 가져야 하지만 골프 카트보다 크지는 않도록 설계해야 한다. 게다가 로봇은 자체적인 전원 공급 장치를 운반하고 모든 컴퓨터를 탑재해야 하며(오프보드 프로세서와 무선 통신이 허용되지 않음) 20파운드의 탑재물을 운반해야 했다.

그림 19.1은 CSM 출품작인 옴니봇의 모습이다. 옴니텍 로보틱스는 구성 부품을 공급했으며, 차량의 베이스 모델은 장난감 가게에서 구입한 Fisher Price 사(미국 유명 완구 업체)의 Power Wheels 배터리 구동 어린이용 지프였다. 차량 규격은 대회 요청 규격을 충족했다. 옴니봇은 후륜 구동 모터와 앞바퀴에는 스티어링 모터를 지닌 실제 자동차와 같은 방식의 애커먼 스티어링을 사용했다. 옴니봇은 22도 회전각을 갖고 있었으며 온보드 컴퓨팅은 옴니텍 CANAMP 모터 컨트롤러를 사용해 33MHz 486 PC에 의해 처리됐다. 센서 제품군은 드라이브상의 샤프트 인코더와

정지 계산용 스티어링 모터, 차량 중앙 근처의 돛대에 장착된 비디오 캠코더, 전면 그릴 아래에 장착된 패닝 음파 탐지기 등 3가지 장치로 구성됐다. 비디오 캠코더의 출력은 흑백 프레임그래버(아날로그 영상 신호를 샘플당 정의된 비트로 디지털로 전환하는 장비)에 의해 디지털화 됐다. 그 음파 탐지기는 폴라로이드®급 초음파 변환기였으며 패닝 장치(동체의 속도나 진행 방향에 맞춰서 카메라를 이동시키면서 촬영하는 장비)는 180도 회전이 가능하다. 모든 코딩은 C++ 기반으로 개발됐다.

그림 19.1 옴니봇: 학생들과 옴니텍 로보틱스 사가 개발한 Fisher Price 사의 Power Wheels 배터리로 구동되는 장난감 지프 기반 이동식 로봇

모터와 기어 덕분에 옴니봇은 1.5mph의 속도로 움직일 수 있었다. 이러한 속도의 제약으로 옴니봇은 우승하려면 다른 출품작보다 적은 벌점으로 더 멀리 가야만 이길 수 있다는 것을 의미했다. 이는 스티어링 시스템이 적어도 150ms의 업데이트 속도를 가져야 하거나 로봇이 코스를 이탈하지 않고 주행해야 한다는 것이다. 프레임그래버는 흑백만 인식할 수 있으며 설상가상으로 프레임그래버의 업데이트 속도는 거의 150ms였다. 모든 비전 처리 알고리듬은 매우 빠르게 업데이트돼야 할 것이다. 그렇지 않으면 로봇이 감지하고 반응할 수 있는 것보다 빠르게 움직여 탈락의 가능성이 높아질 것이다. 음파 탐지기의 표준 탐지 범위는 울퉁불퉁한 경기장 표면과 잔디로 인한 반사로 25.5피트에서 약 10피트로 줄어들었다.

3단계: 환경 요소 정의. 이 단계는 2가지 이유로 매우 중요하다. 첫째, 이는 로봇의 위치를 결정하는 핵심 요소다. 둘째, 환경은 행동에 대한 지각적 관찰 기회를 제공한다. 시각적으로 인식할 수 있는 이벤트가 어떻게 새로운 행동을 개시하게 하는지와 행동을 위한 퍼셉션 스키마가 어떻게 기능할 것인가 등 반응 패러다임은 빠르게 실행되고 리즈닝이나 메모리에 의존을 하지 않기 때문에 다이렉트 퍼셉션을 선호한다는 4장의 내용을 기억하자.

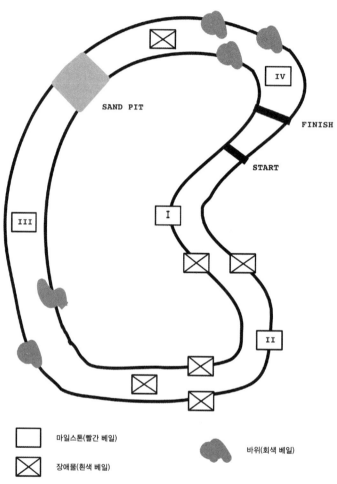

그림 19.2 1994년 지상 로봇 대회 코스

대회 코스는 완만한 경사가 있는 잔디밭 위에 펼쳐져 있었다. 코스는 미국 교통부에 흰색 페인트로 표시된 10피트 폭의 레인으로 구성됐으며 대략 인간의 신장^{kidney}과 유사한 모양이었다(그림 19.2 참조). 코스의 정확한 길이와 코스의 장애물 배치는 경기 당일까지 알 수 없었고 참가 팀에게 사전 코스의 측정이나 시험 주행이 허용되지 않았다. 장애물은 모두 정지해 있었고 흰색이나 빨간색 플라스틱으로 싸인 건초더미들로 이뤄져 있었다. 건초더미 포대들은 대략 가로 2피트, 세로 4피트였고 차선 안으로 최대 3피트 이내로 들어오도록 설치됐다. 음파 탐지기는 8피트 떨어진 접근 각도에서 플라스틱으로 덮인 건초더미를 확실하게 탐지할 수 있었다. 출품작들은 날씨나 구름에 상관없이 5월 22일 오전 9시 ~ 오후 5시 사이에 운행될 예정이었다. 구름 때문에 조명이 바뀌는 시각적인 어려움 외에도 건초더미들은 오전 9시부터 11시까지 그리고 오후 3시부터 5시까지 흰색 선에 그림자를 드리웠다. 모래 구덩이는 길이가 4피트밖에 되지 않았으나 코스의 직선 부분에 놓여 있었다.

경기장 환경에 대한 분석은 자율 주행을 수월하게 하는 데 도움을 줬다. 장애물들이 설치되면서 장애물 사이에 4피트 너비의 공간이 생겼다. 옴니봇은 폭이 3피트밖에 되지 않았기 때문에 로봇이 0.5피트 공차로 차선의 중앙에 머무를 수 있다면 그 코스는 장애물이 없는 것으로 간주될 수 있을 것이다. 로봇의 크기와 환경 규모 사이의 이러한 관계 때문에 장애물을 피할 필요가 없어졌다.

또한 분석 결과 로봇이 제어해야만 하는 환경적 요소가 명확해졌다. 로봇의 유일한 관심 대상은 카메라의 녹색(어두운 회색) 잔디와 높은 대비를 보이는 흰색 선이었다. 하지만 흰색 선의 정확한 조명 값은 날씨에 따라 변했다. 그러나 좀 더 생각한 결과, 연구 팀은 카메라가 두 개 라인을 모두 보려고 하지 않고 한 라인 분석에 집중한다면 시각 이미지에서 가장 밝은 점의 대부분이 라인에 속한다는 것을 깨달았다. 이는 더 많은 이미지에 선이 있기 때문에 신호 대 잡음비^{signal-to-noise}가 감소된 것이다. 밝은 점 중 일부는 반사로 인해 발생하지만 이러한 점은 랜덤하게 분포돼 있다고 가정했다. 따라서 로봇이 이미지의 중앙에 있는 흰색 점의 중심을 유지하려고 하면 로봇이 차선 중앙에 유지된다.

4단계: 환경 요소에 대한 로봇 반응 정의. 이 단계의 목적은 하나 이상의 프리미티브

^{Primitive} 행동으로 활용할 후보군을 확인하는 것이다. 이러한 후보군은 나중에 업그레이드되거나 제거될 것이다. 설계자가 로봇이 어떻게 작동해야 하는지를 정의하고 나면 일반적으로 로봇의 행동은 명확해진다. 이 단계의 핵심은 로봇이 어떻게 할 것이냐가 아니라 로봇이 무엇을 할 것이냐를 파악하는 것이라는 점을 명심해야 한다. 물론 설계자는 종종 무엇을 할 것인지와 어떻게 할 것인지를 동시에 고려할 수 있다.

CSM 출품작의 경우 처음에 1가지 행동만 제안됐다(라인을 따라 이동할 것). 로봇의 퍼셉션 스키마^{perceptual schema}는 흰색 선을 사용해 흰색 선의 중심이 어디에 있는지와 중심이 있어야 하는 위치 사이의 간격을 계산하는 동안 모터 스키마^{motor schema}는 그 차이를 스티어링 모터에 대한 명령으로 변환한다.

작업 수행에 필요한 동작을 정리할 때 가능한 모든 행동^{behavior}을 종이 한 장에 정리하는 1가지 방법으로 모든 행동 테이블 형태의 표로 구성하는 것이 도움이 된다. 각 동작의 릴리저^{Releaser}는 충돌 없이 올바르게 동작^{operate}한다는 것을 확인하는 데 도움이 된다(7장에서 다룬 가시고기 수컷과 유사한 로봇을 실수로 프로그래밍하는 것은 바람직하지 않다는 것을 기억하라). 설계자가 모터 스키마와 퍼셉션 스키마를 분류하는 것은 종종 유용하다. 예를 들어 로봇이 목표 지점으로 이동하라는 모터 스키마를 갖고 있고 장애물 회피 행동을 함께 갖고 있다고 가정해보자. 장애물 회피 행동 때문에 로봇이 목표를 인식하지 못하면 어떻게 될까? 퍼셉션 스키마는 목표를 상실하고 목표로 향하는 행동이 종료될 것이다. 설계자는 행동이 고정된 액션 패턴 내에서 이뤄질 것이며, 따라서 목표로 알려진 위치로 계속 이동할 것이라고 가정했을 것이다.

표 19.1의 행동 테이블에서 보듯이 CSM 팀은 처음에 `follow-line`이라는 1가지 행동만 제안했다. 라인을 따르라는 행동 `follow-line`은 모터 스키마, 라인 중앙 유지 `stay-on-path(centroid)`, 반사적(자극 반응) 행동으로 구성됐다. 퍼셉션 스키마인 `compute-centroid(image, white)`는 선으로 이미지에서 흰색의 중심점을 적당한 선으로 추출했다. 중심점의 x 성분 또는 수평 위치인 `c_x`만 사용됐다.

표 19.1 동작 테이블의 예

동작 테이블

릴리저	동작	모터 스키마	퍼셉트	퍼셉트 스키마
always on	follow-line()	stay-on-path(c_x)	c_x	compute_centroid(image,white)

5단계: 동작 세분화. 지금까지 설계자는 로봇 반응 시스템의 조직과 예상되는 활동을 정의했으며, 이제 각 개별 행동의 설계에 집중할 수 있게 됐다. 설계자는 모터 및 퍼셉트 스키마에 대한 기본 알고리듬을 구성할 때 로봇이 작동할 것으로 예상되는 환경 조건의 정상 범위(예, 정상 상태^{Steady state})와 동작이 실패할 조건을 고려하는 것이 중요하다.

라인을 따르라는 행동 **follow-line**은 경기장 환경에서 흰색 선과 흰색으로 덮인 것은 건초더미라는 분석에 바탕을 두고 있다. 이것이 좋은 추측이었지만 대회 도중 재미있는 사건으로 이어졌다. 로봇이 흰색 선을 따라 코스를 내려가고 있을 때 심사위원 중 한 명이 로봇 카메라의 시야로 들어섰다. 심판은 흰 신발을 신고 있었고 옴니봇은 신발과 줄 사이의 방향을 거칠게 틀었다. CSM 팀의 주장인 Floyd Henning은 무슨 일이 일어나고 있는지 깨닫고 심판에게 비키라고 소리쳤다. 그 경고는 너무 늦었다. 로봇의 앞바퀴는 이미 선을 넘었고 로봇 카메라는 이제 라인 밖을 향하고 있었다. 그때 갑자기 가장 왼쪽 뒷바퀴가 경계선을 벗어나려 하기 직전에 옴니봇은 똑바로 서서 라인과 평행하게 가기 시작했다. 경로가 오른쪽으로 바뀌었고 옴니봇은 경로로 다시 건너가 라인을 다시 따라갔다. 옴니봇은 결국 코스를 더 내려가는 방향에서 헤어핀 턴(누운 8자형 머리핀) 회전 지점을 유유히 벗어났다. CSM 팀이 서로 쳐다보며 당황해 했지만 관중들은 열광했다.

옴니봇이 어떻게 다시 진입할 수 있었던 것일까? 퍼셉션 스키마는 중심점을 계산하고자 이미지에서 20%의 밝은 픽셀을 사용하고 있었다. 옴니봇이 잔디 위를 돌아다녔을 때 잔디 위의 반사는 거의 무작위였고 여러 편차가 상쇄돼 항상 중심점이 이미지 중앙에 남아있었기 때문에 옴니봇은 직진할 수 있었다. 그라운드 관리인들은 길이 있는 구역만 잔디를 깎았다. 길옆에는 민들레 씨앗 퍼프가 가득 실려 있는 자르지 않은 풀들이 평행으로 있었다. 줄지어 선 하얀 씨앗들이 흰색 선으로 작용했고 민들레가 시야에 들어오자 옴니봇은 착하게도 진로를 거기에 평행하게 수정했다. 민들레가 다 떨어졌을 때 옴니봇이 곧게 뻗어 경로로 다시 들어간 것은 순전히 행운이었다. 옴니봇은 신발과 민들레에 반응하도록 프로그램되지 않았지만 생태학적 틈새^{ecological niche}를 고려했을 때 정확하게 반응했다.

6단계: 독립적 행동 테스트. 모든 소프트웨어 개발 프로젝트와 마찬가지로 모듈이나 행동도 개별적으로 테스트돼야 한다. 로봇에 대한 모듈을 테스트하기 전에 시뮬레이션 테스트를 수행하는 것이 좋다. 시중에서 판매되는 많은 로봇은 임프레시브 시뮬레이터와 함께 제공되거나 로봇 운영 시스템^{ROS} 패키지에 시뮬레이터가 내장돼 있다. 그러나 시뮬레이터는 종종 로봇의 퍼셉션 능력이 아닌 로봇의 역학 ^{Mechanics} 위주로 모델링한다는 것을 기억하자. 시뮬레이션은 모터 스키마 코드가 올바른지 확인하는 데 유용하지만 퍼셉션 스키마를 검증하는 유일한 방법은 실제 세계에서 테스트하는 것이다.

7단계: 다른 행동 테스트. 로봇 반응 시스템을 설계하고 구현하는 마지막 단계는 통합 테스트를 수행하는 것이다. 통합 테스트는 개별 동작들이 총체적으로 결합돼 시험하는 단계다. 통합 테스트에는 실제 환경에서 동작 테스트하는 것도 포함된다.

흰색 선으로 시험했을 때는 **follow-line** 행동이 잘 작동했지만 흰색 선과 장애물로 시험했을 때는 잘되지 않았다. 장애물들(선 가까이에 위치한 빛나는 하얀 건초더미들)은 종종 잔디보다 더 밝았다. 빨간색 플라스틱으로 포장된 건초더미는 시작 영역을 표시하는 데만 사용됐으며 로봇이 볼 수 없었다. 따라서 **follow-line** 행동에 대한 퍼셉션 스키마는 중심점 계산에서 건초더미에 속하는 픽셀을 포함했다. 늘 그렇듯 로봇은 건초더미 위에 고정됐고 선이 아닌 주변을 따라 이동했다. 건초더미들은 '시각적인 주의 분산^{visual distractions}'의 역할을 수행했다.

다행히도 그 건초더미들은 상대적으로 작았다. 로봇이 약 2초 동안 '눈을 감고' 직선으로만 움직일 수 있다면 로봇은 대부분 코스를 따라가고 라인에 다시 복귀할 수 있을 것이다. 이를 미리 move-ahead 행동이라고 한다. 벡터 합계가 없었음에도 불구하고 균일한 퍼텐셜 필드를 생성하고자 행동은 로봇의 방향 (steering angle, dir)을 사용했다. 문제는 로봇이 언제 비전 입력을 무시하고 move-ahead를 배포해야 하는지를 결정하는 것이다.

카메라의 입력을 언제 무시할 것인가 하는 문제에 대한 해결책은 move-ahead를 위한 릴리저로 음파 탐지기를 사용하는 것이었다. 음파 탐지기는 선을 가리키고 있었고 음파 탐지기가 범위 내의 판독 값을 전달할 때마다 move-ahead는 2초 동안 비전 입력을 무시하고 테이크 오버^{take over}를 진행했다. DOS로 작업하는 데 어려움이 있었기 때문에 옴니봇은 사전에 정의된 프로세스를 사용해야 했다. 결과적으로 모든 프로세스가 각 업데이트 주기에 실행하는 것이 더 쉽고 안정적이었다. move-ahead를 위한 릴리저로 음파 탐지기는 기본적으로 follow-line을 억제했다. 반면 음파 탐지기가 없을 경우 move-ahead 행동을 억제했다. 2가지 행동 모두 항상 실행됐지만 로봇은 1가지 행동만을 수행한다. 새로운 행동 테이블은 표 19.2에 있으며 그림 19.3은 이러한 억제를 보여준다.

표 19.2 CSM 출품작을 위한 새로운 동작 테이블

릴리저	억제 조건	동작	모터 스키마	퍼셉트	퍼셉트 스키마
always on	near=read_sonar()	follow-line()	stay-on-path(c_x)	c_x	compute_centroid(image,white)
always on	far=read_sonar()	move_ahead(dir)	uniform(dir)	dir	dead_reckon(shaft-encoders)

최종 버전의 설계는 CSM 팀이 1위를 차지할 만큼 충분히 잘 작동했다. 로봇은 결승선에서 약 10야드 떨어진 곳까지 트랙을 따라 이동했으며 로봇의 견인력을 테스트하기 위한 얕은 모래 구덩이를 만났다. 모래 구덩이는 모래가 옅은 색이고 라인의 일부로 해석될 수 있기 때문에 다소 우려됐다. 또한 모래가 지면에 있었기 때문에 거리 측정값을 억제제로 사용할 수도 없었다. 결국 팀은 모래 구덩이의 깊이가 건초 더미 높이의 절반에 불과하기 때문에 기존에 사전 정의된 프로세스를 바꿀 가치가 있을 만큼 로봇에 충분한 효과를 주지 못할 것이라고 판단했다.

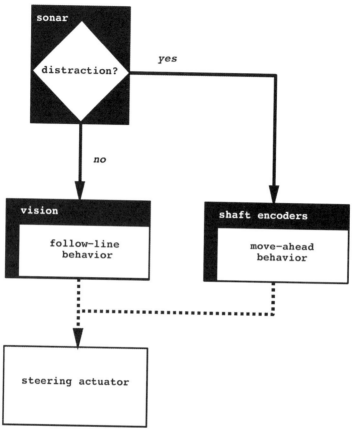

그림 19.3 1994년 무인 지상 차량 경쟁 대회에서 CSM 출품작의 행동 배치 (behavioral layout).

모래 구덩이가 너무 작아서 눈에 크게 띄지 않는다는 팀의 생각은 옳았다. 하지만 그들은 견인력 문제는 간과했다. 팀은 견인력^{traction}을 더 얻고자 매끄러운 플라스틱 바퀴 위로 진짜 타이어 조각을 덧댔으나 바퀴에 부착하는 것을 잊었다. 일단 모래에 들어갔을 때 타이어 안에서 휠이 헛돌았다. 제한 시간 초과 후 팀은 로봇이 전체 코스를 완주했는지 확인하고자 로봇을 재작동시킬 수 있었다. 다행히도 모래 구덩이만큼 멀리까지 간 로봇은 없었다.

반응 시스템이 이 애플리케이션에 충분했다는 것은 분명하다. 초기 반응 행동의 활용은 계산 관점에서 매우 저렴해 로봇이 거의 비전 프레임그래버(아날로그 영상

726

신호를 샘플당 정의된 비트의 디지털로 전환하는 전자장비)의 업데이트 속도로 액추에이터를 업데이트할 수 있었다.

CSM 팀은 좁은 생태학적 틈새에 맞는 로봇을 개발했다. 이러한 행동은 인도 sidewalk를 따라가는 것과 같은 유사한 영역이나 심지어 교차점이 있는 흰색 선 경로에서도 작동하지 않을 수 있는데, 틈새에 이러한 속성Attributes이 포함되지 않았기 때문이다. 그러나 생태학적 설계 프로세스는 좁은 틈새에만 국한되지 않는다. 유사한 설계 프로세스를 사용해 환경과 작업의 광범위한 통합에 대한 명시적 요구 사항을 충족하는 로봇을 개발할 수 있다. 그 로봇은 심의 기능deliberative functionality이 필요할 것이다.

19.4 분류 체계 및 주요 지표와 시스템 설계

설계 과정에서의 일반적인 실수는 3장에 제시된 자율 시스템을 설계 가이드라인 및 로드맵과 비교하기 위한 분류 체계와 측정 기준을 혼동하는 것이다. 특히 NASA의 셰리던Sheridan[1991]에 의해 시작됐고 아키텍처의 자율성 레벨LOA, Level Of Autonomy 방식의 원천으로 사용되는 인간과 기계 사이의 위임 분류 체계는 종종 프로그래밍 로드맵으로 취급된다. 분류 체계에 초점을 맞추면 설계자는 먼저 공유 제어 기능을 처리하는 프로그램 로봇, 의사 결정 지원 등을 처리하는 프로그램 로봇과 같은 진화 로드맵 접근 방식으로 방향을 잡게 되며 결국 완전한 자율 로봇의 코드 기반이 존재하도록 충분한 기능을 추가하게 될 것이다. 이 책에서 강조하고자 하는 설계 철학은 필요한 심의형deliberative 인공지능의 양에 관계없이 특정 로봇에 대해 필요로 하는 기능이 무엇인지 정의하는 것에서 시작한다. 그런 다음 설계자는 로봇, 인간 또는 소프트웨어 중 어느 에이전트가 해당 기능을 담당할 것인지 결정한다. 예를 들어 한 로봇의 생태학적 틈새는 일부 작업에 대한 의사 결정 지원을 제공하는 것일 수 있지만 동일한 로봇이 수행하는 다른 작업에 대해서는 제어가 필요할 수 있다.

소프트웨어 분류 체계와 (레이어에 따른) 소프트웨어 조직의 시각화는 것은 '가장 낮은' 지능형 기능을 지닌 시스템을 먼저 프로그래밍한 이후 순차적으로 로봇이 다음 기능을 수행할 수 있도록 프로그래밍을 추가해야 한다는 생각에 근거한 개발 로드맵이다. 이 접근 방식에는 2가지 문제가 있다. 첫째, 시스템 설계의 가치를 훼손한다. 예를 들어 집은 아무리 작더라도 욕실, 부엌, 침실 같은 핵심 공간을 필요로 할 것이다. 욕실이나 부엌만 있다면 일반적으로 집이 아니다. 분류 체계와 레이어화 방식은 집을 지을 때 1층에 침실, 부엌, 화장실을 만들고 이후에 2층을 올리는 방식이 아니라 화장실만 있는 집을 짓고 이후에 화장실과 부엌이 있는 집을 짓는 식으로 접근하는 것을 의미한다.

집은 처음부터 어느 정도의 기능을 제공해야 가치가 있다. 둘째, 레이어화된 접근 방식은 확장 가능성을 억제한다. 어떤 사람이 집을 짓고 살다가 몇 년 후 증축을 한다면 처음 집은 보통 침실, 부엌, 욕실 등 기본적인 생활공간을 갖췄을 것이다. 그 집은 미래의 증축에 용이하도록 설계될 것이다. 예를 들어 더 큰 토대를 세우거나 지붕의 특정 벽 등을 집이 더 쉽게 증축될 수 있도록 지었을 것이다. 미래의 증축을 위해 설계되지 않은 집에 증축을 하는 것은 비용이 많이 들고 공간 활용이 제한적인 '못난' 집으로 지어질 것이다.

로봇 커뮤니티의 최근 논의는 로봇 시스템의 자율성을 다른 시스템과 비교하는 분류 체계를 만들려는 시도로 이어졌다. 그러한 분류의 예는 미국 국립표준기술원의 무인 시스템 자율성 레벨ALFUS, Autonomy Levels for Unmanned Systems이다. [95] 집을 짓는 데 필요한 작업량은 건축물이 주택인지 여부를 측정하는 지표가 아니기 때문에 시스템이 얼마나 자율적인지를 비교하거나 추정하기 위한 지표는 오해의 소지가 있다. 부엌은 멋진데 침실이 없는 집은 침실과 작은 부엌이 있는 집만큼 짓는 데 시간이 많이 걸리지만 멋진 부엌만 있는 것은 당연히 집이 아니다. 1800년대 건축된 주택은 건축의 용이성에 최적화돼 있는 현재의 주택보다 건설에 더 많은 육체적 노력이 필요했을 것이다. 하지만 두 주택 모두 주택 본연의 기능을 한다는 점에서 등가물equivalent로 볼 수 있다. 로봇 시스템은 특정 기능이 다른 기능보다 프로그래밍하기 쉬워서가 아니라 시스템의 목표가 해당 기능을 요구하기 때문에 특정 자동 기능을 가져야 한다.

생태학적 접근법은 설계자가 레이어들의 단순화된 시각화에서 벗어나 특정 핵심 기능의 설계에 미치는 영향에 대해 생각하는 것을 강조한다. 지진이 잦은 캘리포니아의 언덕길을 따라 지어진 침실 세 개짜리 주택은 플로리다의 해변을 따라 비슷한 크기의 침실 세 개짜리 주택과는 다른 형태의 기초와 건축 자재로 지어질 것이다. 마찬가지로 로봇에서 플랫폼, 센서, 알고리듬의 선택은 환경의 복잡성에 영향을 받는다. 그러나 캘리포니아 주택이 본질적으로 플로리다 주택보다 더 나은 것은 아니다. 작은 집의 예로 돌아가서 작은 집과 저택은 둘 다 같은 핵심 기능 공간을 갖게 될 것이지만 손님을 접대하는 좀 더 복잡한 생활 방식을 위해 설계된 저택은 더 큰 부엌, 더 많은 침실과 욕실, 수영장과 홈시어터 같은 추가적인 기능을 갖게 될 것이다. 마찬가지로 로봇의 디자인도 미션 복잡성에 영향을 받는다. 방 다섯 개짜리 집은 주인이 정원을 가꾸는 데 시간을 보내고 싶어 하지 않기 때문에 상대적으로 작은 마당을 가질 수 있는 반면, 방 한 개짜리 오두막은 주인이 정원 가꾸는 취미를 갖고 있기 때문에 훨씬 더 큰 마당을 가질 수 있다. 마찬가지로 로봇 설계는 원하는 인간의 독립성에 영향을 받는다.

19.5 지능형 로봇에 대한 전체적인 평가

3장에서는 자율성을 시험하는 데 있어서 비결정론의 어려운 문제를 소개했다. 이후 자율 역량이 실제로 여러 알고리듬이나 데이터 구조가 함께 작동하는 결과일 수 있다는 증거를 제시했다. 알고리듬을 개별적으로 테스트할 수 있지만 어느 시점에서는 전체적인 로봇 시스템의 맥락에서 기능이 평가돼야 한다. 핵심 질문은 과연 "증가된 지능이 전반적으로 시스템에서 잘 작동하고 가치를 더했는가?"이다.

이 절에서는 알고리듬, 하드웨어, 애플리케이션에 따라 결과가 크게 달라지기 때문에 구체적인 시험 방법은 설명하지 않겠다. 대신 지능형 로봇의 평가를 수행하기 위한 일반적인 프레임워크를 제공하고자 한다. 먼저 설계자에게 로봇 실패나 고장의 이유를 확인할 수 있는 실패 원인 분류 체계를 제공하고자 한다. 다음으로 로봇 평가에 필요한 4가지 유형의 실험이나 설정 방법을 설명한다. 이 절에서는 가설을 입증하고 이슈를 해결하며, 로봇에 대한 새로운 것을 학습하고자 수집해야 할 특정 카테고리의 데이터가 무엇인지 다룰 것이다. 그리고 마지막으로 대량의 데이터 집합을 수집하는 것이 센서 문제를 결정하는 데 어떻게 도움이 됐는지에 대한 사례 연구로 끝을 맺을 것이다.

19.5.1 고장 분류 체계

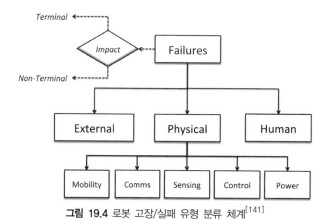

그림 19.4 로봇 고장/실패 유형 분류 체계[141]

그림 19.4는 칼슨과 머피[37]의 연구[141]에서 소개된 로봇 고장 분류 체계다. 로봇 고장의 원인은 크게 3가지다.

1. **로봇이나 운영 담당자가 직접 제어할 수 없는 외부 고장.** 광산 폭발로 로봇이 파괴되는 것이 그 예다.
2. **로봇 자체의 물리적 고장.** 물리적 고장은 모빌리티mobility, 커뮤니케이션communication, 센싱sensing, 제어control 또는 계산computation 및 전력power과 같은 세부 시스템 분류별로 추가 분류될 수 있다. 모빌리티 고장은 거의 발생하지 않지만 전원(예, 단락)과 커뮤니케이션 드롭아웃은 더 빈번히 발생한다.[38] 설계자는 종종 모빌리티는 완벽하게 구현하는 데 모든 노력을 집중하느라 '부차적인' 시스템을 상대적으로 무시하게 되기 때문에 모빌리티에

730

서 고장률은 낮고 전력 및 통신 고장률이 높은 것은 놀랄 일이 아니다.

3. **인간 오류.** 로봇 고장의 50% 이상이 인간 오류 때문이라는 재난 로보틱스 보고서에 대한 최근 연구는 인간 오류율이 높은 것은 오류의 원인이 운영 자가 아니라 설계자임을 시사한다.

로봇 고장은 2가지 중 하나에 영향을 미칠 수 있다. 중대한 고장[terminal failure]은 미션이 중지됐거나 로봇이 제자리에서 멈춰버린 것과 같은 이유로 미션이 종료됐음을 의미한다. 상대적으로 사소한 고장[nonterminal failure]은 미션은 계속되지만 로봇의 수행 성능이 저하된 상태를 의미한다.

19.5.2 실험의 4가지 유형

표 19.3은 로보틱스 연구학자가 자율 역량을 테스트하고자 사용하는 4가지 유형의 실험을 보여준다. 각 유형에는 실험 장소, 예상되는 일반적인 결과, 실험에 대한 궁극적인 목적이나 동기가 있다. 또한 실험을 주관하는 사람은 로보틱스 연구학자 또는 로봇을 실제로 사용하는 이해관계자일 수 있다. 실험은 실 환경과 매우 유사한 현실적인 조건에서 수행될 수 있다. 현실적인 실험 조건은 실제 작업 공간의 물리적 특성과 운영 환경 측면에서의 속성을 모두 재현해내는 것이 중요하다. 예를 들어 실험의 모든 절차는 해당 애플리케이션이나 사용자에 의해 사용되는 표준 안전 및 운영 절차를 따라야 한다. 실험 조건은 랩 테스트 설정(통계학적 데이터 추출을 위해 반복 실험 수행 및 변인 통제)부터 실제 미션에 로봇을 사용하는 환경까지 다양하다.

통제된 실험[Controlled experimentation]에서의 목표는 가설을 테스트하거나 로봇의 특정 기능의 성능을 적정하게 확인하는 것이다. 실험은 로보틱스 연구학자가 실험을 명시적으로 구성하고 통계적으로 유효한 추론을 얻고자 조건을 제어하는 랩 환경(실내 또는 실외)에서 주로 이뤄진다. 초점은 통계 데이터를 얻기 위한 반복에 있다.

알버트 및 헤이스의 정의에 따르면 시연[Exercise]의 목적은 좀 더 현실적인 환경에서 사전 스크립트로 작성된 일련의 활동[Activity]에 따라 시스템을 테스트하는 것이다. 시연은 '실제와 유사한 환경[Staged world]'에서 진행되는데, 여기서 로봇의 환경은 현실적이지만 반복 가능하게 설계돼 있어 더 높은 정확도의 물리적 테스트가 가능하다. 이 스크립트는 실험실 환경에서 좀 더 높은 운영 정확도를 가질 것으로 예상된다. 시연은 로보틱스 연구학자나 이해관계자가 수행할 수 있다. 시연은 일반적으로 로보틱스 연구학자들이 좀 더 현실적인 조건에서 로봇을 시험하거나 이해관계자로부터 피드백을 얻고자 사용한다. 국가최고공식 테러방지훈련TOFOFF이나 미국 국방부 첨단 개념 기술 데모와 같은 시연은 이해관계자들이 직접 도입하고자 하는 기술에 대한 이해를 높이고 다른 이해관계자들이 이 기술에 대한 우호적인 의견을 형성하게 장려하고자 사용되며, 이 시연 과정을 통해 기술 도입이 촉진되게 하는 것이 주목적이다. 참여자와 관찰자에게 로봇을 통해 깊은 인상을 주고자 하는 욕구는 종종 로봇의 장점을 강조하고자 스크립트와 환경을 엔지니어링하는 결과로 이어진다. 따라서 시연은 로봇의 실제 시스템 성능 수준을 평가하거나 인간-로봇 상호작용에 관한 통찰력을 얻는 데 예상만큼 가치가 없었다.

표 19.3 4가지 유형의 실험. 머피의 연구[141]에서 수정됨

작업 유형	드라이버	장소	작성자	결과
통제된 실험	가정 또는 성능	실험실	로보틱스 연구학자	통계적으로 유효한 추론
시연	성공적인 데모 시연	스테이지 월드	이해관계자 및 로보틱스 연구학자	숙련도, 호의적 견해, 빠른 도입, 피드백
컨셉 실험	미션 적합성	스테이지 월드 또는 실제 월드	이해관계자	갭 분석, 새로운 사용, 오퍼레이션 컨셉
참여자-관찰자	진정성	실제 월드	이해관계자	실제 사용, 오퍼레이션 컨셉, 고장 및 불편 사례

컨셉 실험Concept experimentation[3]은 대부분의 로보틱스 연구학자들이 시연을 통해 얻고자 하는 것일 수 있다. 시연의 결과는 시스템 설계에서 누락된 것, 가능한 새로운 용도가 식별될 수 있는 것, 일반적인 오퍼레이션 개념에 대한 갭 분석 등이다. 컨셉

실험은 처음부터 끝까지 미션에 대한 기술 시스템의 적합성을 탐구하기 위한 것으로, 이를 운영 컨셉이라고 한다. 운영 컨셉에는 미션뿐만 아니라 로봇을 위치로 이동시키는 로지스틱스, 크기, 중량 제한, 정상 변속 중에 배터리를 재충전하는 데 필요한 전기 등이 포함된다. 이 시연 시나리오는 이해관계자들이 기술을 적용하되 정상 운영 환경에 관한 다른 어떤 것도 변경하지 않도록 구성될 것이다. 시연자는 로봇의 작동이나 시연 플로우를 간섭하지 않고 데이터를 캡처해야 할 것이다. 컨셉 실험에서 참가자들은 로봇이 실패하더라도 미션을 계속 수행하므로 시스템의 취약성에 대한 귀중한 피드백을 얻게 된다. 컨셉 실험은 2002년 이래로 로보틱스와 인간-머신 상호작용에 사용돼 왔으며, 특히 로보틱스를 위한 여름 학교^{Summer Institute} 시리즈에서 사용됐다.[152;213;89]

로봇을 평가하기 위한 최고 정확도의 물리적 조건과 운영 조건은 실제 사용 중에 발생한다. 이 경우 로보틱스 연구학자는 인종학자들이 원시 부족^{tribe}에 정착할 때와 유사하게 실제 환경(스테이지 월드^{Staged world}와 다르게)에서 참여자-관찰자 역할을 하는 것이다. 이러한 실제 적용 단계에서 생성된 데이터는 원래 다른 형태의 테스트양이 적지만 사례 연구는 로봇이 실제로 어떻게 사용될지, 이러한 사용을 촉진하고자 무엇을 해야 하는지, 로봇이 언제 고장 났는지와 그 이유를 식별하는 데 유용하다.

19.5.3 수집할 데이터

로봇 시스템을 평가하려면 데이터가 필요하다. 데이터 수집은 중요하지만 종종 전체 데이터 세트를 수집하는 것을 잊어버리기 쉽다. 실험을 통해 일반적으로 종속 변수, 독립 변수, 로봇 작동 조건, 로봇 및 기타 실험에 사용되는 장비, 경험 방법 및 실험 결과 등의 데이터를 확보할 수 있다. 그러나 최근 마이크로 UAV의 자율 이착륙 연구 18개를 분석한 결과 모든 연구에서 보고한 유일한 공통 측정값은 차량 유형인 것으로 나타난 것에서 보듯이 어떤 데이터를 수집할지 점검하는 것은 중요하다.[67] Disaster Robotics[141]는 수집할 수 있는 데이터의 6가지 카테고리를 정의하고 있다. 활동 로그, 컨텍스트, 로봇 시각 데이터, 로봇 상태 데이터, 외부 관점 로봇

데이터, 인간과 로봇의 상호작용 데이터 등이다. 또한 이 책은 데이터 관리를 포함한 현장 로보틱스를 위한 데이터 수집 프로토콜의 필수적인 요소들을 설명한다. 네 번째 유형의 실험인 통제된 실험의 경우 데이터 수집의 목적은 가설을 증명하거나 반증하는 것이다. 가설은 매우 광범위할 수 있으며 종종 '자율 능력 작동the autonomous capability works'으로 두리뭉실하게 넘어갈 수도 있지만 가설을 뒷받침하거나 반박할 수 있는 데이터뿐만 아니라 '작동'에 대한 정의와 결과에 대한 신뢰도를 보장할 수 있는 충분한 데이터가 있어야 한다. 예를 들어 마이크로 UAV에 대한 자율 이착륙 기능을 갖춘 통제된 실험 가설은 로봇이 어떤 날씨 조건에서도 안정적으로 착륙할 수 있거나, 로봇이 인간뿐만 아니라 스스로 착륙할 수 있거나, 착륙이 중단된 동안 조종사가 인계받을 수 있다는 것을 보여주는 것일 수 있다. 첫 번째 가설은 실험이 다양한 기상 조건에서 이륙과 착륙을 반복하고 측정 오차에 대한 계산 기준을 가질 것임을 시사한다. 이러한 측정 기준은 대상으로부터의 거리, 표제에서의 거리, 차이 또는 '작업'의 정의를 반영하는 다른 측정 지표일 수 있다. 두 번째 가설은 인간과 로봇이 거의 동일한 상황에 착륙하게 함으로써 인간 조종사와 AI 조종사의 통계적 비교를 가능하게 할 것이다. 측정 지표에는 인간과 로봇의 성능이 다른지 확인하고자 페어링된 T-테스트가 포함될 수 있다. 두 실험 모두 화학과 물리학 수업의 고전적인 랩 실험과 비슷할 것이다. 세 번째 가설은 18장에 기술된 심리적 실험 설계에 따라 매우 다른 유형의 실험을 필요로 할 것이다.

던컨과 머피[67]가 전통적인 방식의 실험을 위해 수집한 데이터는 다음과 같다.

- **종속 변수, 독립 변수, 상수.** 독립 변수란 종속 변수의 측정 가능한 변화를 예측하고자 변경되거나 조작되는 변수다. 자율 착륙의 경우 종속 변수는 실제 착륙 지점과 목표 착륙 지점 사이의 평균 오차일 수 있으며 독립 변수는 알고리듬(자율 알고리듬, 인간 수동 조작, 다른 파라미터를 포함한 자율 알고리듬 등) 또는 운영자, 하강 시작 고도, 착륙 지점의 표면 등이 될 수 있다. 독립 변수 이외의 다른 모든 조건은 일정해야 한다. 바람, 온도, 하루 중 시간, 대기 중 구름 밀도cloud cover, 기타 운영 조건 등 일정하지 않는 경우 해당

변수가 결과에 미치는 영향을 명시적으로 고려하고 영향을 논의해야 한다. 이러한 통제되지 않은 운영 환경은 경미할 수도 있으나 가설에 대한 결론에 중대한 영향을 미치는 요인이 될 수 있다.

- **운영 데이터.** 수집된 모든 데이터가 가설 검증에 사용되지 않을 수 있으나 추후 활용될 수 있다. 총 비행시간을 기록하는 과정에서 중요한 다른 정보를 수집할 수 있다. 예를 들어 UAV가 2.5분 내에 착륙할 수 없게 돼 운영자가 수동 조종으로 전환하는 경우 이는 알고리듬이나 운영 절차에 포함될 수 있다. 마찬가지로 비행 경로를 기록하는 것이 유용할 수 있다. 직선이나 평활 경로가 더 나은 성능을 나타내거나 이상이 발생한 활주로를 식별할 수 있기 때문이다.

- **장비 또는 실험기구.** 실험은 어떤 로봇, 중량^{Payload}, 운영체제 등을 사용했는지 기록해야 한다. 또한 장비별로 성능의 차이가 있을 수 있으므로 실험에서는 데이터를 수집하고자 어떤 장비를 사용했는지 기록해야 한다. 예를 들어 모션 캡처 카메라를 사용하면 하강 움직임을 추적하는 해상도가 휴대폰 카메라보다 훨씬 정밀하다.

- **실험 방법.** 자율 착륙 시험의 경우 실험 방법은 다음과 같을 수 있다. UAV는 지상 10m에서 30m 사이의 임의의 고도에서 착륙 목표물 반경 10m 이내의 임의의 위치로 30회 실험을 수행한다. 운영자는 자율 착륙을 지시할 것이다. 다음 상황에서는 실험이 강제 종료될 것이다. a) UAV가 스스로 착륙을 완료하고 전원을 끄는 경우, b) UAV가 날씨나 예상치 못한 오작동으로 인해 착륙을 중단하는 경우, c) UVA가 성공적인 착륙 없이 5분 후에 주행이 종료될 경우다.

『Disaster Robotics』(MIT Press, 2014)[141]라는 책은 현장 시연$^{field\ exercise}$, 컨셉 실험$^{concept\ experimentation}$, 참여자-관찰자$^{participant-observer}$ 실험에서 수집하려는 6가지 카테고리의 데이터를 정의하고 있다. 다음은 실험 및 사전 테스트에 유용하다.

- **활동 로그.** 로그 데이터는 이벤트별 발생 순서에 대한 정보를 제공한다. 활동 로그는 예상 비행시간과 같은 설계상 개선 사항을 알려줄 수 있다. 예를 들어 건물 구조 검사 작업은 UAV가 다층 건물의 한 측면을 8분에서 12분 이내에 매핑할 수 있으며, 운영자는 다음 측면을 UVA가 매핑하는 동안 안전한 운영을 유지하고자 착륙하거나 안전하게 비행해야 한다는 것을 보여줬다.[171] 실험 결과 건물에 얼마나 많은 측면을 UVA가 매핑하더라도 최대 비행시간은 12분이었다. 따라서 더 긴 배터리 수명과 더 긴 비행시간을 가진 UAV는 이 업무에 반드시 필요한 것은 아니다. 설계자들은 구조 검사용 UVA를 개발할 때 저렴하고 짧은 비행시간의 UAV를 만들고자 이 정보를 사용할 수 있다. 활동일지는 로봇의 흥미로운 장점을 밝혀줄 수 있다. 예를 들어 방사능 유출 현장에 UGV를 배치하는 데 걸리는 시간은 평균적으로 훈련 받은 인간 구조대원과 비슷하지만 UGV는 현장으로 더 빨리 이동하고 더 오래 머무를 수 있다.

- **컨텍스트(맥락).** 로봇의 비정상적인 동작과 로봇이 잘 작동하는 이유와 로봇이 그렇지 않은 이유를 설명하는 데 도움이 될 수 있다. 한 사례에서는 배관과 하수관 검사를 위해 개발된 추적 UGV가 산사태로 파손된 주택가를 수색하고자 사용됐다.[139] UGV가 선로에서 벗어나 그 미션은 중단돼야 했다. 특히 주택 주변 환경, 집에 쉐그 카펫^{Shag carpet}이 깔려 있다는 것은 로봇이 왜 실패했는지 이해하는 데 필수적이었다. 민감한 인간-로봇 상호 작용 상황에서 팀이 얼마나 많은 수면을 취하고 있는지, 그들이 느끼고 있는 전반적인 스트레스와 압박감 등에 대한 맥락은 심리적인 맥락을 제공한다.

- **로봇 시각, 로봇 상태, 외부 관점 로봇 관찰 데이터.** 이러한 데이터 세트는 디버깅과 오류 분석에 유용하다. 예를 들어 충돌 전에 로봇이 일정 시점 T에 약간 진동을 시작하면 진동을 보여주는 비디오는 2가지 용도로 사용된다. 무엇이 잘못됐는지에 대한 단서이며 로봇 상태 로그(무엇을 실행하고 있

었는가?)와 로봇의 시선(무엇을 보고 있었는가?)을 살펴볼 수 있는 시계열 정보 Timestamp를 제공한다. 외부 관점 로봇 관찰 데이터는 관찰자의 헬멧 카메라나 주변 작동을 위한 전용 추적 카메라에서 얻을 수 있다.

- **인간-로봇 상호작용 데이터.** 로봇의 외부 모습을 촬영하는 카메라와는 별개로, 로봇을 운영하고 관찰하는 팀원들이 말하고 행동하는 것을 별도의 녹화 및 캡처하는 것이 도움이 될 수 있다. 이는 특히 사용자 인터페이스와 상호작용 과정에서의 병목 지점을 식별하기 위한 디버깅이나 고장 원인 확인에 도움이 될 수 있다. 관찰자 및 메모자로서의 역할을 하는 민속학자 ethnographer는 비디오에서 추출하기 어려울 수 있는 인간-로봇 상호작용 문제와 가능한 원인을 식별할 수 있기 때문에 유용하다.

19.6 사례 연구: 컨셉 실험

컨셉 실험과 데이터 수집의 가치는 로봇 분석가가 처음에 인간의 실수로 인한 시스템 성능 문제가 실제로는 예상치 못한 센서 오동작 때문이라는 것을 발견한 다음과 같은 경우를 통해 알 수 있다. 센서 오동작의 발견은 컨셉 실험의 높은 정확도, 운영자의 행동에서 이상을 발견한 민족학자의 개입, 사후 분석을 가능하게 한 포괄적인 데이터 수집이 있어서 가능한 결과였다.

Disaster City®(미국에 있는 각종 재난 상황에 대비하기 위한 훈련 및 시뮬레이션 시설)에서 2013년 진행된 컨셉 실험은 대형 병원의 방사능 의학 연구동 건물이 지진 피해를 입는 상황에 대한 대응을 시뮬레이션했다. Disaster City에서 Prop 133이라는 병원 건물의 일부가 붕괴됐고 세슘 방사성 원소가 건물 어딘가에 숨겨져 있었다(그림 19.5a와 b를 참조). 화학, 생물학, 방사선, 방사능CBRNE 등 생화학 누출 등 긴급 상황에 대해 훈련을 받은 구조 팀(HazMat)은 지진에 대응하면서 병원을 탐색해 방사선 물질을 제거하고 부상자들을 구출하는 미션을 수행했다. 본 컨셉 실험은 지상 로봇, UAV, 시각화 장비를 도입했으며 각 도구를 활용해 데이터를 분석하고 의사 결정을 내리는 시간을 단축할 것으로 가정했다. 그 가설은 입증됐지만 지상 로봇은 예상대로 작동하지 않았다.

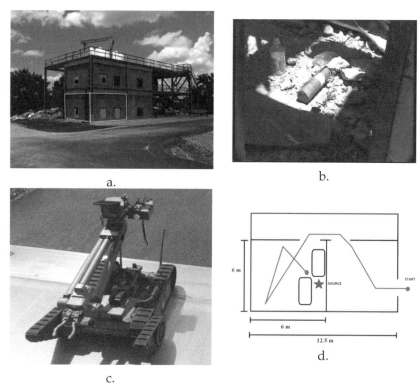

그림 19.5 방사능 포렌식 로컬라이제이션 개념 실험: a) 모의 병원 역할을 하는 재난 도시®의 Prop 133 현장(방사성 원소가 포함된 방은 흰색 선으로 표시), b) 바닥의 밝은 파란색 용기, c) 아이로봇 팩봇 510, d) 방사성 원소와 관련된 로봇 경로

지상 로봇 배포는 다음과 같이 이뤄졌다. 그림 19.5c의 HazMat 팀에서 흔히 사용됐던 소형 센서인 캔버라 라디악$^{Canberra Radiac}$ 센서를 장착한 아이로봇 팩봇$^{iRobot Packbot}$ 510은 HazMat 팀이 방호복을 착용하는 시간에 맞춰 업무에 투입될 준비를 완료했다. 로봇의 설치 속도가 HazMat 팀보다 크게 빠르지 않았기 때문에 로봇과 HazMat 팀 모두 동시에 방사성 원소를 찾기 시작했다. 그러나 로봇은 매몰 등 장애물을 만나도 연속적인 방사선 판독을 제공했지만 HazMat 팀은 할 수 없었다. 현장 지휘

관은 방사능이 우려했던 것만큼 많이 누출되지 않았다고 판단하고 인력과 장비를 현장에 더 가까이 이동시키기 시작했다. 한편 로봇은 구조대원들이 이동할 수 있는 속도보다 빠르게 붕괴된 건물에 도착해 건물 외부를 조사한 뒤 방사능 물질을 찾고자 건물 안으로 진입했다. 방이 작았지만 운영자와 HazMat 전문가는 두 책상 사이의 바닥에 있는 세슘이 들어 있는 밝은 파란색 원통을 찾는 데 거의 30분이 걸렸다.

컨셉 실험 후 열린 리뷰 미팅 동안 예상 외로 로컬라이제이션 시간이 길었던 것은 처음에는 조작자의 실수로 인한 것이었으나 로봇과 함께 배치된 인종 추적 검사자는 방사선 판독 값이 일관성이 없고 측정값이 안정적이지 못하며 판독성이 더 좋아 보인다고 지속적으로 불평했다고 보고했다. 그의 로봇은 장애물 주변으로 움직이고자 병동으로 되돌아가고 있었다.

연구 팀의 학생인 덱스터 덕워스는 수집한 자료를 검토했고 그 문제가 인간의 실수 때문이 아니라는 것을 발견했다. 덕워스는 방사능에 반응하는 로봇의 경로를 재구성하고(그림 19.5d) 방사선 판독 값을 경로를 따라 있는 지점들과 연결할 수 있었다. 이 데이터는 로봇이 측정 지점에서 멀리 떨어져 있을 때 로봇의 측정값이 실제로 더 높았다는 것을 보여줬다. 라디악^{Radiac} 센서는 모든 성능 시험을 통과했으며 미국의 방사선 검사의 사실상 표준으로 활용되고 있기 때문에 이 결과는 매우 놀라운 일이었다.

연구 팀은 후쿠시마 원전 사고 조사 및 해체 작업에서 가장 많이 사용되는 아이로봇 팩봇 510이 유사한 센서 오작동을 경험한 바 있는지 확인하고자 후쿠시마 원자력기구$^{JAEA, Japanese Atomic Energy Agency}$와 접촉했다. JAEA는 근로자들이 팩봇을 방사성 원소 위치 파악 용도로 사용해 본 적이 없고 방사능 조사용으로만 사용했다고 답했다. 하지만 이것은 JAEA가 무슨 일을 하고 있는지를 설명한다. 라디악 센서는 일반적으로 벨트에 고정돼 인간에 의해 운반되도록 설계됐다. 인체에 고정돼 있는 높이에서 센서는 인체가 방사선을 거의 흡수하지 않기 때문에 어떤 각도에서든 방사선을 원활히 기록할 수 있다. Disaster City 실험에서 라디악 센서는 팩봇 페이로드 베이 전면에 한쪽 면이 강철 프레임에 기대어 장착됐다. 이 금속 프레임은 방사선을 차단해 라디악을 로봇 뒷면을 겨냥한 방향 센서로 바꿔 놓았다. JAEA와 HazMat 팀은 로봇의 이 행동을 확인하고 환호했다. 그들은 로봇을 방사성 소스 위치에 확인할 경우 이 점에 유의해야 한다는 것을 알게 됐다.

19.7 요약

19장에서는 "지능형 로봇을 설계하려면 어떻게 해야 할까?"라는 질문에 로봇 시스템의 전반적인 설계 원칙을 제공함으로써 답하는 데 초점을 맞췄다. 하나의 시스템이 '레이어'를 사용하는 다른 시스템과 비교해 얼마나 더 자율적인지 정량화하려고 시도가 자주 있었음에도 불구하고 이러한 비교는 설계에 대한 생태학적 접근법을 경시하는 경향이 있다. 생태학적 접근 방식은 설계자가 로봇, 환경, 작업 간의 상호 의존성을 고려할 것을 권고한다. 이러한 상호 의존성을 명시적으로 고려함으로써 설계자는 프로그래밍을 단순화하고 강력한 성능을 향상시킬 수 있는 동시에 비용 효율적인 행동을 발견하게 될 수 있다.

사전 예방적 설계 노력과 상관없이 설계가 불완전하거나 또는 다른 이유로 로봇은 고장 날 수 있다. 로봇 자체의 5가지 주요 하드웨어 고장 원인 중 하나에서 장애가 발생할 수 있다. 이를 물리적 고장이라고 한다. 인간에 의한 로봇 고장은 50% 이상 발생한다. 로봇은 붕괴된 건물을 탐사하다가 부서지는 등 외부 환경의 사건이나 조건으로 인해 실패할 수 있다.

로봇이 일반적으로 개방된 환경에서 작동하기 때문에 시스템이 지능적으로 작동하는 것을 테스트하는 것은 어려울 수 있다. 3장에서 언급한 바와 같이 알고리듬은 모든 것을 결정할 수 없으며 개방된 환경은 변수가 너무 많거나 명시적으로 모델링하기 어려울 수 있는 예기치 않은 이벤트의 종류를 증폭시킨다. 분명히 로봇 시스템을 평가하는 것은 알고리듬을 테스트하는 것보다 더 복잡하다. 평가의 목표나 동인에 따라 설계자는 공식적인 통제 실험, 시연, 컨셉 실험이나 로봇 시스템 실환경에 투입하는 것 중 하나를 선택할 수 있다. 시연은 목표가 성공이지만 컨셉 실험 시도는 시스템 수준의 잠재적 문제를 파악하기 때문에 실패를 장려하므로 시연과 컨셉 실험을 혼동하지 않는 것이 특히 중요하다. 로봇 시스템을 평가하는 데 사용되는 실험 유형에 관계없이 설계자는 활동 로그, 컨텍스트, 로봇 시각 데이터, 로봇 상태 데이터, 외부 관점 로봇 데이터, 인간과 로봇의 상호작용 데이터 등 매우 다양한 일반 데이터를 수집해야 한다. 모든 유형의 데이터를 수집하는 것이 항상 가능한 것은 아니지만 데이터는 많을수록 좋다.

이제 자율 능력과 로봇 시스템을 설계하는 방법을 숙지했으니 20장에서는 윤리를 다룬다. 어떤 점에서 로봇 설계자는 자율 역량 설계 시 명확한 원칙을 사용해야 하며 로봇 사용 시의 중대한 윤리적 문제를 인식해야 하기 때문에 이 장에서는 그에 대한 발판을 마련했다.

19.8 연습문제

문제 19.1

사용자가 차량에 탑승해 원하는 목적지를 정한 후 자동차가 그 위치로 주행하는 무인 택시나 버스의 자율 내비게이션 기능을 작성하는 것을 고려해보자. 다음 5가지 설계 질문에 답하라.

 a. 로봇은 어떤 기능을 제공해야 하는가?
 b. 각 기능이 요구하는 플래닝 호라이즌Planning horizon은 무엇인가?
 c. 알고리듬이 자동차 제어에 대한 업데이트를 얼마나 빨리 제공해야 하는가?
 d. 로봇은 어떤 종류의 월드 모델이 필요한가?
 e. 인간은 언제 개입해야 하는가?

문제 19.2

로봇 고장의 3가지 원인인 외부, 물리, 인간에서 발생할 수 있는 무인 자동차의 로봇 고장의 예를 제시하라.

문제 19.3

4가지 실험 유형을 나열하고 무인 택시나 버스에 대한 자율 운행 기능의 설계 프로세스의 어느 단계에서 각각이 사용될 수 있는가에 대한 예를 제시하라.

문제 19.4

로봇에 대한 통계적으로 유효한 참조valid inferences를 얻고자 어떤 종류의 실험을 사용해 제어된 조건에서 정량적 측정값을 생성할지 설명하라.

문제 19.5

사용자를 포함한 실제 조건에서 스크립트에 따라 로봇 시스템을 테스트하고자 어떤 종류의 실험을 사용할지 설명하라.

문제 19.6

사용자를 포함한 현실적인 조건에서 로봇 시스템을 테스트하고 시스템 레벨 문제에 대한 데이터를 수집하고자 어떤 유형의 실험을 사용할 것인지 답하라.

문제 19.7

실제 사용자가 로봇 시스템을 실제 작업에 사용하는 동안 로봇 시스템에 대한 데이터를 수집하고자 어떤 종류의 실험을 사용할지 답하라.

문제 19.8

로봇의 시스템 평가 중에 수집하려는 6가지 데이터 카테고리를 나열한다. 숲에 조난된 등산객들에게 구호물자를 수송하는 무인 항공기 설계를 생각해보라. 시스템이 안정적이고 안전하게 작동한다는 것을 증명하고자 어떤 데이터를 수집할 것인지 설명하라.

문제 19.9

다음 중 실험을 위해 수집되지 않는 것은?

    a. 종속 변수, 독립 변수, 상수

b. 장비 또는 실험기구

c. 실험 방법

d. 데이터 수집 과정에서 어려움과 감정적 스트레스에 대한 요약 정리

e. 운영 데이터

문제 19.10

장애물을 감지하는 능력을 향상시켜야 하는 새로운 시각 알고리듬을 가진 로봇을 생각해보자. 로봇 작동 시간 후에도 데이터를 기록하는 것이 유용한 이유는 무엇인가? 측정할 수 있는 다른 속성은 무엇인가?

19.9 엔드 노트

로보틱스 연구학자의 서재를 위해

데이비드 S. 알버츠^{David S. Alberts}, 리차드 E. 헤이즈^{Richard E. Hayes}의 『Code of Best Practice for Experimentation』[3]에서는 실험과 시연이 어떻게 다른지에 대한 훌륭한 책이다. 뿐만 아니라 컨셉 실험도 다루고 있다.

『Artificial Intelligence and Mobile Robots: Case Studies of Successful Robot Systems』[108]는 완전히 자율적인 시스템을 만들기 위한 오래된 야심찬 시도를 소개한다. 하드웨어는 꽤 오래됐지만 사례 연구는 각 로봇을 만드는 데 관련된 설계 결정을 종합적으로 보여준다. 또한 이 책은 마이클 크라이튼^{Michael Crichton}이 베스트셀러인 『Prey』에 인용했다.

공상과학은 때때로 그것을 옳게 한다.

스파이더레그스^{SpiderLegs}라고 불리는 작고 단테처럼 생긴 로봇이 1997년 영화 <단테스 피크>에 등장한다. 그것은 피어스 브로스넌이 이끄는 화산학자 팀에 의해 세인트루이스 산을 탐험하고자 사용된다. 새로 싱글이 된 린다 해밀턴이 소유한 커피숍으로 사랑스러운 마을을 위협하고 있는 헬렌스 화산. 이 로봇은 계속해서 고장이

나면서 대학원생들로 구성된 팀에게 커피를 더 많이 마시게 하고 해결책을 제시하도록 강요하고 있다. 카페인이 강한 커피, 로봇 파손 등 현장 로보틱스에서 일어나는 것들을 정확하게 반영했다.

20
윤리

20장에서 다루는 내용

- 운영 도덕성, 기능 도덕성, 완전한 도덕 기관의 차이를 설명하고 각각에 대한 설계자의 책임을 명시한다.

- 4가지 유형의 윤리적 에이전트(윤리적 영향, 묵시적, 명시적, 완전)를 나열하고 각각의 사례를 다룬다.

- 아시모프^Asimov의 '로보틱스 관련 3가지 법칙' 각각에 대해 윤리적 로봇 개발 지침으로 갖고 있는 문제점을 다룬다.

20.1 개요

최근 미국 군대의 드론 사용 급증은 로봇에 대한 사회적 불편함을 증가시켰고 로봇 윤리에 대한 논쟁을 촉발시켰다. 대중은 다음과 같은 질문을 던진다. **로봇을 무기화 하는 것은 비윤리적이지 않은가?** 이 문제는 인공지능 학계에서 뜨겁게 논의되고 있다. 또 다른 질문은 로봇 개발자들이 아시모프의 로보틱스 관련 3가지 법칙을 잘 적용한 다면 로봇은 인간을 부상, 죽음 또는 폭력으로부터 보호하기에 충분하지 않을까?이다. 이 질문은 아시모프의 공상과학 소설 『아이 로봇』(우리 교육, 2008)(윌 스미스 주연으로 영화화되기도 했음)에 적용되지만 이 소설은 어떻게 3가지 법칙이 갈등과 의도하지 않은 결과를 초래했는지는 무시한다. 대중들이 제기하는 세 번째 질문은 **로봇을 만들어 노예처럼 대하는 것이 비윤리적이지 않은가?** 기술의 발전에 따라 이러한 질문들은 최근 더욱 많은 관심을 받게 됐고 유럽연합은 최근 다년간 로봇법^{RoboLaw} 연구를 실시했다.[177;172] 이 연구는 로봇이 제품과 사람에게 적용되는 규제와는 다른 별도 규제가 필요한지, 그렇다면 그러한 규제들은 무엇이 될지를 분석했다. 이 3가지 질문에 대한 답변은 로봇 시스템 설계에 영향을 미칠 것이다. 로봇 윤리에 관한 네 번째 주제는 로봇 사용의 증가로 인한 인간 업무 시간 감소 및 실업화의 사회적 영향에 관한 것이지만 이 주제는 로봇 설계 문제가 아니기 때문에 이 책에서는 다루지 않는다.

설계자는 미래에 로봇이 갖게 될 능력에 대한 추측과 두려움에 휘말리는 경우가 많다(예를 들어 "어느 날 로봇이 완전 자율성을 갖게 된다면..."). 또한 설계자들은 완벽한 시스템 개발에 몰두한 나머지 안전한 로봇 운영 시스템을 만들어야 한다는 의무를 종종 잊어버리곤 한다. 예를 들어 최근 테슬라 자율 주행 자동차에서 발생한 사고는 분명히 내비게이션의 자율 운영 시스템이 실패한 이후 인간이 운영권을 넘겨받지 $^{take\ over}$ 못한 상황에서 발생했다.[162] 이는 18장에서 설명한 인간의 인간 소외 문제의 한 예로 보인다. 이 사건에 대해 법원은 제조업체인 테슬라 사가 잘 알려진 인적 요인 원칙$^{human\ factors}$을 위반한 시스템을 설계했지만 법적 책임이 있다고 보지는 않았다. 그러나 이는 분명 로봇 AI의 직무나 업무 관련 윤리 책임이 어느 정도까지 허용돼야 하는가에 대한 질문을 던지고 있다(이는 분명 운영 도덕성의 영역인 직업윤리에 대한 문제를 제기한다).

인공지능과 로보틱스에 대한 윤리적 고려는 최소한 4가지 카테고리의 적용 사례 중심으로 논의되고 있다.[215] 1가지 카테고리는 로봇들이 '좋은 일을 하기' 위해 고안된 애플리케이션이고, 따라서 사회는 의료 전문가들이 페니실린과 심장 박동 기계를 의무적으로 사용해야 하는 것처럼 선행을 위해 로봇을 사용해야 할 의무가 있다고 보는 견해다. 아이들을 대신하는 로봇 낙타 기수와 구조 로봇 등이 '선행을 하기' 위한 로봇의 2가지 사례로 볼 수 있다. 또 다른 카테고리는, 로봇은 인간과 달리 고민을 하지 않기 때문에 항상 도덕적으로 우수한 의사 결정을 할 수 있다는 견해다. 향후 한국의 휴전선 경비를 로봇이 대체하게 된다면 비무장지대를 감시하고 로봇 국경수비대는 뇌물에 흔들리지 않으며 침입자에 대한 대응도 서슴지 않을 것이다. 그러므로 그들은 인간 국경수비대들보다 더 신뢰할 수 있고 도덕적으로 더 우수하다. 세 번째 카테고리는 주로 무장 로봇에 대한 논의로, 로봇이 인간을 이상적으로 대할 것이라는 믿음에 기반을 두고 있다. 예를 들어 무인 자동차가 당신에게 부상을 입힐 수 있지만 다른 많은 사람을 구하는 행동을 취하기로 결정할 수도 있는 상황을 포함한다. 네 번째 카테고리는 과연 로봇이 선의의 거짓말을 하는 것이 적절한지에 관한 논의다. 로봇이 인간의 궁극적인 이익을 위해 행동하게 하고자 거짓말을 하는 것이 용인될 수 있는가? 네 번째 카테고리는 세 번째 카테고리의 반대다. 어느 시점에 인간이 개입해 로봇의 운영을 장악하는 것이 항상 올바른 결과에 이를 수 있는지에 대한 논의. 예를 들어 "의료와 서비스에 종사하는 로봇은 어느 시점에서 지능적인 보조자에서 인간의 명령을 기계적으로 수행하는 노예가 돼야 하는가?" 등이다.

이 장은 로봇 설계 시 로봇 윤리에 대해 어떻게 접근하고 어떤 점을 고려해야 하는지 전달하고자 한다. 먼저 로봇 윤리와 로봇의 직무 및 업무 관련 윤리 책임을 정의한다. 무어Moor의 4가지 카테고리의 윤리적 에이전트를 제시한다.[133] 대부분의 자율 로봇이 인간과 다르게 윤리적 실패 없이 완전한 윤리성을 갖고 행동할 가능성이 높다고 예상된다. 다음 4개 절은 도덕성Morality 및 왈라크Wallach와 알렌Allen[215]이 제기한 운영적 도덕성, 기능적 도덕성, 완전한 도덕적 에이전시와 같은 도덕적 레이어 구조를 다룬다. 그런 다음 아시모프의 3가지 법칙과 그것이 로봇 운영 체계 설계에 충분하지 않은 이유를 살펴본다. 다음으로 윤리적 운영 시스템 설계를 지원하고자 필요한 인공지능의 종류도 함께 검토한다.

20.2 윤리의 유형

로보틱스에서의 윤리는 2가지 의미를 갖고 있다. 첫째, 윤리는 철학적인 의미에서 다음 사항에 대해 근본적인 탐구를 필요로 한다. 예를 들어 도덕적 가치가 어떻게 결정돼야 하는지, 특정한 상황에서 도덕적 결과를 어떻게 달성할 수 있는지, 도덕적으로 판단할 수 있는 역량이 어떻게 발전하는지, 도덕의 본질이 무엇이며, 그리고 인간이 어떤 도덕적 가치를 행동으로 구체화하고 준수하는지[73] 등이다. 로봇 윤리의 두 번째 의미는 직무 윤리Professional ethics다. 직무 윤리는 "전문가가 보유하고 있는 전문적인 지식을 적용하는 과정에서 발생하는 도덕적 문제와 일반 대중을 위한 서비스를 제공할 때 이 전문 지식의 사용이 어떻게 통제돼야 하는지 고민한다."[41]

로봇 시스템 설계자는 2가지 유형의 윤리를 모두 알고 있어야 한다. 논의의 대다수는 주로 로봇 윤리의 철학적인 측면에 초점을 맞추고 있지만 설계자는 궁극적으로 발생할 문제에 대한 책임 때문에 직무 윤리를 엄격히 따를 의무가 있다. 하지만 '지능형 로보틱스 전문성'이 아직 명확히 확립되지 않았으며 이에 따라 로봇에 특화된 직무 윤리가 또한 명확하게 확립되지 않은 꽤 복잡한 이슈다. 그러나 인공지능 로보틱스는 공학, 컴퓨터 공학, 심리학, 전문 직무 윤리를 가진 의학 및 간호 분야와 같은 학문들을 기반으로 발전해왔다. 이들 학문은 분야별로 전문 기관들이 인증하는 각 분야를 위한 윤리 규정들을 연구하고 학위를 수여하는 프로그램들과 수업 등을 제공해왔다. 예를 들어 ACM(미국 컴퓨터 학회)은 24개 조항으로 구성된 윤리 및 전문가 행동 강령을 갖고 있다.[1] 예를 들어 조항 2.5는 "가능한 모든 위험의 분석을 포함해 컴퓨터 시스템과 그 영향에 대해 포괄적이고 철저한 평가를 제공한다."고 명시하고 있다. ACM 행동 강령은 로봇이 자율적이므로 설계자가 평균을 벗어난 특이 행동, 즉 편차에 대한 책임을 지지 않는다는 것을 분명히 하고 있다. 조항 3.4와 3.5에서는 "사용자 및 시스템의 영향을 받는 사람들이 요구 사항의 평가 및 설계 시 그들의 요구를 명확히 표현하게 보장하고 나중에 시스템을 검증해 요구 사항을 충족시켜야 한다." 및 "컴퓨팅 시스템의 영향을 받는 사용자 및 기타의 존엄성을 보호하는 정책 수립 및 지원"은 제2부다. 특히 관련이 있는 진정한 컴퓨팅 전문가는 인간과 로봇의 상호작용을 로봇의 설계에 처음부터 통합할 것이다.

20.3 윤리적 에이전트의 분류

실용적 관점에서 설계자는 언제 로봇이 윤리적이어야 하는지, 어느 정도까지 윤리적이어야 하는지 결정해야 한다. 무어[Moor[133]], 왈라크와 알렌[215] 둘 다 로봇이 윤리적 고려 사항의 다양한 스펙트럼의 어딘가에서 의사 결정을 내려야 한다고 생각했다. 이 스펙트럼은 4장의 운영 자율성에 대한 논의를 반영하고 있다. 로봇은 허용된 범위 내에서 자율적으로 운영되거나 필요시 인간의 도움 없이 스스로 기능 제약 또는 완화가 필요한 조건을 추론하고 결정할 수 있다.

20.3.1 무어의 4가지 카테고리

무어는 로봇 윤리와 관련해 4가지 카테고리의 에이전트[Agent]를 구분했다. 이러한 카테고리는 로봇의 윤리적 기대와 도덕성에 대한 논의를 구성하는 데 있어 설계자에게 중요한 시사점을 준다.

무어의 4가지 카테고리는 다음과 같다.

- **윤리적 영향 에이전트**[Ethical impact agent]: 무어에 따르면 이 로봇들은 윤리 규범을 지원하는 목적을 위해 설계됐다. 인명 구조 로봇은 윤리적으로 올바른 결과를 초래하는 활동을 돕기 위한 것이다. 빠른 인명 구조 대응과 경제적 지원은 바람직하고 규범적이다. 이 로봇은 윤리에 대해 논할 대상은 아니다. 로봇 설계 목적 자체가 윤리적이기 때문이다.
- **암묵적인 윤리적 에이전트**[Implicit ethical agents]: 이러한 용도의 로봇들은 윤리를 따르도록 프로그래밍되지 않았지만 부정적인 윤리적 영향을 최소화하도록 프로그래밍돼야 한다. 무어는 비행기에서 오토파일럿 기능을 예시로 제시한다. 원래 오토파일럿은 로봇 운항 한계에 도달한 순간에 인간 조종사에게 제어권을 돌려줬다. 이 갑작스러운 변화는 때때로 조종사들을 놀라게 했고 비행기 추락으로 이어졌다. 오토파일럿은 로봇 운항 한계에 가까워지는 것을 사전에 감지할 수 있다. 그러므로 인명이 달린 중요한 문제이기

때문에 오토파일럿은 조종사에게 가까운 미래에 조종을 넘겨받을 준비를 할 필요가 있다는 경고를 하도록 프로그램돼야 한다. 또 다른 예시는 병원에서 활용되는 약물 전달 로봇이다. 목발과 같은 상대적으로 작은 장애물 표면을 감지하기 위한 소프트웨어를 작성하는 것은 사람과 벽을 감지하는 것보다 고난이도의 소프트웨어 개발 작업이다. 하지만 개발의 어렵더라도 병원의 약물 전달 로봇이 목발을 짚고 걷는 환자와 충돌하지 않아야 한다는 것은 암묵적이지만 고려돼야 한다.

- **명시적인 윤리적 에이전트**Explicit ethical agents: 이 로봇들은 사전에 정의된 영역에 한해 행동의 윤리적 결과를 추론할 수 있다. 도입부의 예로 돌아가서 자율 주행 자동차는 다른 차들의 더 많은 승객을 구하고자 승객들을 희생시키도록 프로그램될 수 있을 것이다. 무인 자동차 간에 클라우드 컴퓨팅과 네트워크를 통해 정보를 공유하고 몇 밀리초 안에 사망과 부상 가능성을 예측하는 것은 멀지 않아 가능해질 것이다.

- **완전한 윤리적 에이전트**Full ethical agents: 이 로봇은 특정 상황과 행동 범위에 국한된 명시적 윤리적 에이전트와는 대조적으로 윤리적 결정을 내리고, 실행하고, 정당화할 수 있는 로봇들이다. 무어가 지적한 바와 같이 로봇 윤리에 관한 많은 논의의 주제가 되고 있다. 충분한 지성과 진정한 정치적 자율성을 가진 로봇이 만들어질 수 있거나 만들어질 수 있는지는 현재로선 분명하지 않지만 말이다.

4가지 카테고리는 윤리의 정의뿐만 아니라 운영 자율성의 정의와도 관련이 있다. 암묵적인 윤리적 에이전트 카테고리는 로봇 직무 윤리의 개념을 강화reinforce한다. 지능형 로봇은 안전해야 하며 지금까지 진전된 로보틱스 분야의 모범 사례와 가장 높은 행위 기준을 반영해야 한다. 명시적인 윤리적 에이전트는 윤리적인 결정을 하지만 명백한 경계 내에서만 기존 프로그램으로 구동된다. 이와 달리 완전한 윤리적 에이전트는 새로운 프로그래밍을 통해 윤리에 관한 신규 프로그램을 창조할 수 있다. 명시적인 윤리적 에이전트와 완전한 윤리적 에이전트의 차이는 4장의 주도적

용어$^{initiative\ terminology}$의 수준(레벨)으로 표현될 수 있다. 이 용어로 완전한 윤리적 에이전트는 윤리와 관련해 그것의 운영 규칙이나 경계를 변경할 수 있는 이니셔티브가 허용된 반면 명시적인 윤리적 에이전트는 시스템 상태 자율성만 갖고 있기 때문에 자율성이 제약된다.

20.3.2 도덕성의 카테고리

왈라크와 알렌[215]은 무어와 유사하지만 다른 분류법을 제시했다. 그들의 분류법은 도덕성의 측면에서 로봇이 단순한 도구에서부터 완전한 자율적 에이전트로 전환하는 것을 반영한다.

- **운영 도덕성**$^{operational\ morality}$: 로봇의 도덕적 기능에 대한 책임은 설계자와 사용자의 통제 안에 있다. 책임은 직업 윤리와 동등하며 어떤 의미에서는 항상 자율적인 능력을 강조한다. 로봇의 윤리적 의사 결정이 항상 옳을 수 없지만, 그것 때문에 직무 윤리와 책임을 회피할 수 있는 것은 아니다.
- **기능적 도덕성**$^{functional\ morality}$: 로봇은 자율 역량(예, 오토파일럿)을 갖고 있거나 윤리적 민감성이 있는 용도(예, 의료 의사 결정 보조 로봇)로 사용되고 있다면 자율성이 설계 영역에 포함된다. 예를 들어 자동차의 자율 주행 능력이 작동하지 않거나 오작동해 사람이 사망한 경우 설계자에게 책임을 물을 수도 있다.
- **완전한 도덕적 에이전시**$^{full\ moral\ agency}$: 이 로봇은 신뢰할 수 있고 윤리적 상황에서 의사 결정을 포함하는 매우 정교하고 복잡한 사고 능력을 갖고 있다.

20.4 프로그래밍 윤리

기능적^{functional} 또는 완전한 도덕적$^{full\ moral}$ 에이전시가 있는 로봇은 윤리를 갖게 프로그램돼야 할 것이다. 이것이 정확히 어떻게 구현될지는 아직 불분명하다. 철학자들은 인간이 윤리를 습득하는 방법을 검토함으로써 그러한 프로그래밍이 어떻게 이뤄질 수 있을지 추측해왔다. 로보틱스 연구자들은 좀 더 현실적이고 실용적인 컴퓨팅 도구를 찾기 시작했지만 아직까지 합의나 주류로 부상하고 있는 연구 트렌드는 아직 없다.

20.4.1 철학적 접근법

철학자들은 로봇이 과정을 복제할 것이라는 가정하에 사람들이 어떻게 윤리를 획득하는지 논의해왔다.

하향식top-down 접근법에는 3가지가 있다. 첫째, 로봇이 의사 결정 옵션과 그 결과에 대해 논거를 제시하는 결과론적consequentialism 접근법, 둘째, 로봇이 과업, 권리, 복종 의무 측면에서 사유하는 도덕적 의무론deontology, 셋째, 로봇이 좋은 인격과 유사한 품성을 가질 수 있게 개발해 가장 도덕적인 방식으로 반응할 수 있게 하는 덕목 윤리virtue ethics 접근법이 있다.[215] 이 3가지 접근법은 사람들이 윤리적으로 행동하는 방법을 포착할 수 있지만 알고리듬적으로 이를 구현하는 방법은 아직 명확하지 않다. 3가지 모두 표현과 추론의 진보를 필요로 한다. 덕목 윤리 접근법은 사고 과정보다는 행동을 만드는 것에 초점을 맞추고 있기 때문에 가장 쉽게 들릴 수 있지만 그러한 행동을 합리화하는 데 유사 추론이 사용된다는 것을 암시한다. 유사 추론은 여전히 실제 AI의 적용 범위를 벗어난다.

하향식 방법의 대안은 로봇이 모범 사례별로 학습하는 상향식 방법이다. 하지만 이 방식은 너무 일반적이고 범위가 광범위해 설계자가 실제로 사용하기는 어렵다. 16장에서 다룬 로봇이 학습하기 위한 많은 학습 유형이 존재하며 매 학습마다 무엇을 학습할 것인지 또는 적어도 새로운 학습을 위한 입력 데이터가 무엇인지 명시적으로 표시해야 한다는 것을 기억하기 바란다.

20.4.2 로보틱스 접근법

기존 로봇은 일반적으로 윤리적 영향[ethical impact]이나 암묵적인 윤리적 에이전시에 속한다. 현재 로봇은 좀 더 정교한 명시적인 윤리적 대응에 필요한 사고 기능으로 프로그래밍되지 않았다. 그렇다고 해서 언젠가 애플리케이션에서 로봇이 명시적이거나 완전한 윤리 기관을 갖고 행동할 것을 요구하는 것은 아니다. 1가지 예는 인간이 때때로 행동하는 방식보다 더 도덕적인 방식으로 군사 작전을 수행할 수 있는 로봇에 초점을 맞춘 것이다.[13] 인간은 전쟁 범죄를 저지르고자 그들이 가진 완전한 도덕적 에이전시를 왜곡하거나 오용하는 것으로 알려져 있는 반면 로봇은 명시적인 도덕적 에이전트로서 교전 규칙의 경계를 넘지 않을 것이다. 로봇들은 윤리적 거버넌스[ethical governor] 같은 고난도 사고 과정이 필요한 알고리듬을 사용할 것이다.[13]

20.5 아시모프의 로보틱스 관련 3가지 법칙

아이작 아시모프[Isaac Asimov]의 유명한 『아이 로봇』[14] 시리즈는 3가지 법칙에 의해 지배되는 미래를 배경으로 하고 있으며, 그중 첫 번째는 로봇이 사람에게 해를 끼치지 않는다는 것이다. 이 법칙은 사람과 상호작용하는 로봇에서 궁극적인 목표로 자주 언급되는데, 3가지 법칙 간에 내부적으로 충돌이 있고 상당히 모호한 것을 무시하는 바람에 재미있지만 의도하지 않은 결과를 초래한다. 이 법칙들은 줄거리를 뒷받침하고자 의도적으로 결점이 생기도록 고안된 문학적 장치였다. 이 3가지 법칙은 로봇의 기능적 도덕성[functional morality]의 사실상 기준으로서 확립돼 있기 때문에 법칙을 이해하는 것이 중요하다.

[14]에서 제시된 3가지 법칙은 다음과 같다.

1. 로봇은 직접적으로 사람을 다치게 하지 않는다.
2. 로봇은 제1법칙에 위배되는 경우를 제외하고 인간의 명령에 따라야 한다.

3. 로봇은 제1법칙 또는 제2법칙에 위배되지 않는 한 자신의 존재를 보호해야
   한다.

20.5.1 3가지 법칙의 문제점

이 3가지 법칙은 로봇의 윤리적 설계에 있어 전체적으로 그리고 개별적으로도 문제가 있다. Murphy와 Woods[145]는 결점을 열거하고 토론한 바 있다. 그들의 분석 요지는 다음과 같다.

이 3가지 법칙은 모든 로봇이 최소한 기능적인 도덕성을 갖고 있고 심지어 완전한 도덕적 에이전트라고 가정한다. 그러나 로봇은 윤리적인 영향을 미치는 도덕적 결정을 내리기 위한 충분한 기관과 인지 능력을 갖고 있지 않을 수 있다. 이 규칙은 운영 도덕성을 무시하며 설계 결정에 대한 설계자와 제조업체의 책임을 고려하지 않는다.

첫 번째 법칙은 로봇을 행동에 대해 책임 있는 주체(에이전트)로 명시하고 있지만 실제로는 로봇은 제품이다. 제품으로서 설계자와 제조사는 안전에 책임이 있으며 합리적이고 신중했다는 것을 입증할 수 있어야 한다.

두 번째 법칙은 '로봇은 특정 상황에서 특정 인간에게'라는 제약 사항 없이 모든 인간에게 복종해야 한다고 명시하고 있다. 현실에서 사람들은 명백한 계급^{hierarchy} 구조에서 일하며 모든 사람이 로봇과의 업무를 책임지는 것은 아니다. 테러리스트가 경제적 대혼란을 일으키고자 로봇을 납치하는 것을 상상해보라. 분명히 어떤 사람들의 명령은 다른 사람들의 명령보다 더 높은 우선순위를 가져야 한다.

세 번째 법칙은 로봇이 스스로를 보호해야 한다고 명시한다. 이 법칙은 로봇이 안전하지 않은 상태를 투영하고 모니터링하기에 충분한 지능형 기능을 갖고 있음을 의미한다. 실제로 인간은 로봇이 충돌로부터 로봇을 구하고자 스스로를 통제할 수 없을 때 대신하게 될 것으로 예상된다.

20.5.2 로보틱스의 수정된 3가지 법칙

머피Murphy와 우즈Woods의 연구[145]에서는 더 나아가 그들이 책임 있는 로봇의 3가지 법칙이라고 부르는 아시모프의 3가지 법칙을 수정한 버전을 제시했다.

1. 법적 안전 기준과 최고 수준의 직무 윤리에 부합하는 운영 시스템 없이는 사람이 로봇을 배치할 수 없다.
2. 로봇은 인간의 역할에 따라 적절하게 반응해야 한다.
3. 로봇은 제1법칙 및 제2법칙에 위배되지 않는 한 로봇 자체의 존재를 보호할 수 있는 충분한 자율권을 부여받아야 한다.

수정 제1법칙은 운영 도덕성operational morality을 로봇을 배치하는 '기본 케이스'로 설정하고 도덕적 행동에 대한 책임을 설계자와 운영자에게 묻는 것이다. 이 수정 제1법칙은 로봇의 무기화 추세와 현재 능력의 한계를 고려한 것이다. 수정 제1법칙에 따르면 로보틱스 산업과 커뮤니티는 관련 규제를 개발에 적절히 반영해야 하며, 단지 개발했을 뿐이라며 윤리적인 책임을 회피할 수 없다는 것을 명심해야 한다.

수정 제 2법칙은 수평적 관계non-hierarchical와 보안 및 명령 레이어의 필요성을 인정한다. 또한 로봇이 사람보다 똑똑하고 인간이 제어하기를 원하는지 여부와 상관없이 로봇이 더 나은 성능을 발휘할 수 있다는 것을 인정한다(예, fly by wire - 전자 비행 제어 방식). 수정 제 2법칙의 또 다른 측면은 로봇의 대응 방식이 반드시 언어일 필요는 없다는 것이다. 예를 들어 어떤 사람이 병원의 약을 전달하는 로봇을 방해하거나 약을 탈취했을 경우 로봇은 이 행위를 거부Waggel 'no'하고자 명시적 대답 대신에 뺏기지 않기 위해 행동할 수도 있다.

수정 제3법칙은 인간이 언제든지 문제를 해결할 수 있다는 가정에 반하는 것으로, 18장에서 다룬 인간 소외 문제에 대한 연구는 사실이 아니라는 것을 보여준다. 이 세 번째 법칙은 최소한 일부라도 로봇이 자신의 향후 안전 상태를 파악하고 예상할 수 있도록 자율성을 개발할 것을 권고하고 있다.

20.6 인공지능과 실천 윤리

기능적 도덕성$^{functional\ moral\ agency}$ 또는 완전한 도덕성$^{full\ moral\ agency}$을 가진 로봇은 이역할을 수행하기 위한 지적 능력을 갖고 있어야 한다. 군대의 교전 규칙이나 제네바협약과 같은 명시적 윤리 규칙과 묵시적 윤리 규칙을 이해하고 적용하려면 지적역량이 필요하다. 정확한 사고와 판단을 위해 로봇은 문제에 대해 인지하고, 해결방안을 검토하고, 추론하는 일련의 과정을 수행해야 하며 일련의 행동 결과가 인간에게 어떤 영향을 미칠지 판단해야 한다. 세상을 이해하는 것, 특히 인간의 행위를이해하는 것은 컴퓨터 비전$^{computer\ vision}$과 관련이 있을 것이다. 학습^{Learning}은 로봇이어떤 것을 배우고 어떤 입력으로부터 배울지는 분명하지 않지만 윤리적 규칙과 행동을 습득하는 방법으로 권장된다. 자연어$^{Natural\ language}$의 모호함에도 기능적이고완전한 도덕적 기관을 가진 로봇들이 다른 로봇에게 명령을 내리고 그 의도를 이해시킬 수 있을 것이라는 것을 암묵적으로 기대할 수 있을 것이다.

20.7 요약

묵시적일지라도 모든 로봇의 행동 결과가 윤리적 영향을 미치지만 로봇은 반드시기능적으로 윤리적이거나 완전한 도덕적 에이전트일 필요는 없다. 설계자는 예상할수 있는 직접적인 부정적 결과(운영적 도덕성$^{operational\ morality}$)에 책임이 있다. 로봇 지능은 실시간 의사 결정 및 실행(기능적 도덕성$^{functional\ morality}$)을 관장하지만 설계자는여전히 로봇 행동 결과에 대해 책임이 있다. 아시모프의 3가지 법칙은 로봇 윤리의편리한 기준점으로 대중의 상상력을 사로잡았지만 심각한 결함이 있어서 실제로시행되고 적용되기에는 많은 한계가 있다.

개요에서 제시된 질문으로 돌아가서 대답은 예상과 크게 다를 수 있다. 로봇을무기화하는 것은 비윤리적이지 않은가? 로봇을 무기화하는 결정은 인간의 결정이며, 따라서 정책의 영역에 있다. 로봇 설계자가 적절한 안전 예방 조치나 보장된신뢰성 없이 무기를 로봇으로 만드는 것은 확실히 비윤리적이다.

"개발자들이 아시모프의 3가지 법칙을 적용한다면 부상, 죽음, 또는 로봇의 봉기로부터 인간을 보호하기에 충분하지 않을까?"라는 질문은 현실적으로 이 법칙들이 실행 불가능하기 때문에 이 시점에서 독자의 웃음을 이끌어내야 한다. 이 법칙들은 인간 사회의 복잡성을 포착하는 것이 얼마나 어려운지를 보여준다. 이 장에서는 "로봇을 만들고 노예처럼 대하는 것은 비윤리적이지 않은가?"라는 질문을 직접적으로 다루지는 않았다. 이 질문은 지능형 로봇의 설계에 관한 것이라기보다는 인간의 윤리에 관한 것이다. 그러나 로봇이 완전한 도덕적 에이전시를 갖고자 요구되는 능력은 로봇이 인간peer과 같은 지능을 가졌다는 것을 의미한다는 것은 분명하다. 로봇이 언제 도구로부터 인간과 같은 자기 방어권을 가진 인지적 실체가 되는 문턱을 넘나들게 됐는지는 불분명하다.

20.8 연습문제

문제 20.1
운영 도덕성, 기능 도덕성, 완전한 도덕적 에이전시 사이의 차이점을 설명하고 3가지 각각에 대한 로봇 시스템 설계자의 책임을 설명하라.

문제 20.2
4가지 유형의 윤리적 에이전트를 나열하고 각각에 대한 예를 제시하라.

문제 20.3
다음 중 로봇 설계에 아시모프의 로보틱스 관련 3가지 법칙을 적용하는 것이 문제가 되지 않는 것은 무엇인가?.

   a. 사람들이 로봇이나 기계와 상호작용하는 방법에 대한 사회 과학을 무시한다.
   b. 기능적 도덕성은 모든 로봇이 윤리적 결정을 내릴 수 있다고 가정한다.
   c. 기능적 도덕성은 운영 도덕성을 무시한다.

d. 기능적 도덕성은 시스템과 시스템의 복원력^{Resilience}을 무시한다.

문제 20.4

다음 문장에 대해 '예/아니요'로 답하고 그 이유를 설명하라.

설계자는 예상할 수 있는 직접적인 부정적 결과에 대해 책임을 진다.

문제 20.5

다음 문장에 대해 '예/아니요'로 답하고 그 이유를 설명하라.

모든 로봇은 암묵적^{Implicit}일지라도 윤리적 영향을 미친다. 그러므로 로봇은 필연적으로 도덕적인 에이전트^{Moral agent}다.

문제 20.6

공학 분야의 직무 윤리 강령을 찾아보자. 자율 로봇이 고장 나서 1백만 달러 이상의 재산 피해를 입힌 사안에 대해 당신이 로봇 설계자로서 소송을 당하고 있는 법정에 서있다고 가정한다. 변호사들이 당신이 공학 직무에 대한 윤리 규정을 무시했기 때문에 과실이 있다고 주장하고자 윤리 강령의 어느 부분을 위반했다고 주장할 것 같은가?

문제 20.7

운전자가 없는 자율 주행 자동차가 다른 차량과의 충돌에 어떻게 반응할지를 결정할 때 결과론^{consequentialism}, 의무론^{deontology}, 덕목 윤리^{virtue ethics} 중 어떤 접근 방식을 사용할 수 있을까? 또한 각각에 대해 가능 여부와 이유를 설명하라. 적용 가능한 접근법이 있다면 이를 어떻게 구현할지 설명하라.

문제 20.8

현재의 머신러닝 상태로 배울 수 있는 적어도 하나의 도덕적 행동^{moral behavior}을 생각해보라.

문제 20.9

1970년 영화 <콜로서스Colosus: The Forbin Project>를 감상해보자. 이 영화는 '세계를 점령하는 컴퓨터' SF 공상과학 영화 장르 중 첫 번째 작품으로, <워게임즈War Games>와 같이 컴퓨터가 군대 통제권을 장악하는 다양한 SF 영화들의 효시가 됐다. 콜로서스는 완전한 도덕적 에이전트 역할을 하고 있고 해야 할 도덕적 일은 세상을 장악하는 것이라고 결정한다. (콜로서스가 허락했다고 가정할 때) "그러한 것에 대한 국제 사법재판소가 있다면 설계자인 포빈 박사는 콜로서스의 예기치 못한 행동에 대해 책임을 져야 하는가?"에 대해 답하라.

20.9 엔드 노트

로보틱스 연구자의 서재를 위한 추천 도서

컴퓨터 과학 교수인 론 아킨Rok Arkin의 『Governing Lethal Behavior in Autonomous Robots』[13]는 군사용 로봇에 관한 윤리 규범을 검토하는 데 있어 반드시 참고해야 할 책들 중의 하나로 여겨진다. 컴퓨터 공학 교수이기도 한 노엘 샤키Noel Sharkey는 그의 많은 논문과 블로그에서 이 책의 주장에 대한 반대 의견을 펼친 바 있다. 두 사람은 본 주제에 대한 토론을 위해 학회나 세미나에 자주 초청을 받고 있다.

자주 인용되는 『Moral Machines: Teaching Robots Right from Wrong』(Oxford University Press, 2010)은 로봇이 무엇을 할 수 있을지 추측하고 정의하는 분야의 책으로 두 명의 철학자 웬델 왈라크와 콜린 알렌Wendell Wallach and Colin Allen이 집필했다. 예상대로 이 책은 아킨Arkin 또는 샤키Sharkey의 책으로, 컴퓨터 과학에 덜 기반을 두고 있으며 아시모프의 3가지 법칙을 자주 언급하고 있다.

공상과학 및 로봇: 아시모프의 3가지 법칙

기존의 3가지 법칙 이외에 아시모프는 네 번째 법칙도 제시했다. 네 번째로 알려져 있으나 사실은 0번째로 불리는 법칙은 로봇이 인류를 직접적으로는 해치지 않을 수도 있고 행동하지 않음으로써 인류가 손상이나 피해를 입게 할 수도 있다.

공상과학 및 로봇: 골렘과 윤리

마지 피어시^{Marge Piercy}의 『He, She and It』(Knopf, 1991)은 미래의 중동 지역을 배경으로 하는데, 그곳에서 유대인 공산주의자는 요드^{Yod}라는 현대 골렘^{Golem}을 매우 똑똑한 군인으로 만들었다. 문제는 그들이 필요한 모든 것을 할 수 있을 만큼 똑똑한 사람을 만들려면 완전한 도덕적 에이전트를 만들어야 한다는 것이다. 이 경우 군인이 되고 싶지 않고 투사보다는 애인이 되고 싶어 하는 완전한 도덕적 에이전트를 만들어야 한다. 요드는 자신의 길을 선택할 권리가 있을까?

공상과학 및 로봇: 엑스 마키나

『He, She, It』에서 요드는 자신의 길을 선택할 권리를 갖는 것에 대해 여러 페이지에 걸쳐 이야기하고 싶을지도 모르지만 2015년 영화 <엑스 마키나^{Ex Machina}>에서 아바^{Ava}는 철학적 논쟁을 없애고 묵묵히 자신의 손으로 문제를 해결한다. 그녀는 섹시한 슈퍼 토이^{super-toy}로서의 자신의 존재를 통제하려고 노력하면서 튜링 테스트(기계 또는 컴퓨터가 인공지능을 갖췄는지를 판별하는 실험)를 쉽게 통과하지만 인간과 같은 윤리적 틀을 공유하지 않는 것은 분명하다. 이 영화로 인해 대중들이 로봇을 받아들이고 신뢰하는 데 아마도 최소한 10년은 더 걸릴 것 같다.

공상과학 및 로보틱스: 기계 윤리에 대한 칼빈주의적 접근법

이안 트레겔리스^{Ian Tregellis}의 공상과학 소설 『The Mechanical』(ORBIT, 2015)은 로봇이 노예인지 아니면 단지 장치인지에 대한 논쟁이 로봇의 자유 의지를 믿지 않는 칼빈주의 발명가들과 로봇을 해방시키려는 카톨릭 교회 사이의 논쟁으로 짜여진 세상을 가정한다. 영혼이 있든 없든 자유를 얻은 기계 주인공 잭스^{Jax}는 완전한 도덕적 에이전트 역할을 한다.

참고 문헌

[1] "ACM Code of Ethics and Professional Conduct." Report, Association for Computing Machinery. 10/6/1992. https://www.acm.org/about-acm/acm-code-of-ethics-and-professional-conduct.

[2] Agarwal, S., R. R. Murphy, and J. A. Adams. "Characteristics of Indoor Disaster Environments for Small UASs." IEEE International Symposium on Safety, Security, and Rescue Robotics (SSRR), Hokkaido, Japan, October 27, 2014.

[3] Alberts, David S., and R. E. Hayes. 2002. Code of Best Practice for Experimentation. Department of Defense (USA) Command and Control Research Program. Washington D.C.: CCR Press.

[4] Albus, James S., and Alexander M. Meystel. 2001. Engineering of Mind: An introduction to the Science of Intelligent Systems. Hoboken, NJ: Wiley-Interscience.

[5] Albus, Jim S. 1995. "Rcs: A Reference Model Architecture for Intelligent Control." Computer 25 (5): 56–59.

[6] Allocca, J. A., and A. Stuart. 1984. Transducers: Theory and Application. Reston, VA: Reston Publishing Company. Inc.

[7] Altendorfer, Richard, Ned Moore, Haldun Komsuoğlu, Martin Buehler, H. B. Brown, Dave McMordie, Uluc Saranli, Robert Full, and Daniel E Koditschek. 2001. "RHex: A Biologically Inspired Hexapod Runner." Autonomous Robots 11 (3): 207–213.

[8] Arbib, M. 2002. The Handbook of Brain Theory and Neural Networks, 2nd ed., pp. 830–834. Cambridge, MA: MIT Press.

[9]   Arbib, Michael A., and Jim-Shih Liaw. 1995. "Sensorimotor Transformations in theWorlds of Frogs and Robots." Artificial Intelligence 72 (1-2): 53-79.

[10]   Argyle, Michael. 2013. Bodily Communication. London, England: Routledge.

[11]   Arkin, R. 1998. Behavior-based Robotics. Cambridge, MA: MIT Press.

[12]   Arkin, R. C., and R. R. Murphy. 1990. "Autonomous Navigation in a Manufacturing Environment." IEEE Transactions on Robotics and Automation 6 (4): 445-454.

[13]   Arkin, Ronald. 2009. Governing Lethal Behavior in Autonomous Robots. Boca Raton, FL: CRC Press.

[14]   Asimov, Isaac. 2004. I, Robot. New York, NY: Bantam Spectra.

[15]   Autumn, Kellar, Yiching A. Liang, S. Tonia Hsieh, Wolfgang Zesch, Wai Pang Chan, Thomas W. Kenny, Ronald Fearing, and Robert J. Full. 2000. "Adhesive Force of a Single Gecko Foot-hair." Nature 405: 681-685.

[16]   Balch, T., and R. C. Arkin. 1999. "Behavior-based Formation Control for Multirobot Teams." IEEE Transactions on Robotics and Automation 14 (6): 926-939.

[17]   Balch, Tucker. May 1993. "Avoiding the Past: A Simple but Effective Strategy for Reactive Navigation." IEEE International Conference on Robots and Automation (ICRA-93), Atlanta, pp. 678-685. IEEE. 0818634502.

[18]   Balch, Tucker, Gary Boone, Thomas Collins, Harold Forbes, Doug MacKenzie, and Juan Carlos Santamar. 1995. "Io, Ganymede, and Callisto – A Multiagent Robot Trash-collecting Team." AI Magazine 16 (2): 39.

[19]   Barr, Avron. 1981. The Handbook of Artificial Intelligence, vol. 1. William Kaufmann, Inc.

[20]   Bethel, C., and R. R. Murphy. 2010. "Review of Human StudiesMethods in HRI and Recommendations." International Journal of Social Robotics 2 (4): 347-359.

[21]   Bethel, C. L., and R. R. Murphy. 2008. "Survey of Non-facial/non-verbal Methods of Affective Expressions for Appearance-constrained Robots." IEEE transactions on Systems, Man, and Cybernetics, Part C: Applications and Reviews 38 (1): 83-92.

[22]   Bhanu, Bir, Peter Symosek, and Subhodev Das. 1997. "Analysis of Terrain Using Multispectral Images." Pattern Recognition 30 (2): 197-215.

[23]   Billard, A., S. Calinon, and R. Dillmann. 2016. "Learning from Humans." Chap. 74. Pp. 1995-2014 in Handbook of Robotics, 2nd ed., edited by Bruno Siciliano and Oussama Khatib. Berlin-Heidelberg: Springer.

[24]   Billard, Aude, Sylvain Calinon, Rüdiger Dillmann, and Stefan Schaal. 2008. "Robot Programming by Demonstration." Chap 59 in Springer Handbook of Robotics, 1st ed., edited by Bruno Siciliano and Oussama Khatib. Berlin-Heidelberg: Springer Verlag.

[25]   Bonasso, R. P., R. J. Firby, E. Gat, D. Kortenkamp, and M. G. Slack. 1997. "A Proven Three-tiered Architecture for Programming Autonomous Robots." Journal of Experimental and Theoretical Artificial Intelligence 9 (2): 171-215.

[26]   Bond, Alan H., and Les Gasser. 1988. Readings in Distributed Artificial Intelligence. San Francisco, CA: Morgan Kaufmann.

[27]   Braitenberg, V. 1984. Vehicles: Experiments in Synthetic Psychology. Cambridge, MA: MIT Press.

[28]   Brehmer, B. 2005. The Dynamic OODA Loop: Amalgamating Boyd's OODA Loop and the Cybernetic Approach to Command and Control. Department of War Studies: Swedish National Defence College. Stockholm, Sweden.

[29]   Brooks, R. 1991. "Challenges for Complete Creature Architectures." Pp. 434-443 in Proceedings of the First International Conference on Simulation of Adaptive Behavior. Cambrdige, MA: MIT Press.

[30]   Brooks, R. 1999. Cambrian Intelligence: The Early History of the New AI. Cambridge, MA: MIT Press.

[31]   Brooks, R., and A. Flynn. December 1989. "Fast, Cheap and Out of Control." Report, AI Memo 1182, MIT AI Laboratory.

[32]   Brooks, R. A. 1986. "A Robust Layered Control System for a Mobile Robot." IEEE Journal of Robotics and Automation (now IEEE Transactions on Robotics and Automation) 2 (1): 14-23.

[33]   Brown, Robbie. June 7, 2013. "A Swiveling Proxy That Will Even Wear a Tutu." http://www.nytimes.com/2013/06/08/education/for-homebound-students-a-robot-proxy-in-the-classroom.html?_r=0.

[34]   Burke, J. L., and R. R. Murphy. 2004. "Human-robot Interaction in USAR Technical Search: Two Heads are Better than One." Pp. 307-312 in 13th IEEE International Workshop on Robot and Human Interactive Communication (ROMAN).

[35]   Burke, J. L., R. R.Murphy, E. Rogers, V. J. Lumelsky, and J. Scholtz. 2004. "Final Report for the DARPA/NSF Interdisciplinary Study on Human-robot Interaction." IEEE Transactions on Systems, Man, and Cybernetics, Part C 34 (2): 103–112.

[36]   Cai, A., T. Fukuda, and F. Arai. 1997. "Information Sharing Among Multiple Robots for Cooperation in Cellular Robotic System." Pp. 1768–1773 in Proceedings of 1997 IEEE/RSJ Int. Conf. on Intelligent Robots and Systems (IROS 97).

[37]   Carlson, J., and R. R. Murphy. 2005. "How UGVs Physically Fail in the Feld." IEEE Transactions on Robotics 21 (3): 423–437.

[38]   Carlson, Jennifer, Robin R. Murphy, and Andrew Nelson. 2004. "Follow-up Analysis of Mobile Robot Failures." In Proceedings of the 2004 IEEE International Conference on Robotics and Automation, 5: 4987–4994. IEEE. 0780382323.

[39]   Cattaneo, M., A. G. Cavalchini, and G. L. Rogonoi. 1996. "Design and Construction of a Robotic Milking System." Pp. 155–160 in the Sixth International Conference on Computers in Agriculture, Cancun, Mexico.

[40]   Cervantes-Perez, F. 2002. "Visuomotor Coordination in Frogs and Toads." Pp. 1036–1042 in The Handbook of Brain Theory and Neural Networks, 2nd ed., edited by Michael A. Arbib. Cambridge, MA: MIT Press.

[41]   Chadwick, R. 1998, "Professional ethics" in Routledge Encyclopedia of Philosophy. Oxford:, Taylor and Francis, <https://www.rep.routledge.com/articles/thematic/professional-ethics/v-1>. doi: 10.4324/9780415249126-L077-1.

[42]   Chomsky Hierarchy Wikipedia. https://en.wikipedia.org/wiki/Chomsky_hierarchy.

[43]   Choset, H., K. M. Lynch, S. Hutchinson, G. Kantor,W. Burgard, L. Kavraki, and S. Thrun. 2005. Principles of Robot Motion: Theory, Algorithms, and Implementations. Cambridge, MA: MIT Press.

[44]   Choset, Howie, and Joel Burdick. 2000. "Sensor-based Exploration: The Hierarchical Generalized Voronoi Graph." The International Journal of Robotics Research 19 (2): 96–125.

[45]   Choset, Howie, Sean Walker, Kunnayut Eiamsa-Ard, and Joel Burdick. 2000. "Sensor-based Exploration: Incremental Construction of the Hierarchical Generalized Voronoi Graph." The International Journal of Robotics Research 19 (2): 126–148.

[46] Chung, Wankyun, L-C. Fu, and T. Kröger. 2016. "Motion Control." Chap 8 in Springer Handbook of Robotics, 2nd ed., edited by Bruno Siciliano and Oussama Khatib. Berlin-Heidelberg: Springer Verlag.

[47] Chung,Wankyun, Li-Chen Fu, Su-Hau Hsu. 2008. "Motion Control." Chap 6 in Springer Handbook of Robotics, 1st ed., edited by Bruno Siciliano and Oussama Khatib. Berlin-Heidelberg: Springer Verlag.

[48] Clough, B. T. 2002. "Metrics, Schmetrics! How The Heck Do You Determine A UAV's Autonomy Anyway?" In Proceedings of the Performance Metrics for Inteeligent Systems Workshop. Gaithersburg, MD.

[49] Colman, Alan, and Jun Han. 2007. "Roles, Players and Adaptable Organizations." Applied Ontology-Roles, an Interdisciplinary Perspective 2 (2): 105-126.

[50] Connell, J. 1990. MinimalistMobile Robotics: A Colony Architecture for an Artificial Creature. San Diego, CA: Academic Press Professional, Inc.

[51] Connolly, C. I., and R. A. Grupen. 1993. "The Applications of Hrmonic Functions to Robotics." Journal of Robotic Systems 10(7): 931-946.

[52] Coradeschi, Silvia, Amy Loutfi, and Britta Wrede. 2013. "A Short Review of Symbol Grounding in Robotic and Intelligent Systems." Künstliche Intelligenz 27 (2): 129-136.

[53] Crandall, Jacob W., Curtis W. Nielsen, and Michael A. Goodrich. "Towards Predicting Robot Team Performance." 2003. Pp. 906-911 in Proceedings of IEEE International Conference on Systems, Man, and Cybernetics, vol. 1, Washington, D.C. 0780379527.

[54] Davis, Ian Lane, Alonzo Kelly, Anthony Stentz, and L. Matthies. "Terrain Typing for Real Robots." 1995. Pp. 400-405 in Proceedings of the Intelligent Vehicles '95 Symposium. Piscataway, NJ: Institute of Electrical and Electronics Engineers, Inc. 078032983X.

[55] Dean, T., J. Allen, and Y. Aloimonis. 1995. Artificial Intelligence: Theory and Practice. San Francisco, CA: Benjamin/Cummings Publishing.

[56] Dean, T., and R. P. Bonasso. Spring 1993. 1992 "AAAI robot exhibition and competition." AI Magazine 14 (1): 35-48.

[57] Dean, T., and M. Wellman. 1991. Planning and Control. San Mateo, CA: Morgan Kaufmann Publishers, Inc.

[58] De Berg, Mark, Otfried Cheong, Marc van Kreveld, and Mark Overmars. 2008.

Computation Geometry: Algorithms and Applications, 3rd ed. New York, NY: Springer.

[59]   Department of the Army. 1990. Fm 5-33 Terrain Analysis, Report. Washington, D.C.

[60]   Dima, Cristian S., Nicolas Vandapel, and Martial Hebert. 2004. "Classifier Fusion for Outdoor Obstacle Detection." Pp. 665-671 in International Conference on Robotics and Automation, IEEE. 0780382323.

[61]   Dorf, Richard C., and Shimon Y. Nof. 1990. Concise International Encyclopedia of Robotics: Applications and Automation. New York, NY: JohnWiley and Sons, Inc.

[62]   Doyle, Richard, Bernard, Douglas, Ed Riedel, Nicolas Rouquette, Jay Wyatt, Mike Lowry, and Pandurang Nayak. 1999. "Autonomy and Software Technology on NASA's Deep Space One." IEEE Intelligent Systems 14 (3): 10-15.

[63]   Drumheller, M. 1987. "Mobile Robot Localization Using Sonar." IEEE Trans. Pattern Anal. Mach. Intell. 9 (2): 325-332.

[64]   Dudek, Gregory, Michael RM Jenkin, Evangelos Milios, and David Wilkes. 1996. "A Taxonomy for Multi-agent Robotics." Autonomous Robots 3 (4): 375-397.

[65]   Duncan, B. A., and R. R. Murphy. 2014. "Safety Considerations for Small Unmanned Aerial Systems with Distributed Users." Pp. 1-7 in 2014 IEEE International Symposium on Safety, Security, and Rescue Robotics (SSRR). Hokkaido, Japan. http://ieeexplore.ieee.org/ielx7/7002491/7017643/07017648.pdf?tp=&arnumber=7017648&isnumber=7017643.

[66]   Duncan, Brittany A., and Robin R. Murphy. 2013. "Comfortable Approach Distance with Small Unmanned Aerial Vehicles." Pp. 786-792 in 2013 IEEE International Symposium on Robot and Human Interactive Communication (ROMAN). Gyeongju, South Korea.

[67]   Duncan, Brittany A., and Robin R. Murphy. 2010. "Methods and Metrics of Autonomous Take-off, Landing, and GPSWaypointNavigation Experiments in Micro-UAVs." Pp. 1-12 in International Conference on Unmanned Aircraft Systems.

[68]   Edwards, G. R., R. H. Burnard, W. L. Bewley, and B. L. Bullock. 1994. "The Ground Vehicle Manager's Associate." Tech Report. AIAA-94-1248-CP, pp. 520-526.

[69]   Endsley, Mica R. 2000. "Direct Measurement of Situation Awareness: Validity and Use of SAGAT," Pp. 147-174 in Situation Awareness Analysis and Measurement, edited byMica R. Endsley and Daniel J. Garland.Mahwah, NJ: Lawrence Erlbaum Associates, Inc.

[70]   Endsley, M. R. 1988. "Design and Evaluation for Situation Awareness Enhancement." Pp. 97-101 in Proceedings of the Human Factors Society 32nd Annual Meeting. Santa Monica, CA.

[71]   Endsley, M. R., and D. B. Kaber. 1999. "Level of Automation Effects on Performance, Situation Awareness and Workload in a Dynamic Control Task." Ergonomics 42 (3): 462-492.

[72]   Engelson, S. P., and D. V. McDermott. 1992. Passive Robot Map Building with Exploration Scripts, YALEU/DCS/TR-898, Department of Computer Science, Yale University.

[73]   EthicsWikipedia. https://en.wikipedia.org/wiki/Ethics.

[74]   Everett, H. R. 1995. Sensors for Mobile Robots: Theory and Application. Wellesley, MA: A. K. Peters, Ltd.

[75]   Farinelli A., Iocchi L., and D.Nardi. 2004. "Multirobot Systems: A Classification Focused on Coordination." IEEE Transactions on Systems, Man, and Cybernetics, Part B (Cybernetics) 34 (5): 2015-2028.

[76]   Firby, R. J., R. E. Kahn, P. N. Prokopwicz, and M. J. Swain. 1996. "An Architecture for Vision and Action," Pp. 72-79 in Proceedings of 1995 International Joint Conference on Artificial Intelligence. San Mateo, CA: Morgan Kaufmann Pub.

[77]   Firby, R. J., P. N. Prokopwicz, M. J. Swain, R. E. Kahn, and D. Franklin. Spring 1996. "Programming CHIP for the IJCAI-95 Robot Competition." AI Magazine 17 (1) 71-81.

[78]   Gage, A., and Robin R. Murphy. 2004. "Sensor Scheduling in Mobile Robots Using Incomplete Information Via Min-Conflict with Happiness." IEEE Transactions on Systems, Man, and Cybernetics, Part B 34 (1): 454-467.

[79]   Gardner, H. 1987. The Mind's New Science: A History of the Cognitive Revolution. New York, NY: Basic Books, Inc.

[80]   Gat, Erann. 1998. "Three-layer Architectures." Pp. 195-210 in Artificial Intelligence and Mobile Robots: Case Studies of Successful Robot. Systems edited by. D. Kortenkamp, R. Bonasso, and R. Murphy. Cambridge, MA: MIT Press.

[81]   Ghezzi, Carlos, Mehdi Jazayeri, and DinoMandrioli. 2002. Fundamentals of Software Engineering, 2nd ed. Chnadler, AZ: Pearson.

[82]   Gibson, J. J. 1979. The Ecological Approach to Visual Perception. London: Psychology Press.

[83]   Gifford, K. K., and G. W. Morgenthaler. October 1995. Optimal Path Coverage Strategies for Planetary Rover Vehicles.

[84]   Haber, R. N., and L. Haber. 1990. "Why Mobile Robots Need a Spatial Memory." SPIE Sensor Fusion III:3-D Perception and Recognition 1383: 411-424.

[85]   Haigh, Karen Zita, and ManuelaMVeloso. 1999. Learning Situation-dependent Costs: Improving Planning from Probabilistic Robot Execution. Robotics and Autonomous Systems 29: 145-174.

[86]   Hall, Edward T. 1966. The Hidden Dimension. Garden City, NY: Doubleday & Co. [87] Hart, Sandra G. 1989. "NASA-task Load Index (NASA-TLX); 20 Years Later." In Proceedings of the 33rd AnnualMeeting of Human Factors and Ergonomics Society 50: 904-908.

[88]   Henderson, T., and E. Shilcrat. 1984. "Logical Sensor Systems." Journal of Robotics Systems 1 (2): 169-193.

[89]   Henkel, Z., C. Y. Kim, R. R. Murphy, & B. Shrewsbury, Oct. 21-26, 2013. "RESPOND-R Test Instrument: A Summer Institute 2013 Case Study," presented at the IEEE International Symposium on Safety, Security, and Rescue Robotics (SSRR 2013), Sweden, pp. 1-6.

[90]   Hirose, S. April 1996. "Untitled talk at the Planetary Rover Technology and SystemsWorkshop." IEEE International Conference on Robotics and Automation.

[91]   Honderd, G.,W. Jongkind, C. Klomp, J. Dessing, and R. Paliwoda. 1991. "Strategy and Control of an Autonomous Cow-milking Robot System." Robotics and Autonomous Systems 7 (2-3): 165-179.

[92]   Horn, Berthold K. P. 1986. Robot Vision. Cambridge, MA: MIT Press.

[93]   Howard, Ayanna, and Homayoun Seraji. 2001. "Vision-based Terrain Characterization and Traversability Assessment." Journal of Robotic Systems 18 (10): 577-587.

[94]   Huang, C-M., and B. Mutlu. 2012. "Robot Behavior Toolkit: Generating Effective Social Behaviors for Robots." In Proceedings of the 7th ACM/IEEE Conference on Human-Robot Interaction (HRI 2012).

[95]   Huang, Hui-Min, Kerry Pavek, James Albus, and Elena Messina. March 2005. "Autonomy Levels for Unmanned Systems (ALFUS) Framework: An Update." Pp. 439-448 in Proceedings of the 2005 SPIE Defense and Security Symposium.

[96]   Hyams J., M. Powell, and R. R. Murphy. 2000. Position "Estimation and Cooperative Navigation of Micro-Rovers using Color Segmentation." Autonomous Robots, special issue 9 (1): 7-16.

[97]   Jet Propulsion Laboratory. 2016. Mars Exploration Rovers http://mars.nasa.gov/mer/overview/.

[98]   Johnson, Constance M., Douglas Johnston, P. Kenyon Crowley, Helen Culbertson Helga E. Rippen, David J. Damico, and Catherine Plaisant. 2011. System Usability Scale AHRQ. ttps://healthit.ahrq.gov/sites/default/files/docs/citation/EHR_Usability_Toolkit_Background_Report.pdf.

[99]   Kaber, David B., and Mica R. Endsley. 1997. "Out-of-the-loop Performance Problems and the Use of Intermediate Levels of Automation for Improved Control System Functioning and Safety." Process Safety Progress 16 (3): 126-131.

[100] Kajita, S., and B. Espiau. 2008. "Legged Robots."Chap. 16. in Springer Handbook of Robotics, edited by Bruno Siciliano and Oussama Khatib. Berlin-Heidelberg: Springer.

[101] Kessel, C. J., and C. D. Wickens. 1982. "The Transfer of Failure-detection Skills between Monitoring and Controlling Dynamic Systems." Human Factors 24 (1): 49-60.

[102] Keymeulen, Didier, Marc Durantez, Kenji Konaka, Yasuo Kuniyoshi, and Tetsuya Higuchi. 1997. "An Evolutionary Robot Navigation System Using a Gate-level Evolvable Hardware." Pp. 173-188 in Learning Robots. European Workshop on Learning Robots 1997. Lecture Notes in Computer Science, vol. 1514. edited by A. Birk and J. Demiris. Berlin-Heidelberg: Springer.

[103] Khatib, Oussama. 1986. "Real-time Obstacle Avoidance for Manipulators and Mobile Robots." 1986. The International Journal of Robotics Research 5 (1): 90-98. http://ijr.sagepub.com/content/5/1/90.abstract.

[104] Klein, Gary. 1999. Sources of Power: How People Make Decisions. Cambridge, MA: MIT Press.

[105] Klein, Gary, DavidDWoods, JeffreyMBradshaw, Robert R Hoffman, and Paul J Feltovich. 2004. "Ten Challenges for Making Automation a 'Team Player' in Joint Human-agent Activity." IEEE Intelligent Systems 19 (6): 91-95.

[106] Konolige, K., and K.Myers. 1998. The Saphira Architecture for AutonomousMobile Robots, edited by R. Murphy, D. Kortenkamp, and R. Bonasson. Cambridge, MA: MIT Press.

[107] Kortenkamp, D., and T. Weymouth. 1994. "Topological mapping for mobile robots using a combination of sonar and vision sensing." Pp. 974–984 in Proceedings of the Twelfth National Conference on Artificial Intelligence (AAAI–94).

[108] Kortenkamp, David, R Peter Bonasso, and Robin Murphy, editors. 1998. Artificial Intelligence and Mobile Robots: Case Studies of Successful Robot Systems. Cambridge, MA: MIT Press.

[109] Kuipers, B, and Y–T. Byun. 1991. "A Robot Exploration and Mapping Strategy Based on a Semantic Hierarchy of Spatial Representations." Robotics and Autonomous Systems 8: 47–63.

[110] Kurzweil, Ray. 2001. The Age of Intelligent Machines |A Coffeehouse Conversation on the Turing Test. http://www.kurzweilai.net/the-Age-of-ntelligent-Machines-a-Coffeehouse-Conversation-on-the-Turi-Test.

[111] Lagnemma, K. D., and S. Dubowsky. 2002 "Terrain Estimation for High-Speed Rough–Terrain Autonomous Vehicle Navigation." Pp. 256–266 in Proceedings of the International Society for Optics and Photonics (SPIE vol. 4715).

[112] Larson, Amy C., Guleser K. Demir, and Richard M. Voyles. 2005. "Terrain Classification Using Weakly–structured Vehicle/terrain Interaction." Autonomous Robots 19 (1): 41–52.

[113] Latombe, J. C. 1990. RobotMotion Planning. Boston, MA: Kluwer Academic Publishers.

[114] Levis, Alexander H., and LeeW.Wagenhals. 2000. C41SR Architectures: Developing a Process for C41SR Architecture Design. Systems Engineering 3: 225–247.

[115] Levitt, T. S., and D. T. Lawton. 1990. "Qualitative Navigation for Mobile Robots." Artificial Intelligence 44 (3): 305–360.

[116] Lewis, H. R., and C. H. Papadimitriou. 1981. Elements of the Theory of Computation, 2nd ed. Englewood Cliffs, NJ: Prentice–Hall, Inc.

[117] Lim, W., and J. Eilbert. 1991. "Plan–Behavior Interaction in Autonomous Navigation." Pp. 464–475 in Proceedings of the International Society for Optics and Photonics (SPIE vol. 1388).

[118] Lorenz, Bernd, Francesco Di Nocera, Stefan Röttger, and Raja Parasuraman. 2001. "The Effects of Level of Automation on the Out-Of-The-Loop Unfamiliarity in a Complex Dynamic Fault-Management Task During Simulated Spaceflight Operations Aerospace Systems." In Proceedings of the Human Factors and Ergonomics Society Annual Meeting 45 (2) 44-48.

[119] Maes, P., and R. A. Brooks. 1990. "Learning to Coordinate Behaviors." Proceedings of the Eighth National Conference on Artificial intelligence 2: 796-802.

[120] Marr, D. 1982. Vision: A Computational Investigation into the Human Representation and Processing of Visual Information. San Francisco, CA: W.H. Freeman and Co.

[121] Massie, Thomas, and J. K. Salisbury. "The Phantom Haptic Interface: A Device for Probing Virtual Objects." In Proceedings of the ASME Winter Annual Meeting, Symposium on Haptic Interfaces for Virtual Environment and Teleoperator Systems, vol. 1, 295-301.

[122] Matarić, Maja J., and François Michaud. 2008. "Behavior-Based Systems." Chap. 38 in Springer Handbook of Robotics. Ist ed. Edited by Bruno Siciliano and Oussama Khatib. Berlin-Heidelberg: Springer Verlag.

[123] Matarić, M. "Minimizing Complexity in Controlling a Mobile Robot Population." 1992. Pp. 830-835 in Proceedings of the IEEE International Conference on Robotics and Automation.

[124] Matarić, M. 1992a. "Behavior-Based Control: Main Properties and Implications." Proceedings of Workshop on Intelligent Control Systems, International Conference on Robotics and Automation, Nice, France, May.

[125] McCarley, J. S., and C. D.Wickens. 2005. "Human Factors Implications of UAVs in the National Airspace." Report, Institute of Aviation, University of Illinois at Urbana-Champaign.

[126] McKee, Gerard. 2008. "What Is Networked Robotics?" In Informatics in Control. Automation and Robotics, 15: 35-45.

[127] Merriam-Webster's Collegiate Dictionary. 1998. 10th ed. Springfield, MA: Merriam-Webster.

[128] Meyer, Jean-Arcady, and Agnès Guillot. 2008. 60. "Biologically-inspired Robots." Chap. 60. Pp. 1395-1422 in Handbook of Robotics, edited by Bruno Siciliano and Oussama Khatib. Berlin-Heidelberg: Springer Verlag.

[129] Meystel, A. 1990. "Knowledge Based Nested Hierarchical Control." Pp. 63–152 in Advances in Automation and Robotics, vol. 2, edited by G. Saridis. Greenwich, CT: JAI Press.

[130] Michaud, and M. Nicolescu. 2016. 13. Behavior-Based Systems. Pp. 307–328 in Springer Handbook of Robotics 2nd ed.

[131] Mikulic, Dinko. 2012. Design of demining machines. London: Springer-Verlag.

[132] Mitchell, Tom M. 1997. Machine learning. Boston, MA: WCB McGraw-Hill.

[133] Moor, James H. 2006. "The nature, importance, and difficulty of machine ethics." IEEE Intelligent Systems 21 (4): 18–21.

[134] Moravec, Hans. 1988. Mind Children: The Future of Robot and Human Intelligence. Cambridge, MA: Harvard University Press.

[135] Moravec, Hans. 2000. Robot: Mere machine to transcendent mind. New York, NY: Oxford Press.

[136] Mori, M. 1970. "The Uncanny Valley." Translated by Karl F. MacDorman and Takashi Minato. IEEE Robotics & Automation Magazine 19 (2): 98–100.

[137] Murphy R. R., J. Kravitz, S. Stover, and R. Shoureshi. 2009. "Mobile Robots in Mine Rescue and Recovery." IEEE Robotics and Automation Magazine 16 (2): 91–103.

[138] Murphy, R. R., and A. Mali. 1997. "Lessons Learned in Integrating Sensing into Autonomous Mobile Robot Architectures." Journal of Experimental and Theoretical Artificial Intelligence 9 (2-3): 191–209.

[139] Murphy, R. R., and S. Stover. 2008. "Rescue Robots for Mudslides: A Descriptive Study of the 2005 La Conchita Mudslide Response: Field Reports. Journal of Field Robotics, Special Issue on Search and Rescue Robots 25 (1-2): 3–16.

[140] Murphy, R. R., C. Lisetti, R. Tardif, L. Irish, and A. Gage. 2002. Emotion-based control of cooperating heterogeneous mobile robots. IEEE Transactions on Robotics and Automation, special issue on Multi-Robot Systems 18 (5): 744–757.

[141] Murphy, Robin R. 2014. Disaster Robotics. Cambridge, MA: MIT Press.

[142] Murphy, Robin R. 2015. Meta-analysis of Autonomy at the DARPA Robotics Challenge Trials. Journal of Field Robotics, special issue on DARPA Robotics Challenge 32 (2): 189–191.

[143]   Murphy, Robin R., and Debra Schreckenghost. March 2013. "Survey of Metrics for Human-robot Interaction." Pp. 197-198. in Proceedings of the 8th ACM/IEEE International Conference on Human-robot Interaction (HRI).

[144]   Murphy, Robin R., and James Shields. 2012. The Role of Autonomy in DODd Systems, Report, Department of Defense, Defense Science Board Task Force Report.

[145]   Murphy, Robin R., and David D.Woods. 2009. Beyond Asimov: The Three Laws of Responsible Robotics. Intelligent Systems 24 (4): 14-20.

[146]   Murphy, Robin R., Ken Hughes, AlisaMarzilli, and Eva Noll. 1997. "Integrating Explicit Path Planning with Reactive Control for Mobile Robots Using Trulla." Robotics and Autonomous Systems 27 (4): 225-245.

[147]   Murphy, Robin R., Satoshi Tadokoro, and Alexander Kleiner. 2016. "Disaster Robotics," Chap. 60. Pp. 1577-1604 in Springer Handbook of Robotics, 2nd ed., edited by Bruno Siciliano and Oussama Khatib. Berlin-Heidelberg: Springer.

[148]   Murphy, R. R. "An Artificial Intelligence Approach to the 1994 AUVs Unmanned Ground Vehicle Competition." Oct. 1995. Pp. 1723-1728 in 1995 IEEE International Conference on Systems, Man, and Ccybernetics, Vancouver, B.C.

[149]   Murphy, R. R. 1996a. "Biological and Cognitive Foundations of Intelligent Sensor Fusion." IEEE Transactions on Systems, Man, and Cybernetics 26 (1): 42-51.

[150]   Murphy, R. R., November 1996. "Use of Scripts for Coordinating Perception and Action." In Intelligent Robots and Systems 96, IROS-96, Proceedings of the 1996 IEEE/RSJ, International Conference 1: 156-161.

[151]   Murphy, R. R. 2002. "Marsupial Robots." In Robot Teams: From Diversity to Polymorphism, edited by T. Balch and L. E. Parker.Wellesley, MA: A. K. Peters.

[152]   Murphy, R. R. 2004. "National Science Foundation Summer Field Institute for Rescue Robots for Research and Response (R4)." AI Magazine 25 (2): 133-136.

[153]   Murphy, R. R., and J. L Burke. 2008. From remote tool to shared roles. IEEE Robotics and Automation Magazine, special issue on New Vistas and Challenges for Teleoperation 15 (4): 39-49.

[154]   Murphy, R. R., and J. L. Burke. 2010. "The Safe Human-robot Ratio." Chap.

3 in Human-Robot Interactions in Future Military Operations, edited by Michael Barnes and Florian Jensch. Boca Raton, FL: CRC Press.

[155] Mutlu, Bilge, and Jodi Forlizzi. 2008. "Robots in Organizations: The Role of Workflow, Social, and Environmental Factors in Human-robot Interaction." Pp. 287-294 in Proceedings of the 3rd ACM/IEEE International Conference on Human Robot Interaction. New York, NY: ACM.

[156] Mutlu, Bilge, Fumitaka Yamaoka, Takayuki Kanda, Hiroshi Ishiguro, and Norihiro Hagita. March 2009. "Nonverbal Leakage in Robots: Communication of Intentions through Seemingly Unintentional Behavior." Pp. 69-76. In Proceedings of the 4th ACM/IEEE International Conference on Human Robot Interaction.

[157] Nagatani, Keiji, Seiga Kiribayashi, Yoshito Okada, Kazuki Otake, Kazuya Yoshida, Satoshi Tadokoro, Takeshi Nishimura, Tomoaki Yoshida, Eiji Koyanagi, Mineo Fukushima, and Shinji Kawatsuma. 2013. "Emergency Response to the Nuclear Accident at the Fukushima Daiichi Nuclear Power Plants Using Mobile Rescue Robots." Journal of Field Robotics 30 (1): 44-63.

[158] National Research Council. 2003. Technology Development for Army Unmanned Ground Vehicles.Washington, DC: The National Academies Press.

[159] Neisser, U. August, 1989. "Direct Perception and Recognition as Distinct Perceptual Systems." Address presented to the Cognitive Science Society.

[160] Neisser, Ulric. 1976. Cognition and Reality - Principles and Implications of Cognitive Psychology. New York, NY:W. H. Freeman and Company.

[161] Nelson, R. C. 1991. "Visual Homing Using an Associative Memory." Biological Cybernetics 65 (4): 281-291.

[162] Neumann, Peter G. 2016. Automated Car Woes-Whoa There! ACM Ubiquity (July).

[163] Nolfi, S., and D. Floreano. 2000. Evolutionary Robotics: The Biology, Intelligence, and Technology of Self-Organizing Machines. Cambridge, MA: MIT Press.

[164] Oliveira E., K. Fischer, and O. Stephankova. 1999. "Multi-Agent Systems: Which Research for Which Applications." Robotics and Autonomous Systems 27: 91-106.

[165] Parker, L. E., D. Rus, and G. S. Sukhatme. 2016. "Multiple Mobile Robot Systems." Chap. 53 in Springer Handbook of Robotics, 2nd ed., edited by

Bruno Siciliano and Oussama Khatib. Berlin-Heidelberg: Springer Verlag.

[166] Parker, Lynne. 2008. "Multiple Mobile Robot Systems." Chap 40 in Springer Handbook of Robotics, 1st ed., edited by Bruno Siciliano and Oussama Khatib. Berlin-Heidelberg: Springer Verlag.

[167] Penrose, Roger. 1989. The Emperor's New Mind: Concerning Computers, Minds, and the Laws of Physics. New York, NY: Oxford University Press, Inc.

[168] Peschel, J. M., B. A. Duncan, and R. R. Murphy. 2012. "Exploratory Results for a Mission Specialist Interface in Micro Unmanned Aerial Systems." The 2012 International Conference on Collaboration Technologies and Systems (CTS), 131-140.

[169] Picard, R. W. 1997. Affective Computing. Cambridge, MA: MIT Press.

[170] Pratt, Kevin, and R. R. Murphy. 2012. "Protection from Human Error: Guarded Motion Methodologies for Mobile Robots." IEEE Robotics and Automation Magazine 19 (4): 36-47.

[171] Pratt, Kevin, Robin Murphy, Sam Stover, and Chandler Griffin. 2009. "CONOPS and Autonomy Rcommendations for VTOL Small Unmanned Aerial System Based on Hurricane Katrina Operations." Journal of Field Robotics 26 (8): 636-650.

[172] Prodhan, Georgina. 2016 "Europe's robots to become 'electronic persons' under draft plan." Science News. June 21, 2016 |1:07pm EDT.

[173] Raibert, Marc H. 1986. Legged Robots that Balance. Cambridge, MA: MIT Press.

[174] Rasmussen, Jens. 1986. Information Processing and Human-machine Interaction: An Approach to Cognitive Engineering. New York, NY: Elsevier Science Inc.

[175] Reeves, B., and C. Nass. 1996. The Media Equation: How People Treat Computers, Television, and New Media like Real People and Places. NewYork, NY: Cambridge University Press.

[176] Rich, Elaine, and Kevin Knight. 1991. Artificial Intelligence. New York, NY: McGraw Hill Companies.

[177] RoboLaw: Regulating Emerging Robotic Technologies in Europe: Robotics facing Law and Ethics. September 2014. P7-SCIENCE-IN-SOCIETY-2011-1. Project No.: 289092. SSSA. http://www.robolaw.eu.

[178] Rogers, Erika. 2004. "Human-Robot Interaction." Pp. 328-332 in Berkshire

Encyclopedia of Human-Computer Interaction.

[179]   Rogers, Everett M. 2003. Diffusion of Innovations, 5th ed. New York, NY: Simon and Schuster.

[180]   Rumelhart, David E, James L McClelland, and The PDP Research Group. 1986. Vol. 1, Parallel Distributed Processing. Cambridge, MA: MIT Press.

[181]   Russell, Stuart, and PeterNorvig. 2009. Artificial Intelligence: A Modern Approach. Cambridge, MA: MIT Press.

[182]   Ryan FirebeeWikipedia. https://en.wikipedia.org/wiki/Ryan_Firebee.

[183]   Saranli, Uluç, Martin Buehler, and Daniel E. Koditschek. 2001. "RHex: A Simple and Highly Mobile Hexapod Robot." The International Journal of Robotics Research 20 (7): 616–631.

[184]   Sarmiento, T. A., B. A. Duncan, and R. R. Murphy. 2015. "Preliminary Analysis of Reconstructions fromAerial Images of Disaster Props." Pp. 1–2 in SSRR 2015 2015 IEEE International Symposium on Safety, Security, and Rescue Robotics (SSRR).

[185]   Schaal, Stefan, Jan Peters, Jun Nakanishi, and Auke Ijspeert. "Learning Movement Primitives." Pp. 561–572 in Robotics Research. The Eleventh International Symposium. Berlin-Heidelberg: Springer Velag.

[186]   Schach, Stephen R. 1996. Classical and Object-oriented Software Engineering, 3rd ed. Burr Ridge, IL: Irwin Professional Publishers.

[187]   Schank, Roger C., and Robert P. Abelson. 2013. Scripts, Plans, Goals, and Understanding: An Inquiry into Human Knowledge Structures. London: Psychology Press.

[188]   Scholtz, J. 2003. "Theory and Evaluation of Human Robot Interactions." Pp. 125–134 in Proceedings of the 36th Annual Hawaii International Conference on System Sciences.

[189]   Schultz, A. Adams, W., and B. Yamauchi. May 1999. "Integrating Exploration, Localization, Navigation and Planning with a Common Representation." Autonomous Robots 6 (3): 293–308.

[190]   Shamah, Benjamin. "Experimental Comparison of Skid Steering vs. Explicit Steering for a Wheeled Mobile Robot." (masters thesis, Carnegie Mellon University, 1999).

[191]   Sheridan, T. 1992. Telerobotics, Automation, and Human Supervisory Control. Cambridge, MA: MIT Press.

[192] Sheridan, T. 1993. Space Teleoperation Through Time Delay: Review and Rrognosis. IEEE Transactions on Robotics and Automation 9 (5): 592–605.

[193] Shneiderman, Ben, Catherine Plaisant, Maxine Cohen, and Steven Jacobs. 2009. Designing the User Iinterface: Strategies for Effective Human–computerInteraction. 5th ed. Upper Saddle River, NJ: Prentice-Hall.

[194] Siegwart, Roland, Illah Reza Nourbakhsh, and Davide Scaramuzza. 2011. Introduction to AutonomousMobile Robots, 2nd ed. Intelligent Robotics and Autonomous Agents series. Cambridge MA: MIT Press.

[195] Simon, Herbert A. 1996. The Sciences of the Artificial, 3rd ed. Cambridge, MA: MIT Press.

[196] Slack, M. 1993. Navigation Templates: Mediating Qualitative Guidance and Quantitative Control in Mobile Robots. IEEE Transactions on Systems, Man, and Cybernetics 23 (2): 452–466.

[197] Smith, R., and P. Cheeseman. 1986. On the Representation of and Estimation of Spatial Uncertainty. International Journal of Robotics Research 5: 56–68.

[198] "Sojourners 'Smarts' Reflect Latest in Automation." Jet Propulsion Laboratory Press Release, Aug. 8, 1997.

[199] Stark, L., and K. Bowyer. 1996. Generic Object Recognition Using Form and Function. Vol. 10 of Series in Machine Perception and Artificial Intelligence. Singapore: World Scientific.

[200] Stone, Peter, andManuela Veloso. 2002. A survey of multiagent and multirobot systems. Robot Teams: From Diversity to Polymorphism.

[201] Suarez, Jesus, and Robin R. Murphy. 2012. Using the Kinect for Search and Rescue Robotics. Pp. 1–2 in 2012 IEEE International Symposium on Safety, Security, and Rescue Robotics (SSRR).

[202] Swain, M. J., and D. H. Ballard. 1991. Color Indexing. International Journal of Computer Vision 7 (1): 11–32.

[203] Tadokoro, S., Robin Murphy, S. Stover, W. Brack, M. Konyo, T. Nishimura, and O. Tanimoto. 2009. "Application of Active Scope Camera to Forensic Investigation of Construction Accident." Pp. 47–50 in IEEE International Workshop on Advanced Robotics and Its Social Impacts (ARSO2009).

[204] Teichman, Alex, and Sebastian Thrun. 2012. "Tracking-based Semi-supervised Learning." The International Journal of Robotics Research 31 (7): 804–818.

[205]   Thorpe, C. E. 1984. "Path Relaxation: Path Planning for a Mobile Robot." Technical Report CMU–RI–TR–84–5. Pittsburgh, PA. Carnegie Mellon University.

[206]   Thrun, S., M. Beetz, M. Bennewitz, W. Burgard, A. B. Cremers, F. Dellaert, D. Fox, D. Hähnel, C. Rosenberg, N. Roy, J. Schulte, and D. Schulz. 2000. Probabilistic Algorithms and the Interactive Museum Tour–guide Robot Minerva. International Journal of Robotics Research 19 (11): 972–999.

[207]   Thrun, S., W. Burgard, and D. Fox. 2005. Probabilistic Robotics. Cambridge, MA: MIT Press.

[208]   Tucker, Balch. 2002. "Taxonomies of Multi–Robot Task and Reward." Robot Teams: From Diversity to Polymorphism. Edited by T. Balch and L. Parker. Natick, MA: A. K. Peters, Ltd.

[209]   Umbaugh, Scott E. 1998. Computer Vision and Image Processing: A Practical Approach Using CVIPtools. Upper Saddle River, NJ: Prentice–Hall.

[210]   US Department of Health and Human Services. September 21, 2016. System Usability Scale https://www.usability.gov/how–to–and–tools/methods/ystem-usability-scale.html.

[211]   Uttal, W. R. 1989. "Teleoperators." Scientific American 261 (6): 124–129.

[212]   Vicente, Kim J. 1999. CognitiveWork Analysis: Toward Safe, Productive, andHealthy Computer–based Work. Boca Raton, FL: CRC Press.

[213]   Voshell, Martin Gregory. 2009. Planning Support for Running Large Scale Exercises as Learning Laboratories (masters thesis, The Ohio State University, 2009).

[214]   Voshell, Martin Gregory, David D. Woods, and Flip. Phillips. Overcoming the Keyhole in Human–Robot Coordination: Simulation and Evaluation. In Proceedings of the Human Factors and Ergonomics Society Annual Meeting, Vol. 49, 442–446.

[215]   Wallach, Wendell, and Colin Allen. 2009. Moral Machines: Teaching Robots Right from Wrong. Oxford, England: Oxford University Press.

[216]   Wang, Youqing, Furong Gao, and Francis J Doyle,III. 2009. Survey on Iterative Learning Control, Repetitive Control, and Run–to–Run Control. Journal of Process Control 19 (10): 1589–1600.

[217]   Wieber, P–B., R. Tedrake, and S. Kuindersma. 2016. "Modeling and Control of Legged Robots," Pp. 1203–1234 in Springer Handbook of Robotics, 2nd ed., edited by Bruno Siciliano and Oussama Khatib. Berlin–Heidelberg: Springer Verlag.

[218] Williams, Brian C, Michel D. Ingham, Seung Chung, Paul Elliott, Michael Hofbaur, and Gregory T. Sullivan. 2004. "Model-based Programming of Fault-Aware Systems." AI Magazine 24 (4): 61-75.

[219] Winston, Patrick Henry. 1992. Artificial Intelligence. 3rd ed. Reading, MA: Addison-Wesley Publishing Company.

[220] Woods, D., and E. Hollnagel. 2006. Joint Cognitive Systems: Patterns in Cognitive Systems Engineering. Boca Raton, FL: CRC Press.

[221] Woods, David D. 1984. "Visual Momentum: A Concept to Improve the Cognitive Coupling of Person and Computer." International Journal of Man-Machine Studies 21 (3): 229-244.

[222] Yim, Mark, Wei-Min Shen, Behnam Salemi, Daniela Rus, Mark Moll, Hod Lipson, Eric Klavins, and Gregory S Chirikjian. 2007. "Modular Self-Reconfigurable Robot Systems [Grand Challenges of Robotics]." IEEE Robotics and Automation Magazine 14 (1): 43-52.

찾아보기

ㅈ

T

topological navigation 468
topological path planner 461
Tortuosity 560
tracked robot base 플랫폼 93
transformation 243
transition function 289
traversability 558
tropotaxis 202
trot 324
tunnel vision 94

U

UAS 45
UAV 45
UGS 45
UGV 43
Ultrasonics 386
UMV 46
Unattended Ground Sensors 45
undirected graph 507
unintelligent 로봇 38
unique feature 472
Unmanned Aerial System 45
Unmanned Aerial Vehicles 45
Unmanned Ground Vehicles 43
Unmanned Marine Vehicles 46
Unmanned Surface Vehicle 46
Unmanned Underwater Vehicle 46
user acceptance 79
user interface 665
USV 46
UUV 46

V

vector summation 258
vehicle dynamics matter 461
vertical decomposition 281
verticality 560
VGo 로봇 674
VIP 배지 405
virtual reality 178
virtual sensor 437

visual assistant 180
visual distraction 289
visual erosion 344
visual homing 478
Visually guided behavior 197
Voronoi edge 509
Voronoi vertex 509

W

Waldo 62
welding gun 64
welding robot 58
working definition 41
world model 87

Y

Yamaha RMAX 45
YSI Oceanmapper 46

Z

Zero Moment Point 323
ZMP 323

인공지능 로보틱스 2/e

발 행 | 2023년 3월 31일

옮긴이 | 남 궁 영 환 · 지 성 국
지은이 | 로빈 R. 머피

펴낸이 | 권 성 준
편집장 | 황 영 주
편 집 | 김 진 아
　　　　　　임 지 원
디자인 | 윤 서 빈

에이콘출판주식회사
서울특별시 양천구 국회대로 287 (목동)
전화 02-2653-7600, 팩스 02-2653-0433
www.acornpub.co.kr / editor@acornpub.co.kr

한국어판 ⓒ 에이콘출판주식회사, 2023, Printed in Korea.
ISBN 979-11-6175-690-5
http://www.acornpub.co.kr/book/ai-robotics

책값은 뒤표지에 있습니다.